我与陶行知研究

周洪宇 著

四川教育出版社

图书在版编目(CIP)数据

我与陶行知研究 / 周洪宇著. —成都：四川教育出版社，2023.2
ISBN 978-7-5408-8063-7

Ⅰ. ①我… Ⅱ. ①周… Ⅲ. ①陶行知（1891—1946）—教育思想—研究 Ⅳ. ①G40—092.6

中国版本图书馆 CIP 数据核字（2022）第 221745 号

我与陶行知研究
WO YU TAOXINGZHI YANJIU

周洪宇　著

出 品 人	雷　华
策划组稿	卢亚兵
责任编辑	卢亚兵
助理编辑	李萌芽
封面设计	看熊猫杂志
责任印制	田东洋
出版发行	四川教育出版社
地　　址	四川省成都市锦江区三色路266号新华之星A座
邮政编码	610023
网　　址	www.chuanjiaoshe.com
制　　作	四川胜翔数码印务设计有限公司
印　　刷	成都市锦慧彩印有限公司
版　　次	2023年2月第1版
印　　次	2023年2月第1次印刷
成品规格	185mm×260mm
印　　张	35
字　　数	663千
书　　号	ISBN 978-7-5408-8063-7
定　　价	98.00元

如发现质量问题，请与本社联系。总编室电话：（028）86365120

代序：我与陶行知研究

一、我的陶行知研究之路

我的陶行知研究之路，是伴随着改革开放四十年走过来的，与改革开放进程同频共振，与国家教育改革开放息息相关。回想起来，我当初走上陶行知研究的道路，纯属一个机缘。

1. 结缘陶研（1982—1985）

我是国家1977年底恢复高考后的第一届大学生。那时，国家百废待兴、需才孔亟，大学本科生一毕业就可留校任教。1982年1月，我刚从华中师范大学（时称华中师范学院，下文简称华中师大）历史系77级毕业，便被分配至本校新成立的教育科学研究所工作。从历史系毕业被分配到教育科学研究所工作，我的心情既高兴又担忧。高兴的是，可以留校任教，说明自己还有一定的研究能力，今后可以像前辈们那样教书育人做学问；担忧的是，教育学对于我来说是一个完全陌生的学术领域，这就意味着积累多年的历史学知识可能会没有用武之地，一切得从头再来。这对我来说是一个重大挑战，意味着自己今后要重新学习新知，选择新的研究领域。在三四十年后的今人看来，转个专业很正常，但对专业思想牢固，抱有"从一而终"理念的那个时代的大学毕业生来说，无疑是忧虑甚至是痛苦的。但这就是现实，你不得不面临命运的重新安排与选择。

说来也很巧，就在面临人生选择的关头，一个偶然的事件改变了我的一生。1982年初，刚刚从湖南人民出版社教育编辑室独立出来，升格为新的湖南教育出版社的首任社长李冰封，思想解放敏锐，很想有所作为，正在考虑如何选个有重大意义的项目，打响创社头炮。某一天他无意中看到了当时华中师大编印的一份《陶行知先生诞辰九十周年纪念专辑》，很感兴趣，觉得编辑出版中国近现代知名教育家陶行知的全集是个很好的选题。他考虑到从1949年中华人民共和国成立以后到那时我们国家还没有出过大教育家，也没有为大教育家出过全集，而教育家是一个国家教育发展繁荣的重要力量，便主张我们应该给大教育家编全集，以树立标杆，促使更多教育家涌现，推动当代教育改革。陶行知学贯中西，早年接受私塾教育，从金陵大学毕业后留学美国伊利诺伊大学和哥伦比亚大学，师从世界著名教育家杜威、孟禄、克伯屈、斯特雷耶等人。1917年留学归国后，他积极推动中国教育改革，创办了南京晓庄试验乡村师范学校（下文简称晓庄学校）、山海工学团、育才学校、重庆社会大学等，创立了生活教育理论，培养了大批各类人才，在国内外享有盛誉，被毛泽东誉为"伟大的人民教育家"，被宋庆龄誉为"万世师表"，受到人们的尊崇。他虽被高度肯定，但又因曾推崇"武训精神"并宣传过杜威的实用主义教育学，在1949年后发起的对电影《武训传》的批判，对杜威实用主义哲学、教育学的批判及对其中国弟子胡适等人的批判运动中受到牵连，际遇跌宕起伏，为世人关注。如果新成立的湖南教育出版社能为陶行知出版全集，一方面既能为文化积累做贡献，另一方面又能推动教育改革，还能引起教育界乃至社会各界的高度关注，可谓一举多得。李社长打定主意，觉得事不宜迟，立刻就安排该社资深编辑曹先捷前来华中师大商谈编撰《陶行知全集》（下文简称《全集》）一事。曹先捷很有经验，先与当时学校分管教育科研的科研处处长邓宗琦（后来任副校长）联系，邓宗琦处长虽然是学数学出身，兼任数学系教授，但素来重视数学史，知道历史是现实的源头，学习历史有助于开展研究。他深知此事对于提高学校声誉的价值，尤其是对于一个刚刚成立的教育科学研究所未来发展的意义所在，当即向时任学校校长的老革命家、老教育家，曾任陕甘宁边区鲁迅师范学校校长，三边公学校长，陕西省教育厅党组书记、厅长，西安交通大学党委书记的刘若曾汇报。刘校长早在陕北工作时就对陶行知十分敬仰，自然对此大力支持，他安排邓宗琦处长与时任教育科学研究所所长的杨葆焜、副所长董宝良商议，很快就决定成立以杨葆焜为主编，董宝良为副主编的编撰队伍。而我，由于被杨葆焜、董宝良老师认为是历史学科班出身，熟悉文献整理，就被委以起草全集体例、撰写"编辑凡例"的重任，由此走上了陶行知研究的道路。值得一提的是，当时尽管陶行知研究已经在政治上解冻，但由于是改革开放初期，学术禁区不少，据说有些人乃至直接管理部属高校华中师大的个别高层领导在思想上还不太解放，对陶行知研究存有顾虑，学校和我们《全集》编撰组成员都担心此事可能还会出现反复，因此我们在编《全集》第一卷时还不是公开的，而是暗中进行。第一卷最后的编撰定稿工作是在离学校较远的武昌南站附近一间车站旅馆中完成的。《全集》的副主编董宝良后来回忆道:"第一次送稿,我觉得书稿跟自己的孩子一样重要,不能有任何闪失。坐火车到湖南长沙,一路上连觉都睡不着。"

从今天来看,这件事让我从改换专业的痛苦和迷惘中走出来了。从1982年5月起开始参与编撰《全集》至1985年《全集》出版,这段经历使我的专业与工作有了结合点。它为我打开了一扇窗,帮助我完成了从历史学向教育史学乃至教育学的学术转向,使我走上了陶行知研究之路。

2. 研习行知(1985—1991)

从1982年到1985年,因编撰《全集》需要,整理史料是我陶研工作的重心。随着工作的深入,我越了解陶行知,就越为他爱满天下的博大胸襟、乐于奉献的伟大精神、炽烈真诚的教育激情、求真务实的思想作风、不屈不挠的刚毅品质、开拓求新的创造精神所感动,也感受到了其极富原创力的教育学说和丰富有效的教育实践的强烈呼召。另外,大学期间,我深受李泽厚治学思想的影响,对其提出的"不强调从思潮着眼,就无法了解个别思想家的地位和意义;而不深入剖析主要代表人物,也难以窥见时代思潮所达到的具体深度"这一观点深表赞同,当时遂决定选择一流教育家陶行知作为研究对象。1985年9月,我考入知名教育史学家、华中师大教育科学研究所董宝良教授门下,以《先驱者的艰难跋涉——陶行知与近代中国教育现代化》为题撰写教育学硕士学位论文,1988年获教育学硕士学位。这是国内第一篇以陶行知教育思想与实践为主题的教育学硕士论文。

1988年9月,不满足于仅从教育领域研究陶行知——这位20世纪综合性的文化巨人,我考入时任华中师大历史研究所所长章开沅先生的门下,攻读博士学位。我原来在历史系读书时,章先生就教过我,我是近代史年级课代表,经常有事找他,他对我很熟悉。他是历史学大家,2018年曾荣获第七届"吴玉章人文社会科学终身成就奖",是已评出的三位历史学家中唯一一位京外史学家。我随章先生读博三年,写作博士论文时有感于长期以来在陶研领域,研究者一直把陶行知作为一位伟大的人民教育家来看待,着重探讨他的教育理论与实践,而对他在其他文化领域(如文化思想、文学艺术、语言文字、新闻出版、科学普及等方面)的诸多创造性贡献,则涉及较少的这一现状,遂将博士论文以《陶行知与中国现代文化》为题,从文化的角度来研究陶行知其人、其言、其行。这是国内第一篇以陶行知研究为主题的博士论文。1991年底答辩时,因章先生赴美访学未归,他便委托知名历史学家、湖南师范大学校长林增平先生主持答辩,我的学业才最终得以完成。

3. 突破创新（1982至今）

从1982年5月参与《全集》编撰工作至今已有四十个年头，无论是对陶行知生年和家世等的探讨，还是对其教育思想、宗教关系、文化创造等的研究，抑或是对陶行知研究的方法论的探究，我始终坚守在陶行知研究这个领域里，四十年来的研究大致可分为三个阶段。

打牢根基的十年（1982—1991）

1982年至1991年的十年期间，我先是用近四年的时间专注于整理资料、编撰《全集》，再是先后跟随董宝良、章开沅两位先生攻读硕士、博士学位，这十年研究生涯可以说是为我开展陶研工作打牢根基的十年。从史料的收集整理到相关专题的探讨研究，既是不断向下扎根、打牢根基的过程，更是深入研究陶行知、体知陶行知思想的必经之路。

从1982年收集整理资料、编撰《全集》至1985年《全集》出版期间，我开始思考陶行知的生年和家世等问题，并由此着手撰写、发表了一系列文章。1983年，我与董宝良等在《教育研究与实验》发表《陶行知家世考略》，同年在《历史研究》发表《陶行知生年考》，1984年发表《陶行知论解放儿童创造力》于《课程·教材·教法》，同年在《教育研究与实验》发表《陶行知的教育诗》。其中，《陶行知生年考》一文是我在整理、汇编陶研资料过程中，对于陶行知生辰的1891年说和1892年说存疑并反复思考而形成的研究成果。经过考证，我认为陶行知真正的出生年月日应当是1893年11月10日。这一观点得到了胡晓风等学者的认可，历史学的一些老前辈也认为这是很有意义的探讨研究，1893年说遂与前两说并列成为陶行知生辰的三种说法。

从1985年9月攻读硕士学位至1991年6月博士毕业期间，我对陶行知研究的兴趣加深，研究领域日益走向纵深化和精细化，开始对陶行知的教育思想、宗教关系、文化创造等以及陶行知研究方法论进行研究。我于1989年在《华中师范大学学报》发表《陶行知研究的方法论问题》，1991年发表《陶行知与基督教》《试论陶行知的终身教育思想》《欧美陶行知研究概况》和《生活教育研究如何深入》。其中，《陶行知与基督教》一文认为，1913年陶行知读书时一度皈信基督教义，但他绝对不是一个狂热偏执的基督徒，他对基督教义既有接纳，也有排拒，并且接纳中有排拒，排拒中又有接纳。此文亦引起学界讨论。针对此文观点，香港中文大学何荣汉以《陶行知：一位基督徒教育家的再发现》为题撰写博士论文，陶行知的宗教关系问题有了新的视角和发现。在陶研界，每每有不同的、认真的声音发出，陶研人都乐于倾听并且欢迎之。《陶行知研究的方法论问题》和《欧美陶行知研究概况》等文是从研究陶行知其人、其言、其行至研究陶行知研究的一个转向。这是我在较深入地研究陶行知本人后,研究视域进一步拓宽的结果。通过对陶行知研究方法论问题和海外陶行知研究概况的研究和思考,我的陶行知研究走向了纵深化和精细化。

沉潜运思的二十年(1991—2010)

从1991年博士毕业至2010年,在长达二十年的时间里,我只参与出版了《陶行知研究在海外》《陶行知教育学说》《陶行知与中外文化教育》三本书。

1991年由人民教育出版社出版的《陶行知研究在海外》一书在《欧美陶行知研究概况》和《日本学者陶行知研究概述》等文章基础上得到了进一步扩展和充实。我从海外学者研究陶行知的大量论著中精选出近四十篇有代表性的作品,将其集结成书,以期较完整、有针对性地呈现海外陶行知研究的现状并展望未来。

《陶行知教育学说》于1993年问世,董宝良担任主编。当时虽然我还是讲师,但他很信任我,要我担任副主编,由我来设计此书的框架体系,并承担该书主要章节(绪论、生活教育原理、生活教育与传统教育、实用主义教育的关系以及终身教育、陶行知教育学说的现实意义等)的撰写工作。本书是"七五"国家教育委员会(教育部前身)教育科研重点项目,论述陶行知教育学说的形成、基本原理、根本原则和具体主张,并对其学说进行介绍与评价。《陶行知教育学说》出版后受到学界认可。金林祥、李庚靖在《20世纪90年代陶行知教育思想研究综述》一文中指出:"董宝良、周洪宇主编的《陶行知教育学说》对过去学术界的种种误解和曲解作了深入辨析,他们认为陶行知的'生活即教育'既不是把教育和生活画等号,把教育原始化、低级化,也不是杜威'教育即生活'的'翻版'。它的实质是强调生活与教育的一致性、共通性,主张教育要与社会生活相联系,与生产实践相结合,为人民大众服务。这种解说显然更符合陶行知的原意。"

1999年,人民教育出版社出版了我和余子侠、熊贤君共同主编的《陶行知与中外文化教育》一书,该书荟萃了参加"陶行知研究国际学术研讨会"的中外学者的文章三十余篇,围绕"陶行知与中外文化教育"这一主题,内容涉及陶行知与中外文化教育观、陶行知对中外文化教育交流的贡献、中国文化教育传统对陶行知的影响、陶行知对外国文化教育的取舍、陶行知与中外文化教育名人的交往、陶行知生活教育理论的现代价值及世界意义等多个方面。

二十年之久的时间,以陶研为主要工作的学者却只出版了三本陶研论著,似乎研究进入了瓶颈期,没有突破性的进展,但其实我一直在沉潜运思、谋划突破。长期沉淀、等待时机、以求突破的过程并不容易，这需要对陶行知及陶研怀有持久的兴趣和热情，也需要持续地关注、把握和吸收新的研究动态，以全新的视角和方法将陶行知研究引入更深的境地，更好地回应现实、指导实践。好在陶行知其人、其言、其行如此有魅力，其美好品格和崇高精神一直并将继续引领着我们这些源源不绝的陶研人。其极富原创力的教育学说，在我们客观地批判继承时，仍能看到它独特且强大的力量。

厚积薄发的十二年（2010—2022）

2010年至今，是我在陶研领域研究成果的爆发期。究其原因：一是前期扎根沉淀，打牢根基之缘；一是中期沉潜运思，谋划突破之故；一是正遇教育改革攻关之时。凡此种种，成为我此期间成果大批呈现的助力。

我以平均每年两本的速度出版了积累的成果。专著有《开拓与创建：陶行知与中国现代文化》（2010）、《陶行知生活教育学说》（2011）、《人民之子：陶行知》（2011）、《陶行知画传》（2011）、《平凡的伟大：教育家陶行知、杨东莼、牧口常三郎的生活史》（2016）、《陶行知大传：一位文化巨人的四个世界》（2016）；主编的作品有《陶行知教育名篇精选（教师读本）》（2013）、《陶行知教育名论精要（教师读本）》（2016）、《全球视野下的陶行知研究》（2015）；参编的有《陶行知教育论著选》（2011）、《陶行知教育名篇选》（2012）。2016年底，我在湖北教育出版社出版《生活教育：陶行知英文著作精选（英汉双语版）》。2017年初，我又在人民教育出版社出版《陶行知研究在海外》，同年7月在美国时代出版公司出版《教育改变世界：陶行知（英文版）》《生活教育——陶行知英文著作精选（英文版）》。2018年8月在美国时代出版公司出版《陶行知教育学说（英文版）》。2022年3月在人民教育出版社出版《陶行知年谱长编》。

四十九万字的《开拓与创建：陶行知与中国现代文化》一书于2010年12月出版。该书与传统的从教育角度研究陶行知的做法不同，另辟蹊径，以"开拓与创建"为主线，以人物活动为基点，以20世纪中西文化碰撞与交融为背景，从文化视角对陶行知一生的事业、思想和人格做了整体考察，不仅探讨了陶行知对近现代中国教育改革的重大贡献，而且还从语言文字、大众艺术、科学普及、新闻出版、对外影响等方面研究了陶行知对中国现代文化诸多领域的开拓与创建，提出了"陶行知是20世纪综合性的文化伟人"这一最新论断。本书旨在开辟教育家研究的新视角，提出陶行知研究的新观点，在人物研究方法论上进行新探索，形成独具特色的综合研究法。

2011年5月，《陶行知生活教育学说》出版，四十六万字。该书力求为教育工作者全面了解、学习、研究和运用陶行知教育思想提供些微帮助，以历史唯物主义为指导思想，以历史研究、比较研究、理论研究、系统分析等为主要研究方法，把陶行知及其生活教育学说放在一定的社会历史条件下和思想文化氛围里来认识、理解与描述，做到历史与逻辑的结合、抽象与具体的结合、理论与实践的结合、本土与海外的结合。另外，陶行知从20世纪初期开始撰写教育论文，至20世纪40年代中期去世前一直笔耕不辍，数十年如一日，围绕其独特的生活教育思想，写作了四百万字以上，构建了一个概念清晰、原理明确、主张具体、内容丰富、结构完整的教育理论体系，得到了教育界、学术界的充分肯定，在中国教育改革与发展的实践中，发挥了巨大的作用与影响。由于这个原因，撰写本书时，我没有沿用人们常见的"陶行知教育思想"或"陶行知教育理论"作为书名，而是采用了"陶行知教育学说"，因为思想理论有可能是系统完整的，也有可能不够系统完整，但学说则是系统完整、体系严密的。此书出版后得到了学界同仁的认同和鼓励。胡国枢认为此书比较清楚地梳理了陶行知生活教育学说的理论体系，是一本理论性很强的著作。王建军则从陶行知教育思想于今之现实意义角度指出，《陶行知教育学说》从理论营养、理论借鉴、人格精神等方面阐述陶行知生活教育学说的历史价值和现实意义，颇有深意。

2011年10月，《人民之子：陶行知》问世，四十三万字。该书为人物传记，较生动、翔实地记录了陶行知从贫寒之家起步，通过自身努力，逐步成长为一位伟大的教育家的经历，并着重刻画其"人民之子"的形象。阅毕此书，读者可真切触摸到一个集教育家的慈爱、学者的渊博、政治家的气魄、社会活动家的能量、诗人的豪放于一身的栩栩如生的陶行知，尤为其"爱满天下""捧着一颗心来，不带半根草去"的崇高精神品质所触动。全书从陶行知的家世背景、教育经历、爱情婚姻、社会交往、教育改革、办学实践、教育学说、文艺新风、文字改革、新闻出版、新图书馆运动、科学普及、民主之魂和伟大人格各维度展开，以期全方位展示一个立体、鲜活的陶行知。另外，书中展现了陶行知伟大的教育思想、坚强不屈的民主斗士风貌和对祖国与人民的热爱之情，希冀他的开拓精神、创造精神和实践精神对处于社会大发展时代的我们产生巨大的启迪作用。

2015年8月，《全球视野下的陶行知研究》出版，共三百二十万字，分八卷。它是对陶行知在中国以及海外流传中影响较大的研究成果的汇总集。它根据陶行知研究的历史性、系统性、多元化特征，按照中国卷（共三卷），中国香港地区卷，中国台湾地区卷，日本、韩国、东南亚卷，美国、加拿大卷，欧洲卷分卷，汇集、整理了中外学者有关陶行知研究的主要成果，是融资料性、工具性和学术前沿性为一体的系列丛书；空间范围涵盖中国大陆、港台地区以及海外的研究成果，时间上纵贯20世纪20年代至今；史料丰富，既包括原始的一手资料，又囊括了近年来全球陶行知研究的新成果。在资料收集的过程中，编者不断补充修改，尽可能地征求作者的意见，尽量做到公正客观。在材料的甄选上，努力做到尊重历史，对前人的成果抱有温情与敬意，持有公正与理解的态度。正如日本知名教育史学家斋藤秋男指出的："陶行知不仅是属于中国的，也是属于世界的。"强调全球视野，是因为在全球化趋势中，我们看到了全球学术多元化特征的存在。对于同一个问题的理解，不同话语环境下的学者有着多元且动态的研究方法和研究结论。具体至陶行知研究领域：一方面，虽然每个国家具有各自的意识形态和民族特点，但是人类在教育问题上的需求却是共通的，陶行知的教育思想与实践近百年来受到众多国内外学者的关注和挖掘，这是全民族、全世界的宝贵教育遗产，从这一点上看，陶行知的思想打破了区域性的界限而走向了世界；另一方面，研究中国的教育也应当有全球视野，陶行知的研究定位应当是多向度的，既要用国际化的眼光去审视陶行知的研究，又要保持本土化的对陶行知的解读，只有在文化交流与文化交往中，我们才能更好地认识我们本土生成的宝贵教育资源，注重开放性，加强国际交流，立足中国，面向世界。陈红艳撰文指出，《全球视野下的陶行知研究》是人们全面了解不同国家、不同地区陶行知研究进展，并从陶行知富有创造性的教育思想和实践中汲取改革现实教育的精神力量，进而找到指引教育走向美好未来的明灯。

2016年2月，六十二万字的《陶行知大传：一位文化巨人的四个世界》与读者见面。该书以文化学的视角，将陶行知一生的活动和事迹划分为生活世界、精神世界、创造世界和接受世界，采用历史分析法、心理分析法、接受分析法等研究方法，力图全面、系统地论述和阐发陶行知的生平、事业与思想：从大时代、小环境、求学经历、关联群体、家庭环境等构成的生活世界，来考察陶行知成长所受的影响；从政治理念、哲学观点、文化思想、教育学说、人格精神构成的精神世界，来展示陶行知的思想体系；从办学实践、文艺创作、科学教育、新闻出版、图书馆建设等构成的创造世界，来体现陶行知的创造成就；从不同历史时期国内外对陶行知的研究状况及成果所构成的接受世界，来把握陶行知所产生的影响，从而充分体现陶行知对中国乃至世界文化教育所做出的巨大贡献。希冀本书成为一部学术专著的同时，也能成为一部有新意的人物评传，以飨读者。陈光春认为《陶行知大传：一位文化巨人的四个世界》最大的亮点在于以独特的视角，将陶行知一生的活动和事迹划为生活世界、精神世界、创造世界、接受世界，这四个互相关联、互相促进、环环相扣的世界形成了一个完整的体系，把陶行知还原成了一个有血有肉的活生生的历史人物。

《陶行知年谱长编》，一百八十五万字，是我与学生刘大伟合作的产物，2022年3

月由人民教育出版社出版。该书以编年体的形式重现了"伟大的人民教育家"陶行知五十五年的光辉人生,记录了其所产生的时代影响及学术轨迹。图书在谱主去世之后亦以编年体的形式记载了和其有关的学术活动。在年谱撰写过程中,本着章开沅先生的"中国史学寻找自己"的宗旨,我们试图去寻找真实的陶行知,寻找自己的研究方法和风格,寻找对陶行知的新的理解。需要特别强调的是,在编撰过程中我们发现了一大批未曾面世的原始史料,如卢爱萍女士提供的"吴树琴日记",重庆育才中学提供的数份近年来面世的陶行知的亲笔书信及文章等。陶行知留学伊利诺伊大学期间的硕士论文《中国之租借地》亦是第一次在国内被提及。总而言之,通过对史料的钩沉、考证与抉择,该书试图还原出一个全面真实的陶行知。该书将陶行知一生的著作、诗歌和书信"择要摘录,分年编入",不仅可以让读者对陶行知一生的思想发展脉络有一个深刻的了解,还可以使读者在阅读过程中触摸到一个生活的、真实的民国教育大师。蒙章开沅先生厚爱,为此书作序,序中写道:"我深信,这部约一百八十五万字的《陶行知年谱长编》的出版,必将促使陶行知研究进入一个新的阶段。"如此言辞,于我们既是肯定,亦是鞭策。

二、研习心得

从 1982 年初踏入陶研领域至今,我已走过四十个年头。有时,研究陶行知是具体工作所需;有时,研究陶行知是个人兴趣所在;有时,研究陶行知是时代推动使然。研究陶行知业已成为我生活的一部分,不可能也没有必要将其分割开来。我整个的研究可用三个圆圈来概括。内核是陶行知研究,中间是教育史学研究,外围是教育政策与法规研究,而所有的这些研究,都是从陶行知演化而来,陶行知是我所有研究的历史根基。总结这四十年来的心得,大致有如下几个方面:

一是选准题目,明确目标,制订规划,紧抓不放,持之以恒。

研究,选准题目是首要且关键的一步。陶行知研究亦是如此。题目和方向不一样,题目更加具体,更具操作性。比如结合个人兴趣和现实需要,选准陶行知的"三力论"(生活力、自动力和创造力)作为研究题目。接下来就应明确目标,短期目标即将陶行知有关"三力论"的论述看全、理清、想透、讲明,长期目标即大力推动理论与实践联姻,用"三力论"实在地指导实践。制订规划即用计划解决看全、理清、想透、讲明"三力论"并且使之落地。针对此,一方面遍览陶行知有关"三力论"的论述;一方面主动思考、着手写作;一方面积极关注教育现实,制订完整、全面的规划。可以想见，研究过程中，或搜集资料，或辨析理论，或遣词造句，或论述观点，难免遇到困难，甚至是瓶颈。这时候一定要坚守原则，不忘初衷，紧抓不放，持之以恒。如此，定有收获。

二是由小到大，由本及标，由内而外，循序渐进，逐个突破，形成总体。

无论是初涉猎者还是大家，做研究都是从小开始，从点开始，从具体开始的。我最初涉猎陶行知研究亦是如此。一开始从陶行知生年和家世入手，撰写相关文章，后在具体教育主张、宗教关系、文化创造、研究方法论等方面撰文探讨，最后由小到大，由点及面，深入、系统地研究陶行知。比如《陶行知生活教育学说》《全球视野下的陶行知研究》《陶行知大传：一位文化巨人的四个世界》等，便是从小的、具体的点发散开来，集结成大的、宏观的面的很好例证。当然，这些"小"并不是微不足道者，而是小而精，是本质问题，是内在问题。换言之，不管是陶行知的生年、家世、宗教信仰问题，还是具体教育主张和实践，抑或是陶行知研究方法论问题，都虽"小"却并非次要，不仅如此，这"小"其实是"本"，其实是"内"，由此萌发之"芽"才可能有生命力。所以，我主张由小到大，由本及标，由内而外。有了正确的史料积累，才有可能积少成多、集腋成裘，才有可能成为一个完整的体系。显然，积累的过程非常关键并且不易坚持，稍有不慎，便会顾此失彼。研究切忌急功近利，非要沉下心来、循序渐进不可。如此，遇见难题，逐个突破，方能形成总体。

三是注重创新，勇于开拓，与时俱进，将具体研究与方法论探索结合起来，在研究中完善方法、在方法上深化研究。

这创新开拓和与时俱进，既是研究内容方面的，也是方法论上的。多年来，我一直致力于寻求突破，开拓创新。在其他领域是这样，在陶研领域更是。《开拓与创建——陶行知与中国现代文化》就是我不满足于单从教育角度研究陶行知的传统做法，另辟蹊径、勇于开拓的成果之一。这本书可以说是开辟了教育家研究的新视野。不仅如此，我在研究中也不断地完善方法，形成了独具特色的"历史、比较、系统和心理分析综合研究法"。《陶行知大传：一位文化巨人的四个世界》在研究内容方面有不少的创新和突破。更值得一提的是，本书不囿于原有研究人物之方法论，大胆采用历史分析法、心理分析法、接受分析法等研究方法，转换视角，从多个维度去寻找、发现陶行知。如此，方法探索与研究实践齐头并进，同步构建研究体系。

四是以史为基，由史及论，打通历史、现实与未来，从书斋研究走向现实实践，开展借鉴陶行知生活教育学说的新教育实践以推动教育改革，建立自己以实践为逻辑起点的教育理论。

我是学历史出身的，所以始终认为，正确、扎实的史料是研究的基础和开端。章开沅先生提倡"参与史学"，我深表赞同。陶行知研究是我所有研究的历史根基，以史为基，由史及论，打通历史、现实与未来之隔阂，从书斋研究走向现实实践，是研究的体会，亦是追求。借鉴陶行知生活教育学说之精髓，开展基础教育实践，推动教育改革，不仅停留在言语倡导，更切实践行之。

一路研究，我也在思考如何从陶行知的思想中萃取精华以推动今天的教育改革。掩卷沉思，蓦然发现，陶行知思想的精华便是教育公平。他整个的教育实践都可看作对教育公平的倡导与推动。有人说陶行知一开始主张平民教育，转而提倡乡村教育，后又倡导战时教育、社会大学等，变来变去。对此，他自己倒也坦然："有些人说我变来变去，其实万变不离其宗，践行这些的根本就是如何让教育普及。用四通八达的教育，创造一个四通八达的社会。"四通八达的教育其实就是教育公平。这是那个时代使然，是时代赋予的使命。

从陶行知研究中，我对教育公平有了新的理解。什么是教育公平？我把教育公平定义为"四个均等，一个倾斜"。"四个均等"指的是机会均等、过程均等、结果均等和质量均等，而"一个倾斜"指的是向弱势群体倾斜。"机会均等"是指每个社会成员都享有与他人同等的教育权利和受教育机会；"过程均等"则指在教育过程中，社会成员不应因身份不同而受到歧视，而应享受平等的教育资源使用权；"结果均等"指向教育与教学的结果评判，持相同的学历在工作的机会中应受到同等对待；"质量均等"是我们要力争的。"四个均等"只是形式上的均等，不完全是实质均等。处于教育欠发达地区的孩子，必须得到弱势补偿，这才是真正的公平。

教育公平论与陶行知有直接的关系。研究陶行知给我们最大的启示就是继承陶行知教育公平思想，推进今天的教育公平。正因如此，我于2003年开始担任全国人大代表时便提出了《关于实行农村九年义务教育完全免费制的建议》的议案。义务教育属于公共产品，应由政府提供。从当年国家的实际情况来看，义务教育要实行免费，必须先从农村地区开始，并且最先还得从国家级贫困县开始试行，然后逐步过渡到整个农村，最后再到城市，以分步实施的方式进行推进。而从免费项目来讲，应是先免学杂费，然后再免教科书费。这一议案曾引起强烈反响，2003年"两会"期间我将议案当面呈递给温家宝总理时，温总理对我说："你提得很及时。"之后我又陆续提出了中职教育免费等议案。

随着我国改革开放的逐步深入，我国综合国力得到了进一步增强。党的十八届五中全会提出了创新、协调、绿色、开放、共享五大发展理念，后来提的"新四免"首先遵循的就是"共享"的理念，同时国家财力也能够提供较好的支撑。

第一免是实施"0～6岁启明星免费阅读行动"。我在湖北恩施地区调研时，有学校教师和学生家长反映：我们也想重视娃娃的阅读，但一是没有太多的好书供娃娃看；二是有些书太贵，学校也买不起。如果国家财政能提供支持，学校和学生就放心了。这对我的触动很大。我牵头前前后后做了一些调研，勾勒出开展免费阅读行动的蓝图：向全国0～6岁的儿童采取不同方式免费提供"阅读包"，同时，做好年度总结与绩效评估。健全实施"0～6岁启明星免费阅读行动"的配套措施，由政府主导研制分级阅读标准，搭建网络平台，组建网络阅读指导教师队伍，使城乡孩子线上线下牵手一起阅读。

第二免是实行义务教育学生"免费午餐计划"。我认为，根据国家财政经费投入的比例进行测算，我们完全可以把目前实施的"营养改善计划"提升为"免费午餐计划"，根据区域特点，制订适合不同区域口味但大体统一、营养丰富的标准餐。同时，要加快"免费午餐计划"的立法和相关制度建设，并加强实施情况的有效监督和管理。

第三免是逐步实行高中阶段教育免费。现在谈普及高中教育，涉及怎么普及的问题，一个重要的举措可能是施行免费政策。2009年，中职教育开始实行免费，现在覆盖率已经达到百分之九十。我们也可以分地区、按比例、分步骤、按类型，首先在集中、连片的贫困地区实施高中阶段教育免费，然后在农村地区实施高中阶段教育免费，最后在城市分级启动高中阶段教育免费。

第四免是全面实施残疾学生十五年免费特殊教育。国家对特殊教育的重视和实施的保障政策措施，使得我国残疾人教育事业获得了长足进步，但是还存在着残疾学生总体教育水平不高、发展不均衡等问题。目前存在的能接收残疾儿童的幼儿园数量不足、融合教育质量不高、特教普通高中数量少且分布不合理等问题，都是残疾人接受适当教育的阻碍因素。在中西部农村地区，特别是边远贫困地区，少年儿童的义务教育普及水平仍然偏低，仍有一些经济负担较重的家庭存在残疾儿童入学困难或接受教育意愿不高的情况。一些残疾少年儿童虽然获得了入学机会，但是并不能接受完整的教育，辍学率极高。为此，我建议在"十三五"期间，在全国范围内全面实施残疾学生十五年免费教育，将免费特殊教育涵盖学前教育到高中教育阶段。具体建议是：一是建议国家教育部、财政部根据各地免费特殊教育的实施情况进行全面统筹和经费预算，制订十五年免费特殊教育实施方案并尽快实施；二是建议在特殊教育经费支出上建立以省级统筹为主、分类承担的经费保障机制；三是建议在2019年全国实现从义务教育阶段到高中教育阶段残疾学生十二年免费特殊教育，到2020年全国一半的省份实现从学前教育阶段到高中教育阶段十五年免费特殊教育,到2021年在全国范围内全面实施十五年免费特殊教育。

上述这些教育主张都是受陶行知启发使工作研究化、研究理论化的一点不遗余力的尝试,而"新阳光"教育、"新全人"教育、"新人文"教育以及对前面三个阶段的总结与概括的"生活·实践"教育便是以此为基点的教育实践。

2003年,针对当代中国教育的弊端,我提出"新阳光"教育理念。我称当时的学校教育和家庭教育患上了"灰色教育症"。作为"灰色教育症"的对症之药,"新阳光"教育是通过实施生命教育、生活教育、生存教育,培养造就人格完美、人性完美、人生完美的阳光新人的教育。核心价值观由生命即成长的生命观、生活即学习的生活观、生存即共进的生存观构成。实施"新阳光"教育,可从五个方面着手:给孩子提供一个适宜的成长环境;给予孩子理解和信任两种关怀;培养孩子的智商、情商、意商三种素养;使孩子具备学会关心、学会学习、学会做事、学会生存四种能力;对孩子实施德育、智育、体育、美育、合育五种教育。

"新阳光"教育实验从最初的武汉二十五中一枝独秀,到今天全国各地四百多所学校踊跃参与,目前已具备区域化推进的基本条件。2016年10月27至28日,全国第七届阳光教育论坛在湖北省竹溪县成功举办,这是"新阳光"教育区域化推进的一个样板。竹溪县在整县推进"新阳光"教育过程中,从课程、课堂到活动,从学校、教师到学生,不断探索、实践,以阳光之心育阳光之人。

2007年,在"新阳光"教育理念的基础上,我提出了"新全人"教育理念。2009年9月,武汉市江汉区清芬路小学、武汉第一初级中学、武汉一中和武汉市旅游学校共同启动"新全人"教育实验。"新全人"教育顺应第三次教育革命潮流,倡导"五全"和"四生"。"五全"即全体、全面、全程、全盘、全球。"四生"即生命、生活、生存、生计。

较之"新阳光"教育,"新全人"教育更注重人的生命成长、人格成长和灵魂成长,除了培养学生的智商,更注重他们的情商和意商培养。"新全人"教育大力强调合育之故便在于此。通过传授"整全的知识"以形成健全的人格,不仅使学生懂得"何以为生",更重要的是使学生知道"为何而生",成为德业双收、人格完善的人才。

2015年,基于教育现实和理论思考的深化,我进一步提出了"新人文"教育。"新人文"教育是一种建立在全球视野、全球意识和全球观念上的新教育,是以人为核心的和谐共生的新教育,是在张扬个性的基础上又具备人类整体性意识的新教育,是一种注重绿色生态可持续发展的新教育,是继承西方人文主义历史传统和精神,同时又融入中国人文传统和精神的新教育。从"新阳光"教育到"新全人"教育再到"新人文"教育，不光是名字的转换，也是应时代所需之举。三大理念各有侧重，但本质上都是生命教育，是尊重生命的教育，是崇尚生活的教育，是追求和谐的教育，是追求真理的教育。

2017年，我在借鉴陶行知生活教育学说、马克思主义教育思想等思想资源的前提下，以及反思和总结自己十五年基础教育探索的基础上，明确提出了"生活·实践"教育理论。如果说2003年提出基本理念、2004年初启动的"新阳光"教育是第一阶段，那么2007年提出并开始的"新全人"教育实验则是第二阶段，而2014年底酝酿、2015年初提出、2016年初启动的"新人文"教育实验是第三阶段。2016年底，一个更重要的新探索研究开始了，即"生活·实践"教育。

那么，什么是"生活·实践"教育呢？我认为，"生活·实践"教育的内涵可概括为：生命即成长，生活即学习，生存即共进，世界即学校。它旨在打通学校教育与家庭教育、社会教育，融合生命教育、生活教育与生存教育。

"生活·实践"教育是中国教育发展的必然产物，具有重要的时代价值和意义，必将以其宏大的理论视野、扎实的学校实践以及丰硕的成果，为当代中国教育理论和世界教育实践构建提供丰富营养。在未来，"生活·实践"教育必将走上世界舞台，为发展教育做出积极贡献。

最近，我在思考陶行知教育学说如何更深层次、更紧密地与当今教育实践融合时，又惊喜地发现其"三力论"和"常能说"有助于建构21世纪学生核心素养。

对比分析国内外"学生核心素养体系"相关研究，结合当前我国实际，受陶行知"三力论""常能说"的启发，我们尝试提出一种学生核心素养体系的假说，供学术界讨论研究。

生活力、自动力和创造力是此核心素养体系假说的理论营养。不过，新时代下"三力论"的内涵也有不少变化。比如生活力已不全是陶行知时代所强调的恋爱、治家、生育、限制教育、创造五生世界等，而是包括社会感、环境素养、生态意识、民主素养、法治信仰和志愿精神在内的社会责任，包括国家意识、政治认同和文化自信在内的国家认同，包括全球视野、尊重差异在内的国际理解和团队与合作能力。自动力不仅体现在个人成长方面的自我约束和节制上，也表现在高阶认知方面的自主学习和自我教育的能力上。创造力不仅表现为创造性精神，也包括创造性思维和创造性能力。

毋庸置疑，"三力论""常能说"是相当了不起的创见，但毕竟是20世纪上半期中国社会和教育的产物,受当时历史条件的制约,有些认识和提法还不够清晰。"三力论""常能说"并非包治百病的良药,我们今天所要做的只是挖掘陶行知这位教育大师的思想精华,为今日教育改革所用。对于陶行知,我们不仅要学习借鉴,更要从今日中国社会和教育现实出发,在继承的基础上有所超越,这是时代给我们这一代教育人的任务,也是我们的神圣使命。

五是重视陶研队伍的建设,重视学术血脉的传承,注重学术师承圈的构建。

前文所述四点体会,对于个人从事陶行知研究乃至从事其他研究或能提供些许帮助,而对于某一领域的开拓创新,只有群策群力、薪火相传,学术生命力才能愈加旺盛。综上,应注重学术血脉的传承,形成陶研学派,推动学术发展,这也是我多年陶研工作的体会之一,更是在陶研路上践行不辍的理念。

师承董宝良、章开沅两位陶研大师,沐浴于华中师大浓厚的陶研氛围中,成为华中师大陶研一分子的同时我便深有感受:在这里,陶研不仅是个人事业,也是在回馈董宝良、章开沅先生的教诲与期盼。学术事业是不断继承与发展的过程,不但注重创新,也注重传承。故而,重视陶研队伍的建设,重视学术血脉的传承,注重学术师承圈的构建,成了我一直以来在陶研路上自觉亦自然的行为。

我在 20 世纪 80 年代末的职称还是讲师,主要协助其他老师指导硕士研究生的学习。1993 年开始独立指导硕士研究生。是年攻读教育史硕士的操太圣便是我最早指导的学生,现为南京大学教育研究院教授、教育政策与领导研究所所长。他的硕士论文做的是生活教育运动研究。1995 年入学的涂怀京主要研究陶行知与中华教育改进社的关系,硕士论文以《中华教育改进社研究》为题。李高峰研究陶行知与哥伦比亚大学的关系,后来做成了硕士论文《华美协进社与中美教育文化交流》。汪楚雄是 2003 级的硕士,主要从事陶行知与新教育运动的研究,在此基础上亦发展成为硕士论文《新教育运动述论(1912—1927)》。

2000 年,我开始指导教育史博士。根据学生的兴趣以及他们在本硕期间的学术积累,我相继指导了几位以陶行知研究为主要研究阵地的博士。

胡志坚进行的是国内教育家比较研究,蔡幸福则是中外教育家比较研究,陈竞蓉是中外教育交流史研究,刘大伟则是学术史研究。自从《全集》出版之后,我就不断地指导学生从事陶行知研究。

胡志坚原本学习心理学,我以为若能从心理史学的角度研究教育人物,会很有特色,尤其因为考虑到蔡元培、黄炎培和陶行知都是具有鲜明的性格特征的历史人物,所以鼓励胡志坚从心理史学的角度入手。这样一来,不仅在内容上有所创新,在方法论上也有创新，同时这还是国内教育家的对比研究，可以说这一研究是一项多重的突破。他的博士论文《自我统摄下的心理与行为——蔡元培、黄炎培和陶行知的社会心理与行为特点研究》，运用社会心理学对蔡元培、黄炎培和陶行知三位教育家的社会心理和行为特点做了分析研究，得出了陶行知在形成他人认知和态度时的中心品质是"真与行"，最终促使他形成了行为方式上的"力争求行"这一结论。

蔡幸福之前学习比较教育，我据此情况建议其选择中外教育家进行对比研究，国内的首选就是陶行知，国外的我们选择了牧口常三郎。这也是机缘巧合，当时池田大作来华中师大商谈合作，我发现池田大作的老师的老师——牧口常三郎是和陶行知同时代的人物，而且形成了"创价教育"的体系，"创价教育"后来发展至"创价学会"直至今天日本的公民党，可以说牧口常三郎就是公民党的鼻祖。他和陶行知也有着相似的人生经历，但是我们国内不了解他，所以将他们两位教育家放在一起对比，等于是开辟了陶研的新领域。这是一种中外教育史的比较研究。后来，蔡幸福的博士论文《陶行知与牧口常三郎教育思想比较研究》完成，从哲学思想、宗教思想、政治思想、教育思想多维对比陶行知与牧口常三郎，展现东西文化冲撞下中日两国教育家的价值取向的不同。

陈竞蓉从中西文化交流的角度出发，完成博士论文《哥伦比亚大学与现代中国教育》，考察陶行知的母校——哥伦比亚大学与近现代中国的交往历程，分析以美国文化为代表的西方文化在中国传播的内容、方式、途径与特点，揭示卷入全球化进程中的中国教育的内在发展规律。值得一提的是，这个选题是章开沅先生给我的。章先生认为陶行知与哥伦比亚大学的关系特别密切，可以说没有哥伦比亚大学的培养，没有哥伦比亚大学师长、同学的影响，陶行知的历史地位不会有这么高。陶行知与哥伦比亚大学的关系就类似中国教育与美国教育的关系，而这个研究还没有人做。但是由于当年我没去过哥伦比亚大学，也没有一手材料，这个选题就搁置了。直到2001年我去了哥伦比亚大学，收集了一批资料，就将这批材料给了陈竞蓉，要求她将这个选题上升到哥伦比亚大学与中国教育的关系，这就不仅包括了陶行知，还有胡适、蒋梦麟、陈鹤琴等一批民国知名人士，研究就会因此显得厚实。

如刘大伟本人所言，他走进陶行知研究的领域，可以说是受我自发自觉的学科建设意识所感染，但是，也离不开他自身对陶行知及其陶研的兴趣和不断求索的努力。刘大伟的博士论文《承继与嬗变：陶行知研究的学术谱系》借助考察陶行知研究学术谱系这一个案，不仅对陶行知研究史分源别派、考镜源流，也揭示了知识与社会之间的重要内在联系。可以说，对陶研学术谱系的研究，已经不仅仅局限于学术史的功用范围，而是深层次地考察了社会对学术、对知识的重要影响。

当然，学术研究需要一定的时间，更需要遇到合适的人选，并非每个学生都适合从事陶行知研究，因为一方面要从华中师大陶研队伍的基础条件、综合实力等方面考虑，另一方面要从学生的学术基础、学术兴趣考虑，因材施教是我最根本的要旨。

| 目　录 |

第一编　陶行知学总论

今日我们为什么需要建立陶行知学　003
陶行知研究的方法论问题　012
陶行知历史定位新论　021
陶行知的教育遗产及其启示　032
陶行知的人民至上方向就是中国教育的方向　037
为人类寻找一盏未来教育的明灯：全球视野下的陶行知研究　041
学习贯彻习近平有关陶行知重要论述，继承并弘扬陶行知思想和精神　051
学习贯彻习近平重要讲话精神，深入推进生活教育研究与实验　058

第二编　陶行知生平经历与活动研究

关于人民教育家陶行知的生年问题　065
陶行知家世考略　070
爱国学者经世致用的典范之作：陶行知英文硕士论文《中国之租借地》　085
陶行知早年史料
　　——1916年2月16日陶行知致罗素函评介　096
陶行知与基督教　103
《陶行知年谱长编》编撰手记　112
忠实记录历史原貌，再现教育大师风采
　　——《陶行知年谱长编》前言　121

四十年学术坚守与传承创新	123
哥伦比亚大学师范学院与中国现代教育	132
20世纪初期哥伦比亚大学师范学院中国留美学生的日常生活及其影响	149

第三编　陶行知教育思想研究

学习陶行知办学经验，充分发挥教育家的办学主体作用	167
试论陶行知的终身教育思想	170
生活力、自动力、创造力：陶行知的学生核心能力论	178
核心素养的中国表述：陶行知的"三力论"和"常能论"	189
教育改革的中国方案：聚焦发展核心素养的素质教育探索	200
陶行知论解放儿童创造力	203
论陶行知对职业教育的先驱性探索	209
陶行知职业教育思想的历史地位与当代价值	221
陶行知的劳动观及其对当代劳动教育的启示	223
陶行知对近现代新图书馆事业的开拓性贡献	234
陶行知对杜威教育理论的继承与超越	246
继承中的超越与超越中的继承	
——陶行知与杜威关系略论	250
心中的世界：陶行知对王阳明、杜威思想的接纳与改造	257
怎样造就第一流的教育家	
——陶行知的启示	270
不尊重教育规律，越努力越摧残人	275
像陶行知那样做老师	281
造就千百个"现代陶行知"是教师教育振兴的重要时代使命	285
陶行知教育思想在海外及我国港台地区的传播与研究	289

第四编　生活教育及其创造性转化和创新性发展研究

| 生活教育的三个一百年 | 325 |
| 生活教育社源头追溯及其历史意蕴 | 340 |

论生活教育思潮　　354
生活教育运动的历史及对当代教育的影响　　384
生活教育与中国特色的社会主义教育体系　　394
生活教育研究如何深入　　401
继承与发展：从生活教育到"生活·实践"教育　　410
"生活·实践"教育的时代意义　　419
"生活·实践"教育的目标与实践路径　　423
论"新时代小先生行动"　　432

第五编　附录

周洪宇学术年谱　　449
参考文献　　524

第一编 陶行知学总论

捧着一颗心来
不带半根草去

今日我们为什么需要建立陶行知学[1]

陶行知是中国知名的教育家、思想家和文学家，也是中国近现代原创力最强、真正形成自己的教育学说体系并富有世界影响的教育思想家。2007年，美国知名学者，哥伦比亚大学教育学院哲学、教育学教授汉森在其主编出版的《教育的伦理视野——实践中的教育哲学》一书中，介绍了世界最具影响力的十大教育思想家。其中，唯一的一位中国教育思想家就是陶行知。他与美国的杜威、意大利的蒙台梭利等世界著名教育思想家并列，足见陶行知教育学说在国际学术界的巨大影响力以及其被国际人士的认可程度。

如果将1920年北京大学缪金源所写的关于陶行知学自治思想研究的文章算为正式起点的话，陶行知研究到现在已有百年历史，这为陶行知研究和陶行知学的发展提供了很好的学术基础。1989年，笔者曾发表过一篇题为《陶行知研究的方法论问题》的论文，提出希望尽快建立陶行知学，将陶行知研究发展成一门专门的学问，使陶行知研究更加适应形势发展的需要，尽快专业化、系统化、科学化，在教育学术界赢得其应有的一席之地，并推动中国教育的改革和发展[2]。

一、什么是陶行知学

谈到建立陶行知学，首先要厘清一个概念，就是何谓"学"？"学"有不同的含义，结合我们今天所提的问题来看，它主要有两重含义。第一重含义是学问，也就是知识、学识。知识、学识有零星和系统的区别。零星的知识与学识不能说是学问，只有系统的知识、学识才能称得上是学问，故人们常称"有渊博的知识与学识的人"是"有学

---

[1] 原载于《教育科学研究》2016年第12期，有删节。
[2] 周洪宇：《陶行知研究的方法论问题》，《华中师范大学学报（哲学社会科学版）》1989年第2期。

问者"。第二重含义是指学科，学科按照词典的解释是某一门类系统的知识，如哲学、伦理学、历史学、法学、政治学、社会学、教育学等。学科必须要有自己的学科性质、研究对象、研究理论、研究方法、研究范围，有自己的代表人物与成果。学问是一个开放性的研究领域，不受任何限制，任何人都可以从不同方面进入此研究领域，开展研究并取得成果。而学科则带有一定的专有性与封闭性，有自己独有的研究对象、独有的研究理论与方法、独有的研究范围与边界。学科又往往分为一级学科、二级学科甚至三级学科，层次性、体系性强，达不到的就谈不上是学科。

从这个意义出发，这里所谓的陶行知学，类似于一个研究领域，一个专门学问，而不能笼统地将它说成一门学科。陶行知研究是一个开放性的研究领域，谁都可以研究，即使是普通的教育工作者也可研究，这并不只是专家学者的事情。同时，从不同的学科、专业和角度，如教育学、历史学、政治学、经济学、社会学、文学、艺术学、新闻学、图书馆学和自然科学等，都可以研究陶行知，研究他在这些方面的工作与贡献，而不必画地为牢、自我设限。学问有可能发展成为学科，但并不一定会发展为学科，有可能性而没有必然性，要视条件而定，陶行知研究也是如此。目前它还只是一门学问，而不是一门学科。把这个问题说清楚，有助于我们明确究竟要创建一种什么性质的学问。陶行知研究有点像鲁迅学、老舍学、钱锺书学，它更多的是一种系统的知识、学识，是一个开放的研究领域，人们可以从不同的角度来研究它，而不是一个相对封闭的独立学科。鲁迅学、老舍学、钱锺书学等都是属于文学史下面的分支与内容，我们不能说研究一个人就是研究一门学科，只能说它是学科下面的一个内容。以往研究者把有关某个人的研究视为一门学科，看起来很重视，其实并不严谨和科学，混淆了学问与学科的区别。我们没必要硬要说陶行知学就是一门学科，说它是一门学问并不影响其科学性，也不影响对它进行研究的价值与意义。

作为一种专门的学问，如何定义陶行知学？它又包括哪些内容呢？在笔者看来，所谓陶行知学，就是一门以陶行知的家世家庭、个人生平、事业贡献、思想学说、人格精神、历史作用和国际影响为主要研究对象的学问。它涉及陶行知本人及其所处的时代环境、所经历的重要活动和重要事件、所交往的重要人物等，重点是研究陶行知的精神文化世界，对陶行知的历史价值及其局限进行反思。透过这种研究，来看在当时的时代环境下，以陶行知为代表的中国近现代进步知识分子如何处理中西文化关系，走上一条追求真理、救国救民的历史道路；我们今天又怎样学习和借鉴陶行知思想，推动当代的社会进步与教育改革。陶行知学的具体内容应该包括历史研究、文本研究、理论研究、应用研究、比较研究、海外研究和研究史研究等。就其性质而言，它有应用研究的一面，但主要还是基础研究。换句话说，陶行知学是以基础研究为主、应用研究为辅的一门学问。

二、今天为何需要建立陶行知学

今天为什么要将陶行知研究发展成为一种专门学问，使之专业化、系统化、科学化？提出建立陶行知学的背景和意义又是什么呢？

今天提出建立陶行知学，我想其意义至少有如下四点。

首先，建立陶行知学是当代中国社会发展的现实需要。

陶行知其人、其行、其说的综合性、多面性、先进性和示范性等，决定了当代中国社会需要更多的"陶行知"，也决定了建立陶行知学是时代的呼唤。

陶行知是我国知名的教育家、思想家、文学家，也是我国近现代原创力最强、真正形成自己的教育学说体系并富有世界影响的教育思想家。毛泽东称其为"伟大的人民教育家"；宋庆龄誉其为"万世师表"；郭沫若尊其为"陶子"，将他与孔子相提并论——"两千年前孔仲尼，两千年后陶行知"。温家宝总理曾多次号召广大教师要学习陶行知"捧着一颗心来，不带半根草去"的崇高精神[1]。2014年的教师节，习近平总书记也号召广大教师要学习陶行知，做"四有教师"。习近平总书记对学习和借鉴陶行知思想，发展人民教育事业，提出了极为明确的要求，我们要进一步全面贯彻落实[2]。

不仅在国内，陶行知在国际上也享有盛誉。早在1946年7月25日陶行知逝世不久，美国援华会总干事毕莱士女士就在《纪念陶行知博士》一文中指出："我是一个美国人，我觉得陶博士并不仅仅是属于中国的，而是属于全世界的……在美国，大家都知道陶博士是一个伟大的教育家。从太平洋之滨的加利福尼亚州到大西洋之滨的美国人都认为他是中国一个了不起的教师，并且还用他那'即知即传人'的名言象征中国今天最需要的一种教育。"20世纪80年代，日本知名教育史学家、中国研究所前所长、东京专修大学教授斋藤秋男也指出，"陶行知不仅是属于中国的，也是属于世界的"。

20世纪上半叶，陶行知在反传统教育和反洋化教育的长期实践斗争中，通过批判地吸收古今中外各种教育思想精华和总结自己的教育实践经验，创立了具有中国特色，以教育哲学原理为基础、各类教育主张为内容的一套完整的生活教育学说。他的生活教育学说是半殖民地、半封建社会历史条件下中国人民争取自由、平等、富强的教育

---

[1] 李斌：《教育大计，教师为本——温家宝邀请中小学教师做客中南海》，《中国教育报》2008年9月10日。
[2] 习近平：《做党和人民满意的好老师——同北京师范大学师生代表座谈时的讲话》，http://cpc.people.com.cn/n/2014/0910/c64094-25629946.html，访问日期：2014年9月10日。

理论，也是既符合中国国情又适应现代社会发展和世界教育潮流的现代教育思想，达到了半殖民地、半封建社会教育思想所能达到的最高高度，成为新中国教育思想体系的重要理论来源之一，也是当今与未来中国教育思想发展的一个重要理论资源。

尤为难得的是，陶行知不仅是一位教育家、思想家，也是一位卓越的社会活动家。他始终把教育变革与社会改造紧密地结合在一起，一生致力于中国的富强、民主、文明、和谐事业。他爱满天下的博大胸襟、乐于奉献的伟大情操、炽烈真诚的教育激情、求真务实的思想作风、不屈不挠的刚毅品质、开拓求新的创造精神，是我们今天进一步推进改革开放、实现中华民族伟大复兴的宏伟事业、助圆美好的"中国梦"最需要的精神财富。建立陶行知学，把这些经验很好地总结和提炼出来，服务于当代中国的改革发展，是时代的呼唤、社会的需要。

其次，建立陶行知学是当代中国教育改革的迫切要求。

陶行知早年毕业于世界著名的教育研究机构美国哥伦比亚大学师范学院，师从20世纪著名的哲学家、教育学家、美国哲学学会会长杜威，世界著名教育史学家、世界教育联合会会长孟禄，知名教育学家、"设计教学法"创始人克伯屈等人，并在美国教育行政学权威、美国教育行政学会会长斯特雷耶的指导下撰写博士论文，研究中国教育。陶行知一方面深受西方先进教育理论的熏陶，另一方面又有长期的中国教育改革实践经历，教育理论功底深厚，教育实践经验丰富。他又善于总结提炼，具有强烈的自觉建构系统教育理论体系的愿望与能力，被美国最有影响的汉学家、哈佛大学东亚研究中心主任费正清誉为"杜威最有创造力的学生"。其教育学说在中国教育改革与发展的实践中发挥了巨大的作用和影响。

陶行知教育学说由若干概念范畴、基本原理和具体主张组成。具体而言，它以政治理念、哲学观点和文化思想为理论基石，以生活范畴为基本逻辑起点，以"生活即教育""社会即学校""教学做合一"三大原理为教育哲学依据，以民主教育、科学教育、乡村教育、师范教育、幼儿教育、创造教育、全面教育、终身教育等为具体教育主张，将其有机地构成一个紧密联系、不可分割的整体，而且随着社会形势的变化与自身教育实践的深入不断发展变化，具有鲜明的时代特征和特定的历史内涵，对于当时中国的教育改革与发展产生了积极作用，也影响到印度等一些第三世界国家[①]。由于陶行知生活教育学说的内容适应了中国和世界教育发展趋势，符合教育的内在规律，因而对于今天乃至未来的中国和世界教育改革与发展仍有着重要的理论借鉴价值与强

---

① 董宝良、周洪宇：《陶行知教育学说》，湖北教育出版社，1993，第26页。

烈的现实指导意义，是中国与世界教育宝库中的一笔弥足珍贵的思想财富，值得人们深入地学习、研究、发掘与运用。

当今中国教育改革正处在改革的"深水区"。正处在"深水区"意味着现在中国教育和教育改革者所处的环境、解决问题的思路与办法，跟20世纪80年代相比已有很大不同。过去比较容易解决的问题都已解决，剩下的问题都是积压多年的老大难问题、复杂问题，需要我们用更大的勇气、更高明的智慧来攻坚克难。在这个方面，为更好地学习和研究陶行知的教育思想，吸取陶行知教育思想的精华运用于当今中国教育改革实践，也有必要将陶行知研究发展为陶行知学。

当今的中国正处于一个前所未有的发展机遇期和矛盾凸显期，教育发展与改革的任务空前繁重。《国家中长期教育改革和发展规划纲要（2010—2020年）》提出的目标任务已经取得了重要的阶段性成果，接下来是我国实施现代化建设"三步走"战略的关键阶段。全面实施《国家中长期教育改革和发展规划纲要（2010—2020年）》，在新的历史起点上加快推进教育改革和发展，对于建设人力资源强国、满足群众接受良好教育的需求、全面建成惠及十几亿人口的小康社会具有重大战略意义。在新的时期、新的形势下，从中国国情和现实需要出发，借鉴、运用一切先进的教育思想（特别是陶行知的生活教育学说这种既符合国情又适应世情的本土原创性教育理论），来推动中国的教育改革与发展，已成为我国教育工作者的一项十分迫切的任务。了解、学习与研究陶行知生活教育学说迫在眉睫。而建立陶行知学，正是其前提性工作之一。

再次，建立陶行知学是发展本土学术，加强与海外学术界对话，建设学术强国和文化强国的客观要求。

随着中国经济的快速发展、国际地位的日益提高，中国的学术和文化也要有相应的提升，以适应其发展需要。在当前西方学术文化占据主导地位的情况下，加强与海外尤其是西方学术界对话，发出中国自己的声音，很有现实意义。中国当代学术文化研究的重要任务之一就是形成自己的学术话语体系，在国际上拥有更大的话语权，为中国呐喊进而影响西方。

陶行知研究是一门在中国本土上成长起来的学问，既然是本土之学，中国人自己首先要研究好，这样才能更好地与海外学术界对话与交流，提高我国在国际学术界的话语权。建立专业的、系统的、科学的陶行知学，正有助于此。

目前陶行知研究已经发展为一门国际性的学问，在美国、日本、韩国等国家以及欧洲都有不少学者在进行研究并取得了丰硕成果[①]。

从欧美来看，当今陶行知研究方兴未艾，已入佳境。由于陶行知的生活教育理论和实践对中国以及世界上其他国家（尤其是第三世界国家）的教育改革与发展已经产生程度不同的影响；陶行知在抗战期间曾遍游欧美二十八个国家和地区，宣传中国人民的抗日主张，介绍其独创的"小先生制"；陶行知早年曾留学美国哥伦比亚大学，师从杜威，与进步主义教育结下不解之缘，回国后又曾大力引进和传播杜威的实用主义教育学说，成为20世纪20年代新教育运动的主要领导人之一——因此，陶行知研究在欧美尤其是美国学术界历来颇受重视，研究者中不乏蜚声世界的知名学者，如克伯屈、费正清、孔斐力等人。

早在1929年，即陶行知创办晓庄试验乡村师范学校（下文简称晓庄学校）两年后，世界著名教育家、美国哥伦比亚大学师范学院教授克伯屈就对陶行知的教育理论有所评论。是年10月中旬，他曾去晓庄学校实地考察，并在《我对晓庄之感想》中称："这个运动，这个学校，不是一人或少数人所能创造出来的。如大家肯努力，过一百年以后，大家再回过头来，纪念晓庄！欣赏晓庄！这就是教育革命的策源地。"克伯屈还说："我曾到各处找这种运动，找这种试验的方针和办法。它发动的理想，进步的过程，都合乎我的标准。这也可以代表中国整个民族精神。"他还表示："我现在无论到什么地方，都要宣传在中国的晓庄有一个试验学校。把这里的理想和设施，宣传出去，使全世界的人知道！"因为克伯屈是闻名世界的教育家，他的话在国际教育界很有影响。从20世纪30年代起，陶行知及其晓庄学校就开始逐渐引起欧美学者的注意。

欧美最早开始对陶行知其人其说做系统研究的是美籍华裔学者朱宕潜。朱宕潜在20世纪50年代初赴美国哥伦比亚大学师范学院攻读教育学博士学位时，就选择将陶行知的教育理论和实践作为研究对象，并在1953年向校方提交了题为《陶行知与中国现代教育》的博士学位论文。这篇博士论文由八章和结论构成。在结论中，朱宕潜对陶行知的历史地位和作用予以充分肯定。他还认为陶行知的思想与实践对其他国家（特别是第三世界国家）的教育改革与发展也可提供有益的经验与启示。

就在朱宕潜提交博士论文几年后，知名学者、哈佛大学的孔斐力教授也在哈佛大学东亚研究中心1959年出版的《中国论文》第13卷上发表了一篇题为《陶行知，一位教育改革家，1891—1946年》的专题论文，介绍了陶行知其人其说，辨析了陶行知与杜威以及进步主义教育的关系，并提出了晓庄学校是陶行知事业上的巅峰的论断。该文所提出的若干论点后为不少学者所赞同，并由他们作了进一步发挥。

[①] 周洪宇编《陶行知研究在海外》，人民教育出版社，1991，第29页。

在研究陶行知的欧美学者中，特别值得一提的是在国际学术界享有盛誉的著名历史学家、美国现代中国学奠基者、哈佛大学教授费正清。从某种意义上说，费正清是欧美陶行知研究的先驱者之一。正是受他的影响，一些中国学专家（如前文提及的他的高足孔斐力等）在20世纪50年代便开始研究陶行知。

20世纪90年代以来，还有两位学者值得注意。一位是现任美国加州州立大学北岭分校教育学院教授、中国研究所所长的苏智欣女士。一位是现任美国罗林斯学院历史系主任的姚渝生教授。他发表有《民族英雄的塑造：陶行知在中国的遗产》《重新发现教育与社会革命家陶行知》《借助教育实现民族重建——陶行知对民族认同与乡村建设的探索》等多篇论文。他在综合中美学者研究的基础上，发现了陶行知的教育激进主义，认为陶行知的生活教育理论与实践代表着关于中国现代教育和民族重建论争中的一种激进话语；陶行知应被视为一个教育和社会改革家，他的理论和实践是20世纪中国革命话语的一部分。这是一个新的突破。

20世纪80年代以来，欧美的陶行知研究出现了新的动向，以往美国学者在这一领域一枝独秀的局面开始被打破，越来越多的其他国家的学者对陶行知产生了浓厚的兴趣。德国西柏林自由大学的内克曼，德国马堡大学的黄冬，法国汉学家、巴黎国立科学研究中心主任研究员巴斯蒂女士，俄罗斯远东研究院研究员鲍列夫斯卡亚女士也都相继发表研究成果。

至于邻近中国，一贯拥有特殊地缘优势的日本和韩国的学者，仍然在陶行知研究领域保持了前列的位置。其中，最有代表性的就是日本东京专修大学教授、中国研究所理事长斋藤秋男与东京大学教育学院牧野笃。斋藤秋男七十多年来出版和发表了《新中国教师之父——陶行知》（刀江书院1951年版）、《民族解放的教育》（明治图书出版公司1961年版）、《陶行知评传——政治的抒情诗人》（劲草书房1968年版）、《陶行知生活教育理论的形成》（明治图书出版公司1983年版）等四部著作以及专题论文，博得国际学术界和中日两国人民的好评。如果说斋藤秋男是日本20世纪80年代以前的陶研杰出代表，那么牧野笃便是日本20世纪90年代以来的杰出代表。牧野笃的研究成果集中体现在其博士论文《中国近代教育思想的展开和特质——陶行知生活教育思想研究》之中，该论文于1993年由日本图书中心出版社出版。这部专著是牧野笃多年来潜心致力陶行知研究的成果，代表了迄今为止日本陶行知研究的最高水平。

在东亚除了日本，韩国的学者李炳柱、金贵声、金玟志、李庚子等人在陶行知研究领域也取得了一定的成绩。

上述情况表明，陶行知研究已经成为海外中国学研究中的一个热点，值得密切关注。建立系统、科学的陶行知学，加强与海外学术界的对话与交流，进一步扩大我国在国际学术界的影响已经刻不容缓。

最后，建立陶行知学是陶行知研究百年来发展的必然结果。

如果将1920年北京大学缪金源所写的关于陶行知学生自治思想研究的文章算为正式起点的话，陶行知研究到现在已有百年历史，已为陶行知研究发展为陶行知学提供了很好的学术基础和队伍准备。

新中国成立初期，一度备受推崇的陶行知及其思想，由于当时对电影《武训传》的批判而受到牵连，之后长期处于沉寂的状态。1985年中国陶行知研究会正式成立之后，在江泽民、李鹏等党和国家领导人的大力支持下，在张劲夫、刘季平等老一辈无产阶级革命家和陶门弟子的直接领导与主持下，在广大教育工作者的共同努力下，陶行知教育思想的理论研究和实践在不同地区、不同学校都有了不同程度的推进，取得了许多成果，产生了不少经验。

最近二十来年，随着中国陶行知研究会原会长方明先生的去世，加上一批年事已高的陶门弟子相继隐退，以及相当一批专家学者因为年龄的原因陆续退休，特别是市场经济对教育的猛烈冲击，行政化、政绩化对教育的严重影响，陶行知研究已经没有了20世纪八九十年代那种蓬勃兴旺的景象。自中国教育科学研究院（原中央教育科学研究所）前所长朱小蔓教授于困境之中接任了中国陶行知研究会会长一职后，她带领大家重整旗鼓、奋力前行，努力加强组织建设。经过艰苦细致的工作，她主持将中国陶行知研究会的日常办公场所由北京移至南京晓庄学院（前身为1927年陶行知创办的晓庄试验乡村师范学校），以更好地开展工作、推动研究与实验。同时，为适应形势的发展，中国陶行知研究会会刊《生活教育》在坚持实践性的基础上开始注重提升学术研究的水准。在实验上，中国陶行知研究会在北方、南方选择不同地区、不同学校继续开展陶行知研究的实验。过去，陶行知教育思想的实验主要是在江苏省开展师范教育实验，在安徽省和山西省开展农村教育实验，在四川省开展创业教育实验，在上海市开展综合性教育实验等，效果比较明显。现在，陶行知实验仍在不同地区、不同领域进行，尽管声势没有20世纪八九十年代那样壮大，但也有新的发展和新的特点，如浙江省杭州师范大学开展的"新陶行知"农村骨干教师培训，江苏省无锡市开办的"行知式青年教师培训班"，广西壮族自治区钦州第二中学、第五中学、实验小学等开展的陶行知教育实验，安徽省行知学校、南通市行知小学、北京市黑芝麻胡同小学等开展的陶行知教育思想实验。可谓遍地开花，层出不穷。这些都是很好的现象与趋势，说明陶行知教育思想在今天仍有强大的生命力，可为今天的中国教育改革提供宝贵的借鉴和参考。

  作为今天的陶行知研究者，有义务、有责任，也有条件在前人的基础上继续前进，并吸引学术界更多的专家学者参与进来，共同研究、协同创新，使之专业化、系统化、科学化，以提高陶行知研究水平，在学术界赢得重要的一席之地，为中国教育学术事业的繁荣发展做出应有的贡献。因此，在21世纪将陶行知研究发展为一门专门的学问——陶行知学，既有必要性、重要性、迫切性，又有现实的可能性。愿各位有识之士共襄盛举，协力奋斗，再创辉煌！

陶行知研究的方法论问题[①]

陶行知研究是我国人物研究中的一个重要课题，具有不可忽视的理论意义和实践价值。自从1927年陶行知创办蜚声中外的晓庄试验乡村师范学校和次年他的第一部重要论著《中国教育改造》出版之后，研究他的文章和著作就接连不断地见之于世。近百年来，经过广大陶行知研究者的共同努力，陶行知研究在理论上和实践上都取得了蔚为可观的成绩，正逐渐发展成一门系统的专门学问——陶行知学。但是，我们也要清醒地看到，目前的陶行知研究并不尽如人意，在思想观念、思维方式、理论视野、研究领域、研究内容以及队伍素质等方面，尚存在着不少亟待解决的问题。其中，方法论问题尤为突出。从某种意义上说，不解决陶行知研究的方法论问题，陶行知研究很难有新的突破。基于此因，本文拟就陶行知研究的方法论问题作点探索。因方法论问题事关陶行知研究的全局，需要广大陶行知研究者共同研讨，这里所谈的只是个人很不成熟的看法，旨在引起大家对这个问题的重视，推动对它的深入研究。

任何一门学科（或学问）都有它自己的方法论。所谓方法论，即关于方法的原则和理论。它与具体的研究方法不同，是研究工作的指导思想和根本方法。每个研究者都受到一定的方法论的指导。也许有些研究者在研究时并未明确意识到自己所采取的方法论，但由此而说他没有方法论作指导，则是荒唐可笑的。正确的方法论对于研究工作来说尤为重要。恩格斯说如果没有正确的方法论作指导，"往往当真理碰到鼻尖上的时候，还是没有得到真理"[②]。

陶行知研究也不例外，那么它的正确的方法论是什么？这就是马克思、恩格斯创

[①] 原载于《华中师范大学学报（哲学社会科学版）》1989年2期。
[②] 中共中央马克思恩格斯列宁斯大林著作编译局编《马克思恩格斯选集（三）》，人民出版社，2013，第555页。

立的唯物辩证法和唯物史观。离开了这个正确的方法论作指导，陶行知研究必然会走弯路。

有了正确的方法论，并不意味着研究者已稳操胜券，可以坐等收获。由于每个研究者的具体情况千差万别，他们所面临的问题又各不相同，因此，正确的方法论并不是必定成功的保证，而仅仅是研究工作的前提。

从陶行知研究的现状来看，我们能否说每个研究者都已很好地运用了这一正确的方法论？就我个人所了解的情况来看，恐怕还不能这样说。如果我们不是回避问题而是正视现实，就应该承认，在研究过程中，不少研究者（包括我本人在内）常常产生偏离甚至背离这一正确方法论的倾向，从而出现种种偏差与失误。这里面最为突出的大概要算庸俗社会学方法论倾向，它已对陶行知研究产生了明显的消极影响。如果再不解决这个问题，陶行知研究很有可能走进一条死胡同。

庸俗社会学方法论在陶行知研究中究竟有何表现？依我浅见，似有如下弊端：

一曰"分割研究"。时下不少研究者热衷于像切豆腐块似的对陶行知搞分割研究。你写陶行知论乡村教育，我就写陶行知论城市教育；张三论陶行知的美学思想，李四就论陶行知的艺术实践；A介绍陶行知在南京，B就介绍陶行知在北京；甲谈陶行知与小孩子，乙就谈陶行知与老妈子。如此这般，不胜枚举。随便翻开有关刊物，那里面十有八九是这类大作，而且从标题形式、文章结构乃至语言风格都大同小异，毫无新意，仿佛是一个模子倒出来的。这类问题，有些颇有价值，应该而且必须做深入研究；有些则价值不大，没必要花偌大精力呕心沥血做文章；还有些文章连题目本身都无法成立，纯系迎合时尚的拼凑之作。像这样无限分割下去，陶行知研究将会有无穷无尽个题目以供研究！当然，我并不反对专题研究，只是不赞同那种人为的分割研究。在我看来，陶行知的学说是一个有其内在逻辑联系的有机整体。即使是专题研究，也自应依循这种内在逻辑联系，通过整体来观照局部，又从局部来把握整体。只有这样的专题研究才有真正的价值。这样的专题研究越多，陶行知研究才越深入，而那种人为的分割研究，只能把一个好端端的、严密完整的思想体系弄得支离破碎！

二曰"注经疏义"。有些研究者虽然口口声声以马克思主义的立场、观点和方法来研究陶行知，但在实际上却把陶行知视为一贯正确、能够解答一切现实问题的先知先觉者。他们对于陶行知的学说，犹如古代学者整理儒学经典，孜孜矻矻，专事注疏，不敢越雷池一步。名为学术研究，实为现代注经。在他们看来，陶行知的学说已尽善尽美，完全适合于当前的社会主义教育建设，人们只需很好地理解和运用它，就万事大吉了。他们认为，陶行知的学说没有什么局限性，可以直接用来指导今天的教育改革。其实,任何人和任何学说都有其局限性,陶行知也不例外。马克思早就指出:"人们自己创造自己的历史,但是他们并不是随心所欲地创造,并不是在他们自己选定的条件下创造,而是在直接碰到的、既定的、从过去承继下来的条件下创造。"① 这里所说的条件性就是局限性。陶行知生活的时代已与今天有天壤之别,历史条件也大不一样。对于陶行知的学说,我们应该区分三种情况:一要分清哪些是陶行知学说的基本原理,是普遍适用的;二要分清哪些原理和观点在当时当地是正确的,但在今天已不正确、不适用了;三要分清个别观点在当时看来就是有失偏颇和不确切的,或带有某些空想的因素。在运用陶行知的学说指导今天的教育改革时,应注意它的临界条件和适用范围。与其一门心思考虑它能怎样,毋宁反过来考虑它不能怎样。这样或许可以使我们少犯一点主观主义、教条主义的错误。只有用陶行知的精神即科学的精神对待陶行知的学说,才能在实践中坚持和发展陶行知的学说,永葆其美好的青春活力。

三曰"假设推理"。某些研究者总喜欢作各种假设推理,"如果……一定……"便是最为常见的一种。比如,如果陶行知谢世不那么早,后来当了新中国的教育部长,我们按他的教育主张办教育,我国的普及教育一定早就完成了,根本用不着为现有的二亿五千万文盲或半文盲的扫盲问题而发愁。这种看法当然并非毫无根据。然而,历史毕竟是不能假设的。历史如能假设,那历史也就不是历史了。即使从逻辑学的角度来看,这种推理的结论也往往并不可靠。因为客观事物之间既有相似的一面,又有差异的一面。前者为这种推理提供了根据,而后者又对推理的可靠性起了限制作用。这就使推理的前提和结论没有必然的联系,结论是或然的。有可能这样,也有可能那样。如果认为一定这样,那就未免太绝对了。退一步讲,即或陶行知当了教育部长,他又能如何呢?说实话,在阶级斗争高唱入云的年头里,陶行知的教育主张再好,也只能被束之高阁。这绝不是哪一个人的主张与能力的问题,而是当时那种时代背景下的必然走向使然。撇开了对这一段具体历史过程的考察,再好的假设推理都显得苍白无力。

四曰"添冠加冕"。一些好心的同志为了证明陶行知如何伟大,老爱把各种桂冠加在他的头上,似乎不这样做,就不足以证明陶行知的伟大。有的说他"在国内最早主张并招收女子入大学",有的说他是"第一个重视科学教育的人",有的说他是我国教育经济学、教育社会学、教育统计学这些新兴教育学科的创始人、奠基者,等等。应该承认,作为一个伟大的人民教育家,陶行知的改革精神和创造意识确实是他同一时

---

① 中共中央马克思恩格斯列宁斯大林著作编译局编《马克思恩格斯选集(一)》,人民出版社,2013,第603页。

代众多教育家所难比肩的。他在教育领域许多方面的革故鼎新，都开一时风气之先。对于他的这些劳绩，后人自应予以尊重和充分肯定。问题在于有些改革的首倡者，并不是陶行知。就拿素为某些同志所津津乐道的陶行知首招女子入大学一事来说吧，远在陶行知所在的南京高等师范学院和蔡元培所在的北京大学相约试行男女同学之前，广州岭南大学和上海大同学院已经招收女生，实行男女同学。上海大同学院是1915年开始提倡男女同学的，而南京高等师范学院和北京大学五年之后才有此举。陶行知在其《为反对中学男女同学的进言》一文中，对此曾有明确说明："其实大学男女同学，在中国早已试行。岭南大学、大同学院当国立大学未行男女同学之先，早已办过了，结果都很圆满。"[①] 不知是这些同志没读过这篇文章，还是有意视若不见，如果是前者的话，倒还情有可原，倘若是后者，这种心态就很值得研究了。在我看来，是则是，非则非。陶行知的伟人形象本来就已光彩照人，何必还要多此一举？难道不戴上这些桂冠，陶行知就不伟大了吗？

五曰"循环论证"。在陶行知研究中，我们时常看到这样一种现象：或者援引毛泽东、周恩来等人对陶行知的评价来证实陶行知的伟大，或者引用陶行知的言行来证明毛泽东、周恩来等人的评价完全正确。这就在研究过程中形成了一种循环论证，导致了研究工作的起点与研究结论的归宿之间的同义反复。试举一例，周恩来在1946年陶行知去世后给中共中央发电报时说："十年来，陶先生一直跟着以毛泽东同志为代表的党的正确路线走，是一个无保留追随党的党外布尔什维克。"[②] 周恩来的这一段话，言简意赅，评价允当。但在陶行知政治思想分期的问题上，也只是一家之言。研究者完全可以通过自己的独立研究，或赞同这种观点，或提出与之不同的看法。可是实际情况并不是这样。有些同志看到中央领导已有结论，就不再去劳神了。于是乎，他们不是把精力放在深入探讨陶行知政治思想的具体发展过程上，而是专在这段话的"十年来"三个字上做文章。既然周恩来是说"十年来"，那么，陶行知的政治思想毫无疑问是从"十年前"（即1935年）开始发生质变的，由一个民主主义者逐步成长为一个共产主义者。还有的同志思路更为奇特，认为既然中国共产党也只是在"十年前"（1935年）的遵义会议上，才结束了王明的"左"倾错误统治，确立了毛泽东同志在全党的领导地位，使党中央的路线转到马克思列宁主义的正确轨道上来，那么，陶行知从十年前开始一直跟着以毛泽东同志为代表的党的正确路线走完全合乎情理。如果在此之

---

① 华中师范学院教育科学研究所编《陶行知全集（一）》，湖南教育出版社，1984，第300页。
② 出自周恩来同志向陶行知遗体告别后当日（1946年7月25日）给中共中央的电报。原载《人物》丛刊1980第4辑。

前就跟着当时的"左"倾错误路线走，那反倒糟了。言下之意，似乎陶行知颇有些先见之明。在这里，周恩来的这段话被他们作为研究工作的起点，开始了其论证过程，忙乎了半天，又回到了原先的起点上。其实，毛泽东、周恩来等人对陶行知的评价，基本上是一种结论性意见，没有作具体的论证。即使他们的结论是正确的，也并未穷尽对陶行知的认识，还有许多具体的研究工作需要去做。从他们对陶行知的论述中，我们仅仅了解和熟悉一些结论是不够的，更重要的是应学习和掌握他们所持的马克思主义的立场、观点和方法，以改进现有的陶行知研究。

当我们对庸俗社会学方法论在陶行知研究中的种种表现有了初步认识之后，不禁会思索这样一个问题：为什么庸俗社会学方法论能在陶行知研究中如此作祟呢？这里面的情况比较复杂，不是三言两语说得清楚的。我想，至少有以下四点：

首先，它与适合于庸俗社会学方法论产生和滋长的政治气候有关。党的十一届三中全会以来，两个"凡是"虽被推翻，一切从实际出发的马克思主义思想路线逐步得到恢复，但由于种种原因，主观主义和教条主义并未被彻底地扫地出门，在某些同志（包括我自己在内）的思想深层仍留有残余，犹如"百足之虫，死而不僵"，一遇到合适的政治气候，就很容易滋长和蔓延。

其次，它与目前整个陶行知研究的队伍素质有关。让我们来透视一下这支队伍的基本成分：①陶行知的生前好友、历届门生和亲属。他们是这支队伍的核心力量，没有他们的组织与宣传，不会有今天如此规模的陶行知研究事业。②中央和地方有关部门（主要是教育部门）的各级行政领导。他们是陶行知研究的坚强后盾，没有他们在政治上、经济上所给予的大力支持，陶行知研究难以顺利展开。③各地陶行知研究会的成员。这一部分人数最多，多为对陶行知怀有敬慕之情的普通教育工作者，他们是陶行知研究雄厚的群众基础。④部分高等院校（主要是师范院校）、科研机构的理论工作者。他们人数虽少，但具有较好的理论水平和科研能力，是陶行知学说理论研究的实际承担者。由此可见，这支队伍与"鲁学""红学"的学者型队伍不一样，来源不一、层次不同。这虽有其利于扩大声势、推广实验的一面，但也毋庸讳言，其中相当一部分同志的理论水平不高、知识结构陈旧、研究能力较弱，这为庸俗社会学方法论的盛行提供了易于生长的土壤。

再次，它与某些同志的研究动机不纯有关。有些同志从事陶行知研究，不是为了创造性地发展和运用陶行知的学说，以推动我国的教育改革，而是为了赶时髦、出风头、发文章，对陶行知研究抱着"生意眼"的实用主义态度，形势需要什么，就研究什么；哪类文章易发，就写什么。不客气地说，这是"吃陶行知的饭"！以这种态度从事陶行知研究，怎会不跌入庸俗社会学方法论的泥淖呢？

最后，也是极为重要的一点，它与我们这个古老民族的文化心理和学术传统有关。从远古时代起，人们开始形成了偶像崇拜的观念。进入封建社会之后，特别是自高度中央集权的秦汉时期始，一元的偶像（圣人）取代了原先多元的偶像。从此，谁被统治者钦定为圣人，谁就能享受独尊至上的地位和荣誉，并不断被神化，他的著作被奉为经典，具有权威性。人们在圣人面前五体投地，心悦诚服，久而久之，积淀而成为圣人崇拜的民族文化心理。它体现在学术研究中，便是"唯经""唯上""述而不作"，以圣人的头脑代替自己的头脑，非圣人之言不敢言。即或有所作为，也要说是古有明训，拼命到经书中找依据。

上述若干分析，未必都很准确。其中，某些现象不仅仅是方法论问题，某些原因也不能完全归结到研究者身上。笔者提出这些看法，目的在于与大家共同总结经验教训，清除庸俗社会学方法论的影响，使陶行知研究得到健康发展。

摒弃了庸俗社会学方法论之后，应该如何研究陶行知呢？这是我们必须回答的一个问题。

我认为，为了开拓陶行知研究的广度和深度，当务之急是建立起陶行知研究的方法论体系。按照我的初步设想，这个方法论体系是以唯物辩证法和唯物史观作指导的多角度、多层次、相互联系并互为补充的立体网络结构。大致说来，它由下面三个层次组成：①方法论，居最高层次；②具体方法，属中间层次；③研究程序，为最低层次。这三者相互独立又相互依存，相互渗透又相互制约，有机地构成一个方法论体系。方法论离不开具体方法和研究程序的运用，而具体方法和研究程序又有赖于方法论的指导，彼此相辅相成，不可或缺。

先说第一个层次。陶行知研究的方法论，即唯物辩证法和唯物史观，这是陶行知研究的指导思想和根本方法。这一方法论的基本观点是：①从事实出发，把问题放在一定的历史条件和社会环境中加以考察，对具体问题作具体分析；②全面地综合看待认识对象，把握和探讨事物的各个方面、各种联系和各个"中介"；③在事物的发生和发展过程中进行观察和研究；④把实践作为检验真理的唯一标准。概括而言，就是历史的观点、全面的观点、发展的观点和实践的观点。该方法论本身又包含有若干具体方法，如经济决定方法、阶级分析方法等。这一方法论对具体方法和研究程序起指导、定向的作用。

次说第二个层次。陶行知研究的具体方法是不少的。我们应该注意的是正确处理原有方法与新增方法之间的关系。历史方法、经验方法和比较方法是我们过去常用的具体方法。这些具体方法迄今并未过时，仍然大有用武之地。运用得当，将对陶行知研究做出新的贡献。以比较方法为例，以往我们对之理解和运用都有不少问题。就陶行知与中国教育家的比较而言，只重视了陶行知与王阳明、武训、胡适的比较研究，却忽略了陶行知与孔子、孟子、墨子、颜元、张謇、蔡元培、黄炎培、晏阳初、梁漱溟、赵叔愚、陈鹤琴等人的比较研究；就陶行知与外国教育家的比较而言，只重视了陶行知与杜威的比较研究，却忽略了陶行知与裴斯泰洛奇、赫尔巴特、福禄培尔、孟禄、克伯屈、柏克赫斯特等人的比较研究。如果今后我们注意运用比较方法，对此多做一点研究，一定可以加深我们对陶行知与中外文化关系的认识。

话又说回来，仅仅凭借原有的方法研究陶行知仍是远远不够的，我们还必须根据研究的需要，大胆地借鉴其他人文、社会科学的研究方法，如发生学方法、系统方法、结构方法、文化学方法、心理学方法、符号学方法、解释学方法和接受学方法等，以弥补原有方法之不足。比如，在研究陶行知生活教育理论发生过程中，不妨尝试一下发生学方法。发生学方法主张从多方面、多角度对研究对象的生长点进行动态的、实验的综合研究。据此，我们可从社会环境、时代环境、文化背景和理论来源诸方面对生活教育理论的生长点做动态考察，以弄清其起源和发展的具体过程。又如，我们可以借鉴系统方法对生活教育理论作新的认识。这里所说的系统方法，是从系统观点出发，把对象放在系统中，在系统与要素、要素与要素、系统与环境之间的相互联系和相互作用的关系中综合地考察对象、处理问题的一种方法。[①]

依据这一方法，我们可从以下五方面对生活教育理论展开分析：①以生活教育理论的整体性作为研究工作的基本出发点。②对构成生活教育理论的诸要素（或子系统）作具体分析。从现代系统论的观点来看，生活教育理论可被视为一个包括诸多要素（或子系统）的大系统，它由"生活即教育"（本体论）、"社会即学校"（领域论）和"教学做合一"（方法论）这三大要素（或子系统）构成。这三者各具其结构和功能。在这三者之下还有更多、更小的要素（或子系统）。③探讨生活教育理论（系统）与现代中国社会（环境）之间的关系，认识前者对后者的适应性。④弄清楚生活教育理论与中国传统教育以及与西方教育理论的关系，揭示其发展变化的趋势。⑤在对上述方面的具体分析的基础上，进行综合考察，达到对生活教育理论的总体把握。采用系统方法研究生活教育理论，有助于我们克服以往只重部分研究、忽视整体考察的倾向，摒弃分割研究的做法，使我们更好地从整体上把握生活教育理论的性质、特征、内容、

---

① 张卓民、康荣平：《系统方法》，辽宁人民出版社，1987，第20页。

结构和功能，认识其理论意义和实践价值。

再如，既然生活教育理论是一种具有某种结构的理论系统，那么我们不妨用结构方法对之进行分析。结构方法有一个基本思想，即"关系在方法论上要比因素占首要地位"，强调关系在系统中起的决定作用。这一点提醒我们，在生活教育理论中，占首要地位的并非"生活即教育""社会即学校""教学做合一"这三个单独存在的因素，而是这三者之间的关系。我们不能把三者孤立地分开来认识，而应将之有机地联系在一起，它才具有三者孤立分开时所没有的整体意义。这三大因素应如此，其他更小的因素，如具体教育思想（包括幼儿教育、师范教育、职业教育、社会教育等）和具体教育做法（包括"小先生制"、工学团等）也应如此。只有将它们放到生活教育理论的系统中考察它们与生活教育理论的关系，我们才能真正把握其各自的独特内涵和整体上的全新意义。

此外，我们还可以借鉴文化学方法，从世界文化发展的总潮流、总趋势中，从中西文化大撞击、大融合中考察陶行知出现和思想形成的社会土壤、时代环境和文化背景，弄清这些方面对他及其思想的影响，探讨陶行知及其思想中的文化心理内涵，揭示其本质特征、精神内涵以及对于现代中国文化教育的深刻影响。过去我们极少从文化的角度去研究陶行知，主要是从政治的角度去分析陶行知。从政治角度分析陶行知是必要的，但又是不够的。长期以来，陶行知研究的基本范式是一种政治泛化的范式，其特点一是把政治参考系作为唯一的参考系，二是把政治标准作为评判教育的主要标准甚至是唯一标准，三是以政治史的分期来代替教育史的分期。在这种范式的指导下，我们往往侧重从政治角度对陶行知道路作政治定性的分析，即说明陶行知从进化论者向阶级论者的转变，从非马克思主义者向马克思主义者的转变，从民主主义者向共产主义者的转变。这种分析是符合陶行知思想发展的实际的，但仅仅停留在政治分析甚至以此代替文化分析，就容易出现一些问题。例如，把陶行知早期的思想判定为非马克思主义性质，就难以真正认识这个时期陶行知反封建的民主、科学思想的巨大意义。如果今后我们更加自觉地从文化的角度去认识、去思考，将陶行知研究的重心转移到陶行知的教育理论与实践上去，我们一定会有许多新的收获。

当然，像人格心理分析方法、精神分析方法、符号学方法、解释学方法和接受学方法等其他学科的研究方法，也都可以根据需要灵活地运用到陶行知研究中去，以开阔眼界、活跃思想，提高陶行知研究的水平。

最后谈第三个层次——陶行知研究的程序。这个问题表面上看起来没有什么，实际上却很重要。过去不少研究者因为忽略了这一点而屡屡失足。陶行知研究的程序应如何才比较科学？我考虑是否可分这样三个步骤：首先是事实认识，其次是因果分析，最后为价值评价。所谓事实认识，即弄清楚陶行知教育理论与实践的基本历史事实，尽可能恢复其本来面目。它所要解决的乃是"是什么"的问题。所谓因果分析，即分析陶行知教育理论和实践产生与发展中的各种因果关系。它所要解决的乃是"为什么"的问题。所谓价值评价，即运用马克思主义的价值标准，对陶行知教育理论和实践在现代中国历史（特别是文化教育史）上的地位和作用作出符合事实的评价。它所要解决的乃是"应如何（看）"的问题。上述三个步骤，既有区别也有联系，具有某种内在的逻辑顺序。离开了事实认识，我们无法作因果分析；而离开了这二者，我们又不能作出正确的价值评价。由此观之，这三个步骤实际上正是遵循了马克思主义唯物辩证法的认识论原理，由表象到本质，由具体到抽象，由低级到高级。结合陶行知研究的现状来看，至今有不少同志因忽略了这一点而常常漏洞百出。这些同志由于尚未弄清楚陶行知教育理论和实践的基本事实及其因果关系，就轻率地对之作出价值评价，结果不是过分地抬高了陶行知，就是过分地贬低了陶行知。究其根源，除了方法论和具体方法上的失误，也与忽略了研究程序中的这三个步骤有关。

另外，我还想申明一点，建立了完整的方法论体系，并不等于一切问题都解决了。坐而论道，纸上谈兵，再好的方法论也无济于事。唯有在实践中加以运用，不断完善，才能取得真正有价值的研究成果。我深信，在马克思主义方法论的指导下，通过广大陶行知研究者的辛勤劳作，在不久的将来，陶行知研究将会出现新的突破，陶行知学也一定能在我国学术论坛上占有重要的一席之地。我热烈地期待着！

陶行知历史定位新论

众所周知，当前对陶行知的历史定位一般是：陶行知是伟大的人民教育家、杰出的民主战士和优秀的大众诗人。翻阅国内出版的几乎所有教材、专著以及发表的几乎所有论文，大都如此。这句话的定位虽不算错，但仍不太全面和准确。之所以说其不太全面和准确，即在于如果从陶行知一生的事业、思想、人格、作风方面整体来看，陶行知的历史定位显然不限于此。现在需要重新认识陶行知，需要对陶行知的历史定位进行再认识，这是今后加强陶行知研究、推动学术发展、促进教育改革的一个认识前提。建立了这个前提，再来认识陶行知及其思想、实践和人格对当代中国改革与发展，尤其是教育改革与发展的作用，运用、实践好陶行知的思想，就会更有自觉性、主动性和创造性。笔者认为，比起传统的三定位说，四定位说（即教育家、思想家、政治家、文学家）恐怕更为全面、准确些。

一、作为教育家的陶行知

笔者认为，要成为大教育家必须至少具备六个条件，即教育家要具有坚定不移的教育信仰和丰沛的教育激情；从事了丰富多样、持续不断的教育实践；创立了具有原创性的教育思想和学说；培养造就出一大批各具风采、各领风骚的杰出人才；具有感人至深的人格精神和人格魅力；对当时及后世教育产生了长远而深刻的影响，得到人们的广泛认可。如果这六个条件不全部具备，他可能是教育家，但不可能是伟大的教育家、一流的教育家。陶行知是教育家，而且还是伟大的、一流的大教育家。

---

① 原载于《华中师范大学学报（人文社会科学版）》2017年第2期。

陶行知提出了"生活即教育""社会即学校""教学做合一"的教育哲学理念，以及民主教育、科学教育、乡村教育、师范教育、创造教育、终身教育等具体主张，撰写出版了《中国教育改造》《生活教育论集》等大量教育论著，培养了李鹏、张劲夫、刘季平、董纯才、戴伯韬、张宗麟等大批杰出人才。陶行知充满教育激情，满怀教育救国的理念和追求，从1917年秋回国到1946年7月去世，近三十年里几乎没有一天中断过他的教育实践。除了早年在南京高等师范学校、东南大学的各种被视为开风气的教育改革（如与北京大学联手招女大学生入学，改教授法为教学法，推动学生自治，主张教育研究与实验，首次用教育统计学和行政学原理科学设置全校各科系课程表等），他还开创性地创办了从基础教育到师范教育再到职业教育甚至到成人教育和终身教育的各类学校，这些学校后来都成为开风气之先、引领时代潮流的有名的学校。

例如，陶行知1927年3月15日在南京市郊老山脚下创办的中华教育改进社晓庄试验乡村师范学校（下文简称晓庄学校），便是全国乡村师范学校的滥觞，并被纳入教育部正式学校体系，此后各地以此为样板纷纷设立乡村师范，都学习陶行知办晓庄学校的经验，贯彻"教学做合一"的教学原则。由于晓庄学校重视理论联系实际，注重培养学生为乡村教育服务的思想和能力，学校办得有声有色，推动了全国乡村教育改革发展，被克伯屈誉为"远东教育革命的策源地"。又如，1931年陶行知创办山海工学团，倡导"工以养生，学以明生，团以保生"，故名为工学团。这是一种学校与社会组织相结合的新型的"工、学、团"一体化的教育形式，在中国历史上属于首创。山海工学团等工学团组织注重收留培养进步青年，打通了学校教育和社会教育，贯彻了"生活即教育""社会即学校"的理念。再如，陶行知1939年7月在重庆合川古圣寺创办育才学校，收留和培养抗战时期流离失所、有特殊才能的难童。因为学校办学理念进步，成效卓著，周恩来、邓颖超也把烈士战友李硕勋的孩子李鹏送到育才学校社会科学组读书，从此他成为陶行知的学生，接受系统教育，留下了陶行知师生缘中的一段佳话。当时的育才学校分为音乐组、戏剧组、文学组、绘画组、社会科学组和自然科学组等六个组，按照学生的年龄、兴趣和特长以及师资力量进行分组，对学生实行适才培养。陶行知创办了各种类型的学校，培养了大批杰出的人才，在此不一一细述。

另外，尤为难得的是，陶行知人格伟大，极富人格魅力。从陶行知的人格特质看，他具有爱满天下的博大胸襟、乐于奉献的伟大情操、炽烈真诚的教育激情、不屈不挠的刚毅品质、求真务实的思想作风、开拓求新的创造精神。他的这些人格特质是一个有机的整体。其中，爱国情怀和奉献精神是陶行知人格的两大基石，炽烈激情是陶行知人格的原动力，求真精神是陶行知人格的核心，艰苦奋斗精神、创造精神是其人格特质的重要体现。正是这六种人格特质，构筑了陶行知丰富而深邃的精神世界，为他在中国现代文化诸多领域进行开拓和创新提供了巨大的精神动力。

陶行知是全部具备这六个条件的大教育家，他不仅有自己的教育思想和教育著述，还进行了长期的办学实践，培养了大批在各个方面都出类拔萃的优秀人才，他富有强烈感染力的人格魅力，他的办学实践对教育和社会、对中国和世界都产生了长远而深刻的影响。所以，陶行知是个大教育家，是近现代中国教育史上第一个从战略高度对中国教育作了全局性思考，开创性地从事了从基础教育到师范教育再到职业教育甚至到高等教育和终身教育、从城市平民教育到乡村教育一系列教育实践，建立了自己富有原创性的生活教育学说体系并培养了大批人才、产生了广泛影响、享誉世界的大教育家。这是他的历史定位的基调。

二、作为思想家的陶行知

关于陶行知是思想家的这个问题，在陶行知在世时及去世后都有人对此做出论述，只不过这些论述有的一致，有的接近，有的正好相反；有的肯定，有的否定。综观陶行知的教育主张和哲学思想，都极具思想性，是中华民族思想宝库中的瑰宝。

（一）从"陶知行主义"到"人民的思想路线"再到"人民至上主义"

最初把陶行知思想称为"陶知行主义"的是彼时北京大学的尚仲衣教授，但此评价是从批判的角度提出的。20 世纪 30 年代学术界曾展开中国出路和中国文化出路的大讨论，陶行知从教育的角度结合人口问题切入了这场讨论，撰写了《中华民族之出路与中国教育之出路》一文，署名何日平，1931 年 9 月发表在《中华教育界》第十九卷第三期上。这篇用实证方法配合大量数据的文章在 1934 年引发了一场对"关于人口统制与教育"的大讨论，赞成、存疑、反对者各有之。其中，反对最力者当属尚仲衣教授。他化名"子钵"撰写《陶知行主义是中国教育的出路吗？——陶知行主义人口统制论的教育之批判》长文，直指陶行知代表了"小有产者的社会阶级"，"为帝国资本主义的罪行作忠实的粉饰"[1]。他以"陶知行主义"来概括陶行知"五生主义"（即少生、好生、贵生、厚生、共生）的人口统制思想。两人后又多次撰文交流讨论，最

---

[1] 子钵：《陶知行主义是中国教育的出路吗？——陶知行主义人口统制论的教育之批判》，《民教半月刊》1935 年第 12 期。

后冰释前嫌。尽管尚仲衣是以批判为视角，但从主义的高度来概括陶行知的思想，也从侧面反映出陶行知及其人口思想已系统完整并且具有代表性。陶行知逝世后不久，邓初民也把陶行知的思想用"主义"来概括，但他是从正面来概括的。他把陶行知主义称为"人民至上主义"，并把"最广大人民的最大利益，即是真理的最高标准"看作"人民至上主义"的根本精神、陶行知主义的适切注脚①。而早在邓初民明确提出"陶行知主义"是"人民至上主义"的论断前，陈家康也提出了"陶行知思想路线"的重大命题。陈家康认为，人民思想路线作为一种新的思想路线日益发挥重要作用，成为中国思想革命的方针，而陶行知可以说是这条人民思想路线的开辟者②。陈家康曾从事过社会科学研究和知识分子统战工作，对当时中国各党各派思想状况十分了解，故做出的论断不同凡响，他是第一个从中国思想界两条路线的角度而且是把陶行知作为"人民的思想路线"的代表来概括和把握陶行知的历史地位的。

可以清晰地看出，从最初尚仲衣否定性评价的"陶知行主义"到陈家康肯定性评价的"人民的思想路线"，再到邓初民更高层次肯定性评价的"人民至上主义"的"陶行知主义"，恰似一个黑格尔哲学完整的螺旋上升的"正、反、合"的演进过程。不管是"陶知行主义"还是"陶行知主义"，总之都是把他的主张定为"主义"。把一个人的主张命名为一个"主义"，就说明这个人不是一般的人，因为一般的人谈不上有自己的"主义"，"主义"是对一个建立了系统完整思想体系的人的评价。

（二）陶行知思想的具体内涵及价值

把陶行知思想评价为"人民至上主义"只是对其思想属性和立场倾向的总体评价，具体到他的哲学思想特别是教育思想上，则有以下内涵和价值：

1. 根植于中国传统文化并吸收、借鉴西方现代文化而形成的知行观

在中国哲学史上，从孔子、墨子、荀子到王夫之、颜元、王阳明等都探讨过知行关系，陶行知对墨子和王阳明的思想继承较多，墨子的"亲知""闻知""说知"和王阳明的"知是行之始，行是知之成"给他留下深刻印象，是其哲学思想的重要来源。在金陵大学上学期间，由于深受王阳明知行观的影响，他将自己的名字改为"陶知

---

① 邓初民：《略论陶行知主义》，载陶行知先生纪念委员会编印《陶行知先生纪念集》，山西教育出版社，1947，第61页。
② 陈家康：《陶行知思想路线》，载陶行知先生纪念委员会编印《陶行知先生纪念集》，山西教育出版社，1947，第31页。

行"①。20世纪30年代,他又把王阳明的知行观创造性改造为"行为(是)知之始,知为(是)行之成"②,并把自己的名字改为"行知",以体现其哲学观的变化。不管是讲"知行"还是"行知",都可以明显看出其深受中国传统文化的影响。杜威实用主义哲学思想是陶行知哲学观的另一重要来源。在哲学观方面他吸取杜威思想中注重经验的连续性和整体性思想,并使之成为其生活教育的哲学基础之一,又吸取杜威"做中学"思想,强调"做"与"行"的重要性,注重理论联系实际。值得注意的是,陶行知并非不假思索地一味照搬,而是结合中国传统文化,根据自己的已有认识做了创造性吸收和改造,从而形成自己兼容中西的富有特色的哲学观,具有强调行动的实践性、为民服务的人民性和勇于开拓的创造性等特点。

2. 以人民至上主义为思想路线,创立了一套系统完整的生活教育学说

生活教育学说是由概念范畴、命题原理和具体主张三个方面的内容构成的。各种主张的精髓是民主第一、全民教育、全面教育和终身教育这四大基本原则。它们一起构成骨骼分明、血肉丰满的生活教育学说体系。它有三大命题,分别构筑成生活教育学说的本体论、场域论和方法论。第一,生活即教育。生活含有教育的意义,教育的根本意义是生活之变化。生活无时不变即生活无时不含有教育的意义。这是陶行知教育学说的基本原理之一,在陶行知生活教育学说的整个理论体系中占有中心位置,居于主导性地位。第二,社会即学校。社会含有学校的意味,以社会为学校把整个的社会或整个的乡村当作学校。从学校的角度说,学校要了解社会的需求,与社会生活实际紧密结合起来,为社会改造和发展服务。从社会与学校的关系说,"运用社会的力量,使学校进步,动员学校的力量,帮助社会进步"③。第三,教学做合一。陶行知指出,教学做合一是对生活现象、教育现象的说明,在生活中教学做因对象不同而含义不同。生活教育学说处处关注着社会,处处关怀着人民大众。

3. 提倡和实践大众教育,开辟了一条人民教育的新路线

陶行知把教育的对象由过去的少数统治者及其子弟转到广大的劳动人民尤其是农民及其子弟,把教育的目的由过去的培养剥削者和统治者转到培养具有生活力和创造力并为民族、为人类谋利益的新人,把教育的重心由少数的大城市转到广大的乡村,把教育的内容、方法等加以改造以适合人民大众实际生活的需要,把办教育的依靠者

---

① 华中师范学院教育科学研究所编《陶行知全集(二)》,湖南教育出版社,1985,第687、633、617、211、712页。
② 华中师范大学教育科学研究所编《陶行知全集(八)》,湖南教育出版社,1992,第303页。
③ 华中师范学院教育科学研究所编《陶行知全集(三)》,湖南教育出版社,1985,第545页。

由反动统治阶级转到人民大众自身，这就改变了旧教育的性质与格局，给中国数千年的教育带来了一场根本性的变革。这不仅在中国教育史上，就是在世界教育史上也是有重要意义的。同时，陶行知也是近现代最早重视农村问题和农村教育的先进中国人之一，20世纪20年代中期他就开始了对农村教育的调查和改革试验工作，成为中国改革农村教育的开拓者。

可以说，陶行知的生活教育学说达到了半殖民地半封建中国教育理论所能达到的最高的理论高度，不仅有力地推动了当时的教育改革和发展，而且成为新中国重要的教育思想资源，对当代中国的教育改革和发展产生了积极影响和重要作用，值得今人认真学习和运用。

三、作为政治家的陶行知

陶行知去世后不久，胡乔木、钱俊瑞、张友渔等人就评价陶行知不仅是一个大教育家，也是一个大政治家。但很遗憾，他们都只提出了观点并没有作深入论证。对于政治家与大政治家、民主战友与民主战士的内涵及其之间的异同，人们并没仔细推敲，作出区分。民主战友和民主战士都是从个体行为及其效果来作判断的，这个判断基本不涉及其个体行为是否足以影响广大的民众，不涉及其是否为某项重要活动乃至运动的倡导者和领导者；而杰出的民主战士多了个"杰出"，已经开始隐约涉及是否为某项重要活动乃至运动的倡导者和领导者问题了，但仍是不明确、不直接的；而政治家或大政治家毫无疑问就是某项重要活动乃至运动的倡导者和领导者。这些概念在性质和程度上是不同的，需要明确区分。现把陶行知定位为政治家的依据进行澄清。

（一）张友渔对陶行知政治思想的分析及其优缺点

尽管当年称陶行知为政治家的人士为数不少，然而只有张友渔作过比较具体的论证。在他看来，教育和政治密切相关，二者相辅相成，一个伟大的教育家尽管从事教育但对政治也绝不是漠不关心。张友渔将民主政治与民族独立以及陶行知新民主主义的政治思想与新民主主义的实践结合起来论述，指出陶行知最难得的是他的新民主主义思想不是坐而论道而是起而行之。他特别言及此，并写道："行知先生在'九一八事变'后,奔走救国运动,提倡救国教育。"① 既然陶行知不仅"奔走救国运动,提倡救国教育",还倡导民主并且开展民主运动,所以,陶行知当然是政治家,而且是"被侵略的半殖民地的伟大的政治家"。从中可以看出,张友渔对陶行知是大政治家这一点的阐释是从论证政治与教育的关系开始,进而转到陶行知政治活动与教育活动、民主主义与民族独立的关系,再转到陶行知政治思想与教育思想的关系,进而分析陶行知由新民主主义的政治思想必然导致其政治实践的开展,并使陶由早期一般参与政治发展到"九一八"事变后奔走开展救国政治运动和倡导领导救国教育运动。分析环环相扣,犹如层层剥笋般,最终得出结论,逻辑严密,令人信服。

由于张友渔此文只是一篇略述陶行知政治思想的理论文章,不是一篇专门论证陶行知是否为政治家乃至大政治家的学术论文,所以尽管他作出了陶行知是政治家乃至大政治家的结论,却没有就此展开具体的历史分析,这是其不足,也为我们进一步分析论证究竟陶行知是什么时候成为政治家乃至大政治家的留下了空间,提供了思路。

(二)陶行知作为政治家的历史依据

从陶行知一生所经历过的事件、运动、活动来看,陶行知成为政治家乃至大政治家是有个过程的,不进行历史的、具体的分析,既不符合历史事实,也有违逻辑常识。特别是在半殖民地半封建社会的中国,追求民主政治的民主运动和追求民族解放的民族运动又是紧密联系在一起的,两者都是当时中国政治运动的重要组成部分。陶行知积极投身其中,总体看,这个过程具体经历了三个阶段:

第一阶段是从1911年辛亥革命起,中经1919年"五四"运动,到1927年3月他创办晓庄学校,建立乡村教育先锋团,发起并领导生活教育运动开始之前,这是其政治家生涯的发轫期。辛亥革命爆发后,陶行知参加了屯溪阳湖余家庄起义,起义胜利后被任命为县议会的秘书,"五四"运动中公开发表爱国演说,后被推举为南京学届联合会会长,组织学生开展爱国运动。陶行知在中国近现代学生运动史上起到了领导与组织的作用。他领导的这些学生运动虽是地区性的,在全国影响有限,但毕竟显示了他的政治才干,可以视为其后来成为政治家的酝酿和准备。

第二阶段是从1927年3月他创办晓庄学校,建立乡村教育先锋团,发起并领导生活教育运动起,中经1931年"九一八"事变至1935年12月27日与沈钧儒等共同发

---

① 张友渔:《略述陶行知先生的政治思想》,载陶行知先生纪念委员会编印《陶行知先生纪念集》,山西教育出版社,1947,第31—37页。

起组织上海文化界救国会之前,"站在教育的岗位反帝反封建",这是其政治家生涯的形成期。陶行知有救国救民的抱负,意图通过创办乡村师范学校来救国救民,但却遭到国民党的封禁。他对国民党政权越来越失望,越来越自觉倾向中国共产党的主张,热心从事政治活动,抨击国民党政权的专制,号召广大民众积极抗日,开始了其政治家的生涯。

第三阶段从1935年12月27日他与沈钧儒等共同发起组织上海文化界救国会起,中经1936年1月23日在上海建立国难教育社,1月28日参与发起组成上海各界救国会,5月参与发起建立全国各界救国联合会,倡导和领导全国文化教育界救国运动,1945年10月被选为中国民主同盟中央委员和中央常委,担任中国民主同盟教育委员会主任,领导全国民主教育运动,直至1946年7月去世,这是其大政治家生涯的完成期。同时,尤其是陶行知开展国民外交,争取抗战外援,开辟了另一条战线,弥补了国内进步政治力量在国际政治斗争中严重不足的缺陷,有力支援了国内的抗日救国运动,为促进中国的民族解放事业做出了不可磨灭的贡献。

由此可知,陶行知不但对政治有独到而深刻的理解,把教育作为实现民主政治的重要途径,形成了独特而又完善的政治思想,而且对政治怀有高度的热情,从大学时期起就不间断地投身于实现民族解放、国家独立的爱国政治运动中,并在其中发挥了积极作用,是某些重大活动乃至运动的倡导者和领导者,推动了近代中国的民主进程。到他生命的最后一刻,依然奔波在反抗黑暗统治、追求光明和民主的道路上。可以说,陶行知把毕生都贡献给了追求民主的事业,而教育是其追求政治民主、实现天下为公的重要途径。因此,在这个意义上,陶行知毫无疑问当之无愧为中国近现代史上一位杰出的政治家。

四、作为文学家的陶行知

所谓文学家,一般说来,是指在诗歌、小说、散文、戏剧等方面发表或出版了质、量兼备的作品且有一定影响力的人。按照这个标准,我们完全可以毫不犹豫地称陶行知是一位名副其实的文学家,而不仅仅只是一位"优秀的大众诗人"。对于陶行知作为一位名副其实的文学家,当时文学界的不少名流对此都有定评,郭沫若、茅盾、田汉、何其芳等文艺界大家都发表文章指出了这一点。遗憾的是,现在的各种文学史著作和教材中对陶行知在文学上的贡献以及他在中国近现代文学史上的作用和地位却几乎未有记述,更毋庸说浓墨重彩地研究,不得不说这是文学史研究的失误与缺憾。

(一) 创作别具一格的"陶派诗"，开创一代新诗风

陶行知在自己半个世纪的战斗生涯中，共创作了八百首左右的诗歌，这些诗不仅通俗易懂、贴近生活，而且内涵深刻、寓意丰富，具有较高的思想性和艺术性。从内容讲，概括起来可以分为三大类：①充满激情的政治诗。这类诗揭露黑暗统治，同情民众疾苦，揭露国民党反动统治和帝国主义侵略给人民带来的沉痛灾难，反映生活在社会最底层农夫、工人、车夫、报童、老妈子等人的疾苦。②正视现实的教育诗，以批判传统教育的空疏腐败和力倡新型进步教育。③呼唤民主的革命诗。这类诗通过弘扬高尚的革命精神来激发中华儿女的战斗力，动员和号召全国民众起来为自由、民主、民族独立、人类解放而战。

(二) 创作新型教育小说，开创中国现代教育文学

《古庙敲钟录》是陶行知创作的以文学艺术的形式来生动地展现生活教育模式的一本小说，是中国近现代小说史上一部难得的教育小说。整部小说共分八十四章。小说通篇以同情下层民众的贫困生活为基调，以宣传与传统教育完全不同的新教育理念为宗旨。这部教育小说至少有五大特征：第一，对劳动人民深表同情。小说有多处生动描写种田农夫的贫苦生活，并且表现出极度的同情。第二，小说以叙事的方式形象地展现了"生活即教育""社会即学校"的教育理念，运用通俗的语言和生活中的事例向民众阐释生活教育的相关理论。第三，国难当头，通过兴办军事教育来宣传全民皆兵思想，提出了普及军事教育的最终目的就是实现"全村皆兵、全乡皆兵、全县皆兵、全省皆兵、全国皆兵"[①]。第四，借教人习武张师傅的口来宣讲接受教育的人应当主持公道，反对做欺压百姓、不劳而获的"人上人"，弘扬做"人中人"的思想。第五，体现了推广科学知识的必要性。

(三) 创作杂文和散文，堪称现代杂文家和散文家

陶行知时刻站在大众的立场上，创作了大量杂文和散文，深刻讽刺和揭露反动当局的黑暗统治给人民带来的沉重灾难，极力弘扬正气；在国难当头大声疾呼中华儿女要奋起挽救民族命运，号召抗日。他创作杂文的时间跨度比较大，从发表的时间来看，主要分为两个阶段。第一阶段为1924年至1925年，主要围绕时政，共发表杂文二十

---

① 华中师范学院教育科学研究所编《陶行知全集（二）》，湖南教育出版社，1985，第532页。

一篇，大都发表于《申报·平民周刊》，对北洋政府的腐朽统治进行抨击，对帝国主义在华掠夺的本性进行揭露和痛斥。第二阶段的杂文以宣传抗日救国为主，大都以"不除庭草斋夫"为笔名发表在《申报》副刊《自由谈》，共计发表杂文一百零四篇。陶行知不仅擅长创作诗歌、杂文，而且撰写了大量的散文来表达心声。这些散文自由多变、观点鲜明、思想深邃、语言质朴、感情诚挚，其长者犹如盈尺之璧，短者宛若径寸之珠，为中国现代文学花坛增添了新的色彩。

（四）创作大众歌曲和戏曲，成为文艺大众化的健将

陶行知在探索大众音乐理论方面思考深入，见解独特，为建构中国现代大众音乐理论奠定了良好基础，特别是他对大众歌曲从理论方面做了较为深入的思考和较为确切的阐释。他认为只有发自大众内心的呼声而成的歌唱大众生活的作品，才能真正打动广大民众，被大众所欢迎和传唱。他还分析了中国民众对听歌曲的渴望程度，并论及大众歌曲的市场需求量。除了探讨音乐理论，陶行知还热心于大众音乐创作，由他亲手创作歌词的著名歌曲就有数十首。这些歌曲一度成为人民大众丰富业余生活的精神食粮，也是批判当局黑暗统治的有力武器和动员民众参加革命的宣言书。另外，陶行知组织成立了晓庄剧社，并亲任社长，工作之余创作许多话剧。抗战时期，又指导成立了育才学校戏剧组，教育师生深入大众，和社会打成一片，与人民打成一片。陶行知的话剧实践活动为中国的抗战起了动员与宣传作用，也极大地推广了新生的中国话剧，为中国话剧从旧中国向新中国的转型与过渡起了一定的促进作用。

（五）力倡中国新文字改革，无愧为语言文字改革先驱

陶行知十分重视文字符号的改革，在他看来，文字符号是传播文化的重要载体，文字符号改革直接关系到教育的普及，如果文字容易被人接受，就会使文化得以广泛传播。他密切关注中国文字改革的动向，及时捕捉文字改革的最新信息和动态。为了有组织地推广拉丁新文字，在陶行知的积极推动下，1935年10月中国新文字研究会成立，他被选为第一届理事，并亲自起草了中国新文字宣言。1936年他又起草了《上海话新文字方案》，该方案经过中国新文字研究会多次讨论后通过。随后，他积极实施该方案，为推广上海话新文字和促进上海地区大众的普及教育提供助力。此外，1936年5月至7月陶行知奔赴两广，在其指导下，广西、广东先后成立了新文字研究会。之后受此影响，全国大部分地区陆续成立新文字研究会。除了力倡新文字改革，陶行知还发起了大众语文运动，撰写并发表了一系列文章，对大众语文相关重要问题作了

广泛而深入的探讨。

　　陶行知的历史定位应是教育家、思想家、政治家、文学家，或者说陶行知是中国近现代历史上集教育家、思想家、政治家和文学家四大家于一身的综合型文化巨人，是享誉全球的世界级教育大师。我们只有全面地认识陶行知、理解陶行知、研究陶行知，才能更好地从陶行知的思想、人格、事业中吸取营养，建设好今天中国的现代化事业，早日实现中华民族复兴的宏伟梦想。

陶行知的教育遗产及其启示[①]

陶行知是中国近现代贡献最大、影响最大的教育家之一。目前世界各国研究陶行知的博士论文已经超过二十篇。日本知名教育史学家、东京专修大学教授斋藤秋男曾指出："陶行知不仅是属于中国的，也是属于世界的。"美国知名学者、哥伦比亚大学师范学院汉森的《教育的伦理视野——实践中的教育哲学》一书收录了19世纪和20世纪世界上十位最有影响的教育家，陶行知是其中唯一一位来自中国的教育家。2016年，"哥伦比亚大学中国教育研究中心"正式更名为"哥伦比亚大学陶行知研究中心"，成为常春藤名校中首次以中国人命名的研究中心。在陶行知生活教育理论诞生一百周年之际，在陶行知工作并孕育其学说的母校里讨论其教育学遗产及其启示，是一件很有意义的事情。根据本论坛的主题"两岸教育学者共话教育学"，这里重点谈谈陶行知的教育学遗产及其启示。下面谈三个问题，一是陶行知有无教育学，二是陶行知教育学的源流问题，三是陶行知教育学遗产的启示何在，向各位方家求教。

一、陶行知有无教育学

在讨论陶行知教育学问题之前，需要先澄清陶行知有无教育学的问题，这是一个事实层面的问题，如果这个问题都不弄清楚，就无法继续讨论后面的事实认定与价值评价问题。

国内外学术界对于陶行知有教育思想这一论断是没有什么争议的。大多都认为他是一个著名的教育思想家。但是一个教育思想家与一个教育学家是有明显区别的。我

[①] 本文系周洪宇2018年8月20日在中国民主促进会中共委员会与南京师范大学举办的"两岸教育学者共话教育学论坛"上的演讲稿。

们常常说某某某是教育思想家，有自己的教育思想，但不一定认为他是一个教育学家，有教育学遗产。因为作为一个教育学家，是要有自己教育学术体系的，这个体系有其逻辑起点、理论范畴、重要命题、核心主张等，有自己的哲学、伦理学基础和心理学基础，有自己的认识论与方法论，是一个相对完整、比较严密的理论体系。从这个角度看，有的学者认为陶行知没有自己的教育学，只有自己的教育思想。其重要依据就是他们认为陶行知在20世纪20至40年代国家民族最危难的时刻，每天忙于反对日本侵略和蒋介石政权独裁、普及教育、呼吁民主，因此没有时间写论文专著，提出自己的教育学体系，也无时间整理自己的东西。

这种观点对不对呢？我说，既对，又不对。说对，是因为20世纪20至40年代陶行知确实很忙，尤其是后期他去世前。1946年上半年，一天几场演说，到处呼吁反内战、要和平，反独裁、要民主；说不对，是他们没有看到陶行知特别善于时间管理，工作效率奇高，研究与实践结合，写作与演讲并用，在不到三十年的时间里，就撰写、发表、出版了四百余万字教育论著，提出了自己的教育学主张。其代表作有《中国教育改造》《教学做合一讨论集》《普及现代生活教育之路及其方案》《古庙敲钟录》等。这个教育学体系在他后期，特别是1936年至1946年已经成熟并建立起来了，这可从他此时一系列著作（如1936年3月的《生活教育之特质》，1939年的《生活教育目前的任务》，1939年的《告生活教育社同志书》，1940年的《谈生活教育——致一位朋友的信》，1945年的《全民教育》等）中看得很清楚。

陶行知的教育学因其倡导生活教育又被称为生活教育学，它由若干理论范畴、重要命题和具体主张所组成。具体而言，它以陶行知的政治理念、哲学观点和文化思想为主要理论基础，以"生活"范畴为逻辑起点，以"生活""教育""社会""学校""教学做"等为理论范畴，以"生活即教育""社会即学校""教学做合一"为重要命题，以民主教育、科学教育、乡村教育、师范教育、幼儿教育、创造教育、全面教育、终身教育等为核心主张，强调生活教育是"生活的、行动的、大众的、前进的、世界的、有历史的"。它们有机地构成一个紧密联系、不可分割的整体，而且随着社会形势的变化与自身教育实践的深入不断发展变化，具有鲜明的时代特征、历史内涵和民族色彩。陶行知的生活教育学达到了20世纪上半期中国教育界和教育思想界的高峰，是中国"五四"时期一代教育家留给我们后代的宝贵思想遗产，也是中国教育界奉献给世界教育界的不可多得的理论财富。

陶行知生活教育学对于当时中国的教育改革与发展产生了积极作用，并影响到当时的印度等一些第三世界国家。由于陶行知生活教育学的内容适应了中国和一些国家、地区的教育发展趋势，符合教育的内在规律，因而对于今天乃至未来中国和世界教育改革与发展仍有着重要的理论借鉴价值与强烈的现实指导意义。陶行知生活教育学作为中国与世界教育学宝库中的一笔弥足珍贵的思想财富，值得人们深入地学习、研究、发掘与运用。

二、陶行知教育学的源流问题

接着要讨论的第二个问题是，陶行知教育学的源流是什么？有人说，陶行知的生活教育学来源于杜威，是杜威教育学的继承或翻版，是杜威实用主义教育学的中国化、本土化。也有人说陶行知教育学来源于中国本土的传统教育文化，他在赴美国接受杜威教育学说之前就已经接受了中国传统文化教育的深刻影响，尤其是王阳明的"知行合一"学说，他的教育学其实是以中国本土的传统教育文化为根基，接受了杜威等人教育思想后形成的。还有的看法更有意思，说陶行知虽然受到杜威进步主义的影响，但并不主要也不深刻，陶行知教育思想来源极为广泛，"略似太阳的引力使掠过它的星光偏移，而光的源头和归宿是在别的地方"。第一种说法的代表是大名鼎鼎的美国汉学家、哈佛大学教授费正清与日本知名教育史学家、东京专修大学教授斋藤秋男，中国学者中有潘开沛、须养本等人，第二种说法的代表是日本中青年学者、东京大学教授牧野笃等人，第三种说法的代表是美国学者休伯特·布朗。

这些观点对不对？我认为，似是而非，其实都不对。其核心问题在于混淆了教育学的"源"与"流"关系。"源"即思想本源、源头活水；"流"即"思想资料"、重要借鉴。毫无疑问，陶行知确实受到杜威、王阳明等人的影响，不承认这个事实是不客观的，但不管是谁的思想、谁的理论、谁的学说，无论是中国古代的，还是外国近现代的，都不是陶行知教育学的"源"，而只是陶行知教育学的"流"。

社会存在决定社会意识，任何思想都是时代和社会的产物。个人的思想与学说不是天上掉下来的，从根本与本质上说都是其社会实践的结晶。同样如此，陶行知教育学也是在他本人长期教育实践的基础上产生的。实践出真知，实践产生理论。陶行知生活教育学，就是他近三十年如一日先后推动平民教育运动、乡村教育运动、普及教育运动、国难教育运动、战时教育运动、全面教育运动、民主教育运动，以及创办晓庄学校、山海工学团、育才学校、社会大学、中华业余学校等办学实践的结果。如果说，古今中外诸多教育思想构成了陶行知教育学的"流"，那么，他自己的长期教育实践就是其教育思想产生的"源"。"实践之源"与"思想之流"共同构成其教育学的坚实基础。

三、陶行知教育学遗产的启示何在

陶行知教育学遗产给我们哪些启发？我认为至少有如下几点：

一是"五四"时期是中国历史上思想大解放、社会大转型和教育大变革的时代，这个时代涌现了一大批有贡献、有特色、有影响的教育家和教育学家，如蔡元培、陶行知、陈鹤琴、黄炎培、晏阳初等人。这批教育家和教育学家放在历史上任何一个时代，或与同时代的任何一个国家的教育家和教育学家比，都毫不逊色。我们不能妄自菲薄，应该认真地研究他们，从他们的教育思想和教育学著作中汲取有益养分，以发展和完善我们中国今天的教育学，并贡献于世界教育学。

二是实践出真知，实践产生理论。今天的中国教育学家要提出自己的教育理论，建立自己的教育学体系，就要像陶行知那样针对时代和社会提出的问题，深入教育改革的一线，积极开展教育实践，在实践中逐步形成和完善自己的教育思想和教育学体系。坐在书斋里玩弄概念，是产生不了真正的教育思想和教育学体系的。

三是善于借鉴古今中外的教育思想，提出自己的教育理论。这是教育家建立自己的教育学体系的重要途径。要像陶行知那样，在自己长期实践的基础上，批判地继承古今中外各种教育思想，提出自己的教育学。

四是建立中国的教育学，要坚持本国民族和文化的主体性。不能偏离中国教育学发展的正确方向，成为外国教育学的"跑马场"和"实验田"。要像陶行知那样，立足中国国情，既反对"沿袭陈法"，又反对"仪型他国"，在总结自己教育实践经验的基础上，批判地继承古今中外各种教育思想，走自己的路，提出自己的教育学。

五是建立中国的教育学，应加强对中国教育学史的研究，并从中汲取历史的智慧。要从本国文化的角度发掘中国教育学的个性与特殊性，即不仅研究教育学的共性（普遍性），也应从中国文化的背景和特点揭示其个性（特殊性）。教育学不能简单地以西方为中心，不能认为西方的教育学才是教育学，西方的教育学家才是教育学家，更不能以赫尔巴特倡导的所谓教育科学作为标准的教育学（事实上赫尔巴特也只是倡导教育学科学化，提出将教育学建立在心理学基础上，他也并未建立起真正的教育科学）；不能忽视中国教育学在世界教育学史上的历史领先位置，以及今后再次领先的可能性；不能将世界上最早论述教育问题的《学记》和深刻的《中庸》排斥在教育学论著之外，也不能将两者的思想源头《易经》排斥在教育学史之外，而将那些远远晚于《易经》《学记》《中庸》，既不系统、也非深刻的昆体良的《雄辩术》及卢梭的《爱弥尔——论教育》等奉为至宝；不能认为中国古代只有教育思想而没有教育学思想；也不能以为近现代陶行知的生活教育学、陈鹤琴的"活教育"理论等只是杜威生活教育的翻版或中国化；不能削足适履，简单地照搬西方教育学理论框架来套中国教育学史，不能脱离既有的中国教育学理论传统（人性论基础、社会历史观基础、伦理观基础、知识论基础等）、思想内核（如人性论、义利观、理想人格、天人合一等）与中国教育学传统范畴、命题与教学原则（如教与学、师与友、文与道、志与功、情与理、外铄与内省、教学相长、教人尽才、隆师益友、长善救失、学不躐等、循序渐进、道而弗牵、强而弗抑、开而弗达、因材施教等）来论述中国教育学史；不要以为西方教育学才是教育学的正道，今后中国教育学的任务与目标就是西方化、科学化，中国教育学应与西方教育学接轨；也不要一般性地提教育学本土化、中国化这些实际上仍奉西方教育学为圭臬的主张。西方与中国教育学都应现代化。现代化不等于西方化，也不等于美国化，更不等于科学化。中国教育学未来应走自己的路，应在当代实践的基础上，继承民族文化传统和吸收东西方一切合理因素，不断发展改革创新，建立具有本国文化品格、气质和特色，有自己理论范畴、命题与原则并给世界教育学以启发的教育学。援西入中是今日中国教育学的发展方向，而援中入西是未来中国教育学的发展方向。

陶行知的人民至上方向
就是中国教育的方向[①]

古人云，只有做到了"三不朽"才能算圣人。何谓"三不朽"？《左传》谓"太上有立德，其次有立功，其次有立言，虽久不废，此之谓三不朽"，孔颖达作疏道："立德，谓创制垂法，博施济众；立功，谓拯厄除难，功济于时；立言，谓言得其要，理足可传。"

用今天的话说，这立德、立功、立言"三不朽"，就是修养完美的道德品行，足以影响大众万民；建立伟大的功勋业绩，足以有功于国家民族；创立伟大的言论学说，足以流传后世。

"我是一个中国人，要为中国做出一些贡献。"写下这行字的时候，陶行知还不到十七岁。

古人讲的这些当然都不错，但个人体会，还不够精准到位，我认为只有立德、立功、立言，并且真正为人民服务的伟大人物，才是真正的圣人。陶行知与历史上的所谓圣人们有个明显的不同，那就是他不是服务于统治阶级的圣人，而是服务于人民的圣人。这种圣人才是更好的圣人、真正的圣人，是我心目中的圣人。

陶行知是如何做到为人民的"三不朽"的呢？他曾赋诗言志："人生天地间，各自有禀赋，为一大事来，做一大事去！"他在经历了学医救国、文学救国、政治救国三次人生志向转变之后，最终确立了教育救国的远大志向。他在南京创办晓庄试验乡村师范学校，在上海创办工学团，在重庆创办育才学校和社会大学，在香港创办中华业余学校；他抛弃高官厚禄的诱惑，睡牛棚，穿草鞋，立志用教育创造一个"四通八达的

[①] 此文系周洪宇在陶行知诞辰一百三十周年纪念会上的演讲稿。

社会"。

就立德而言，陶行知具有"爱满天下"的博大胸襟、乐于奉献的伟大情操、炽热真诚的革命激情、不屈不挠的刚毅品质、求真务实的思想作风、开拓创新的创造精神等精神品质，给我们留下了一笔足以永远流传后世、影响中华民族精神成长的宝贵精神财富；他为民众甘于奉献，放弃优渥待遇的工作去办乡村教育，为老百姓"烧心香"；当晓庄师生因从事政治活动奔走街头时，他敢于承担责任保护师生因而被通缉，学校也被查封；他为团结群众、全力抗日，与沈钧儒等联合发表《团结御侮的几个基本条件与最低要求》，得到了毛泽东的高度认同并亲笔回信。在生命的后期，他不畏强权，不怕牺牲，笑等国民党反动派的"第三枪"，最后终因"劳累过度、营养过亏、刺激过深"而去世，享年五十五岁。

就立功而言，陶行知自1917年留美学成回国后，举毕生之力发动了七次教育运动，为中国教育寻觅曙光。他倡议并与朱其慧、晏阳初等人发动实施了大规模城市平民教育运动；此后又转向广袤的农村，发动组织了更为气势宏大的乡村教育运动，"筹募一百万元基金，征集一百万位同志，提倡一百万所学校，改造一百万个乡村"。还因应形势变化，连续发动组织了普及教育运动、战时教育运动、国难教育运动、全面教育运动、民主教育运动，跟着共产党走，拥护共产党的主张，反对蒋介石的专制独裁，成为周恩来评价的"无保留追随党的党外布尔什维克"。

就立言而言，他在自己长期教育实践基础上，根据当时中国国情与需要，吸收了中外古今优秀教育思想成果精华，对其恩师——20世纪最有影响的哲学家、教育家杜威的实用主义教育学说进行创造性改造和发展，创立了以"生活""教育""教学做"等概念为主要范畴，以"生活即教育""社会即学校""教学做合一"为基本原理，以民主教育、科学教育、师范教育、乡村教育、幼儿教育、职业教育、高等教育、成人教育、社会教育、终身教育、创造教育为具体主张的庞大的生活教育学说理论体系，留下了煌煌近六百万字的理论成果，这在近现代中国教育家群体中可谓独树一帜，无人可及。他的生活教育学说不仅契合当时的中国以及适用于第三世界国家，在第二次世界大战前后得到亚洲与美洲一些发展中国家学习借鉴，也完全可以作为今天中国教育改革发展的重要借鉴。

生活教育学说是一个扎根中国本土并走向世界的中国特色教育理论体系。陶行知是中国近现代教育家、思想家、政治家和文学家，也是中国近现代原创力最强、真正形成教育学说体系并具有世界影响力的教育家，在国内外有着很高的地位。

或许对于有的人来说，黄山之行是观赏自然风光之旅，这没错，但对我来说，到陶行知故乡黄山更是"朝圣"之旅、灵魂之旅。四十年前我大学毕业后参加编辑《陶行知全集》，因搜集资料曾来歙县屯溪陶行知故乡，受到陶行知精神感召，发愿以陶为师，研陶师陶，走知行合一的行知之路。不过那时候因刚刚接触到陶行知，我顶多只能从纸面上感受到陶行知的伟大，还没有对陶行知有多少深入了解，加之刚出校门，缺乏人生阅历和社会实践，又没有走出国门，对外部世界缺乏认知，对陶行知的思想、事业、精神、人格认识有限，理解不够，感悟不深；对陶行知在中国乃至世界教育史上的地位和作用，以及对当代中国的价值与意义更体会不深。从今天的角度看，当时的了解和认识只能算是局部与肤浅的。

自1982年到过陶行知故乡之后，这四十年来，尽管工作岗位频繁变动，从大学到地方政府，从省人大到全国人大，因工作需要，个人关注和研究领域不断扩展，但作为陶行知的一位忠实粉丝，我始终不改当初研究和学习先生的初心使命，始终坚持努力追随陶行知的人生足迹。只要有机会与可能，我就一步步从安徽歙县黄潭源村走到南京劳山脚下的晓庄试验乡村师范学校，再走到上海宝山大场山海工学团，再走到重庆育才学校和社会大学，再走到香港中华业余学校。从他早年就读的歙县崇一学堂到位于南京的金陵大学，再到美国伊利诺伊大学和纽约哥伦比亚大学师范学院、他在哥伦比亚大学的住处哈特莱大楼1010号房间，以及他每天学习研究的学院教室和图书馆，坐在他可能坐过的座位，抚摸着他可能曾经读过的一本本图书，想象着自己与他的一次次会面、对话与请教，一直浸润在先生的生活世界、精神世界、创造世界与接受世界里。

从大学毕业后的二十四岁到如今的六十四岁，粗粗回顾一下，经过不懈努力，这四十年来我总算给陶行知编了两套全集：从1982年参与编辑湖南教育出版社的第一套全集编到2021年作为总主编的华中师范大学出版社的十四卷本新编本全集，从与同事一起搜集的约四百万字编到现在的近六百万字。除此之外，我还主编或参与编纂了七本陶行知教育思想选集，又连续参加了在美国纽约、芝加哥，葡萄牙里斯本等地举行的多次国际教育史年会，与同行一起把陶行知教育思想从中国介绍传播到世界上其他国家，让更多的人特别是教育工作者知道中国有这么一位伟大的人民教育家。

四十年陶研生涯，从1985年的中国第一篇以陶行知为主题的教育学硕士学位论文，到1988年的中国第一篇以陶行知为主题的历史学博士学位论文；从为他编写一本十余万字的年谱简编到后来与学生刘大伟一起编撰的四卷本一百八十五万字的《陶行知年谱长编》，从单本的《人民之子：陶行知》《陶行知画传》《平凡的伟大：陶行知、杨东莼、牧口常三郎的生活史》到上下两卷的《陶行知大传：一位文化巨人的四个世界》，再到英文传记《教育改变世界：陶行知》；从担任主编参与编纂他的教育学说到亲自撰写研究他教育思想的四本专著；从主要研究他的教育思想到进一步研究他的政治思想、文化思想、文化创造，提出他不仅是教育家，也是思想家、文学家、政治家，更是一位20世纪综合性的文化巨人，到以此为此次任总主编的《陶行知全集》新编本的人物定位和收录范围，将他的著作应收尽收，力求全、真、新……

从1986年在《华中师范大学学报》撰文预测未来将会产生一门陶行知的专门学问，到2020年在华中师范大学出版社主编出版《陶行知学文库丛书》（十册，估计今后将达到六十册以上），我亲眼看到陶行知学正在日益成为现实：从注重在理论上研究继承和借鉴陶行知教育思想遗产，到近十余年在基础教育领域，在湖北、江苏、浙江、广东、河南、黑龙江等多个省份的几百所幼儿园、中小学乃至大学，按照习近平总书记"创造性转化、创新性发展"指示要求，将陶行知生活教育理论与总书记"实践育人""劳动育人"指示精神有机结合起来，将陶行知的"生活即教育""社会即学校""教学做合一"三大原理发展成"生活即学习""生命即成长""生存即共进""世界即课堂""实践即教学""创新即未来"六大原理，将他提出的生活力、自动力、创造力发展为生活力、学习力、自主力、合作力、创造力、实践力六个核心素养与关键能力，开展继承与发展兼顾的"生活·实践"教育实验，努力将先生一百多年前提出的教育思想和社会变革理想变成现实。

四十年后再次来陶行知故乡，与各位交流讨教，特别是观看黄山市黄梅戏佳作《陶行知》，我进一步体悟到先生不仅是大圣之人，也是大爱之人。大爱是大圣的内在动力，大圣是大爱的外在升华。他以"爱满天下"的博大胸襟，从爱出发，由小爱到大爱，为一大事来，做一大事去，任何夫妻爱、子女爱、家庭爱的小爱都不敌其师生爱、教育爱、人民爱、民族爱、故乡爱、祖国爱和人类爱的大爱。

陶行知的人民至上方向就是中国教育的方向，先生一生上下求索的道路就是中国的道路，先生毕生追求的真理就是马克思主义，先生追随的中国共产党就是中国人民最可信赖的领导核心与坚强力量，先生当年所梦想的一切一定会在中国人民手上变成现实。四十年后再"朝圣"，我更加坚定了这一信念。

为人类寻找一盏未来教育的明灯：
全球视野下的陶行知研究[①]

  随着信息革命与科技革命的进步，国与国之间的相互渗透已经达到了相当高的程度。政治、经济、文化领域不再处于封闭、单一的状态，人们被联系、组织成一个有机整体，共同构成了全球化的发展趋势。同时，全球化也促使世界文化的开放、交流、融合与再生。随着21世纪中国改革的深化，我国在反思民族复兴问题中出现种种困惑，而国外同样也面临着解决社会现代化的严峻挑战。这是整个世界共同面对的课题。全球化社会背景下，文化交流被刻上了一体化的印记，原有的以一个民族国家为范式的研究受到了冲击。无论是国内还是国外，都需要打破本土研究的单一窠臼，力图找寻一套既适合国内转型的要求，又具有全球视野和时代性的解决路径。这都离不开全球交流。

  在全球社会、全球交流的某些方面趋同的发展走向下，也应当看到全球学术多元化表征的存在。对于同一个问题的理解，不同话语情景下的学者有着多元且动态的研究结论和研究方法。从教育的参照系来看，不但要立足现实，还要回顾历史，挖掘优秀而经典的教育资源，展望未来，思考教育改革发展的长久策略。教育是一个民族的神经系统，是该民族传统与未来最集中的体现。我们需要把优秀的教育精华汇入世界文化的大潮中，同时又需要从全球学术研究中得到更新和重生，力求实现民族性与世界性的统一。一方面，虽然每个国家具有各自的意识形态特点和民族性，但是人类在教育问题上的需要却是共通的。陶行知的教育思想与实践的价值近百年来受到国内外众多学者的关注和挖掘，这是全世界各民族的宝贵精神遗产，从这一点上看，陶行知

[①] 本文系《全球视野下的陶行知研究》的序文。

的思想打破了区域性的界限而走向了世界。另一方面，研究中国的教育也应当有全球的视野，陶行知的研究定位应当是多向度的，既要用国际化的眼光去审视陶行知的研究，又要保持本土化的对陶行知的解读。只有在文化交流和文化交往中，我们才能更好地认识我们本土生成的宝贵教育资源，注重开放性，加强国际交流，立足中国，面向世界。

陶行知是我国伟大的人民教育家、杰出的民主战士和大众诗人，也是我国近现代原创力最强、真正形成自己教育学说体系、富有世界影响的教育思想家。他开展的生活教育运动与教育改革，不仅是半殖民地半封建社会的中国人民大众反帝反封建、争取自由平等的教育运动，而且是19世纪末20世纪初勃然而兴的以改造传统教育为目的的世界教育革新运动的重要组成部分。20世纪上半期，陶行知在反传统教育和反洋化教育的斗争中，在长期的教育实践过程中，通过批判地吸收古今中外各种教育思想精华和总结自己教育实践经验，创立了具有中国特色，以教育哲学原理为基础、各类教育主张为内容的一套完整的教育学说。他的教育学说是半殖民地半封建社会中国历史条件下的中国人民争取自由、平等、富强的教育理论，也是既符合中国国情又适应现代社会发展和适应世界潮流的现代教育思想，成为新中国的教育思想体系的重要理论来源之一，是当今与未来世界教育思想发展的一个重要理论资源。

虽经历复杂的变迁，陶行知研究依然是国际学术界一个重要的研究领域。他的教育思想和实践对中国以及世界上其他国家（尤其是第三世界国家）的教育改革与发展，曾经产生并且还在继续产生不同程度的影响。因而对陶行知教育思想和实践的研究及其历史地位的评价，不仅是我们一个国家和民族的问题，还是一个受到世人关注的国际性问题。长期以来，他的生平事迹和精神遗产不仅得到国内学术界的重视和研究，而且吸引了不少海外学者的瞩目。很多学者著文从不同的角度探讨了陶行知的人生经历、事业、思想和人格。

最早的陶行知研究至今已有百年，如今，陶行知的影响和研究几乎遍布全球的各个角落。它经历了早期的回忆、认识阶段，研究者们对陶行知个人精神和教育历程给予描述、引介和评价；开拓性的研究阶段，对陶行知个人思想的批判、争论、突破与复兴；系统性的定位阶段，在中外学者肯定陶行知的国际影响基础上，当前全球的陶行知研究进入了一个新的时期。随着研究的逐渐深入和中外教育交流的加强，陶行知研究更注重从整体上、历史上并以人的角度看待陶行知的成就和影响力，研究取向更加独立、客观、多元。

时间的冲刷和沉淀没有使陶行知的光芒减弱，反而使一代又一代的研究者满怀激情地挖掘出了陶行知精神人格和教育遗产的更多闪光点。这一庞大的研究群体如同夜空中璀璨的星光，不断有新的成果涌现，其研究的重心转到陶行知研究的教育理论与实践上去，他们的努力使陶行知研究的主体越来越丰满。这样丰硕的研究成果长期以来散落在世界的各个角落，他们做出的贡献需要被推广，需要有更多的人看到这一群体的发展历程和研究现状，以便将陶行知的教育遗产灵活地运用到教育实践中去。我们编写的希冀这套《全球视野下的陶行知研究》能够成为陶行知研究者们的重要参考资料，以开阔眼界，活跃思想，扩大研究影响力。

考虑编撰这套丛书有几个必要的因素。首先，它是实施科教兴国战略和人才强国战略的需要。党的十七大作出了"优先发展教育、建设人力资源强国"的战略部署，把优先发展教育作为党和国家长期坚持的一项重大方针。《国家中长期教育改革和发展规划纲要（2010—2020年）》更是把"实施科教兴国战略与人才强国战略，优先发展教育"确定为我国中长期教育改革和发展的指导思想。其次，有利于教育的科学发展。中国未来发展、中华民族伟大复兴，关键靠人才，基础在教育。教育的发展必须坚持科学发展观，遵循教育的发展规律和人才成长规律。该丛书具有帮助变革教育教学、解决教育的现实问题、预知未来教育发展趋势，让教育改革和实践少走或不走弯路的重大作用，能提供历史的经验或理论指导，有利于教育的科学发展、办好人民满意的教育。最后，有利于陶行知研究理论与实践的丰富与发展。受陶行知影响的一代又一代学者和教育实践者，他们踏着陶行知的足迹，践行陶行知的教育改革思想，以怀念、引介、评析等方式将陶行知的言行、经历、思想和改革实践记录下来，是很有必要和价值的。传统的陶行知研究比较分散，多注重从陶行知思想和实践的某一个或某几个角度进行研究分析。同时，海外和中国港澳台地区的陶行知研究并未被系统并有甄别地收入到陶行知研究的范畴中，这是陶行知研究的一大缺憾。《全球视野下的陶行知研究》不仅有助于加深和拓展陶行知研究，帮助人们了解中国大陆、港澳台地区以及海外陶行知研究的有关情况，加强海内外学术界的交流，而且可以使人们真正认识到陶行知在国际上享有的崇高的声誉和占有的重要地位，从而增强民族的自豪感和凝聚力，坚定弘扬民族文化优秀传统、创立具有中国特色的社会主义教育理论体系的信心和决心。

从社会发展和教育改革的紧迫性上讲，当今的中国教育正处于一个前所未有的发展机遇期和矛盾凸显期，教育发展与改革的任务空前繁重。未来是我国实施现代化建设"三步走"战略的关键阶段。制订并实施《国家中长期教育改革和发展规划纲要（2010—2020年）》，在新的历史起点上加快推进教育改革和发展，对于建设人力资源强国，满足群众接受良好教育的需求，全面建成惠及十几亿人口的小康社会具有重大战略意义。在新的时期、新的形势下，如何从中国国情和现实需要出发，借鉴、运用一切先进的教育思想来推动中国的教育改革与发展，已成为教育工作者的一项十分迫切的任务。随着时代的进步和社会的发展，曾经影响世界的教育家的教育经验经久不衰，了解、学习与研究陶行知刻不容缓、迫在眉睫。通过这套《全球视野下的陶行知研究》，可以纵观历史，从蜚声中外的历史学家的研究中管窥在社会各因素交互作用与影响下的陶行知，从著名教育家的研究中发掘陶行知教育思想的宝贵遗产。

笔者从1982年初大学本科毕业之后，硕士、博士均是以陶行知为论文选题，此后工作也一直从事陶行知研究。四十年来，虽然也从事中国教育史和教育政策研究，但陶行知研究一直是自己坚守的主阵地，在资料的占有和研究动态的把握方面都有一定的积累。在做好前期准备工作的基础上，通过各种途径获取并搜集资料，在此期间得到国内外友人的帮助，初步确定了编写意向，后又得北京师范大学出版集团杨耕董事长盛邀，《全球视野下的陶行知研究》这项宏大的编撰项目终于成为可能。

可能囿于海外资料难寻，或者是因为年代跨度之大、资料筛选之难，自1991年笔者编撰《陶行知研究在海外》以来，至今尚未有学者以全球化的视角关注陶行知研究的整个历程，尚缺乏一套全面的、系统的、具有前沿性的研究成果总汇集。这套《全球视野下的陶行知研究》是对在中国以及海外流传、影响较大的陶行知研究成果的汇总集。它根据陶行知研究的历史性、系统性、多元性，按照地域分卷，汇集整理了中外学者有关陶行知研究的主要成果，是融资料性、工具性和学术前沿性为一体的系列丛书。空间范围涵盖中国大陆、港澳台地区以及海外各国，时间上纵贯20世纪20年代至今。史料丰富，既包括原始性的第一手资料，又囊括近年来陶行知研究的新成果，在搜集资料的过程中，笔者不断补充修改，尽可能地征求作者的意见，尽量做到公正客观地筛选。在材料的甄选上，努力做到客观公正，对前人的成果抱有温情与敬意，持有公正与理解的态度。

由于社会文化背景的差异，书中一些作者的立场、观点和方法与我们不尽一致，但他们大多是以比较严谨的学术态度来探讨问题的，所搜集的资料也颇为丰富。因此，尽管我们未必赞同他们的观点，但对于我们了解有关情况、开阔视野、拓宽思路、改进方法、深化研究大有裨益。收入本书的文章基本上按原文译出，其中个别文章删去了与主题无关的段落。还有的是从若干专著中选译的有关内容，根据其中心思想酌拟了标题。原文中的引文凡有中文版的，尽可能按中文版选录。原文引文未注明出处的，均采用原文形式。原文中与史实有出入的，未作修改或说明以保持原貌，尚祈读者自行鉴别。

这套丛书根据研究内容的重要性、典型性、全面性等，在设计编排上按照研究者和理论传统分述的国度和地区分为八卷。每卷既包括陶行知的思想理论研究，又含有实践改革研究；既有宏观的研究，也有中观、微观的研究；既有抽象的研究，也有具体的研究，选材丰富、内容充实、史料翔实。笔者始终抱着"审慎、真实、全面、全程"的原则，恪守"客观、中立"的学术原则，以"名篇、名人"为选取对象，在每位作者的篇章前面，附有关于作者及收录著作和文章的简介，以方便读者阅读和深刻领会。在书稿的目录上，我们以人物的姓氏音序为排列标准，收录的研究成果按先著作再文章的顺序进行编排。

中国卷是这套丛书的重要组成部分。在中国卷的编写工作中，资料之难寻、成果之丰硕、研究队伍中名流之众多等，都给我们带来了相当多的困难。但是，我们抱着为陶行知研究尽一份力的心愿，攻坚克难，几易其稿，终成本书。中国卷（一）收录的是曾经在陶行知身边一起共事、生活过的朋友、同事、学生以及家人有关陶行知的著述。这一群体与陶行知有过直接的交往关系，对陶行知的研究有着天然优先的话语权，他们有关陶行知的一切著述均是陶行知研究的有力参考。忠实地记录、真诚地怀念、坚定地守护、虔诚地发扬是这一群体研究陶行知的基本轨迹。在这个部分，第一种是写实体，是陶行知与学生和同事共同完成的著述。"晓庄丛书""工学团丛书"是最早记录陶行知生活教育思想与实践的著述。如李楚材的《破晓》被陶行知本人称为"是楚材在晓庄摸黑路之自述"，"是楚材和他的伙伴在晓庄所过生活之写真"。第二种是纪念体，多为陶行知逝世与诞辰周年纪念之作。这类作品主要有两种类型：一种是纯粹回忆、怀念与陶行知日常生活的文章，并没有铺陈陶行知的教育思想与实践，只是叙述生活与活动，以细节复原为人友、为人师、为人父的陶行知；另一种是回忆、怀念与陶行知交往的文章，重在追忆不同时期陶行知的教育活动，以活动勾勒陶行知的思想肖像。第三种是理论体，多为陶行知学生所作。这类作品也有两种类型。一种是与陶行知保持亦师亦友关系的学生所作，他们是最早的一批陶行知研究者，更是陶行知思想的解读者与实践者。1949年前其实践还止于陶行知创办的各类学校，而经历一段时期的疯狂压抑至改革开放后迅速在全国范围内突起，使得陶行知研究成为一个时代的标签。另一种是在育才学校与社会大学时期与陶行知有师生之名而无过往深交的学生所作，由于当时年纪幼小，他们留存记忆中的陶行知形象可能是疏离的、陌生的，抑或是高大的、威严的。虽然育才学校的绝大多数学生均是栋梁之材，却少见有关陶行知研究的文章问世，而仅存周毅以带有一定浪漫想象笔触完成的传记文学《陶行知环形世界录》《爱满天下——陶行知文学传记》，他还整理出版了《创造奇葩——陶行知的弟子们》，作为弟子们献给昔日恩师的最后篇章。中国卷（二、三）主要收集了陶行知研究的学者们的研究成果，包括七十多位陶行知研究界代表人物三百篇著作。但是，由于历史跨度太大，笔者编起来还是"心有余悸"的，主要原因有四：一是陶行知生活、学习、工作的主要地方太多；二是陶行知在中国的影响太大，人生太曲折，波澜起伏；三是陶行知研究的队伍之壮大，陶研成果之丰，是任何一位学者都不可比拟的；四是陶行知教育学说的全面性、大众性、实践性对当今教育改革和发展具有重要的学术价值和实践价值。因此，在编写中国卷（二、三）时，我们从全国近三千位陶行知研究者中选出他们具有重要影响的陶研成果，基本反映了陶行知教育学说在各个阶段的真实状况。其中既有传承其学说的，也有研究其学说的；既有赞颂其学说的，也有批判其学说的；既有对其教育思想的研究，也有对陶行知研究的研究；既有学院式研究，也有实践式研究。在陶行知研究中，以目前掌握的资料来看，最早可以追溯到1921年缪金源的论文，屈指算来，至今陶行知研究历史已有一百多年。因此，我们客观、真实地再现了百年来陶行知研究的发展状况，还原了陶行知研究所走的原生态之路。

海外陶行知研究最早可以追溯到20世纪30年代初至40年代中叶的日本。日本的革新派长期学习引用德国、美国教育理论的模式，而保守派则固守日本精神。二战后的日本教育一直浸透着杜威的教育理论，却没有实现欧美教育理论的日本化。在这种情况下，先驱者们将注意力转而投向邻邦中国的教育动向，发现陶行知在中国已将杜威的教育理论结合本土加以改造，适用于解决中国本土的教育问题，由此他们着力研究陶行知的思想和教育改造以作为教育革新的借鉴。日本学者对于陶行知的研究始终与日本国内的教育变革紧密联系。早期对于陶行知教育思想和改革实践的研究及引入有着工具性的特征，关注的是有效性研究。更多的是以引介的形式，从价值论的角度和公用方面汲取营养，主要代表人物有牧泽伊平、户塚廉、村田孜狼、中保与作、国分一太郎、海后宗臣。从总体来看，虽然这一时期日本教育界、新闻界乃至出版界对陶行知及其教育理论和实践作了不少介绍和宣传，但这些文字大多属于一般性的论述，尚未出现具有理论深度的研究成果，离真正的学术研究相距甚远。从某种意义上说，这一时期是日本陶行知研究的前阶段，或者说准备期。当然，我们也应当看到，如果没有这一时期日本教育界、新闻界乃至出版界许多有识之士的积极介绍和宣传为后来的研究工作铺平了道路，奠定了坚实的基础，那么二战后日本陶行知研究的迅速发展是不可能的。二战后日本对于陶行知研究更加重视，斋藤秋男开创了陶行知研究的新思路：以陶行知教育理论与实践为研究中心，以三个相互关联的研究课题为主攻方向，以"民族土壤的回归"为核心命题，将陶行知视为"杜威的学生"，把他的思想发展作为"跟老师杜威的学说、理论的格斗过程"来把握，认为在陶行知的思想里，对杜威理论的辩证接受是有其内在逻辑的。可以看出，斋藤秋男的陶行知研究，思路新颖，见解独到，具有比较浓厚的理论色彩，确已形成一个斋藤模式。当今日本和韩国陶行知研究蓬勃发展起来，20世纪80年代初至今是第三个阶段，这一时期的日本社会与二战后那种满目疮痍、百废待兴的情形相比，显然已发生了天翻地覆的变化。一批优秀的中青年研究者脱颖而出，牧野笃便是其中的佼佼者之一。此外，20世纪90年代以来还有活跃在日本学术界的中野光、世良正浩和华人学者张国生、李燕等人，他们在陶行知研究方面也取得了不少的成果。

在东亚除日本，韩国的学者在陶行知研究领域也取得了一定的成果。韩国的陶行知研究最早开始于1975年，韩国学者李炳柱首次在韩国发表了《陶行知博士与中共的教育理念》一文，这是中韩关系正常化以前韩国人研究陶行知的第一篇论文。20世纪90年代以来，韩国也进入了陶行知研究的新时期。此期间研究成果最为突出者是金贵声，他先后对陶行知的儿童教育、劳动教育、知行观以及陶行知生活教育思想的来源与时代背景进行了专门研究。金玟志、李庚子等分别从陶行知的生活教育学说和韩国陶行知研究现状方面做了分析研究。总之，在日、韩的陶行知研究界，无论是老一代的学者，还是年轻学者，大家都齐心协力、相互合作，共同为开辟陶行知研究的新局面、建立民族的新教育而努力。

欧美是东亚之外海外陶行知研究的又一重要地区。这是由于陶行知抗战期间曾遍访欧美二十八个国家和地区，宣传中国人民的抗日主张，介绍其独创的"小先生制"，更是由于陶行知早年曾留学美国哥伦比亚大学，师从杜威，与进步主义教育结下不解之缘，回国后又曾大力引进和传播杜威的实用主义教育学说，成为20世纪20年代新教育运动的主要领导人之一。因此，陶行知研究在欧美，尤其是在美国学术界历来颇受学人重视，其中不乏蜚声世界的知名学者，如克伯屈、文幼章、费正清等人。知名学者的积极参与，无疑在客观上为陶行知跻身欧美中国学者研究领域创造了有利条件，同时也为今后的发展展示了良好前景。从内容上看，欧美的陶行知研究主要可以分为四种类型的研究：一是作为陶行知生前有过深入接触的学生和国际友人，他们在与陶行知的交往过程中深为陶的精神人格和为教育事业献身的精神所感动，纷纷著文以追忆的形式悼念陶行知，寄托哀思。主要代表人物有毕莱士、陈鸿韬、傅里曼、维尔默特、文幼章、詹生等，本书在附录中还收录了杜威等学者给陶行知的唁电。美国援华会总干事毕莱士曾说:"我觉得陶博士不仅仅是属于中国的,而且是属于全世界的。"二是早期以引介为主的陶行知研究,主要是发现陶行知教育思想与实践的价值,以呼吁学习的方式,扩大陶行知的国际影响力。如著名学者费正清、克伯屈、司徒雷登、林顿、波西凯、尼达姆、蔡崇平等。1946年,在陶行知病逝不久后,受杜威和费正清的影响,一些中国学家在20世纪50年代便开始研究陶行知。至于费正清自己也在著作中称:"虽然晏阳初和定县一直很有名,然而,杜威博士最有创造力的学生却是陶行知。"三是将陶行知作为一个专门的研究对象,系统地探究陶的思想形成影响因素,进行与杜威、王阳明的关系性研究、对比研究。如基南、孔斐力、布朗、苏智欣、朱宕潜、姚渝生、黄冬、鲍列夫斯卡娅、内克曼等。这是一个陶行知研究的中坚群体,这个群体中前辈的研究成果往往深刻影响着后继者,而年轻的研究者们也由此得以站在巨人的肩膀上继往开来地提出独特的新观点。孔斐力的研究体现了"西方冲击—中国反应"的研究模式;基南则质疑资本主义现代化理论的普适性;布朗提出杜威对陶行知的影响微不足道或无法辨清的观点;姚渝生发现了前人研究的局限,重新定位拓展新的研究思路。这些发展动态赋予了陶行知研究以新生和活力,源源不断、永不枯竭。四是在探讨中国近现代教育问题及其他教育家时将陶行知的介绍对比作为一项重点内容,如艾凯、佩伯、魏斐德、余英时、巴斯蒂。

需要说明的是,这种分类是根据文本内容的大致倾向,但其中也不乏有内容与写作方式的交叉。从写作形式上看,除了以学术论文形式呈现的研究成果,也有关于陶行知研究的出版专著。为了完善陶行知研究的背景,本书还收录了学者高麟英和坎德尔关于哥伦比亚师范学院的研究,从中可以管窥陶行知在美国求学时的学习环境和受到的思想影响因素。另外,在美国卷部分还首次公开了藏于哥伦比亚大学图书馆的克伯屈日记。笔者于2000年12月至2001年6月在该校访问研究期间,逐篇阅读了四十七册克伯屈日记,并在该院师生的大力支持和协助下,将有关内容打印成册带回中国。

欧洲卷部分由于时代和研究者的局限,在资料方面略显单薄,但编者已竭尽所能,希望在今后的工作中加以弥补和精进。欧美学者对于陶行知的研究尽管涉猎的范围很广,但早期主要集中在两个相互联系的问题上,即陶行知与杜威以及进步主义的关系,陶行知与王阳明以及中国传统文化的关系。近期欧美学者已开始注意将陶行知与本国教育家进行比较研究,这显示出研究重点有所变化,但在研究难度上,两者实在难分轩轾,各有千秋。特别是20世纪90年代以来,美国也不乏从新视角去研究陶行知的学术性较强的研究成果。由此,我们可以预料到,随着各种主客观条件的成熟,欧美陶行知研究的队伍还将继续扩大,成果还将不断增多,陶行知研究将在欧美中国学领域中占有重要一席之地。可以肯定的是，没有早期以引介为主的推广者，陶行知不会有如此大的海外影响力。正是他们看到了陶行知研究的价值，才影响到后来的研究者，使他们以陶行知为主要研究对象，继而对中国教育和当今中国发展等一系列问题展开思考。

尽管港台地区都是中国的一部分，两地的学者在研究陶行知的主观条件方面也不存在任何障碍，但无论是就其研究队伍建设，还是就研究成果的质量与数量来说，港台地区均不及日本和欧美。当然，平心而论，几十年来陶行知研究在港台地区还是取得了一定成绩的。陶行知逝世后，香港报刊曾刊登他的一些留港学生写的回忆文章，这些回忆性的文字只是提供了研究的素材，还不是真正的学术探讨。1966年以后，阮雁鸣、卢玮銮、周佳荣、甘颖轩、区显锋、文兆坚等学者的研究角度新、成果多，标志着香港的陶行知研究已走出了早期的一般介绍性阶段，进入了学术研究的新阶段，与内地的陶行知研究相互推动、互相影响，共同走向成熟期。与香港相比较，台湾地区的学者对陶行知及其教育理论和实践的研究显然要重视得多。1969年，陈启天在《近代中国教育史》一书中对陶行知思想的部分介绍，打开了纯学术性研究陶行知的局面。20世纪70年代以后，程本海、郑世兴、周邦道、吴鼎、吴俊升、简淮勤、周永珍、曹常仁等学者的研究逐渐将台湾的陶行知研究推向专题化，促使其走向深入化。由此可见，经过长时间发展，港台地区的陶行知研究已经达到了相当水准，且形成了自己的特色和优长。随着香港与内地关系的进一步加强和海峡两岸关系的进一步密切，港台地区与大陆文教界的交往日益增多，港台地区陶行知研究的特色与优长必将更加充分地发挥出来，成为陶行知研究的一支重要力量。

纵观海外和港台地区的陶行知研究，我们可以发现这样几个特点。第一，海外陶行知研究的发展情况是不平衡的。有的早已开展，有的刚刚起步，有的尚未着手。即使是在那些已经开展的国家和地区，进展也有快有慢，不尽一致。但总的趋势是研究陶行知的国家和地区越来越多，研究队伍越来越壮大，研究成果越来越丰硕，这表明陶行知研究正日益受到国际学术界的重视。第二，研究的重心正逐渐转向研究对象主体，转向主体赖以生存和发展的文化土壤，转向主体深层的文化心理结构，这与近年来国际学术思潮的走向是大体一致的。第三，研究的问题更为具体深入，研究者不再满足于过去的一般性的介绍，而是试图从理论的角度加以阐发。第四，研究方法日趋多样化，不仅采用常见的历史方法和比较方法，还运用了系统方法、结构方法、传播学方法和解释学方法等新方法，力求根据不同的研究需要选择不同的研究方法。所有这些都对国内的陶行知研究富有参考意义和借鉴价值。当然，对于海外陶行知研究者的各种学术观点，我们也应善于甄别，不可盲目赞同。

这套丛书由我任主编，负责撰写总序、拟定框架、选定篇目、审定各卷内容以及修改定稿。各卷编者都是我曾经指导过的博士，现在国内各大高校任教的中青年骨干教师，也是教育史界的后起之秀与希望所在。各卷分工分别是：中国卷（一）刘来兵（华中师范大学），中国卷（二、三）鲍中成（华中师范大学），中国香港地区与中国台湾地区卷刘大伟（南京晓庄学院），日本、韩国、东南亚卷宋俊骥（江西外语外贸职业学院），美国、加拿大卷于洋（湖北大学），欧洲卷于洋（湖北大学）、王莹（华中师范大学）。

我们在编写过程中汲取了许多国内外专家学者的研究成果，对原作者和译者付出的辛劳在此一并致谢。

学习贯彻习近平有关陶行知重要论述，继承并弘扬陶行知思想和精神

陶行知是中国近现代著名的教育家、思想家。习近平总书记以陶行知为教师楷模，号召全中国教师要向陶行知那样"捧着一颗心来，不带半根草去""千教万教，教人求真""千学万学，学做真人"。

陶行知在国际上也享有盛誉。早在1946年7月陶行知病逝不久，美国援华会总干事毕莱士就在追悼陶行知的文章中指出了这一点。她还富有洞察力和前瞻性地指出："我觉得陶博士不仅仅是属于中国的，而且是属于全世界的。"这表明，早在七十多年前，欧美有识之士就已看出陶行知是一位具有世界影响的教育家。与毕莱士一样，日本知名教育史学家、中国研究所所长、东京专修大学教授斋藤秋男在20世纪80年代也认为："陶行知不仅是属于中国的，也是属于世界的。"他还专门将陶行知的教育论著译为日文，以《民族解放的教育》为书名在日本出版，以陶行知的案例来推动第二次世界大战后日本的民主教育的重建。

陶行知幼年在私塾接受中国儒家传统文化教育，少年时期进入基督教教会学校崇一学堂学习西方的民主和科学知识，1914年从南京教会大学金陵大学毕业后赴美国留学，先后就读于美国名校伊利诺伊大学和哥伦比亚大学师范学院，师从20世纪最著名的哲学家、教育学家、美国哲学学会会长杜威，著名教育史学家、世界教育联合会会长孟禄，著名教育学家、"设计教学法"创始人克伯屈等人，并在美国教育行政学权威、美国教育行政学会会长斯特雷耶教授的具体指导下撰写博士论文。他中西贯通，博学多才，从20世纪10年代中期开始撰写教育论文，围绕其独特的生活教育思想，构建了一个概念清晰、原理明确、主张具体、内容丰富、结构完整的教育理论体系，在中国教育改革与发展的实践中发挥了巨大的作用和影响。他的教育思想常常被人们

称为生活教育学说。生活教育这个概念，虽然是他从老师杜威那里借取得来的，注重生活本身的教育意义，但又结合中国国情，强调了本土现实生活的特殊性与复杂性，有自己的创新发展，具有中国特色。

一、习近平总书记充分肯定陶行知的思想、事业、人格与精神

党的十八大以来，习近平总书记先后在不同时间、地点和场合谈到教育和教师时多次提及陶行知，多次引用陶行知的名言警句，对陶行知思想、事业、人格与精神予以充分肯定。这些有关陶行知的重要论述，是习近平总书记关于教育重要论述不可分割的有机组成部分，我们应该深入学习、加强研究、认真贯彻。

总体来看，习近平总书记主要是从理想信念、理论学说、道德人格、精神品质与思想作风等方面来充分肯定陶行知的。

习近平总书记指出，陶行知具有崇高的理想信念。例如，他引用陶行知名言"千教万教，教人求真""千学万学，学做真人"。他指出教师肩负着培养下一代的重要责任，正确的理想信念是教书育人、播种未来的指路明灯，好老师心中要有国家和民族，要明确意识到肩负的国家使命和社会责任。

习近平总书记指出，陶行知具有科学的教育思想。像老一辈无产阶级革命家毛泽东等人一样，他肯定陶行知是"伟大的人民教育家"，其生活教育学说以人民为本，倡导热爱人民、依靠人民、服务人民，推动教育公平，具有人民性、大众性。生活教育学说还具有本土性，始终从本国国情出发，从实际出发，扎根中国大地办教育。生活教育学说又具有生活性，源于生活，寓于生活，高于生活。而且又具有实践性，注重实践，知行合一，努力把理论与实践相结合，服务于教育改革与发展。生活教育学说还具有终身性，习近平总书记在2013年教师节给教师的慰问信中向广大教师提出"三个牢固树立"，其中一个就是要牢固树立终身学习理念。陶行知在半个世纪前就说过："做先生的，应该一面教一面学，并不是买些知识来，就可以终身卖不尽的。我们做教师的人，必须天天学习，天天进行再教育，才能有教学之乐而无教学之苦。"习近平总书记2014年在同北京师范大学师生代表座谈时也引用了陶行知的名言"出世便是破蒙，进棺材才算毕业"，并指出，这就要求老师始终处于学习状态，站在知识发展前沿，刻苦钻研、严谨笃学，不断充实、拓展、提高自己。过去讲，要给学生一碗水，教师要有一桶水。此外，生活教育思想具有世界性，有全球视野，学习借鉴了国外先进经验与做法，以求为本国教育改革所用。

习近平总书记认为，陶行知具有高尚的道德情操。陶行知有"爱满天下"的仁爱之心。教育是一门"仁而爱人"的事业，爱是教育的灵魂，没有爱就没有教育。好老师应该是仁师，没有爱心的人不可能成为好老师。教育风格可以各显身手，但爱是永恒的主题。习近平总书记指出，陶行知具有崇高的精神品质和扎实的思想作风。一是忘我无私的奉献精神。习近平指出，好老师要有陶行知"捧着一颗心来，不带半根草去"的奉献精神，自觉坚守精神家园、坚守人格底线，带头弘扬社会主义道德和中华传统美德，以自己的模范行为影响和带动学生。二是开拓求新的创造精神。习近平引用陶行知的名言，强调"处处是创造之地，天天是创造之时，人人是创造之人"。三是扎实的思想作风。陶行知求真务实地提出"千教万教，教人求真""千学万学，学做真人"等。

综上所述，我们不难得出这么一个结论，在习近平总书记关于教育的重要论述所提及的中外多位教育家里，除孔子之外，论述次数最多、程度最深、内容最全面、引用最直接、肯定最充分、评价最高的一位近现代教育家就是陶行知。这与老一辈无产阶级革命家、政治家、军事家、文学家，如毛泽东、周恩来、朱德、宋庆龄、吴玉章、徐特立、郭沫若等人对陶行知的认识与评价是完全一致的。

二、学习贯彻习近平有关陶行知重要论述

习近平总书记对陶行知教育思想、事业、人格与精神不仅高度重视，更是充分肯定，这充分体现了习近平总书记对教育事业的高度重视，特别是对新时代教师的殷切期望。因此，我们要深入学习、继承弘扬陶行知的理想信念、理论学说、道德人格、精神品质和思想作风，全面贯彻落实总书记重要讲话精神。

第一，在理想信念上，要学习陶行知人民本位的政治立场和献身教育、播种未来的使命担当。

陶行知一生与劳苦大众休戚与共，与共产党人亲密无间。习近平总书记在党的十九大报告中把坚持以人民为中心作为新时代坚持和发展中国特色社会主义的重要内容。中国共产党的追求与陶行知的追求是一致的。陶行知从小就爱国，他认为作为一个中国人，有义务有责任要为祖国做出一些贡献。作为一名教师，要爱人民、爱学生、爱教育事业。文学家茅盾曾说，陶行知的教育理论完全站在人民的立场，可以说是人民本位的教育。他的教育理论可以用一句话来概括，那就是适应人民的要求而又提高人民的要求。倘用另一种方式表述，这句话便是——做人民的老师的同时又做人民的学

生。晓庄试验乡村师范学校（以下简称晓庄学校）、山海工学团、育才学校都是陶行知实验他的理论的事业。从晓庄到育才，我们可以看到陶先生的实验方式有了变革，但原则上还是一贯的。可以说，因为时代在前进，陶先生对于自己的理论更有自信，同时也有了重要的发展，使其更具彻底性。他计划中的社会大学则把他的理论推到了实验的最高峰，几乎可以说是推到了乌托邦的高度。然而，社会大学绝不是乌托邦，它是一种以现实为基础的可能一步一步实现的理想。虽然它的整个计划看起来颇为"罗曼蒂克"，但理论上只是上面说过的那一句平凡的话：适应人民的要求而又提高人民的要求。

第二，在理论学说上，要深入学习研究陶行知的教育思想。

陶行知教育思想的精髓是生活教育学说，主要涉及"生活即教育""社会即学校""教学做合一"三大原理和民主教育、科学教育、乡村教育、师范教育、创造教育、终身教育等具体教育主张，具有鲜明的时代特征和特定的历史内涵，对于促进当时中国的教育改革与发展产生了积极作用。

陶行知一贯注重培养学生的生活力、自动力和创造力，这在今天仍具有重要的现实指导意义，可以视为今天人们注重培养的核心素养的中国表述。我们不仅要学习研究，还要继承弘扬陶行知的"三力论""常能论"思想。以培养生活力、自动力和创造力为主要能力的"三力论"与"常能论"，是陶行知生活教育学说的重要组成部分，也是其教育目的的具体体现。"三力论"和"常能论"是对陶行知早期与中期所提出的学生应掌握生活力、自动力和创造力这三种必备能力，以及后期在育才学校提出的"二十三常能"观点的总概括。陶行知在其教育论著的字里行间多次表明：要实现教育现代化、民主化，一个健全分子要在社会中有价值、有尊严地生活，必须培植生活力、自动力和创造力。这三种能力并非可有可无，而是成长为社会健全分子的必备能力和品格[①]。

无可讳言，陶行知的"三力论"和"常能论"也有其不足之处，我们应辩证地看待。陶行知晚年提出的"常能论"，创造性地对学生能力培养作出了初级与高级之分，进一步拓展、延伸和发展了他的"三力论"，这已经相当接近今天人们所热议的学生基础素养与核心素养、基本能力与关键能力，达到了他那个时代教育家思想认识所能达到的最高水平。但由于时代的局限，他毕竟未能论及多年后人类社会才出现的信息技术及其能力培养等，对此我们不应苛求。对于陶行知的思想和事业，我们不仅要学习

---

① 茅盾：《我所见的陶行知先生》，《重庆陶研文史》2016年第1期。

借鉴，更要从今日中国社会和教育现实出发，在继承的基础上有所超越，这是时代赋予我们这一代教育人的历史任务，也是我们的神圣使命。

第三，在道德人格上，要学习陶行知爱满天下的博大胸襟。

陶行知一生热爱祖国。"我是一个中国人，要为中国做出一些贡献来"[1]，这是陶行知少年时期就立下的爱国志向。"国家是大家的。爱国是每个人的本分，顾亭林先生说得好：'天下兴亡，匹夫有责。'我觉得凡是脚站在中国土地，嘴吃中国五谷，身穿中国衣服的，无论是男女老少，都应当爱中国。"[2] 这是他对爱国主义最通俗的解释，也是最朴素的感情。"我是中国人，我爱中华国。中国现在不得了，将来一定了不得。"[3] 这是他对祖国所寄予的希望和坚定信念。爱国必然爱民，由此他以"爱满天下"的精神，爱平民，爱农民，爱工人，爱广大劳苦大众。"他爱人类，所以他爱中华民族，所以他爱中华民族中最多数最不幸之农人。"[4] 他愿为苦难的农民"烧心香"，因而他大力倡导乡村教育；他爱工人，他唱出了"光棍的锄头不中用呀！联合机器来革命呀"[5]；他倡导"科学下嫁"，创办各种工学团，开展工农教育；他爱天下一切劳苦大众，愿意终身为劳苦大众服务，做人民的"老妈子"。从爱国爱民出发，他爱教育，决心一辈子献身教育，立志要用教育来爱国爱民、救国救民。

第四，在精神品质上，要学习陶行知忘我无私的奉献精神和开拓求新的创造精神。

学习陶行知忘我无私的奉献精神。2014年9月，总书记在讲到做"四好老师"时指出，好老师要有"捧着一颗心来，不带半根草去"的奉献精神，自觉坚守精神家园、坚守人格底线，带头弘扬社会主义道德和中华传统美德，以自己的模范行为影响和带动学生。

"捧着一颗心来，不带半根草去"是陶行知献身精神的生动体现。陶行知的献身精神具体体现在一是全心全意为人民的教育事业献身。为了中国的教育事业，他是"为了苦孩，甘为骆驼；于人有益，牛马也做""愿把整个的心捧出来献给小孩"，愿为农民"烧心香"。二是他甘愿为抗日救国事业献身。民族危亡，国难当头，他挺身而出，不顾劳累，出访二十八个国家和地区，宣传抗日救国，揭露日本军国主义罪恶，争取

---

[1] 周洪宇：《核心素养的中国表述——陶行知的"三力论"和"常能论"》，《华东师范大学学报（教育科学版）》2017年第1期。
[2] 《陶行知年表》，载《陶行知全集（一）》，湖南教育出版社，1984，第672页。
[3] 陶行知：《预备钢铁碰铁钉》，载《陶行知全集（五）》，湖南教育出版社，1985，第67页。
[4] 陶行知：《中国人》，载《陶行知全集（四）》，湖南教育出版社，1985，第411页。
[5] 张劲夫：《中国近代教育史上的一座宝库》，载北京市陶行知研究会编《陶行知研究》，湖南教育出版社，1985，第30页。

国际援助，力争侨胞支持。回国后倡导国难教育、战时教育，创办育才学校，收留难童，培养人才幼苗，使教育为抗日救国服务。

学习陶行知开拓求新的创造精神。习近平总书记在2018年9月10日全国教育大会讲话中谈到老师要注重培养学生的创造意识、创造精神和创造能力时，引用了陶行知的警句"处处是创造之地，天天是创造之时，人人是创造之人"。一生探求、开拓、创造，是陶行知教育实践的最大特点。他在办学的指导思想、课程教材教法、教学组织管理等方面进行了一系列探索，为中国教育创造了一批新的办学典型；他倡导和发起了平民教育、乡村教育、普及教育、国难教育、战时教育、民主教育等一系列教育运动，为中国的教育改造探索新路，也为中国的革命事业和教育文化事业培养了一大批具有开拓创造精神的人才。陶行知重视创造，倡导创造，自己也事事处处开拓创造。他的创造不仅为中国的教育开辟了道路，更重要的是为提高中国劳苦大众的科学文化水平、为提高中华民族的觉悟和素质、为中国革命做出了贡献。

第五，在思想作风上，要学习陶行知求真务实的思想作风和知行合一的实践品质。

学习陶行知求真务实的思想作风。2014年9月，习近平总书记在同北京师范大学师生代表座谈时，直接提及陶行知的名言——教师是"千教万教，教人求真"，学生是"千学万学，学做真人"。"千教万教，教人求真""千学万学，学做真人"，这是陶行知为人与教人的宗旨之一。为此，他在政治上求真。他追求进步，追求光明，追求革命，从旧民主主义革命走向新民主主义革命，从"天生孙公做救星呀，唤醒锄头来革命""革命成功靠锄头"转变为"光棍的锄头不中用呀！联合机器来革命呀"，这是他在政治认识上求真的结果，是一个质的飞跃。在世界观的改造上，从接受王阳明"知是行之始，行是知之成"的"知行"观转变为"行是知之始，知是行之成"的"行知"观，是他在哲学思想上求真的结果。在教育思想上，将杜威的"教育即生活""学校即社会""做中学"改变为"生活即教育""社会即学校""教学做合一"，是他"吾爱吾师，吾更爱真理"的求真过程的结晶。晓庄学校、山海工学团、育才学校、社会大学等的创办，是他教育实践上求真的实际行动。作风上他也求真。他民主，待人宽容，不苛求人，爱满天下。"民之所好好之民之所恶恶之，教人民进步者，拜人民为老师。"[①]他为人处世最重视一个"真"字，一生说实话、办实事，重视名实相符，言行一致，重视真才实学，不求虚名，从不弄虚作假。

学习陶行知知行合一的实践品质。陶行知原名陶文濬，后改名陶知行，再改名为

---

① 陶行知：《民之所好三首》，载《陶行知全集（四）》，湖南教育出版社，1985，第660页。

陶行知。知行与行知都包含了知与行两者，可以看出他知行合一、知行并重、理论联系实际的实践品质。党的十八大以来，习近平总书记既重视战略目标，又强调干在实处，在讲话中多次强调"知行合一"，并对知行辩证关系进行了深刻的理论阐述和实践探索。"知行合一"中蕴含着深刻的中国文化和中国智慧。2014年5月，习近平总书记在北京大学师生座谈会上指出，道不可坐论，德不能空谈。于实处用力，从知行合一上下功夫，核心价值观才能内化为人们的精神追求，外化为人们的自觉行动。2016年9月，习近平总书记在北京市八一学校视察时的讲话中指出，教育要注重以人为本、因材施教，注重学用相长、知行合一，着力培养学生的创新精神和实践能力，促进学生德智体美全面发展。这都提示我们知行合一、理论联系实际的重要性。

陶行知的理想信念、理论学说、道德人格、精神品质、思想作风是一个有机的整体，我们要深入挖掘与呈现陶行知理想信念、理论学说、道德人格、精神品质、思想作风的当代价值，这是学陶、师陶、研陶永远在路上的内在要求。百年来，陶行知对中国教育改革发展，尤其是教师、学生的思想和行为产生过广泛而深刻的影响。我们今天处在社会转型、教育发展的新时代大潮中，陶行知的理想信念、理论学说、道德人格、精神品质、思想作风仍具有闪光的时代价值。陶行知富有哲理性的教育箴言是中华教育智慧的集中体现，我们要不断创造性转化和创新性发展陶行知的理想信念、理论学说、道德人格、精神品质、思想作风，推动新时代教育改革，促进教育高质量发展。陶行知的理想信念、理论学说、道德人格、精神品质、思想作风具有跨越时空的生命力。陶行知虽然早已离开我们，但他为中国教育所做出的杰出贡献永远为人们所铭记，他的理想信念、理论学说、道德人格、精神品质、思想作风过去是、现在是、将来仍然是中华民族宝贵的精神财富，我们要永远学习他的思想，探索他的理论，实践他的理念，传承他的精神，让他的高尚品格和人格魅力永留世人心中。

学习贯彻习近平重要讲话精神，深入推进生活教育研究与实验[①]

非常高兴有这样一个机会能够再次来到美丽的南京参加"生活教育百年"学术论坛。在此，我向会议的主办方——南京市教育局、南京晓庄学院表示诚挚的感谢！

1982年1月，我从华中师范学院历史系77级本科毕业，留校在刚成立的教育科学研究所工作，我所做的第一份工作就是参与编辑《陶行知全集》。当时杨葆焜、董宝良两位总主编非常信任我，指命我这个年仅二十四岁、刚刚大学毕业的年轻人负责起草"编辑凡例"，确定编辑原则和编辑体例，作为整个编辑工作的基本规范与要求。我个人受命后诚惶诚恐，深恐有辱重托。我们曾为此多次到南京陶行知纪念馆、南京大学图书馆、上海徐家汇图书馆、浙江省图书馆等处请教专家，查询、复印图书期刊论文，获得大量一手资料。最终，这套《陶行知全集》在各方面领导的高度重视和支持下，在陶行知先生的亲属、弟子的指导和协助下，在全体同事的共同努力下，终于在1984年由湖南教育出版社顺利出版第一卷。1985年出齐六卷，后来又出版了两卷增补本，前后一共八卷。湘教版《陶行知全集》出版后获得国家新闻出版署颁发的首届"国家图书奖"，我也由此开始走上陶行知研究之路。1985年，在《陶行知全集》六卷出版不久，我就在知名教育史专家董宝良先生指导下，开始攻读教育学硕士学位，着手撰写陶行知研究的硕士毕业论文《先驱者的艰难跋涉——陶行知与近代中国教育现代化》。1988年教育学硕士毕业之后，又接着在著名历史学家、教育家章开沅先生指导下攻读历史学博士学位，所写的历史学博士论文还是关于陶行知的，题为《陶行知与中国现代文化》，将陶行知研究由过去比较单一的教育史研究进一步扩展到文化史研

[①] 此文系周洪宇2018年10月20日在南京"生活教育百年"学术论坛上的讲话稿。

究领域，提出了陶行知是"20世纪在中国现代文化多个领域都做出了杰出贡献的综合性文化巨人"的观点，对他在教育之外的各种文化开拓与创新进行研究，形成了一个新的研究视角与领域。没想到这本不太成熟的博士论文时隔二十年由山东教育出版社正式出版后，竟获得了国家新闻出版署的第三届"三个一百"学术原创奖。

一直到今天，我四十年的陶行知研究仍然是这样一个基本思路与风格，这样一个学术发展过程。学习与研究陶行知，改变了我整个人生发展的方向。我常对学生说，我的学术研究是由四个圆组成的。第一个圆是陶行知研究，这是起点，是内核。第二个圆是教育史学研究，这是根基，是依托。第三个圆是教育理论与教育政策研究，是延伸，是拓展。第四个圆是教育实践，是应用。其内在逻辑是：由历史研究而理论与政策研究，由理论与政策研究而实践实验。在研究中继承，在继承中实践，在实践中发展，在发展中创新。四者相辅相成，构成一个完整系统。这个发展过程不是简单地按时间前后顺序，有时它们齐头并进，交叉进行，而所有这些都源自我对陶行知先生及其学说、实践和精神的景仰与借鉴。陶行知先生以现实生活和教育为观照，始终关注普通平民大众的教育，主张"生活即教育、社会即学校、教学做合一"，发愿要办所有老百姓都能上得起的学校，这些都给了我很大教益与启发。所以，以陶为师，这一路走下来，就走了四十年。

2018年是陶行知1918年提出的生活教育一百周年纪念之年。在这样一个值得庆祝与纪念的重要时刻，在习近平总书记宣布中国进入新时代，号召全国各族人民共同为实现两个"百年"（即"两个一百年"）奋斗目标而努力拼搏的关键节点，有机会在南京晓庄学院参加"生活教育百年学术论坛"，既是对百年生活教育的回顾与反思，又是一个新的百年的前瞻与展望。在未来新的百年里，是我们推动教育高质量发展、全面建设教育强国的百年。在未来，提高教育质量，促进教育公平，是当前及今后相当长时期内中国教育改革与发展的重点，满足人民日益增长的教育需求，解决教育不平衡不充分的发展是我们在未来一百年迫切需要关注的问题。而这些问题，特别是像普及教育、乡村教育、师范教育、职业教育、终身教育、创造教育等等，在当年，陶行知都已予以了重要关注，有很多的论述。我们今天仍然要思考，要回答这些问题。我们应该也完全可以从陶行知教育学说和实践里面去寻找历史智慧。我相信，在未来，在中国走向信息化、网络化、智能化、全球化、现代化、生态化这个过程当中，生活教育还将发挥积极的作用。

作为生活教育的发祥地与首个实践地，我认为江苏南京应有理由自信，也应有勇气面对和迎接未来社会和教育的挑战。在这方面，南京市教育局、南京晓庄学院，有责任也有义务坚定不移地推进生活教育的当代实践，为生活教育下一个百年做出新的更大贡献。刚才我在休息室跟百军局长、陈华书记说："陶行知这面大旗，中国应该高高举起，而江苏南京、晓庄学院，更是责无旁贷，这是历史赋予的使命与责任！"

教育是国之大计，党之大计，我们要借助本次会议的机会，深入学习贯彻习近平总书记在全国教育大会所作重要讲话精神，加快推进教育现代化，建设教育强国，办好人民满意的教育。

我在这个地方给大家透露一个信息，现在大家从报纸上所看到的习近平总书记在今年（指2018年）9月10日全国教育大会上的重要讲话内容，实际上只是习近平总书记这次重要讲话的小部分内容，还有相当多的内容由于报纸版面篇幅有限，未能刊登。习近平总书记的重要讲话，曾多次提到多位思想家、教育家及其名言。其中就有两次明确提到陶行知先生及其名言。一处是在谈到应大力开展创造教育、培养创造型人才时，习近平总书记讲"处处是创造之地，天天是创造之时，人人是创造之人"。熟悉陶行知著作的人都知道，这是陶行知先生1943年在其《创造宣言》所提出来的观点，也是一句名言。另一处是习近平总书记在谈到加强教师队伍建设时，他又引用陶行知先生的话："捧着一颗心来，不带半根草去。"从这里大家可以看到，习近平总书记对陶行知先生及其教育理论和实践是相当熟悉的，也是十分推崇的。在他这次讲话所提到的思想家、教育家中，陶行知与孔子的思想名言被引用最多。

相信大家都注意到了，习近平总书记在党的十八大以来谈及教育问题时，经常提到的一位教育家就是陶行知先生。最典型的是2014年9月9日，教师节前一天，他在与北京师范大学师生开座谈会讲如何做"四有"好教师时，在"四有"好教师里就有"三有"直接提及了陶行知先生并引用其名言。如第一，做好老师，要有理想信念。陶行知先生说，教师是"千教万教，教人求真"，学生是"千学万学，学做真人"。老师肩负着培养下一代的重要责任。正确理想信念是教书育人、播种未来的指路明灯。不能想象一个没有正确理想信念的人能够成为好老师。唐代韩愈说："师者，所以传道授业解惑也。""传道"是第一位的。一个老师，如果只知道"授业""解惑"而不"传道"，不能说这个老师是完全称职的，充其量只能是"经师"或"句读之师"，而非"人师"了。古人云："经师易求，人师难得。"一个优秀的老师，应该是"经师"和"人师"的统一，既要精于"授业""解惑"，更要以"传道"为责任和使命。好老师心中要有国家和民族，要明确意识到肩负的国家使命和社会责任。

又如第二，做好老师，要有道德情操。老师的人格力量和人格魅力是成功教育的重要条件。"师也者，教之以事而喻诸德者也。"老师对学生的影响，离不开老师的学识和能力，更离不开老师为人处世、于国于民、于公于私所持的价值观。一个老师如果在是非、曲直、善恶、义利、得失等方面老出问题，怎么能担得起立德树人的责任？广大教师必须率先垂范、以身作则，引导和帮助学生把握好人生方向，特别是引导和帮助青少年学生扣好人生的第一粒扣子。师德是深厚的知识修养和文化品位的体现。师德需要教育培养，更需要老师自我修养。做一个高尚的人、纯粹的人、脱离了低级趣味的人，应该是每一个老师的不懈追求和行为常态。好老师要有"捧着一颗心来，不带半根草去"的奉献精神，自觉坚守精神家园、坚守人格底线，带头弘扬社会主义道德和中华传统美德，以自己的模范行为影响和带动学生，这里的"捧着一颗心来，不带半根草去"的奉献精神，就是陶行知的精神，"捧着一颗心来，不带半根草去"也是陶行知的名言。

再如第三，做好老师，要有扎实学识。老师自古就被称为智者。俗话说，前人强不如后人强，家庭如此，国家、民族更是如此。只有我们的孩子们学好知识了、学好本领了、懂得更多了，他们才能更强，我们的国家、民族才能更强。扎实的知识功底、过硬的教学能力、勤勉的教学态度、科学的教学方法是老师的基本素质，其中知识是根本基础。学生往往可以原谅老师严厉刻板，但不能原谅老师学识浅薄。"水之积也不厚，则其负大舟也无力。"知识储备不足、视野不够，教学中必然捉襟见肘，更谈不上游刃有余。国外有教育家说过："为了使学生获得一点知识的亮光，教师应吸进整个光的海洋。"在信息时代做好老师，自己所知道的必须大大超过要教给学生的范围，不仅要有胜任教学的专业知识，还要有广博的通用知识和宽阔的胸怀视野。好老师还应该是智慧型的老师，具备学习、处世、生活、育人的智慧，既授人以鱼，又授人以渔，能够在各个方面给学生以帮助和指导。陶行知先生说："出世便是破蒙，进棺材才算毕业。"这就要求老师始终处于学习状态，站在知识发展前沿，刻苦钻研、严谨笃学，不断充实、拓展、提高自己。过去讲，要给学生一碗水，教师要有一桶水，现在看，这个要求已经不够了，应该是"要有一潭水"。

最后一点是讲第四，做好老师，要有仁爱之心，习近平总书记指出教育是一门"仁而爱人"的事业，爱是教育的灵魂，没有爱就没有教育。好老师应该是仁师，没有爱心的人不可能成为好老师。高尔基说："谁爱孩子，孩子就爱谁。只有爱孩子的人，他才可以教育孩子。"教育风格可以各显身手，但爱是永恒的主题。爱心是学生打开知识之门、启迪心智的开始，爱心能够滋润浇开学生美丽的心灵之花。老师的爱，既包括爱岗位、爱学生，也包括爱一切美好的事物。这里习近平总书记虽然没有直接引用陶行知的名言，但谁都知道，陶行知有"爱满天下"的名言，"爱满天下"是陶行知教育事业的起点和动力。他在1930年晓庄学校被蒋介石派军队查封时所写《护校宣言》里斩钉截铁地宣告："晓庄的门可以封，但他的嘴，他的笔，他的爱人类和中华民族的心不可封。"完全可以说，在爱是教育的起点与灵魂上，习近平总书记与陶行知先生的思想是完全相通的。

在这篇讲话里，还有一个地方习近平总书记与陶行知先生的思想完全一致。习近平总书记希望广大教师要用好课堂讲坛，用好校园阵地，用自己的行动倡导社会主义核心价值观，用自己的学识、阅历、经验点燃学生对真善美的向往，使社会主义核心价值观润物细无声地浸润学生们的心田、转化为日常行为，增强学生的价值判断能力、价值选择能力、价值塑造能力，引领学生健康成长。如果大家熟读陶行知先生的《创造宣言》，就会知道陶行知先生在该文特别指出："教育者不是造神，不是造石像，不是造爱人。他们所要创造的是真善美的活人。真善美的活人是我们的神，是我们的石像，是我们的爱人。教师的成功是创造出值得自己崇拜的人。先生之最大的快乐，是创造出值得自己崇拜的学生。说得正确些，先生创造学生、学生也创造先生，学生先生合作而创造出值得彼此崇拜之活人。倘若创造出丑恶的活人，不但是所塑之像失败，亦是合作塑像者之失败，人之塑像是由于集体的创造，而不是个人的创造，那么这成功失败也是属于集体而不是仅仅属于个人。在一个集体当中，每一个活人之塑像，是这个人来一刀，那个人来一刀，有时是万刀齐发。倘使刀法不合于交响曲之节奏，那便处处是伤痕，而难以成为真善美之活塑像。在刀法之交响中，投入一丝一毫的杂声，都是中伤整个的和谐。"习近平总书记与陶行知先生都指出教师（教育者）的工作与"真善美"有关，用陶行知先生的话说就是培养"真善美的活人"，用习近平总书记的话说就是"用自己的学识、阅历、经验点燃学生对真善美的向往"，两人在"真善美"一词的使用上也惊人般相同。我理解，之所以如此，就在于两人都是从立意高远，从教育的规律来谈如何办教育，如何育人，这就是科学的态度。从以上所引，可以看出习近平总书记对中国优秀教育文化传统包括近现代以来陶行知等教育家的教育思想和实践相当熟悉，这也体现了总书记对陶行知先生的敬重。

我们在学习、贯彻和落实习近平总书记全国教育大会重要讲话精神时，除了全面系统理解与掌握习近平总书记重要讲话精神，江苏南京尤其是晓庄学院的同志，还要特别关注习近平总书记重要讲话中对陶行知思想名言的引用，要宣传好、理解好、落实好习近平总书记引用的陶行知论教师师德和创造教育的重要论述，深入推进生活教育研究与实验。我认为这是江苏南京尤其是晓庄学院的同志，以及我们中国陶行知研究会的一项特殊任务。我们在学习、宣传、研究、实验陶行知教育学说和实践方面负有特殊的使命与责任！

第二编 陶行知生平经历与活动研究

民之所好好之
民之所惡惡之
教人民進步者
拜人民為老師

关于人民教育家陶行知的生年问题[①]

《历史研究》1983年第2期发表了我的《陶行知生年考》一文，认为陶行知的生年应是1893年，而不是1891年或1892年。文章发表后，学术界关心这个问题的同志希望笔者继续就此问题充分发表意见，以求得问题之解决。因此，我又对有关材料做了进一步研究，遂撰成此文，再求教于学术界。

陶行知是近代中国历史上做出过卓越贡献的重要人物，弄清其生年问题是完全必要的。长期以来，关于陶行知的生年问题，学术界就聚讼纷纭，莫衷一是。从笔者在工作中所接触到的资料来看，主要为以下两说：

一是陶行知生于1891年。这种说法最为常见，在过去各种有关著作、论文之中非常流行。近年来国内外出版的各种有关书籍大都持此说法。诸如《辞海（教育分册）》（上海辞书出版社，1980年3月第1版）、《民国人物传》（中华书局，1978年8月第1版）、《陶行知教育文选》（教育科学出版社，1981年3月第1版）、凡喆与一芬合编的《中国古今教育家》（上海教育出版社，1982年10月第1版）等，皆作如是说。全国政协、统战部、教育部还据此说于1981年10月18日在北京联合召开了纪念陶行知先生诞辰九十周年大会。

二是陶行知生于1892年。这种说法早在1946年7月25日陶行知逝世后不久就已出现了。同年8月12日，为纪念陶行知先生，延安《解放日报》在当天的第4版上刊登了《陶行知先生生平事略》一文。该文开头便说"陶行知，1892年生于安徽省歙县"。文末"附记"还特声明："本篇材料是陶先生留延的学生与好友共同供给的，由张宗麟同志执笔，如其中史实有遗漏或年月有出入处，请先生生前的亲族好友来函补

[①] 原载于《华中师范学院学报（哲学社会科学版）》1983年第5期。

正。"但此说后来一般未被采用。不久前，又有同志重新提出了这一说法（见1982年3月12日《长江日报》第4版，《陶行知生年质疑》）。

最近，我们因编辑《陶行知全集》，我所（指华中师范学院教育科学研究所）的董宝良、夏德清、喻本伐和笔者一起又专程赴上海、南京、杭州等地的各大图书馆、档案馆、纪念馆，搜集到大量有关陶行知的珍贵资料，其中就有不少属于首次发现的资料。这些新资料在涉及陶行知生平时所记载的史实显然不同于上述两种说法。

陶行知于1938年6月在国外亲笔填写的一份《非移居侨民去法属印度支那的申述》，可以说是其中最具代表性的原始资料。1936年7月，陶行知受全国抗日救国联合会的委派，以国民外交使节的身份赴欧、美、亚、非等二十八个国家，宣传中国人民的抗日救国主张，揭露日本帝国主义的侵略罪行，争取海外侨胞和各国人民的同情与支持。前后历时约两年。1938年6月，他在英国伦敦作短暂停留。在此期间，为了给同年9月取道法属印度支那返回中国做准备，他于6月24日去伦敦的法国领事馆签署了这份申述。在这份申述的"生年、籍贯"两栏内，清楚地写着"I was born Nov. 10, 1893, Anhui, China."，意为"我于1893年11月10日出生在中国安徽"（Nov. 是November的缩写，即11月）。在"填写人""填写日期"两栏内，明确写着"Tao Xingzhi""June, 24, 1938"。即"陶行知填写于1938年6月24日"（June, 即6月）。值得注意的是，这份申述是迄今为止人们所发现的有关陶行知生年最完整的一份原始资料。在以往所发现的各种有关资料中，从未有过对于陶行知出生日期具体、明确的记载，大多为对其出生年代的粗略估计，至多不过记载了出生的月份。而这份申述不仅明确记载了陶行知的出生年代和月份，还明确记载了他的出生日期，这就使之显得更为可信、更为珍贵了。填写这类申述时，一般都要求本人亲自撰写，填得不当或不全还须重新填写，况且在这份申述结尾处还有这样一段原文："I solemnly swear that the foregoing statements are true to the best of my knowledge and belief."。意为"我以自己的学识和信誉作保证，我严肃地宣誓，以上所述都是真实可靠的"，故这份材料的填写是庄严慎重的。因此，我们可以断定，这份申述不可能是由他人代填，而只可能是陶行知本人亲笔填写的。从真实性、完整性、可靠性诸方面来考察，这份原始资料都应是令人信服的。该件现存于南京陶行知纪念馆。

陶行知生于1893年一说，还有如下五份原始资料可资佐证：

陶行知1914年赴美留学的入境护照。1914年夏，陶行知在金陵大学提前一年学完了文学系的所有课程。在校长包文的赞助下，陶行知抱着"百扣柴门十扇开"的渺茫希望，四方奔走，借贷筹资，终于凑足了赴美留学的旅费。是年秋，陶行知赴美深造。这份护照便是陶行知赴美留学的入境凭证,它由美国移民局签署,编号为 16928。在这份护照上,除记载了陶行知的姓名、职业、籍贯等项内容,还明确地记载了陶行知的年龄为"二十一岁"。非常清楚,若按 1914 年陶行知为二十一岁计算,那么往前推算二十一年,就是他的出生年份——1893 年。应该指出,陶行知填写这份护照时,年龄才二十出头,他对自己的生年自然记得是很清楚的,不会随便弄错。所以,对于这份护照的可靠性,我们也是应该相信的。

《晓庄学校十九年毕业同学录》。这是民国二十六年(1937)三月二十七日陶行知呈送国民党政府有关部门审批的一份人员名单。这份人员名单与陶行知呈请准予追认该校 1930 年毕业生毕业资格的报告附在一起。南京晓庄试验乡村师范(下文简称晓庄学校)学校创办于 1927 年 3 月。1930 年 5 月,晓庄师生在中国共产党地下组织的领导下举行了游行示威,反对日本帝国主义把军舰驶入长江支持蒋介石打内战。不久后,国民党政府当局借口学校里有共产党人活动,派兵包围并查封了学校,捕杀师生十余人,陶行知也因此遭到第一次通缉,被迫流亡日本。基于此因,晓庄学校 1930 年毕业生的毕业资格没有得到国民党政府有关部门的正式承认。直到后来局势有所缓和,晓庄学校被启封,对陶行知的通缉令也被取消,陶行知才呈文给国民党政府有关部门申请准予追认该校 1930 年毕业生的毕业资格。这份人员名单的起首,就是"指导员"一项。在其"姓名、生年、籍贯"几栏中,清楚地填写着"陶行知,男,三十七岁,安徽歙县"。若按民国十九年(1930)陶行知为三十七岁计算,往前推算三十七年便是他的出生年份,由此我们也可得知他生于 1893 年。若考虑到中国人计算年龄时,长期习惯于称虚岁,假定这时陶行知的实际年龄还不足三十七岁,那么,他的生年便还得向后推移,而不会是相距更远的 1891 年或 1892 年。这份材料现存中国第二历史档案馆。

《晓庄学院校董履历表》。这是民国二十七年(1938)十月张一麐、许世英等人呈报国民党政府高等教育司备查的一份校董名单。当时,陶行知刚从国外宣传中国人民的抗日救国主张回来,对培养抗日救国的高级人才极为重视。他与知名人士张一麐、许世英等人协商,计划办一所晓庄学校,以训练抗日救国高级人才。这个建议虽被国民党政府拒绝,但这份校董名单却有重要价值,它明确地填写着"陶行知,四十五,安徽歙县"。若按照民国二十七年(1938)陶行知为四十五岁计算,往前推算四十五年,他的生年又是 1893 年。必须指出,晓庄学校创办一事,是陶行知事先发起的,董事会成员名单也是由他与张一麐、许世英等人商量后才确定下来的。可以说陶行知对这件事情的前前后后无一不知、无一不晓。从这份校董名单的誊写笔迹和列名顺序来看,它很可能为陶行知亲自拟写,退一步来说,即使不是陶行知亲笔,也应是经他过目了的。该件现存于中国第二历史档案馆。

《生活教育社社员名册》和《生活教育社职员名册》。生活教育社是陶行知在抗日战争时期建立的一个进步的教育团体。自20世纪20年代末期起，陶行知就一直在提倡、宣传生活教育理论，并创办了《生活教育》半月刊。他还试图建立一个进步的教育团体来推动中国近代教育事业的改革。因形势愈趋险恶，这一心愿屡未实现。直至抗日战争全面爆发后，日本侵略者把战火烧遍了中国的半壁河山，民族危亡到了千钧一发的关头，他毅然决然地排除重重阻力，于1938年12月在广西桂林正式成立了生活教育社。他被推为该社的理事长。这两份表册就是生活教育社社（职）员的简历表。在这两份表册中，社（职）员简介一栏里均记载着"陶行知，男，四十五，安徽"。在这两份表册的封皮上，都注明制表日期为民国二十八年（1939）一月十五日。按照这个时间往前推算四十五年，陶行知的生年就成了1894年。这个矛盾不难解决，若仔细加以分析，便会发现是由于填表日期与制表日期不一致造成的。因为生活教育社正式成立于1938年12月，而其筹建工作早在陶行知于11月上旬到达桂林前就着手了。按常理说，该社社（职）员的填表日期应在此时。当时，由于未到11月10日陶行知生日那一天，故其填表的实足年龄仍只有四十五岁。可是，到正式制表时间又过了两三个月，具体的办事人员在将社（职）员所填的简历汇集制成专门名册时，没有来得及再一个一个地去核对年龄，便按填表时所填的简历原封不动地汇集成册，故造成了填表日期与制表日期之间的误差，使陶行知生年由1893年跳到了1894年。另外，是不是还有另一种可能，即由于填表时陶行知刚满四十六岁不久，因事务繁忙，时间紧迫，故仍填为四十五岁，而不是四十六岁。但这后一种可能性是很小的。这两份表册现均存于中国第二历史档案馆。

从事历史科学的研究工作，必须占有大量的、批判地审查过的、充分论证了的历史资料，才可作出比较可靠的判断和结论。回忆录可作为重要的参考，但不能作为足够的证据。通过对上述档案材料的甄别考核，我们认为陶行知的生年为1893年是可靠的。下面就1891年说和1892年说之所以要商榷谈一点看法。

1891年说是过去最为流行的一种说法，即陶行知生于光绪十七年九月十六日（1891年10月18日）。这种说法的依据是陶行知的亲朋故旧或受业弟子所写的回忆文字。他们在缺乏档案资料的情况下，基本上是运用推测的方法来判定陶行知生年的。迄今为止，我们还没发现持这种说法的同志已掌握有可靠的档案材料。既然如此，为什么这种缺乏足够依据的说法能够流行这么长时间呢？我们认为，其原因在于，在当时的历史条件下无法找到可靠的记载，对于亲友的说法也无法认真考证，故只能从其亲友的记忆，时间一久，自然而然地就成为一种成说。

1892年说虽然是早已出现了的，但由于当时已说明证据不足，故一般未被采用。近年，有的同志依据新发现的有关材料，重新提出了这一说法：陶行知生于光绪十八年九月十六日（1892年11月5日）。持这种说法主要因为有两条资料：一条是陶行知留学美国时于1915年在哥伦比亚大学师范学院填写的《攻读获取师范学院毕业文凭和更高级学位的申请》。该表上面注明陶行知生于1892年11月。这是一条档案资料，是值得重视的。它与前述1938年的档案材料和1914年的出国护照等相矛盾，其原因可能是陶行知1914年出国时，先在伊利诺伊大学学市政，后转入哥伦比亚大学学教育，委托他人代办手续，故填写出生年份时不准。因此，要按这份材料定其出生年月，不一定完全可靠。另一条资料是1918年10月南京高等师范学校所制的《职员姓名录》，表上所填的"陶行知，二十六岁，安徽歙县人"，准确性和可靠性似也经不起仔细推敲，因为填表时间与制表时间相距长短往往无法掌握。加之制表时间与他的满岁时间不一致，往前推是十一个月，即超出实足年龄十一个月，是按实足年龄填的，还是按虚岁填的，不好确定，往后推又与实足年龄差一个月，也难于定说。故完全按这两条资料定其出生年月，似可商榷。而前述陶行知于1938年6月在国外填写的入境申述和1914年的出国护照等似不存在这些难于定夺的矛盾，故其准确性更高，可靠性比这两份资料强。也正因如此，我们有理由认为，陶行知的生年应是1893年11月10日（光绪十九年十月三日）。

最后顺便说明一下，这样说并不是说只有我们的看法才是完全正确的，可以成为定论了，而是由于依据有所不同，研究方法不尽一致，自然会有不同的看法。若是以后发现新的有价值的材料，完全可以提出新看法。

陶行知家世考略[①]

谱牒是记载一家一族历史的文献。它能提供不少罕见的资料，具有特殊的历史价值。不久前，因编撰《陶行知全集》，我们曾专程赴东南一带调查和搜集有关资料。其间，我们在南京市博物馆发现了两本《陶氏族谱》。这两本族谱世系完整、材料翔实。据陶行知的夫人吴树琴回忆，该族谱原为陶行知本人收藏，为他的遗物之一。族谱对于全面而深入地研究陶行知具有重要的参考价值。

我们发现的两本《陶氏族谱》，一为老本，一为新本，合而为一，是部完整的谱牒。老本自"始祖明子公"起，至"拾四世允佩公"止；新本自"一世"一栏后，从二世至八世俱略，再从九世起，载至十六世止，记陶氏家族凡十六世。老本封面左上侧写有"陶氏族谱"四字，字迹清楚；正中为"大明正德五年浙江绍兴府会稽分支"，右下侧为"五柳堂立"四字。"五柳堂"系陶氏祖上迁居安徽歙县西乡黄潭源时，在村东隅建立的居室，其名可能是效法东晋大文学家陶渊明弃官隐居之事——"宅边有五柳树，因以为号焉"。两本族谱合订为一册，共四十七页，第三页至第九页为"新安陶氏族谱叙"，说明修谱之缘由，现引述如下：

> 国有史家有谱其义一也朝廷之事皆载于史所以教忠义宗族之伦皆志于谱所以教孝悌昔人谓孝经行而春秋可不作故知史即国之谱而谱即家之史所系甚大不可忽未始有异义也非一朝医今人视为细故不复留意于此乌知积人为家积家为国各治其家而天下已大治使父兄之教不克子弟之章不谨此乱之所以生识者有深虑焉稽古时雍之化自亲睦始而可以知我之以史祝谱非过也新安陶氏以

[①] 与董宝良、喻本伐、李红梅合作，原载于《教育研究与实验》1983年第1期。

谱序属予因之有所感而喟然曰昔苏老泉之记族谱也假一人以示戒而伊川程子
而云欲使天下厚风俗必先明谱系立宗法乃知观于乡而识王道之易则以齐可通
于治而人多未之思也陶氏其知之乎

此后除第二十四页为新本封面外，其余皆为世系顺列。该族谱中老本与新本记载虽略有出入，但记述平实，多与现已了解的其他有关史料相吻合，应系可信之籍、可凭之据。

下面，依据这两份新发现的《陶氏族谱》，我们就陶行知的祖籍等若干问题略作考释。

一、关于陶行知的祖籍

过去对于陶行知的祖籍问题，陶研工作者们有着意见分歧，一是河南说，二是浙江说。两派各持己见，亦各有所本，相争不下，得不出一致的意见。我们认为，从新发现的两本《陶氏族谱》来看，相争的两说均有商榷的必要。

先谈河南说。持此说者认为陶行知的祖籍在河南，明末李自成农民大起义后，明王朝派军队围剿，双方交战数年，社会秩序动荡不安，河南尤甚，陶氏祖上遂避乱至安徽歙县。查阅《陶氏族谱》有关记载，方知其说大谬不然。在老本封面中间载有"浙江绍兴府会稽分支"数字。另外，在这册族谱的第十页上的"始祖明子公"一栏下，也载有这样一段文字："父国宁公娶谢氏生二子长曰求良次子永仓系浙江绍兴府会稽县陶家堰。"又据族谱所载，"始祖明子公"由浙江绍兴迁往安徽歙县是在明朝中叶，当在明末李自成农民大起义之前，足证河南说不准确。陶行知的祖籍原为"浙江绍兴府会稽县"，查有关地名辞典，可知"会稽县"为一旧县名。此地隋开皇九年（589年）分山阴县置，南宋时为绍兴府治所，1912年与山阴县合并为绍兴县，1950年城区曾被析出设市，1962年又撤销并入。由此可见，陶行知的祖籍并非河南，而是浙江省绍兴县。浙江绍兴一带物华天宝，人杰地灵，自古便文人辈出，闻名遐迩，近现代史上的著名人物如周恩来、鲁迅、秋瑾、徐锡麟、陶成章等人就诞生在这里。

为什么陶行知祖籍河南说会行之于世？大概是持此说者误将陶氏祖上曾在河南为县吏一事与陶行知的祖籍在河南这两桩事情视为一体、混为一谈了。陶氏祖上虽曾在河南为县吏，但并不意味着陶氏祖籍也在河南。祖上在河南为县吏与祖籍在河南是两件不同性质的事情，焉能随意混淆之？在我国古代，离开自己的故乡，赴外地任职，这类事情是司空见惯、不足为奇的。陶行知的祖籍为河南的说法是缺乏足够的史料根据的，难以成立。

再谈浙江说。持此说者认为，陶行知的祖籍在浙江，先祖于明万历年间，由浙江绍兴故地迁来黄潭源建立家园。就总体而言，此说虽有合理方面，但在祖籍故地、迁居时间、迁居路线等一些具体问题上，似有需要进一步探讨之处。

陶行知的祖籍在浙江绍兴，此说虽然可以肯定下来，但是，陶行知祖籍故地为何名？对此持浙江说者就讲得含含糊糊，不够明确了。可是，从我们新发现的这两本《陶氏族谱》中却得到了明确的回答。在族谱第十页和第二十四页上，均载有"浙江绍兴府会稽县陶家堰"的字样。因此，说得准确一点，陶行知的祖籍故地是浙江省绍兴县陶家堰。

二、关于陶行知祖上的迁居时间

陶行知祖上何时由浙迁皖？在陶研工作者中，有些同志认为是在"明万历年间"。"万历"为明神宗朱翊钧的年号。万历年间是指明神宗朱翊钧在位的四十八年期间，即1573年至1620年。按照这些同志的说法，陶行知祖上是在1573年至1620年这一时期内由浙迁皖的。这种说法是否正确？从《陶氏族谱》的记载来看，也颇值得推敲。

本文前面，我们曾引用过族谱第十页有关"始祖明子公"的一段史料，就在这段文字后面，紧接着还有这样一句话，"于大明正德五年分支始迁新安新桥"。这句话已将陶行知祖上的迁居时间交代得明明白白的了。"正德"是明武帝朱厚照的年号。正德五年为明武帝朱厚照在位的第五年，即1510年。相较之下，正德五年比万历年少则早半个世纪，多则早一个世纪。毋庸置疑，《陶氏族谱》有关陶行知祖上迁居时间的记载是足可征信的，而以往那种迁居于"明万历年间"的说法则是不足为凭的。倘以"明万历年间"的说法为准，势必将使陶行知祖上的迁居时间往后推迟六十到九十年。试想，如此一来，岂不会产生早已由浙迁皖的陶行知祖上于六十至九十年后又由浙至皖来一次长途迁徙的奇事吗？所以，陶行知祖上由浙入皖的迁居时间并非明万历年间，而是明正德五年，即1510年。

三、关于陶行知祖上的迁居路线

上面指出了以往持浙江说者在陶行知祖籍故地、陶行知祖上的迁居时间两方面存在的问题。这里，我们再着重谈谈陶行知祖上的迁居路线。

陶行知祖上是如何由浙迁皖的？具体地说，陶行知祖上的迁居走的是怎样一条路线？是直接由浙江省绍兴县陶家堰迁往安徽歙县西乡黄潭源，抑或其间还经过了某个地方？如果迁居间接地经过了某个地方，那么这个地方又为何名？在这个问题上，过去人们或者说得不准，或者避而不谈，或者语焉不详。新发现的这两本《陶氏族谱》，对澄清这个问题提供了重要的史料依据。

在《陶氏族谱》中，有关陶氏祖上迁居情况的记载共三处。这些记载给我们了解陶氏祖上的迁居情况描绘了一个大致轮廓。通过这些古老而真实的记载，人们不难想象出数百年前陶氏祖上在迁居途上那种跋山涉水、餐风饮露、流离转徙的历史情景。现将三处记载摘引如下：

始祖明子公……系浙江绍兴府会稽县陶家堰于大明正德五年分支始迁新安新桥……（《陶氏族谱》第十页）

大明正德五年浙江绍兴府会稽县陶家堰分支迁居江南徽歙之西曰古溪后移下黄潭源。（《陶氏族谱》第二十四页）

拾一世舜廷公迁移黄潭源居住。（《陶氏族谱》第十七页）

为弄清陶氏祖上的迁居路线，这里有必要对上述记载中的个别地名作些考证。"新安"一地何所指？查有关地名辞典，知"新安"一地主要有四说：①郡名。晋太康元年（280年）改新都郡置，治所在始新。辖境相当于今浙江淳安以西、安徽新安江流域、祁门及江西婺源等地，南朝梁时一度缩小，隋开皇九年（589年）废。②郡名。东魏兴和中置。治所在新安（今派池东，隋移今新安）。辖境相当于今河南新安一带。隋开皇初废，义宁间复；唐初改为谷州。③县名。在河南西北部、黄河南岸，陇海铁路横贯，西北端邻接山西省。秦置县（故址在渑池县，唐移今治）。④郡名。隋大业三年（607年）改歙州置。治所在休宁（今县东万安）之西，后移歙县。辖境相当于今安徽新安江流域、祁门及江西婺源等地。唐初仍改歙州。天宝时复置，乾元元年（758年）又改歙州。后世因此以新安为徽州、歙州所辖地的别称。从上述三处有关记载来看，我们认为，族谱记载的"新安"当是指这四说中的最后一说。族谱里第一处记载说陶氏祖上"分支始迁新安新桥"，而第二处记载也说陶氏祖上分支"迁居江南徽歙之西曰古溪"，这说明第一处记载里的"新安新桥"与第二处记载里的"江南徽歙之西曰古溪"两者都是指的同一件事，只不过说法不同而已。而族谱里"江南徽歙之西曰古溪"的记载又与地名辞典里的第四说,即通常作为古代徽州、歙州所辖地的别称的"新安"相互印证。由此可以断定:族谱里第一处记载的"新安"就是地名辞典里所指的通常作为古代徽州、歙州所辖地的别称的"新安",而不是指其他三处曾以"新安"为名的地方。换句话说,族谱里的"新安"既不是指今浙江某地,也不是指今河南某地,而是指今安徽某地。如以旧治所为代称(一般《中国古今地名对照表》之类的古今地名辞典便如此),那么,族谱里的"新安"既不是指晋代的始新,也不是指东魏时的新安,更不是指秦代的新安,而是指隋唐以后的休宁之西。

又据族谱第三处有关记载,可知到第十一世舜廷公时,陶氏先祖才由第一次迁居地再迁往歙县西乡黄潭源。

由此可见,陶氏祖上并不是由浙江省绍兴县陶家堰直接迁往安徽歙县西乡黄潭源的,其间还经过了"新安新桥"(或称"江南徽歙之西曰古溪"处,大概在今安徽休宁县东万安之西),最后才在安徽歙县西乡黄潭源定居下来,繁衍后裔。

四、关于陶行知的始祖

最早由浙迁皖的陶氏始祖是谁?由于种种原因,过去人们对此几乎毫无所知。这次新发现的两本《陶氏族谱》,虽有某些有关记载,但因抄本出于两人之手,故两册的记载略有不同。关于陶行知的始祖,老本的记载是"始祖明子公",新本的记载则为"一世国宁公"。两种说法,究竟孰是孰非?仍然需要考证清楚。

从我们新发现的这两本分别出自两人之手的《陶氏族谱》来看,老本的撰(抄)写时间较早,封面完整,书写细致,记载较详;新本抄录时间较晚,封面欠完整,书写较潦草,记载过于简略(二世至八世俱未作交代,唯十四、十五、十六三世为新增内容,倒还比较详细)。所以,我们可以判定,老本为底本,新本为后抄本。新本是后代抄录者在老本的基础上对之作了某些增删而成的。

人们或许会提出这样一个问题:为什么新本的记载是"一世国宁公"而非"始祖明子公"?我们认为,这很有可能是新本抄录者的改写所致。新本抄录者在抄录过程中,看见老本在记载"始祖明子公"的一栏内还写有"父国宁公"等字,便觉得既然"始祖明子公"的父亲称谓已作交代为"国宁公",那么这"国宁公"理应放在"明子公"之前,以作为陶氏家族的始祖,遂将《陶氏族谱》上的"始祖明子公"改为"一世国宁公"。为什么要将"始祖"二字换成"一世"二字呢?大概该抄录者觉得如仍沿用"始祖"二字加在"国宁公"之前,就不易与老本区别,同时也难看出两本族谱之间的关系了。其实,"始祖"与"一世"两者在意义上并无根本区别,只是在文字表达上形式不同而已。且应该指出的是,这种改写是不太科学的。最早由浙迁皖的陶氏祖上与在浙江省绍兴县陶家堰祖籍故地居住的陶氏远祖是完全不同的两个概念。该谱里所说的"始祖"只是一个相对的概念,指的是最早由浙迁皖的陶氏家族中的那一个人,而不是指在此之前在浙江省绍兴县陶家堰祖籍故地居住的某个陶氏远祖(不论他的名字是否知道),故作为因最早由浙迁皖之事而在另修的《陶氏族谱》中被确定为"始祖"的,不应该是新本所记的"国宁公",而只能是老本所记的"明子公"。倘若不是这样,由浙迁皖的陶氏家族的世系记载就会混乱不堪、茫无头绪。这也就失去了撰修谱牒的全部意义。

因此,我们认为,关于陶行知的始祖,新本的有关记载是不够准确的,"国宁公"虽是"明子公"的父亲,但只是居住在浙江省绍兴县陶家堰祖籍故地而未参加由浙迁皖长途迁徙的陶氏远祖,就像他的那些许许多多的先人一样。而由浙迁皖后修的《陶氏族谱》里的"始祖",只能是数百年前率领家人长途跋涉、风餐露宿,为陶氏家族由浙迁皖做出了宝贵贡献的那一个人,即老本所记载的"明子公"。

五、关于陶行知父亲的名、字、号

在陶行知父亲的名、字、号的问题上,陶研工作者过去有两种不同的说法。一种说法是,陶行知父亲名槐卿,号任潮;另一种说法是,任潮不是陶行知父亲的号,而是他的名。尤其是前说,流传多年,中外已经出版的有关书籍几乎都作如是说。根据对两本《陶氏族谱》的研究,我们认为以上二说均缺乏根据。正确的说法应是陶行知父亲名长生,字位朝,号筱山(或笑山)。

为什么这样说呢?我们的理由有下面四条:

1. 两本《陶氏族谱》的原始记载证明了这一点

有关陶行知父亲的原始记载,族谱内共三处。第一处是第四十一页的"十四世允禄公"一栏。允禄公是陶行知的祖父,娶鲍氏、李氏,"鲍氏生三子长曰德生次曰厚生幼殇三曰盛生李氏生一子名长生继与允裕公"。这里的"李氏"是陶行知的亲祖母,她殁于同治十二年五月二十七日,陶行知祖父生前和她感情甚洽,去世后与她合葬于黄潭源。"长生"是陶行知父亲的名。

第二处是第四十三页"十五世位朝"一栏:位朝"生于同治六年丁卯六月初四寅

时娶绩北曹氏生于同治六年丁卯九月十一日生一子名文濬生二女长名宝珠幼殇次名美珠"。这里的"曹氏"即陶行知的母亲曹翠仂。而"位朝"就是指陶行知的父亲,也就是第一处记载里李氏所生之子"长生"。陶行知父亲是他那一辈中最早出世者,又因其生于寅时,即凌晨三点至五点,出生时间在一日中很早,故又称"位朝"。"位朝"的"朝"字有"早"之意。它与第一处记载里的"名长生"在意义上相合。可知"位朝"就是"长生"。

第三处是第四十五页"位农公"一栏:"位农公即允禄公鲍氏所生次子名厚生临扬之日位朝商工同奉父命日后无论何房子嗣多者着一子承嗣宗桃。"

从上述原始记载看来,我们至少可以明确这样两点。第一,过去关于陶行知父亲号"任潮"或名"任潮"的说法是完全不对的。族谱里只有"位朝"的记载而无"任潮"的记载。"任"字显然是对"位"字的草写误识,"潮"字显然为"朝"字的同音误写,"任潮"显然系"位朝"的误传。族谱里的"位朝"有位列朝廷之意,同其诸弟"位商""位农""位工"等按顺序排列,正反映出陶家一门要培养出士、商、农、工各种人才的愿望,是证"位朝"为真,"任潮"为伪。第二,"位朝"不是陶行知父亲的名。既然族谱上已有"名长生"的明确记载,那么,"位朝"不可能再是陶行知父亲的名,只能是别的什么称谓。

2.《陶氏族谱》的世系体例证明了这一点

从族谱世系体例来看,该谱中"名"与"字"的区别还是比较明显的。除个别例外,一般各世谱主俱取其字而不取其号或名。各世谱主的名,凡是撰(抄)写者知道的,均在各世谱主栏内特别注明出来,以免后人混淆。例如,第十三页"四世尚玄公"栏内,注明"即玄保"。查"玄保"在第十一页"三世文弥公"栏内已有交代:"文弥公系永良公第三子过继永仓公娶程氏生三子长曰尚相次曰尚玄保三郎合葬岩镇。"这里的"玄保"即是文弥公第二个儿子的名,"尚玄"为其字。同样,第十六页"八世国璋公"栏下,也注明"即初杨"。又查"初杨"在第十五页"七世承运公"栏内也有交代:"承运公系应坤公长子娶吴氏生四子初杨初学初成初文。"这里的"初杨"便是承运公第一个儿子的名,"国璋"为其字。这种名与字的区别愈到族谱后面愈加明显。到第十三、十四世,即陶行知的曾祖父、祖父辈时,这种区别简直可以说是泾渭分明、绝难混淆了。在有关第十三世各谱主的记载中,撰(抄)者均直接书出其名,使人一目了然。譬如,"兆基公"栏下注明"系士华公三子名祝","兆荣公"栏下注明"系士伟继子名喜财","兆泰公"栏下注明"系士顺公之子名冬祝","兆元公"栏下注明

"系士焕公长子名春祝","兆禧公"栏下注明"系士焕公次子名喜"（注：第二十三页的"喜"字，在第三十三页"士焕公"栏内又记为"春禧"）第十四世各谱主的记载也是如此。由此可见，各世谱主的名只要是撰（抄）者了解的，俱已一一注出。族谱除个别例外，一般称各世谱主为"××公"者，均取其字。"××"便是该谱主的字。

正因族谱世系体例如此，作为第十五世谱主之一的"位朝"便不应是号或名，而只能是字。如果"位朝"是号，那将与整个族谱世系体例严重不符；如果"位朝"是名，那将与原有的"名长生"的记载发生冲突；如果"位朝"是别名，那就必须注明"别名位朝"或者"又名位朝"等字，而事实上并没有这种记载。退一步说，就算是别名，那以别名称先辈不仅有违整个族谱世系体例，而且也显得大悖情理，不够尊敬。简言之，《陶氏族谱》的世系体例说明，"位朝"是陶行知父亲的字，而非他的号、名或别名。

3. 古人行文的惯例证明了这一点

在中国封建社会里，对先辈的称谓有着很多讲究。一般来说，称先辈以字为宜，不许直道其名。如称某先辈，须取其字而称"××公"，否则往往会触犯许多忌讳，甚至被先辈斥为"大不敬""犯上之人"。

古人行文的这个惯例在当时的许多族谱里有着实例。我们现以元末明初著名的大文学家、《水浒传》的作者施耐庵的研究资料《施氏家簿谱》作例，来看看这种惯例的表现。《施氏家簿谱》的基本内容也是世系顺列，共十七世。为说明问题，现除第一世施彦端（施耐庵）外，自二世起，略举数世，摘录如下：

> 第二世：讳让，字以谦。彦端公子。元配顾氏、陈氏。生文昱、文颢、文晔、文吁、文晖、文升、文鉴。
>
> 第三世：讳文昱，字景胧。以谦公长子。元配陆氏。生芸曙、芸士。
>
> 第四世：讳□□，字芸曙。景胧公子。元配季氏。生孟兰。
>
> 第五世：讳□□，字孟兰。芸曙公子。元配夏氏。生咏棋。
>
> ……
>
> 第十七世：讳□□，字真全。树生公长子。元配许氏。生恒远、僧满家。

非常明显，这里的各世谱主凡是知其名者，均已注明"讳××"。如第二世讳让，第三世讳文昱等。而"××公"中的"××"则皆为谱主的字。如"以谦公"中的

"以谦"便是施让的字,"景胧公"中的"景胧"便是施文昱的字。《施氏家簿谱》的这种情况也说明《陶氏族谱》中"××公"的"××"便是谱主的字,"位朝"就是陶行知父亲的字。

4. 中国封建社会里男子取名的惯例证明了这一点

在我国封建社会,从一般情况来看,男子取名存在着这样一个惯例:在男子出世后,他的长辈要为他取一个正式的学名,当他成年时,他的长辈又要为他取一个与学名在意义上有某种联系的表字,此外,他以后还往往为自己取一个或几个表明个人志趣的号。如中国古代大文学家、唐代著名诗人李白,字太白,号青莲居士。又如中国近代改良派领袖康有为,原名祖诒,字广厦,号长素,又号明夷。他们的名、字、号在意义上是互相关联的。陶行知父亲的情况也不例外。据《陶氏族谱》所载,陶行知父亲这一辈共有兄弟四人,即"长生""德生""厚生""盛生"。这在第十五世谱主上分别记载为"位朝公""位商公""位农公""位工公"。如果以前者为名,后者为字,那完全符合于中国封建社会里男子取名的世俗习惯。陶行知父亲"生于同治六年丁卯六月初四日寅时"(《陶氏族谱》第四十三页),比"生于同治六年丁卯十二月廿四日"(《陶氏族谱》第四十四页)的同父异母兄弟德生要早出世半年,故名"长生"。"长生"一名与"位朝"一字在意义上有何联系?考"长生"者,其义有二:一为最早出世者,二为寿命久长者。又考"位朝"者,其义也有二:一是"朝"与"早"相通,不仅可释为"最早出世者",也可释为第十五世的"第一人"。二是"朝"有"官府的大堂"之义。《后汉书·刘宠传》讲"山谷鄙生,未尝识郡朝"。"位朝"即日后仕运亨通、为官作相,这表明了陶氏先辈对后代的殷切期冀。如此便十分清楚,"长生"一名与"位朝"一字在意义上不正是互相有所关合、有所对应吗?再谈二弟"厚生"与"位农"两者之间的关系。考"厚生"者,意为充裕人民的生活。《书·大禹谟》中讲:"正德、利用、厚生、惟和。"孔颖达疏:"厚生,谓薄征徭、轻赋税,不夺农时,令民生计温厚,衣食丰足。"又考"位农"者,即守农时,勤农作,以农养生之义。可知这两者在意义上有密切联系,相辅相成,互相应和。陶行知祖父将自己的四个儿子"长生""德生""厚生""盛生"分别取字为"位朝""位商""位农""位工",其寓意便是:四子成人后,长子去为官,次子去经商,三子去务农,四子去做工,一房之中,官商农工,四者皆全,这最为鲜明不过地反映了当时一个普通劳动者的希望和追求。

最后,简单地谈谈陶行知父亲的号。过去,在陶行知父亲号任潮说占统治地位的情况下,有些同志曾提出来这样一种说法:陶行知父亲的号应为"筱山"。在我们看来，如果结合陶家居住环境和"筱山"二字字义进行仔细分析，就可发现这种说法并非毫无道理。陶家居住在安徽歙县西乡黄潭源村。该村位于新安江支流练江上源丰乐河畔。村前正对着景色宜人的屏风山，水秀山清，修竹茂林。远眺黄山，云蒸雾腾，奇峰怪岩，若隐若现。近处的秀美，远处的壮美，俱熔铸于一炉，构成一幅斑斓多彩、瑰丽无比的图景。取号"筱山"统摄此绝妙意境，可说是正合陶行知父亲之意。又考"筱"字要义为二：一通"小"，常用于人名；二同"篠"。"篠"者，小竹也。《书·禹贡》说"篠荡既敷"，孔颖达疏："篠为小竹，荡为大竹。"杜少陵也有诗《狂夫》曰："风含翠篠娟娟净，雨裛红蕖冉冉香。"黄潭源四周山峦起伏，翠竹万杆，微风轻拂，疏影摇曳，故"筱山"一号，实有所指。取此为号，不正是陶行知父亲志向和情趣的自然流露吗？不正是与陶氏先辈效法陶渊明建五柳堂淡泊功名的处世精神一脉相承吗？所以，我们认为陶行知父亲的号不是"位朝"（当然也不会是"任潮"）而是"筱山"。这里需要说明一下，含有日后为官之意的"位朝"一字，原是陶行知父亲的先辈所起，但陶行知父亲本人却不以为然，他蔑视功名富贵，自号"筱山"。"筱山"有时又写成"笑山"，一是谐音，二有笑看山林之意。陶行知推行平民教育时，给他家办的读书处命名为"笑山平民读书处"，可能正是为了缅怀他的父亲，是证陶父号为"笑山"（即筱山）。

无可置疑，以往陶行知父亲号"任潮"或名"任潮"的种种说法均是完全错误的。符合真实历史的说法是：陶行知父亲名长生，字位朝，号筱山（或笑山）。

六、关于陶行知的字

陶行知原名陶文濬，后改名为陶知行、陶行知。关于陶行知更名的过程，陶行知本人和很多陶研学者做过不少的论述，读者过去也多少知道一些。但是，陶行知除了使用过这些正式用名，是否还有自己的字？对这个问题，人们就不甚了解了。根据对两本《陶氏族谱》的分析，我们可以说陶行知不仅有自己的名，还有自己的字，这个字就是：世昌。

此说根据何在？下面，我们就此作些说明。

据《陶氏族谱》所载，在第十五世里，陶行知父亲兄弟共有四人，即长生（字位朝）、德生（字位商）、厚生（字位农）、盛生（字位工）。关于这四人的婚配及后裔的情况是这样的：长子长生（即陶行知父亲）娶曹氏，生一子二女，即文濬、宝珠、美珠。次子德生娶黄氏，生一子一女，即文澄、素珠。三子厚生，幼殇。四子盛生，娶程氏，无子。可见，在第十六世内，共有二男（文濬、文澄）和三女（宝珠、美珠、素珠）。

又据族谱第四十六页和四十七页所载，第十六世的谱主仅有"世昌""世明"两位。

通过对上述记载的分析，我们可以初步作出两个判断：

第一，"世昌""世明"两位显然是指第十六世的男性后裔，而不是指同世的女性后裔。这是因为旧时人们在修撰族谱、家谱时，一般对各世谱主只列男性，不列女性。对于女性，只在父辈一栏内简单地提及一下姓名，有的甚至连姓名也不作交代，只以"嫁××"等字代之。

第二，进一步说，"世昌""世明"显然是第十六世男性后裔的字。依照族谱世系体例，本谱各世谱主均取其字，而非取其号或名。这一点我们在本文前面已谈得很清楚了，此处毋庸赘述。所以，"世昌""世明"既不是号，也不是名，只能是字。又由于封建社会里女子的各种地位极为卑微，一般女子都不曾由父辈给她起过一个与名在意义上有某种联系的表字，所以，"世昌""世明"不是女性后裔的字，只能是男性后裔的字。

上面排除了"世昌""世明"为女性后裔的表字的可能性，明确了"世昌""世明"是第十六世男性后裔的表字，具体地说，是陶文濬、陶文澄两人的表字。那么，在陶文濬、陶文澄这两人中，究竟谁是"世昌"，谁是"世明"呢？这依然需要进一步考证。

从中国封建社会里男子取名惯例看来，我们认为，"世昌"应是陶文濬的字，"世明"应是陶文澄的字。前面已经指出，在我国封建社会里，男子的名与字在意义上是有某种联系的。陶行知的原名与字之间的关系正是如此。考"文濬"者，"濬"字除有疏通、掘取二义，还作"渊深"解。《诗·小雅·小弁》说"莫浚匪泉"。又考"世昌"者，"昌"字常作"兴盛、进步"讲。《荀子·礼论》说"江河以流，万物以昌"。结合两者之义，这就是说只有文化雅深、博学多才，才能学问进步、事业兴盛。非常清楚，"文濬"与"世昌"之间是互相有所关联、有所照应的。再考"文澄"者，"澄"有清亮、明净之义。《淮南子·说山训》讲"人莫鉴于沫雨，而鉴于澄水者，以其休止不荡也"。这里的"澄"就是作清澈不流动解。而"世明"者，"明"多指洁净、明亮。这两者之间在意义上的联系更为明显。如果上述分析无误的话，那么，陶行知的字为"世昌"，岂不是明明白白了吗？

或许有人会问道，为什么以往中外各种有关出版物在介绍陶行知的情况时都没有关于陶行知的字的交代？之所以如此，一是当年陶行知本人在日常生活与人们交往和发表文章时，没有正式用过这个字。后因改名，字更无需使用。二是因限于种种条件，以前人们没有发现和掌握能够说明这个问题的有关资料。正因如此，过去各种中外有关出版物没有交代陶行知的字，并不能说明陶行知原来便没有字，只不过人们一时尚未知道罢了。

七、关于陶行知的兄弟姐妹

陶行知共有兄弟姐妹几人？他们的名是什么？过去的各种中外有关出版物几乎众口一词道：陶家共有兄弟姐妹四人，一个哥哥，一个姐姐，一个妹妹，再就是陶本人。哥哥姐姐名字不详，均因病夭折。妹妹名文渼。据现有材料看来，这种说法是不够准确的。

在族谱第四十五页"十五世位朝"一栏内，关于陶行知兄弟姐妹的记载是"……曹氏生于同治六年丁卯月十一日生一子名文濬生二女长名宝珠幼殇次名美珠"。这条记载明确说明了三个问题。第一，陶行知有一个因病夭折的哥哥的说法是错误的。陶行知只有一个姐姐和一个妹妹，并没有一个哥哥，他是家庭里唯一的男性后裔。姐姐因病夭折。故后来成人者，只有他和妹妹两人。倘若陶行知确有一因病夭折的哥哥的话，那族谱里肯定会有明确记载，至少也应有所反映，就像他那因病夭折的姐姐一样，更何况他哥哥还是家里的第一个诞生的男性后裔呢！然而奇怪的是，族谱里竟对此毫无片言只语，既没有提到陶行知上面除了一个姐姐还有一个哥哥，更没有提到他是"因病夭折"还是死于他因。那么，这会不会因撰（抄）者不熟悉具体情况而未写陶行知这个"哥哥"呢？看来不会。从族谱的记载来看，新本的撰（抄）者对各家情况相当熟悉，对陶行知这一辈尤其是陶行知上一辈的情况可说是了如指掌。各谱主名什么，字什么，生于何年，卒于何时，葬于何处，娶何氏为妻，生有几男几女，其名字为何，几乎无一不知、无一不晓。更值得注意的是，族谱在介绍陶行知祖父的情况时，花了整整一面的篇幅，记载甚为详尽，是整个族谱中介绍得最多的。如果不是极为熟悉陶行知家庭情况的人，是不能做到这样的。所以，这种因不熟悉具体情况而未写的可能性是应该排除的。那么，会不会是因撰（抄）疏忽大意而漏写了陶行知的这个"哥哥"呢？看来也不会，从族谱的记载来看，新本撰（抄）者是一个相当细心的人。即使初抄时有所遗漏，复核时也均已补抄在族谱的天头和地脚处。如关于陶行知祖父母合葬的情况，初抄时没有写上去，后来就补抄在陶行知祖父一栏正文上方。何况陶行知的这个"哥哥",作为一个家庭成员,是应在有关记载里正式出现的。如系抄漏,也会很容易地发现并补抄上去。可是撰(抄)者也没有这样做,所以,这种因疏忽大意而漏抄的可能性也是应该排除的。那么,还会不会是因陶行知的这个"哥哥"出生不久便去世,而撰(抄)者认为没有必要写进族谱里呢?看来更不会。陶行知的姐姐便是因病夭折,未长大成人的。但她的情况在族谱里是有明确记载的,不仅交代了她的名"宝珠",也指出她"幼殇"。倘若陶行知真有一个"因病夭折"的哥哥,无论如何他的情况也会有所说明的,至少会有"幼殇"二字的出现。所以,这种因出生不久便去世而认为无必要写明的可能性更是应该排除的。既然撰(抄)者并非有意或无意未写上陶行知这个"哥哥"的情况,那结论就只有一个,陶行知并没有一个因病夭折的哥哥。陶行知是家里唯一的男性后裔。第二,陶行知姐姐的名是可稽核的,这就是族谱上所记载的"宝珠"。这可能是幼名。因"宝珠"幼殇,其他无所稽考。第三,陶行知妹妹的名不止一个,而是两个。"文渼"是后来取的学名,因同其兄"文濬"排行,故名为"文渼",她幼年还曾叫作"美珠"。从族谱世系体例来看,以"珠"字为幼名,这是陶家第十六世女性后裔的通例。比如,她的姐姐叫"宝珠",堂姐妹叫"素珠",就最为清楚不过地说明了这一点。

八、关于陶行知的世系

至陶行知这一世止,由浙迁皖的陶氏家族已繁衍了多少代?各代基本情况如何?陶行知又是陶氏家族中的第多少代后裔?这些问题以前被视为陶行知研究中的悬案,一直没有人能作出明确说明。两本《陶氏族谱》的发现,显然有助于这些问题的解决。

为了使人们了解《陶氏族谱》世系的基本概况,明确上述问题,这里将族谱每世列举一人,摘录在下:

始祖:明子公。父国宁公。娶谢氏。生二子:长曰永良,次子永仓。

第二世:永良公。系明子公之长子。娶何氏、又张氏。生四子:文理、文瓒、文玠、文珠。

第三世:文理公。系永良公之长子。娶汪氏。未生育。

第四世:尚云公。系文瓒公之长子。

第五世:观护公。系尚仁公次子。娶□氏。生四子:应坤公、玖公、伍公、应乾公。

第六世：应坤公。系观护公长子。娶吴氏。生子名曰承运公、承武公。

第七世：承运公。系应坤公长子。娶吴氏。生四子：初阳、初学、初成、初文。

第八世：国璋公。即初阳。系承运公长子。娶汪氏。生子伯昭。

第九世：伯昭公。系国璋公之子。娶方氏。生二子长曰为瑛、次曰为高。

第十世：为高公。系伯昭公之次子。娶胡、戴氏。生二子：长子幼亡，次子名曰舜廷。

第十一世：舜廷公。系为高公次子。娶渔梁叶氏。生四子：士华、士伟、士顺、士焕。一女出嫁虬村黄宅。

第十二世：士华公。系舜廷公长子。娶妻程氏。生四子：长曰富，幼殇。次曰发，三曰祝。四曰细，幼殇。

第十三世兆发公。系士华公次子。未娶妻。

第十四世允禄公。即兆之长子名福寿，娶鲍氏、李氏。鲍氏生三子：长曰德生。次曰厚生，幼殇。三曰盛生。李氏生一子：名长生。

第十五世：位朝（即长生）。娶曹氏。生一子名文濬。生二女：长名宝珠，幼殇。次名美珠。

第十六世：世昌（即文济）。

《陶氏族谱》的发现，仿佛是一柄利剑，挑开了覆盖着陶氏家族世系的神秘的纱幕。而上述世系概况的呈现，则使被陶研工作者视为悬案多年的这些问题的答案清清楚楚地呈现在我们的面前。现在我们可以知道，在三百多年的漫长的历史当中，如果将由浙迁皖的陶氏家族各世计算在内，自始祖"明子公"起到陶行知这一世止，陶氏家族共计十六世。如果把第二世永良公算作由浙迁皖的陶氏家族的第一辈后代的话，到陶行知这一世止，由浙迁皖的陶氏家族共繁衍了十五代人。陶行知就是这个家族第十五代的男性后裔。

九、结论

上述考证，凡八条。兹将八条之要义简括如下：

陶行知的祖籍故地系浙江省绍兴县陶家堰，他本人的籍贯为安徽歙县。陶行知的始祖，后人尊称为"明子公"。陶氏祖上由浙迁皖的时间，为明代皇帝朱厚照在位的第五年，即公元 1510 年。陶氏祖上最初由浙江省绍兴县陶家堰迁往新安新桥处（即徽歙之西古溪），到第十一世舜廷公时，才又迁至歙县西乡黄潭源。入皖后的陶氏家族自始祖"明子公"起，至陶行知这一世止，共十六世。陶行知父亲名长生，字位朝，号筱山（或笑山）。陶行知原名陶文濬，字世昌。他有一姊一妹，姊名宝珠，幼殇。妹名美珠，又名文渼。

  陶行知是我国近现代一位伟大的人民教育家、杰出的民主战士和著名的大众诗人。陶行知的教育理论和教育实践，不仅对中国近现代教育产生了广泛而深远的影响，而且也赢得了国际友人的高度赞誉。要研究这位具有世界影响的历史人物，就必须将他的祖籍等若干基本问题搞清楚，否则研究工作就难以深入下去，也难以达到准确领会和发扬光大陶行知思想的目的。正因如此，我们特撰本文，对以往有关种种不确之论匡谬纠正，以树正言。不当之处，尚希学术界诸位贤达赐教。

爱国学者经世致用的典范之作：
陶行知英文硕士论文《中国之租借地》[①]

一个伟大教育家的成功源自生活与学习的点点滴滴，正所谓"不积跬步，无以至千里；不积小流，无以成江海"。这也是我在撰写《陶行知大传：一位文化巨人的四个世界》一书时特别注重搜集一些不为人知的细节的原因。我一直致力从细节处思考，是什么使得陶行知在中外文化教育交流与互动的舞台上独占鳌头、大放异彩？是什么让陶行知不仅能成为融通中外文化与教育思想的教育理论家，又能成为可以组织和践行全国性教育运动的教育活动家？是什么可以令陶行知超脱他早年皈依的基督教的束缚而不断地向着社会主义思想靠拢？是什么使得陶行知在同时代同样星光灿烂的诸多教育家之中脱颖而出，独享"万世师表"的美誉？时至今日，我愈发能够在学术研究中体会古人"战战兢兢、如履薄冰"的心态。我的这一认识和习惯也影响着我的学生。哪怕是始终阳光开朗的学生，也会在生活中变得谦虚谨慎，在学业和工作中学会见微知著且又刨根问底。

因此，我在探讨"陶行知的生活世界"时，曾特别关注他的语言天赋，关注他是如何从一个旧式知识分子转变为现代文化人；关注基督教博爱思想之外的"诸子百家"及理念对陶行知品德情操的影响；关注他在教育学科之外的博闻强记和兼学多样；关注使得他日后形成谦逊而伟岸的人格、博大且精深的学问以及爱国但不排外思想的早年生活与学习的各种细节。然而，研究得越多，我就越是觉得我们掌握的细节还不够，我们对这位伟人人生养成的脉络了解得还不够清晰，也不够透彻。

在撰写"陶行知的生活世界"时，我对他早年求学生涯的细节不吝笔墨，意图就

[①] 与张汉敏合作，有删节。

是要更深入地发掘人民教育家的成长过程。陶行知是语言天才,他"十四岁始入一中华耶稣内地会学堂崇一学堂",自此方才开始英语和西方科学文化的学习。五年后他进入金陵大学攻读,经常运用英语写作与翻译,有多篇英文传记和译作发表。他的英文演讲曾获得全校第一名,而且据称也擅长法语,并曾参加学校法语比赛。陶行知是位杰出的教育家,他在哥伦比亚大学攻读博士学位时的专业是教育学,后来回国开创了生活教育思想,对中国现代教育思想、体制和教学实践都产生了深远的影响。1914年,时年仍名"文濬"但有时自号"知行"的陶行知在毕业典礼上宣读毕业论文《共和精义》。很多人认为《共和精义》虽以政治为题,但处处指向教育,如"人民贫,非教育莫与富之;人民愚,非教育莫与智之;党见,非教育不除;精忠,非教育不出"等如格言警句般的论断常被当作该毕业论文的"精义",并被视作是陶行知早年关于中国教育发展的黄钟大吕之声。殊不知陶行知勤奋好学、博闻强记,在金陵大学学习时,除了教育学,他对哲学、伦理学、史学、文学、政治学、法律、社会学和宗教学等也均有涉猎,《共和精义》能获得金陵大学校长包文和时任江苏省教育会副会长黄炎培等的交口称誉,与该毕业论文对上述各学科知识的熟练运用密不可分,以至于三十二年后陶行知仙逝,黄炎培作挽联,心里仍是当年那一次的见面——"秀绝金陵第一声,当时行知号知行"。

1914年秋,陶行知远涉重洋,去到美国的伊利诺伊大学攻读政治学硕士学位,但不及一年,陶行知就转到哥伦比亚大学攻读教育学博士学位去了。人们对陶行知的这一段经历的关注程度一向不高,一则时间短,二则他此间所学为政治学方向,与他的"主修"科目教育学关联不大。我在《陶行知大传:一位文化巨人的四个世界》第一章第二节"求学经历"和第四小节"伊利诺伊大学"中,详细解释过陶行知在金陵大学萌生教育救国志向后,原本毕业后要直接赴哥伦比亚大学师范学院(下文简称哥大师院)师从杜威、克伯屈和孟禄等人攻读教育学专业,却因哥大学费高昂、自身经济条件负担不起而转向进了"专为学习政治学专业的外国学生免除学费并提供奖学金的伊利诺伊大学"。陶行知在伊利诺伊大学待了三个学期,前两个学期主修政治学专业,只是因为选修了一门教育行政学,受到任课教师——杜威的信徒科夫曼教授的影响,又恰好在1915年夏天参加了在威斯康星州基尼法湖畔召开的基督教青年会夏季会议,受与会者发言鼓舞,他便正式决定以毕生精力从事教育事业,并在1915年夏学期选修了学校开设的全部四门教育课程。

如果说陶行知在金陵大学的学习成果可以集中体现在《共和精义》上的话,那他在海外学习的成果就缺一篇代表性作品。因为特殊的原因,陶行知在哥大师院的博士毕业论文因东南大学工字楼失火，没有能够保存下来。尽管他的博士指导教师斯特雷耶和授业恩师杜威及克伯屈都对他欣赏有加，而且他的学术能力也有目共睹，但因为论文被毁，他读博期间学术成就的说服力难免不足。我根据陶行知 1917 年秋自哥伦比亚大学毕业回国后所作的一系列涉猎广泛、内容丰富、见地卓绝的文章给出了自己的评价，认为陶行知"以海纳百川、吞吐众家的博大胸襟和恢宏气度，博采诸家外来学说之长，融会贯通地形成自己的知识结构和思想体系"[①]，但能集中体现这一评价的陶氏作品，却迟迟没有出现。

因此，当受我之托的宁波大学教师教育学院刘训华教授把被人发掘出的陶行知英文硕士毕业论文《中国之租借地》交到我手中的时候，我立刻意识到这将是陶行知研究史上的一项重大发现。一份完整的硕士研究生毕业论文，从选题、文献搜集与整理、文献运用、研究方法、立论与分析、结构与层次、逻辑与连贯、文字与格式规范等方方面面都能体现论文作者的学术功底、研究能力与创作水平。我立刻找来先前从事外语教育的在读博士生张汉敏——早先在探讨德语版和英语版马克思著作的细节差异时，我对她的外语水平就有了较好的了解，也因此比较信任她——我们于是开始了以英译中为目的的文本阅读，翻译工作主要由她负责，我起点指导作用。细读之下，陶文流畅自如的语言表达和生于毫末却又高屋建瓴的学术视角让我们频生叹为观止之感。陶文以母语一般优美漂亮的文笔将陶行知在金陵大学和伊利诺伊大学所学到的法律学、外交学、政治学、经济学、宗教学和历史学等学科知识和研究方法几乎是不着痕迹地运用于社科专题研究之中，鞭辟入里又挥洒自如。至此，我们方才确信陶行知的伊利诺伊大学之旅绝非简单的"曲线救国"。当时的陶行知虽然年仅二十四岁，但他早已用救国图存的责任感和紧迫感鞭策自己，以只争朝夕的态度如饥似渴地汲取学术营养，已然将自己打造成了以救国图存为己任、学贯中西、通晓古今、多才多艺的年轻才俊了。

署名仍为陶文濬的这篇硕士毕业论文题为《中国之租借地》，共分七章。第一章"引言"开宗明义，对"租借地"加以清晰的界定，即为"一国在规定时间内向另一国割让使用权及管理权之领土。租让国在'租借'期间放弃租借地上一应管理权；然约定之'租借'期满，租让国有权收回一应割让之权益及特许权力"。如此一来，租借地不仅与普通的租地不同，而且与关系密切、性质类似的租界也有差别。其核心的差异是租界乃"国中之国"，而租借地从法理上讲是租让国的领土，租让国始终应该享有领

[①] 周洪宇：《陶行知大传：一位文化巨人的四个世界》，人民教育出版社，2016，第 49 页。

土主权——这一点陶文在最后一章"结语"里有清楚的说明。然而,这两者的差异不仅清末和民国的"大员"们经常混同[①],即便百年后的今天也远非广为人知。陶行知在1915年撰写硕士论文时即已清楚地认识到租借地的特殊性,并在毕业论文随后五章正文里,分别对中国近代史上的五大租借地(胶州湾、关东、广州湾、威海卫与九龙新界)展开调查研究。时至今日,如此全面的关于中国租借地的专项研究也属罕见——只是偶尔有关于某一个或两个租借地的专门研究,其中包括对各租借地的简短介绍[②]。

作为具有史学性质的论文,陶文"引言"在界定了租借地的概念之后,旋即简要介绍了租借地的历史和由来,指出西方列强在中国领土上竟攫取了总面积达两千两百五十平方英里(合二百五十公顷,编者注)的五片租借地,然后貌似冷峻而实则痛心疾首、义愤填膺地指出:"列强达成租约之手段堪称霸道,租约签订之条件亦极为苛刻。凡此类租约均体现该特殊国际关系历经发展之极致形态。""引言"的最后一部分明确指出上述五片租借地作为中国的门户、军事基地和商贸中心对中国的重要性,"且为列强恶意在中国扩大其势力范围之肇始",因此,"将其使用权及管理权割让予他国其危害可想而知"。在此基础上,陶文明确了"本文意欲探讨及解决之问题",包括"遭强行租借之后",租借地与中国内陆的关系问题;作为商贸中心的重要性问题;作为军事基地的重要性问题;列强借由租借地扩张势力范围的问题;各租借地的相互关系和重要性地位问题等。当然,此处陶文提出的最后两个问题应该是论文作者所要探讨的终极问题,那就是租借地对中国主权的影响问题和"中国应如何应对列强之蛮横行径"的问题。

至此,陶文的政治性论文的核心特征也就充分显现了出来。正因如此,我们不得不由衷地感佩陶行知的勇气。该硕士毕业论文的撰写时间明确标识为1914年,彼时虽已爆发辛亥革命,但列强在中国仍保有势力范围;北洋军阀政府对外软弱、对内强横,对列强在华势力根本不敢触碰,同时助纣为虐,极力打压国内反对帝国主义的爱国声音与行动。时年第一次世界大战战火骤起,赴美留学攻读学位的陶行知若只是针对敌对国德国、日本、沙皇俄国等加以批评和抨击,其"明哲保身"的态度也能够为人所理解。但陶行知全然不畏强权,文中对美国的盟友英法两国一视同仁,甚至在涉及美

---

① 民国初年始有从西方学成归来的中国外交官注意到两者之间的差异,并于1919年的巴黎和会上将"归还租借地"和"归还租界"并列为"希望条件"中的两项。参见费成康:《中国租界史》,第九章"近似租界的特殊区域"第一节"租借地",上海社会科学院出版社,1991,第309—318页。
② 程维荣:《旅大租借地史》,上海社会科学院出版社,2012,第1—9页。

国的相关事务上也毫无溢美之词，纯粹据实阐述和分析，丝毫不考虑由此可能对论文评阅带来的不利影响，与过往及现在学术研究中存在的诸多功利现象形成鲜明的对比。

陶文接下来在正文二至六章中分别对胶州湾、关东、广州湾、威海卫和九龙新界五片租借地的名称、位置、面积、自然与人文环境、军事基地建设与军用价值、贸易地位与经贸发展、各租借地（主要是经由铁路）与中国内陆乃至租借国的关联、列强借由租借地扩张势力范围的情况以及租借地对于租借国的影响与意义等加以介绍、分析和论述。当然，每一章中对于租借地的由来或者说租借的过程都有详细的介绍以及基于确凿而丰富史料之上的论证。在此基础上，陶文对帝国主义列强霸占中国土地、侵犯中国主权、扩张在华势力范围并进而意欲瓜分中国的丑恶嘴脸及殖民行径进行了无情的揭露与讽刺。

在这篇政治学论文的论述过程中，陶行知充分展示了一个少年老成的学者的冷峻与严谨。在正文中，他自始至终都没有使用类似"侵略"和"霸占"的字眼，只是十分客观地陈述了租借地产生的原因和过程：德国强占胶州湾是出于对"巨野惨案"的索赔和"保护德国侨民的需要"，俄国侵占旅大港（旅顺、大连两座城市港口）则是要求"与德方享有平等权利"，而日本接手关东竟直接强迫清政府"转让"权益！陶文有大量在当时说来是最新的资料，显示着陶行知在伊利诺伊大学政治学专业学习的广度和深度；但他在文中对资料的灵活运用以及往往独具慧眼的个性化见解则说明他没有对任意一家学说俯首帖耳、亦步亦趋。文中对多本国际公法著述的引用体现了陶行知对国际公法的广泛阅读和了解，而且他对国际公法和国际关系的态度十分超前，与日后中国共产党人的认识接近：在一个国际政治环境异常黑暗的时代，所谓"国际公法"中又焉有正义与公理！国际事务的处理奉行的不过是谁的枪杆子硬谁有理的原则。所以日俄战争的胜利方日本"理所当然地"逼沙俄并迫使清政府同意"转让"了关东租借地！法国人租借了广州湾，与清政府签订了与《胶澳租界条约》基本一致的条约，但是，"五个海军基地中，广州湾最无军事价值"。要知道，"列强主要出于军事目的向弱小国家租借的大片战略要地"[①] 才是租借地，所以法国人租借广州湾从当时的国际政治逻辑出发是欠缺合理性的。如果说，"英国以保护自身在华商业利益不受俄国侵占关东及德国占领胶州湾影响为由，强行租借威海卫"似乎是"合情合理"，但到了1914年11月，"关东及胶州湾相继落入与英国有同盟关系之日本之手"，"英国已不需要威海卫为其商船之保障"，英国理当归还威海卫。然而事实并非如此！陶文对英日两

---

① 费成康：《中国租界史》，上海社会科学院出版社，1991，第309页。

个岛国的对比，从历史与自然事实入手，分析两国有"同样之需求，同样之供给"，最终不言自明地揭示两国有"同样之野心及争夺目标"，揭露了英帝国主义和日本帝国主义乃至所有帝国主义国家侵略扩张的本性。至于英国租借九龙新界，概因"新界既是香港之腹地，亦为香港之屏障"。英国人对新界予取予夺，是因为他们罔顾历史，早已把香港当成了英国的固有领土，把香港周围当成了英国的势力范围，这种鸠占鹊巢的霸道行径，也只有惯于侵略扩张的帝国主义列强才会视作理所当然。

陶文也极具史学研究的个性化特色，一方面保持了传统历史学研究的严谨态度，另一方面甚至用到了近似于当今新历史主义理论的概念和方法。前者在论文"引言"对租借地历史由来的考据研究中就有淋漓尽致的体现，对"临租""永租"和"割让"等案例的援引充分反映了论文作者认真、严谨的学术作风。后者则在陶文对某些"逸闻趣事"和生活细节的引用和论述中有所反映。例如，说到德国希望借由所谓的"巨野惨案"发兵胶州湾并占领这一地区，陶文一边以史料展示发兵前德国政府给驻华公使海靖发去政府电令，要求"索取极致之赔偿"，且"无轻言满意之条件"，充分暴露了德帝国主义的无耻与侵略本性。而另一边，陶文又引述了类同于娱乐版新闻的德皇兄弟之基尔城堡对话，以野史反映德意志帝国高层的尔虞我诈、惺惺作态以及对强权的渴望与倚仗——德皇认为什么促进德国商贸"平稳繁荣发展"，什么保护德国海外侨民正当权益，统统不如"我辈新近统一而崛起之德意志帝国跨洋殖民目标"重要；亨利王子对此理解深刻，将它看作"吾皇之福音"，并且发誓"无论得遇倾听与否，吾当竭尽全力，铭刻此福音于吾达到之每一地方"。陶文将"此番基尔城堡对话"视作是"文明戏之对白"，"如非亵渎上帝，亦属不可理喻，委实滑稽可笑"。可见，在帝国主义者那里，文明不过是一场游戏，强权才是"真理"，租借地正是强权政治的产物。像这种从文学性文本中寻找历史真相的做法完全符合新历史主义颠覆宏大叙事、注重小写的个体叙事的主张。另外，对于沙俄对日俄战争的备战，陶文采用了沙皇俄国在东北八家制粉厂的日产量表加以佐证，我们在翻译过程中对每一个制粉厂的名字都反复斟酌、认真求证[①]，就因为陶文貌似小题大做，但若想到"兵马未动粮草先行"的道理，陶文实可谓旁征博引，且妙趣横生。陶文的这种草根学者的作风，从学术意识上讲，是陶行知一贯关注细节之治学态度的反映；从社会意识上说，是他淡看王侯将相的影响、重视人民大众的作用之历史观念的体现。

陶文重数据、重比对、重分析，惯用数据说话，充分体现了陶行知在金陵大学和

---

① 其中的"诺瓦尔斯基制粉厂"原本译作"诺瓦拉斯基制粉厂"，在咨询了俄文专家后才改用这一名称。

伊利诺伊大学学习经济学课程的收获，具有鲜明的科学研究论文特征。全文正文五章中只有第四章"广州湾"表格数为零，但也不是说这一章就没有使用数据，像谈到1912年广州湾进出口贸易额时就给出了一个七位数的准确数据——"约8412875越币，合三百六十万美元"。正文五章中数据表格最多的是第三章"关东"，有大小表格共十个；其次是第二章"胶州湾"，有大小表格共九个。各色数据以及大大小小的表格使陶文充满了科学论文的色彩，极具西方科研论文重理据的特点。陶文重比对，论及"胶州湾之勃兴及烟台港之没落""在出口领域，胶州湾港口已然完全取代烟台港""大连为近代中国发展最快之口岸""对比日美进口额""期间满洲日本人口数变化""大连及旅顺港中日人口对比"等问题时，陶文都是以数据表格加以比对，以客观数据呈现，让观点不言自明。陶文更重分析，因为有时候数据可以不变，对同一数据的不同分析其观点却可以针锋相对。陶文每每在数据之后都会适时加以分析。例如，对于德国在胶州湾的"巨大投入"和所谓贡献，陶文随即表明自己的观点，指出"开支巨大证明该地区发展繁荣，而财政收入同步增长则表明胶州湾正逐步发展成为自给自足之地。胶州湾很有可能如香港一般，每年财政收支相抵且有盈余"。在谈及1911年关东租借地上超过四分之三的进出口贸易为日本人掌控，陶文即刻做出分析，认为"相对廉价之劳动力、更为低廉之生产成本以及更低廉之运输成本有利于日本进口贸易"。陶文的分析每每切中要害、鞭辟入里、立意新颖、令人信服，极大地提升了论文的创新价值。

　　提到陶文中的数据，有两个相关的问题需要特别说明。一是陶文所涉及的钱币、里程、质量等单位没有采用国际统一标准，因此，出现各种各样的单位也就在所难免。例如"胶州湾高水位区方圆五十公里中立区内"所使用的单位"公里"就与相邻数据单位"英里"不一致，这是相关条约规定所带来的差异，陶文也无法进行换算。陶文尽量用美制单位来统一，但有时仍会带来困扰。譬如，陶文中使用了美制质量单位"美担"，今人较难接受，概因一美担为一美吨（即两千磅）的二十分之一，即一百磅，这与今天的国际标准不符。又譬如，当时的美元并非国际通兑货币，陶文在附录二中的"货币汇率"实际上存在比较局限的时效性。不过陶文的写法显然受到了他在伊利诺伊大学硕士课程"单位、尺度和标准"的影响，是一种积极的尝试。而另一个问题则涉及陶文当时打印时用的工具——手提式打字机。今天在电子时代长大的年轻人恐怕对此一无所知，我们中年轻的译者也仅仅存有小时候遗留下的些许印象，再就是从二战电影如《珍珠港》中美军女打字员的操作中瞥见一二。以手工作业应对电子时代也不易处理的各色数据和大量表格，其工作之艰巨可想而知，而文中偶尔出现的格式不工整的现象也就情有可原了。

陶文也是带有宗教思想和思考的作品。我在"陶行知的生活世界"里就强调过"他对基督教义既有接纳，又有排拒"，"从一开始就是按照自己的理解和需要来接受基督教教义的"。那么，陶行知又是如何理解基督教教义的呢？他又有怎样的需要呢？我们可以简单地从"金陵大学学生陶文濬之信仰自述（部分）"中发现端倪。在这一"信仰自述"中，陶行知明确指出他在"皈依基督教"之前内心有过不少矛盾挣扎，最终的决定源自基督教"爱己爱人爱大家"的教义（即我所言陶行知所理解的基督教"爱满天下"的主张）；陶行知认为伟大的基督徒如美国立国元勋华盛顿和"国父"林肯都是"热爱祖国、热爱同袍"的伟人；他认为"中华民国"的创立者孙中山的"自由、平等之信念"也是源于基督教教义。在这份"自述"的最后，陶行知讲述了他对基督教传教士使命的理解，认为他们告别家园、远涉重洋来华传教的目的不仅是要传播先进的科学知识，更是要播撒基督教"爱满天下"的主张，劝人爱国，传播自由平等的"福音"。然而，仅仅过了两年，我们在《中国之租借地》里读到的不再仅仅是陶行知对传教士的感激，更有他对冷酷现实的清醒认识和对基督教来华传教士真实使命的揭露和讽刺，这是他对基督教认识开始发生深刻转变的一个明显体现。在"胶州湾"一章里，陶文详细讲述了德国借"巨野惨案"强占胶州湾的过程，其间德国传教士所起的作用不过是兴风作浪、推波助澜；日后德国传教士在胶州湾租借地上大肆兴办德语学校，虽客观上推动了这一地区的文化教育，但其将该地区殖民化的狼子野心却无从掩饰。前文提到德皇兄弟之基尔城堡对话，其中强调亨利王子一心要传播属于德皇之"福音"。以陶行知对基督教的了解，自然知道"福音"来自何人，四位先知不过是上帝的信使，如此描写正是在谴责德皇兄弟"亵渎上帝"。"渎神"在宗教世界里从来都是异常严重的指控，陶文对基督教教义的灵活运用轻易揭露了德皇兄弟的丑恶面目，远比跳脚骂街来得儒雅。这一招借力打力应该算得上是陶行知"按照自己的理解和需要来接受基督教教义"的绝佳例证了。

陶文也是一篇具有法律学研究意味的论文，不过，陶文的语言不仅没有法律文本语言的刻板，还深得英式幽默的真谛。在第七章"结语"第一节"五个租借地之对比"中，陶文对五个租借地的租借方式也做了一番总结，三言两语间给帝国主义列强作了一幅讽刺漫画。这一次陶文再无掩饰，称"德国首开武力强占胶州湾之先河，列强以保障本国在华利益为借口，纷起效仿"；又称德国人"不加掩饰"，而俄罗斯人和法国人则"口蜜腹剑"；至于"一向彬彬有礼"的英国人，"初则助中国抵制俄罗斯，后则改弦更张，加入掠夺者行列"，"租借威海卫情有可原……然其坚持租借九龙之意令人费解"。陶文引用某些人的说法，"租赁九龙以卫香港"，但下一句即切中要害："然卫成何许人也?"陶文中,外表文质彬彬、实则张牙舞爪的英帝国主义者之丑恶嘴脸跃然纸上。到了这一段的最后一句,陶文以极具讽刺性的笔调写道:"当然,英国人依然可以用保护远东和平为由替自身辩护。"然而,这实在是有贼喊捉贼的意味!

当然,租借方式只是形式问题,陶文所要探讨的核心问题是租借地的主权之争。在"结语"第二节"对中国领土主权之法律效力"中,陶文悲痛地指出中国领土上的租借地虽存在差异,但在租赁条约方面都有类似之处:租期内中国在租借地上不得行使管理权;中国军舰需征得租借国许可方能在租借地港口停靠;租借国始终有权在租借地上建造军事防御工事;"除威海卫外,列强均有依托租借地扩张势力范围之机会"。事实上,这种所谓的租赁条约给予了租借地如租界一般"国中之国"的地位,让租让国中国在租借期满前丧失了租借地的主权。

对于这种丧权辱国的租赁条约,陶文首先从法理上论证了它们的不合理性。简而言之,在一贯尊崇私有制的西方,租让方始终拥有土地及房产的主权,即便是永久出租,西方亦有案例裁定出租人仍是地产之主人。由此,陶文做出合理推论:"既如此,是否可以说,中国对胶州湾、关东、广州湾、威海卫及九龙新界仍然拥有主权,而日本、英国及法国仅能在租期内行使其享有之权利?"紧接着,陶文区分了"法律主权"和"事实主权"两个概念,论证了就法律主权而言,"中国仅授予租借国租借地之行政管理权,仅转让管理权……依照国际公法,中国有权根据本国法律规定享有租借地之租赁者一应权利"。但是,法理虽如此,"就实际情况来看,中国之法律主权已遭严重伤害"。陶文以各国均在租借地上修筑军事及防御工事为例说明因为租借地的存在,中国不仅用自己的土地为他国提供战场,而且动辄被列强裹挟加入他国的战争,根本无法保持中立,遑论维护远东乃至国际和平。陶文言下之意呼之欲出:这是对法律的挑战,是对国际公法的挑衅,是对远东乃至国际和平的威胁。陶文借用劳伦斯的观点批驳了一切为此种租赁方式的辩护,断言"中国真正租让者不唯领土,更有主权"。

当然,陶文从根本上说,是一篇政治学论文。写到此处,面对危局,要解决的也必然是中国应该何去何从的政治问题。中国历史上从来都不乏投降派,所以当时永久租让说以及寻求列强看家护院说甚嚣尘上。然而,历史从来只会让不畏强权、不惧牺牲、勇于反抗外来侵略的民族英雄名垂千古、永载史册!陶行知此时展示的正是他昂扬的民族气节和坚定的爱国主义立场。他向"诸君"发出了振聋发聩的警告:"此五处租借地乃中国之重要门户,须得中国人自己守护。"事实上,早在第三章"关东"的结尾处,陶文即借用米勒德先生的话明确指出,"面对列强,中国唯有奋发图强,才有可能维持远东国际势力均衡,依靠自己,解决纠纷"。自家的门户自家看守,本国的事情本国解决。陶文立场坚定、态度坚决、铿锵有力、掷地有声地指出,"中国应保持其领土及主权完整,收复租借地。恢复中国在租借地之主权乃吾辈一代人之责任……中国必须明白,世界也必须清楚,中国有数百万平方英里土地可供开放,却不允许一寸土地被占领"。当然,陶文也承认"中国积弱",所以陶文才借举世闻名的万里长城(此处应指两千年前的秦长城)喻指中华民族抵御外族入侵的崇高气节和伟大传统,呼吁当此生死存亡关头,国人应凝聚成"新之长城":

> 此一"新之长城"不再以巨石及砖块筑成,而是以四万万鲜活之肉体及灵魂,协力同心,矢志凝聚。此一"新之长城"对于收复河山必不可少;对于拱卫今后之新中国不可或缺;对于防止国际冲突、维护远东地区之国际和平亦不可少。

也许今天的国人认为这种"新之长城"及其精神的提法毫无新意,但回到陶文撰写的那个帝国主义在中国横行的时代,陶文立言之新颖、立意之高远、立论之雄奇真可谓高山仰止、震古烁今。有人曾撰文提及陶行知思想与马克思主义学说的关联,笔者虽烂熟陶行知生平与思想,但囿于1915年前马克思主义学说在中国少有传播,不敢妄言;但笔者笃定陶文提到的"新之长城"和新中国的理念对于后来中国的马克思主义者和共产党人都影响深远,陶行知深入骨髓的民族气节和爱国精神应该是他后来作为著名民主人士深受中国共产党人——包括毛主席和周总理推崇的主要原因。此时的陶行知虽年少而志存高远、因青春而热血澎湃,他也许尚不具备后来那个成熟教育家的老练,却有着青年学者不加掩饰的爱国激情。这样的陶行知,也许可以在他后来的文章、演讲、授课和著作中不断被感知,却很难再像在这篇硕士毕业论文中如此一览无余、清晰可见。

更为难能可贵的是,陶文还体现了血气方刚的作者在国际政治与外交方面的沉稳和素养。陶行知爱国,但不排外。陶行知有昂扬的民族气节,但他从来不是一个狭隘的民族沙文主义者。陶行知渴望收复所有被租借的土地,恢复中国领土主权完整,但他从来就不赞同闭关锁国,并且深知落后就要挨打的道理。陶行知也渴望能维护中国的和平,但他清楚国家和平和区域和平的关系,明白现代化进程中世界各国的紧密关联。

译完陶文,又几经修改、订正,第一次发现翻译竟然可以是如此愉快的学习过程。回看陶行知二十四岁时所作的英文硕士毕业论文,虽撰成至今已逾百年,但其选题之新颖、视野之开阔、结构之严谨、资料之丰富、分析之深刻、结论之坚实、思想之成熟，仍令人无限感慨与由衷钦佩。从小处说，此文堪称研究生毕业论文的最佳样板；往大处看，不难从中窥见那个时代改革先驱者思想演进的心路历程。这些财富在今日依然启发着后人沿着前辈探索的道路继续前行，为中华民族的伟大复兴添砖加瓦。

陶行知早年史料

——1916年2月16日陶行知致罗素函评介

　　与胡适这类名人的作法迥然不同，陶行知一生从未写过什么自传或回忆录，也少与人谈起自己的人生经历。这就在客观上给人们了解和研究他伟大的一生，特别是探讨他早年的生平和思想增添了难度。令人高兴的是，不久前，在研究者的细心搜访下，一封陶行知1916年2月16日致美国哥伦比亚大学师范学院（下简称哥大师院）院长罗素的信被发掘出来了。它的发现填补了陶行知早年史料的空白，是近年来陶行知史料发掘中一个最重要的收获。

　　1914年秋，毕业于南京金陵大学的陶行知（时名陶文濬），怀着向西方寻求救国真理的愿望，赴美就读于伊利诺伊大学，主修市政学。一年后，获文科硕士学位。接着，他又转入哥大师院，研究教育学，攻读博士学位。由于1915年1月他父亲去世，家庭的经济重担压在他的肩上，加上纽约的生活费用很高，在哥大师院学习半年后，他发现自己在经济上难以维持继续深造，必须另想良策，遂经孟禄教授介绍，向校方申请利文斯顿奖学金。

　　1916年2月11日，哥大师院院长罗素致函于他，同意他的申请，并嘱咐他向利文斯顿奖学金捐赠人提交一份有关自己生活经历和今后打算的简要说明。于是，他就在2月16日写了这封回信。在这封信中，他简明扼要地叙述了自己的生活经历和今后打算，表明了矢志献身教育事业、改造中国落后面貌的信心和决心。这封信对于了解和研究他早年的生平和思想具有极为重要的价值，是一份弥足珍贵的史料。笔者现将全信内容翻译如下：

亲爱的罗素院长：

　　2月11日大札敬悉，甚为高兴。信中嘱我向利文斯顿奖学金捐赠人提交一份有关本人生活经历和今后打算的简要说明，我很乐意写此材料。

我现年二十二岁，出生在与外界几乎完全隔绝的徽州。幼年从父亲以及别的教师那里接受中国式的启蒙教育，直到十四岁才进了一所内地教会在华开办的学校，求学于吉布斯先生门下，他是当时一名教授西学的老师。两年后该校因吉布斯先生回英国而停办，我只好怀着学医的念头冒险去了杭州。然而，由于进的那所学校对非基督徒学生有明显的歧视，甚至反映在学习课程等问题上，三天之后我就退了学，失望地回到了徽州，专心于英语学习直至次年。接着，我考入了南京金陵大学。令人高兴的是，金大对于基督徒学生和非基督学生一视同仁。三年后，第一次革命爆发了。我回到徽州，任州议会的秘书，干了半年，又返校继续完成学业。在校方的信任和同学们的协助下，我开始编辑大学学报的中文版。在包文博士和亨克博士的引导下，又深受简克斯教授"基督教的社会意义（即《耶稣生活与教导的政治和社会意义》一书中观点——译者注）的影响，我于1913年成为一个基督徒。1914年6月，即入金大的第五年末，我获得了第一个学位。在父母和友人的资助下，我赴美就读于伊利诺伊大学，在那里学习了一年。除了学到许多宝贵的知识，还获得一个副产品——文科硕士学位。在伊大的后半年期间，我担任学生俱乐部干事。

三年前，我就选择哥伦比亚大学作为自己在美国的最终目标，但此计划因经费不足暂搁下来。我的毕生志愿是通过教育而非武力来创建一个民主国家。在目睹了我们突然诞生的共和国的种种严重弊端之后，我坚信没有真正的公共教育就不可能有真正的共和国。去年夏天，在日内瓦湖举行的基督教青年会夏季会议上，我受到了极大的鼓舞。我毕生献身于教育行政的想法更为具体化了。遍览所有的大学，再次确认还是哥伦比亚大学师范学院最适合我。但选择学校是一回事，有无足够财力入学又是另一回事。由于我父亲于1915年1月去世，整个家庭负担全都压在我的肩上，经济状况窘迫至极。幸亏在我决定进入哥大师院不久，我国政府便授予我部分奖学金，再加上其他资助，我才有足够的勇气起步。然而，纽约的生活费用比我预计的要多得多。住了半年后，我便发觉囊中所有远不足以应付深造。因此，经孟禄博士惠意介绍，我得以申请利文斯顿奖学金，您慷慨地授予了我。在此，除了表示本人的衷心感谢外，我愿向您以及利文斯顿奖学金捐赠人保证，在斯特雷耶教授的指导下，经过两年多的深造，我回国后将与其他教育工作者合作，为我国人民建立一套有效的公共教育体制，使之沿着美国人民曾探索过的道路，保持和发展一种真正的民主制度，它将是唯一正义与自由的现实的理想国。

如果您能提供一些住在本市附近的捐赠人的姓名，以便我日后登门拜访，本人将极感兴趣。

谨致以良好的祝愿！

尊敬您的陶文濬
1916年2月16日于哥伦比亚大学哈特莱大楼1010号

值得注意的是，这封信虽然仅一千多字，但内容相当丰富，涉及陶行知早年生平和思想的若干关键问题，透露出不少与目前陶研界的流行说法完全不同的信息。下面，择其要者罗列分析。

一、陶行知的生年不是1891年

生年问题是研究任何一个人物都无法回避的问题。陶行知的生年，之前流行的说法是1891年10月18日。这种说法符合历史吗？近年来，随着有关史料的陆续发掘，一些研究者已对此产生怀疑。早在1982年，夏德清先生就在《长江日报》上发表不同意见①。他根据陶行知1915年在哥大师院填写的《攻读获取师范学院毕业文凭和更高级学位的申请》等史料，认为陶行知的生年不是1891年10月18日，而是1892年11月。次年，笔者也依据陶行知1914年秋赴美留学的入境护照和1938年6月24日在英国伦敦法国大使馆签署的《非移居侨民去法属印度支那的申述》等史料，先后在《历史研究》《华中师范学院学报（哲学社会科学版）》和《文教资料简报》等刊物上发表文章②，提出陶行知的生年为1893年11月10日的看法。值得重视的是，这封信进一步证实了陶行知生年不是1891年。既然陶行知在1916年时说"我现年二十二岁"，那么，他的生年应为1894年。若考虑到此信作于1916年初，他很可能刚满二十三岁不久，习惯上仍称二十二岁，那么，他的生年刚好是1893年。总之，不论是1894年还是1893年，都与1891年的传统说法相去甚远。可以断言，随着更多翔实史料的面世，

---

① 夏德清：《陶行知生年质疑》，《长江日报》1982年3月12日；《陶行知生于1892年的一佐证》，《长江日报》1982年3月18日。

② 周洪宇：《陶行知生年考》，《历史研究》1983年第2期；《关于人民教育家陶行知的生年问题》，《华中师范学院学报》（哲学社会科学版）1983年第5期；《陶行知的兄妹及生年问题新证》，南京师范学院《文教资料简报》1983年总第136期。

1891 年的旧说终将被更准确的说法所取代，这一天的到来不过是时间早晚的问题。

二、并非提前一年毕业于崇一学堂

崇一学堂是陶行知所进的一所新式学校。该校隶属于基督教内地会，全称为"安徽省徽州府崇一私立中学堂"。校长由歙县耶稣堂牧师、英国人吉布斯（汉名唐进贤）兼任。陶行知在这所名为中学而实为高级小学的学校里学习了德行、修身、经学、国文、英文、中西历史、算学、代数、格致、地理、音乐和体操等课程，接受了中西混合式的近代教育，迈出了决定自己一生命运的关键一步。关于陶行知在崇一学堂的学习情况，各家年谱、年表是这样记载的："在崇一学堂三年课程两年学完，提前一年毕业。"（朱泽甫编《陶行知年谱》）"1908 年，学习成绩优异，提前一年毕业于崇一学堂。"（江苏陶研会、晓庄师范陶研室合编《陶行知文集·陶行知先生生平年表》和中央教科所教育理论研究室编《陶行知年谱稿》等）此外，安徽陶研会、歙县陶研会的某些同志所写的《陶行知故乡调查纪实》《陶行知先生童少年时代》和《陶行知的青少年时代》等文，也都持类似观点。各家尽管在文字表述上略有差异，但都一致认定陶行知因学习成绩优异而"提前一年毕业于崇一学堂"。事实却并非如此。信中说得很清楚："两年后该校因吉布斯先生回英国而停办。"由此可知，1908 年，崇一学堂因校长吉布斯回国而关门，陶行知与其他同学也因此一道停学回家，并非因学习成绩优异而"提前一年毕业于崇一学堂"。至于有些年谱和年表所谓的他不但提前一年而且是以"第一名的成绩"毕业于崇一学堂的说法，自然也就不能成立。

三、仅在广济医学堂待了三天

停学回家的陶行知，目睹中国贫穷落后，科学不发达、庸医误人，又由于自己的姐姐幼年夭折，加上同窗学友章文美的影响，逐渐产生了医学救国的思想。于是，他便在 1908 年春赴杭州投考教会所办的广济医学堂。关于他在广济医学堂的这段经历，一般认为，他"学习半年后，因不满医学堂歧视不信教学生，不愿俯首帖耳甘受洋人摆布，愤而退学"。这种说法在时间上有一个不大不小的出入：即将仅待了三天说成"学习半年后"才愤而退学[1]。信里讲得非常明确：停学回家后，"我只好怀着学医的

---

[1] 姚新吾：《陶行知一生》，湖南教育出版社，1984，第 27 页。

念头冒险去了杭州。然而，由于进的那所学校（即广济医学堂）对非基督徒学生有明显的歧视，甚至反映在学习课程等问题上，三天之后我就退了学。"

四、在金大求学期间曾回乡参加反清革命斗争

1909年秋至1914年夏，陶行知在汇文书院和金陵大学度过了他一生难以忘怀的青春岁月。他的世界观、人生观、价值观念、思维方式、行为规范、学业基础乃至初步的工作能力，就是在这一时期滋育形成的。关于这一时期他在政治上的表现，研究者普遍认为，在辛亥革命影响下，他开始信仰孙中山的革命学说，主张民主共和，并组织爱国演说会，募集爱国捐款，积极参加爱国、社会福利及学术研究活动（朱泽甫编《陶行知年谱》等）。至于他是否还参加了其他什么激进的革命活动，人们就不甚了解了。引人注目的是，这封信首次向世人披露了他曾在辛亥革命爆发后回乡参加反清革命斗争的史实。他在信中是这样说的："我考入了南京金陵大学……三年后，第一次革命爆发了。我回到徽州，任州议会的秘书。干了半年，又返校继续完成学业。"此处所谓的"第一次革命"，即1911年10月的辛亥革命武昌起义，它是相对于1913年爆发的孙中山反对袁世凯的"二次革命"而言的。也就是说，武昌起义一爆发，他就回乡参加了当地的反清革命斗争，担任州议会秘书一职达半年之久。事后才返校继续完成学业。这番话绝非徒托空言，它有下面两则材料作佐证。一是休宁县教育界知名人士程管侯先生1954年亲笔写的《自传》①。该传关于宣统三年"辛亥款"的记载为："1911年，卅一岁，宣统三年，辛亥，参加余德民、陶行知、汪章瑞、程则裴等在屯溪阳湖余家庄起义，清县知事先期出走，休宁富户地主代表汪觉生等拥夏慎大取得县政权，余德民失败走依黎宗岳。"发现这一自传的安徽省陶行知纪念馆、歙县陶研会的同志们，曾组织调查组，分赴休宁、屯溪、歙县各地调查。通过实地考察，走访老人、县地方志办公室、教育志编写组，在图书馆翻阅资料，逐一核对，确认程管侯先生所写全部属实。二是阳湖起义领导人余德民之子、祁门县退休干部余芳提供的一份材料。该材料说：余德民，生于1888年2月16日，为1905年乡试秀才。因见清政府丧权辱国、政治腐败，曾在屯溪现华山岭一带策划过一次"华山起义"。参加起义的有平民教育家陶知行（后改陶行知）先生，有休宁县万安镇金慰农先生，有休宁蓝渡的余家榴

---

① 叶椿遐、汪麦浪、殷松年、徐耀斌：《陶行知参加辛亥革命地方起义初证》，《徽州实验区》1988年第1期。

先生，有休宁县上溪口一带人士黄亚岗先生。当时曾在华山岭、屯溪老大桥、河滩一带与清军打了一仗，黄亚岗先生战死在沙滩上。这里所说的"华山起义"即程管候《自传》中的"阳湖起义"。当时，阳湖是指挥部所在地，战斗发生在华山岭，所以也称"华山起义"。至于信中所提到的"州议会"一事，安徽省陶知行纪念馆、歙县陶研会的同志曾专门走访了安徽省文史馆馆员程齐夑老先生。据程先生说，州议会地址在县城双钱坊、柳戟门宅对面，后改办为华屏小学，遗址即现歙县中学大会堂大门前。议长是此县名流黄家驹。因此，可以断定州议会是辛亥革命运动的产物，是当地名士自发成立的群众性代表组织，是县清政权至县国民政权正式建立这一过渡时期的群众议政执政机构。[①] 这些材料从一个侧面证明了陶行知这封信中所说的他曾在辛亥革命爆发回乡参加反清革命斗争一事是可信的。陶行知早年参加反清革命斗争这一重要史实的发现，说明他一生始终坚持反帝反封建的民族民主革命斗争，最后成为毫无保留的、追随党的党外布尔什维克不是偶然，而是有其深厚的思想基础和历史根源的。

五、1913年成为一个基督徒

陶行知曾在教会学校求学多年（崇一学堂两年、汇文书院和金陵大学五年），在接受西方近代科学知识的同时，也饱受了宗教思想的熏陶。基督教文化对他一生的事业和思想产生了不可低估的影响。大凡与他有过接触的人，都明显地感觉到他身上具有一种耶稣式的人格气质，充满着对人类宽广深厚的无比挚爱，有着甘愿为穷苦民众的不幸而受苦受难的救世精神和为自己的信仰和主义殉道的精神，以致诗人柯仲平在他去世后撰写了一篇题为《活基督赞》的文章来悼念他。不仅如此，《圣经》的许多典故、词汇乃至深层思维，也在他的论著里留下了明显的痕迹。这一切很容易使人把他与基督教联系起来，认为他可能信仰过基督教。但因过去一直未找到这方面的确凿证据，所以这只是人们的一种主观推测。现在有了这封信，推测就得到了证实。信上说："在包文博士和亨克博士的引导下，又深受简克斯教授'基督教的社会意义'的影响，我于1913年成为一个基督徒。"可见，陶行知早年（至少在1917年他从美国留学归来以前）确实一度皈依过基督教。至于他是一个什么类型的基督徒，何时才放弃基督教信仰，以及他是如何对待基督教的，从中接纳了什么又排拒了什么等问题，可参见后

---

① 余芳的证明和程齐夑的话均见叶、汪、殷、徐《陶行知参加辛亥革命地方起义再证》，载安徽省陶行知纪念馆、歙县陶研会编《陶行知纪念馆五岁》，1989年10月印。

文《陶行知与基督教》的详细分析。

六、留学美国亦非完全自费

传统说法认为，陶行知早年留学美国，是完全依靠自费。例如，美籍华裔学者朱宕潜在他那篇颇有影响的博士论文《发展中国家的教育模式：陶行知 1917—1946 年在华的工作》中就这样写道："在哥伦比亚大学师范学院学习期间，陶行知通过在旅店和工厂里劳动、写文章、到文化组织讲演来维持生活。"其实，这种说法是不准确的。陶行知在美留学期间确实做过工，也写过文章，但他主要是靠中国政府和哥大师院所提供的奖学金来维持生活和学业的。这一点可以从这封致罗素的函中看得很清楚。他虽然也做过工、写过文章，但那些毕竟是次要的。

当然，陶行知早年的这封信所澄清或解决的重要问题还有不少，限于篇幅，这里就不一一列举了。仅以上几点，就足以证明这封信具有极为重要的史料价值，有必要引起广大研究者的高度重视。

陶行知与基督教[①]

在中国近现代史研究中,近现代人物与基督教的关系是一个崭新而颇有意义的研究课题。本文拟通过对著名皖籍教育家陶行知与基督教的关系的探讨,为这一研究课题的深入展开提供某些历史素材和思考视角。

一、陶行知为何皈信基督教

不同于近代中国许多著名人物,陶行知生前几乎没有给自己留下什么自传或回忆录之类的文字。由于这个原因,人们对他早年的人生经历所知甚少,因而一般认为陶行知从来不是一个基督徒。

近年来,随着一系列重要史料的发现,人们的这种观念开始发生某些转变。在1916年2月16日致哥伦比亚大学师范学院院长罗素的信里,陶行知曾这样明确地表示:"在包文博士和亨克博士的引导下,又深受简克斯教授'基督教的社会意义'的影响,我于1913年成为一个基督徒。"根据这段表白,至少我们可以确知陶行知曾于1913年皈依基督教。

那么,陶行知为何在1913年皈依基督教?我们必须从更多的角度和更深的层次上来揭示这一历史现象背后的真正原因。

(一)陶行知幼时的人生经历

俗谚云:"没有远因,哪有近果。"陶行知的父亲陶位朝曾与歙县基督教内地会教

[①] 原载于《安徽史学》1991年第4期。

堂通事（翻译）章觉甫交好，经其介绍，陶母曹翠仂长期在教堂帮佣。陶行知幼时常随父亲挑瓜挑柴进城出售，卖完东西后，总是去教堂帮助母亲做些洗菜、挑水的杂活，教堂牧师兼教会所办歙县崇一学堂校长唐进贤①，爱好中国经史文学，见陶行知举止大方、聪明好学，认为日后堪可造就，遂嘱陶母送他入学，免收学费。这样，陶行知得以进入当时比较先进的教会中学——崇一学堂，学习近代西方科学文化知识，迈出了关键的一步。后来，经唐进贤介绍，陶行知考入美国基督教会开办的南京汇文书院，以后又升入由汇文书院和宏育书院合并而成的金陵大学。他对恩师的栽培感激不尽，并笃信博爱精神。这种经历为他1913年皈依基督教提供了某种历史可能性。

（二）1913年陶行知的处境

从可能到实现往往只有一步之遥，但没有某种直接推动力，这一步也许永远不会迈出。1913年陶行知的处境便成为促使他迈出这一步的直接推动力。金陵大学是由美国基督教会开办的，其宗旨是培养学生的"基督化人格"，亦即培养"牺牲与服务的精神"，以"造就健全国民，发展博爱精神，养成职业知能的根本"，实际上就是推行基督化教育。因此，宗教气氛格外浓厚，宗教仪式十分严格，宗教课为必修课，宗教活动相当频繁。每逢礼拜，师生必须参加②。早在汇文书院和宏育书院时代，其宗教色彩已相当明显。据统计，那时由汇文书院毕业的学生中，来自圣道馆的占十二名，博学馆的有十七名，医学馆的有十一名。总计四十人中，只有两位未曾列名为基督徒。由宏育书院毕业的学生约在三十名，未曾加入教会的大概也不超过三人。及至1910年春，汇文书院与宏育书院合并为金陵大学后，宗教气象大长。当时宗教界的领袖穆德、艾迪、丁立美、诚敬一、都春圃、史比耳、布克曼、甘露得、司徒雷登、马相伯、余日章等人，以及若干教会中的主教与牧师都曾发表宗教演讲，影响颇大。包文校长、文怀恩副校长、韩穆敦、刘伯明等教授也努力提倡和改进宗教工作，并取得显著成效。例如，从1911年3月19日起，立志布道团干事丁立美牧师在校中布道两周，结果成立了一个金陵大学立志布道团，参加者约六十名（包括中学生）。又如，金陵大学青年会曾于1912年设立二十个查经班，每班以五人为限，轮流主领。特别值得注意的是，1913年春，在艾迪于南京举行演讲大会开幕前，学校就有六十名学生决定承认基督为教主，其中大多数随后都领受了洗礼。有些还担任个人布道工作。当时参加星期三晚

---

① 唐进贤是英国人吉布斯的中文名。此人1919—1921年曾任基督教内地会中国理事会副主席。
② 陈裕光：《回忆金陵大学》，《金陵大学建校100周年纪念册》，南京大学出版社，1988，第10页。

祈祷常会的，有六十至一百人①。艾迪的这次演讲轰动一时，陶行知曾前往聆听，并在事后将其演讲词翻译发表。在这次演讲中，艾迪多次谈到道德、宗教问题，宣扬"国家之立，不在府库，不在物产，而在人格"，以及"宗教为立国之必要"②。以上这些因素再加上包文、亨克两位博士的具体引导和简克斯教授著作观点的影响，便成为陶行知在1913年皈信基督教的直接推动力。

（三）基督教义本身的内容特质

基督教是奉耶稣基督为救世主之各教派的统称。公元1世纪源于巴勒斯坦地区，逐渐流传于罗马帝国全境。"它最初是奴隶和被释放的奴隶、穷人和无权者、被罗马征服或驱散的人们的宗教。"③ 后来被罗马帝国当局加以利用，把它作为麻醉人民的精神鸦片。基督教的教义包含在它的经典《圣经》中，基本内容为：信仰上帝（天主）创造并主宰世界；认为人类从其始祖（亚当和夏娃）起就犯了罪，并在罪中受苦，只有信仰上帝及其儿子耶稣基督（救世主）才能获救，宣扬天堂地狱与末日审判，要求人们服从、忍耐、守贫、安分等。虽然这种教义散发着宗教的神秘气息，旨在使民众安心服从于统治者而不致起来反抗斗争，但因它毕竟是发源于下层民众的宗教，故包含有朴素的人道主义因素。而这种思想因素对于下层社会出身且正在寻求救国真理的陶行知来说，无疑具有某种亲切感和吸引力。

（四）陶行知当时的现实需要

在金陵大学求学期间的陶行知，年纪不过二十岁左右，正处于个人人格形成时期。注重道德教化以塑造个体人格的基督教对于民初政治权威一度出现的"真空"状态以及"文化失范"现象感到困惑不解，亟欲在乱世中保持人格节操的陶行知来说，更显得重要和可资借取。加之他又深受中国重视人格修养的文化传统以及当时盛行一时的"道德救国论"的影响，极为重视自身的道德修养问题。为此，他一方面借资于明代哲学家王阳明"致良知"与"知行合一"的学说，寻找个人修身宗旨，另一方面，又对充满道德说教气味的基督教义产生了极大的兴趣，他"入大学后，暇时辄取《新约》

---

① 郭中一：《金大60年来宗教事业之概况（1888—1948）》，载《金大60周年校庆纪念册（1948年）》，南京大学出版社，1989，第255页。
② 华中师范学院教育科学研究所编《陶行知全集（六）》，湖南教育出版社，1985，第705—707页。
③ 恩格斯：《论早期基督教的历史》，载《马克思恩格斯全集（二十二）》，人民出版社，2013，第525页。

展阅之，冀得半言片语以益于身心而涤其伪习"[1]，把基督教义作为完善个人人格的利器。不仅如此，基于救国救民的需要，他还注目于基督教教义中朴素的人道主义因素，竭力使之与近代西方资产阶级"自由、平等、博爱"的主张融合起来，铸就改造社会的思想武器。完善个人人格和寻求救国之道的双重需要，显然是陶行知1913年皈依基督教的更为重要的内在动力。

由此可见，陶行知于"1913年成为一个基督徒"，固然是在包文、亨克和简克斯等人的引导、影响下发生的，但这只是最表面、最直接的原因，而他的既往经历、基督教教义本身的内容特质和他当时的现实需要，才是最深层、最根本的原因。

二、陶行知如何对待基督教

陶行知虽然一度皈依基督教，但他绝对不是一个狂热偏执的基督徒。他对基督教有自己的认识，而且从一开始就是按照自己的理解和需要接受基督教教义的，从未盲目信仰过。他对基督教教义既有接纳，又有排拒，而且接纳中有排拒，排拒中又有接纳，具有一种鲜明的主体意识和清醒的理性精神。

让我们先来看看他对基督教教义有哪些排拒。首先，他拒斥了基督教教义中上帝、救世主、原罪、禁欲等观念意识，反对狂热的宗教情绪，抵制了舍弃或轻视现实人生的悲观主义和出世观念。相反，他高扬人的至尊地位和人的主体性，赞颂个人的价值、个体的尊严和个性的解放，肯定日常世俗生活的合理性和身心需求的正当性。"不是用某种神秘的狂热，而是用冷静的、现实的、合理的态度来解说和对待事物和传统；不是禁欲或纵欲式地扼杀或放任情感欲望，而是用理知来引导、满足、节制情欲；不是对人对己的虚无主义或利己主义，而是在人道和人格的追求中取得某种均衡。……不需要外在的上帝的命令，不盲目服从非理性的权威。"[2] 很明显，这除了受到近代西方人文主义思潮的影响，也与"乐感文化""实用理性"这些中国文化传统有某种内在关联。归根到底，陶行知是以一种中国人特有的文化心理来理解和接受基督教教义的。数千年积淀而成的民族文化心理结构作为一种巨大深厚的文化背景，始终在暗中左右着陶行知对待基督教的态度。

其次，他拒斥了基督教教义中忍受、顺从、安分、等待的观念意识，号召人民起

---

[1] 华中师范学院教育科学研究所编《陶行知全集（一）》，湖南教育出版社，1985，第27页。
[2] 李泽厚：《孔子再评价》，载《中国古代思想史论》，人民出版社，1985，第29页。

来进行反抗斗争。他曾在一篇文章中介绍使徒保罗与雅各两人对待忍受的不同看法，并借耶稣基督和他母亲玛利亚的评判，间接表明自己对此问题的基本倾向。他写道："《罗马书》第十三章一至十三节说：'在上有权柄的，人人当顺服他。'到如今，此为基督教的一派人的看法。若按照保罗这样的说法，那么，纵使我们的头像萝卜似的被砍，也不应当响一声。再瞧基督教另一派人的看法。《雅各书》第五章第四节说：'工人给你们收割庄稼，你们亏欠他们的工钱。这工钱有声音呼叫。并且那收割之人的冤声，已经入了万军之主的耳了。'……保罗是右派，是有产阶级的绅士派；雅各是左派，是无产阶级派。现在请耶稣基督出来，看看他怎样说。《路加福音》第十八章第二十二节说：'要变卖你一切所有的，分给穷人。'……在《路加福音》第一章五十一至五十三节，耶稣的母亲玛利亚说：'他用膀臂施展大能。那狂傲的人，正心里妄想，就被他赶散了。他叫有权柄的失位，叫卑贱的升高。叫饥饿的得饱美食，叫富足的空手回去。'这样看来，耶稣是赞成雅各的，就是耶稣的母亲玛利亚也是赞成雅各的。"[①] 其实，此处无非是借耶稣和他母亲之口，表达陶行知自己的观点罢了。由此可以发现一个有趣的现象：陶行知按照自己的理解和需要，对耶稣和他母亲的形象进行了一番重新塑造，使他们成为下层民众的代表。他尽量发掘《圣经》中有利于下层民众利益的言论，并以改造了的耶稣和他母亲来否定那些"有产阶级的绅士派"的主张。这充分表明陶行知在接受基督教教义时，不但已"民族化""中国化"，而且也"世俗化""大众化"了。纵观陶行知一生的言行，人们可以清楚地看到，他提倡全民族、全人类相尚以爱，但这不同于墨子的兼爱，也不同于耶稣的泛爱。他赞成宽容，但不同意给人打了左脸还送上右脸再给人打。他既教人爱人，也教人憎人，憎那些与人民为敌的丑类。他号召并支持人民进行反帝反封建的斗争，且始终站在斗争的最前线，直至生命的最后一刻。

此外，他对僵化烦琐得令人生厌的教规教仪从来（至迟在1917年留美返国后）没有什么兴趣。据其次子陶晓光回忆："我们亲属自幼从未见陶先生参加过基督教礼拜和其他基督教徒的活动。家里也没有任何信基督教的仪式。"[②] 可见，以完善个人人格和寻求救国真理为信教旨归的陶行知，他所关注的不在于基督教的那些外在的形式，而是基督教教义的某些实质性内容（如"人皆兄弟""爱人如己"这些与近代西方资产阶级"自由、平等、博爱"原则有某种相通之处的观念意识），以及在耶稣身上所体现出

---

① 华中师范学院教育科学研究所编《陶行知全集（二）》，湖南教育出版社，1984，第626—627页。
② 见陶晓光先生1989年8月21日致笔者函。

来的那种勇于为自己的信仰和主义殉道的精神（即基督人格）。著名社会学家费孝通说得好："其实，宗教信仰并不一定是要在口头上或是在仪式里表现出来的。从口头上或仪式上去判断一个人的信仰，则最虔诚的基督徒应当是我们内地那些吃教的师母们了。我们若说基督教是西洋文化中重要的一个柱石，绝不是因为他们教堂多，赞美诗唱得好听，祈祷文背得流利。主要的是他们具有一种基督所象征的精神。"[①] 当然，陶行知也不是绝对地否定基督教的所有活动形式。相反，他对已成为西方社会生活中重要组成部分的圣诞节，取其形式，易之内容，表达了他对子女和普天下穷苦儿童的一种美好情感。他的长子陶宏在《我和我的父亲》这篇回忆文章中曾如此深情地写道："过年过节，尤其是耶稣圣诞，他总要买一些玩意儿和书籍，给我们一些温暖和快乐。这个习惯一直继续到我进中学，他办了晓庄学校为止。他在我们身边时，每到圣诞节吃了晚饭后，他就出去买礼物，我就躺在床上静候圣诞老人自天而降。有时等得实在不耐烦，也就睡着了。睡到半夜一觉醒来时，一点灯光都没有了，心想'老头子'今儿大概来过了，赶紧伸手到床头和枕下一摸，可不是？硬的软的，方的圆的，心里好生欢喜。可惜看不见，唯有希望天快点亮，于是就抱着这些欢喜迷迷糊糊睡着了。他如果不在身旁时，如有一年他在上海，我们在北京，那么圣诞节前一定有一大包糖果从别处寄来，并且事先都分好，写好名字，并不是怕我们抢，而是表示他对每个孩子都尽了心意。……随后在上海，在重庆，他变成了更多不幸儿童——那些终年得不到一点快乐的穷苦孩子大家所共有的圣诞老人，并且还号召更多的大人来做集体的圣诞老人。在每年的儿童节，尽量地捐输金钱、书籍、衣物、文具等，给那些流浪在街头的、工作在田间的小孩，给他们一天的快乐，解决他们一年的学习所需的用品。"[②]

陶行知对基督教教义的接纳主要有以下几个方面：

一是耶稣身上所体现出来的那种勇于为自己的信仰和主义殉道的精神，那种为拯救"下层社会的不幸"而甘愿受苦受难的救世精神。耶稣说："因为人生来，并不是要受人的服待，乃是要服待人，并且要舍命，作多人的赎价。"又说："若有人要跟从我，就当舍己，背起他的十字架，来跟从我。"耶稣的这种殉道精神和救世精神使陶行知钦佩不已。陶行知曾作有《背起四个十字架》一文，号召人们学习耶稣的牺牲精神，"为破坏牺牲，为建设牺牲，为水灾牺牲，为抗日牺牲"，"背起四个十字架"！[③]

二是基督教教义中"人皆兄弟""爱人如己"一类朴素的人道主义因素。20 世纪

---

① 费孝通：《眼睛望着上帝》，载《美国和美国人》，三联书店，1985，第 110 页。
② 江苏陶研会编《纪念陶行知》，湖南教育出版社，1984，第 209—210 页。
③ 华中师范学院教育科学研究所编《陶行知全集（二）》，湖南教育出版社，1984，第 367 页。

20年代初，陶行知在他和朱经农合编的《平民千字课》中，专门向人们介绍了耶稣基督的感人事迹："耶稣基督是西方的圣人。一千九百二十三年前，生在犹太国。他聪明过人，热心救世，带了许多门徒到各处传教。他要世界上的人个个'爱人如爱己'。他说：'你想人家怎样待你，你就应该怎样待人。'他觉得人生在世，不可只顾自己，应当服侍别人。'为人服务'是人生最重要的责任。有一回，耶稣要替他的门徒洗脚，门徒都说：'这是万不敢当。'耶稣说：'我今天怎样服侍你们，就是想你们将来怎样服侍别人。我来是服侍人的，不是要受人服侍的。'他觉得世界上的人，无论男女老少、富贵贫贱，都是平等的。如果能真心悔改自己的罪过，人人都可以进天堂。"[①] 从中不难看出，陶行知从民主主义的立场出发，主要吸取了基督教教义中"人皆兄弟""爱人如己"这类朴素的人道主义。

三是《圣经》的典故、词汇和深层思维。陶行知长期生活、学习在教会学校，每天接触的大多是西方文化典籍，《圣经》更是他日常诵读之书。他谙熟《圣经》的典故就像他谙熟中国古典作品的典故一样。许多《圣经》的典故在他写作时常常是信手拈来，用得恰到好处。《圣经》的词汇在其作品中使用之多难以胜数。不唯如此，甚至《圣经》的某些深层思维，也为他在有意或无意之中所借取。

总之，陶行知对基督教的接纳是多方面的，是自觉主动的，是从自己的需要出发，对之有所选择、改造和发展的。他没有"被基督化"，而是"化基督"，使基督教为他改造中国社会和教育的实践服务。

三、基督教信仰对于陶行知的影响

信仰基督教是陶行知在自己人生信仰方面所作出的重要选择。这一选择极大地影响到陶行知人格风范的塑造以及他日后事业的发展。尽管他后来放弃了基督教信仰，不再是基督徒了，但这种影响的痕迹始终或隐或显地体现在他的身上。

陶行知信仰基督教的目的不在于使个人灵魂获得解脱，而是要学习基督人格，像他那样为受苦受难的同胞，乃至为了全人类勇敢地背起十字架。他把耶稣的"舍己为人"的自我牺牲精神与中国文化传统中"富贵不能淫、贫贱不能移、威武不能屈"的大丈夫气概结合起来，发扬光大成为一种为了中国社会的进步和人民教育的发展而不惜献出个人生命的伟大情操。为了实现美好的理想，他舍肉体劳苦于不顾，置生死存

---

① 陶行知：《耶稣基督》，载《陶行知全集（六）》，湖南教育出版社，1985，第128—129页。

亡于度外，坚持办学，培育人才，摩顶放踵以利天下，其人格闪烁着崇高夺目的光彩。从某个角度来看，陶行知之所以被人民长久崇敬，一个很重要的原因就是他有着伟大的人格风范，而这一个人格风范的塑造显然离不开基督教信仰所起的作用。

基督教信仰对于陶行知的积极影响还体现在陶行知的思想主张方面。陶行知将基督教教义中"人皆兄弟""爱人如己"的观念与近代西方资产阶级"自由、平等、博爱"的原则以及中国传统文化的"亲仁""兼爱"思想熔于一炉，新铸造成一种有着明确指向、具体内容和阶级属性的"爱满天下"的主张。他所倡导的"爱"，是一种对人类的爱，对中华民族的爱，特别是对中华民族最多数而最不幸的工农大众的爱。他是一位爱的大师。他曾说："晓庄是从爱里产生出来的。没有爱便没有晓庄。因为他爱人类，所以他爱人类中最多数而最不幸之中华民族，因为他爱中华民族，所以他爱中华民族最多数而最不幸之农人。晓庄三年来的历史，就是这颗爱心之历史——这颗爱心要求实现之历史。"[1] 又说："育才学校是在朋友们的博爱精神下长进着。"[2] 青年时代，他就把"民胞"（博爱）列为共和主义三大信条（自由、平等、民胞）的核心，称之为"共和之大本"[3]，直至晚年，他仍然坚持认为"人生最大的目的还是博爱"。[4]

《圣经》的典故、词汇和深层思维对他的作品产生了很大影响。我们发现一个有趣的现象：陶行知的一生，似乎与"光"结下不解之缘。例如，他在1913年发表的《〈金陵光〉出版之宣言》里，开门见山的一段话就是："学报奚以光名乎？曰：天地之大，万物之繁，吾人所恃以别上下、高低、大小、方圆、正斜、黑白、动静、美恶者，光而已矣！无光，则天地万物，奚由辨别乎？"文中又把"光"喻作佐助人生的种种益物，文末更以"光"结尾："《金陵光》之第一号，即旭日东升之晓光，今出矣，吾同学曷速兴起耶！"[5] 此外，他为次子取名"晓光"，在生前的最后一文《祭邹韬奋先生文》里，颂扬邹韬奋、李公朴、闻一多等民主斗士"舍生取义，这，给了我们光，给了我们热，给了我们力"[6]。他所说的"光"，意蕴深刻，引人联想，极富象征意义。陶行知为何如此偏爱"光"？追本穷源，这明显受到《圣经》第一章所谓"光"的影响。自然，陶行知作品里的"光"与《圣经》里的"光"在内涵上已有本质差异，绝不能不作辨别地混为一谈。

---

[1] 华中师范学院教育科学研究所编《陶行知全集（二）》，湖南教育出版社，1985，第207页。
[2] 华中师范学院教育科学研究所编《陶行知全集（五）》，湖南教育出版社，1985，第865页。
[3] 华中师范学院教育科学研究所编《陶行知全集（一）》，湖南教育出版社，1984，第45页。
[4] 华中师范学院教育科学研究所编《陶行知全集（五）》，湖南教育出版社，1985，第810页。
[5] 华中师范学院教育科学研究所编《陶行知全集（一）》，湖南教育出版社，1984，第1—3页。
[6] 华中师范学院教育科学研究所编《陶行知全集（四）》，湖南教育出版社，1985，第746页。

基督教信仰也给陶行知带来了某些消极影响。比如，他一度过分相信人类的理性和"爱力"的伟大。即使在他创办的晓庄学校被国民党当局查封之后，他仍然主张"我们要用和平奋斗的精神创造自由平等的世界……我们尊重人类的理性，我们承认凡是人类都是可以教的，就是以武力来压迫我们，我们还是一样的教他们去济弱扶倾，我们奋斗的工具是爱力不是武力，爱力如同镭之第三种射线，不是任何射线，不是刀剑所能阻碍住的"[①]。这就不免流于政治上的天真，在一定程度上腐蚀了自由的斗争锋芒。

四、结论

第一，陶行知的确曾是一个基督徒。我们不应该也无必要讳言这一事实。在我看来，承认陶行知曾是一个基督徒，这丝毫无损于他的光辉形象。相反，它倒使我们感觉到陶行知更亲切、更可理解了。陶行知并非天生的圣人，他也是经过一番艰难而曲折的探索，最后才寻找到共产主义这一拯救中国命运的伟大真理的。大家用不着担心，既然孙中山的伟大形象从未因他皈依基督教而有任何影响，那么，陶行知的伟大形象又怎会因他曾是基督徒而受到损害呢？

第二，陶行知一度皈依基督教的原因是极其复杂的。我们应遵循马克思主义的基本原理，把问题放在当时的历史条件和社会环境里加以考察，对于陶行知曾经信仰过基督教一事给予充分的理解。这不只是一种雅量，更是一种襟怀、一种气度、一种眼光，一种后人对前人的尊重。人生常常面临着种种选择，而这些选择又总是在一定的历史条件下进行的，人们不可能超脱于既定的历史条件去随心所欲地选择。人们选择历史，也被历史所选择。陶行知如此，我们又何尝不是如此？

第三，基督教信仰对于陶行知的影响是多方面的，是极为深刻的。就总体而言，基督教信仰对他的影响的积极方面远远超过消极的方面。

第四，陶行知虽然一度皈依基督教，但他从来不是一个狂热偏执的基督徒。他信教是以完善个人人格和寻求救国之道为旨归的。他对基督教有自己的认识，而且从一开始就是从民主主义的立场出发，按照自己的理解和需要接受基督教教义，从未盲目地信仰过。他对基督教教义既有接纳，也有排拒，而且，接纳中有排拒，排拒中又有接纳，具有鲜明的主体意识和清醒的理性精神。他对待基督教的态度为我们今天正确地对待作为全人类精神财富重要组成部分的西方先进文化树立了一个光辉楷模，值得我们学习。

---

① 华中师范学院教育科学研究所编《陶行知全集（二）》，湖南教育出版社，1984，第221页。

《陶行知年谱长编》编撰手记[①]

一

　　清人章学诚谓："年谱，一人之史也。"[②] 一部好的年谱，其学术价值和社会影响丝毫不亚于人物传记，其资料翔实程度远胜于传记，谱主的言论行事，更足以让千百年后的读者受到鼓舞。胡适认为"最好的年谱可算是中国最高等的传记"[③]。章学诚将年谱长编称为"比类"，亦认为"比类之业者，必知著述之意，而所次比之材，可使著述者出，得所凭藉，有以恣其纵横变化；又必知已之比类与著述各有渊源，而不可以比类之密而笑著述之或有所疏；比类之整齐而笑著述之有所畸轻畸重，则善矣。盖著述譬之韩信用兵，而比类譬之萧何转饷，二者固缺一而不可；而其人之才，固易地而不可为良也"[④]。

　　近人所撰年谱之中的佼佼者不胜枚举，如丁文江的《梁任公先生年谱长编》、胡颂平的《胡适之先生年谱长编初稿》、汤志钧的《章太炎年谱长编》、陈锡祺主编的《孙中山年谱长编》等。这些年谱也各有特色，如《梁任公先生年谱长编》，不仅弃文言而改用白话，更是在谱中收录了大量的往来信札，使其成为《梁任公先生年谱长编》的一大特色，并为学界所重视。胡颂平的《胡适之先生年谱长编初稿》则是将胡适五十余年中一切论学论政的文字都"择要摘录，分年编入"，故余英时称之为"谱主著作的

---

① 与刘大伟合作，原载于《江汉论坛》2012年第6期。
② 梁启超：《中国近三百年学术史》，岳麓书社，2010，第333页。
③ 胡适：《〈章实斋先生年谱〉序》，载欧阳哲生《胡适文集（七）》，北京大学出版社，1998，第26页。
④ 章学诚、李春伶：《文史通义》，辽宁教育出版社，1998，第254页。

编年提要","可以对谱主一生学术思想的发展获得极清晰而深刻的认识"①。而胡适本人所撰《章实斋先生年谱》更具有开创性，提出了"不但要记载他的一生事迹，还要写出他的学问思想的历史"的观点②。胡适在《章实斋先生年谱》中首开年谱评判的体例，为后世年谱写作提供了另一类范本。

相对于上述谱主而言，陶行知在近代中国历史舞台上的地位毫不逊色。陶行知一生不仅致力教育事业，还关注政治制度、经济发展、计划生育、科学普及、新文字推广、大众诗歌等多个领域，更以独创的"生活即教育""社会即学校""教学做合一""小先生制"而闻名海内外。此外，他积极投身于民主事业，武昌首义爆发后，立即奔赴家乡奋身投入了这场伟大的革命运动，组织参与屯溪阳湖余家庄起义，并一度担任徽州议会秘书半年之久③。在其晚年，更以奋起疾呼民主和平运动而为广大民主人士所推崇。他的生命虽然只有短暂的五十五年，但却在近代中国产生了巨大的影响。毛泽东称其为"伟大的人民教育家"，周恩来认为他是"无保留追随党的党外布尔什维克"，宋庆龄赞其为"万世师表"，董必武认为他是"当今一圣人"，郭沫若用"两千年前的孔仲尼，两千年后的陶行知"来赞誉他。不仅在国内，陶行知在国际上也享有盛誉。日本知名教育史学家、东京专修大学教授斋藤秋男及美国援华会总干事毕莱士都认为，陶行知不仅仅是属于中国的，而且是属于全世界的。2007年，美国知名学者、哥伦比亚大学教育学院哲学、教育学教授汉森在他主编的《教育的伦理视野——实践中的教育哲学》一书中，介绍了世界上最具影响力的十大教育思想家，其中，唯一的一位中国的教育思想家就是陶行知，他与美国的杜威、意大利的蒙台梭利等世界著名教育思想家并列。以上事例足见陶行知教育学说在国际学术界的巨大影响以及被国际人士的认可程度。

随着陶行知研究的日益深入，湖南教育出版社和四川教育出版社相继出版了《陶行知全集》，各类文集及传记更是比比皆是。就年谱而言，朱泽甫和中央教科所分别编撰了《陶行知年谱》和《陶行知年谱稿》。但著于特殊历史时期的这两本年谱，由于篇幅限制，很难客观完整地还原陶行知一生的真实面貌。因此，编撰一本全面客观的《陶行知年谱长编》就十分有必要。1991年，笔者完成博士论文后，遵业师章开沅先生之嘱，其后的二十年都在筹备撰写年谱长编，并先撰写了简谱。后接连忙于诸多繁

---

① 余英时：《中国近代思想史上的胡适——〈胡适之先生年谱长编初稿〉序》，载胡颂平编《胡适之先生年谱长编初稿》，台湾联经出版有限公司，1984，前言第5页。
② 胡适：《〈章实斋先生年谱〉序》，载欧阳哲生《胡适文集（七）》，北京大学出版社，1998。
③ 方明主编《陶行知全集（六）》，四川教育出版社，2005，第455页。

杂事务，心愿难了，幸得门人刘大伟君襄助，最终得以共同完成。适值2011年陶公诞辰一百二十周年，得益于人民教育出版社的支持，《陶行知年谱长编》编撰发行一事遂得以提上议事日程。

《陶行知年谱长编》以编年体的形式重现了伟大的人民教育家陶行知五十五年的光辉人生，记录了他的学术轨迹及其产生的时代影响。图书在谱主去世之后亦以编年体的形式记载了和其有关的学术活动。全书共约一百八十五万字，按照"先时事，后谱文"的体例方式，不仅交代了谱主出生的时代背景，而且在每一年谱文前都用简短文字勾勒出当时的政治、经济、文化图景，以便让读者能在时代的风云变幻过程中领悟谱主人生思想的发展变化。此外，此年谱还反映了当时的社会生活习俗，让读者能够站在一个大历史的舞台上，通过自上而下和自下而上的视角，多角度地观察陶行知、了解陶行知。作为著名教育家、社会活动家，陶行知的交往范围极其广泛，上至国家元首，下至平民百姓，他既可以做民国官僚的座上客，亦可以与"牛大哥"同屋而眠；既可以与杜威、泰戈尔等社会名流相聊甚欢，亦可以与黄包车夫、门童小贩书信往来……如此广泛的社会交往，使陶行知的一生经历十分复杂，其思想亦多有发展变化。因此，本年谱尽可能客观公允地描绘其人生轨迹，所录文字尽量保持原貌，以期还原出一个全面真实的陶行知。此外，中华人民共和国成立后评价体系的转换，使得陶行知在很长一段时间内被树立成师德楷模、民主斗士，从而变成一个抽象化、模式化的符号。言及陶行知，必言及其生活教育理论，必言及其"从晓庄到育才"的办学之路，恰恰忽略了他是一个"生活"的人。因而，在年谱撰写过程中，笔者本着章开沅先生的"中国史学寻找自己"的宗旨，试图去寻找真实的陶行知，寻找自己的研究方法和风格，寻找对陶行知的新的理解。

二

下面介绍本书在编撰过程中各方面的情况。

1. 资料搜集

湖南教育出版社、四川教育出版社出版的《陶行知全集》及朱泽甫的《陶行知年谱》为本书的编撰提供了基本的资料保证。在此基础之上，笔者还搜集了《毛泽东选集》《周恩来选集》《晏阳初全集》《梁漱溟全集》《马寅初全集》《陈鹤琴全集》《杨贤江全集》《胡适日记全编》《冯玉祥日记》《黄炎培日记》《李公朴日记》《鲁迅日记》

《谢觉哉日记》《颜惠庆日记》《阳翰笙日记选》《冯玉祥回忆录：我的生活》《费正清自传》《张治中回忆录》《胡适书信集》《胡适来往书信选》《李公朴传》《毛泽东年谱》《周恩来年谱》《宋庆龄年谱》《冯玉祥年谱》《郭沫若年谱》《严修年谱》《梁启超年谱长编》《蔡元培年谱长编》《张伯苓年谱长编》《叶圣陶年谱长编》《闻一多年谱长编》《卢作孚年谱》《鲁迅年谱》《郑振铎年谱》《救国会史料集》等大量文献资料。这些文献的搜集本就不易，要想阅读完毕并找出与陶行知的联系，就更为不易了。有时候几百万字的年谱长编或日记看完，只能找到一到两条相关信息，甚至一条也没有，那种内心的失落感是非常强烈的。

这里需要特别强调的是，笔者在编撰过程中发现了一大批未曾面世的原始史料，如卢爱萍女士提供的"吴树琴日记"。作为陶行知后半生的生活伴侣，吴树琴为我们追踪陶行知的足迹提供了有效帮助，这份日记完整地再现了两人之间的感情生活。重庆育才中学提供的数份近年来才面世的陶行知的亲笔书信及文章，则进一步弥补了当年我们编撰《陶行知全集》不全的遗憾。另外，为了弥补陶行知海外留学期间一手资料的不足，笔者还于2000年底至2001年6月在陶行知的母校美国哥伦比亚大学师范学院图书馆特藏室搜集复印了多封陶行知与杜威、孟禄的往来书信，以及克伯屈日记和陶行知的学习与生活记载等海外资料，以期完整呈现出学生时代的陶行知。至于陶行知留学伊利诺伊大学期间的硕士毕业论文《中国之租借地》则是第一次在国内被提及，笔者不仅介绍了其基本框架，还将其结论翻译成文以飨读者。

2. 史料考证

撰写年谱长编是一种梳理史料的工作，其材料之多让研判与采择都极为困难。在陶行知研究中，长期存在着一些莫衷一是的问题。因而在本书的编撰中，笔者本着实事求是的原则，对有结论者予以定论，对有争端者则将学界观点一一列出，以待更多材料的发掘。

（1）存异者。在陶行知研究中，由于学者掌握资料的程度不一，对事件的看法不一，目前陶研中仍有若干问题存在着不同看法。如陶行知的生年问题、信仰问题。

陶行知的生年问题至今仍众说纷纭。目前有1891年、1892年及1893年三说。其中1891年说最为常见，全国政协、统战部、教育部还据此说于1981年10月18日在北京联合召开了纪念陶行知先生诞辰九十周年大会。笔者在20世纪80年代编辑《陶行知全集》时搜集到大量有关陶行知的珍贵资料，这些新资料所记载的史实显然不同于1891年说。结合陶行知亲笔填写的一份《非移居侨民去法属印度支那的申述》和

《晓庄学校十九年毕业同学录》《晓庄学校校董履历表》《生活教育社社员手册》《生活教育社职员名册》及赴美留学的入境护照等资料，笔者认定陶行知的生年应为1893年11月10日。为此，笔者相继撰写了《陶行知生年考》与《关于人民教育家陶行知的生年问题》，分别刊发于1983年第2期的《历史研究》与同年第5期的《华中师范学院学报（哲学社会科学版）》。对于1893年说，胡晓风先生深表赞同，并撰文《陶行知诞辰考》刊于1996年第11期的《教育研究》，与笔者遥相呼应。

对陶行知的信仰问题也存在诸多不同看法。笔者曾撰有《陶行知与基督教》一文刊于《安徽史学》1991年第4期。笔者认为陶行知曾是一名基督教教徒，但并不是一名狂热偏执的基督教教徒。基督教也对其产生了重要的影响，"他对基督教教义既有接纳，也有排拒，而且，接纳中有排拒，排拒中又有接纳，具有鲜明的主体意识和清醒的理性精神"。时至今日，笔者仍坚持认为陶行知并非终生信仰基督教。在金陵大学期间成为基督徒的他，于1915—1917年赴美留学期间开始更多接受杜威实用主义理性的思想，逐渐从基督教的影响中淡出。其后期的思想色彩更像是一个矛盾的综合体，其中既有来自西方的基督教教义的宗旨，亦有佛教、墨家等东方传统思想的精髓，所以他只能算是一度信仰过基督教，但基督教教义中的博爱精神却为其一生所奉行。在宗教信仰方面，胡适的经历与陶行知极为类似，或可为一证。胡适在1911年6月18日记述道："下午绍唐为余陈说耶教大义约三时之久，余大为所动。自今日为始，余为耶稣信徒矣。是夜Mr. Mercer演说其一生所历，甚动人，余为堕泪。"[①] 八年后，胡适再读此日记时，却认为"他们用'感情的'手段来捉（弄）人"，"细想此事，深恨其玩这种'把戏'，故起一种反动"[②]。当然，对于陶行知的宗教信仰问题，学界亦有不同声音，何荣汉先生在其《陶行知——一位基督徒教育家的再发现》一书中，除挖掘更多的史料，更是利用自身的宗教体验对陶行知的宗教信仰提出了再解读，得出了与笔者不同的观点，也成为一种新的研究典范。

综上可见，由于所依史料的不同，研究方法的不尽一致，得出的结论也不尽相同。故在年谱的编写中，笔者将不同说法及理由分别列出，给读者自行研判的机会，同时也为陶研新史料的出现留下了回旋的空间。

（2）新考者。除上述有待于学界继续探索的争议问题，在编撰过程中，相关史料也经常会出现前后不一、互相矛盾之处。本着毋忘求真的精神，笔者对存疑之处花费

---

① 胡适、曹伯言：《胡适日记全编（一）》，安徽教育出版社，2001，第106页。
② 胡适、曹伯言：《胡适日记全编（一）》，安徽教育出版社，2001，第110页。

了诸多时间予以考证。此处举《张伯苓年谱长编》与《蔡元培年谱长编》各一例。《张伯苓年谱长编》在 1922 年 4 月 9 日记述,"范源濂在正昌饭店招待胡适,梁启超、陶行知、张伯苓等人作陪"①。而胡适在 1922 年 4 月 10 日日记中写道:"静生邀在正昌吃饭,有任公、知行等。"②两处时间无法统一。查阅胡适日记后发现,他在 4 月 9 日记述:"到直隶教育厅,讲演《道德教育》。下午小睡,读《赫胥黎集》。到聚庆成吃饭,遇范静生、凌冰、黎劭西等。"③这说明胡适直到 9 日傍晚才遇到范源濂,且是在聚庆成饭馆。那么《张伯苓年谱长编》中提及的 9 日范源濂请胡适在正昌饭店吃饭、陶行知等作陪一事就是错误的。胡适在 10 日的日记中继续写道:"昨日静生坚留我多住一天,故上午不曾回京……静生邀在正昌吃饭,有任公、知行等。下午四时,坐快车回京。"④笔者翻阅了黄炎培和梁启超的相关年谱日记后虽无所获,但根据胡适日记的连续性判断可知,9 日在正昌吃饭一事不可信,4 月 10 日才有在正昌吃饭一事。

《蔡元培年谱长编》记述中华图书馆协会于 1925 年 4 月 24 日成立,陶行知等被选为董事一事⑤,在《丁文江年谱》中却为 4 月 25 日⑥。实际上,4 月 26 日的《申报》载:"昨日十时在北四川路横滨桥广肇公学三楼开讨论会……下午二时改开成立大会……最后公推陶行知欢词毕。"由《申报》可知,蔡谱所记一事有误,中华图书馆协会实际成立于 1925 年 4 月 25 日。

在《行知备忘》中,需要考证的则更多。相对于民国时期其他人物的日记而言,陶行知的备忘录并非传统意义上的日记。有些时候记载了当日的行程,有些时候则是拟订当日行程,有些则可能是与其相关,而并未实现。如 1938 年 10 月 11 日备忘录内容:"八时,白先生。十二时,蒋夫人。四时,联怡里二号;四时,周先生。张厉生先生,七时。……五时半到崇阳,访陈长官。"而事实上,在 10 月 22 日致吴涵真的信中,陶行知当日的行程却是:"十一日早再访白先生……十二时赴蒋夫人餐约,谈到二时,又承其电约黄仁麟、牧恩波二君再谈半小时。……五时半渡江动身访陈辞修先生于老鸦村,十时到……"由此信可以判断,《行知备忘》中八时会白崇禧、十二时会宋美龄两事确凿,四时联怡里及致电周恩来未可考,七时会张厉生及五时半到崇阳两事则是陶本人的计划了。所以,备忘录中需要如此判断的内容很多,笔者只能本着"宁

---

① 梁吉生:《张伯苓年谱长编(上)》,人民教育出版社,2009,第 303 页。
② 胡适、曹伯言:《胡适日记全编(三)》,安徽教育出版社,2001,第 614 页。
③ 胡适、曹伯言:《胡适日记全编(三)》,安徽教育出版社,2001,第 611—612 页。
④ 胡适、曹伯言:《胡适日记全编(三)》,安徽教育出版社,2001,第 612—614 页。
⑤ 高平叔:《蔡元培年谱长编(中)》,人民教育出版社,1996,第 705 页。
⑥ 宋广波:《丁文江年谱》,黑龙江教育出版社,2009,第 206 页。

可信其无,不可信其有"的原则,将考证确凿者收入,待考者则暂时搁置一边。

3. 编撰特色

《梁任公先生年谱长编》以其大量的往来书札而成为年谱编撰中的一大亮点,《胡适之先生年谱长编初稿》则以"择要摘录,分年编入"为特色。在综合海内外多本年谱长编的特点之后,笔者拟将《陶行知年谱长编》分为著作、诗歌和书信三个部分,以求通过这三部分的"择要摘录,分年编入",让读者对谱主一生学术思想的发展有一个清晰深刻的了解。

著作知其思想。陶行知所著文章涉猎极广,包含了教育、医学、文化、宗教、科学、民主政治、人口控制、民族团结等多个方面。他一生出版了《中国教育改造》《普及教育》《普及教育续编》《普及教育三编》《古庙敲钟录》《教学做合一讨论集》《斋夫自由谈》《中国大众教育问题》《怎样做小先生》《育才学校手册》等多部论著。据学者统计,川教版新版《陶行知全集》中,教育文献仅占百分之四十左右的篇幅,如果再除去一些如平民教育、乡村教育这些可以归纳为社会学的论文,那么,单纯的教育学文献还占不到全集的百分之四十。此外,政治与社会类文献有百分之十五左右[①]。在诸多的陶行知研究中,研究者多是教育学者,所以对于陶行知的教育思想关注更多,忽略了陶行知思想的其他方面。因此,为了让读者能够接触到全面真实的陶行知,笔者除将陶行知的代表性教育类文章全文收入,如《生活即教育》《教学做合一》《第一流的教育家》,甚至包括他本人设计的"教学做合一测验"试卷,还大量收录了他有关社会政治思想的文章。因为只有在充分理解陶行知社会政治思想的基础上,才能够理解其教育思想。在陶行知看来,他的教育思想是为改造中国社会服务的,是"为人民组织一高效率之公众教育体系,发展和保持一真正之民主国家"[②]服务的。

书信观其为人。书信是民国时期人们联络的重要工具,其中包含了大量的重要信息。陶行知一生往来书信颇多,上至社会名流,下至平民百姓。在书信取舍方面,笔者认为,尽可能多地录入其书信,才能给读者勾画出一个更为真实的陶行知。因为只有借助书信这种隐私性很强的材料,才能彻底地显示出人性中最本质的所在。通过大量的书信收录,可以避免走入将陶行知塑造成呆板的政治或教育符号的误区。在陶行知往来的书函中,既有开心的时刻,也有烦恼的时刻,更有柔情似水的时刻。如1939年2月4日致函陶晓光,叮嘱他与王洞若、戴自俺等要将字写好,否则迟早"要给人

[①] 李刚:《历史与范型:陶行知研究的知识社会学考察》,东北师范大学出版社,2006,第156页。
[②] 方明主编《陶行知全集(六)》,四川教育出版社,2005,第456页。

把信摔到纸篓里去"①；再如 1942 年 3 月 22 日致马侣贤的信末特别强调"有月病之女生，加发草纸两刀"②，充分体现了他作为一名老师对学生的无限关爱；再如 1942 年 8 月 11 日致马侣贤的信中，教其如何向别人募捐，展现出其丰富的社交能力③；再如 1944 年 6 月 5 日给陶宏的信中，有大段的与孙女陶鹤的对话描写，读到此，才让人感觉到陶行知不仅是忧国忧民的教育家，更是一个乐享天伦的祖父④；再如 1944 年 10 月 29 日致吴树琴函中，为其描绘了一幅美丽的场景，约其两年后环游世界，更是让人感受到那份罗曼蒂克的情怀⑤；再如 1941 年底至 1942 年为校舍争端一事致育才同人的多封书信，从中可以看出一个谦谦君子的高尚情操。此外，陶行知的书信中还有大量的细节描写，如交代学生怎么穿衣服、保管衣服、缝衣服等，这些材料的收录都可以让读者感受到一个"生活"的陶行知。

诗歌见其情怀。陶行知在自己数十年的"战斗"生涯中，共创作了七八百首诗歌，其中包括大量的政治抒情诗和教育动员诗。他撰写的诗歌大都清新流畅，明白易懂，富有音韵，朗朗上口。其诗或长或短，题材多样；亦庄亦谐，风格各异，具有较高的思想性和艺术性，素为人民大众所喜闻乐见。高克奇称陶行知是"把诗歌与人民结合的第一人"⑥。张健也曾评价指出，陶行知在他创作的不朽的诗歌中，用通俗的形式和丰富的人民词汇，来述说工农大众不幸的境遇和深重的灾难，热烈地歌颂着人民的斗争，京、沪、渝、港、桂、汉等地的工农群众和学生都喜欢唱《锄头歌》《镰刀歌》《印刷工人歌》《儿童节歌》《民主进行曲》⑦。为了让《陶行知年谱长编》编撰更具特色，笔者本着尽可能重现其大众诗人的主旨，力求能在有限的篇幅内将陶行知的平民大众诗歌全部收录，体现其作为人民诗人的本色以及爱满天下的情怀。

三

《陶行知年谱长编》的编撰是一件十分困难的工作，笔者除了要通读陶行知本人的论著，还要搜集各类与其相关的文献资料，再加以研判，披沙拣金、芟汰冗杂、考订

---

① 方明主编《陶行知全集（八）》，四川教育出版社，2005，第 432 页。
② 方明主编《陶行知全集（九）》，四川教育出版社，2005，第 202 页。
③ 方明主编《陶行知全集（九）》，四川教育出版社，2005，第 216 页。
④ 方明主编《陶行知全集（九）》，四川教育出版社，2005，第 359 页。
⑤ 方明主编《陶行知全集（九）》，四川教育出版社，2005，第 386 页。
⑥ 高克奇：《管窥陶诗》，载金林祥主编《二十世纪陶行知研究》，上海教育出版社，2005，第 127 页。
⑦ 张健：《略谈陶行知先生的生平和事业》，《东北教育》1949 年第 4 期。

鉴别，不但要对谱主的人生经历进行缜密的考证，而且对与其关系密切的友人乃至当时的社会文化背景亦要有足够的研究。正如梁启超作过数谱，"深知其甘苦"后云："是故欲为一名人作一佳谱，必对于其人著作之全部，贯穴钩稽，尽得其精神与其脉络。不宁惟是，凡与其人有关系之人之著作中直接语及其人者，悉当留意。不宁惟是，其时之朝政及社会状况，无一可以忽视。故作一二万言之谱，往往须翻书至百数十种。其主要之书，往往须翻至数十遍。资料既集，又当视其裁断之识与驾驭之技术何如，盖兹事若斯之难也。"①

编撰工程虽然繁重，但笔者却始终能以愉悦的心态来对待，这也许是深受陶行知"爱满天下"和"人生为一大事而来，做一大事而去"的思想所感染。当整理至行知先生书信集中与学生往来信函时，每每录入一字，便恍若坐于油灯之下，给行知先生写信一般。时空交错之感，让人不得不称叹行知先生人格魅力之大。果如梁任公所云："吾常谓初入手治史学者，最好择历史上自己所敬仰之人，为作一谱，可以磨炼忍耐性，可以学得搜集资料、运用资料之法。"② 那么，既可以磨炼忍耐性，学得搜集运用资料之法，又可深受行知师人格魅力之影响，可谓是笔者在年谱编撰中的一大所得了。

---

① 梁启超：《中国近三百年学术史》，岳麓书社，2010，第342页。
② 梁启超：《中国近三百年学术史》，岳麓书社，2010，第346页。

忠实记录历史原貌，再现教育大师风采

——《陶行知年谱长编》前言

陶行知不仅是中国近现代伟大的人民教育家，而且是20世纪综合性的文化伟人。他博古通今，学贯中西，广采博览，自成一家，以高度的民族责任感和炽热的爱国之心，胸怀振兴中华文化大业的理想，为中华民族和中华文化的发展新路进行了艰难的探索，做出了巨大的贡献。其人格精神和思想遗产，永远激励与鞭策着一代又一代后继者为实现中华民族伟大复兴和繁荣中华文化而不懈努力。

我从20世纪80年代初就开始研究陶行知。之所以选择将陶行知研究作为自己的主要研究方向，一方面是因为我们华中师范大学（时称华中师范学院）教育科学研究所的同仁们曾于20世纪80年代负责搜集资料、编辑和出版《陶行知全集》，积累了不少陶研方面的研究资料，也培养起了我对陶行知研究的兴趣；另一方面是因为陶行知的伟大人格深深地感染和打动了我，他那赤诚真挚的爱国精神、吃苦实干的奋斗精神、"捧着一颗心来，不带半根草去"的奉献精神、"千教万教教人求真，千学万学学做真人"的求真精神、"敢探未发明的新理，敢入未开化的边疆"的创造精神时刻激励与鞭策着我。1991年，我在业师章开沅先生的指导下完成了博士学位论文《陶行知与中国现代文化》，先生嘱我再接再厉，编撰陶行知年谱长编。为此，之后的二十多年我都在为年谱长编做准备，并编写了简谱，只是此后接连忙于出国、学术、行政等，事务繁杂，心愿难了，幸得学生刘大伟鼎力相助，才得以完成编撰此书的任务。好的年谱的学术价值和社会影响丝毫不亚于人物传记，而就其资料翔实程度而言却又远胜于传记。所以胡适之先生以为，"最好的年谱可算是中国最高等的传记"。就陶行知而言，朱泽甫和中央教育科学研究所（现中国教育科学研究院）早年曾分别编有《陶行知年谱》和《陶行知年谱稿》，但相对而言，这两本编于特殊历史时段的年谱，受当时革命史观及篇幅的限制，很难客观完整地还原陶行知的真实面貌，这与先生在近代中国历史上的地位是完全不相符的。所以，编撰全面客观的陶行知年谱长编就非常有必要了。在

2021年陶行知先生诞辰一百三十周年前夕，得益于人民教育出版社的支持，我才能将多年的努力变为现实。

真水无香，泽积而长。从当初编撰《陶行知全集》到今日的《陶行知年谱长编》，二三十年过去了，但陶行知的师表与楷模形象常存于我心间，时刻激励着我将教育事业作为自己毕生的追求，将教育研究作为自己永久的根据地，并为促进我国的教育公平而建言献策，努力推动我国义务教育免费政策的出台、高考制度的改革与教师队伍的建设。这些均是在研究陶行知过程中所受到的启发与教益，也是陶行知先生伟大人格精神对我激励与鞭策的结果。

"人生天地间，各自有禀赋。为一大事来，做一大事去。"陶行知那种崇高的人格，我虽不能及，但心向往之，花这么久的时间为陶行知编撰一百八十五万字年谱长编，既是对先生的敬仰，又是对先生的一种纪念，也是在尽传承和光大的责任。

四十年学术坚守与传承创新[①]

一、三十年磨一剑：三代人的学术接力

赵婧：周教授好，我们都知道您是蜚声海外的陶行知研究领域的大家，并且是国内第一位以陶行知研究为主题撰写教育学硕士、历史学博士论文的学者。几十年来，您培养了数名以陶行知研究为方向的博士、硕士研究生，出版了一系列有影响力的研究著作。2021年是陶行知先生诞辰一百三十周年，您与您的博士刘大伟合著了《陶行知年谱长编》以致敬伟人。那么，能否为我们谈一谈您多年陶研的经历以及编写这部书的缘起呢？

周洪宇：谢谢你的提问。当初走上陶行知研究的道路，是一个机缘。1982年1月，我从华中师范学院历史系77级本科毕业后留校工作，但没留在历史系，而是被分到了当时新成立的教育科学研究所工作。我很荣幸，个人的学术生涯就是从研究陶行知——这位中国近现代史上伟大的人民教育家与教师楷模开始的。前辈教育史学家董宝良先生带领我进入时，陶行知研究领域基本上还是一片生荒之地。湖南教育出版社听闻我们编了一本陶行知纪念专辑，就委派编辑曹先捷来商谈编撰出版《陶行知全集》一事。学校科研处把这个任务交给我们教科所，在所长杨葆焜、副所长董宝良两位教授的率领下，我和夏德清、喻本伐、熊贤君、李红梅等同志奋战数年，编辑出版了国内第一套多卷本《陶行知全集》，并荣获首届"国家图书奖"。

1988年，我在董宝良教授的指导下完成国内第一篇陶行知研究教育学硕士论文，1988年至1991年又跟随章开沅教授继续进行陶行知与中国现代文化的研究，完成了

[①] 本文系周洪宇与采访者赵婧副教授关于陶行知研究四十年的对话整理稿。

国内第一篇陶行知研究历史学博士论文。由此，陶行知研究成为我的学术根据地，并在此基础上由单个教育家研究向教育家群体研究进而向中外教育史整体研究拓展。2001年，我从美国哥伦比亚大学教师学院做高级访问学者回国后，兼做教育行政事务，继而延伸到教育政策、教育理论和教育实践研究。按照前辈们的教诲，我努力打通历史、现实与未来，将理论与实践结合起来，使工作研究化、研究理论化、理论实践化，并以自己的研究成果积极参与国是，努力服务社会，推动教育改革。在陶行知研究领域，除了由湖南教育出版社1984年至1992年出版的《陶行知全集》，我们还有覆盖了陶行知生平、事业、思想、人格、年谱传记以及国内外研究各方面与层面的《陶行知教育学说》《陶行知生活教育学说》《陶行知与中国现代文化》《人民之子：陶行知》《陶行知研究在海外》《全球视野下的陶行知》《陶行知年谱长编》等近三十种中英文研究成果，华中师范大学的陶行知研究已经从桂子山走向了世界，促使其成为教育家研究的"显学"，陶行知国际研究中心也成为国内外该领域的中心。

关于这部《陶行知年谱长编》的编写，缘于最初我在1988—1991年攻读历史学博士、撰写陶行知研究博士学位论文之时导师章开沅先生的点拨与倡导。章先生是当代史学大师，深知编写人物年谱长编的价值。在他看来，年谱长编是历史编纂的重要体裁之一，也是编写人物传记不可逾越的一个阶段。而年谱长编的上乘之作本身就是一座独立的学术丰碑。他曾引胡适之言"最好的年谱可算是中国最高等的传记"，以此鼓励我从事陶行知年谱长编的编写。在读博士期间斟酌选择博士论文题目时，我其实也想到了年谱长编这个选题。我们学历史的都知道年谱长编的重要价值，但是又很少有人以年谱长编作为博士论文去答辩。因为年谱长编不是专题论文，博士论文必须是研究重大问题的原创性的论文。所以博士论文可以写专著，但是写年谱长编就遇到一个两难的问题，怕到时候论文答辩通过不了。后来，我在20世纪80年代末，确定以"陶行知与中国现代文化"作为博士学位论文选题。这个题目没有人写，当时在教育界没有人做，在文化界、史学界也没人做，所以我就这样确定了毕业论文选题并最终完成了论文。1991年底，我在通过博士学位论文答辩后，就立即着手构思编写陶行知年谱长编一事。但从1991年到2000年前后，都因忙于诸多繁重的教学科研以及行政工作而时断时续，不过最终还是完成了一部十余万字的陶行知年谱长编初稿。到了2000年，我去美国哥伦比亚大学访学，2001年回国。回国之后我面临着大量的具体的行政工作，学术上主要还是写论文写书，而不是做这个必须有充裕的时间才可以做的年谱长编编写工作。因此在2000年前后，只能说完成了年谱长编的初稿，大概有一二十万字。但是我心里一直惦记着这件事，所以每当看到有关的材料就不断地往里面补，想找时间再把它完成。

这样，又搁置了十年，直到 2010 年博士生刘大伟入学后，我又重新继续推动这件事。我了解到刘大伟的学习经历，得知他之前是学历史专业的，是杭州师范学院历史系的硕士，就和他交流，征求他的意见。我说："章先生给我这么一个任务，这个任务现在弄了一个半成品摆在这个地方，都还没有完全成型，出版社希望我把任务完成。看你有没有兴趣，要是有兴趣的话，我们一起来把它完成。"刘大伟说，他知道年谱长编是很重要的，但是没编过，不知道怎么编。我鼓励并指点他说："你去看一下《梁启超年谱长编》是怎么编的，另外，人民教育出版社最近在约我写'陶行知年谱长编'这套书，既然人家约了我也答应了，就无论如何也要把它完成。"我注意到，人教社在约我写这套书的时候已经出版了《蔡元培年谱长编》《张伯苓年谱长编》两套大书，另一套《叶圣陶年谱长编》也接近尾声。如果陶行知年谱长编可以完成，那将是一个很有意义与价值的事情。他听后很感兴趣，我建议此事也可与他的陶行知博士毕业论文撰写结合起来进行。就这样，我们连续整理数年，不断补充近三十年国内外学术界新发现的有关史料，反复打磨，终于完成这四卷本一百八十五万字的全稿，在 2021 年底由人民教育出版社正式出版，可谓"三十年磨一剑"。

赵婧：原来这套书的背后有这么多感人的故事，这是三代学人持续不断努力的结果啊！这种学术精神确实值得我们学习。当下的学术研究仍存在浮躁的弊病，有的人追求在最短的时间内多出成果，但是您却能够沉下心来，带着使命感去工作，三十年如一日，着实让我们感佩。

二、体大而虑周：年谱编撰的新突破

赵婧：从我自己阅读的感受来看，《陶行知年谱长编》已经有了很多突破，比如说体例上的突破、资料搜集上的突破。您能为我们谈一谈这部书的特色吗？

周洪宇：关于《陶行知年谱长编》的特色，章先生在序中已经说得十分清楚了。他认为，年谱长编按年月顺序，以时为经，以事为纬，以原始资料为依据，以语必有根为上乘，简要平实，弃绝议论，最有利于客观公正而且更为全面地再现谱主丰富多彩的曲折人生。

在综合海内外多本年谱长编特点之后，我们努力将《陶行知年谱长编》的特色体现于著作、诗歌和书信三个部分，以求通过这三部分的"择要摘录，分年编入"，让读者对谱主一生学术思想的发展有清晰深刻的了解。这既有利于读者对陶行知一生的学术思想有较为全面细致的认识，也有助于读者在翻阅年谱过程中触摸到一个"生活"的、真实的民国教育大师。

这部年谱长编，以编年体的形式全面重现了伟大的人民教育家陶行知先生五十五年短暂而光辉的一生，记录了其社会实践活动及学术轨迹，全面系统地反映了他博大精深的教育思想理论、丰富多彩的教育实践活动，以及发人深省、催人奋进的伟大人格魅力和无私无畏的献身精神。我们广泛搜集资料，不仅全面掌握已出版的文献资料，而且在海内外努力挖掘过去未被发现的史料，并纠正了不少既往所习见的史实错误。后来我到哥伦比亚大学收集陶行知的研究资料，意外将克伯屈的日记找到了，这太宝贵了。由于时间太紧了，我就把涉及陶行知等中国学者的内容全部标出来，摘录并翻译出来。将这些资料写进年谱长编，对繁荣当今中国教育科学、促进教育家办学具有一定的参考借鉴价值，它能为人们进一步学习、研究、宣传、实践陶行知教育思想发挥重要作用。

赵婧：越聊得深入，越能感受到周先生对学术的坚守、传承与创新。这还是三代人的学术接力——章先生出题，周先生初答，最后周刘师徒共同终答。学术接力在这部书的编撰过程中得到了淋漓尽致的体现。

周洪宇：谢谢，可以这样理解！

三、见解与体悟：陶研的经验与路径

赵婧：我们知道，做年谱其实是一件吃力不讨好的事情，也是一件甘为人梯、甘做奉献的事情。三代学者的精神特别值得我们后辈学习。在这里，能否请您结合自己的成长经历，给年轻的陶行知研究者一些学习的建议？另外，应该如何利用好这部《陶行知年谱长编》更好地师陶学陶呢？

周洪宇：从我自己的成长经历看，正所谓"才微易向风尘老，身贱难酬知己恩"。首先我要特别感谢华中师范大学的恩师们，在这里，一代代优秀的学者默默耕耘、潜心钻研，为后学前驱导路。我是历史系本科77级学生，作为在此治学从教四十余年的桂子山人，深受桂子山文脉滋养，母校始终是我的精神家园。读本科时国学大师张舜徽教授就明训治学要立志远大、深耕厚植、由博返约，既读有字之书，也读无字之书。史学泰斗章开沅先生也提示为学要养成独立人格、科学态度、理论思维、开拓意识、创造精神，敢为人先。"历史是已经画上句号的过去，史学是永无止境的远航。"特别感谢我的三位授业恩师，张舜徽、章开沅和董宝良三位先生对我影响最深。

陶行知研究成为我的学术根据地，并在此基础上由单个教育家研究向教育家群体研究进而向中外教育史整体研究拓展。四十年来，我一直在研陶、学陶、师陶，研究覆盖了年谱、传记、学术史、海内外研究等多个范围，并涉及了文化学、心理学、传播学等多种研究视角，整体看来具有较大的广度、深度和持久度。另外强调学术研究的传承性，培养了十余名以陶行知研究为方向的博士、硕士研究生，从中外文化交流史、比较史学、心理史学、学术史的角度为陶行知研究的传承留下了薪火。目前，通过四十余年的坚持，已经基本建构起了上至顶层制度设计，下至教育实践操作的一整套陶行知研究与实践的体系与框架，为陶行知学的成型与建设付出了自己的努力。习近平总书记在同北京师范大学师生代表座谈时讲到了好教师的四条标准——"有理想信念、有道德情操、有扎实学识、有仁爱之心"，并在讲话中多次引用陶行知的名言，从理想信念、理论学说、道德人格、精神品质、思想作风等方面对陶行知予以充分肯定。我作为一名教师，就是一直以这样一种"四有精神"要求自己、感染同事并影响学生的。

我认为"正入万山圈子里，一山放过一山拦"。学术研究永无止境。从第一届到第八届教育部高等学校人文社科奖评选，在同事和学生们的支持以及学校社科处的鼓励和督促下，我申报了七次并都获得了奖项，其中第一届和第八届都是一等奖，还有几个二等奖和三等奖。这是对我们研究团队莫大的鼓励。《中国教育活动通史》是以华中师范大学教育史研究团队为编写主体，并有来自厦门大学、陕西师范大学、湖北大学、河南大学、宁波大学、江南大学、曲阜师范大学、福建师范大学等国内十余所高校的中青年学者参与的大项目，从2008年启动至2017年成果正式出版，前后整整用了十一年时间。这是整个研究团队为了事业，不计名利、凝心聚神、集智聚力，以十年磨一剑的辛勤付出，共同完成的一部通史著作。从我的成长经历来看，只有立志高远，站在前沿，提前布局，下好先手，才会有明天的辉煌。正所谓，成绩属于过去，未来有待开创。

"唯有多情是春草，年年新绿满芳洲。"华中师范大学是我学习、成长和育人的地方。我一直都在，从未离开。我会实实在在做好学问，关心关爱学生成长，不忘教书育人初心，牢记立德树人使命，这是广大教师的使命和担当。教育事业伟大而神圣，我会继续为教育事业和学校发展奉献自己的一份薄力。同时希望年轻的学者们要珍惜时间，刻苦勤奋；要戒骄戒躁，潜心治学；要学无止境，追求卓越，努力为学校、社会、国家做出更多贡献。

关于如何利用《陶行知年谱长编》进行师陶学陶，我在考虑，今后我们的学生要以这部《陶行知年谱长编》为史料基础和研究线索，来研究陶行知思想是如何形成的。

因为这部年谱长编带有资料汇编的性质，你翻看陶行知什么时候看了什么书、写了什么文章，其实就可以看出他在那个时候形成并提出了什么样的思想和观点。一路研究下来，直到他 1946 年 7 月 25 日逝世，就可以看到陶行知接触到了哪些人，思想到底是怎么变化的，脉络都特别清楚。

研究陶行知，可以先从阅读选本开始。作为初学者，首先，可以从《陶行知教育名篇精选（教师读本）》与《陶行知教育名论精要（教师读本）》开始。虽然这是简读本，但是重点突出，脉络清晰，可以使初学者在最短的时间内了解陶行知的生平，理解他的思想与伟大。其次，可以阅读陶行知的传记。可以关注《陶行知大传：一位文化巨人的四个世界》，回首陶行知的一生，我将这位文化巨人一生的活动和事迹划分为"生活世界""精神世界""创造世界""接受世界"四大部分。我认为，从这四方面去考察陶行知在近现代中国的实践与贡献，探讨这位伟人的日常生活、精神追求、实践创造和作用影响，追慕其人、其言、其行，不但可以进一步拓宽陶行知研究的视域，而且有助于人们深入学习和借鉴先贤，更好地建设中国特色社会主义现代化事业。这本传记采用历史分析法、心理分析法、接受分析法等研究方法，力图全面、系统地论述和阐发陶行知的生平、事业与思想。从大时代、小环境、求学经历、关联群体、家庭环境等构成的生活世界，来考察陶行知成长过程中所受的影响；从政治理念、哲学观点、文化思想、教育学说、人格精神构成的精神世界，来展示陶行知的思想体系；从办学实践、文艺创作、科学教育、新闻出版、图书馆建设等构成的创造世界，来体现陶行知的创造成就；从不同历史时期国内外对陶行知的研究现状及成果、陶行知的著述及论文和著作目录构成的接受世界，来把握陶行知所产生的影响，从而充分体现陶行知对中国乃至世界文化教育所做出的巨大贡献。该传记最近又获得了第六届全国教育科学研究优秀成果奖一等奖。可以说，这既是一部有深度的学术专著，也是一部有新意的人物评传。还可以阅读《陶行知教育学说》《陶行知生活教育学说》《陶行知与中国现代文化》《人民之子：陶行知》《陶行知研究在海外》《全球视野下的陶行知》等著作，加深对陶行知的理解与研究。最后，要全面阅读，要读《陶行知全集》与《陶行知年谱长编》。"知人论世"是孟子提出的读书方法，意为要正确理解作品，应该了解作者的生平和时代，才能避免主观臆断。研究陶行知也是如此，一定要读全集，要知人论世。要通读陶行知的所有作品，也要研究其所处的时代背景，这样才能更好地理解他的思想。等这几步完成后，就可以研读今人学者对陶行知研究的相关著作了，也就可以初入陶行知研究的领域，逐步探索陶行知学了。

四、传承与创新："生活·实践"教育

赵婧：通过访谈，我们了解了老中青三代学人在陶行知研究方面所做出的贡献。您如何看待建立陶行知学？接下来，关于今后的陶行知研究，周教授有什么计划和打算？

周洪宇：应该说，陶行知研究在今天已经成为一门专门的学问，我近年来提倡建立陶行知学正是觉得其基础和条件已经基本成熟。如果将1920年北京大学缪金源所写关于陶行知学生自治思想研究的文章算为正式起点的话，陶行知研究到现在已有百年历史，陶行知研究的发展为陶行知学提供了很好的学术基础和队伍准备。陶行知研究是一门中国本土成长起来的学问，它是对中国近现代教育家陶行知的专门研究之学。既然是本土之学，中国人自己首先要研究好，这样才能更好地与国外学术界对话与交流，增强我国在国际学术界的话语权。目前陶行知研究已经发展为一门国际性的学问，在美国、欧洲、日本、韩国等国家都有不少学者在进行研究并取得丰硕成果。建立系统、科学的陶行知学，加强与西方学术界的对话与交流，进一步扩大我国在国际学术界的影响，已经刻不容缓。

陶行知留给20世纪的伟大遗产体现在思想、事业、人格和精神四个方面。其中，在教育思想上，陶行知提出了生活教育的三大原理，即"生活即教育""社会即学校""教学做合一"。这是陶行知生活教育学说的基本内容。陶行知的生活教育学说是中华优秀传统文化的重要组成部分，达到了他那个时代中国教育理论所能达到的最高点。但由于时代不同、社会不同、教育不同等种种历史和现实的原因，其理论在当代需要不断发展创新才能更好地为今天中国的教育和社会服务。根据习近平总书记提出的"创造性转化、创新性发展"指示精神，特别是党的十九大以来党中央提出的"建设高质量教育体系"和"建设教育强国"新任务的需要，我们要认清新时代教育改革发展的新格局、新形势、新目标，要对陶行知的教育思想进行创造性转化和创新性发展。

具体来说，学习和继承不是简单地把陶行知的思想、论断拿来做实验以验证这句话或那句话的正确性，而是在学习和继承陶行知生活教育的基础上，对之进行创造性转化与创新性发展，这才是对陶行知生活教育最好的学习与继承，真正的学习与继承不是表面的、形式的，而是全面的、实质的、深刻的、创造性的。我和华中师范大学的陶行知研究团队经过十八年的探索改革，将生活教育发展为"生活·实践"教育。"生活·实践"教育是在新时代的背景下，适应现代社会育人方式的转变，与未来智能

化教育相适应，更适合当前国情和实际的教育。"生活·实践"教育理论是我们华中师范大学陶行知研究团队对陶行知生活教育理论的进一步发展与完善。2020年9月，中国陶行知研究会成立了"生活·实践"教育专业委员会，我是"生活·实践"教育发起人、理事长。"生活·实践"教育专委会主要开展"生活·实践"教育理论研究、"生活·实践"教育实验探索等活动，旨在推进我国基础教育改革和发展，其实也是推动陶行知研究的转化与创新。

党的十八大以来，习近平总书记高度重视教育改革，强调立德树人，要求德、智、体、美、劳全面发展，有针对性地提出"实践育人""劳动育人"，尤其是2021年7月，中共中央办公厅、国务院办公厅印发了《关于进一步减轻义务教育阶段学生作业负担和校外培训负担的意见》（下文简称"双减"），为愈演愈烈的"三个脱节"问题按下暂停键，诸多针对问题推出的政策文件相继实施，为解决"三个脱节"问题以及其他相关具体问题创造了有利条件和良好环境。"双减"政策的实施为人的全面发展，为着重学生生活力、实践力、自主力、学习力、自主力、合作力、创造力培养的"生活·实践"教育提供了最佳契机。

"生活·实践"教育是以生活为中心、实践为方式的教育，是以生活为内容、实践为路径的教育，是源于生活与实践、通过生活与实践、为了生活与实践的教育，陶行知的生活教育学是其理论渊源。在教育思想上，陶行知提出了生活教育的三大原理，即"生活即教育""社会即学校""教学做合一"，这是陶行知生活教育学的基本内容。"生活·实践"教育继承了生活教育学的三大原理，并创新性发展为六大原理，还将陶行知的"三力"理论发展为"六力"，即生活力、学习力、自主力、合作力、创造力、实践力。由于时代不同、社会不同、教育不同，生活教育学理论在当代需要不断发展创新。"生活·实践"教育的实施方式是融合式，即通过学科课程与生活课程，通过学校与社会、家庭、大自然等进行多种方式的融合，完成对人的价值塑造、能力培养、知识传授。同时，"生活·实践"教育的实施途径和方式也是开放式、发展式的，大致可以概括为"一个宗旨""两个重点""三种途径""四个结合""五育并举""六个原理""六种能力""七项目标""八大特质"。一个宗旨是注重培养具有世界观、中国心、现代化的时代新人，让教育通过生活与实践创造美好人生；两个重点是注重让学生学会成人与做事，学会成人即学会成为有理想、有道德、有文化、有纪律的人，学会做事即学会求知、学会做事、学会共同生活、学会生存；三大途径是努力通过学校教育、家庭教育、社会教育三大途径，实现协同推进的综合效果；四个结合是注重通识与专业结合、人文与科学结合、师资与设备结合、国内与国际结合；"五育"并举是注重德、智、体、美、劳"五育"并举，注重意商、智商、情商并重，注重知行合一、知情意合一、智仁勇合一；六个原理是倡导"生活即学习""生命即成长""生存即共进""世界即课堂""实践即教学""创新即未来"；六种能力是注重培养学生的生活力、学习力、自主力、合作力、创新力、实践力；七项目标是注重培养学生健全的人格、科学的思维、健康的身心、艺术的爱好、手脑并用的能力、合作的意识、负责的精神；八大特质是指生活性、实践性、人本性、发展性、开放性、创造性、民族性、世界性。从理论的演进过程不难看出，"生活·实践"教育是适应现代社会育人方式转变，符合当前国情和实际的一种教育。

"生活·实践"教育的研究与实践将会深入推进陶行知研究，将原先停留在理论方面的研究，深入实践中。相信在团队的共同努力下，未来数年"生活·实践"教育一定会按照专委会规划的"三年三大步"，从"扩面"到"提质"到"居前"，成为国内有理念、有作为、有特色、有影响的基础教育改革理论和实践，同时为陶行知研究的深入与发展做出自己的贡献。也希望有越来越多的人师陶学陶，加入我们的工作，一起携手共创美好未来，让教育通过生活与实践创造美好人生！

赵婧：非常感谢周教授接受访谈，相信您和研究团队的付出与努力，一定可以带动更多的人加入到陶研的行列中来，其必将推动整个具有中国本土特色的教育思想研究、实验与发展取得更大的成就。

哥伦比亚大学师范学院与中国现代教育[①]

美国哥伦比亚大学师范学院（下文简称哥大师院）与中国近现代教育渊源极深。20世纪上半叶，该校作为当时世界上最大的教育研究中心，吸引了一批又一批到美国学习教育的中国留学生。许多杰出的中国近现代思想文化先驱和著名教育家在这里接受了先进的科学与人文教育，归国后成为改造祖国传统文化教育的生力军。20世纪20年代前后，顺应世界教育现代化改革的历史潮流，杜威、孟禄、克伯屈等哥伦比亚大学师范学院知名教育家相继来华，与其中国弟子们联袂主导了一场轰轰烈烈的现代教育改革运动，最终促使中国教育体系和教育理论由近代向现代转型。在近现代中外教育文化交流史上，还没有哪一所学校像哥大师院这样，对中国教育的发展产生了如此重大而深远的影响。该校与中国现代教育的关系极有深入研究的必要。本文拟在整理分析相关文献资料的基础上，对哥大师院与中国教育交流的历史过程作一系统考察，进而探讨该校对中国现代教育发展的历史贡献。

一、哥伦比亚大学师范学院与中国教育交流的历史背景

以1840年鸦片战争的隆隆炮声为端绪，中华民族在屈辱和奋进中被迫迈入近代。面对咄咄逼人、远胜于己的异质文明，中国人迈开了有目的、有选择地接受西方文化、走向近现代化的艰难步履。先是仿效日本，继而直接取法西洋。为了更新传统文化，拯救内忧外患的祖国，一代又一代的莘莘学子负笈海外，西天盗火。正是在这比肩继踵的留学大潮中，拥有两百多年历史的美国哥伦比亚大学与现代中国文化教育结下了

[①] 与陈竞蓉合作，载《比较教育研究》2011年第11期，有删节。

不解之缘。洋务运动时期，曾有唐绍仪、周寿臣、吴仰曾、张康仁等四位留美幼童相继就读于该校。此后，不断有中国留学生来此求知问学。其中不乏日后成为中国政界、学界、文教界有相当影响的人物，如胡适、蒋梦麟、张伯苓、郭秉文、陶行知、陈鹤琴、马寅初、罗家伦、蒋廷黻、冯友兰等人。

中国留学生求学于哥伦比亚大学之时，正值世界教育革新运动蓬勃兴起之际。19世纪末20世纪初，欧美一些国家不仅处于世纪转换的新时期，更是处于社会转型的新时期。工业化的渐次推进，经济的迅速发展，新的科学技术的广泛使用，促使整个社会生活发生重大变化。与此相应，西方教育也逐步由传统向现代转型，以适应社会急剧发展的要求。在西欧和北美，以改革传统学校教育内容与方法为宗旨的教育革新运动应时而生。1889年，英国教育家雷迪在英格兰德比郡创办阿博兹霍尔姆乡村寄宿学校，标志着欧洲新教育运动的开端。此后，欧洲许多教育家均积极投身于建立有别于传统学校的新学校实验中，他们相继创办了各种新学校，推行儿童通过生活和活动接受教育的新教育。这些新学校成功地引起世人对新教育的关注和对传统教育的反思，为现代教育的改革提供了新的模式。

与欧洲新教育运动遥相呼应，美国则掀起了进步主义教育运动的热潮。进步主义教育运动是19世纪末在美国广泛兴起的社会改良运动——进步主义运动的重要组成部分。经过南北战争之后的迅速发展，美国已进入从农业国向工业国、由自由资本主义向垄断资本主义的转型时期。为解决美国社会在转型过程中所面临的严重问题，将美国变为一个与现代工业社会的需求相协调的高效运作的社会，由一批有识之士发起和倡导，旨在改造美国社会的进步主义运动兴起。而进步主义教育运动试图通过改革学校教育使之适应美国社会新的需要，力求在改革教育的同时改进社会事务。

进步主义教育运动的兴起也是美国教育发展的现实需求。19世纪末20世纪初，随着美国逐渐走向富强，教育事业也取得了引人注目的成就。但与此同时，美国也面临着新的更为严峻的挑战。

首先是教育发展的不平衡。这种不平衡不仅表现在各州之间存在很大差异，而且表现在城市与乡村、白色与有色人种特别是与黑人之间教育方面的不平等。

其次是学校教育不能反映现实生活和生产的需要，更不能适应和满足这种需要。这段时间内新移民大量涌入，而移民的政治意识、宗教信仰、文化水平、生活习惯都极为不同，其文化多样性与教育美国化的诉求不相适应。又如学校与现实社会相脱离。由于传统教育理论与方法的影响，19世纪末，美国的普通学校教育已大大落后于由工业革命所带来的社会结构巨大变化的形势。学校仍然是机械训练的场所，从书本到书本的学科教学依旧是学校中的主要方向。正如著名教育家杜威所批评的那样，虽然社会生活已发生了很大的变化，"但是学校却同社会生活的通常情况和动机如此隔离，如此孤立起来，以至于儿童被送去受训练的地方正是世界上最难得到经验的场所，而经验正是一切有价值的训练的源泉"[①]。

再次是学校教育日益脱离儿童。学校教学内容僵化，教学方式注重"静听"，强调"注入"。这种脱离儿童需要的学校教育不仅严重影响了儿童的发展，更扼杀了儿童的主动性和创造性。

最后，学校教育与企业界缺乏联系，缺乏效益观点，加之教师素质低下，学校管理松散等问题也大量存在，导致学校教育效率不高。

这种与社会、生活、人的发展以及实践相脱离的教育，显然不适应美国社会急剧转型的需求。为使教育更好地应对新形势的挑战，19世纪末，以昆西学校实验为开端，美国教育界掀起了一场前所未有的广泛教育改革运动——进步主义教育运动。一批杰出的教育家以极大的热情投入到这场运动中，他们纷纷创办学校，进行各具特色的教育改革实验，如帕克的昆西学校、约翰逊的有机教育学校、沃特的葛雷制学校，以及帕克赫斯特的道尔顿制、华虚朋的文纳特卡制等，矛头直指传统学校教育，试图在教育理论和方法上进行革新。而哥伦比亚大学师范学院则是这次轰轰烈烈的教育改革运动的领导中心、理论重镇和人才培养基地。

二、哥伦比亚大学师范学院与中国教育交流的历史过程

（一）哥伦比亚大学师范学院对中国留学生的培养

成立于1754年的哥伦比亚大学是美国最古老的常春藤盟校之一。20世纪初，哥伦比亚大学已是一所在国际学术界和教育界享有盛誉的名校，其良好的声誉和浓厚的学术研究氛围吸引了许多在各学科领域出类拔萃、极具声望的学者。其中该校师范学院在院长罗素的大力延揽下，师资阵容之盛堪称执世界教坛之牛耳。这里聚集了一批在世界现代教育史上成就斐然、声名显赫的大师级学者，如杜威、孟禄、桑代克、克伯屈、斯内登、坎德尔、拉格、康茨等。作为一个极富创造力的群体，这些教育大师们除了在各自的研究领域有辉煌建树，还积极领导和参与了当时如火如荼的教育改革

[①] 杜威：《学校与社会 明日之学校》，人民教育出版社，2005，第31页。

实践，使哥大师院不仅成为当年世界上最大的教育研究中心和全美最具影响力的训练教育领袖的基地，而且还成为美国进步主义教育运动的领导中心与理论重镇。正是在这一过程中，哥大师院成为世界各地的青年学子心驰神往的教育圣地。此期间来美国学习教育的中国学子亦纷纷将其视为自己留学求知、实现人生抱负的首选之地。当年那些远道而来的中国留学生在这所美丽的校园里，沐浴西方科学民主思想，饱聆众多名至实归的学界大师之教诲，不仅在政治见地、哲学观念、思维方式和教育视野等多方面都受到潜移默化的熏陶和影响，而且在学术上亦得到很大提高。

早在1884年，哥大师院就开始了以招收留学生为目的的与欧洲和东方国家的通信联系。但直到1904年左右才有第一个来自广东的中国留学生李亨（音译）。他于1909年毕业，是第一个获得哥大师院学士学位的中国留学生。第一个获得该院博士学位的中国留学生是后任南京高等师范学校和东南大学校长的郭秉文，他于1914年以《中国教育制度沿革史》一文获教育学专业的哲学博士学位。而后任北京大学校长的蒋梦麟于1917年以《中国教育原理之研究》一文成为该院第二位获得教育学专业哲学博士学位的中国留学生。[①] 1923年2月，哥大师范学院国际研究所成立后，前来求学的中国学子更是与日俱增。据统计，自1923年至1938年的十五年间，该所接受的外国留学生来自世界上五十多个国家和地区，共三千六百五十二名。其中，中国留学生就有五百六十五人之多，仅次于加拿大，位居第二[②]。

桃李不言，下自成蹊，中国留学生因仰慕哥大师院众多名至实归的教育大师而纷纷来此求学，他们的聪颖与勤奋也得到了师范学院名师们的赏识与厚爱。许多知名教授对这些远道而来的中国莘莘学子给予了热忱的指导和帮助，并与他们建立了融洽而深厚的师生情谊。

首先，哥大师院名师们别开生面的教学、研究方法使中国留学生受益匪浅。著名教育家、后任南京师范学院院长的陈鹤琴曾这样回忆老师克伯屈教授的教学："他的思想有魔力，他的教法有魔力，他是主张言论自由的、思想自由的。他不肯抹杀别人的思想，也不肯放弃自己的思想，他要集中各种见解、各种思想来解决疑问，来解释难题。所以他的教法是独出心裁而能刺激思想的方法。"[③] 后任安徽大学校长、北京大学

[①] 据高林英博士论文，1935年哥伦比亚大学师范学院又设立了与学术型的教育学专业哲学博士学位（Ph. D）相区别的应用型的教育博士学位（Ed. D）。

[②] Report on the International Institute of Teachers College to the Rockefeller Foundation, January 1939, Appendix, 转引自阿部洋《保尔·孟禄与中国的近代教育》，《外国教育资料》，1996，第1页。

[③] 北京市教育科学研究所编《陈鹤琴全集（六）》，江苏教育出版社，1992，第595页。

教育系主任的杨亮功认为斯特雷耶、杜威和克伯屈三位著名教育家的教学方法各有千秋。名师们的教学方法也使在该校专修教育与社会学,并获得学士学位的俞庆棠深受启发,她曾向国内教育界介绍:"彼中所学,与国内学校,全异其趣,教师于学生无不共同研究,例如有'日本人口是否过多'问题,教师即令学生分途研究,取书参考,然后各以其研究之所得,贡献于同学,此种方法,谓之'环讲',又有一种团体,名谓'讨论团',凡入团者,任何人可出题目,大家各就所知,分别回答,真是交换智识之好方法。"①

其次,哥大师院知名教授们在教学过程中,对中国留学生予以了格外的注意与帮助。著名教育家、后任北京大学校长的蒋梦麟曾说:"我在哥大遇到许多诲人不倦的教授,我从他们那里得到许多启示,他们的教导更使我终生铭感。"他认为自己"在哥大学到如何以科学方法应用于社会现象,而且体会到科学研究的精神","总之,在那几年里收获很大"②。杨亮功则回忆:"克伯屈与杜威两人对于中国学生皆极亲切。"③1927年1月,针对哥大中国留学生的学习情况,克伯屈专门在美国的教育杂志上发表《中国教育所学于美国教育的是什么》一文,向中国留学生提出九点建议,谆谆告诫充满了对中国留学生的真诚关心。后任清华大学历史系主任的蒋廷黻也提到时任哥大师院教育部部长的孟禄教授"多年来对中国教育有兴趣,而且对哥大中国学生花费过很多心血。受其影响,哥大校长巴特勒曾专门召开中国留学生座谈会"④。1917年9月,已是南开中学校长的张伯苓来到哥大师院教育部研修教育,由孟禄亲自指导,彼此结下了深厚的情谊。孟禄两次提名给予张伯苓荣誉奖学金,并免除其学费⑤,以支持他的学习和研修。孟禄在为哥大师院的各国学生执讲"教育史"课程的过程中,了解到中国学生来美留学多在大都市,不熟悉美国乡村的情形,而这不利于他们全面了解和学习美国的教育经验,为使他们将来能更好地为自己的祖国效力,他特地在各处向一些热心教育的人士募捐路费,多次亲自带领陈鹤琴、王文培、郑晓沧等中国留学生和少数日本留学生到美国南方参观。⑥因为南部诸州以农业为主,有较多地方可供中国效法。哥大师院知名教授对中国留学生的关心和指导,由此亦可见一斑。

为拓宽外国留学生的教育视野,使他们了解美国教育的实际情形,哥大师院每学

---

① 《学生欢迎俞庆棠》,《申报》1922年3月20日。
② 蒋梦麟:《西潮与新潮——蒋梦麟回忆录》,东方出版社,2006,第107—108页。
③ 杨亮功:《早期三十年的教学生活. 五四》,黄山书社出版社,2008,第39页。
④ 蒋廷黻:《蒋廷黻回忆录》,岳麓书社出版社,2003,第77页。
⑤ 梁吉生:《张伯苓教育思想研究》,辽宁教育出版社,1994,第203页。
⑥ 《孟禄与中国教育界同人在中央公园饯别会之言论》,《新教育》1922年第4期。

期都会组织一次到各地考察学校教育的活动。许多中国留学生都曾参加过这样的考察，并深感获益良多。后任中央大学教授、四川大学教育系主任的常道直在《旅美参观学校纪略》一文中详细描述了他参与考察的过程："此次参观团全体共十五人，我国学生约居三分之二，共九人，其余为日本、波兰等国。未出发之前，由学校当局向所欲参观之学校索要详细校章，以备各人先行浏览一遍，庶参观时略有头绪，不致茫然无措，用意颇有足取者。"① 考察的内容十分广泛，主要包括该校校史、一般情况、费用、学生人数、设备、课程与教学、管理、学生成绩、建筑及宿舍等，考察团还须分别与该校校长、教师及学生交流，并就考察所得发表评论，提出意见和建议。"此次旅行为时六日，计参观私立预备学校一、男子大学一、男女合教大学一、小规模之男子大学一、小规模之女子大学一，及中、小两等学校各一，美国学校状况可以由此见其大概。"② 除了参加学校安排的考察活动，不少中国留学生为撰写学位论文，也需赴美国各地进行实地调查，而正是在这一过程中，他们开阔了眼界，增长了见识。如后任北平师范大学校长和西北师范学院院长的李蒸为撰写博士学位论文《美国单师制学校组织之研究》，于1925年秋赴美国中南部十一个州考察乡村学校。在参观和考察过程中，他得到各地教育局长、督学、各师范学校校长、教职员及各乡村学校教员的热心协助，使论文得以顺利完成。他曾深有感触地说："我在访问美国各州学校期间获益匪浅。作为一名外籍学生，如无此第一手之查访（资料），我终究无法明了美国乡村学校及乡村生活之诸多问题。此次访问使我明白美国乡村生活中的'与世隔绝''道路与运输问题'，以及何为乡村公立小学、单师制学校或双师制学校……我与乡村工作领导人之接触亦颇有价值。他们工作细致，具有专业魅力，更有价值的收获乃我个人通过和各地乡村与众多专业或社会领导人之接触所得到的'国际性的相互理解'。我从美国农民及其家庭所获得的经验令我永志不忘，并可激发对中国农村改革之设想。"③ 这些考察活动，不仅使他们对美国教育的方方面面有了更深入的了解，而且也启发了他们日后改革中国教育的思路。

再次，杜威、孟禄等名师还对中国留学生成立的教育研究团体——中国教育研究会给予了热心的指导。该会于1915年底成立，是中国留美学生最早的一个教育研究团体，吸引了许多热心中国教育研究的中国留学生参加，如蒋梦麟、胡适、孙科、李建勋、庄泽宣、汪懋祖、张彭春等，都曾是该会的成员；前三任会长，分别是凌冰、陶

---

① 常道直：《旅美参观学校纪略》，《教育杂志》1925年第10期。
② 同①。
③ 李溪桥：《李蒸纪念文集》，中国社会科学出版社，1996，第13页。

行知和张伯苓①。这些成员回国后,成为"五四"新文化运动和新教育运动的发起者。一批中国新文化、新教育的领袖,就是从这个研究会诞生的。

最后,中国留学生在生活上也得到了哥大师院教授们无微不至的关怀。如孟禄热心推荐陶行知申请为在哥大师院学习的外国留学生特别设置的利文斯顿奖学金,又指点他登门拜访住在纽约市附近的一些捐赠人。由于孟禄的亲切关怀,陶行知终于从众多的申请人中脱颖而出。利文斯顿奖学金的获得,使他得到了基本的经济保障,从而解除了求学的后顾之忧。多年后,每当陶行知回忆起当初的情景,对孟禄的感激之情总是油然而生。

正是在哥大求学时期,中国留学生们进一步形成了自己的人生观、价值观和世界观,构建了中西合璧的知识体系,接受了实用主义教育思想的熏陶,树立了先进的教育理念,为日后的教育改革活动奠定了知识、能力和人事关系的坚实基础。这些人学成回国之后,大多获取了一定的官职和较高的社会地位,其中不少人步入政坛,可谓炙手可热,如孙科、宋子文、顾维钧等;还有些人成为商界、实业界、科技界的精英,地位显赫,如周自齐、孙越崎、侯德榜等;而他们中有相当一部分人以其深厚的专业素养、全新的教育理念、开阔的视野及强烈的改革意识占据了文教界要津。据不完全统计,先后有近一百四十位曾留学哥大的中国学子担任了从民国行政院长、秘书长、教育部长、司长到省教育厅长、局长,从大学校长、院长、系主任到中学校长以及各主要教育、学术团体的会长等职务。② 他们不仅成为新思想新文化的有力鼓吹者和新教育的推进引导者,也为中西文化关系的交流与融合搭建了一个良好的平台。

(二) 哥伦比亚大学师范学院著名教育家联翩访华

20世纪20年代前后,在中国知识界对于域外新知的强烈渴求以及博采世界先进文化的开放心态主导下,多位西方知名学者应中国文教界盛情邀请来华讲学,如英国著名哲学家罗素、德国著名哲学家杜里舒等人。其中具有世界影响的哥大师院教育家杜威、孟禄、克伯屈等人的联翩来华,不仅是当年中国文教界的盛事,而且对当时和其后的中国教育发展亦产生了巨大影响。

1. 杜威访华

在胡适、陶行知、郭秉文、蒋梦麟等一批杜氏弟子的倡议和直接推动下,1919年

---

① 周洪宇:《美国哥伦比亚大学师范学院与现代中国教育》,《教育评论》2001年第5期。
② 本文中所指的哥大归国学子既包括曾在哥大获得学士、硕士或博士学位者,如胡适、蒋梦麟、陶行知等人,也包括曾在哥大求学、研修但未获得任何学位者,如张伯苓、罗家伦等人。

4月30日，杜威偕夫人及女儿到达上海。截至1921年7月11日杜威一家离开中国，其在华活动时间为两年零两个月又十二天。

杜威在旅华的两年多时间里，其足迹遍及上海、北京、天津、辽宁、河北、山西、山东、江苏、江西、湖北、湖南、浙江、福建、广东等十四个省市，做了大小演讲约两百多场。他除了在中国各地巡回演讲，广泛传播其实用主义思想，还分别在教育部、北京大学、北京高等师范学校及南京高等师范学校等中国主要教育行政部门和高等学府进行系统讲学。如自1919年9月20日至1920年3月，杜威在北京先后做了"社会哲学与政治哲学""教育哲学""伦理演讲""思想之派别""现代的三个哲学家"等五次长篇系列讲演，后由《晨报》结集出版，名为《杜威五大讲演》。1920年4月，杜威南下讲学，在南京高等师范学校专设讲席一个半月，讲演"教育哲学""哲学史"与"试验伦理学"。杜威在南京高等师范学校所做的三次长篇系列讲座亦为他在中国南方的三大讲演，与五大讲演相辅相成。其大部分演讲均由胡适、陶行知、郑晓沧等哥大归国学子轮流翻译。访华期间，他受到中国社会各界极为热烈的欢迎，《晨报》《新教育》《东方杂志》《申报》等京、沪各地报纸杂志几乎无日不有他的消息报道或讲演记录。杜威通过巡回演讲和系统讲学，全面、系统、深入地介绍了其实用主义的哲学思想、教育思想和伦理思想，以及西方的各种哲学流派、现代政治学说等。如此鲜明丰富的内容对于"五四"时期渴求新知识、新思想、新理论的中国知识界而言无疑是珍贵的及时雨。

2. 孟禄访华

在哥大师院著名教育家中，孟禄来华次数最多。自1913年他首次访问中国，截至1941年，孟禄共来华十四次，在中国教育、社会发展的许多方面都留下了深深的印迹。

1921年9月5日，孟禄偕女儿为参加北京协和医学院落成典礼并应实际教育调查社邀请，来华进行大规模教育调查与讲学，这是其在华活动时间最长、活动范围最广、产生直接影响最大的一次。在为期四个多月的时间里，他由陶行知、王文培、凌冰等旧日弟子陪同，足迹遍及大江南北、长城内外，调查了北京、保定、石家庄、太原、开封、南京、无锡、杭州、苏州、上海、南通、福州、厦门、广州、济南、曲阜、天津、奉天（今沈阳）等九省（市）十八市的两百多处教育机构和教育设施，发表演讲六十余场，频频与各地教育、实业界人士召开座谈会和讨论会。孟禄大力宣扬资产阶级民主主义的教育思想，主张中国教育应"取平民主义"，并对在调查中发现的问题随时予以批评和纠正，对各级各类学校教育给予了许多实际的指导和建议。其中尤为精辟的是他关于改革学制和改进中学科学教育的主张。在本次调查中，孟禄每到一处，不仅受到教育界人士的热烈欢迎，也被各地军政要员奉为座上宾。他温和儒雅的大家风范、真诚率直的人格魅力、卓越独到的学者见解和勇毅前行的行为作风给人们留下了深刻的印象。

孟禄自1921年来华进行教育调查和讲学，与中国政府、教育界人士建立了良好关系。目睹了中国教育落后局面的他，急中国教育发展之所急，回国后力主美国退还中国"庚子赔款"余额，用于发展中国的文教事业，并成为这一活动的中心人物。1924年7月底，受美国政府委托，孟禄为美国第二次退还中国"庚子赔款"余额一事，以非官方身份访华。[①] 孟禄就"庚子赔款"从用途及"庚子赔款"委员人选问题拜访中国政、教界名流，并与在京各教育学术团体代表进行了广泛的磋商、交流，拟定了董事会章程十条，将该组织正式定名为中华教育文化基金董事会。9月18日，中华教育文化基金董事会召开成立大会，孟禄当选为临时副董事长。

中华教育文化基金董事会是负责保管、分配和监督使用美国第二次退还的"庚子赔款"的机构，自成立后，对推进民国时期文化教育的发展起到了相当大的作用。而作为该会历届副董事长的孟禄多次来华参加基金会年会、常会，参与了基金会各项重大决策，在推进中美文化教育的交流与合作等方面做了大量卓有成效的工作。

3. 克伯屈访华

20世纪20年代，就在杜威、孟禄相继来华讲学，像龙卷风般地激起了中国思想文化领域的巨浪，激发了中国教育界高涨的改革热情之际，致力于宣传欧美教育革新以全面推进中国教育改革的归国哥大学子再次把目光投向了素为他们仰慕的世界进步主义教育运动著名领导人、以"杜威声音"著称的教育家克伯屈。经孟禄与郭秉文介绍，由陶行知任主任干事的中华教育改进社向其发出了讲学邀请，一向对中国留学生极亲切的克伯屈欣然应允。为迎接克氏来华，中华教育改进社在上海和北京两地分别成立了筹备委员会，归国哥大学子为主要成员。由南北教育界对克伯屈访华的重视程度可知，中国文教界对其欢迎的热忱并不亚于杜威、孟禄来华。

克伯屈于1927年3月抵华后，在凌冰、陶行知、朱经农、程其保、陈科美等哥大弟子陪同下，风尘仆仆，赴广州、上海、南京、杭州、北京等地参观和考察各级各类学校。他深入教室听课，参观学生作业，并对学校建筑、经费、设备、师资等方面提

[①]《孟禄博士为美款来华》，《申报》1924年8月19日。

出了许多具体建议。作为设计教学法的创始人,克伯屈在考察过程中,对中小学教学方法予以了格外注意。考察之余,他还应中国教育界之请,分别在上海、北京等地举行了多次初等教育、中等教育、高等教育讨论会和职业教育讨论会,并与各地一些教育机构、学术团体开谈话会,内容涉及中国教育方方面面的问题。访华期间,克伯屈应邀发表大量学术演讲。据统计,在为期三个月的时间里,克伯屈所做大小演讲和讨论约百次,向中国文教界全面介绍了其教学理论和教育思想。

1927年的中国之行,在克伯屈心中留下了美好的回忆。1929年9月,克伯屈再度访华。此次来华虽然为时较短,但他仍尽可能多地与中国文教界人士接触,参观各种试验学校,讨论中国教育问题,并发表大小演讲二十余场,对中国社会形势与教育发展状况有了更进一步的了解。

4. 哥伦比亚大学师范学院其他知名学者来华

除杜威、孟禄、克伯屈等人,20世纪20年代前后,哥大师院还有多位知名学者访华,对中国文化教育的发展产生了一定影响,也使得近现代中美文化教育交流的历程更加丰富多彩。

1915年12月,哥大师院教授瑟娄来华调查教育。1922年秋,哥大师院教授、著名美国教育心理学家、智力测验专家麦柯尔应中华教育改进社邀请,来华指导智力测验、教育测验和教育统计的开展。在访华的一年多时间里,麦柯尔在中国教育家陈鹤琴、刘廷芳、陆志韦等人协助下,制订了有关智力测验的量表,编制了各种教育心理测验并加以试行。1923年6月,哥大师院院长罗素率基督教代表团来华考察教会教育。1924年4月,曾与孟禄是同学的哥大师院学院学校试验部主任及附属林肯试验学校校长、知名科学教育专家卡特维尔访华,在上海青年会发表公开演讲,向中国教育界全面介绍了美国著名试验学校——林肯学校的课程与教学改革经验。1932年6月,著名教育家、哥大师院教授拉格偕夫人访华。1935年7月底,哥大师院家庭教育研究院组织家庭教育远东考察团一行十二人,由该校著名家庭教育专家安德生率领,为调查中国妇女教育、家庭经济及家庭教育来华。1937年4月,哥大师院国际研究所教授卡丽薇抵华,访问了南京、北平等地教育机构和学术团体。中国政府拟聘其为顾问,以推进教育事业,因不久后卢沟桥事变爆发而未果[①]。此外,特别值得提及的是,曾求学于哥大师院的著名美国教育家柏克赫斯特亦应中国文教界之请,分别于1925年和1937年两度来华,指导推进中国道尔顿制实验及考察中国的教育事业。

---

① 张其昀:《张其昀先生文集(文教类四):第十九册》,中国文化大学出版社,1989,第1045页。

在杜威、孟禄等哥大师院著名教育家来华讲学的推动下，以朝气蓬勃的归国哥大师院的学子为主导，中国教育界掀起了一场气势磅礴的现代教育改革运动。从教育观念到教育制度，从学校行政管理到课程、教材与教学方法，从初等、中等教育到高等教育，从普通教育到职业教育，对教育的各个领域、各个层面进行了轰轰烈烈的改革，且改革的广度、深度和力度均前所未有。实用主义教育思想则成为这场运动的指导思想。在哥大师院师生的直接推动下，包袱沉重的近代中国教育终于得以艰难而顽强地迈向现代。而就在现代教育改革运动方兴未艾之时，以归国哥大师院学子为主体的中国教育界以同样饱满的热情和坚毅执着的精神投入到实用主义教育理论的本土化探索与学术再创造之中，创建了具有中国特色的现代教育理论体系。如陶行知创立了生活教育理论，陈鹤琴创立了活教育理论，邰爽秋创立了民生教育理论，庄泽宣提出了如何使新教育中国化的思想等。

三、哥伦比亚大学师范学院对中国现代教育的历史贡献

自 1904 年至 1905 年间第一位中国留学生来到哥大师院就读，截至 1949 年新中国成立后该校与中国大陆文化教育的交流暂时中断，在近半个世纪的时间里，哥大师院对中国现代教育的发展产生了巨大而深远的影响。

（一）为中国文教界培养了大批人才

自 20 世纪 10 年代末起，哥伦比亚大学的中国留学生人数已经居全美高校之首，其时约有两百位中国学子在此求学，这种局面一直持续到二战以后。值得注意的是，从哥伦比亚大学中国学子所学专业来看，以学习教育者人数最多，哥大师院可谓中国近现代教育家的摇篮。1991 年上海教育出版社出版的《教育大辞典》第十卷介绍中国近现代教育家，共计有二百六十五人，其中有留学经历的一百四十二人，留美学生七十八人，而留学于哥大师院的就有三十四人[①]。哥大历届中国留学生中，许多人日后成为中国政治、文化、教育、科技界的风云人物，其中不少人的名字为人们耳熟能详。他们在各自的研究领域卓有建树，其成就亦为社会所公认。30 年代，艾伟、孙本文等多位归国哥大学子成为南京国民政府教育部首届部聘教授。哥伦比亚大学为中国文教界培养了大量人才乃至众多的大师级人物，也为中国现代教育的改革与发展提供了卓

---

① 欧阳哲生：《欧阳哲生讲胡适》，北京大学出版社，2008，第 125 页。

有成效的人才储备，从这个意义上说，该校堪称功德无量。

（二）为中国现代教育改革提供了理论指导

"中华民国"成立后，虽然在首任教育总长蔡元培的领导下对封建教育进行了改革，颁布了"注重道德教育，以实利教育、军国民教育辅之，更以美感教育完成其道德"的新教育方针，体现了民初教育界对未来教育的憧憬，但是如何将这一美妙构想转化为现实，当时的人们仅有目标而没有方法，更没有一致的主张与行动。诚如梁启超所言，"正在中国学术界饥荒的时候"[①]，学校中流行的仍是从日本引入的赫尔巴特的教育理论与方法，教育面貌无根本改变。而接踵而来的洪宪帝制、张勋复辟、军阀混战、民不聊生以及新文化运动对旧制度、旧文化的口诛笔伐，使民国教育体系备受摧残的同时也促使人们进一步认识到民主共和的弥足珍贵。当时正值国内思想文化界新旧势力大激战，新教育举步维艰的关键时刻，杜威、孟禄、克伯屈等美国教育家相继来华讲学，为中国教育界带来了实用主义教育的新理论。在杜威等哥大师院教育家访华及其中国弟子们的宣传推动下，符合中国社会实际需要的实用主义教育理论盛行一时，成为中国教育理论界普遍认同的主导学说，并被大规模诉诸实践。因此，哥大师院为彷徨中的中国教育提供了重要的理论支持，促进了轰轰烈烈的现代教育改革运动的开展。

（三）促进了中国教育制度创新

清末民初，中国教育界经过长达半个世纪的摸索，在不断反思与改进的过程中，终于建立起与传统迥然有别的近代学制体系。然而，无论是"壬寅·癸卯学制"还是"壬子·癸丑学制"，始终未能摆脱德、日教育模式的束缚，因而存在诸多弊端。20世纪20年代前后，随着实用主义教育思想的盛行，学制改革运动亦拉开帷幕。1922年"壬戌学制"的制定，使中国教育体制由模仿日本最终转向以美国为楷模，并朝着与中国社会实际相结合的方向发展。而这一运动的主导者，仍是哥大师院的教育家及其中国的弟子们。

自1915年湖南省教育会首次提出学制改革动议，直至1922年"壬戌学制"的颁布，其间历时七年，全国教育会联合会为此召开了八次会议，其中有两次会议至为关键。一次是1919年10月在太原召开的第五届年会，另一次则是1921年10月在广州

---

① 张宝贵：《实用主义之我见——杜威在中国》，江西高校出版社，2009，第21页。

召开的第七届年会。杜威参加了1919年的太原会议,并在会上发表演讲。孟禄参加了1921年的广州会议,会议期间,除发表演讲,还以座谈、讨论、著述多种方式对学制改革给予了具体指导。对于孟禄来华在此次学制改革中所起的作用,时人曾这样评论:"此外尤可纪念者,此次开会期间,恰逢孟禄博士来粤,对于会议进行,贡献甚多。计开讲演会一次,谈话会三次,所讨论者皆属根本问题。博士本教育行政专家,此次来华,又系为调查学制而来,恰值学制改革案讨论之际,其言论主张直接影响于会议,间接影响于会后全国教育界者,实非浅鲜,此本届会议中最可纪念之一事也。"①

如果说杜威、孟禄直接影响了新学制的指导思想、标准及内容,那么以胡适、陶行知为代表的归国哥大师院学子则推动了新学制的审定、颁布与贯彻实施。他们不仅积极参加了新学制酝酿、讨论、起草和审定的全过程,而且发表了许多见解独到、颇有分量的理论文章,为学制改革呼吁、鼓动、献计献策。在新学制颁布后,又率先垂范,推动新学制的试验与推广。

1922年的"壬戌学制"作为20年代初期教育改革的一项重要成果,不仅标志着因杜威、孟禄来华讲学而风靡一时的实用主义教育思潮对中国教育的影响从理论层面转化为制度层面,而且昭示着我国近代教育向现代教育的转轨。当代制度经济学的研究表明,制度是发展的中介。理论创新成果最终应用、转化成实践,制度是关键。教育制度的创新,能为教育内容、方法、手段和组织的创新提供保障和激励机制,从而更好地促进教育的创新与发展。因此,哥大师院的教育家及其中国的弟子们促进了中国教育的制度创新,并最终使中国教育融入了世界教育的发展潮流中。

(四)推动了中国中小学教育教学改革

在杜威、孟禄等哥大师院教育家访华及归国哥大师院学子的共同努力下,中小学教育教学改革也渐入高潮。杜威等人来华后,除全面宣传资产阶级民主主义教育思想,对学制改革发表重要意见,还针对中国实际,提出了更适合中国国情的具体的教育改革措施,使得美国教育对中国的影响进一步强化。在中小学教育改革中,课程、教材与教学方法改革历来都是重头戏,也是检验改革得失成败的关键所在,哥大师院的教育家们对此给予了许多实际的诊断和指导,如他们认为课程设置应适合社会和个人需要,因地制宜;主张变被动灌输的讲演式教授法为学生主动参与的教学法,指导道尔顿制和设计教学法的实验等。归国哥大师院学子不仅以中华教育改进社等教育社团为

---

① 《第七届全国教育会联合会年会纪略》,《教育杂志》1922年第1期。

依托开展了调查、研究、编译、推广、实验等一系列卓有成效的工作，而且陶行知、陈鹤琴等人还相继展开了晓庄试验、生活教育实验，创办新型学校，为中小学教育的改革别开生路。在哥大师院师生的推动下，中小学教育教学改革向纵深发展。当然，并非所有的教学改革实验都取得了成功。但即使是不成功的实验，仍对中小学教育发展产生了持久的影响，并促使人们更深入地思考课程、教材与教学法的改革问题。

(五) 加快了中国现代高等教育发展

20世纪20年代，全国高校教育教学改革的两面旗帜——北京大学和东南大学，其执掌校政与担任重要职务者均为归国哥大师院学子。另外几所教育改革影响较大的大学也同样如此，如北京高等师范学校校长邓萃英、李建勋，北京师范大学校长李蒸，南开大学校长张伯苓，中央大学校长罗家伦等人均曾留学哥大师院。对现代大学理念和大学精神有着深刻理解与体验的他们矢志兴学、苦心经营，在中国高等教育的舞台上尽力施展自己的才华，进行了把西方（尤其是美国）现代大学教育理念和模式与中国本土需要相结合的探索，开创了中国高等教育现代化建设的新时期。

哥大师院对中国高等教育的影响，远不止表现于其毕业生所创造的改革成就，该校与中国高等教育界保持着十分密切的学术交流。哥大师院教育家来华后，亦十分关注中国高等教育的发展。杜威曾以北京大学、东南大学等校作为重要活动基地，广泛宣扬了其教育思想和主张，从而使这些学校备受教育学术界瞩目，并蔚为中国国际学术交流的重镇。孟禄亦曾多次应邀来东南大学参观、考察，他认为东南大学有可能成为世界东方教育的中心，"是中国最有希望的大学"，"将来该校之发达可与英之牛津、剑桥两大学相颉颃"[1]，并建议世界教育学会每年派著名学者到东南大学讲课。在他的促成下，郭秉文曾代表东南大学与美国有关人士草签过一份《中美合办工科大学之计划》，对中外合作办学进行了最早的探索。由于与杜威、孟禄等美国学界名流的特殊关系，1923年，东南大学得到美国洛克菲勒基金会捐赠三十万元[2]，首开我国公立大学接受国外基金会捐款之先河。南开大学亦于1923年得到洛克菲勒基金会捐款十二万五千元，并得到该会每年约六千七百五十元的资助，用于扶持南开大学理科的发展，使该校理、化等学科的研究取得了丰硕成果。哥大师院师生推动中国高等教育在现代化的道路上迈出了坚实有力的步伐。

---

[1] 周川、黄旭：《百年之功——中国近代大学校长的教育家精神》，福建教育出版社，1994，第135页。
[2] 周邦道：《近代教育先进传略（初集）》，中国文化大学出版社，1981，第67页。

（六）促进了中国教育思想发展与现代教育理论建立

关于实用主义教育思想对 20 世纪二三十年代中国教育的影响，历来不乏学者的论述。胡适说："自从中国与西洋文化接触以来，没有一个外国学者在中国思想界的影响有杜威先生这样大的。"[①] 吴俊升也说："在所有西方教育家中，以杜威对于中国的影响为最大。"[②] 也许这些表述有些言过其实，但是，综观 20 世纪 20 年代多姿多彩的教育思潮形成与发展的过程，不难看出有许多当时极有影响的思潮如平民教育思潮、职业教育思潮、科学教育思潮、工读主义教育思潮、教育独立思潮、乡村教育思潮、普及教育思潮、生活教育思潮等，都或多或少、或直接或间接地与之相联。考其缘由，实用主义教育思想因切合了中国社会的实际需要而曾被各派知识分子奉为指导学说是一个极为重要的方面。

杜威等哥大师院的教育家所带来的实用主义教育思想不仅促进了中国教育思想的发展，还推动了中国现代教育理论的创建。据统计，20 世纪二三十年代出版的教育学著作，如王炽昌编的《教育学》，汪懋祖编著的《教育学》，钱亦石所著的《现代教育原理》，吴俊升、王西征合编的《教育概论》，孟宪承编著的《教育概论》等，它们的作者均明白无误地表示受到过杜威实用主义教育理论的影响。实际上，实用主义教育思想几乎影响了当时中国教育学所有分支学科的理论建构，可以说，中国现代教育科学的各个学科、门类，基本上都是从那时开始建立的。以陶行知、陈鹤琴、邰爽秋为代表的归国哥大学子更孜孜致力于这一思想的传播、应用及理论改造，并通过自己长期艰苦的实践和探索，创立了特色鲜明的本土现代教育理论。哥大师院深刻影响了中国教育思想的发展和现代教育理论的学术建设。

四、结语

20 世纪上半叶，哥大师院以其注重国际化的办学理念及卓著的声誉、独特的魅力在世界教育交流中占尽风流：群星璀璨的师资、优秀的生源、显赫的校友、雄厚的经济实力、一流的设施和浓厚的自由研究氛围吸引了来自世界各国的青年学子。许多留学生学成归国后成为各自国家政界、商界和文教界的风云人物。作为当年进步主义教

[①] 张宝贵：《实用主义之我见——杜威在中国》，江西高校出版社，2009，第 19 页。
[②] 吴俊升：《文教论评存稿》，中正书局，1982，第 354 页。

育运动的理论重镇和人才培养基地，哥大师院对推动世界教育的发展更是做出了举世瞩目的贡献。哥大师院与中国教育的关系尤其密切。大批归国哥大师院学子成为变革中国传统教育的领袖和中坚力量，并长期活跃于民国时期风云激荡的教育舞台上。而哥大师院的知名教育家来华则是当年中国文教界的盛事，他们访华次数之多、阵容之强、理论宣传之系统、参与教改之深入，为世所罕见。在哥大师院师生的联袂主导下，中国现代教育的发展之路得以重构，并最终建立起兼收并蓄传统与西方文化的相对稳定的现代教育体系，使中国教育融入了世界教育发展的主流。哥大师院对中国现代教育的影响虽不一定绝后，但至少可谓空前。迄今为止，在人类历史上，尚未见到哪一所学校能对一个国家文化教育发展产生如此重大的影响。因此，该校与中国现代教育的不解之缘不仅构成了近现代中外文化教育交流史册上光彩夺目的一章，亦是极其丰富多彩的世界文化教育交流历史图景中一道瑰丽无比的奇特景观。

哥大师院能够对中国现代教育的改革与发展发挥巨大作用绝非偶然，而是有其深刻的历史必然性。20世纪初，正值欧美教育革新运动应时而生，意气风发、立志革故鼎新的哥大师院的教育家们奔走呼号，努力扩大教育革新运动范围之际。作为进步主义教育运动的思想基础，实用主义教育思想风靡美国乃至整个西方世界；近现代中国民族经济的迅速发展、中西思潮大交汇的文化格局以及"五四"新文化运动对传统文化的批判与扫荡，为实用主义教育学说登陆中国提供了社会土壤；实用主义教育所倡导的现代教育观念与中国需要的民主和科学精神亦有着内在的一致性，适应了中国社会发展和教育改革的时代需求；深受中西文化熏陶的归国哥大师院的学子则充当了这一思想东渐的主要媒介。故哥大师院对中国现代教育发展产生巨大影响是时代使然，是中国社会需要使然，也是其当时正处发展全盛期的状态使然。当然，毋庸讳言，这种影响由于各种主客观原因，不仅有积极的一面，也有消极的一面，需要我们正视并吸取教训。同时，历史的经验也昭示我们，任何一个国家、任何一种文化教育都不可能脱离世界而孤立存在，只能处在与其他文化的持续接触与碰撞之中，并在不断吸收异质文化的基础上发展。因此开展国际教育交流极为必要，而且这种交流对双方来说都是有益的。

1949年新中国成立后，哥大师院与中国教育的交流一度中断。20世纪80年代以后，该校与中国教育的关系进入到恢复和发展的新阶段。为了加强对不断变化的中国及其教育的研究，富有远见的哥大师院领导特别是世界知名教育经济学家、美籍华人学者曾满超教授开始了重振昔日辉煌的努力，于2000年9月，在有关机构和基金会的支持下，成立了哥大师院中国教育中心。在很短时间内，中心就开展了许多中国教育项目的研究，如有关中国义务教育质量的研究、中国基础教育改革研究、中国高等教育发展研究、教育与国家发展的研究等，并陆续撰写、出版了一批有影响的研究报告。近年来，该中心还多次举办关于中国教育的研讨会，开展了如中国大学校长研究班、中国中小学校长研究班等许多培训项目，为促进中美教育的交流与合作进行了大量富有成效的工作。不少中国学生和学者也纷纷进入哥大师院就读或访问，他们中的一些人近年回国后已成为中国文教界的知名学者。笔者也有幸在中心成立不久，就在曾满超先生的关心和帮助下到师范学院作访问研究，探讨20世纪上半期哥大师院与中国现代教育的关系，以期温故知新，以史为鉴。值得一提的是，哥大师院1954年设立、授予全世界对教育和人类发展做出突出贡献的个人的"教育与人类发展杰出贡献奖"（诺贝尔和平奖获得者、南非大主教图图，著名心理学家、瑞士学者皮亚杰，著名人类学家米德等曾获此殊荣）把视线投到了中国。2004年此奖首度颁给了对中国宏观教育研究做出突出贡献的中国教育发展战略研究会理事长、国家教育发展研究中心专家咨询委员会主任郝克明女士，她成为该奖项设立五十年来第一位获奖的中国学者；2008年著名教育学家、中国教育学会会长顾明远先生也被该校授予荣誉教授称号。这些举措是对中国教育学家的肯定，也是对中国教育发展前景的期盼。

我们完全可以预言，未来的岁月里，伴随着中国的和平发展和教育的迅速变革，哥大师院与中国教育的关系将会越来越密切。随着中外文化教育交流的日益广泛和深入，哥大师院对中国教育改革与发展还将产生积极的推动作用，从而使双方关系走向新的高度。

20世纪初期哥伦比亚大学师范学院中国留美学生的日常生活及其影响[①]

日常生活是一个纷繁复杂的异质化领域,是以重复性思维和重复性实践为主的自在的活动方式。[②] 从这个角度出发,对于学生而言,教育是其日常生活的主要方式。进而言之,学生的教育生活更多的是围绕学业的日常生活,因为其占据了大部分的时间。更为重要的是,学业内外的生活以及以师生为主体的交往,对于学生日后的思想走向、事业发展以及人生境遇都有着巨大的影响。

自1840年鸦片战争以来,外敌环伺、国贫民困,亡国大祸迫在眉睫。在向西方学习过程中,留学成为学习、接纳西方文明的重要渠道,留学生成为引进西方文化的主要载体。20世纪上半叶,美国哥伦比亚大学师范学院(下文简称哥大师院、师范学院)作为美国教育研究的执牛耳者,获得了有志于教育救国的中国学生的青睐。20世纪初期(指10年代、20年代)曾在哥大师院就读的中国留美学生(下文简称留美生)虽然人数不及30年代的后来者,但却得风气之先,亲历大师教诲,成为第一批获得教育学硕士、博士学位的先驱。归国后,这批在哥大师院沐浴知识之光、获取教育真知的人才,积极投身教育改革的时代洪流,在民国教育界迅速崛起,成为革新旧教育、张扬新教育的弄潮儿。

一、哥伦比亚大学师范学院中国留美学生的学习生活

哥大师院前身为纽约师范学院,成立于1887年,起初规模很小,学生不足百人。

---

① 与李永合作,有删改。原载于《高等教育研究》2021年第5期。原题为《20世纪10年代哥伦比亚大学教师学院中国学生的日常生活及其影响》。
② 衣俊卿:《现代化与日常生活批判:人自身现代化的文化透视》,人民出版社,2005,第32页。

1898年，该院作为一个独立实体并入哥伦比亚大学后得到了快速发展。20世纪10、20年代的哥大师院在美国教育学科排名中长期占据榜首。1917年赴美，1919—1922年就读于哥大师院的庄泽宣指出，美国教育著名的学校，前三强分别为哥伦比亚大学、芝加哥大学、斯坦福大学[1]。1904年左右来自广东的李亨（音译）是第一位进入哥大师院学习的中国学生[2]。此后，哥大师院的中国学生数量逐渐增长，"至1920年，乃有七十八人，1929年更加至一百余人"[3]。

1914年赴美，1915—1917年就读于哥大师院的陶行知，在1916年的一封信中表达了对哥大师院的向往："三年前，我就选择哥伦比亚大学作为自己在美国的最终目标。但此计划因经费不足而被暂搁下来……遍览所有的大学，再次确认还是哥伦比亚大学师范学院最合适我。"[4] 作为留学教育的"主业"，学业生活是留美生的主要日常活动。他们通过选修课程、参与实践、撰写硕士或博士论文积极吸收西方教育学说，为归国后借鉴美国教育模式、推进中国教育事业奠定了良好的基础。

（一）课程学习的体验

20世纪初，梁启超考察美洲时曾赞扬留美生"刻苦沉实，孜孜务学，爱国大义，良学风也"[5]。民国以来，留美生较少热衷功名之士，也少奔走革命之人，基本都在教育本身范围内活动，为提高、锻炼自身的教育素质打下了坚实基础。

以陶行知1915—1916年度第一学期为例，他选修的课程包括斯特雷耶的"行政学"，康德尔的"各国学校制度的行政和社会基础"，克伯屈的"基础方法"和"教育哲学"，杜威的"学校与社会"，孟禄的"教育史"，塞索库曼的"财政学"，斯列丁的"进步社会的发展"，并参与了斯特雷耶负责的"美国公共教育行政"的实习。[6] 当时杜威虽属大学本部哲学系，但与哥大师院的联系亦十分密切。哥大师院教育部成立时，他是首批被聘任的七位教授之一[7]。当时杜威"每周在哥大师院讲课两小时"[8]。

---

[1] 庄泽宣：《告赴美学教育者》，李效泌记，《新教育》，1923年第1期。
[2] 沈岚霞：《20世纪上半叶美国对华教育传播研究》，博士学位论文，华东师范大学，2010，第67—68页。
[3] 《美国教育家孟禄博士与中国教育之关系》，《海光（上海1929）》1931年第1期。
[4] 华中师范大学教育科学研究所编《陶行知全集（八增补）》，湖南教育出版社，1992，第728页。
[5] 陈学恂、田正平：《中国近代教育史资料汇编：留学教育》，上海教育出版社，2007，第178页。
[6] 周洪宇编《陶行知研究在海外》，人民教育出版社，1991，第153页。
[7] 陈竞蓉：《教育交流与社会变迁：哥伦比亚大学与现代中国教育》，华中科技大学出版社，2011，第42页。
[8] 简·杜威等编《杜威传（修订版）》，单中惠编译，安徽教育出版社，2009，第34页。

(二) 实习实践的感触

师范学院除了重视课堂教学，还非常重视考察实践，这给留美生留下了深刻印象。根据陶行知的选修课表，他在 1915—1916 学年有斯特雷耶负责的"美国公共教育行政"实习课程，在 1916—1917 年有孟禄负责的"美国教育史"实习课程。斯特雷耶精于教育管理法，任教育管理法一部之长。[①] 斯特雷耶主讲教育行政课程，其目的是培养地方教育行政人才，因此所讲授的内容理论与实用并重。"除在教室讲习理论外，并时常接受地方委托，进行实际教育调查。全班学生都参加工作，就教育问题分为各组，分别搜集资料，在教授指导下加以讨论、批评和建议，最后形成结论，提出报告。"[②] 斯特雷耶的教学方法类似医科的临床实习，直接将所学理论应用于实际问题。对参加调查工作的留美生而言，这种教学特别能使他们更进一步了解美国地方教育的实际情形。

1917 年冬天，孟禄还组织去美国南部考察黑人教育的课程实习活动，给留美生留下了深刻印象。

(三) 撰写论文的历程

师范学院的中国学生既聪明又用功，所以硕士一般一年完成。至博士阶段情形则大不一样，需连闯四关，方能毕业。

第一关，入门考试。1918 年冬天，陈鹤琴第一次博士学位的初级考试就未能通过。他曾自述道："心理学教授桑戴克说我的心理学知识不够，还是读教育学好。我听了有点不服气，遂跑到大学心理系主任伍特获司处，请他许我转入心理系，做他的学生。他把我所读过的心理功课考查了一下，就允许我了。"[③] 陈鹤琴在日后准备博士研究论文过程中，因办理留学延期手续过慢，而又答应郭秉文（1906 年赴美，1911—1914 年就读于师范学院）到南京高等师范学校任教，故中止了博士学业。

第二关，撰写论文。完成一篇合格的博士毕业论文的困难是多方面的。陶行知在选定《中国教育哲学与新教育》的论文论题后，就遇到了缺乏资料的难题。1916 年，陶行知委托黄炎培帮忙搜集资料。黄炎培在日记中写道："安徽陶君文濬，留学美国哥伦比亚大学教育科，思力精邃，又纯朴无习气。近应考博士，命题涉及中国教育，嘱

---

① 郭秉文：《记欧美教育家谈话（二）：美国两博士之言》，《新教育》1919 年第 2 期。
② 杨亮功：《早期三十年的教学生活五四》，黄山书社，2008，第 38 页。
③ 陈鹤琴：《我的半生》，上海三联书店，2014，第 154 页。

搜集资料。"① 1916 年 12 月 5 日,黄炎培给陶行知寄送了有关江苏教育的资料,供研究所需。

第三关,答辩考试。1908 年赴美留学,1912—1917 年就读于师范学院的蒋梦麟完成题为《中国之教育原理》的博士论文后,就差最后这个环节。克伯屈在 1917 年 3 月 23 日—25 日的日记中,连续记载了此事:"晚上,思考问题,特别是考虑蒋梦麟的论文。他论文的原创性工作究竟做了多少,我发现自己难以作出判断。""写信给霍金夫人和孟禄教授,就蒋梦麟论文一事商谈,建议将考试日期定为 3 月 25 日。""参加三位博士生的考试……至于蒋梦麟的论文则有些问题,其论文以中国和西方的教育哲学为基础,这让人难以作出判断。他的教育知识似乎流于表面,尽管许多人对其论文纷纷摇头,但最终还是勉强通过了。"②

第四关,出版论文。以第一个获得哥伦比亚大学哲学（教育学专业）博士的郭秉文为例,1915 年师范学院出版了他题为《中国教育制度沿革史》的博士论文③。孟禄作序赞许:"郭博士之著是书,不独表扬己国之事迹,且俾西人恍然有悟于中邦维新之变革。是变革也,利之所及,端在两方。"④ 1916 年商务印书馆出版中译本,黄炎培增作中文序言:"郭子鸿声示我所著《中国教育制度沿革史》,受而读之,盖空前之作也。"⑤ 之所以获得上述评价,在于郭秉文深谙儒家传统文化精神,又对美国社会文化有深入了解,因此可以将中西教育文化进行较好的对比,形成了自己独特的见解,进而对当时中国国内的教育改革具有借鉴意义。

二、哥伦比亚大学师范学院中国留美学生的课外生活

留美生的学业生活不免会受其他因素的影响,有的是负向的,比如求学经费的困扰;有的是正向的,比如课业之外的考察与游历、参与社团生活等。这些课外生活与业内学习共同组成了学业活动的有机整体。

---

① 黄炎培:《黄炎培日记（一）:1911—1918》,华文出版社,2008,第 272 页。
② 周洪宇、陈竞蓉:《中国最需要何种教育原则:克伯屈在华演讲录》,安徽教育出版社,2013,第 129—130 页。
③ 杜成宪、崔运武、王伦信:《中国教育史学九十年》,华东师范大学出版社,1998,第 11 页。
④ 郭秉文:《中国教育制度沿革史》,商务印书馆,1916,序第 6 页。
⑤ 郭秉文:《中国教育制度沿革史》,商务印书馆,1916,序第 1 页。

（一）影响求学的经费

"生活史强调的是个人的经历——这个人是如何应对社会，而不是社会如何应对这些个人。"[①] 作为影响留学的主要因素——经费，则更好地体现了亲历者的生活危机。

陶行知在师范学院期间，学费与生活费成为他的主要负担。纽约生活费用很高，而且哥伦比亚大学不像伊利诺伊大学那样，可以免去他的学费。哥大的学费是半学分课程十二美元，全学分课程二十五美元以上。[②] 根据陶行知1915—1916年度申请修习的科目，两学期总计十三个半学分和七个全学分课程[③]，如果全部修习至少需要缴纳三百三十一美元，这对陶行知而言是相当大的负担。

在1915年进入哥大之前的那个暑假，陶行知得到了获得云南省政府官费留学资格的实业家缪云台的仗义相助。缪云台曾说："在美国学习期间，我认识了陶行知先生（当时叫陶知行）。我那时已转入明尼苏达大学，他在伊利诺伊州。我们是在中国学生暑期集会（夏令会）时认识的，一见如故，此后经常通信。他是自费留学的，经济比较困难，所以我每月从我的八十元生活费中寄给他十元，大约有一二年之久。"[④]

"选择学校是一回事，有无足够财力入学是另一回事。"[⑤] 因为经济困难，陶行知希望获取各类奖学金以解燃眉之急。1916年2月16日，陶行知致信师范学院罗素院长，谈到自己遭遇的经济困难：其一，"由于我父亲1915年1月去世，整个家庭负担全都压在我的肩上，经济状况窘迫至极"。其二，"纽约的生活费用比我预计的要贵得多。住了半年后，我便发觉囊中所有远不足以应付深造"[⑥]。

好在陶行知在进入师范学院不久，就以自费生的身份获得了"庚子赔款"奖学金，享受"半费生"待遇，另有缪云台的援手，后又申请获得了利文斯顿奖学金。陶行知在课余还通过勤工俭学赚取学费和生活费用。可以说，作为自费生的陶行知是在自身努力和家人、友人、政府、师院等多方的支持下才得以完成学业的。

（二）增长见闻的游历

清华大学校长周诒春曾也警诫陈鹤琴等留美生："你们到美国去游学，不是去读死

[①] 马歇尔、罗斯曼：《设计质性研究：有效研究计划的全程指导（第五版）》，何江穗译，重庆大学出版社，2015，第185页。
[②] 周洪宇编《陶行知研究在海外》，人民教育出版社，1991，第154页。
[③] 周洪宇编《陶行知研究在海外》，人民教育出版社，1991，第153页。
[④] 缪云台：《缪云台回忆录》，中国文史出版社，1991，第12页。
[⑤] 华中师范大学教育科学研究所编《陶行知全集（八增补）》，湖南教育出版社，1992，第728页。
[⑥] 同④。

书的。你们要看看美国的社会，看看美国的家庭。你们要张开眼睛，到处留心。"[①] 空间不仅具有物理属性，还具有精神属性。留美生置身异域，虽深感种族歧视之苦，但也目睹了美国社会的政治活动，其中杜威教授充当了表率。1915 年 10 月，纽约组织女子参政演说会，杜威积极参与，给予助力。杜威还参与创立美国大学教授联合会（1915 年）、纽约教师联合会（1916 年）。"五四"爱国学生运动爆发后，在美国的过往经历在留美生心中被迅速唤醒，他们积极参与反帝爱国运动。以陶行知为例，他 1919 年 5 月 9 日参加南京国耻纪念大会并发表演说，5 月 10 日前去英美领事馆抗议；随后当选南京学界联合会、南京各界联合会筹备会会长，领导了南京的"五四"爱国运动。当然，由于专业背景，师范学院留美生对教育更加用心。

陶行知曾考察过马萨诸塞州的教育。"美国马萨诸塞州的道路修得好，它的教育也很发达。我参观该州教育的时候，有农业教育司斯密司先生，同乘汽车周游三日，遍览全州农业学校。"陶行知总结认为："建筑道路这个问题，不独与民情的联络、实业的发达、通商的便利有密切的关系，就是于振兴教育，也有很大的辅助。"[②]

（三）参与社团的活动

1911 年，朱庭祺认为中国留学生界的社团分为联络留学生、增加友谊者，兴办公益者和重在学问者三类[③]。与 20 世纪初期师范学院留美生密切相关的社团为重在学问的中国教育研究会（下文简称研究会），"这会的成立，已经很多年了。从前郭秉文先生在此地留学的时候就有了"[④]。1915 年研究会正式创建，前五任会长为凌冰（1915—1916）、陶行知（1916—1917）、张伯苓（1917—1918）、张彭春（1918—1919）、庄泽宣（1919—1920）。

研究会宗旨为"研究教育发表所得，以促中国教育的发达"。具体会务包括研究中国教育的重要问题，邀请名人以中国或他国教育为主题进行演讲，讨论有关中国教育的论文并发表共四个方面[⑤]。研究会讨论题目非常广泛，"有注音字母、义务教育办法、职业教育、中学课程、政府教育与教会教育联络的方法、女子教育，等等问题"。研究会每年还有一项重要的事情就是招待新学生。"每次开学时，会里有一个委员会，

---

① 陈鹤琴：《我的半生》，上海三联书店，2014，第 157 页。
② 华中师范学院教育科学研究室编《陶行知全集（一）》，湖南教育出版社，1984，第 100 页。
③ 朱庭祺：《美国留学界》，《留美学生年报》1911 年第 1 期。
④ 庄泽宣：《哥伦比亚大学师范院及中国教育研究会》，《留美学生季报》1920 年第 4 期。
⑤ 庄泽宣：《哥伦比亚大学师范院及中国教育研究会》，《留美学生季报》1920 年第 4 期。

或三人，或五人，专替新学生找食宿，介绍见教员，商量功课，等等事情。"①

研究会的存在无疑促进了对教育问题的交流，陶行知、庄泽宣等人就曾在《留美学生季报》《科学》《教育与职业》等刊物上发表多篇论说。另外，参与组织领导社团也促进他们回国后的实践，比如陶行知曾组织领导中华教育改进社、中华平民教育促进总会、国难教育社、生活教育社等，其中就读于师范学院的张彭春、陈鹤琴、李建勋、张耀翔、庄泽宣、欧元怀、汪懋祖、徐则林等人都是陶行知任主任干事的中华教育改进社的骨干。又如1921年，张耀翔、陈鹤琴与陆志韦、廖世承等人发起成立中华心理学会，张耀翔担任首任会长。此外，由于研究会的示范作用，1925年1月1日，由师范学院留美生发起，纽约中国留学生又组织成立了中华教育研究社，并邀请杜威、桑代克、斯特雷耶担任名誉社员。②

三、哥伦比亚大学师范学院中国留美学生的师生交往

日常生活世界是通过日常生活主体的相互联系和相互交往而得以建构的。日常交往并不是指一个人同另一个人处于交流、交往之中，它是指社会劳动分工中一个位置的占有者，同另一位置的占有者处于交流与交往之中。③陈鹤琴认为"哥伦比亚师范学院是世界上研究教育最著名的地方。教授学问之渊博，教育学科之丰富，学生人数之众多，是世界上任何大学都找不出来的"④。基于上述两个方面，作为学生的留美生在课堂学习、学术思想以及日常事务等多维度，与哥大师院的老师有着丰富的互动往来。但是需要指出的是，这种师生交往，有的明显可见，有的潜在无形。

（一）基于课堂的知识互动

在列斐伏尔看来，空间不仅是物质的存在，也是形式的存在，是社会关系的容器。课堂可谓师生围绕知识直接交流交往的主要场所。这种知识是经过精心编码的学术知识，具有特权地位，故蔡元培曾说"大学者，研究高深学问者也"。

"教学不仅是一种艺术，并且是一种极复杂、极细致的艺术。凡百艺术，越细致越

---

① 同①。
② 《留美学生组织中华教育研究社》，《教育杂志》1925年第3期。
③ 赫勒：《日常生活》，衣俊卿译，重庆出版社，1990，第233页。
④ 陈鹤琴：《我的半生》，上海三联书店，2014，第147—148页。

不是易精工，教学就是个好例。"① 1922 年毕业归国的俞庆棠（1920—1922 年就读于哥大师院）曾向国内教育界介绍其感受到的教学启发："彼中所学，与国内学校全异其趣，教师与学生无不共同研究。……教师即令学生分途研究，取书参考，然后各以其研究之所得，贡献于同学。此种方法谓之'环讲'。又有一种团体，名谓'讨论团'。凡入团者，任何人可出题目，大家各就所知，分别回答，真是交换智识之好方法。"②

在哥大师院众多学者中，克伯屈博士因为"思想有魔力，教法有魔力"，而最受学生欢迎，陶行知等多人先后领略过他的风采。克伯屈受教于杜威，是其得意门生。他创造性地发展了杜威的教育思想，并较为成功地运用到教学领域，创立了设计教学法，并在全世界推广。

克伯屈主要采用分组学习、小组讨论的教学方式。每学期课程开始时，克伯屈先把学生自由分为几十个小组。每个小组根据老师提供的十几个问题确定本小组的研究课题，然后到图书馆查阅参考书以及其他资料，随后进行小组讨论。待到上课时，由于小组观点多有不同，就开始辩论。"一个问题先由克氏提出之后，班上任何人都可起来表示意见、贡献意见、批评别人的意见，指摘别人的错误。等到各方的意见充分表达后，他老人家起来，把各种意见进行一个总体分析。有错误的，他指出错误；有可取的，他肯定可取之处。把一个问题解答得清清楚楚。"③

这种教学法，极大地调动了几百名学生的热情，他们像是打了兴奋剂一样。"没有一个会打盹，没有一个会偷看小说"④，个个学生都竖起耳朵，个个学生都绞尽脑汁去研究问题、讨论问题。由于大家积极参与辩论，贡献个人意见，偌大的教室好似变成了一个研讨会场。通过这样的训练，"学生思想无组织的，从此就不自觉地组织起来；学生思想已有组织的，从此其组织得更为严密；学生思想组织严密而尽于死板的，从此有一部分的改组，或全部推翻"⑤。

另外，透过克伯屈日记也可以看到师生交流的场景。如他在 1917 年 8 月 22 日的日记中写道："与教育学 244 班就研究的差异性展开讨论……有几个人告诉我他们从这堂课中获益很多。"⑥ 在 1927 年 10 月 5 日中写道："与教育学 443 班就教师的准备这一

---

① 陈科美：《介绍克伯屈教授》，《新教育评论》1926 年第 22 期。
② 《学生欢迎俞庆棠》，《申报》1922 年 3 月 20 日，第 10 版。
③ 陈鹤琴：《我的半生》，上海三联书店，2014，第 149 页。
④ 同②。
⑤ 陈科美：《介绍克伯屈教授》，《新教育评论》1926 年第 22 期。
⑥ 周洪宇、陈竞蓉：《中国最需要何种教育原则：克伯屈在华演讲录》，安徽教育出版社，2013，第 130 页。

专题展开了讨论，与教育学 241 班讨论民主学校的创建，进展不错。"[1]

(二) 基于学术的思想影响

1919—1922 年就读于哥大政治研究所的蒋廷黻认为："留学生往往是羡慕有关大学中著名学者的名气才进那所大学的。中国学生进哥大更是如此。我们未入哥大之前，就听到许多哥大教授的大名。如果不是为了上这些被认为有名、杰出的老师的课，我们就不会进哥大。"[2] 哥大师院名师荟萃，流派纷呈，以杜威、桑代克为首的著名教授从学术理念和研究范式方面给了留美生深刻印象。

1920 年赴美，1924—1926 年求学于哥大师院的陈科美认为，"美国研究教育波澜最壮阔者，莫过于杜威教授与桑代克教授，而二教授之所以能同时并大者，则以其研究之出发点不同：盖杜威研究教育系从哲学入手，而桑代克则从心理学入手。以入手途径之不同，其归趋不能无异，于是出入以生，抵牾立现"[3]。正是由于两位大师的研究路径差异，也导致了两种研究范式之间的竞争。但对留美生而言，他们则可以受益于多元学术竞争带来的启发。

尽管桑代克没有给陶行知授过课，但其研究范式依然对陶行知产生了影响，因为在陶行知的论著中曾多次提及桑代克的观点或案例。1916—1917 年，陶行知分两次发表的《中国的道德和宗教教育》一文认为，"宗教和道德的教育都是由共同的心理学规律所主导的，具有相同的心理学基础"。他还专门列举了桑代克的观点："桑代克教授主张，人的本质——人是什么，做什么——是其本性和环境力量持续不断交替影响的结果。这种观点开创了情景与反应之间形成联系的联结学习……例如，我饿了，而面前有一碗饭，我对它的本能的反应便是吃掉它。现在，假设其中某个因素改变了，比方说我不饿了，那我对这碗饭的态度也有所不同，因为情况已经有了变化。"[4]

杜威对陶行知的影响则更大。杜威倡导的"教育即生活""学校即社会""做中学""以儿童为中心"等实用主义教育思想可谓陶行知生活教育理论的源头与诱因。费正清还认为，"陶行知是杜威的学生，但他正视中国的问题，（这一点）则超越了杜威"[5]。

---

[1] 周洪宇、陈竞蓉:《中国最需要何种教育原则：克伯屈在华演讲录》，安徽教育出版社，2013，第131页。
[2] 蒋廷黻:《蒋廷黻回忆录》，岳麓书社，2003，第77页。
[3] 陈科美:《介绍克伯屈教授》，《新教育评论》1926年第22期。
[4] 方明编《陶行知全集（十二）》，四川教育出版社，2005，第23页。
[5] 费正清:《伟大的中国革命：1800—1985》，刘尊棋译，国际文化出版公司，1989，第186页。

(三) 基于生活的事务交往

情感是日常生活的重要侧面，是日常交往的主要基础，是构成日常生活世界内在关联的重要因素。① 在哥大师院的众多名师中，与中国学生日常互动最为密集的当属孟禄。

1915—1923 年，孟禄担任哥大师院教育科（系）主任，他热心于对中国留学生的指导。② 陶行知求学于哥大师院期间，孟禄从私人和公共两个方面给予了他最好的照顾。③ 孟禄是陶行知就读于哥大期间具体教学的执教者与行政事务的管理者，因而二人接触较多。其一，私人方面，孟禄为陶行知获取奖学金提供帮助。由于前文提及两方面的经济困难，孟禄为他介绍了利文斯顿奖学金。"这个奖学金被认为是为在哥大师院学习的外国留学生特别设置的"④。后经孟禄帮助，陶行知很顺利地拿到了利文斯顿奖学金，为完成学业提供了经济保障。其二，公共方面，孟禄为陶行知申请提前考试提供帮助。1917 年 6 月，资料不足的困难依然困扰着陶行知，他必须回国查阅资料方可完成论文。此时孟禄再次伸出援手，为陶行知想了一个两全其美的办法，即推荐其完成博士候选人资格考试，这样可赢得更多的时间来完成论文。⑤ 1917 年 7 月 26 日，作为哥大师院研究生指导委员会委员长的孟禄写信给哥大哲学博士学位评议委员会主席伍德布里奇，表示鉴于陶行知回国任职，不可能再从中国返回美国，他建议在 8 月 2 日由一个特别委员会组织一场博士考试的初试，等到陶行知完成博士论文并邮寄回哥大后，再加以评审。⑥

由此既可以看出孟禄对陶行知的学识和人品有着高度的评价，否则不会做出特例之举，又可以发现孟禄与陶行知的交往是不寻常的。

四、哥伦比亚大学师范学院对中国留美学生的长远影响

20 世纪初期的留美生是在民国初建、军阀混战的动荡时局下赴美学习的，肩负获取新知和教育救国的历史使命。生活史研究认为，在个人对他所处世界的理解与这个

---

① 衣俊卿：《现代化与日常生活批判：人自身现代化的文化透视》，人民出版社，2005，第 69 页。
② 周洪宇主编《全球视野下的陶行知研究（六）》，北京师范大学出版社，2015，第 13 页。
③ 周洪宇主编《全球视野下的陶行知研究（四）》，北京师范大学出版社，2015，第 13 页。
④ 周洪宇主编《全球视野下的陶行知研究（四）》，北京师范大学出版社，2015，第 12—13 页。
⑤ 周洪宇：《陶行知画传》，山东教育出版社，2011，第 59 页。
⑥ 周洪宇主编《全球视野下的陶行知研究（七）》，北京师范大学出版社，2015，第 329 页。

世界本身之间存在着复杂的互动①。对于他们而言，处于异国他乡的空间转换，使得他们与业师、学院、哥大、美国社会文化都有着复杂的互动，这些互动主要存在于知识、情感、身份三个领域，其互动交往的结果还从哥大延伸到了中国。

(一) 对待新知的批判

赫勒认为日常生活的一般图式可以分为重复性实践（思维）和创造性实践（思维）两种。近代留美生是中国与世界沟通的桥梁。他们赴美获取新知，即更多地为重复性实践（思维），归国后首先担当的是新知的传播工作。"中国的进步教育者主要是在哥伦比亚大学师范学院获得他们的灵感的。"② 尤其重要的是，他们追赶上了许多哲学博士的专业——教育，建立了很多教育机构来传播当时西方正在流行的各种进步思想③。留美生还具备向国人传播知识的天然优势，他们精通中西语言，了解中国国情，因此更具说服力及亲和感。

哥大师院的学习对留美生而言更在于获得了科学的精神与研究的方法。他们对于如何教育救国，如何通过教育改造社会，有了更为清醒的认识，进而普遍认为，应从中国国情和实际需要出发，对中西文化教育持分析、批评的态度，即更多地为创造性实践（思维）。

1922年，陶行知在《我们对于新学制草案应持之态度》一文中提出，至于外国的经验，"去与取，只问适不适，不问新和旧"④。1925年，陶行知又提出"用批评态度，介绍外国文化，整理本国文化"⑤。基本上反映了以陶行知为代表的留美生们努力将西方教育理论和中国教育传统相结合，将美国知识学习与中国教育实践相结合，开始注重中国本土教育理论的创建，以解决中国当时的教育和社会问题的心路历程。

(二) 师生情谊的再续

个人情感关系中的本质要素是它们的相互交流关系。⑥ 可以说，20世纪初期留美生在哥大积淀的师生情谊，推进了随后杜威、孟禄、克伯屈等人接连访华的进程，而

---

① 马歇尔、罗斯曼：《设计质性研究：有效研究计划的全程指导（第五版）》，何江穗译，重庆大学出版社，2015，第185页。
② 费正清：《伟大的中国革命：1800—1985》，刘尊棋译，国际文化出版公司，1989，第183页。
③ 费正清：《伟大的中国革命：1800—1985》，刘尊棋译，国际文化出版公司，1989，第176—177页。
④ 华中师范学院教育科学研究室编《陶行知全集（一）》，湖南教育出版社，1984，第191页。
⑤ 华中师范学院教育科学研究室编《陶行知全集（一）》，湖南教育出版社，1984，第557页。
⑥ 赫勒：《日常生活》，衣俊卿译，重庆出版社，1990，第254页。

他们的历次访华又进一步加深了彼此的情谊。正如《诗经》有云："投我以木桃，报之以琼瑶。匪报也，永以为好也！"

1919年杜威来华之前，胡适、蒋梦麟、陶行知三位弟子积极组织，多方联络，宣传介绍杜威的生平与思想。郭秉文还亲自到东京拜会邀请。自1919年4月30日杜威达到上海至1921年8月2日杜威离开青岛，北方有胡适、蒋梦麟、张伯苓、李建勋等人，南方有郭秉文、陶行知、郑晓沧、陈鹤琴等人，他们陪同游览、翻译讲演、组织考察、教育座谈。期间多次举行欢迎宴会，以显示学界的盛情。

杜威才离开一月有余，9月5日，孟禄第二次访华。孟禄来华前，庄泽宣发文介绍孟禄到中国"考察中国教育状况、帮助中国办教育的研究改良教育、演讲"① 的目的。他指出，这两年已有杜威和罗素来华，"现在又有孟禄罗博士，不但演讲他的学问给我们听，并且用他的经验替中国解决教育上的问题，真是更幸的事"②。1921年12月23日，在北京中央公园举行的饯别会上，多人回忆起孟禄当年的教诲。1921年12月26日，哥大学子又假座东长安街东安饭店，开会践行孟禄。③

杜威开其端，孟禄为中坚，克伯屈殿其后。1927年2月4日至5月13日，克伯屈到中国讲学，从南到北，各处都有哥大师院的学生如凌冰、朱经农、刘湛恩、陶行知、张彭春、张伯苓等人陪伴。1927年4月7日，哥大毕业的中国学生们假静安寺路（现上海市南京西路）跑马厅对面的华安保险公司宴请克伯屈夫妇并合影留念。④ 有七十五位克伯屈的学生参加宴会，此事被他引为是平生最得意的事。克伯屈访华期间还有桩趣事，他"提到中国人吃饭用的是筷子，不知是如何用法。座中有一人随即答道'learning by doing'（在做中学），他听了大笑。这是他在课堂上常用的术语，也是他的教育学说"⑤。

哥大师院杜威、孟禄、克伯屈等人始自1913年的连续访华，累计次数之多，停留时间之长，所到地域之广，与中国政界、文教界关系之深，对中国影响之大，是其他任何一所外国大学的组织机构都无法望其项背的。这批学者系统宣扬了自己的学说，亲自参与并直接影响了当时中国教育改革的方向，而且在推动中美文化教育交流方面亦卓有成效。与之呼应的是哥大师院也一直关注着中国学子。比如，1946年6月4

---

① 庄泽宣：《介绍孟禄博士》，《新教育》1921年第1期。
② 同①。
③ 《哥伦比亚大学同学注意》，《京报》1921年12月24日。
④ 《克伯屈博士今日之系统演讲，星期四哥大学生公宴克氏》，《新闻报》1927年4月5日。
⑤ 杨亮功：《早期三十年的教学生活五四》，黄山书社，2008，第39页。

日,哥伦比亚大学赠张伯苓博士学位[①]。又如,1946年12月9日,哥伦比亚大学举行陶行知追悼会,由杜威和冯玉祥分任主席[②]。

(三) 双重身份的嬗变

生活史力图检视并分析个人的主观经历以及他们对社会世界的建构。[③] 对于20世纪初期的留美生而言,在美国的学习生活,使他们经历了文化的震撼和适应过程,能够做出文化的比较和选择[④]。蒋梦麟曾言:"我今后的工作就是找出中国究竟缺少些什么,然后向西方吸收所需要的东西。"[⑤]

在留学与归国的过程中,他们的身份实际上发生了两次重要的转换。一方面,留美生在学习新知的过程中,为异国文化所塑造与对象化,即经历了"主体持续的客观化过程"[⑥],这是第一次转换。与此同时,弱国的背景、受歧视的现实,又不断强化了他们的民族主义意识。当他们重返本土后,面对母国社会与西方社会的巨大落差,已经适应了西方文化的他们,经历了第二次转换。又如蒋梦麟所言:"现在回国以后,我喜欢用美国的尺度来衡责中国的东西。"[⑦] 初回南京,陈鹤琴发现国人有很多驼背的,他就思考:"我在美国住了五年,见到的美国人驼背的很少。"[⑧] 后来他就从缺少运动等四个方面研究这一问题。陈鹤琴关于驼背的研究,起始于他以美国人的眼光来看待这一平常的现象。

留美生回国后的评价尺度,"有时是一种混合的尺度,一种不中不西、亦中亦西的尺度,或者游移于两者之间"[⑨]。"不中不西"一词由梁启超首倡,意谓戊戌时期的文化构成既有中国的传统文化又有西方的资本主义文化。民国时期的留学生,在西方社会如鱼得水、游刃有余,他们虽然精通西方文化但是很少彻底西化,他们的行为还受到中国文化传统的左右。赫勒认为:"当对象化是创新的,是在更高的水平上着陆时,再生产出的主体也将处于更高的水平。"[⑩] 借用费正清的话来说,就是"通过在中西两

---

① 《哥伦比亚大学赠张伯苓博士学位》,《青岛时报》1946年6月6日。
② 《哥伦比亚大学将追悼陶行知由杜威与冯玉祥分任主席》,《民锋日报》1946年12月5日。
③ 马歇尔、罗斯曼:《设计质性研究:有效研究计划的全程指导(第五版)》,何江穗译,重庆大学出版社,2015,第185页。
④ 李又宁主编《华族留美史:150年的学习与成就》,天外出版社,1999,第5页。
⑤ 蒋梦麟:《西潮与新潮:蒋梦麟回忆录》,东方出版社,2006,第85页。
⑥ 赫勒:《日常生活》,衣俊卿译,重庆出版社,1990,第52页。
⑦ 蒋梦麟:《西潮与新潮:蒋梦麟回忆录》,东方出版社,2006,第115页。
⑧ 陈鹤琴:《陈鹤琴全集(六)》,江苏教育出版社,2008,第553页。
⑨ 蒋梦麟:《西潮与新潮:蒋梦麟回忆录》,东方出版社,2006,第115页。
⑩ 赫勒:《日常生活》,衣俊卿译,重庆出版社,1990,第52页。

种文化中的艰苦学习，留学生真正为了具有双重文化的一代人"①。

除了两次身份转换，留美生的社会角色也逐渐从边缘走向主流。晚清时期，由于腐败的官僚体制，留美生找不到合适的位置施展才华，难以学以致用，成了"边缘人"，至民国时则气象大不相同。辛亥革命之后的中国，社会形态巨变，资本主义政体初步建立。在知识和政治结合的价值取向影响下，归国的留美生群体开始登上民初的政治舞台，成为建设国家的中流砥柱。"回国以后，他们（留学生）在服装上、讲话上，以及学术资格上都明显地出类拔萃。"② 就民国教育界而言，在 1919—1921 年杜威访华前后，归国后的郭秉文执掌南京高等师范学校，李蒸、李建勋先后执掌北京高等师范学校，蒋梦麟代理北京大学校长，张伯苓执掌南开大学，他们与分布北京、南京、厦门等地的张耀翔、汪懋祖、陶行知、陈鹤琴、郑晓沧、刘湛恩、欧元怀等一批教育科（系）的主任、教授成了蔚为壮观的"哥伦比亚派教育家群体"的早期代表人物，直接影响了民国教育的走向。

五、结语

李泽厚曾说从"五四"运动开始的中国现代史是"启蒙与救亡的双重变奏"。在此背景下，20 世纪初期哥大师院的中国学生归国后的人生轨迹，则处于这种双重变奏的历史格局当中。作为民国时期具有代表性的留学生群体，他们就读于哥大师院期间专注学业，从直接体验和间接经验中获取了教育的新知，归国后尝试导入美国教育的新模式，注重平衡中学与西学的尺度，希冀实现教育救国。在新文化运动着重启蒙的背景下，1919 年他们力邀被誉为"德先生"和"赛先生"化身的杜威访华，不仅仅是为传播杜威的学说，更是希望他"帮助东方的人建设新教育"③，并通过教育实现人的现代化、人的启蒙，进而实现国民性的改造。

1919 年 4 月 30 日杜威到达上海，四日后"五四"运动爆发，这是救亡性的反帝政治运动。李泽厚认为："在一个短暂的时期内，启蒙借救亡运动而声势大张，不胫而走。"④ 但是启蒙的深入发展，引起了严重的政治斗争。所以，"启蒙与救亡并行不悖相得益彰的局面并没有延续多久，时代的危亡局势和剧烈的现实斗争，迫使政治救亡

---

① 费正清：《伟大的中国革命：1800—1985》，刘尊棋译，国际文化出版公司，1989，第 174 页。
② 同①。
③ 华中师范学院教育科学所编《陶行知全集（五）》，湖南教育出版社，1985，第 2 页。
④ 李泽厚：《中国现代思想史论》，东方出版社，1987，第 15 页。

的主题又一次全面压倒了思想启蒙的主题"[1]。因此,在靠武装解决政权问题的历史时期,仅靠教育救国,而不注重政治,不足以挽救国难危重的旧中国。正如杜威指出的那样:"没有教育,中国就不可能有政治改革;但是,只要军人和腐败的官员们出于自身利益的动机而挪用资金和反对学校,学校就不可能有任何发展。"

在杜威访华及"五四"运动一百周年之后,在进入新时代的今天,救亡使命已经完成,启蒙与建设任务依旧重任在肩。回顾20世纪初期留美生的教育实践,虽然也有若干流弊,但他们毕竟是中国现代教育建设和发展的先行者,具有开创性的贡献与创造性的转化,其思想人格、开创举措仍具借鉴意义。故而季羡林曾说:"对中国的近代化来说,留学生可以比作报春鸟,比作普罗米修斯,他们的功绩是永存的。"

---

[1] 李泽厚:《中国现代思想史论》,东方出版社,1987,第32页。

第三编
陶行知教育思想研究

行動是老子
知識是兒子
創造是孫子

学习陶行知办学经验，
充分发挥教育家的办学主体作用[①]

谢谢"中国教育三十人论坛"秘书处的精心安排！不过，在我看到题目"教育家办学：现实与未来"后，我还是有些纳闷：为什么不在当中加一个"历史"呢？对民国时期教育家办学的历史、办学的经验是否有深入研究、充分总结和科学运用？这是很值得引起我们重视的。所以我想在这次论坛上，从历史的角度，以陶行知为例，来谈谈教育家是怎么办学的；谈谈他们有哪些好的办学经验，可以给我们今天的教育家和校长办学提供借鉴和启示。

我主要谈两个问题。

一、陶行知办学的六个"善于"

陶行知成为"伟大的人民教育家"，我想一定有其原因，这个原因是什么呢？根据我粗浅的研究，认为他做到了六个"善于"。这是具有普遍借鉴意义的，很值得我们今天的办学者学习。

一是善于将原则性与灵活性结合起来，既坚持教育理想，又从实际国情、社情、民情出发；既保持教育者的清高，又有社会活动家的策略和手段，不当书生型的教育家，不当盲目行动的教育家，更不当政客型的教育家。他在1919年4月22日写了篇文章《第一流的教育家》，讲什么是第一流的教育家。他说，只有具有两种精神的人，即创造的精神和开辟的精神，才是第一流的教育家。陶行知说过，十八条教育信条都

[①] 原载于《南京晓庄学院学报》2018年第4期，有删节。

不是我手写的，而是我们这些教育改革者共同书写的。

二是善于坚持理论与实际相结合，在实践中提出、形成和发展自己的理论学说，独具中国特色的生活教育学说正是如此形成的。我们常说某某人的思想、某某人的理论、某某人的学说，思想和理论都可能是片面的、零星的，但是学说一定是系统的、完整的，有它的逻辑起点和基本范畴。

三是善于搭建平台，组织社团和学校积极开展教育改革和教育实践。陶行知先是参与了搭建平台，如中华教育改进社这个全国性的教育平台。其实中华教育改进社也不是他自己单独搭建的，而是蔡元培先生倡导一起搭建的，但是陶行知先生为此放弃了东南大学教务主任的职位，到北京来做这项工作，担任主任干事，领导组织全国的教育改革运动。此后，陶行知又发起成立了中华平民教育促进总会。尽管搭建了这些平台，还是没有自己的平台，所以他1927年开始创办晓庄试验乡村师范学校（下文简称晓庄学校），在晓庄学校以乡村教育先锋队的形式为基础组建了生活教育社。当然，生活教育社正式建立是1938年。中华教育改进社这个社团和过去有所不同，是把传统的教育改革家和新式的教育改革家全部混合在一起，而且又以欧美留学回国的学生，尤其是以哥伦比亚大学的同学为主，按照教育的各个门类分成基础教育、高等教育、职业教育、学前教育等教育学科。他们起草制订了各种教育的政策建议，然后报送给教育主管部门。教育主管部门也没有精力去管，所以也乐得让教育专家和改革家们去提，提得好我就采纳。这样一来，中华教育改进社实际上成了当时的地下教育司令部。这种平台办学，社团如全国性教育社团中华教育改进社、中华平民教育促进总会、生活教育社，学校如安徽公学、晓庄师范、湘湖师范、山海工学团、育才学校、社会大学、香港中华业余学校，为陶行知培养人才、开展改革实验、形成教育学说创造了条件，在这个基础上陶行知成了教育家。

四是善于整合资源、协同作战，充分发挥各方力量的积极作用。陶行知注重的是合一思想、合一协进，如强调"合一""协进"理念，提出"政富教合一"（由"政教合一"而来）主张，积极争取当时的政界（前国务总理熊希龄）、军界（冯玉祥）、企业界（银行家陈光甫）、教育界（蔡元培、袁希涛、黄炎培、蒋梦麟、胡适、陈鹤琴等）和各种社会力量的支持。政界、军界和企业界他都在寻找支持，教育界更不用说，得到如蔡元培、袁希涛、黄炎培这些被称为民国教育界的"三个最大的大佬"的支持。

五是善于组建一支得力的干部队伍。早期是靠领导靠老乡，后来靠同事靠同行，然后又培养学生（如同事陈鹤琴，早期学生张宗麟、金海观，中期学生刘季平、张劲夫、戴伯韬、董纯才、孙铭勋、戴自俺等，后期学生胡晓风等），开展教育改革。这些同行、学生成了同事、领导，也成了重要的干部队伍。

六是善于不断总结自己的经验，学习他人的长处，在实践中成长和发展。作为教育家，不是简单地照搬他人的理论，而是在自己教育实践的基础上再去吸收他人的经验，这是他们成为教育家很重要的基础。

二、陶行知的教育家精神是今天亟须弘扬光大的精神

陶行知的教育家精神是今天亟须弘扬光大的精神，这种教育家精神有哪些内容呢？第一是大爱的精神，要从爱出发。第二是民主的精神，教育家办学首先要有民主的思想，必须调动各方面的力量和资源，包括老师、同事、社会和家长、学生，甚至包括社区附近的乡亲。第三是科学的精神，陶行知研究教育问题不是简单地泛泛而谈，他对每项工作都要进行长期深入的调查研究。回国以后他首先做的工作就是对南京市的教育进行调查和研究，如具体有多少学生、多少老师，问题最大的是哪些方面，然后提出改进对策。中国教育学中的教育统计学就是他引进过来的。过去，教室地点、课堂时间怎么确定，很多都是凭经验，后来他用统计学一下就解决了问题，做到了教育科学化和科学教育化。第四是大丈夫精神，孟子讲大丈夫精神和浩然之气，贫贱不能移，富贵不能淫，威武不能屈，他还加了一句"美人不能动"。当然还有创造的精神、开辟的精神，这些精神也是今天我们在学习他的经验的过程中更要重视的一个内容。

试论陶行知的终身教育思想[①]

终身教育是当今国际上极有影响的一种教育思潮。中国近现代著名教育家陶行知是这一教育思潮的伟大先驱。他在世界上最早明确提出和阐述了终身教育的概念和思想，为人类教育思想的发展做出了巨大贡献。然而，长期以来，由于种种原因，人们对此知之甚少，以至于不少人误以为终身教育的概念和思想最早是由法国教育理论家伦格兰德提出并阐述的。这种误解应该得到澄清，历史原貌应该得到恢复，陶行知的终身教育思想应该引起教育理论界的高度重视和评价。

一、陶行知终身教育思想的起源

陶行知的终身教育思想是他在反传统教育和洋化教育的斗争中，为适应近代中国社会政治、经济和文化发展的需要，通过充分借鉴中外古今教育思想的精华和总结自己教育实践的宝贵经验而提出来的。

近代中国的教育是一种"小众的""贵族的"教育，而不是人民大众的教育。有钱、有权者才能享受教育，无钱、无权者则被拒之门外。广大劳苦群众及其子女，只有在生活中受教育。同时，旧教育将人生划分为彼此分离、毫不相关的三个阶段，即学龄前、学龄中及学龄后。这实际上将人生抛开了一大半，严重忽略了入学前和离校后的学习和再学习问题。这种教育的主要弊端是严重的形式化和单一化，脱离人民群众，脱离社会实际生活，难以适应中国社会政治、经济和文化发展的需要。正是在这样一种历史背景下，陶行知提出了他的终身教育思想。

---

① 原载于《中国教育学刊》1991年第5期，有删节。

陶行知的终身教育思想，是他批判地继承中外古今优秀教育遗产的产物。

一方面，这是对杜威"连续性"的教育观念的直接扬弃。杜威在达尔文"进化理论"和詹姆士"心理学原则"的基础上，提出了教育是一个"连续性"的过程的观点。他认为，"教育是经验的继续不断的改组或改造"①，经验的获得又总是和社会生活实践分不开的，因而，"教育是生活的过程，而不是将来生活的准备"②。陶行知创造性地发展了这一"连续性"的教育观念，将之转化为终身教育的思想。这是陶行知对杜威教育学说的继承与超越。

另一方面，这也是对中国古代"活到老，学到老"思想的丰富和发展。两千年前，荀况在《荀子·法行》中指出："少而不学，长无能也；老而不教，死无思也；有而不施，穷无与也。"欧阳修在《答李诩第二书》中也认为："学之终身，有不能达者矣，于其所达，行之终身，有不能至者矣。"至于"活到老，学到老"一语，更是中国古代一句流传颇广、耳熟能详的格言。陶行知立足现代科学的高度，对之作了一番创新，进一步形成了其终身教育的思想。

终身教育思想是陶行知对自己长期教育实践经验的科学总结。1917年，陶行知由美归国后，便致力于人民大众的教育普及事业。其间，他除了积极从事学校教育改革，还对幼儿教育和成人教育作了许多科学实验和理论探索，得出了不少宝贵经验。在此基础上，他了解并认识到终身教育的重要性与必要性，从而在中国，也可以说是在世界上最早明确提出了终身教育的主张，这是他对中华民族乃至整个人类的一大贡献。

二、陶行知终身教育思想的形成过程

陶行知的终身教育思想经历了一个萌芽、形成和发展的过程。

1917年至1926年，这是陶行知终身教育思想的萌芽阶段。1918年，陶行知发表《生利主义之职业教育》，认为"生活主义包含万状，凡人生一切所需皆属之。其范围之广，实与教育等"③。这里面已孕育了生活即教育思想的胚芽，为其终身教育思想的提出奠定了初步的理论基石。次年的7月，他在一次题为《新教育》的演说中讲道："照杜威先生说，教育是继续经验的改造。我们个人受了周围的影响，常常有变化，或是变好，或是变坏。教育的作用，是使人天天改造，天天进步，天天往好的路上走；

---

① 赵祥麟、王承绪编译《杜威教育论著选》，华东师范大学出版社，1981，第159页。
② 赵祥麟、王承绪编译《杜威教育论著选》，华东师范大学出版社，1981，第4页。
③ 陶行知：《生利主义之职业教育》，载《陶行知全集（一）》，湖南教育出版社，1984，第78页。

就是要用新的学理，新的方法，来改造学生的经验。"① 并且他明确指出："既然晓得教育是继续经验的改造，那么对于天然界和群界，自然受他的影响；天天变动，就是天天受教育，差不多从出世到老，与人生为始终的样子。"② 很显然，此时他已意识到教育是一个连续性的过程，"差不多从出世到老，与人生为始终"。尽管他此时还深受杜威实用主义教育的影响，但已开始萌发了自己的终身教育思想。值得注意的是，早在 20 年代前后，他就能意识到终身教育的问题，这的确是一个了不起的发现。

1927 年至 1935 年，陶行知的终身教育思想逐渐得以形成。随着陶行知教育实践的进一步开展，他对传统教育和洋化教育的弊端认识得更清楚了，开始认识到杜威的实用主义教育学说虽然有反封建、反传统的积极作用，但仍不能真正适合中国的具体国情和人民大众的现实需要。于是他在 1927 年创办晓庄试验乡村师范学校，推行生活教育，并初步形成了其生活教育理论，生活教育是生活所原有、生活所自营、生活所必需的教育。他突破了人只是在一定的学龄阶段接受正规学校教育的"一次性教育"的观念，在总结自己教育实践经验和充分借鉴中外古今有关教育思想精华的基础上，初步形成了终身教育的思想。1934 年 2 月，他在《生活教育》一文中指出："生活教育与生俱来，与生同去。出世便是破蒙，进棺材才算毕业。"③ 同年 3 月，他在《从穷人教育想到穷国教育》一文中又说："他是活到老，做到老，学到老，教到老，一直到进了棺材才算毕业。"④ 同年 12 月，他在一次题为《普及教育》的演讲中，批评现有的小学六年、中学六年、大学四年的教育制度实质上是一种"短命教育"，公开表明"我们所要干的是整个寿命的教育，不是短命的教育"，主张"活到老，做到老，学到老"⑤。1935 年 8 月，他在《中国普及教育方案商讨》一文中，进一步提出了"整个寿命现代化"的主张，他说："整个寿命现代化，不仅是四个月、一年、四年之义务教育。教育最重要的成就在使众人养成一种继续不断的共同求进的决心。我们要对众人养成的态度是：活到老，做到老，学到老。"⑥ 上述言论，已初步揭示出终身教育的本质含义，即教育必须贯穿人生的始终。不仅如此，陶行知还对教育必须贯穿人生始终的原因作了深刻的分析。他指出，一方面由于"学问没有止境，社会的进步没有止境，

---

① 陶行知：《新教育》，载《陶行知全集（一）》，湖南教育出版社，1984，第 123 页。
② 陶行知：《新教育》，载《陶行知全集（一）》，湖南教育出版社，1984，第 126 页。
③ 陶行知：《生活教育》，载《陶行知全集（二）》，湖南教育出版社，1984，第 634 页。
④ 陶行知：《从穷人教育想到穷国教育》，载《陶行知全集（二）》，湖南教育出版社，1984，第 645 页。
⑤ 陶行知：《普及教育》，载《陶行知全集（二）》，湖南教育出版社，1984，第 762 页。
⑥ 陶行知：《中国普及教育方案商讨》，载《陶行知全集（二）》，湖南教育出版社，1984，第 804 页。

一个人的进步也没有止境"[1];另一方面,人只有"活到老,做到老,学到老",才能做一个"与时代俱进"的"长久的现代人",才能"保证川流不息的现代化"[2]。由此可见,早在20世纪二三十年代,陶行知对终身教育思想已作了相当全面而深刻的论述,只不过尚未正式使用终身教育这一概念而已。

20世纪40年代,陶行知的终身教育思想得到了丰富发展,并正式使用了终身教育的概念。抗日战争爆发后,陶行知进一步认识到,要想使教育更加适合眼下救亡斗争的需要,就必须扩大教育的对象,使每个年龄层次的人都能受教育。他说:"从教育的对象说:不只着重青年教育,而且要顾到老年人和小孩子的教育。"[3] 这与传统教育只注重青年教育而忽略小孩子和老年人教育,只注重学校教育而忽略家庭教育和社会教育是截然不同的。这既是教育观念的变革,又是政治观念的更新。抗日战争结束后,为争取真正的民主、平等和自由,陶行知积极提倡民主教育,创办多种成人教育机构和中心,特别是社会大学和夜大学等。在这一过程中,他的终身教育思想得到进一步发展。1945年5月,他发表了著名的《实施民主教育的提纲》,指出:"无论老少,也应该受教育。生活教育很早就提出活到老,学到老。"并举例说:"生活教育运动中最老的学生为八十三岁之王老太太,她说:'我也快进棺材了,还读什么书?'但经她的孙儿曾孙的鼓舞,她的热情也烧炽起来了。因为她的缘故,她的媳妇也得读书了。"[4] 同年9月,他在《全民教育》一文中首次明确使用了终身教育这个概念,并将之界定为:"培养求知欲。学习为生活;生活为学习。只要活着就要学习。一旦养成学习习惯,个人就能终身进步不断。"[5] 这表明陶行知的终身教育思想已日趋成熟,生活教育理论也日臻完善。同年12月他在《民主教育之普及》一文中进一步指出:"教人、好学,都是传染的,等到大家都传染了教人、好学的习惯,便教人、好学成了瘾,整个中华民族便成了一个教人、好学的民族,万万年的进步是得到了保证。古人云:学然后知不足。一个人感到不足,他便要向高处追,向深处追,是不会有止境了。因此民主教育不但可能做到全面普及,并且可能做到立体的普及。"[6] 终身教育的实施,有助于教育从横向的全面普及走向纵深的立体普及。这表明包括了终身教育思想在内的陶行知的生活教育理论,实质上是一种现代的"大教育理论"。

---

[1] 陶行知:《从穷人教育想到穷国教育》,载《陶行知全集(二)》,湖南教育出版社,1984,第645页。
[2] 陶行知:《攻破普及教育之难关》,载《陶行知全集(二)》,湖南教育出版社,1984,第782页。
[3] 陶行知:《全面抗战与全面教育》,载《陶行知全集(三)》,湖南教育出版社,1984,第328页。
[4] 陶行知:《实施民主教育的提纲》,载《陶行知全集(三)》,湖南教育出版社,1984,第541页。
[5] 陶行知:《全民教育》,载《陶行知全集(三)》,湖南教育出版社,1984,第554页。
[6] 陶行知:《民主教育之普及》,载《陶行知全集(三)》,湖南教育出版社,1984,第573页。

三、陶行知终身教育思想的基本含义

陶行知的终身教育思想的基本含义,主要有两层:

其一,"教育与人生为始终"。

陶行知从生活教育的观点出发,认为"生活即教育",生活与教育是同一过程,人生有多久,教育也应有多久,教育"差不多从出世到老,与人生为始终"。他反对将人生划分为彼此分离毫不相关的三个阶段,即学龄前、学龄中和学龄后,认为这必然会导致只重视学龄教育,而忽略学前教育和成人教育。在他看来,教育不是在学校教育结束后就算完事的,它应贯穿于人生的全过程,包括学前、小学、中学以及成人教育等,应是一种"整个寿命的教育"。他主张不同阶段的教育应从纵的方面相互连接,构成一个完整系列,使人们永远"与时代俱进"。

其二,"家庭、店铺、工厂、机关、寺庙、民团、军队及现有学校做下层之教育场所"。

根据生活教育的观点,终身教育应是各种正规教育和非正规教育的总和。陶行知一贯重视家庭教育,认为家庭教育在人的发展中占有重要地位。他指出:"婴孩期就必须奠定民主教育的基础。或许,目前处理这问题最好、最经济的办法是通过教父母兄弟姐妹,尤其是通过教母亲、姐妹及女仆来教婴儿。"[①] 他还要求家庭教育应尊重儿童个性,注意培养儿童的创造力。陶行知也很重视社会教育。从某种意义上说,他的生活教育理论就是一种广义的社会教育的理论。他根据"社会即学校"的原则,倡导"动员社会上现有的一切可能动员的力量、学校及个人尽力为民众服务。庙宇、茶馆、监狱、兵营、商店、工厂、残废士兵医院、普通学校不上课时空出的教室,都应给识字小组及训练中心使用。八千万受过一段时间再教育的识字成人可以作为教师,帮助家人及邻居进步"[②]。在他看来,这些地方或机构实际上都是一种教育机构和渠道,对人的发展都有重要影响。因此,他希望把各种正规的和非正规的教育机构和渠道,通过横向的连接,构成一个有机的整体,以促进人的全面和谐的发展。

概括起来,陶行知的终身教育的思想,核心是强调教育的终身化和一体化。即在纵向上,要实现从零岁开始直到老年,包括学前教育、学校教育、成人教育三个层次

---

① 陶行知:《全民教育》,载《陶行知全集(三)》,湖南教育出版社,1984,第 554 页。
② 同①。

的一体化；在横向上，要实现家庭教育、学校教育、社会教育三个方面的一体化，以克服现存教育体制的弱点，培养和造就适应社会需要的各种人才。

终身教育是从生活教育理论派生出来的一种重要的教育思想，是对生活教育理论的丰富和发展。在对象方面，它主张"不论宗教信仰、种族、财富及所属阶级有何不同，男孩与女孩机会均等"。陶行知不仅积极提倡，而且身体力行。这可以从他创办乡村幼稚园和社会大学等一系列教育实践中得到证明。在内容方面，陶行知特别强调围绕儿童和成人的生活来开展教育，"过什么生活便是受什么教育"，"过康健的生活便是受康健的教育；过科学的生活便是受科学的教育；过劳动的生活便是受劳动的教育；过艺术的生活便是受艺术的教育；过社会革命的生活便是受社会革命的教育"[①]。他着重指出："我们要用前进的生活来引导落后的生活，要大家一起来过前进的生活，受前进的教育。"[②] 总之，应以反帝反封建民族民主斗争的社会生活为幼儿和成人教育的中心内容。在途径方面，终身教育和生活教育虽然是互相包容的，但终身教育更加强调家庭教育和社会教育，把家庭教育和社会教育看成与学校教育同等重要，主张对传统教育制度加以彻底改造。他尖锐地批评国民党政府教育部颁布的《实施义务教育暂行办法大纲》纯粹是指学龄儿童的教育，没有改变成人教育与儿童教育各干各的不能打成一片的弊端。他主张"根据民主思想从根本上重建学校及学制，使民有、民治、民享的教育在中国蓬勃发展"[③]。他一方面提倡家庭教育和社会教育，另一方面又积极改造学校教育，以求让灵活机动、富有弹性的教育体制代替千篇一律、僵化不变的教育体制。为使更多的幼儿和成人接受教育，他还在教育实践中为终身教育提出和创造了一些崭新的教学组织形式与方式，其中主要有幼稚园、中心学校、工学团、旅行团、社会大学以及"小先生"制、传递先生制、自动进修制等。这些都充实和完善了他的生活教育学说。

四、陶行知终身教育思想的影响

陶行知终身教育思想的产生，极大地丰富和发展了生活教育理论，对现代中国教育的改革和发展产生了积极影响。

第一，丰富和发展了生活教育理论。

---

① 陶行知：《教学做合一下之教科书》，载《陶行知全集（二）》，湖南教育出版社，1984，第 288 页。
② 陶行知：《生活教育之特质》，载《陶行知全集（三）》，湖南教育出版社，1984，第 27 页。
③ 陶行知：《全民教育》，载《陶行知全集（三）》，湖南教育出版社，1984，第 554 页。

陶行知终身教育思想的提出，标志着他的生活教育理论日臻成熟。他早期的生活教育理论主要由"生活即教育""社公即学校""教学做合一"等基本命题和若干范畴组成。终身教育思想的提出，极大地丰富了生活教育理论的内容。在重视学校教育的同时，他又强调家庭教育和社会教育，这就使生活教育理论的教育概念，在时间和空间方面有了进一步延伸和扩展，使"生活即教育""社会即学校"的思想更为具体和丰富。

第二，推动了现代中国的教育改革和发展。

现代中国的教育，只重视学校教育，忽略学前教育和成人教育，忽略家庭教育和社会教育。终身教育思想的提出，对于改变这种状况产生了积极作用。具体说来，这主要体现在以下几个方面：

（1）促进了成人教育的发展。成人教育是陶行知终身教育思想的主要组成部分。从20世纪20年代起，他就重视成人教育，把成人教育视为现代中国教育改革的突破口之一。他创办暑期学校，推行平民教育和乡村教育，是我国大规模的平民教育运动的首倡者和主持人之一，为平民教育运动的开展呕心沥血，做出了很大贡献。20世纪40年代，为使广大工农接受教育，他积极推行普及教育、国难教育、战时教育和全面教育。特别是在抗日战争胜利以后，为解决广大青年失学问题，他又倡办了社会大学，还设想今后的社会大学要更为丰富多样，除了无形的社会大学，还应有夜大学、早晨大学、函授大学、新闻大学、旅行大学、电播大学等。这些主张和设想，促进了现代中国成人教育的发展，就是在今天仍具有重要的理论价值和现实意义。

（2）促进了学前教育的发展。陶行知是我国现代重视幼儿教育的教育家之一。在他的终身教育思想中，幼儿教育有非常重要的位置。他把幼儿教育视为基础教育的基础，强调发展儿童的个性，重视培养儿童的创造力，主张对儿童实行"六大解放"（即解放儿童的眼睛、头脑、双手、嘴、空间和时间），并为我国未来学前教育的发展指明了方向。

（3）促进了学校教育的变革。陶行知一贯注重学校教育的改革。长期以来，他集中探讨了学校教育的阶级属性和服务对象，以及学校教育如何与社会生活实际紧密联系等问题。他主张教育系人民大众生活所原有、所自营、所必需，不能成为小众的专利品。无论贫富贵贱男女老幼都有受教育的权利和机会，要建立更为灵活机动的新型学校教育体制，使人民大众及其子女能入学受教。他强调学校教育的内容要以生活为中心，而不是以文字为中心；主张学校教育的方法和手段要多样化，要使学生自觉自动，学会学习，发展学生的创造力，而不是强迫灌输；他改变了传统的学校观念，提出了一种崭新的现代学校观等。所有这些改革学校教育的思想，为现代中国的教育改革提供了重要的理论借鉴。

（4）促进了学校教育以外的教育形式的发展。他在发展学校教育的同时，注重利用一切可以利用的因素，开展各种形式的社会教育。他主张凡有人的地方，就是教育的场所。在他看来，家庭、当铺、茶馆、轮船码头、博物馆、电影院、图书馆，甚至防空洞等，都可作为教学的课堂。他还主张利用广播、电影、幻灯片等现代技术作为教育的手段，使终身教育在中国的每一个角落、每一个层面扎下根，并推广开来。他自己就是这些主张的身体力行者，走到哪里，就在哪里开展教育工作，不拘形式，灵活多样。

陶行知是现代终身教育的先驱。他的终身教育思想，不仅在中国教育思想史上，而且在世界教育思想史上也有突出地位。长期以来，人们一般认为法国教育理论家伦格兰德是现代终身教育的最早倡导者，认为终身教育这一概念是在他任联合国教科文组织秘书处成员时，于1965年召开的国际成人教育促进会议上所作题为《论终身教育》的报告里出现的，并认为终身教育的基本思想是在他于1970年出版的《终身教育引论》中首次阐发的。这是不符合历史事实的。正如前面所述，陶行知早在20世纪20年代前后就已萌生了终身教育的思想，30年代左右已基本形成，40年代得到进一步发展并已明确提出了终身教育的概念。他在1945年发表的《全民教育》，原是一篇英文论著。在这篇英文论著中，"终身教育"被译为"education for the whole life"意即"整个人生过程的教育"，这与今天通行的英文名词 lifelong education（终身教育）实际上就是一回事。陶行知的这篇《全民教育》的英文论著由生活教育社刊行后，曾作为一份宣传材料，向西方有关民间援华组织和人士广为散发，其中的一个目的就是希望能得到国际友人的支持和赞助。由此可见，早在40年代中期，陶行知的终身教育思想就已传播到国外。可以肯定，陶行知的终身教育概念与思想的提出，要早于伦格兰德二十年左右的时间。我们这样说，绝没有丝毫否认伦格兰德的历史贡献的意思。事实上，伦格兰德首次以专题论著的形式发表《终身教育引论》，系统论述了终身教育理论，并利用他后来任联合国教科文组织终身教育局局长的身份，积极从事终身教育的理论指导和教育实践，使终身教育在20世纪60年代开始成为国际性的教育思潮，这都是值得后人称道的。我们的目的在于澄清历史事实，把最早提出、阐述终身教育概念与思想的人与最早系统论述终身教育理论的人区别开来，分别确立他们在世界教育思想史上的历史地位。如果说，陶行知是世界上最早明确提出并阐述终身教育概念和思想的人，那么，伦格兰德就是第一个系统论述终身教育理论并使之开始成为国际性教育思潮的人。他们两人都是世界终身教育思想发展史上具有里程碑意义的卓越人物。

生活力、自动力、创造力：
陶行知的学生核心能力论[①]

说陶行知的教育思想是一座富矿，一点也不为过。生活教育理论自成体系，平民教育、师范教育和幼儿教育等思想不仅在当时引领着教育的走向，如今也影响、启发着一批又一批的教育工作者。挖掘这位教育大师的思想精华，从今日中国社会和教育现实出发，在继承的基础上有所超越，服务于今日教育改革，是时代给我们这一代教育人的任务，也是我们的神圣使命。如今，从"两基"发展到"三维目标"再到"核心素养"，我国的育人观不断发展。系统介绍陶行知的学生核心能力论，沟通历史和现实，实有必要。

何谓学生核心能力论？需要指出的是，陶行知并未明确提出学生核心能力一词。核心能力是对陶行知认为学生应掌握之生活力、自动力、创造力以及后期在育才学校提出的"二十三常能"的概括。冠以"核心"一词加以限定，是因为陶行知在其教育论著的字里行间多次表明：要实现教育现代化、民主化，一个健全分子要在社会中有价值、有尊严地生活，必须培植生活力、自动力、创造力。这三种能力并非可有可无，而是成长为健全分子之必备品格和能力。"常能"又可谓生活力、自动力、创造力的具体化。故此，将生活力、自动力、创造力和"常能"概括为核心能力。相应地，将其关于学生核心能力的一系列论述、思想提炼为学生核心能力论。

学生核心能力由生活力、自动力、创造力组成。其中，生活力为基础，自动力为引导，创造力为关键。

[①] 与龚苗合作，原载于《教育科学研究》2016年第12期。

一、生活力、自动力、创造力思想的产生背景与由来

生活力、自动力、创造力的培养是陶行知生活教育理论和创造教育理论的题中应有之义。抑或说，生活教育和创造教育的根本宗旨是生活力、自动力、创造力的培养。论述生活力、自动力、创造力思想产生的背景，不得不谈生活教育思想和创造教育思想的产生背景。

陶行知生于 1891 年，卒于 1946 年，当时的中国正处于半殖民地半封建社会。其所处时代，废除科举以及清末教育改革使得传统封建教育行将就木，但陈旧的教育观念、滞后的教育思想仍根深蒂固，影响并支配着学校教育的发展。学校教育仍沿着旧有轨道运行，未脱离传统模式，读书做官、书本至上、学校中心等观念仍起着举足轻重的作用①。这可从陶行知对传统教育的批判中窥见一二："他教学生读死书，死读书；他消灭学生的生活力，创造力；他不教学生动手，用脑。在课堂里，只许听老师讲，不许问。"② 在当时，绝大部分学生是四体不勤、五谷不分的书呆子，沉浸在死的、假的、静的、读的教科书中，没有康健的体魄以抵抗疾病和克服困难，缺少征服、利用和改造自然的谋生力，无法承担改造社会的重任。此外，封建教育强调先生的权威，灌输是主要的教学方法，学生被动学习，造成了先生教什么学生就学什么，学生甚至成为读书机器的僵化局面。学生被视为抽象的个体，无独特个性，学习主体性地位湮没在传统教育中。固守成规、不思进取是传统教育的又一特点，这样的教育环境阻碍、削弱、摧残着儿童的创造力，中国小孩成长的环境可谓苦海："儿童的创造力被固有的迷信、成见、曲解、幻想层层裹头布包裹了起来。"③ 儿童的双手被束缚，动手要打手心；儿童的口被束缚，不允许多说话、常发问；儿童的思想囿于枯燥、脱离实际的教科书中；学校、社会引导儿童以考试为重，考试挤掉思考、娱乐和动手的时间。这一切，不能发挥、加强和培养创造力，反而摧残儿童的创造力。陶行知指出，中国现在的教育是关起门来干的，只有思想没有行动。教员们教死书，死教书，教书死；

---

① 周洪宇、操太圣：《生活教育运动的历史及对当代教育的影响》，《教育研究》1997 年第 10 期。
② 陶行知：《传统教育与生活教育有什么区别》，载董宝良、喻本伐、周洪宇编《陶行知教育论著选》，人民教育出版社，2011，第 386 页。
③ 陶行知：《创造的儿童教育》，载董宝良、喻本伐、周洪宇编《陶行知教育论著选》，人民教育出版社，2011，第 571 页。

学生们读死书，死读书，读书死。所以那种教育是死的教育，不是行动的教育①。

与此同时，近代西方的教育思想相继涌入中国。一方面，碰撞、冲击着中国的传统教育，如赫尔巴特的五段教学法、克伯屈的设计教学法、帕克赫斯特的道尔顿制等相继传入，在教育界乃至社会上引起较大轰动。实验过程中，教育观念得到一定的革新，人们反思传统教育问题。另一方面，近代西方教育思想因未与中国教育、社会的实际相结合，没有扎根中国土壤，导致水土不服而鲜有成效，沉疴难愈的中国教育未能发生根本性改变。陶行知如是论述近代西方教育思想与我国教育联姻后的效果："教育自教育，生活自生活，依然渺不相关……'老八股'与民众生活无关，'洋八股'依然与民众生活无关。"②"洋八股"教育和"老八股"教育合流并未改变中国教育的困境，"教育依然严重脱离社会生活实际，尤其是脱离人民大众的生活实际，无法适应近现代中国社会政治的飞跃发展"③。

处于这样的时代，为冲破传统教育（"老八股"）和"洋八股"的牢笼，培养真善美的活人，生活力、自动力、创造力的提法似乎已呼之欲出，然而，"三力"的提出并非一蹴而就，而是有其发展过程和规律的。大致上可以看出，生活力是最早提出的概念，自动力次之，创造力最后提出。

生活力这个概念本身也有个历史演变的过程。据现有资料，陶行知最早是从职业教育的角度谈教育的作用，即培养生利（生产）能力（见 1918 年《生利主义之职业教育》文），把各种能力都视为生利力。1921 年，陶行知在《中学实验教育之必要》一文中列举了中学毕业生的应有之要素：一是应付社会环境所必需之人格；二是制裁天然环境所必需之知识技能；三是生利所必需之知识技能；四是消闲所必需之知识技能。其初见生活力内涵之端倪。1922 年，陶行知在《评学制草案标准》一文中提出，社会、个人和生活与事业本体三种需要与能力，并明确将"生活与事业本体需要"作为重中之重，初步形成生活力的概念。陶行知在 1926 年 12 月 3 日发表的《中国师范教育建设论》一文中首次明确提出"这个学校对于学生所要培植的也是生活力"，并用图表对学生幼年的自然和社会生活力作初步细分。陶行知在当年 12 月 10 日所发表的《我们的信条》中，进一步明确指出"我们深信教育应当培养生活力"，将之作为教育

---

① 陶行知：《创造的教育》，载董宝良、喻本伐、周洪宇编《陶行知教育论著选》，人民教育出版社，2011，第 369 页。

② 陶行知：《生活工具主义之教育》，载董宝良、喻本伐、周洪宇编《陶行知教育论著选》，人民教育出版社，2011，第 229 页。

③ 周洪宇、操太圣：《生活教育运动的历史及对当代教育的影响》，《教育研究》1997 年第 10 期。

的根本目标。1931年的《"教学做合一"下之教科书》一文更是对生活力作了具体细分，从五个方面概括出七十种生活力，甚至说，这七十种也不过是少数而已，重要的应在三千种以上，几乎包括了各种能力。

自动力的提出也有个过程。自动力最早萌芽于1919年10月陶行知发表的《学生自治问题之研究》。该文提出自动主义问题，但未提出自动力，而且其自动问题主要局限在自治方面。进一步论及自动问题，是1934年2月16日陶行知发表的《普及什么教育》一文，他指出："自动是大众自己干，小孩自己干。自动教育是教大众自己干，教小孩自己干，不是替代大众、小孩干。"明确提出自动力是在1941年陶行知的《育才学校两周岁前夜》一文中，他论述道："自动力之培养……自动是自觉的行动，而不是自发的行动。"

创造力的提出最晚。1921年10月，陶行知口译孟禄在苏州教育界同人宴会上的讲话和答问时，第二女子师范附属小学代表提问"怎样可以养成学生的创造力"，这或许是陶行知第一次用中文谈及创造力概念，但未作详细说明。创造和手脑联盟分不开。1933年1月16日，陶行知在《手脑相长》一文中提出，"一个人要有贡献于社会，一定要手与脑缔结大联盟。然后，可以创造，可以发明，可以建设国家，可以把东三省拿回来"。同年3月，陶行知继续指出，"所以要创造，非你在用脑的时候同时用手去实验，用手的时候同时用脑去想不可"。1942年12月4日，他在《育才十字诀》中已提出"集体创造"。1943年，他在《创造宣言》一文中又提出教师和学生的最大快乐是创造出自己崇拜的对方。1944年12月15日，陶行知发表《创造的儿童教育》，更是明确提出"解放创造力"和"培养创造力"，并对如何解放和培养创造力作了系统、全面的论述。

至此，陶行知关于学生核心能力的"三力"说基本形成。可见，他对"三力"的认识与提法，并不是一开始就很系统、完整，而是随着自身教育实践的深入和个人认识的深化而不断发展变化的。这是存在决定意识的突出体现，符合马克思主义的实践唯物主义、历史唯物主义和辩证唯物主义。

不得不提的是，根据抗战的需要，为践行生活教育理论，陶行知于1944年提出以初级和高级为界之育才"二十三常能"[①]。"二十三常能"非常具体，操作性较强且极具前瞻性。纵观二十三项常能，不难发现，其中涵盖生活力、自动力和创造力培养的

---

① 陶行知：《育才"二十三常能"》，载董宝良、喻本伐、周洪宇编《陶行知教育论著选》，人民教育出版社，2011，第566页。

诸多方面，可谓"三力"的具体化，是对"三力"论的延伸和发展。

二、生活力、自动力、创造力及其相互关系

（一）生活力的基本界定与内涵

生活力的获得是生活教育的归宿。拥有生活力的人，不是只吃饭不做事儿的书呆子，而是生产者、建设者、创造者、发明者；拥有生活力的人，思想不是死的、假的、静止的，而是创造性的、建设性的、充满生机的；拥有生活力的人，更能抵御病痛，战胜困难，解决问题，担当责任①。

何谓生活力？陶行知认为，"幼年人不是孤立的，他是环境当中的一个人。环境对于幼年人的生活有两种大的力量。一是助力……二是阻力"②，由此，培植生活力就在于应用自然界和社会界的助力、阻力，使学生"做个健全分子去征服自然，改造社会"③。在《"教学做合一"下之教科书》一文中，他指出，生活力指适应、改造现代社会生活该有的力量。他将生活力分为五类：康健生活力、劳动生活力、科学生活力、艺术生活力和社会改造生活力。其中，康健生活力包括通过加强锻炼、增加营养、养成卫生习惯等方式预防疾病的能力；劳动生活力包括从事生产劳动、家务劳动的能力等；科学生活力包括掌握科学知识并运用于生活实际的能力等；艺术生活力包括多种形式的艺术创作能力；社会改造生活力包括治家、创造财富的社会、人类互助等多方面改造社会的生活力。

从最初萌芽的生利力发展到征服自然、改造社会的能力，再到"康健生活力、劳动生活力、科学生活力、艺术生活力和社会改造生活力"，生活力所提及的范围不断扩大，日益勾画出一个健全分子在社会中完满、幸福生活所需的核心能力要素。早期，针对解决生计问题之所需，陶行知提出生利力，成为生活力的一个重要方面。后来，随着师范教育的开展，解决培养什么样的人、怎样培养人的问题提上日程，陶行知结合时代需要和理论实践的探索，提出生活力应包括征服自然力和改造社会力。1931年

---

① 陶行知：《中国师范教育建设论》，载董宝良、喻本伐、周洪宇编《陶行知教育论著选》，人民教育出版社，2011，第183页。
② 陶行知：《中国师范教育建设论》，载董宝良、喻本伐、周洪宇编《陶行知教育论著选》，人民教育出版社，2011，第181页。
③ 同②。

春，陶行知开设自然学园，推行"科学下嫁"。在此背景下，生活力进一步被细分，由此前的征服自然力、改造社会力细分为"康健生活力、劳动生活力、科学生活力、艺术生活力和社会改造生活力"五类。伴随着社会发展需要的变化，生活力所涵盖的能力亦呈多样化发展趋势。具体而言，生活力至少包括"生存力、生计力、学习力、演说力、交往力"等多种，后来其中的一些能力逐渐分解独立出来。

随着思想在实践中的不断变化发展，生活力所涵盖的内容日益丰满，它对人之发展所需能力作了较为全面且集中的阐述，可以说，生活力是自动力和创造力的源泉和基石。没有生活力，自动力、创造力如无源之水，也就无从谈起。

（二）自动力的基本界定与内涵

提及自动力，陶行知指出，"生活、工作、学习倘使都能自动，则教育之收效定能事半功倍。所以我们特别注意自动力之培养，使它贯彻于全部的生活工作学习之中"[①]。后来，他进一步指出，"自动是自觉的行动，而不是自发的行动。自发的行动是自然而然的原始行动，可以不学而能"[②]。何谓自动力？自动力指个体在生活、工作和学习中依据已有经验，凭借个人兴趣，利用已掌握方法自觉行动、自主探索、自我教育、自我管理的能力，通过教育可培养之。"自觉的行动，需要适当的培养而后可以实现。故自动不与培养对立。相反的，自动有待于正确的培养。"[③]

自动力的养成要经历一个过程。首先，需要意识到自动、自觉的重要性，了解自动、自觉的相关知识和方法。在此基础上，在集体中、在日常生活中培养自动力。陶行知认为，在自动上培养自动，才是正确的培养。若目的为了自动，却用了被动的方法，那只能产生被动而不能产生自动[④]。他以育才学校如何培养学生自动力的实际经验为例，掷地有声地说明了何谓在自动上培养自动力。其一是音乐指导委员指导学生后，一个月不在课堂，学生因着兴趣、靠着自学加之委员之前的指导，竟能自动完成一个月的学习进程，这不可不谓之在自动上培养自动力。其二是育才学校在改造图书馆时培养学生管理图书馆，学生凭借已有经验和兴趣，掌握管理方法，竟能自动、自主主持整个图书馆，且井然有序，实在是在自动上培养自动力。此外，在纪念育才学

---

① 陶行知：《育才二周年前夜》，载董宝良、喻本伐、周洪宇编《陶行知教育论著选》，人民教育出版社，2011，第543页。
② 同①。
③ 同①。
④ 同①。

校成立两周年之际，育才学校培养学生秘书完成书信的撰写及送达。学生们依靠已掌握的方法，因着兴趣，竟能自动、自觉完成三百封合格书信。这样，在自动中，学生将"教师之知"转化为"自身之知"。

从早期的自治到之后的自觉，自动力所包含范围日益扩大。针对当时流行的自动主义，陶行知力倡在德育方面培养学生的自治力。早期的自动力萌芽于此，仅局限于自治力。发展到自动工学团后，陶行知旗帜鲜明地将自动教育与传统教育划清界限，主张自动意味着大众自己干、小孩自己干。每个人都是独立的个体，都有自动的权利和义务。至此，自动力在自治的基础上，又增添自主力、自我教育力等。育才学校成立两周年之际，自动力培养已成为人才教育的宝贵经验。自动力不仅包括自治力、自主力、自我教育力（自学力）、自我管理力、自强力，还包括"自觉觉人"力，即在自觉的同时，积极帮助别人，实现平等互助。

需要指出的是，自动力并不是教育所要达到之全部功效，自动力的最终旨归是使生活力的培植达到更好效果。自动力并非空中楼阁，生活力是促其生长的最好土壤。相应地，自动力引导生活力、创造力，可以说，没有自动力，也就没有有效的、持久的生活力和创造力。

（三）创造力的基本界定和内涵

论述创造力，陶行知首先阐明"创造"一词的意义。他认为，人类的创造分为两种：物质的创造和心理的创造。陶行知以鲁滨孙在荒岛求生时且行且思，因此创造了可盛水的瓶子为例，说明物质的创造；以贾宝玉从厌恶残荷，经由林黛玉的吟诗转变观念，变残荷为乐器为例，说明新观念的成立，即心理的创造。总之，"由行动而发生思想，由思想产生新价值，这就是创造的过程"[①]。创造不是纸上谈兵、空有思想，而是且行且思的过程；创造不仅仅是新事物、新观念的产生，也包含改革旧事物而随之产生的新价值。创造无处不在，我们要"在平凡中造出不平凡，在单调上造出不单调"[②]。

何谓创造力？创造力是创造、创新的能力，形成于行动和思想中，由此产生新价值的力量。创造力既涵盖物质方面的创造，也包括精神方面的创造。行动是创造力形

[①] 陶行知：《创造的教育》，载董宝良、喻本伐、周洪宇编《陶行知教育论著选》，人民教育出版社，2011，第368页。

[②] 陶行知：《创造宣言》，载董宝良、喻本伐、周洪宇编《陶行知教育论著选》，人民教育出版社，2011，第561页。

成的前提，正所谓"行动是老子，思想是儿子，创造是孙子"[①]。换言之，手脑联盟是培养创造力的最佳形式。创造力并非凭空而来，而是具有传承性，"儿童的创造力是千千万万祖先至少经过五十万年与环境适应斗争所获得而传下来之才能之精华"[②]。创造力并非一成不变，而是与教育息息相关的。陶行知认为，环境要么发挥、加强、培养创造力，要么阻碍、减弱、摧残创造力。所以，教育的作用体现于此：在儿童自身的基础上，过滤不利的环境影响，运用并创造有利的环境，培养、加强、发挥创造力，使儿童更有力量造福民族与人类。可见，创造力具可培养性。需要说明的是，"教育并不能创造什么，但它能启发解放儿童创造力以从事于创造之工作"[③]。

从早期重视手脑联盟以养成创造力，发展到创新力、创业力等，创造力所涵盖内容日趋丰富。针对传统教育只重劳心者忽视劳力者，致使劳心者不劳力、劳力者不劳心这一弊端，陶行知提倡手脑联盟，认为手和脑联合起来才能产生力量，而这力量集中体现在科学生产上。早期的创造力源于此，创造力最初主要指科学生产方面的创造。随着实践的深入，创造力不止局限在科学生产，还包括艺术创造、学问创新等方面。《育才二周年前夜》一文中即提及创造学问之气候，《创造宣言》也多次提到艺术、文学方面的创造和创新。

陶行知关于创造力的论述很多方面和生活力重合，比如说创造力涵盖科学生产力、艺术创造力，生活力同样涉及科学生活力、艺术生活力。乍一看，好像新瓶装旧酒，其实不然。生活力、自动力、创造力是一个整体，生活力是自动力和创造力的基础，自动力是引导，创造力是关键。三者不可替代，相辅相成。

从"三力"发展到"常能"，陶行知学生核心能力论经历又一次飞跃。"常能"是陶行知 1944 年在育才学校提出的，实质上是对生活力、自动力、创造力等各种基本能力的表述，故谓之为"常能"。它比"三力"要更进一步，已经很接近今天我们所说的"学生核心素养"概念。他在《育才"二十三常能"》一文中对"常能"作了细分与归纳，指出有初级与高级两类共二十三种。其中，"会做小先生"正是培养自动力的具体体现，学生在"自觉"之后，主动"觉人"，"自动地以一技一艺之长去帮助人在长进中学习"。另外，"会开汽车""会打字""会速记""会接电""会当书记""会说国语"

[①] 陶行知：《创造宣言》，载董宝良、喻本伐、周洪宇编《陶行知教育论著选》，人民教育出版社，2011，第369页。

[②] 陶行知：《创造的儿童教育》，载董宝良、喻本伐、周洪宇编《陶行知教育论著选》，人民教育出版社，2011，第569页。

[③] 同②。

"会参加开会"等，都是生活力的具体体现，自动力自始至终贯彻其中。"常能"可谓其思想的精髓所在。

三、学生核心能力论思想与陶行知研究

陶行知的丰富教育思想中以生活力为基础、自动力为引导、创造力为关键而成的学生核心能力论并非偶然。如前文所述，"三力""常能"概念已相当接近现今为教育界所津津乐道的核心素养观。然而，将核心能力论与核心素养观放在一起论述，似有牵强附会、生搬硬套之嫌。对此，笔者有以下几点考虑。首先，简要说明核心能力和核心素养两个概念，很有必要。核心能力是对陶行知认为学生应掌握之生活力、自动力、创造力以及后期在育才学校提出的"二十三常能"的概括。对于核心素养这一概念的界定目前学界尚未达成共识，在此引用部分国内外相关研究成果进行说明。经济合作与发展组织是国际上最早研究核心素养且最具影响力的机构之一，它如此界定"素养"一词："素养不只是知识与技能。它是在特定情境中，通过利用和调动心理社会资源（包括技能和态度），以满足复杂需要的能力。例如，有效交往的能力是一种素养，它可能利用一个人的语言知识、实用性信息技术技能以及对其交往的对象的态度。"[1] 我国学者褚宏启通过分析核心素养的英文词"key competencies"，对此概念进行了梳理。他认为，"key"在英语中有"关键的""必不可少的"的含义，而"competencies"可直译为"能力"[2]。在核心素养这一概念中，实际上，"能力"和"素养"大同小异。以上两种论点有力地证明了核心能力与核心素养在概念上的一致性。

其次，核心能力论与核心素养观在内涵要求和要素结构上有惊人的相似性。内涵要求上，两者在关注个体健康、完善发展的同时，都注重人与自然、人与社会的和谐发展，强调个体发展与社会进步并驾齐驱、相互促进。要素结构上，核心能力强调培植生活力，其中的科学生活力与核心素养体系中的科学技术素养，改造社会生活力之国民意识、民主意识与核心素养体系中的公民素养、公民意识可谓异曲同工。自动力的培养在核心素养体系中也能找到相应的内容，比如自主学习、学会学习。值得一提的是，在20世纪30年代举国上下面临外敌侵辱、奋起反击以图生存之际，陶行知却

---

[1] 张华：《核心素养与我国基础教育课程改革"再出发"》，《华东师范大学学报（教育科学版）》2016年第34期。

[2] 褚宏启：《核心素养的概念与本质》，《华东师范大学学报（教育科学版）》2016年第34期。

极富天才性地提出创造力思想,这在我国教育史上是最早的。发展至20世纪40年代,创造力思想已渐成系统,涵盖创造性思维和创造性能力等要素,与几十年后的核心素养体系中的创新意识、创新能力遥相呼应。

最后,核心能力与核心素养并不完全一致。一方面,核心能力论所涵盖的内容比较全面,既包括基础素养,比如健康的体魄,也包括核心素养,比如创造力;既包括高级素养,也包括低级素养。"常能"既有初级常能,又有高级常能。目前,学界对于核心素养已达成一致的是:必备品格与关键能力。换言之,核心素养不是全面素养,不是低级素养,甚至不是基础素养。另一方面,由于时代的局限性,一些素养,如信息素养,没有也不可能在陶行知所处的时代有所体现。

综上所述,陶行知的学生核心能力论不仅在历史上有突出贡献,培养了一批富有生活力、自动力、创造力的学生投入到保卫和建设国家的队伍中去,而且颇具现实意义,实现了历史和现实的对话,有助于我国核心素养体系的构建。无可讳言,学生核心能力论也有不足之处,我们应辩证地看待。诚然,创造力、生活力思想超越时空,至今熠熠生辉,但囿于思维的有限性和时代的局限性,陶行知关于核心能力的学说注定有其天然的缺失。陶行知晚年在学生核心能力论上的重大突破——"常能"说,进一步延伸和发展了"三力"说,初级、高级的划分可谓重大的理论创新。可叹的是,虽有初级、高级之分,却未深入延伸,提炼出"三力"的精髓,构建出初、高级核心能力体系。另外,未将创造力、批判性思维等纳入"常能"体系。其原因或许是正值抗战时期,办学资金短缺,陶行知忙于募捐集资办学,精力有限。

核心能力论是陶行知教育思想的重要组成部分,对其产生的背景、由来、内涵及相互关系进行阐释,一方面有利于辩证地看待其在历史长河中的贡献及现实意义,另一方面有利于启发广大陶研者科学、客观、历史地研究和看待陶行知及其思想。

研究陶行知及其教育思想,可从以下三个方面展开:一是挖掘、肯定陶行知教育理论、教育实践中的基本教育原理、思想及其可贵的精神财富,比如教育民主思想、教育现代化思想、终身教育思想、乐为教育奉献的伟大精神等,具有普遍借鉴的意义,能超越时空,启发、激励后来者。二是借鉴某些教育主张、见解,吸收其合理成分,发挥功效。比如,在某些师资短缺的国家和地区,"小先生制"仍有很大的生命力,一方面解决师资问题,另一方面培养学生"自觉觉人"的能力,力所能及地帮助他人。三是某些教育主张、见解当今已不适用,比如说早期晓庄试验乡村师范学校的入学考试只考会否劳动等具体内容,只注重生活和实践的教育作用而忽视书本和课堂教学的作用等,这并不是说这些见解、主张错误,而是已不符合时代要求。由于所处的时代和环境不同，陶行知的教育主张、见解并非放之四海而皆准。我们今天应根据新的情况来加以取舍，并力求有所发展和创造。只有这样，才符合陶行知教育学说本身的精神，使生活教育思想适应时代、推动时代，更好地为建立具有中国特色的社会主义教育体系服务。一言以蔽之，广大陶研者应采用历史唯物主义的态度去看待陶行知，不是仰视、俯视，而是平视陶行知，力求用陶行知精神去研究陶行知。

核心素养的中国表述：陶行知的"三力论"和"常能论"[①]

核心素养的概念是舶来品。自1997年经济合作与发展组织启动"素养的界定与遴选：理念和概念基础"项目始，"素养"这一提法正式形成并相继出现在各个国家和地区的重要教育文件中。比如，2005年，欧盟正式发布了《终身学习核心素养：欧洲参考框架》，供各成员国参考。但"competencies"并非唯一的表述，"skills"以及"capabilities"等词也有同样的内涵，对此，国外专家尚未达成一致意见。这一概念漂洋过海来到中国，国内学者将其译为"素养"，亦有人主张译为"能力"，不过诚如杨九诠所言，我们不必在意用"素养"一词翻译是否贴切，而要看到汉语"素养"一词自身表达的精准性和丰富性[②]。将"key"译为"核心"则并无太大异议。

总体来看，各个国家、地区以及国际组织的核心素养并非完全一致，但基本上都呈现出以下特征：一是以培养完整的个体和促进社会发展两个维度为起点；二是在人与社会关系方面，各个国家、地区以及国际组织的目光不仅聚焦在本国、本地区，也关注与其他国家、地区之间的关系，强调培养学生的公民素养和国际公民意识；三是各国在求同的同时，尤其关注本国优良传统文化，使核心素养扎根于本国土壤。

随着全球化进程加速，科技进步日新月异，互联网技术迅猛发展，21世纪人类社会所关注的不只是"什么知识最有价值"，而更多关注能力和品格。众多国家纷纷致力研究与构建本国的核心素养体系，也就不足为怪了。为深化我国教育领域综合改革，全面贯彻党的教育方针，落实立德树人的根本任务，适应世界教育改革发展趋势，提

[①] 原载于《华东师范大学学报（教育科学版）》2017年第1期，有删节。
[②] 杨九诠：《三对关系中把握核心素养》，《中国教育报》2016年7月13日。

升教育国际竞争力,研究与构建我国学生核心素养体系显得尤为重要和紧迫。在这个背景下,重温20世纪中国著名教育家陶行知以培养学生生活力、自动力和创造力为主要能力的"三力论"和"常能论",探讨它们对21世纪学生核心素养观的启示,很有必要,也很有意义。

一、陶行知的"三力论"和"常能论"是富有中国特色的"核心素养观"

(一)陶行知的"三力论"和"常能论"派生于其培养反帝反封建"真善美的活人"的教育目的观

在论述陶行知"三力论"和"常能论"之前,有必要简述陶行知的教育目的观。"三力论"和"常能论"比较具体且集中地体现其教育目的观。针对传统教育的弊端,陶行知从反帝反封建、争取民族解放和国家富强的总任务出发,把社会发展的客观需要与受教育者的特点结合起来,把社会发展与人的发展统一起来,提出了培养具备"康健的体魄、农夫的身手、科学的头脑、艺术的兴趣和改造社会的精神"的"真善美的活人"这一主张。教育的目的也即培养既能实现个人健全完满发展,又能改造社会、促进社会发展的人。

基于这一教育目的观,陶行知在其教育实践的早期和中期提出学生应掌握生活力、自动力和创造力这三种必备能力,后期又在他办的重庆育才学校提出"二十三常能",对早期和中期所提出的生活力、自动力与创造力做了进一步的具体化。在"三力论"和"常能论"中,生活力为基础,自动力为引导,创造力为关键。

(二)生活力、自动力、创造力及"常能论"的内涵既带有鲜明的社会和时代特征,又具有鲜明的个人色彩,其语言表达颇有中国风格、中国气派、中国特色

论及生活力,陶行知认为,"幼年人不是孤立的,他是环境当中的一个人。环境对于幼年人的生活有两种大的力量,一是助力,二是阻力",由此,培植生活力就在于应用自然界和社会界的助力、阻力,使学生"做个健全分子去征服自然,改造社会"[1]。在《"教学做合一"之教科书》一文中,他指出,生活力指适应、改造现代社会生活该有的力量。他将生活力分为五类:康健生活力、劳动生活力、科学生活力、艺术生活

---

[1] 董宝良、喻本伐、周洪宇编《陶行知教育论著选》,人民教育出版社,2001,第181页。

力和社会改造生活力。其中，康健生活力包括通过锻炼、增加营养、养成卫生习惯等方式预防疾病的能力；劳动生活力包括从事生产劳动、家务劳动的能力等；科学生活力包括掌握科学知识并运用于生活实际的能力等；艺术生活力包括多种形式的艺术创作能力；社会改造生活力包括治家、创造财富的社会、人类互助等多方面改造社会的生活力。伴随着社会发展需要的变化，生活力所涵盖的能力亦呈多样化的发展趋势。具体而言，生活力至少包括"生存力、生计力、学习力、演说力、交往力"等多种，后来其中的一些能力逐渐分解独立出来。

提到自动力，陶行知指出，"生活、工作、学习倘使都能自动，则教育之收效定能事半功倍。所以我们特别注意自动力之培养，使它贯彻于全部的生活工作学习之中"[①]。其中，方法是关键。掌握了方法，养成自动力，教育确能事半功倍。所以，他又指出，"活的人才教育，不是灌输知识，而是将开发文化宝库的钥匙，尽我们知道的交给学生"[②]。这钥匙即方法，学生拥有钥匙，自动自觉，自主探索，自我教育。具体而言，自动力指个体在生活、工作、学习中凭借兴趣，据已有经验，用已掌握之方法自觉行动、自主探索、自我教育、自我管理的能力。换言之，自动力不仅包括自治力、自主力、自我教育力（自学力）、自我管理力、自强力，还包括"自觉觉人"力，即在自觉的同时，积极帮助别人，实现平等互助。自动力，通过教育可培养之。

论述创造力，他认为行动、思想是创造力形成的前提，正所谓"行动是老子，思想是儿子，创造是孙子"[③]。手脑联盟是培养创造力的最佳形式。换言之，创造力是创造、创新的能力，形成于行动和思想中，由此产生新价值的力量。既涵盖物质方面，也包括精神方面的创造。另外，创造力具有可培养性。陶行知认为，环境要么发挥、加强、培养创造力，要么阻碍、削弱、摧残创造力。所以，教育的作用体现于此：在儿童自身的基础上，过滤不利的环境影响，运用并创造有利的环境，培养、加强、发挥创造力，使儿童更有力量造福民族与人类。

从早期重视手脑联盟以养成创造力，发展到运用并创造有利的环境，培养、加强、发挥创造力，使儿童更有力量造福民族与人类，创造力所含内容日趋丰富。早期，创造力主要指科学生产方面的创造。随着实践的深入，创造力不只局限在科学生产方面，还包括艺术创造、学问创新等方面。

---

① 董宝良、喻本伐、周洪宇编《陶行知教育论著选》，人民教育出版社，2001，第543页。
② 董宝良、喻本伐、周洪宇编《陶行知教育论著选》，人民教育出版社，2001，第542页。
③ 董宝良、喻本伐、周洪宇编《陶行知教育论著选》，人民教育出版社，2001，第369页。

二、陶行知的"三力论"和"常能论"对21世纪学生核心素养观的启示

(一) 中西方核心素养的框架和要素

从经济合作与发展组织以"人与工具""人与自己"和"人与社会"三个维度制订的核心素养,到联合国教科文组织的"五大支柱",再到欧盟的终身学习的"八大关键能力说",很多国家与地区都相继提出了自己的核心素养框架和要素。北京师范大学师曼等人在梳理合并全球二十九个核心素养框架中的素养条目的基础上,归纳出两类共十八项素养(见表1),从中我们得以看到世界范围内核心素养体系的要素。

表1 由二十九个素养框架中提取的十八项核心素养

维度	核心素养
领域素养	基础领域:语言、数学、科技、人文与社会、艺术、运动与健康; 新兴领域:信息、环境、财商
通用素养	高阶认识:批判性思维、创造性与问题解决、学会学习与终身学习; 个人成长:自我认识与自我调控、人生规划与幸福生活; 社会性发展:沟通与合作、领导力、跨文化与国际理解、公民责任与社会参与

2016年2月,中国教育学会发布的《中国学生发展核心素养(征求意见稿)》就将学生发展核心素养综合为九大素养(即社会责任、国家认同、国际理解;人文底蕴、科学精神、审美情趣;身心健康、学会学习、实践创新)、二十五个基本点(诚信友善、合作担当、法治信仰、生态意识、国家意识、政治认同、文化自信、全球视野、尊重差异、人文积淀、人文情怀、崇尚真知、理性思维、勇于探究、感悟鉴赏、创意表达、乐学善学、勤于反思、数字学习、珍爱生命、健全人格、适性发展、热爱劳动、批判质疑、问题解决),并就这一提议向社会各界征求意见。这可以说是我国探索学生发展核心素养体系的关键一步。

2016年9月13日,《中国学生发展核心素养》总体框架正式发布。中国学生发展核心素养以科学性、时代性和民族性为基本原则,以培养"全面发展的人"为核心,分为文化基础、自主发展、社会参与三个方面。综合表现为人文底蕴、科学精神、学会学习、健康生活、责任担当、实践创新六大素养,具体细化为人文积淀、人文情怀、审美情趣、理性思考、批判质疑、勇于探究、乐学善学、勤于反思、信息意识、珍爱

生命、健全人格、自我管理、社会责任、国家认同、国际理解、劳动意识、问题解决、技术运用十八个基本要点。三大方面、六大素养和十八个基本点，是对《中国学生发展核心素养（征求意见稿）》的提纯和概括，较之前而言更具系统性，更简明扼要，亦更体现了核心素养之"核心"。不过，其并非尽善尽美，仍有待社会各界积极深入探讨，使其臻于完善，惠及每一位学生。

（二）国内学者关于核心素养的不同观点

教育部核心素养课题组负责人林崇德指出，目前整个国际教育界关注的焦点之一就是学生核心素养。什么叫核心素养？核心素养是学生在接受相应学段的教育过程中，逐步形成的适应个人终身发展和社会发展需要的必备品格和关键能力。它应该包含六个方面：核心素养是所有学生应具有的最关键、最必要的基础素养；核心素养是知识、能力和态度等的综合表现；核心素养可以通过接受教育来形成和发展；核心素养具有发展连续性和阶段性；核心素养兼具个人价值和社会价值；学生发展核心素养是一个体系，其作用具有整合性。未来基础教育的顶层理念就是强化学生的核心素养[①]。

崔允漷指出，核心素养不是一个种概念，而是一个类概念，其实质是从学生学习结果的角度界定未来社会所需要的人才形象[②]。什么叫核心？核心是相对外围而言的，有两层意思：一是关键，是指个体在21世纪生存、生活、工作、就业最关键的素养。二是共同，是指课程设计所面对的某一群体所需要的共同素养[③]。

褚宏启认为，可以把核心素养简单界定为：为了适应21世纪的社会变革，人所应该具备的关键素养。简而言之，核心素养即"21世纪关键素养"。第一，核心素养是关键素养，不是全面素养；第二，核心素养要反映个体需求，更要反映社会需要；第三，核心素养是高级素养，不是低级素养，甚至也不是基础素养；第四，核心素养要反映全球化的要求，更要体现本土性的要求[④]。

有些学者则从核心素养与三维目标的关系中把握核心素养。杨九诠指出，从课程改革的工作推进来看，核心素养是三维目标的深化、具体化。从概念外延看，三维目标大于核心素养，因为除了核心素养，还有更多的非核心素养。从概念内涵看，核心

---

① 吴爽：《未来基础教育的顶层理念是强化学生的核心素养——访北京师范大学资深教授林崇德》，《教育家》2015年第9期。
② 崔允漷：《追问"核心素养"》，《全球教育展望》2016年第5期。
③ 袁振国：《核心素养如何转化为学生素质》，《光明日报》2015年12月8日。
④ 褚宏启：《核心素养的概念与本质》，《华东师范大学学报（教育科学版）》2016年第1期。

素养倾向于内在，即教育内容内在于人的状态与水平；三维目标倾向于内化，即教育内容内化的机制。两者俱为一体，共同对学习行为以及受教育者素质给予结构性、整体性阐释①。余文森认为，作为核心素养主要构成的关键能力和必备品格，实际上是三维目标的提炼和整合，把知识、技能和过程、方法提炼为能力，把情感、态度、价值观提炼为品格。能力和品格的形成即是三维目标的有机统一②。

就核心素养这一概念而言，林崇德讲得比较全面系统。崔允漷和褚宏启更多聚焦于"核心"，明确指出"核心"的内涵，与全面素养、基础素养等概念之间的差别，旨在澄清一些错误认识。而余文森和杨九诠等从核心素养与双基、三维目标，尤其是与三维目标之间关系的视角，历史、动态、发展地看待核心素养概念的形成。虽然核心素养的概念是舶来品，但它与三维目标有着内在的一致性。

目前国内教育界、学术界关于核心素养的讨论轰轰烈烈，十分热闹。但遗憾的是，讨论仍停留在概念层面，没有涉及具体操作内容。诚然，厘清概念是透彻理解新事物的必然阶段，不过，若长时间执着于此，甚至纠结于形成一个众望所归的概念，求全责备，实在没有必要。何况，社会发展如此迅速，提出有中国特色又具时代特征的可供操作的21世纪核心素养体系，更是当务之急。《中国学生发展核心素养》是新的突破，有很浓的中国味道，较好地体现了素养本土化。只不过三大方面、六大素养、十八个基本点的呈现难免有些抽象，尽管每个基本点都列出了重点，但可操作性仍然不强。

试问，21世纪，实现个人完满发展的同时促进社会发展，学生需要掌握的核心素养具体是哪些？知识的更新如此之快，面对即将降临的新世界，如何精选内容，将最有价值的知识传递给学生，把知识化为智慧，化为方法，转化为人格，这是教育的新命题③。建构核心素养体系并细化核心素养体系的活动规定，使之具有可操作性，是改革和理论落到实处的新出路。

（三）陶行知"三力论"和"常能论"的启示

如何建立学生核心素养体系并细化活动规定，陶行知的"三力论"和"常能论"以及其依托的生活教育学说极具参考价值。

---

① 杨九诠：《三对关系中把握核心素养》，《中国教育报》2016年7月13日。
② 余文森：《从三维目标走向核心素养》，《华东师范大学学报（教育科学版）》2016年第1期。
③ 袁振国：《什么知识最有价值？》，《上海教育》2016年第1期。

1. 核心素养的体系建构方面

以一所按照陶行知生活教育思想办学的乡村小学为例，学校教育大纲明确指出了生活的目标是康健的体魄、科学的头脑、艺术的兴趣、生产的技能，以及自由、平等、互助的精神[1]，即生活力的五大表现：康健生活力、劳动生活力、科学生活力、艺术生活力和社会改造生活力。紧接着，大纲又从个人的生活、团体的生活两方面详细罗列了四十二条活动规定，相应培养学生的五大生活力。从这份大纲里我们看到，既是体系，则无论层次之间，抑或具体项目之间都相互关联；同样，构建层级化、结构化学生发展核心素养体系，尤其要关注素养内与素养间的相互关联。

2. 构建核心素养体系的立足点方面

无论生活力、自动力，抑或创造力，必备能力的提出并非想当然，而是自有其形成的逻辑。这从陶行知对生活力的定义可窥见一二。培植生活力就在于应用自然界和社会界的助力、阻力，使学生"做个健全分子去征服自然，改造社会"。由此可见，生活力的提出，立足点之一便是个人的健全完满发展，二是促进社会进步。自动力和创造力的提出也正出于此。21世纪核心素养体系的立足点和逻辑起点亦可借鉴吸收上述经验。

3. 构建核心素养体系的原则方面

在回应"教育究竟要培养什么样的人"这一问题时，陶行知一方面针砭时弊，愤慨激昂地向传统的封建教育发起冲击，指出旧教育"教学生读死书，死读书；他消灭学生的生活力、创造力；他不教学生动手，用脑"[2]；另一方面得益于早期在国外受教育的经历而形成的开阔视野和长远眼光，他得以站在时代潮流的前端，结合本国教育实际、社会发展状况，不失时机地提出了培养学生的生活力、自动力和创造力。以培养生活力、自动力和创造力为主要内容的"三力论"和"常能论"，在20世纪上半期可谓独树一帜，颇具时代特征和全球视野，并有前瞻意识，其中创造力思想是中国教育史上首次提及并系统论述。21世纪核心素养体系的建立也是既要立足本国实际，体现时代所需，又要放眼世界，顺应全球化需要。需要指出的是，借鉴国际经验的同时，素养的本土化不容忽视。

4. 细化核心素养的活动规定方面

陶行知的生活教育虽然只有"康健的体魄"等基本理念，但他有一套与之相配合

---

[1] 余涛：《萧湖之畔的丰碑》，河海大学出版社，2003，第15—16页。
[2] 董宝良、喻本伐、周洪宇编《陶行知教育论著选》，人民教育出版社，2001，第386页。

的操作性内容规定。如早期提出的七十余种生活力,中后期提出的自动力、创造力,以及育才学校二十三种初级与高级"常能"等,可以具体实施并检查评估。比如初级十六常能中的第一条"会当书记"包括写小楷、管卷宗、写社交信、做会议记录。高级七常能中的第一条"会开汽车"的具体活动规定是,检查目力及手腕灵敏,懂得汽车构造①,并特别注明请专家指教。初级、高级的划分很有见地。可以说,育才"二十三常能"拓展、延伸和发展了"三力论",是陶行知的学生核心素养观的一次飞跃。科学细化活动规定,使21世纪核心素养体系能具体实施并可检查评估,必将影响、推动我国教育改革。

5. 实现知识、技能和价值观的综合和超越

生活教育学说及其以培养生活力、自动力和创造力为主要内容的"三力论"和"常能论",乍一看不关注知识,只关注一些生活技能。其实,教育是为了更好地生活,陶行知不是不要知识,不要技能,不要情感和价值观,而是注重知识技能和价值观的综合和超越,真正使知识转化为智慧,转化为能力,转化为正确的价值观和优秀的品格。尤要指出的是,他重视学生正确价值观的形成,培养学生的大丈夫精神,强调公德与私德的并重,推崇儒家的智、仁、勇。他曾指出,智、仁、勇是中国重要的精神遗产,过去被认为"天下之达德",今天依然不失为个人完满发展之重要指标。真正具备能力的学生,他不仅会读能写善算,能生产会劳动,而且他会思考能创造,好学并善学,积极改造社会,颇具智、仁、勇的大丈夫精神。同样,核心素养不只是知识,不只是技能,不只是情感态度价值观,更是知识能力价值观的综合和超越,是个体获得完满发展的关键能力和必备品格。核心素养包括学科核心素养,更包括跨学科核心素养。换言之,核心素养涵盖领域素养和通用素养,发展领域素养,强化通用性核心素养,注重以人为本。

6. 构建核心素养体系的具体内容方面

康健生活力、劳动生活力、科学生活力、艺术生活力和社会改造生活力,并不都是核心素养,但是,陶行知力图加深教育与生活的联系,鼓励劳动生产,重视科学与生活的联系,强调科学服务生活,生活促进科学思维发展,强化学生的艺术欣赏和表达能力,关注个体与社会的关系,力倡社会改造生活力的观点值得吸收和借鉴。另外,包括掌握方法、自主自律、有判断能力在内的自动力和创造力思想至今仍生机焕发。

---

① 董宝良、喻本伐、周洪宇编《陶行知教育论著选》,人民教育出版社,2001,第566页。

最后，对比分析国内外关于学生核心素养体系观相关研究，结合当前我国实际，受启发于陶行知的"三力论"和"常能论"，笔者在研究之后，尝试提出一种学生核心素养假说（见表2），供教育界讨论研究。

表 2　学生核心素养假说

维度	核心素养
领域素养	语言素养、数学素养、科技素养、艺术素养、信息素养
通用素养	社会性发展：社会责任、国家认同、国际理解、团队与合作； 个人成长：自我认识与自我管理、幸福力； 高阶认识：批判性思维、创造力、终身学习

（1）社会责任

①主动认识社会生活，关注社会问题，带着社会责任感学习、工作等；②环境素养与生态意识，包括关注地区、国家乃至世界的生态环境状况，有环保意识，积极推动环保文化在社会的形成等；③民主素养与法治信仰，包括较高的民主涵养，崇尚自由的精神，知法、守法、敬法，乐于参加并且组织社团活动等；④有长期从事志愿服务的热情，有社会批判精神等。

（2）国家认同

①国家意识，包括主人翁精神和公民意识，热爱祖国山河，有强烈的民族情怀等；②政治认同，包括了解国家政治制度、政党和政治理想，主动参加政治生活，正确使用包括选举权在内的各项政治权利，明确并履行服兵役等政治义务等；③文化自信，包括主动了解、吸收民族文化的精髓，以本国历史上的文化名人为榜样等。

（3）国际理解

①全球视野，包括了解其他国家、民族、地区文化的基本精神及风俗习惯，以开放的心态主动适应全球化，将全球相互依存的理念同地方行动相联系等；②尊重差异，包括认识、理解不同国家的文化差异，学习、掌握与其他国家、民族、地区人民平等交往、和睦相处的修养与技能，探讨全人类共同价值观念，增进不同宗教信仰和文化背景的国家、民族、地区间的相互理解与宽容等。

（4）团队与合作

①团队合作意识，包括团队意识和认同感，明确团队成员的责任，乐于建言献策，积极融入团队等；②掌握团队合作的技能，包括较强的沟通能力、理解能力和组织能力，以及良好的共情能力等。

（5）自我认识与自我管理

①自我认识，包括时刻保持清醒的自我意识，清楚自身的优缺点，积极思考，时常自我反省等；②自我管理，包括认识和控制情绪的能力，时间管理能力，职业规划和定位能力，自主发展力等。

（6）幸福力

①追求幸福，包括享受现在的生活状态，将幸福视为一种生活方式等；②拥有幸福的能力，包括找到学习、工作背后的意义感，建立健康亲密的关系，找到在这个世界上的使命并为之努力，实现自我等。

（7）批判性思维

①认知方面，包括凭证据讲话，合乎逻辑地论证自己的观点，对自身的深刻反省和对异见的包容，以及对一个命题适用范围有深度的认识和理解等；②人格方面，包括不懈质疑，敢于且善于提出问题，不畏权威，直面选择，果断决策，勇于面对自己选择的后果，承担责任等[1]。

（8）创造力

①创造性精神，包括拥有永不满足于现状，渴望与众不同的心态，视创造为一种信仰，乐于创造等；②创造性思维，超越现有框架思考等；③创造性能力，包括把创造性思维转换为创造性行动时必须应有的方法，比如面对失败的能力，不断学习的能力，调整自己的能力等[2]。

（9）终身学习

①学会学习，包括自主探索学习方法，形成较科学的方法体系，体验学习的乐趣，自主自律地学习，较强的自动力等；②终身学习能力，包括对学习有强烈的需要，正确的学习动机，较强的学习热情，能及时有效地评价学习态度及行为，主动调节学习行为以适应时代和环境的需要，高效利用工具进行学习等。

（10）语言素养

①母语情结，积极探寻民族文化语言，体悟母语的魅力；②爱阅读，具备符号化的逻辑思维能力等；③能熟练使用母语阅读、写作、交流和演讲等；至少掌握一门外语，能熟练使用外语进行日常交流，及撰写简单应用文等。

---

[1] 谢小庆、刘慧：《审辩式思维究竟是什么》，《中国教师报》2016年3月16日。
[2] 钱颖一：《培养创造力须先创新教育模式》，《商周刊》2016年第8期。

(11) 数学素养

①乐于体验数学活动带来的探索和创造，好奇于数学对人类历史发展的作用，寓数学于生活等；②数学能力，包括会运算，在日常生活中能用数学思维解决问题，具有自由转换实际空间与平面图画的能力等。

(12) 科技素养

①乐于了解科学技术对社会和个人所产生的影响，崇尚科学精神，勇于且乐于探究，具有科学思维等；②了解必要的科学知识，有足够的科学词汇量，理解科学术语，能看懂科普书籍和科学杂志等；③掌握基本的科学方法，理解科学探究过程，具备动手试验的能力等。

(13) 艺术素养

①喜欢欣赏艺术作品，享受艺术，认同国家和整个人类艺术和文化价值，有艺术理想等；②懂得基本的乐理、绘画、表演等知识，有艺术感等；③会唱歌，能绘画，懂表演，对作品有独特的见解，有创意表达能力和设计感。

(14) 信息素养

①有正确的信息意识和情感，包括对知识经济时代信息重要性的认识，不唯信息至上等；②熟练使用电脑等信息工具，能够判断什么时候需要信息，明确信息任务，懂得如何获取信息，具有检索、选择、综合和评价信息的能力等。

对待陶行知的"三力论"和"常能论"，我们不仅要学习借鉴，更要从今日中国社会和教育现实出发，在继承的基础上有所超越，这是时代给我们这一代教育人的历史任务，也是我们的神圣使命。只有这样，才符合陶行知教育学说本身的精神，使生活教育思想适应时代，推动时代，更好地为建立具有中国特色的社会主义教育体系服务。

教育改革的中国方案：
聚焦发展核心素养的素质教育探索[1]

为迎接新一轮科技革命与产业变革的到来，适应经济社会发展变革的时代需要，目前各国政府和各主要国际组织都非常重视学生核心素养（关键能力）的培养，将之视为21世纪学生培养的关键。什么是21世纪的教育？哈佛大学教育研究生院的全球教育创新倡议从以下几个方面看待21世纪的教育：①个人领域的能力，包括知识开放、职业道德和责任心；②人际关系领域的能力，包括团队合作和领导力；③认知领域的能力，包括主意、知识和创造力；④价值观和态度；⑤积极参与和授权的教学法。赫拉利[2]以2050年为例，指出2050年的教育与现在教育的不同应特别体现在不是向学生灌输信息，而是教他们判断信息；不应看重工作技能，而要强调通用的生活技能；"不连续性"时代，需要不断重塑自己；认识你自己，不要被算法控制。可以说，全球主流教育方向已经发生改变，体现在：第一，学习方式基本转向成功。在世界各地，尤其是教育发达地区，几乎无一例外地进行着项目式学习、团队合作学习、多学科融合学习、问题导向式学习、人工智能辅助学习、体验式学习、探究式学习等。第二，教育在关注人的意义。教育的一大目的就是引导学生成为更好的自己，这也是人存在的意义之一。这意味着学生是活生生的人。第三，落实合作学习。合作学习是当今主流学习形式之一，成熟的合作学习理论与实践被证明是全球更好的学习方式[3]。其实，或是主张何为21世纪的教育，或是提出何为21世纪技能，都是全球主流教育方向的

---

[1] 本文系同名图书序言。
[2] 尤瓦尔·赫拉利，全名尤瓦尔·诺亚·赫拉利，1976年生于以色列，牛津大学历史学博士，青年怪才、全球瞩目的新锐历史学家。
[3] 张克运：《全球主流教育方向已变，我们还在纠缠起跑线》，《华人时刊（校长）》2019年第2期。

体现，那就是重视核心素养的培养。

核心素养是近来国际教育改革的风向标。经济合作与发展组织、欧盟、联合国等国际组织及美国等国家都在研究 21 世纪要培养出什么样的人，当具有怎样的核心素养。经合组织的 DeSeCo（素养的界定与遴选：理论和概念基础）项目、欧盟的终身学习之核心素养的欧洲参考框架项目、美国的 21 世纪技能等都聚焦发展个体核心素养，深化 21 世纪的教育改革。

纵观我国历史，近代以来，不少先进教育家就培养什么样的人也在不断地进行探索。严复、梁启超、王国维、蔡元培、陶行知、陈鹤琴、杨贤江等人，是那个时代的先锋，他们锐意改革，寻找出路。严复、梁启超开了国民性改造的先河，主张体育、智育、德育三育并重。王国维将智育、德育、美育、体育统合协调，为近代教育宗旨奠基。蔡元培提出军国民教育、实利主义教育、公民道德教育、世界观教育、美感教育"五育"并举的教育方针，顺应时势，养成共和国民健全之人格。杨贤江以马克思"人全面发展"理论为指导，提出德、智、体、美、劳全面和谐发展的新教育思想，主张教育与生产劳动相结合是实现人的全面发展的重要途径，强调对青少年实行"全人生指导"，将青少年的身心发展和个性特征贯彻实施到整个"五育"融合过程中。陈鹤琴的活教育旨在培养具有健全的身体、创造的能力、服务的精神、合作的态度以及世界的眼光的现代中国人以及世界人。对于培养什么样的现代人，从理论到实践，陶行知的回应更加掷地有声。基于其独创的生活教育思想，他提出的"三力论"和"常能论"，无疑是明确聚焦于那个时代核心素养的有益尝试。这些都充分体现了中国先进教育家对于当时核心素养培养的先驱性探索，具有世界意义。

在当代，面对全球化浪潮、世界教育改革的大势，基于经济社会发展的需要，在清楚了解人才培养现状的基础上，我国也在不断持续推动教育改革。自上至下，从政府推动到学界研究，聚焦发展核心素养和关键能力的素质教育体系探索，将成为世界教育改革浪潮中的中国方案。基础教育新课程改革实验是新时期政府主导的聚焦于学生能力发展的素质教育探索。从"双基"目标到"三维"目标，再到现在的核心素养，政府始终在推动基于学生能力发展的素质教育改革。而由继承与发展陶行知生活教育学说而来的"生活·实践"教育则是由专家学者与一线教育工作者在自发探索过程中形成的聚焦发展核心素养的民间方案。"生活·实践"教育是当代教育工作者对生活教育学说的创造性转化、创新性发展。

这里要特别指出的是，我们的这本《教育改革的中国方案：聚焦发展核心素养的素质教育探索》，聚焦在发展核心素养、关键能力这一维度，基于此，在中国教育部分，重点介绍了政府主导的新课程改革和民间推动的"生活·实践"教育实验。事实上，新中国建立以来，基础教育领域的众多一线教育工作者和教育专家就在积极探索教育改革并取得丰硕成果。尤其是进入新时期后，基础教育领域的改革更是风生水起，蔚为可观。许多教育改革实验都理念先进，改革系统，探索深入，富有成效，比本书论述的"生活·实践"教育开展得更早，成效更显，影响更大，更为成熟，如叶澜的"生命·实践"教育、朱永新的"新教育实验"、李吉林的"情境教育"等，都是基础教育改革的先行者和典范，只是由于本书主旨在于聚焦发展核心素养的素质教育探索，特别是全面贯彻落实习近平总书记近年来关于学习、研究、宣传、实践陶行知思想、人格精神的指示精神，重点梳理和总结近现代教育家陶行知生活教育学说，特别是其培养学生生活力、自动力、创造力和"初级常能"与"高级常能"的宝贵经验，以及这一经验在当代中国的创造性转化、创新性发展，因此未将以上重要基础教育改革探索纳入本书论述范围。上述基础教育改革探索的宝贵经验，笔者将在其他著作里作专题论述。

陶行知论解放儿童创造力[1]

现在学校内注入式教学盛行，原因很多，不相信儿童有自学能力（更不用说有创造力了），恐怕是原因之一。要废除注入式的教学，提倡学生是学习的主人，应当认识儿童，了解儿童，让儿童的能力（尤其是创造力）得到发展。这个问题涉及教学指导思想。我们发表这篇文章，是希望引起教育工作者对这个问题的重视，也希望它能成为研究这个问题的参考。

陶行知是我国近代伟大的人民教育家。他在长期的教育实践里，极为重视儿童教育问题，曾对儿童教育作过许多精辟的论述。本文拟就陶行知关于解放儿童创造力的思想作一评述。

一、儿童身上蕴藏着创造力

陶行知认为，儿童身上蕴藏着创造力，它是"千千万万祖先，至少经过五十万年与环境适应斗争所获得而传下来之才能之精华"[2]。作为一个教育工作者，应该重视儿童的创造力，发挥儿童的创造力。他以自己亲身经历的两件事为例，说明儿童身上蕴藏着创造力。其一，陶行知创办的晓庄试验乡村师范学校（下文简称晓庄学校）停办以后，晓庄的教师和师范生不能回晓庄小学任教，而私塾先生又被小孩们拒绝，在不得已的情况下，小孩们自己便组织起来，推举同学做校长、教员，自己教，自己学，自己办，并自称为自动学校。当陶行知听见这个消息之后，就写了一首诗去祝贺他们：

---

[1] 原载于《课程·教材·教法》1984年第3期。
[2] 江苏省陶行知教育思想研究会编《陶行知文集》，江苏人民出版社，1981，第749页。

"有个学校真奇怪：大孩自动教小孩。七十二行皆先生，先生不在学如在。"① 他写好后交给几个大学生看，众人都说诗写得很好。于是，他就将诗给自动学校的小孩们寄去。第三天，陶行知收到了小孩们寄来的回信，信中认为这首诗有一个字要更改，还提出一连串的问题：大孩教小孩，难道小孩不能教大孩吗了？大孩能够自动，难道小孩不能自动吗？而且大孩教小孩有什么奇怪呀！陶行知看到这封回信，非常高兴，觉得小孩们的意见是很正确的，便马上把诗句改为"小孩自动教小孩"。他由此而认识到："黄泥腿的农村小孩改留学生的诗，又是破天荒的证明，证明小孩有创造力。"② 其二，有一次，陶行知在南通推行"小先生制"，写了一篇一分钟的演讲词，文中有一段："读了书，不教人，什么人？不是人。"当陶行知讲完后，有个小孩马上说道，陶先生，你的演讲最好把"不是人"改为"木头人"，"木头人"比"不是人"要更好一些。因为"不是人"三个字不具体，桌子不是人，椅子也不是人，而"木头人"是给人们一个具体的印象。从这件事里，陶行知又一次认识到"小孩子有创造力"。他指出："我们要真正承认小孩子有创造力，才可以不被成见所蒙蔽。小孩子多少都有其创造的能力。"③

现代生理科学实验的结果表明，陶行知这种"儿童身上蕴藏着创造力"的论点，是符合实际情况的。近年来，大脑研究和生化研究的一连串突破，使人们不能不承认，人的大脑还有很大一部分的潜力未被利用。一般来说，人的大脑生理发展的关键时期在出生后的五到十个月之间；到两岁末，大脑便基本具备了主要生理功能；五岁儿童的脑重就已达到成年人脑重的百分之九十五。由于经济和科学技术的飞跃式发展，现代青少年的身体发育较之祖父母早成熟两年左右，智力方面也有成熟得更早的情况。根据对大脑所作的生化研究可知，人脑具有一百二十亿至一百四十亿个神经细胞。某些权威人士认为，未被利用的大脑神经细胞高达百分之九十以上。只要引导得法，完全有可能把儿童身上蕴藏着的创造力开发出来。可贵的是，早在 20 世纪初叶，陶行知就已认识到小孩子有创造力，并亟须开发。应该指出，这正是他用科学态度办教育、坚持实践出真知的最好证明。

---

① 江苏省陶行知教育思想研究会编《陶行知文集》，江苏人民出版社，1981，第 750 页。
② 江苏省陶行知教育思想研究会编《陶行知文集》，江苏人民出版社，1981，第 751 页。
③ 同②。

二、儿童创造力的"六大解放"

陶行知认为，发现了儿童有创造力，认识了儿童创造力，就应该进一步将儿童的创造力解放出来，否则，就会使儿童创造力这种巨大的智力资源被埋没。这不仅是教育工作者的严重失职，也是对民族、对国家宝贵财富的重大浪费。那么，应该从哪些方面去解放儿童的创造力呢？陶行知提出了"六大解放"的建议。

（一）解放儿童的眼睛

陶行知认为，传统的封建教育给儿童戴上了一副封建的有色眼镜，使他们脱离社会实际生活，"两耳不闻窗外事，一心只读圣贤书"，成为无益于社会的小"书呆子"。所以，他指出，不要让儿童"戴上封建的有色眼镜，使眼睛能看事实"[①]。应该培养儿童对大自然进行观察，对大社会进行分析，在大自然、大社会的怀抱中，陶冶性情，锻炼意志，培养分析问题、解决问题的能力。

（二）解放儿童的头脑

陶行知认为，儿童的创造力被固有的迷信、成见、曲解、幻想层层"裹头布"包缠了起来。要发展儿童的创造力，先要把儿童的头脑从迷信、成见、曲解、幻想中解放出来。迷信要不得，成见要不得，曲解要不得，幻想更要不得，幻想是反对现实的。那么，对于"这种种要不得的裹头布"应该如何处理呢？他向人们发出了战斗号召："要把它一块一块撕下来，同中国女子勇敢地撕下了裹脚布一样。"[②]"这种种要不得的裹头布"就像"女子的裹脚布"，多么生动的比喻！多么深刻的思想！他还把解放头脑、发挥创造力与儿童的未来、与中华民族的未来紧密地联系在一起，反映出他具有广阔的政治视野。尤其值得注意的是，他这种解放头脑的战斗呼唤发出之时，正是中华民族与日本帝国主义侵略者决一死战的最后关头，这便具有更为重要的现实意义。

（三）解放儿童的双手

陶行知认为，人类自从腰骨竖起，前肢变成一双可以自由活动的手，进步便一日

[①] 江苏省陶行知教育思想研究会编《陶行知文集》，江苏人民出版社，1981，第784页。
[②] 江苏省陶行知教育思想研究会编《陶行知文集》，江苏人民出版社，1981，第751页。

千里，超越一切其他动物。自从这个划时代的解放以后，人类就能创造工具、武器、文字，并从事更高级的创造。假使人类把双手束缚起来，就不能执行头脑的命令。我们要在头脑指挥下，用手使用机器制造，使用武器打仗，使用仪器从事发明。他还一针见血地指出中国传统的封建教育的弊病："中国对于小孩子一直是不许动手，动手要打手心，往往因此摧残了儿童的创造力。"① 要根绝这个弊病，就必须解放儿童的双手。陶行知还以爱迪生的母亲关心爱迪生成长的故事为例，说明长辈们不要轻易否定了儿童的创造力，应该培养儿童手脑并用，从事生产实践，从事科学研究实验，从事发明创造。他在《手脑相长歌》一诗中写道："人生两个宝，双手与大脑。用脑不用手，快要被打倒。用手不用脑，饭也吃不饱。手脑都会用，才算是开天辟地的大好佬。"②

(四) 解放儿童的嘴

陶行知认为，中国人的一般习惯是不多说话，儿童没有言论自由。大人说什么，小孩就听什么，就照着做，久而久之，养成一种盲从的陋习。这种情况是不利于儿童成长的。"儿童应当有言论自由，有话直接和先生说，并且高兴心甘情愿和先生说。首先让先生知道儿童们一切的痛苦。"③ 小孩子有问题要准许他们问，从问题的解答里，可以增进他们的知识。他指出："小孩子得到言论自由，特别是问的自由，才能充分发挥他的创造力。"④ 他写了一首题为《每事问》的诗阐发这个道理："发明千千万，起点是一问。禽兽不如人，过在不会问。智者问得巧，愚者问得笨。人力胜天工，只在每事问。"⑤

(五) 解放儿童的空间

陶行知认为，"我们要解放小孩子的空间，让他们去接触大自然中的花草、树木、青山、绿水、日月、星辰以及大社会中之士、农、工、商，三教九流，自由地对宇宙发问，与万物为友，并且向中外古今三百六十行学习"⑥。他还进一步指出："创造需要广博的基础。解放了空间，才能搜集丰富的资料，扩大认识的眼界，以发挥其内在

---

① 江苏省陶行知教育思想研究会编《陶行知文集》，江苏人民出版社，1981，第752页。
② 江苏省陶行知教育思想研究会编《陶行知诗歌集》，江苏人民出版社，1981，第79—80页。
③ 江苏省陶行知教育思想研究会编《陶行知文集》，江苏人民出版社，1981，第784页。
④ 江苏省陶行知教育思想研究会编《陶行知文集》，江苏人民出版社，1981，第753页。
⑤ 江苏省陶行知教育思想研究会编《陶行知诗歌集》，江苏人民出版社，1981，第12页。
⑥ 同④。

之创造力……空间放大了,才能各学所需;扩大了空间,才能各教所知;扩大了空间,才能各尽所能。"①

(六) 解放儿童的时间

陶行知认为,一般学校把儿童的时间排得太紧。日间由先生督课,晚上由家长督课,为的都是准备赶考,拼命赶考,还有多少时间去接受大自然和大社会的宝贵知识呢?赶考和赶路一样。赶路的人把路旁风景赶掉了,把一路应该做的有意义的事赶掉了。除非请医生救人,否则路是不宜赶的。考试没有这样重要,更不宜赶,赶考首先赶走了脸上的血色,赶走了健康,赶走了对父母的关怀,赶走了对民族人类的责任,甚至连抗战的本身责任都赶走了。最要不得的,还是赶考把时间赶跑了。他明确表明了自己对过多考试的态度:"我个人反对过分的考试制度的存在。一般学校把儿童全部时间占据,使儿童失去学习人生的机会,养成无意创造的倾向,到成人时,即有时间,也不知道怎样下手去发挥他的创造力了"。为此,他大声疾呼,"创造的儿童教育,首先要为儿童争取时间之解放"②。

尽管时间已过去了半个世纪,中国社会已发生了翻天覆地的变化,我们所从事的社会主义事业已取得了辉煌的成就,但由于传统教育思想的遗毒尚未完全肃清,陶行知当年提到的儿童教育六个方面的问题仍然没有彻底解决。许多儿童视野不开阔,遇事怕动脑筋,很少从事生产劳动、从事科学研究实验,即使不懂也不敢提问题,活动的范围也很狭窄,功课太多,以至没有什么时间去干一点自己高兴干的事情。尤其是一些学校片面追求升学率,各种考试名目繁多。在学校,教师督得紧,在家里,家长管得严,造成学生学习负担过重。从小学到中学,一关又一关,一切都围绕着考试的指挥棒转,把一个欢蹦乱跳的天真儿童,弄成了一个脸无血色、缺乏朝气的"小老头"。这不单是严重摧残了儿童的身心健康,也毁灭了儿童的创造力。为了彻底改变这种状况,全面贯彻党的教育方针,把青少年一代培养成为"有理想、有道德、有知识、有体力,立志为人民、为祖国、为人类做贡献的新人",今天,我们仍有必要像当年陶行知所呼吁解放儿童那样,真正把儿童解放出来,对儿童创造力实行"六大解放",充分发挥他们的创造力。只有这样,我们的后代才有前途,我们的国家才有希望,我们的民族才能永远屹立于世界伟大民族之林。

---

① 江苏省陶行知教育思想研究会编《陶行知文集》,江苏人民出版社,1981,第753页。
② 江苏省陶行知教育思想研究会编《陶行知文集》,江苏人民出版社,1981,第784页。

三、培养儿童创造力的"三个需要"

陶行知认为,在把儿童的眼睛、头脑、双手、嘴、空间、时间都解放出来后,还必须对解放出来的儿童创造力予以适当的培养。怎样才能做到适当的培养呢?这就要注意做到"三个需要"。

"需要充分的营养。"他说:"小孩的体力与心理都需要适当的营养。有了适当的营养,才能产生高度的创造力,否则创造力就会被削弱,甚而至于夭折。"[①] 这一点说的是培养儿童创造力的物质基础。"充分的营养"是培养和发挥高度创造力的基本条件。没有这个基本条件,儿童就不会有强壮的身体、健全的心理,就会使刚刚解放出来的创造力在萌芽之中就被扼杀。

"需要建立下层的良好习惯,以解放上层的性能,俾能从事于高级的思虑追求。否则必定要困于日用破碎,而不能够向上飞跃。"[②] 这一点说的是要注意使儿童养成良好的生活习惯、学习习惯,注意训练儿童的思维能力。有了良好的习惯,经常地思考问题,儿童的大脑就会越用越活、越用越灵,对于异常复杂的问题,也能进行深入的分析,得出正确的结论。

"需要因材施教。"他以种植松树和牡丹所需的肥料不同为例,生动而形象地说明了对于不同的教育对象,要有不同的教育方法。"松树和牡丹花所需要的肥料不同,你用松树的肥料培养牡丹,牡丹会瘦死,反之,你用牡丹的肥料培养松树,松树受不了,会被烧死。"同样道理,"培养儿童的创造力要同园丁一样,首先要认识他们,发现他们的特点,而予以适宜之肥料、水分、太阳光,并须除害虫,这样,他们才能欣欣向荣,否则不能免于枯萎。"[③] 这一点说的是培养儿童创造力的正确方法。因材施教是中国古代一个著名的教学原则。陶行知把它同培养儿童创造力紧密联系起来,认为因材施教的目的不仅仅要使学生学习得更好,获得更多的知识,还要使学生产生一定的创造力。这样,他就给因材施教这条古老的教学原则注入了新鲜血液,赋予它以新的、更为深刻的思想内容,从而使它更富有生命力。应该指出,这是陶行知在中国教育思想史上的一大贡献。

---

① 江苏省陶行知教育思想研究会编《陶行知文集》,江苏人民出版社,1981,第754页。
② 同①。
③ 同①。

论陶行知对职业教育的先驱性探索[①]

陶行知是中国近现代历史上,尤其是"五四"时期以来著名的教育家、思想家、改革家。他在职业教育方面进行了先驱性探索,形成了自己独有的职业教育观。与他人就职业教育论职业教育的方式不同,陶行知将职业教育理论纳入其生活教育理论的架构中进行思考与探索,形成了独具特色的职业教育理论,并付诸平民教育,乡村小学、幼稚园,山海工学团等具体实践。可以说,陶行知既是最早接触、关注、思考并研究职业教育的先驱者,又极具特色且自成一家;既有理论建树,又有实践研究,并为生活教育学说的丰富与完善打下了坚实基础。

一、陶行知职业教育思想的理论渊源与发展演变

我国的职业教育发展起步于 19 世纪末,陶行知是我国最早一批接触职业教育问题并且关注思考中国职业教育发展的教育家之一。他的职业教育主张与 19 世纪、20 世纪之交中国社会巨变的背景密不可分。

(一)陶行知职业教育思想产生的社会背景

陶行知所生活的时期,国家沦为半殖民地半封建社会,中华民族承受着沉重的政治危机与经济危机。甲午战争以后,洋务运动宣告失败,实业运动兴起,国家对实业人才的需求增多,形成了实业教育思潮。1914 年,黄炎培在调查全国教育状况时发现,"初等小学毕业,舍升高小无他路。高小毕业,舍升中学无他路。等而上之,莫不

[①] 与赵婧合作,载于《职业技术教育》2021 年第 34 期。

如此。而以中学为最甚……乃调查江苏公私立各中学校，就所报告统计之，大约毕业生升学者百分之二十五，谋事而不得事者三十。夫毕业者百人，失业者三十，似未为多"。在这种情况下，一方面近代实业发展需要大量有专才的从业人员，另一方面学生在学校里掌握不了实用技能，毕业后就业困难。如何让教育真正为实业发展服务，成为当时中国教育界迫切需要解决的问题。因此，开创职业教育，是时代与社会的共同需求。

在这种社会背景下，陶行知接触到了国内外的职业教育思想。陶行知在伊利诺伊大学读硕士、后去哥伦比亚大学读博士时，黄炎培曾委托陶行知搜集美国的职业教育资料，这引起了陶行知对职业教育的关注。黄炎培在1915年赴美国考察职业教育时，曾与他讨论中国的职业教育问题。1916年，黄炎培给陶行知写信时还曾提及"国内青年，学成无用，中学毕业生就业者仅十分之一，此为国内最急要之问题。解决方法，一在提倡职业教育；一在使普通教育方法之教材和训练方针，皆能切合于实用"。黄炎培倡导普通教育与职业教育要切合于实用，并认为此可以作为解决中国国内教育脱离实际、所学非所用问题的重要途径。1917年5月，教育界、实业界的蔡元培、黄炎培、蒋梦麟、郭秉文等人联名发起组织中华职业教育社，这是我国最早的职业教育团体，黄炎培任办事部主任，他将职业教育的目的定为"为个人谋生之预备，为个人服务社会之预备，为世界及国家增进生产能力之预备"，"使无业者有业，使有业者乐业"。

陶行知在此思潮的影响下，也主张用欧美国家的职业教育制度来改造中国，他认为"欧美之职业教育，吾国曩未之行，此则急宜酌采者也"。1917年9月，陶行知从哥伦比亚大学毕业回国，并于1918年11月3日在《教育与职业》第1卷第8期发表了一篇带有较为浓郁文言色彩，完整论述其早期职业教育思想的文章《生利主义之职业教育》，澄清人们对职业教育的误解，并且系统阐述自己的观点；针砭教育时弊，提出职业教育救国主张。

(二) 陶行知职业教育思想的理论渊源

陶行知的生利主义教育思想，是在批判当时社会教育弊端的基础上形成的。同时，他又深受蔡元培的实利主义思想、杜威的实用主义等影响，最重要的是受到黄炎培的启发，二人在职业教育思想方面互有影响。

首先，陶行知的职业教育思想，是建立在他对传统教育的思考与批判基础上的。他认为"中国现在危机四伏，存亡一缕。造成这种状况的原因，就是这山穷水尽的传统教育"。在1932年规划工学团计划时,他批判传统的教育体制存在"学校与社会隔离""生活与教育分家""先生教而不做,学生学而不做""教少数人升官发财""教劳心者不劳力,不叫劳力者劳心"等弊端。陶行知怀着"我是一个中国人,要为中国做一些贡献"的宏愿,远赴美国哥伦比亚大学学习,学成之后回国参加救亡图存运动。他立足中国实际,用世界性的眼光来思考如何挽救国家,摆脱厄运,争取中华民族的自由民主发展,思考着以改变中国教育来帮助中国脱离危亡的路径。

其次,蔡元培的实利主义思想也是陶行知职业教育生利主义思想的源头之一。1912年"中华民国"成立,蔡元培任教育总长,教育部颁布实施新的教育宗旨:注重道德教育,以实利教育、军国民教育辅之,更以美感教育完成其道德。这个宗旨是在蔡元培"公民道德、实利主义、军国民、世界观和美育""五育"并举的教育思想指导下制订的,反映了蔡元培的实利主义教育思想。1912年,蔡元培在《对于教育方针之意见》中提到:"曰实利主义之教育,以人民生计为普通教育之中坚。其主张最力者,至以普通学术,悉寓于树艺、烹饪、裁缝及金、木、土工之中。"1916年,蔡元培发表"教育界之恐慌及其救济方法"的演说,强调必须发展职业教育,以解决学生的出路问题。实利教育有助于人民生计,所谓实利主义教育主要就是提倡实业教育"尚实,即实利主义也"。蔡元培的实用精神一直贯穿在之后的职业教育思潮中,影响了陶行知等一大批人。

再次,陶行知深受杜威实用主义的影响。陶行知在哥伦比亚大学学习时,师从美国教育家杜威;后曾邀请杜威、孟禄、克伯屈等人来华讲学。1919—1921年,杜威先后到我国十四个省市演讲并在北京高等师范学校和南京高等师范学校两校讲学,还在我国出版了《杜威五大讲演》《平民主义与教育》《杜威教育哲学》等著作。可以说,杜威的实用主义教育学说在中国传播最广、影响最大。陶行知、胡适、蒋梦麟等深受杜威实用主义思想影响,在这期间也发表了很多论著。

最后,陶行知早期受到黄炎培职业教育思想的启发,但后期两人的职业教育思想互有影响。最初,陶行知对职业教育尚未予以关注与重视,在其本科论文《共和精义》里,只是谈到了教育与共和的关系、教育的重要性,几乎没有提及职业教育在中国发展的重要性;不久,在关注国内外的职业教育之后,陶行知在1918年发表了《生利主义之职业教育》一文,从职业教育的师资、设备、课程、学生等方面作了专门论述,并明确提出了生利主义的职教观;后期,陶行知在晓庄办学时,提出"学生要手脑双挥""教学做合一"的思想,与黄炎培"手脑并用、双手万能、做学合一"的职业教育思想相互呼应。陶行知与黄炎培关系非常密切,早在金陵大学学习时,就与时任江苏省教育司司长的黄炎培交往颇多；陶行知毕业时，黄炎培以江苏省教育司司长的身份出席祝贺；陶行知去世时，黄炎培悲恸异常，悼念称他是"秀绝金陵第一声"。陶行知与黄炎培相互启发，相互支持，一起探索中国职业教育的发展，一直为振兴中华民族教育而共同努力。

（三）陶行知职业教育思想的发展演变

陶行知的职业教育思想是不断发展演变的，在后期的探索中，他将职业教育与生活教育、社会教育相结合，寓职业教育于生活教育、社会教育之中。从时间的角度来看，1918年陶行知发表《生利主义之职业教育》，标志着他职业教育思想的确立。文中提到"生活主义包含万状，凡人生一切所需皆属之。其范围之广，实与教育等"，已经看出了生活与教育内容的相通之处。1921年，陶行知在《活的教育》一文中首次提出生活教育的观点。1927年，陶行知创办了晓庄试验乡村师范学校（下文简称晓庄学校），推行生活教育，标志着生活教育学说的确立。从这一发展过程可以看出陶行知由职业教育向生活教育的思想转变。

随着陶行知生活教育思想的不断深化和发展，他的职业教育思想也在不断发展。在其"教学做合一"的理论中也可以看到职业教育的内容。1931年，陶行知发表的《教学做合一下之教科书》提出："教学做合一是生活法，也就是教育法。它的含义是：教的方法根据学的方法；学的方法根据做的方法。事怎样做便怎样学，怎样学便怎样教。教与学都以做为中心。"他列举出七十种"要培养的生活力"，其中包含着大量职业教育的内容，如"种麦""养蚕""纺纱""织布""用水发电""造桥""造船""雕刻""弹琴"等，都属于职业教育的范畴。他在1934年至1935年间发表了《生活教育》《传统教育与生活教育有什么区别》《创造的教育》《生活教育之特质》等一系列文章，其中不仅包含职业教育，还包括乡村教育、师范教育、终身教育等教育思想，标志着他的生活教育学说逐渐成熟，形成了一个完整的生活教育学说体系。由此可见，他的职业教育思想是在生活教育这一大的学说范畴之中逐渐发展的。

二、陶行知对职业教育理论的先驱性探索

陶行知的职业教育理论，主要体现为他对职业教育的功能、目的、师资、课程、设备、学生等方面的论述，这些内容体现了陶行知对职业教育的本质观、师资观与发展观的认识。其观点集中体现在《生利主义之职业教育》一文中，文中提到的生利主

义观点，是陶行知整个教育理论实践中不可缺少的一部分，也是中国近代职业教育思想发展史上的重要一环。

(一) 职业教育本质观

职业教育与经济社会发展的联系最为紧密。所谓职业教育，是指"在普通教育基础上，对潜在劳动力进行专业知识、专业技能和操作能力的职前教育和职后培训，以适应国民经济各领域和社会发展诸行业的需要，使劳动力经过训练具有一定的职业道德和职业纪律，熟练的专业技能，以适应就业的个人要求和客观的岗位需要，最终推动生产力的发展"。职业教育本质观是指对职业教育本质的根本看法，是对职业教育功能、目的、社会需求以及职业教育发展方面的思考。

1. 职业教育的本质：以生利为主义

所谓生利，就是为国家和社会创造物质财富和价值。陶行知在《生利主义之职业教育》中，在辨明职业教育不同于生活主义和衣食主义之后，明确提出"职业作用之所在，即职业教育主义之所在。职业以生利为作用，故职业教育应以生利为主义……故凡生利之人，皆谓之职业界中人；不能生利之人，皆不得谓之职业界中人。凡养成生利人物之教育，皆得谓之职业教育；凡不能养成生利人物之教育，皆不得谓之职业教育"。因此，能否生利也成为是否是职业教育的根本。陶行知不仅作出判断，并且辨析了生利主义与生活主义、衣食主义的不同。这一概念成为对近代职业教育本质认识的一个标志性观点，为以后职业教育的不断发展奠定了理论基础。另外，陶行知看到了生利的经济实用价值，这凸显出职业教育的特质，也成为中国近代职业教育思想发展史上的一个重要成果。

2. 职业教育的功能：以物利群与以事利群

陶行知概括生利的功能为：以物利群与以事利群。他说："生利有二种：一曰生有利之物，如农产谷，工制器是；二曰生有利之事，如商通有无，医生治病是。前者以物利群，后者以事利群。生产虽有事物之不同，然其有利于群则一。"第一种所生之物是具体的物质财富，如农业生产粮食与工业制造器具等。第二类则是产生有益于社会的价值，如商业繁荣、医疗发达等。第一类是以物质财富来造福国家，而后一种则是以具体事务来造福社会，这两种生利虽然有所不同，但是都体现了职业教育的功能，是对社会和人民有益的。

3. 职业教育的目的：衣食乐业

陶行知把职业教育作为教育救国的重要方式，其职业教育的目的也十分明确：希望学生通过生利主义，使自己衣食无忧，安居乐业，并为社会、国家、民族做出贡献。"使他们为自己生利，为社会生利，为国家生利，为民族生利。""吾人作事之目的，有内外之分。衣食者，事外之目的也；乐业者，事内之目的也。足衣足食而不乐于业，则事外虽无冻馁之虞，事内不免劳碌之患。彼持衣食以为职业教育主义者，是忽乐业之道也。""职业教育既以养成生利人物为主义，则其注重之点在生利时之各种手续，势必使人人于生利之时能安乐其业，故无劳碌之弊。"

另外，陶行知并没有将生利仅仅停留在吃饱穿暖的物质层面，他非常关注民众的精神世界。衣食，仅仅是物质层面的追求；乐业才是充盈内心的精神追求。如果仅仅重衣食而不重精神，内心就会劳碌无趣，这不是真正的职业教育。换言之，职业教育既重物质也重精神，最终达到"国无游民，民无废才，群需所济，个性所舒"的目的。

（二）职业教育师资观

陶行知认为："职业教育既以养成生利人物为其主要之目的，则其直接教授职业之师资，自必以能生利之人为限。"教师既然要培养生利的学生，必须自己先能做到生利，具备生利的能力。他具体从生利主义之经验、学识、教授法三个方面提出了要求。

1. 职业教师之要事：要有生利之经验

他认为："职业教育既以养成生利人物为其主要之目的，则其直接教授职业之师资，自必以能生利之人为限。"他列举孔子与樊迟对话的例子来说明"职业教师之第一要事，即在生利之经验"。正如医生有了实际的治病经验，才可以当医生；没有从事过商业活动的老师不能去教商业。如果没有生利的经验，只是纸上谈兵，以书生教书生，即使顶着职业教师之名，也不是真正的职业教育之教师。只有自己首先掌握了知识与技能，才能培养出对社会有益的职业人才。专门的职业教师应该有真正的实践经验，陶行知的这一观点对今天的职业教育仍然有指导意义。

2. 改良所产事物之责：别具生利之学识

仅仅满足生利之经验还是不够的，职业教师还负有"改良所产事物之责"。也就是说，不仅要有职业教育的经验，还要有学识有理论。"欲求事物之改良，则非于经验之外别具生利之学识不可。无学识以为经验之指导，则势必故步自封，不求进取。吾国农业，数千年来所以少改良者，亦以徒有经验而无学识以操纵之耳。故职业教师之第二要事，是为生利之学识。"教师不仅要教会学生生利，更要懂得与时俱进，懂得创新。

3. 浃洽生利之方法：为生利之教授法

职业教育的教师还要懂得"教授生利之法"。"有宜先理想而后实习者，有宜先实习而后理想者，有宜理想实习同时并进者。为职业教师者自宜熟悉学者之心理，教材之性质，使所教所学皆能浃洽生利之方法，而奏事半功倍之效。故职业教师第之三要事，为生利之教授法。"在教学上，应该"随业而异"，教师要善于教学，应该了解学生，洞察学生心理，熟悉教授内容，这样才能达到教学的最佳效果。

陶行知的师资观，是针对当时实业教育脱离实际、不务实的弊端所提出的。当时的实业学校存在只学理论、不重实践的严重脱离社会需要的倾向。学校只有教科书，没有实习设备，教师照本宣科，学生一读了之，这些弊病使得培养出来的学生无法适应社会的实际需要。

(三) 职业教育发展观

职业教育的发展观，涉及对职业教育发展的各种必备要素如教师、学生、设备、课程等方面的基本观点，因受到当时的社会政治、经济、文化的影响，其具有历史性、时代性与前瞻性等特点。

1. 职业教师之发展：经验学术教法

陶行知提到"健全之职业教师，自必以经验学术教法三者皆为标准。三者不可得兼，则宁舍教法学术而取经验"。他认为，这三条标准如果全部满足，自然是最理想的职业教育师资状态，但是如果不能全部满足的话，以满足第一条具备生利经验最为重要。因为，即使不具备学识和教授法，只要自己有实践经验，便可以指导学生进行实践。但是如果没有实践经验，即使具有学识和教授法，也达不到指导学生生利的目的。

关于如何培养职业教师，陶行知认为有三种方法："收录普通学子教以经验学术与教法；收录职业界之杰出人物教以学术与教法；延聘专门学问家与职业中之有经验者同室试教，使其互相砥砺补益，蔚为职业教师。"这反映出陶行知对职业教育专业教师发展的考虑以及他务实的作风。由于在当时的社会，同时满足三个条件的教师不多，陶行知从社会实际情况出发，认为至少满足第一条就可以当职业教育的教师。

2. 职业设备之发展：必先有种种设备

陶行知非常重视职业教育学校的设备，指出"无利器而能善其事者，吾未之前闻"。因此，文中专门提到职业教育"必先有种种设备，以应所攻各业之需求，然后师生乃能从事于生利"。也就是说，生利的职业教育必须具备生利的职业设备，就如没有农具无法教农耕田，没有机器无法教工人做工。如果没有供教学的生利设备，即使有好的师资，也是无济于事的。那么该怎么引进和利用设备呢？陶行知认为"一是自有之设备；二是利用职业界之设备"。当时的职业学校经费较为贫乏，购买所需设备难度较大，因此，他认为不如利用职业界正在使用的生利设备进行教学。比如美国的农业学校的经验就是：农闲时来学校学习农业知识，农忙时就可以使学生各自回家，使用学生家中的田园设备等，教师只需要去各家巡回辅导即可，学校无须购买农业器具，这样便可以节省经费，也可以达到生利经验教学的目的。

3. 职业课程之发展：毕百课则生百利

首先，陶行知非常重视职业课程的建设与发展，他认为职业课程应该一课一得，"职业学校之课程应以一事之始终为一课……每课有学理，有实习，二者联络无间，然后完一课，即成一事。成一事再学一事，是谓升课"。他举例说，种豆是一事，围绕种豆所应该了解与掌握的各种知识技能就算作一课。该讲种豆理论的就讲理论，该讲如何种豆的就去实践，知识与技能交错实践，直到最后学会种豆一事就为一课。这里可以明确看出杜威活动课程的影子。陶行知借鉴后，以活动课程的形式来改革职业教育的课程，可谓是创造性的改造。其次，职业课程的设计应该有梯度，学完一事再学一事叫"升课"，"自易至难，从简入繁"，把所有课程学完，才算"毕课"。这种课程是按照由易到难的方式设计的，按事施教，采用小班制，十五人左右为一个小班，这符合今天小班制的授课方式，有利于每个学生得到有针对性的指导。最后，以充分生利为标准，最好的职业教育课程应该是充分生利之课程。陶行知认为"定课程者必使每课为一生利单位，俾学生毕一课，即生一利；毕百课则生百利，然后方无愧于职业之课程"。这类似今天职业教育中的模块式课程编排方式。另外，职业教育课程应考虑充分生利。在具体的课程设计中，应该以一二事为主，同时兼授其他事，学生除了可以学会主业的生利课程，还可以学别的生利之业。这样的话，既有主业，也有副业，每月每日都可以凭所学之业来谋利。比如，学生学习蚕桑一生利之事，只占用一年中养蚕制丝的几个月时间，其余的时间，就可以学习别的生利之事。这样主副业结合，时间上协调，可以达到充分生利之效果。

4. 职业学生之发展：才能与兴味

除重视师资、设备、课程的发展，还必须重视职业学生的发展。陶行知先是介绍了之前学生发展的弊端，指出"学生择事不慎，则在校之时，学不能专；出校之后，行非所学"。如果职业学生选择专业不慎重，那么在校学习时不喜欢、不能专心，毕业后又行非所学，达不到生利教育的效果。他继而分析如何避免这种情况，认为可以通过结合自己的才能与兴趣来选择，以得到最佳效果。"所谓最适者有二：一曰才能，二曰兴味。吾人对于一业,才能兴味皆最高,则此业为最适;因其最适而选之,则才能足以成事。"在选择时,要特别注意才能与兴味,也就是自己擅长的和感兴趣的专业。只有学生既有才能,又有兴趣去学习这个专业,才最有可能成功,也是最合适的,并最符合个人与社会的利益与要求。这对当前我国高等教育、职业教育选择专业都有积极的指导意义。另外,他提出了职业教育应该设置实习期,"试习时期可随遇伸缩,多至半载,少至数星期皆可",并且应该是真实情景中的实习,"但试习之种种情形,必与真职业无异,始可试验学生之真才能真兴味"。经过实习之后,学生可以选择自己最感兴趣的一门学科进行学习,这样才能"学而安焉,行而乐焉,其生利之器量,安有不大者哉"?如此安心学习,乐于学习,生利的效果又岂会不好?

因此他得出结论,"职业学校:有生利之师资、设备、课程,则教之事备;学生有最适之生利才能兴味,则学之事备。前者足以教生利,后者足以学生利。教与学咸得其宜,则国家造就一生利人物,即得一生利人物之用,将见国无游民,民无废才,群需可济,个性可舒。然后辅以相当分利之法,则富可均而民自足矣。故职业教育之主义在是,职业教育之责任在是,余之希望于教育家之采择试行者亦莫不在是。谨贡一得,聊献刍荛,幸垂教焉"。陶行知站在教育家的高度,认为职业教育的发展离不开师资、设备、课程、学生的发展,四者结合好,就能达到国家无游民、人民无废才、社会需求得到满足、个人得到个性化的发展。这样便国可富,民自足矣!

三、陶行知对职业教育实践的先驱性探索

陶行知是我国近代职业教育的先驱者,更体现在他的具体实践上。从 1917 年到 1935 年,他积极倡导并身体力行推进平民教育、乡村教育和普及教育三大运动。1936 年后,他由前期主张教育救国理论,转变为主张国难教育、抗战教育和民主教育。他在职业教育实践方面的先驱性探索主要体现在平民教育运动,创办乡村小学、幼稚园以及山海工学团的实践活动中。

(一)在平民教育中探索职业教育

1918 年发表《生利主义之职业教育》后,陶行知的职业教育思想渐趋成熟。20 世纪 20 年代,他开始推行平民教育时,尝试将职业教育融入平民教育之中,甚至认为职业教育是"第二期的或者是继续的平民教育"。

1923 年,陶行知在全国平民教育计划中拟定使十二岁以上、二十五岁以下的一亿

不识字人"受一千字所代表之共和国民的基础教育",在这之后,就可以使已经识字的、有文学基础的人继续深造,"继续受职业的训练,求生计上之改善",以达到生利的目的。这样,职业教育就成为"第二期平民教育"。他将"职业教育思想体系与其平民教育、乡村教育、普及教育思想密切联系,把职业教育看作是平民教育、乡村教育的一部分,看作是普及教育的一个方面"。这也是陶行知的职业教育思想不断发展、实践,并转化为平民教育发展的更深入阶段。

(二)在乡村教育中探索艺友制

艺友制是陶行知1928年提出的培养乡村小学、幼稚园师资的一种创造性教育模式,是对中国传统师徒制的创造性改造,也为职业教育提供了借鉴。1927年,陶行知创办了晓庄学校,并建立了小学师范和幼稚师范各一所、中心小学八所、中心幼稚园四所等。这些学校与晓庄学校一起开展了各式各样的教学实践。

为解决师资匮乏的问题,陶行知在1928年1月5日将培养师资的徒弟制改名为艺友制;1月8日,晓庄学校、燕子矶小学、尧化门小学、晓庄小学、鼓楼幼稚园、燕子矶幼稚园联合招收艺友;1月9日作《艺友制师范教育答客问——关于南京六校招收艺友之解释》。同年3月,正式试行艺友制,并接待蒋梦麟、沈定一等人来晓庄参观。同年10月1日,浙江省立乡村师范(湘湖师范学校)开学。他在《艺友制的教育》《艺友制师范教育答客问》等文中介绍道,"艺者艺术之谓,亦可作手艺解。友为朋友。凡用朋友之道教人学做艺术或手艺者,谓之艺友制教育"。"艺友制之成功在乎指导之得人。故凡有指导能力者,皆可以招收艺友,初不问其事业之粗细也。""艺术家、文学家、技术专家、科学家、医生、教师、各种工艺匠师、有经验的农民等艺有所长者,均可招收艺友。""使有志青年得以依据兴趣才能,充当一种事业之艺友,以谋上进。"

所谓艺友制,是对陶行知《生利主义之职业教育》中提出的教师观的进一步发展。如何解决教师短缺的问题?只要是有手艺与技术的人,愿意以朋友相处的方式教别人学习职业技术,都可以称为"艺友"。艺友制尤其适用于职业教育,各行各业如医生、教师、文学家、艺术家、工艺匠人,只要有一技之长,而且愿意以自己之长教别人,都是艺友。这就很好地解决了乡村小学、幼稚园里师资严重匮乏的问题。陶行知在六所学校联合招收艺友,共同进行了艺友制教育的实践。艺友制可以看作陶行知生利主义师资理论的进一步发展,也是其职业教育思想的一次具体实践,是将学校与社会、职业教育相结合的一次尝试,并取得了行之有效的结果。

（三）在山海工学团中完善生活教育

20 世纪 30 年代，陶行知在上海创办山海工学团，旨在实现"工以养生，学以明生，团以保生"的宗旨。其实践不仅促进了陶行知职业教育思想以及生活教育学说的成熟，而且真正将工场、学校和社会连成一片，推动了我国普及教育、社会教育、职业教育的发展。

工学团以培养成员具有康健的生活、劳动的生活、科学的生活、艺术的生活、改造社会的生活为目标，主要开展三项工作。第一，工读结合。设有木工、袜工、藤工三个手工工场，聘请工匠作技术指导，师生学手工，工匠学文化，自己动手制作课桌椅、简易教具、玩具及实验器具。同时还在生物教师指导下，学习养蜂、养兔、种菜等农副产业生产。工学团通常上午学习文化科学和品德知识，下午参加劳动。第二，防治疾病，普及医药卫生常识。工学团设立小诊疗所，聘请医生担任医学指导，免费为农民治病，送医送药上门，辅导农民家庭卫生。第三，开展文娱活动。每星期五晚上举行同乐会，师生农友欢聚一堂，演节目、讲故事、玩科学游戏。

工读结合是陶行知将职业教育与社会教育相结合的首次探索；从防治疾病等工作中又可以看出他注重科学教育，力图实现以科学教育促进普及教育的目的。山海工学团的实践真正发展了陶行知的职业教育理论，并将"生活即教育""社会即学校""教学做合一"的生活教育理论落到了实处。

四、陶行知职业教育思想的启示

虽然职业教育并非陶行知理论研究和教育实践中最重要的部分，但却是他整个教育理论实践中不可缺少的一部分。作为探索职业教育的先驱者，他的生利主义观点是构成整个近代职业教育思想发展史的重要一环。陶行知始终立足我国社会实际，学习借鉴西方的职业教育制度，并将中国传统的学徒制发展为艺友制，在各种教育实践中不断更新、发展自己的职业教育理论，最后将其汇入并完善发展了自己的生活教育学说。从思想的深度来看，陶行知生活教育思想的内涵远比职业教育思想的内涵丰富，而且在生活教育思想成熟之后，依然在生活教育里探讨完善并且实践职业教育思想。从这个角度来说，陶行知的职业教育思想极具独特性，是当时职业教育思想界的一股清流。他所作的职业教育探索是先驱性的，对中国教育现代化产生了重要影响。这些理论，又催化他不断思考自己的教育学说，最终形成了中国特色鲜明并具有世界影响的生活教育学说。

陶行知在职业教育方面的先驱性探索，也为我国高职院校的发展提供了可借鉴的宝贵财富。在陶行知亲手创办的湘湖师范学校，也就是今天的杭州科技职业技术学院，陶行知的职业教育思想得到了创造性转化与创新性发展。杭州科技职业技术学院继承和发展了陶行知的艺友制，创新性地开展了融入、试做、见习、实习的"四阶段教学法"，构建了校企"双主体"育人机制，构建起"职业能力与职业素养并重、基础理论与技术技能并重、校内教学与校外实践并重、第一课堂与第二课堂并重"的"四个并重"人才培养模式，丰富了陶行知职业教育理论的时代内涵。

由此可见，陶行知的生利主义、艺友制等职业教育思想，尽管形成和发展于20世纪上半期，但是实践并探索了职业教育发展中的诸多方面，形成许多宝贵的经验。陶行知的教育实践，已经慢慢超越出了职业教育，辐射到乡村教育、师范教育、终身教育等，逐渐形成了一个完整的生活教育学说体系。陶行知始终立足本土进行教育实践，不断发展自己的教育理论，坚持创新教育理论与实践的结合。陶行知的教育思想必将对中国职业教育发展尤其是中国特色学徒制产生重要影响。

陶行知职业教育思想的历史地位与当代价值[①]

2021年是陶行知先生诞辰一百三十周年。陶行知是我国伟大的人民教育家,他满怀救国救亡理想,在满目疮痍的旧中国,以教育改革推动社会进步,探索出了一条顺应世界教育发展趋势并符合中国国情的教育新道路,创建了独具特色的生活教育学说。在探索教育新道路过程中,他通过对当时中国社会和教育需求的考察,结合自身长期的教育实践,大力倡导职业教育,并将之作为其生活教育学说的一个重要组成部分来实践。

生利主义是陶行知早期重要的职业教育思想,包含了他对职业教育功能、目的、师资、课程、设备、学生等方面的具体论述。职业教育是陶行知整个生活教育学说不可缺少的一部分,他的生利主义观点构成了整个中国近现代职业教育思想发展史上的重要一环。他的职业教育主张早期深受蔡元培的实利主义、实业教育及杜威的实用主义等思想的影响,特别是受到黄炎培职业教育思想的启发。后来他通过生活教育思想指导下对职业教育、生产教育的系列探索,又对黄炎培、江恒源等人的职业教育思想有所发展,丰富完善了中国近现代职业教育理论。

陶行知首次探索了将职业教育与生活教育、社会教育相结合的新道路,寓职业教育于生活教育、社会教育之中;同时,又寻觅到了将普及教育与科学教育相结合的新方法,力图实现以科学教育促进普及教育的目的。后来,他的思想由倡导生活主义、生利主义的职业教育慢慢拓展到了乡村教育、师范教育、学前教育、高等教育、女子教育、创造教育、终身教育,形成了一个完整的生活教育学说体系,从而达到了中国近现代教育家、教育思想家所能达到的理论最高点。他的思想、事业、人格、精神都

[①] 原载于《职业技术教育》2021年第34期。

值得我们很好地学习、借鉴、运用与发展。

尽管陶行知的职业教育主张形成和发展于 20 世纪上半期，但因其符合教育内在规律，至今仍然是当代中国职业教育发展的重要参考。当前中国已进入"中国制造 2025""互联网＋""大众创业、万众创新"的新时代，中共中央、国务院印发了《国家职业教育改革实施方案》，加快发展现代职业教育已经上升为国家重大战略，这为职业教育发展提供了新的动力和难得的历史机遇。要深化职业教育改革，推进技能型社会建设，加快培养数以千万计的知识型、技能型、创新型劳动者大军。陶行知的教育思想是 20 世纪中国一笔极为丰厚的思想遗产、实践遗产和精神遗产，在当代中国实现"两个一百年"奋斗目标的过程中，仍将发挥积极作用。

根据习近平总书记提出的"创造性转化、创新性发展"指示精神，特别是党的十九大以来党中央提出的"建设高质量教育体系"和"建设教育强国"新任务的需要，我们要认清新时代教育改革发展新格局、新形势、新目标，要对陶行知的教育思想进行创造性转化和创新性发展。在职业教育层面，应该也完全可以对陶行知职业教育思想进行"双创"，在更高层面上将陶行知所提出的"小先生制"、艺友制等教育主张和做法与当前的职业教育相融合，并创造性地发展。希望当代有更多教育工作者关注陶行知的职业教育思想，使职业教育成为国家现代化的有力助推器。

陶行知的劳动观及其对当代劳动教育的启示[①]

近年来,我国大力提倡劳动教育。党的十八大以来,习近平总书记多次在"五一"讲话和"五四"讲话中提到青少年劳动教育,他要求全党全社会都要关心、关爱、关注青少年的健康成长,要通过不同渠道,采用多种方式"教育引导广大青少年牢固树立热爱劳动的思想、牢固养成热爱劳动的习惯,为祖国发展培养一代又一代勤于劳动、善于劳动的高素质劳动者"[②]。在 2018 年全国教育大会上,习近平总书记明确提出德、智、体、美、劳"五育"并举的教育方针,希望广大青少年"崇尚劳动、尊重劳动,懂得劳动最光荣、劳动最崇高、劳动最伟大、劳动最美丽的道理,长大后能够辛勤劳动、诚实劳动、创造性劳动"[③]。2020 年,中共中央、国务院印发《关于全面加强新时代大中小学劳动教育的意见》,对新时代加强大中小学劳动教育,构建体现时代特征的劳动教育体系作出全面部署[④]。这充分反映出国家层面对劳动教育的重视程度,但由于各方面的原因,我国劳动教育在实施过程中还存在一些问题。而现代中国关于劳动教育问题的思考,最早可以追溯到人民教育家陶行知。在长期的生活实践中,陶行知形成的劳动观对我国劳动教育的开展具有一定的现实意义。

[①] 与韩旭帆合作,载于《信阳师范学院学报(哲学社会科学版)》2022 年第 3 期。
[②] 新华社:《习近平在乌鲁木齐接见劳动模范和先进工作者、先进人物代表 向全国广大劳动者致以"五一"节问候》,《人民日报》2014 年 5 月 1 日。
[③] 吴晶、胡浩:《习近平在全国教育大会上强调 坚持中国特色社会主义教育发展道路 培养德、智、体、美、劳全面发展的社会主义建设者和接班人》,《人民教育》2018 年第 18 期。
[④] 中华人民共和国中央人民政府:《中共中央 国务院关于全面加强新时代大中小学劳动教育的意见》,http://www.gov.cn/zhengce/2020-03/26/content_5495977.htm,访问日期:2021 年 3 月 15 日。

一、陶行知劳动观形成的思想渊源

劳动是人类最基本的实践活动，也是人类社会存在和发展的条件之一。马克思认为教育同生产劳动相结合是促进人全面发展的唯一途径，苏霍姆林斯基指出劳动是塑造人、培养人的关键途径，甚至是最重要、最根本的手段[①]，可见劳动对个人发展和社会进步具有重要意义。1917年陶行知从美国学成归来，当时的中国贫穷落后，百废待兴。面对"教育与生产劳动相分离、体力劳动与脑力劳动相分离"和"劳心者治人，劳力者治于人"的状况，陶行知以生活教育学说为基础，辩证地分析教育和劳动之间的关系，创造性地提出了自己的劳动观。陶行知劳动观的形成与其所受的家庭教育和所处的时代环境息息相关，而中国传统的劳动思想及西方的实用主义教育思潮则为其劳动观的形成提供了丰富的精神滋养。

（一）个人出身与家庭教育

1891年10月18日（有资料证明他可能生于1892年或1893年，此处暂从众说）陶行知出生于安徽省歙县西乡黄潭源村。由于家境贫寒，陶行知从小便开始参加生产劳动。十一二岁时，他就成为家中的半个劳动力。小时候，陶行知常随祖母一起绩麻，跟母亲一起种菜，陪父亲上山砍柴，到集市上售卖。通过参加家庭劳动，陶行知掌握了基本的劳动技能，萌发了对劳苦大众的深刻同情，这为他日后劳动教育思想的形成及确立奠定了良好基础。在陶行知成长的过程中，家庭生活对他影响很大。陶行知的母亲是一位"勤劳、善良、朴实、忠厚、爽朗，富有好学求真精神的劳动妇女"。在陶行知儿时的记忆中，母亲除种田务农、操持家务，还替人缝补、浆洗、做佣人。陶母艰苦朴素、治家节俭，家中丈夫、儿子以及孙子的理发，全由她一人包办。这种勤俭节约、热爱劳动的精神给陶行知留下了深刻印象。陶母过世后，陶行知把母亲用过的剃头刀作为传家宝，并作诗一首："这把刀！曾剃三代头。细数省下钱，换得两担油。"[②] 可以说，艰苦的生活使陶行知过早地体会到了人生的艰辛和不易，也锻炼了他坚韧而顽强的品格。由于家庭贫困，陶行知同家人一起劳作，而这些实践活动也成了日后陶行知劳动教育思想形成的重要源头。

---

① 胡君进，檀传宝：《劳动、劳动集体与劳动教育——重思马卡连柯、苏霍姆林斯基劳动教育思想的内容与特点》，《国家教育行政学院学报》2018年第12期，第40—45页。

② 周洪宇：《陶行知大传：一位文化巨人的四个世界（上卷）》，人民教育出版社，2016，第88页。

此外，陶行知的故乡歙县，旧属徽州府①。徽州因其独特的地理位置而孕育了重诚信、求务实的徽商文化。徽州人善于经商，在从事商业活动的过程中表现出吃苦耐劳、开拓进取的精神。陶行知在这片土地上生活和成长，自幼受到徽商文化的影响，其不畏艰险、乐于奋斗、敢为人先的品格无疑是对徽派文化的继承和发扬。

陶行知劳动教育思想的形成既受到地域文化的影响，也受到家庭环境的熏陶。在长期的生活实践中，陶行知逐步掌握了基本的劳动技能，培养了自己热爱劳动、善于劳动的品格并总结出了一系列劳动教育的原则和方法。他的劳动教育思想绝不是空想出来的，而是在实际生活中摸索而成的，因而具有深厚的实践根底。

（二）中国传统劳动思想的影响

中国人民在长期的实践发展过程中创造了辉煌灿烂的中华文化并积累了相当丰富的教育经验，形成了独特的教育传统。这些教育经验历经时间的变迁和岁月的洗礼，在历史的长河中依旧熠熠生辉。有人说中国是四大文明古国中唯一一个文明不曾中断的国家，而中国古人的教育思想更是薪火相传，生生不息。

陶行知早年接受过私塾教育，深受中国传统文化的熏陶，中国古人在长期实践中形成的劳动教育思想为其劳动观的形成奠定了良好的基础。陶行知认为不管是劳力者还是劳心者，都应接受劳动教育，只有在劳力的基础上劳心，在劳心的基础上劳力，才能成为全面发展的人，为国家建设贡献力量。这种劳动面前人人平等的观念既受到了墨子的影响，也受到了颜李学派的影响。因为墨子曾明确提出"赖其力者生，不赖其力者不生"的观点，他认为"不与劳动"的，就不能"获其实"。颜李学派的代表人物颜元、李塨也希望每个人都能"行一节，精一艺"，因为只有人人参加生产劳动，才能出现"上自天子，下至庶人，皆有所事，早夜勤劳"的美好景象，进而推动社会的发展。

此外，陶行知认为劳动教育不能仅仅停留于口头说教，关键是要在做的过程中培养学生良好的劳动习惯，这一观点和墨子的知行观，王阳明"知是行之始，行是知之成"的哲学观，以及永嘉学派、颜李学派注重实行、经世致用的思想有很大关系。比如墨子提出了获取知识的三种途径："亲知""闻知"和"说知"。"亲知"即通过亲身实践获得知识，"闻知"指的是从别人那里听说，而根据耳闻目睹的情况，通过思考、推理获得知识被称为"说知"。在这"三知"当中，墨子最为重视"亲知"，他认为

---

① 周洪宇：《陶行知大传：一位文化巨人的四个世界（上卷）》，人民教育出版社，2016，第 24 页。

"亲知"是其他一切知识的基础。宋代永嘉学派的集大成者叶适也强调"实行",他曾说"物之所在,道则在焉","夫欲折衷天下之义理,必尽考详天下之事物而后不谬",这说明其非常重视感性经验在人的认识发展中的作用。王阳明在办学过程中时常教育学生要热爱生产劳动并告诫其"毋为轻稼穑",他认为劳动不仅是维持生存的基本手段,更能使人获得新知,在实践中磨炼心性,强健体魄。由此可见中国古代的劳动思想为陶行知劳动观的形成提供了丰厚的精神滋养。

(三) 实用主义教育思潮的洗礼

1914年6月,陶行知以优异的成绩毕业于金陵大学,后在美籍校长包文的推荐下赴美留学。抵美后陶行知先入伊利诺伊大学攻读政治学硕士学位,后入哥伦比亚大学师范学院攻读教育行政学博士学位。

当时的哥伦比亚大学师范学院是美国进步主义教育运动的大本营,聚集了一大批以改革传统教育为职志的教育家,如杜威、孟禄、克伯屈等人[①],其中实用主义大师杜威对陶行知影响最大。陶行知在校期间曾选修了由杜威亲自讲授的"学校与社会"课程,深受其实用主义教育哲学的影响。这种实用主义教育哲学以实用主义哲学观为基础,强调"教育即生活""学校即社会""从做中学",主张教育要以儿童为中心,教学要密切联系学生的生活实际,适应学生的身心发展规律,考虑儿童的兴趣和经验。陶行知求学哥伦比亚大学期间,正是杜威实用主义教育理论成熟和影响逐渐达到高峰之时。在此前后,杜威的主要教育论著《我的教育信条》《学校与社会》《儿童与课程》《明日之学校》和《民主主义与教育》等均已相继出版。而杜威先生的代表作《民主主义与教育》正好发表于陶行知就读该校时的1916年[②]。

可以说陶行知的生活教育学说就是以杜威的实用主义教育哲学为思想源头的,但他对西方的教育理论并没有盲目照搬照抄,而是结合中国的实际情况做了进一步改造,创造性地提出了"生活即教育""社会即学校""教学做合一"的生活教育理论体系。陶行知的劳动观是以其生活教育学说为根基的,这也说明当时兴起于美国而后在世界范围内形成广泛影响的实用主义教育思潮为陶行知劳动观的形成和确立奠定了理论基础。

---

① 周洪宇:《陶行知大传:一位文化巨人的四个世界(上卷)》,人民教育出版社,2016,第43页。
② 周洪宇:《陶行知大传:一位文化巨人的四个世界(上卷)》,人民教育出版社,2016,第46页。

（四）社会现实及国家需要

1840年帝国主义列强用坚船利炮打开了中国紧锁的大门，他们利用自己在政治、经济、外交方面的特权，疯狂地对中国进行商品输出，使得中国传统的自然经济开始解体。而民族资本主义的发展则对劳动者素质提出了新的要求。此外，民国初年，社会局势动荡不安，民族危机逐步加深。为了挽救民族危亡，必须要培养出既会读书，又能做工的时代新人。也就是说，当时的社会无论是在经济方面，还是在政治方面都对人才的素质提出了更高的要求，然而中国传统的教育培养出来的却是四体不勤、五谷不分，只知道"死读书"和"读死书"的书呆子。当时的教育是"少爷的手杖，小姐的钻戒，政客升官的梯子，书呆子的轮回麻醉的乌烟"，学生被圈在狭小的范围内，学习的内容与人民的生活实际毫无关系[①]。鉴于这种情况，陶行知猛烈批判传统教育的弊端，他认为只知道"死读书"的书呆子无法适应经济社会发展的需要，更无法肩负起实现民族复兴的重任。要想实现教育救国的理想，就必须要"教劳心者劳力，教劳力者劳心"，以使民众掌握工农业生产的基本技能，为他人生利，为国家生利，进而达到改造社会的目的。

中西文化的碰撞交融，历史与现实的相互交织，加之独特的地理环境和艰苦的生活条件，造就了陶行知特色鲜明的劳动观。虽然中国优秀的传统文化和西方兴起的教育思潮给陶行知提供了丰厚的思想资源和精神滋养，但陶行知并没有盲目照抄，他始终立足于中国的国情去探索中国自己的发展道路。比如，陶行知在金陵大学求学期间非常崇拜王阳明，并改名为"知行"，但他在后来的实践中逐渐认识到"行是知之始，知是行之成"，所以将自己的名字由"知行"改为"行知"。再比如，陶行知深受杜威实用主义教育学说的影响，但他在回国后创造性地提出了区别于杜威学说的"生活即教育""社会即学校""教学做合一"的生活教育理论体系。这充分说明陶行知劳动观的形成不仅和中国传统劳动思想及西方教育思潮的传播有关，更与中国的现实环境及陶行知对中国前途命运的深刻思考有关。

二、陶行知劳动观的主要内容及具体特征

陶行知认为中国教育的弊病源于传统社会把人分为劳力者和劳心者，并且"劳心

[①] 周洪宇：《陶行知大传：一位文化巨人的四个世界（上卷）》，人民教育出版社，2016，第202—203页。

者治人，劳力者治于人"的观念深入人心。当时社会的风气是人人都想成为劳心者，看不起劳力者。受这种社会风气影响，学生们整日苦读，毫无活力和创造力可言。针对这种情况，陶行知创造性地提出了自己的劳动教育思想，其劳动观的主要内容及具体特征表现为以下几个方面。

（一）劳动教育的目的

陶行知非常重视劳动对个体发展和社会进步的意义和价值。从个体层面来看，他认为劳动教育的目的"在谋手脑相长，以增进自立之能力，获得事物之真知及了解劳动者之甘苦"①。从这句话中可以看出陶行知认为劳动教育具有增智、树德、促进身心和谐发展等多重功效。通过劳动学生可以增进对客观事物的认识和了解，掌握工农业生产的基本知识和技能。通过劳动学生可以体会到劳动的艰辛和不易，感受到劳动的意义和价值，养成尊重劳动、热爱劳动的良好品性。通过劳动学生还可以获得身心的和谐发展，培养独立生活的能力。从社会层面来说，陶行知认为只有通过劳动教育，广大民众才能掌握生产生活的基本技能。而广大民众只有掌握了基本的劳动技能，才能为国家发展贡献力量，进而使中国摆脱贫穷落后的局面，实现国家富强和民族振兴。

（二）劳动教育的内容

陶行知认为凡是社会生活需要的，都应该成为劳动教育的内容，正如其在《生活即教育》一文中提到的"人生需要什么，我们就教什么。人生需要面包，我们就得受面包教育；人生需要恋爱，我们就得过恋爱生活，也就是受恋爱教育"②。1927年，陶行知等人来到南京晓庄，建起了中国近代历史上第一所乡村师范学校。建校后，他带领学生建校舍、修厕所、盖礼堂、造图书馆、开荒种地、挑粪施肥，号召大家"和马牛鸡羊犬豕交朋友，对稻粱菽麦黍稷下功夫"。当时晓庄学校的文牍、会计、庶务、烹饪、洒扫、缮写、招待工作都由学生负责。

1932年，陶行知在上海创办山海工学团，主张工学团要以"工以养生，学以明生，团以保生"为宗旨，将工场（厂）、学校和社会连成一片。工学团里设有木工、漆工、藤工三个手工工场，由学校聘请工匠做技术指导，师生学习手工并动手制作桌椅、教具、玩具及实验器具。除此之外，学生还要在生物老师指导下，学习养蜂、养兔和

---

① 华中师范大学教育科学研究所编《陶行知全集（二）》，湖南教育出版社，1985，第115页。
② 方明主编《陶行知全集（二）》，四川教育出版社，1991，第491页。

种菜①。通过上午学习文化科学知识和品德知识，下午参加生产劳动，学生在日常生活中加深了自己的劳动体验，实现了知识学习和实践历练的有机结合，保证了劳动教育和现实生活的双向融通，以往"教劳心者不劳力，不教劳力者劳心"的局面得到了根本扭转。

1939年，育才学校在重庆北碚正式成立。为了培养学生的劳动能力，增强学生的集体意识，陶行知定期组织学生参加大扫除等集体劳动。同时各组种地分工包干到人，劳动干事负责检查监督。生产收益二八分成，八分交公，二分归己。生产有指标和任务，不能达到标准的则由学校收回土地。学校如有运输任务，也由学生量力分担②。陶行知还组织学生分批去搞社会调查，开展群众工作，使学生了解社会现实。

陶行知在办学的过程中非常重视劳动教育，从晓庄试验乡村师范学校（下简称晓庄学校）到山海工学团再到育才学校，处处可以看到学生劳动的场景。虽然学校的劳动项目多种多样，但这些项目都同现实生活具有极为密切的关系。比如烹饪、洒扫属于个人生活劳动，养蜂、养兔、种地属于物质生产劳动，社会调查则属于社会公益劳动，这些都是学生将来步入社会、独立生活所必须具备的基本能力。从中也可以看出，陶行知所指的劳动教育的内容极为广泛且具有非常明显的生活性，他认为"过什么生活就受什么教育"，生活所需要的基本技能就是劳动教育的主要内容。

（三）劳动教育的方法

从陶行知更名的经历可以看出他非常强调"实行"。

在开展劳动教育的过程中，陶行知没有一味地进行知识的灌输，而是强调躬行践履，力图让学生通过身体力行，养成正确的劳动观点，培养良好的劳动习惯，掌握基本的劳动技能。比如，在晓庄学校，学生要参加田园劳动，种植瓜果蔬菜来解决学校粮食短缺的问题。在工学团，学生要跟着木工师傅进行手工劳动，学习谋生本领，加深劳动体验。不仅学生要劳动，老师也要劳动。在学校的日常教学和管理中，没有系统的课堂教学，教务、会计、庶务、扫地、放哨等均由师生自己来干，陶行知也亲自参加各项劳动③。比如他曾亲自领导学生开垦荒地、修建校舍。为了改善学生的生活状况，解决学生的吃饭问题，他还和学生一起种地。

陶行知的劳动教育思想具有鲜明的实践特征。在对学生进行劳动教育时，陶行知

---

① 周洪宇：《陶行知大传：一位文化巨人的四个世界（上卷）》，人民教育出版社，2016，第296—297页。
② 周洪宇：《陶行知大传：一位文化巨人的四个世界（上卷）》，人民教育出版社，2016，第299页。
③ 周洪宇：《陶行知大传：一位文化巨人的四个世界（上卷）》，人民教育出版社，2016，第83页。

没有空谈劳动知识，大讲劳动的意义和价值，而是让学生在动手实践的过程中，亲身体验劳动的乐趣，掌握劳动的技能。在陶行知的提倡和鼓励之下，学生们纷纷投身于工农业生产的浪潮当中，这不仅有效地解决了学校办学经费短缺的问题，更对学生的全面发展产生了深远影响。此外，陶行知还以身作则，亲自参加生产劳动，这为学生树立了良好的榜样，有助于学生形成尊重劳动、热爱劳动的良好品质。

虽然陶行知一贯主张"教的法子根据学的法子，学的法子根据做的法子。事怎样做就怎样学，怎样学就怎样教"[①]，强调劳动教育要以做为中心，但他也说"单纯的劳力，只是蛮干，不能算做；单纯的劳心，只是空想，也不能算做；真正的做只是在劳力上劳心"[②]。所以陶行知一方面通过开设系统的劳动课程，帮助学生获得劳动知识和劳动技能，另一方面也主张学生要在生活实践中促进劳动知识的内化和吸收。也就是说，他所提倡的是一种以做为核心的"教学做合一"的劳动教育。但从我国目前的实际情况来看，由于受应试教育的影响，很多学校偏重于理论知识的传授而剥夺了学生动手实践的机会。针对这一问题所提出的劳动教育更多指向劳动技能的训练，即在具体的实践活动中培养学生的动手操作能力和社会适应能力，两者之间还是存在一定区别的。

（四）劳动教育的场域

陶行知一方面通过学校的劳动课程及组织的工农业生产活动来对学生进行劳动教育，另一方面他也认识到家庭生活对于个体发展的重要影响。陶行知早年家境贫寒，常随家中长辈从事生产劳动，父母亲坚毅的品格和勤劳的品行深刻地影响到了陶行知，使他对劳动多了一份尊重和热爱。在陶行知组建家庭之后，他也特别注重在日常的家庭生活中培养孩子的劳动技能。1927年2月11日，他在给儿子的信中写道："桃红、小桃在家，自己的事要自己干。衣服要学洗，破了要学缝。烧菜弄饭都要学。还要扫地抹桌。有益的事都要做。"3月17日，他又给儿子写信，希望他们多学做事，成为有知识、有实力、有责任心的国民[③]。可见，陶行知非常强调在日常生活中对孩子进行劳动教育，他希望孩子们通过从事家务劳动能养成独立自强的良好品质。正如他在《自立立人歌》中写的那样：滴自己的汗，吃自己的饭，自己的事情自己干，靠人靠天靠祖上，不算是好汉。

---

① 方明主编《陶行知全集（一）》，四川教育出版社，1991，第105页。
② 方明主编《陶行知全集（二）》，四川教育出版社，1991，第19页。
③ 周洪宇：《陶行知大传：一位文化巨人的四个世界（上卷）》，人民教育出版社，2016，第91页。

此外，陶行知还提倡在广泛的社会生活中培养孩子的劳动技能。针对教育与生活相脱节的现实，陶行知创造性地提出了"生活即教育""社会即学校""教学做合一"的生活教育理论。陶行知的劳动教育思想也以其生活教育理论为基础，因此他主张在广泛的社会生活中对孩子进行劳动教育。比如，陶行知发起"会朋友去"社会公益活动，鼓励学生到农民当中，和农民做朋友，不计报酬地帮助农民[①]。通过这些活动，学生不仅能够向农民学习基本的劳动技能，更能体验到劳动人民的艰辛和不易，从而懂得劳动最崇高、劳动最伟大的道理。

陶行知认为学校不是开展劳动教育的唯一场所，家庭、社会也是一个人接受劳动教育、培养劳动技能的重要场域，这体现了劳动教育的融通性。所谓融通性是指学校、家庭和社会之间的联合、贯通，也就是说不仅要通过学校来开展劳动教育，更要在家庭生活及广泛的社会生活中培养孩子的劳动习惯和劳动技能。陶行知主张在对学生进行劳动教育时充分发挥学校、家庭、社会三方面的作用，通过三者的教育合力来促进学生的全面发展，这在当时具有进步意义。

三、陶行知的劳动观对我国劳动教育的启示

陶行知在长期的实践中提出的劳动教育思想对我国劳动教育的开展具有一定的借鉴意义。针对目前我国劳动教育存在的问题，或许可以从陶行知的劳动教育思想中找到一些解决对策。当然随着时代的发展变迁，陶行知的劳动教育思想也存在着一些不合时宜的地方，只有立足现实，构建起符合时代特征的劳动教育体系，我国劳动教育才能行稳致远。

（一）更新教育理念，重视劳动教育

近年来，我国大力提倡劳动教育，但受应试教育的影响，学校、家长及社会仍存在对劳动教育不够重视的问题，劳动教育存在缺位现象。因此，各级各类学校要认真贯彻落实《关于全面加强大中小学劳动教育的意见》，开齐开足劳动课程，同时要根据本地及本校的实际情况，为学生提供多种劳动形式。要建立劳动教育实践基地，为学生参加生产劳动及公益性劳动创造良好的条件，充分发挥劳动教育树德、增智、强体、

---

① 赵伟：《陶行知"教学做合一"思想对新时代劳动教育的启示》，《东北师大学报（哲学社会科学版）》2021年第5期。

育美的综合作用。教育主管部门要加大监管力度，把劳动教育实施情况作为衡量学校办学成果的重要指标和督导检查的重要内容，确保各校将劳动教育落到实处。同时，要将劳动素养纳入学生综合素质评价体系，把劳动素养评价结果作为衡量学生全面发展情况的重要内容。总之，要认识到劳动教育的重要性，努力为劳动教育的开展创造有利条件，保证劳动教育在各级各类学校落地生根。

（二）转变教育内容，联系现实生活

从我国劳动教育的实施情况来看，很多学校在开展劳动教育时存在与生活脱节的现象，学校教授的劳动知识和劳动技能并不是学生将来步入社会真正需要的。此外，学校在开展劳动教育的过程中往往强调专业教师的作用，而忽视了社会大众的力量。再者，学生被禁锢在学校之中，很少有到社会中实践锻炼的机会。针对这种情况，学校要密切联系学生生活实际，设置类型多样、内涵丰富的劳动课程，要敞开大门，邀请各行各业的劳动者（如农民、医生、消防员）进入学校，开展劳动教育。同时要鼓励学生走出学校，步入社会，了解基层劳动者的生活。对于低年级学生，可以让他们在角色扮演中体会劳动的乐趣，掌握基本的劳动技能，丰富自己的劳动体验。随着时代的发展变迁，劳动教育的形式也发生了变化，学校要紧跟时代潮流，面向现实生活，创造新的劳动形态，以便学生接受的劳动教育能帮助其更好地适应社会需求。

（三）改进方式方法，关注劳动体验

目前，我国劳动教育偏重于劳动知识的传授，而忽视了学生劳动技能的培养和实际的劳动体验。基于这一现实情况，各级各类学校要为学生提供动手实践的机会，要为不同年龄阶段的学生提供不同的教育内容，确保劳动教育稳步推进。比如小学低年级学生的劳动教育以个人生活起居为主要内容；小学中高年级学生以校园劳动和家庭劳动为主；中学生则要兼顾家政学习、校内外生产劳动和服务性劳动；普通高等学校学生要围绕创新创业，结合学科专业开展生产劳动和服务性劳动[①]。再者，要鼓励学生到田地、到农场、到工厂等真实的社会情景中学习。家长也要有意识地在日常生活中给孩子提供实践锻炼的机会，让学生在叠被铺床、洗衣刷鞋、洗碗做饭中接受劳动教育的洗礼。在倡导学生进行劳动的同时，教师和家长要通过自觉参加劳动锻炼，为

---

① 中华人民共和国教育部：《教育部关于印发〈大中小学劳动教育指导纲要（试行）〉的通知》，http://www.moe.gov.cn/srcsite/A26/jcj_kcjcgh/202007/t20200715_472808.html，访问日期：2021年3月15日。

孩子树立良好的榜样，让孩子潜移默化地接受劳动教育。

（四）鼓励各方合作，发挥教育合力

当前人们普遍认为对学生进行劳动教育是学校的责任，而忽视了家庭及社会对劳动教育的影响。面对这种情况，家长要转变观念，意识到自己在劳动教育中扮演的角色，要在家庭教育中有机融入劳动教育，根据学生的身心发展规律为其提供合适的劳动项目，让孩子在自我服务性劳动和家庭集体劳动中培养正确的劳动态度，养成良好的劳动习惯。方晨晨等人在研究中发现，一小时以内的家庭劳动有助于提高初中生学业成绩和认知能力，且家庭劳动对初中生的开放性、外倾型、宜人性等非认知能力有显著正向影响[1]，这说明家庭劳动对于个体的全面发展意义非凡。

除此之外，社会要发挥在劳动教育中的支持作用，为劳动教育提供必要保障。各级政府部门要积极协调和引导企业、工厂、农场等组织履行社会责任，开放实践场所。工会、共青团、妇联等群团组织以及各类公益基金会、社会福利组织要组织动员相关力量、搭建活动平台，共同支持学生深入城乡社区、福利院和公共场所等参加志愿服务，开展公益劳动，参与社区治理[2]。此外，要依托媒体的力量加强对劳模的宣传力度，在全社会树立尊重劳动、热爱劳动的良好风气。总之，要努力构建学校、家庭、社会三位一体的劳动教育体系，使家庭劳动教育日常化、学校劳动教育规范化、社会劳动教育多样化，从而形成强大的教育合力，推动劳动教育的深入实施。

陶行知在与家人共同生活，与广大人民共同劳作的过程中形成了自己的劳动观。可以说，从实践中来、到实践中去是陶行知劳动观最鲜明的特征。时至今日，陶行知的劳动观对我国劳动教育的开展仍具有借鉴意义。但由于时代的发展变化，还需要对其思想做进一步改造，只有这样才能构建起符合时代特征的劳动教育体系。

---

[1] 方晨晨，曹连喆：《家庭劳动对初中生能力发展的影响——基于 CEPS 数据的实证研究》，《湖南师范大学教育科学学报》2021 年第 2 期。

[2] 中华人民共和国中央人民政府：《中共中央 国务院关于全面加强新时代大中小学劳动教育的意见》，http://www.gov.cn/zhengce/2020-03/26/content_5495977.htm，访问日期：2021 年 3 月 15 日。

陶行知对近现代新图书馆事业的开拓性贡献[①]

陶行知是近现代中国新图书馆事业的先驱者、开创者与奠基人之一。他立足本土，放眼世界，与近现代图书馆事业先驱沈祖荣等人一道，率先引进了西方图书馆制度，并在长期的实践探索中开创了具有中国特色的新图书馆事业发展模式。同时，他还将新图书馆事业与教育事业巧妙结合，不仅有力地推动了新图书馆事业的发展，而且极大地促进了普及教育事业前进。

本文中提到的近现代新图书馆事业特指从鸦片战争始到新中国成立为止，以沈祖荣等图书馆学家与梁启超、陶行知等文教界名人为主导，由一线图书馆员和韦棣华等国外图书馆学家参与，以满足人民受教育需求为目标，以反对封建藏书楼、学习美式图书馆为途径，提倡和实践图书馆大众化、科学化、国际化和本土化为基本内容，达到一定数量规模，具有一定组织形式，建立具有中国特色的公共图书馆，并对社会发展产生影响的图书馆活动。

一、在新图书馆事业诞生和发展的潮流中与新图书馆事业结缘

陶行知与近现代中国新图书馆事业的结缘，既受惠于社会风气的开放，又有赖于其教育经历的给养，更依靠他个人对中国教育问题的关切与思考。

社会风气的开放为陶行知与新图书馆事业结缘提供了前提条件。史料可考，国内最早介绍图书馆的书是传教士艾儒略的《职方外纪》，但此书并没有引发国人的关注。尔后，林则徐、王韬等人开始在著述中引介新式图书馆，向国人介绍新图书馆的作用

[①] 与陈海霞合作。本文系国家社会科学基金"十三五"规划2018年度教育学重大课题"建设教育强国的国际经验与中国路径研究"（VGA180002）的阶段性成果。

与价值。随后,以康有为、梁启超为代表的维新改良派开启了新图书馆实践。他们广泛地宣传图书馆,倡导在学会中设立藏书室,其中南学会规定"本会所藏书籍,准人领取阅书凭单,入内阅览"[1]。这些学会藏书室已初步具备了社会文化机构的性质,成为我国新式图书馆的萌芽。[2] 而政府层面对新图书馆的倡导要追溯到1904年的癸卯学制。该学制规定"大学堂当置附属图书馆一所,广罗中外古今各种图书,以资考证"[3]。就省立图书馆来看,最早的是端方于1904年创立的湖北省图书馆。次年,张之洞扩大该馆规模,准人游览,面向公众开放,开风气之先[4]。1905年,清政府正式废除科举制度,教育早期现代化进入了一个新的阶段,为新图书馆的发展提供了有利土壤。同年,《教育杂志(天津)》刊载了一篇专文介绍日本图书馆[5]。1907年,缪荃孙学习日本筹建了江南图书馆。之后,一批新式图书馆渐次建立,办理新图书馆的风气日盛。

教育经历为陶行知之后推动新图书馆事业发展奠定了坚实基础。陶行知早年接受了良好的经学教育。1906年,他入崇一学堂求学,开始接受西方文化教育。之后,陶行知入金陵大学,接受了系统的新式教育。1913年,美籍教师克乃文在金陵大学文科开设了国内最早的新式图书馆学课程[6]。此时陶行知正于金陵大学文科求学,与克乃文又有诸多交集,直接或间接地受到其影响。如果说,金陵大学的求学经历使陶行知与图书馆结缘,那么留美经历无疑为他日后积极投身于推动新图书馆事业发展的时代洪流打下了根基。1915年,他进入哥伦比亚大学攻读博士学位。在其导师斯特雷耶的指导下,他深入地了解了美国公共教育系统。重视图书馆事业的发展是美国公共教育系统的传统。早在19世纪末,杜威便提出图书馆是"名副其实的人民的大学"[7]。到了20世纪,鲍士伟则强调"美国图书馆的宗旨,是要使全人民皆能读书识字"[8]。可见,美国国内普遍认为社会教育是公共图书馆的重要职能之一。受此影响,陶行知也愈发重视图书馆的社会教育价值。不仅如此,陶行知还结识了受到韦棣华的派遣,前往美国哥伦比亚大学学习的沈祖荣,相同的学缘,为之后二人深入交流,共商新图书

---

[1] 陈元晖:《中国近代教育史资料汇编:戊戌时期的教育》,上海教育出版社,2007,第173页。
[2] 周洪宇:《不朽的文华——从文华公书林到文华图书馆学专科学校》,华中师范大学出版社,2013,第37页。
[3] 舒新城:《中国近代教育史资料》,人民教育出版社,1981,第618页。
[4] 汤旭岩、马志立:《湖北省图书馆早期历史(1904—1908)之考察》,《国家图书馆学刊》2013年第1期。
[5] 时闻:《纪日本图书馆(节录北洋官报)》,《教育杂志(天津)》1905年第8期。
[6] 郑锦怀:《中国图书馆学教育的肇始者——克乃文生平略考》,《图书馆》2013第1期。
[7] 郑永田:《麦维尔·杜威与美国公共图书馆运动》,《图书馆》2013年第4期。
[8] 鲍士伟:《美国公共图书馆情形与中国》,《晨报(副刊)》,1925年6月2日。

馆事业的发展埋下了伏笔。

归国后，陶行知将新图书馆事业与教育事业巧妙结合，与沈祖荣等图书馆界先驱通力合作，使新图书馆事业取得了长足进步。1917 年，沈祖荣在全国各地巡回讲演，拉开了中国新图书馆运动的序幕。之后的几年里，韦棣华、沈祖荣等人竭力推动国人的新图书馆观念启蒙。然而，由于图书馆学家群体尚未形成合力，且大部分国人缺乏正确认知，因此如何在人口数目如此庞大的中国进一步推动新图书馆事业前进成了摆在沈祖荣等人面前的现实难题。此时，在教育改革中的卓越表现使陶行知在中华教育改进社（下文简称改进社）成立之时，被公推为主任干事，实际负责改进社的一应事宜。由于他认为发展新图书馆事业有助于创造进化的社会，于是他积极推动、促成沈祖荣等人在改进社设立图书馆教育组，并以图书馆教育组四届年会为中国现代图书馆界"四巨头"沈祖荣、戴志骞、洪有丰和杜定友正式聚集、共谋大业提供了一个全国性交流平台，助力中国近现代第一代图书馆学家群体形成合力。之后，陶行知与他们一道共同推动了新图书馆运动前进。但他在新图书馆领域的实践远不止如此。为推动普及教育事业前进，他亲自筹建了数所独具特色的新图书馆，开创性地提出了一些新的办馆措施，为中国新教育事业与新图书馆事业的长远发展做出了开拓性贡献。

二、在推动新图书馆实践的过程中形成对新图书馆事业的独到见解

陶行知立足推动普及教育事业进步的现实需要，密切联系中国实际，突破中国传统藏书文化与美式图书馆理念的桎梏，在推动新图书馆实践的过程中，形成了对新图书馆事业的独特认识。

1. 教育价值：通过生活化图书馆促进教育普及

"国之盛衰，视乎教育"[①]，为改良教育、救亡图存，陶行知主张建立生活化的图书馆。19 世纪末 20 世纪初，美国社会稳定，经济繁荣，在杜威等人的推动下，以地方政府、社团、慈善家捐款为主导，强调免费、公开、公共、公享的美国公共图书馆运动兴起。由于图书馆建设资金相当充裕，所以其图书馆普遍具有宽敞明亮的馆舍和高素质馆员。然"吾国弱且贫"，广大平民疲于谋生，却时常衣不蔽体、食不果腹，缺乏办理美式图书馆的条件，故而陶行知虽认可新式图书馆是重要的社会教育机构这一观点，但认为应根据中国的实际情况办理适应中国国情的新式图书馆。他主张建立

---

① 华中师范学院教育科学研究所编《陶行知全集（一）》，湖南教育出版社，1984，第 74 页。

"符合社会情形和人民生活习惯"[①]的生活化图书馆,将小规模的图书馆"广泛地建立在镇、村、街、弄堂"之中,在民众的生活中潜移默化地影响民众。同时,他考虑到民众缺乏主动读书的意识,因此还提倡由小先生担任生活化的教师,"打开大门去找学生",促进图书传播。陶行知使新式图书馆站在了普及教育的最前沿,而不是消极地等待民众进馆借阅书籍。这不仅对杜威的"图书馆就是一所学校,馆员就是一位老师"[②]的思想进行了继承,而且根据中国国情进行了创造性的转化与发展,具有巨大的进步意义。

2. 社会价值:通过平民化图书馆促进社会改造

陶行知认为欲改良社会,必有赖于平民化图书馆。我国传统教育以精英主义教育制度为主导,文化"被小众所独占"。他们运用文化愚弄大众,统治大众,导致大部分民众"一辈子劳而无获"。同时,小众将文化占有后,为了"把江山当作万世之业","用名利、权位的手段引诱全国天才……成为废人","等到民间的天才消耗殆尽,忽然发生了国与国争,以伪知识的国与真知识的国抗衡,好一比是拿鸡蛋碰石头,哪有不破碎的道理。鸦片战争,英法联军之战,甲午之战没有一次幸免"[③]。鉴于公共图书馆具有社会教育属性,因此陶行知倡导办理平民化图书馆,传播大众文化,打破贵族垄断图书馆的陋俗,为劳苦大众服务,进而实现社会改造。陶行知还提出"学做事,学做人,不要做书呆子。做事的时候,要用什么就读什么书。书只是工具,和锄头一样,都是为做事用的"[④],并号召大众在"用书"的过程中检验知识的真伪。在对书籍认识的基础上,他进一步指出"图书馆的三个时期分别为藏书时期、看书时期和用书时期。只有到了第三个时期,方能达到图书馆的新纪元"[⑤],强调新图书馆只有"为人所用",教给民众实用的生活技能,才能具有真意义。一言以蔽之,陶行知的这一认识契合了新图书馆运动的主旨,他也是较早地对新图书馆运动的指导思想做出阐释的先驱之一。

3. 文化价值:通过民族化图书馆促进文化传承

陶行知将新图书馆视作传承国粹,保存民族特色,与西方列邦争夺文化话语权的高地。鸦片战争以来,资本主义列强以武力打开了封建中国紧闭的国门,西方文化便以枪炮为先导,挟侵略而俱来。从此,呈现在中国人面前的,便是西方文化和传统文

[①] 华中师范学院教育科学研究所编《陶行知全集(一)》,湖南教育出版社,1984,第490页。
[②] 郑永田:《麦维尔·杜威与美国公共图书馆运动》,《图书馆》2011年第4期。
[③] 华中师范学院教育科学研究所编《陶行知全集(二)》,湖南教育出版社,1985,第91页—94页。
[④] 华中师范学院教育科学研究所编《陶行知全集(一)》,湖南教育出版社,1985,第175页。
[⑤] 方明主编《陶行知全集(二)》,四川教育出版社,1991,第433页—434页。

化。这两种文化形态有何异同、孰优孰劣、又以何种趋向发展等问题，都牵动着国内有识之士的心弦①。陶行知就是其一。他主张中西融通、新旧并重、博收兼取、融合中西，既要学习与借鉴西方进步的思想文化，又要承袭优秀传统文化。为使中华文化"可以比骋列国，可以雄视寰球"，他提出"近今教育趋势，多利赖于图书馆，而民族文化，亦即于是觇之……非力谋图书馆教育之发展，不可与列邦争数千年文化之威权"②。在陶行知看来，民族化图书馆不仅是社会教育的公器，还是还原历史真相、保存民族底气的重要场所。因此，陶行知与梁启超等人发起成立中国较早的纪念图书馆——东原图书馆③。在教育实践中，他也始终注重图书馆的文化传承功能。例如，在育才学校图书馆中，他特意陈列了《二十五史》、"万有书库"等，引导学生在图书馆中放置前人思想学术之结晶，妥善保管我国古人对于知识经验的总结，培养国人共同的历史记忆与文化记忆。而他的这一观点对于保存国粹也贡献了重要力量。

三、依托教育事业有力推动新图书馆运动

随着新图书馆运动的推进，中国建设了一批新式图书馆，但全国性的统筹机构的缺位和图书馆学专业教育机构的缺乏等问题制约着新图书馆运动的进一步发展。为此，陶行知依托其教育事业，主持改进社教育图书馆的筹设，参与领导中华图书馆协会（下文简称协会）的创设，参与图书馆学短期培训班的创办，有力地推动了新图书馆事业进步。

1. 主持改进社教育图书馆的筹设

新图书馆运动初期，国人的关注焦点尚在学校图书馆，社团或协会图书馆尚付阙如，遑论专为教育人员而设的专门图书馆，"是以研究教育之人，异常感受困难"④。为"研究教育学术、增进教员知识"，陶行知提出筹设改进社教育图书馆。

1922年，陶行知特别提出次年筹款建设教育图书馆和教育陈列所⑤。1923年夏，陶行知、高仁山初步拟订了建馆计划。他们将面积约二千方尺（约二百二十平方米）的帝王庙东殿选为馆址，其中所备书架至少可容纳两万册图书，桌椅可同时供上百人

---

① 周洪宇：《陶行知与中国现代文化》，华中师范大学出版社，2020，第44页。
② 方明主编《陶行知全集（二）》，四川教育出版社，1991，第682页。
③ 方明主编《陶行知全集（一）》，四川教育出版社，1991，第723页—第724页。
④ 中华教育改进社：《筹设教育图书馆》，《新闻报》，1923年3月25日。
⑤ 华中师范学院教育科学研究所编《陶行知全集（一）》，湖南教育出版社，1984，第289页。

使用。他们还委托戴志骞负责筹备内部设备，洪有丰、朱家治发函向国内外书馆及机关出版处征集书籍。之后，教育图书馆陆续收到国内外捐赠，主要有商务图书馆所赠的两千余册图书以及中华书局赠的一千七百余册书籍等；英、美各大学、书馆亦向该馆赠送了四百余种章程、目录等。收到书籍后，陶行知特邀朱家治整理书籍，并由改进社社员章洪熙协助[①]。虽然陶行知等人做了诸多准备，但由于当年改进社全力推动平民教育运动，延搁了进度，该馆未能如期开馆。即便如此，当年年会中，陶行知报告称："决不因此事之进行，致妨碍图书馆。"他还呼吁众人："努力为捐书的大运动，庶几集腋成裘，不崇朝而琳琅满架。"[②] 1924 年春，陶行知聘请高仁山担任图书馆主任，按原定计划继续建馆。经过数年的建设，改进社教育图书馆初具规模，藏书丰富，成为中国近现代较早的社团图书馆之一[③]。

2. 参与领导中华图书馆协会的创设

20 世纪 20 年代，虽然新图书馆数量显著增加，但是彼此之间缺乏联系、各自为政。因此，建立一个全国性的统筹管理新图书馆事业的组织的呼声越来越高。1925 年，我国第一个全国性的统筹管理图书馆事业的组织——中华图书馆协会应运而生。陶行知在协会的创设与发展过程中发挥了重要作用。

第一，奠定协会成立的组织基础。改进设成立后，陶行知特支持沈祖荣等人设立了改进社图书馆教育组。次年，陶行知促成戴志骞等人创立改进社图书馆教育研究委员会。1923 年，陶行知在改进社第二届年会中积极提倡成立地方图书馆协会，以促进各地新图书馆建设。1924 年 3 月，陶行知积极敦促与倡导第一个地方图书馆协会在北平成立。之后，在陶行知等人的领导下，各地图书馆协会相继成立，为协会的创立奠定了坚实的组织基础。

第二，通过舆论宣传的方式为协会的成立营造社会环境。陶行知自 1921 年 12 月至 1925 年 2 月担任《新教育》主编。在此期间，他积极地在《新教育》上刊印与新图书馆有关的新闻报道与著作，使《新教育》这个全国性平台成为宣传新式图书馆的"扩音器"，放大了中国图书馆学人的声音。据不完全统计，除改进社社务报告中有关于图书馆的相关内容而外，这一时期《新教育》上与新式图书馆有关的论著、新闻报道篇目达十八篇之多。其中沈祖荣便发表了五篇文章，杜定友、洪有丰、戴志骞、刘

[①] 方明主编《陶行知全集（十二）》，四川教育出版社，2002，第 129 页—131 页。
[②] 华中师范学院教育科学研究所编《陶行知全集（一）》，湖南教育出版社，1984，第 386 页。
[③] 李刚、倪波：《陶行知与新图书馆运动》，《中国图书馆学报》，2008 年第 3 期。

国钧等人均有文章刊发。而与之相较,同一时期另一本著名教育刊物《教育杂志》上所发表的相关文章、报道不过八篇①。可见,在国内尚无专业图书馆期刊的情形下,陶行知推动《新教育》成为中国近现代图书馆学人群体发表研究成果、宣传图书馆学术的主阵地之一,掀起了一股学习、研究新式图书馆的浪潮,为统一的全国性图书馆协会的成立营造了舆论氛围。

第三,亲身参与协会建立。陶行知等人在前期做了大量准备,协会成立的时机终于到来。他们决定借鲍士伟来华考察新图书馆事业之机成立协会。1925年4月25日,陶行知组织十四省图书馆学者齐聚上海召开成立大会,商讨组建协会的事宜②。是日,协会正式成立,标志着中国新图书馆事业开始由自为发展阶段进入自觉发展阶段,从此中国新图书馆事业从学习、借鉴和模仿西方图书馆的观念、学术和模式,进入了探索中国式发展道路的新阶段③。协会成立大会上,杜定友被选为会长,陶行知、沈祖荣等人为董事会成员。

第四,持续参与并关注协会的发展。协会成立后,陶行知为了推动协会发展依然尽心竭力。1928年末,陶行知与沈祖荣等人共同促成协会第一届年会召开④。在该届年会中,陶行知被公推为十五名执行委员之一,任期三年,负责协会运行事宜⑤;他还作了题为《图书馆之真意义》的讲演,强调了图书馆是为活学活用者而设立的专门服务机构,而不是为书呆子设立的专用场,旨在为中国新图书馆事业的发展提供指导思想和办馆宗旨⑥。

3. 参与图书馆学短期培训班的创办

有高素质馆员是新图书馆事业发展的重要前提,而这一时期图书馆学教育机构的缺乏制约了新图书馆事业的进步。我国第一个图书馆学专业教育机构和第一个图书馆学补习机构成立于1920年,但此类机构寥若晨星。为推进这一问题的解决,陶行知积极参与创办图书馆学专业的短期培训班,培养了一批图书馆学人才,推动了新图书馆事业的发展。

1923年夏,时任东南大学教育科和教育系主任的陶行知与东南大学图书馆主任洪有丰等人依托东南大学成立了江浙地区首个图书馆学暑期馆讲习科,弥补了江浙地区

---

① 谢欢:《〈教育杂志〉与中国近代早期图书馆事业》,《大学图书馆学报》2016年第6期。
② 陶行知:《印书馆与图书馆》,《新闻报》1925年4月27日。
③ 程焕文:《中国图书馆学教育之父——沈祖荣评传》,台湾学生书局,1997,第83页。
④ 中华图书馆协会:《中华图书馆协会第一次年会筹备及经过报告》,1929,第242—247页。
⑤ 中华图书馆协会:《本会执行委员会第一次会议》,《中华图书馆协会会报》1929年第4期。
⑥ 周洪宇:《人民之子陶行知》,华中师范大学出版社,2020,第314页。

尚无图书馆学讲习科的缺憾。此讲习科为期一个月，规模较大，吸引了八十余人前往进修。1924年，暑期馆讲习科继续开办①。次年夏，陶行知等人又在东南大学与协会等组织合办的暑期学校中开设了为时一个月的图书馆科，专门培训高素质的图书馆馆员，此次共有六十九人前来学习。陶行知等人广延名师，聘请袁同礼、洪有丰、杜定友、李小缘、刘国钧等人担任教员，开设"图书馆学术史""图书馆行政""学校图书馆""儿童图书馆"等课程，以满足不同学员的求学需要②。图书馆学暑期馆讲习科与图书馆科的开办，为刚起步的中国新图书馆事业培养了一批优秀人才，其中黄警顽等不少学员成为江浙地区新图书馆事业的领军人物，对国内新图书馆事业的发展产生了较大的影响③。

四、服务于教育事业的新图书馆实践

作为近现代中国新图书馆事业的开拓者和奠基人之一，陶行知的突出性贡献在于他依据办理教育实践的需要，按照教育对象的不同，以图书馆建设为抓手，有力地促进了教育事业发展。

1. 面向平民教育的新图书馆实践

"五四"新文化运动以来，平民教育运动迅速发展，逐渐成为当时教育界的一股新潮流。新图书馆作为经济高效的社会教育机构，能有效地促进平民教育普及。陶行知即这一观点的倡导者与实践者。他有意识地将新图书馆事业纳入普及教育事业加以考虑并整体谋划、协同推进，推动了平民读书处的创立，推动了流通图书馆的兴办，指导了《申报》流通图书馆的创办，亲自创办了工学团流通图书馆。

在普及平民教育、办理新图书馆实践的过程中，陶行知确立了一些办馆原则。其一，图书馆以大众为服务对象，辅助普及教育事业。陶行知等人创办的平民读书处，经过大力宣传，距发起不过十个月的时间，就有四十万城镇平民参与，得以读书识字④。又如《申报》流通图书馆在办馆之初，便旗帜鲜明地指出，该馆是"为便利工商各界、店员伙友及一般失学青年之读书机会而设"⑤。其二，图书馆免费向民众开

---

① 周洪宇：《不朽的文华——从文华公书林到文华图书馆学学专科学校》，华中师范大学出版社，2013，第113页。
② 中华图书馆协会：《中华图书馆协会图书馆学暑期学校之经过》，《中华图书馆协会会报》1925年第1期。
③ 谢欢：《李小缘图书馆学教育实践及思想——纪念李小缘逝世60周年》，《图书馆论坛》2019年第10期。
④ 华中师范学院教育科学研究所编《陶行知全集（一）》，湖南教育出版社，1984，第541页。
⑤ 《店员通讯缘起》，《申报》1932年12月31日。

放,以起辅助平民教育之功效。在萧场儿童流通图书馆,陶行知规定"凡构成本团各村之儿童成人,经'小先生'之介绍者,均可来馆借书与阅书",且本馆图书"公开阅览与借出"①。其三,图书馆建设于乡村、城镇等民众日常生活之所,与民众生活融为一体。陶行知建立了设在村、乡、镇的流通图书馆,还创设了设在商铺乃至民众家中的平民读书处。其四,书籍选择以简单而富于教育意味为宜,寓教于乐,"用故事的方法"帮助民众获得实用技能、养成国民精神。譬如,《平民千字课》图文并茂,富于教育意味,其中"四万万人的中华,四万万人的国家,四万万人一心一意地爱他"②,便是以潜移默化的方式培养民众的爱国情怀。其五,陶行知还拟定了图书馆管理制度。

另外,为适应不同时期的教育实践需要,陶行知灵活地调整办馆方式,做出了一些创举。其一,实行中介服务。在流通图书馆的办理过程中,如若民众忙于求生,无进馆阅览的时间,则由"小先生"充当中介,代民众借书,以提升民众借阅图书的积极性。其二,开通邮借服务。《申报》流通图书馆开设了邮借服务,将图书寄送至民众家中。据资料显示,仅1934年,《申报》流通图书馆的邮寄书籍便高达二十万八千二百五十四册③。其三,加强与读者的沟通。《申报》流通图书馆开设了《业余周刊》等栏目,发扬民主精神。陶行知不仅推动《申报》流通图书馆开设了读书指导部,创办了《读书问答》《读书消息》等向文化程度较低的民众提供读书指导的栏目,还亲自担任读书指导部的特约专门委员,以解决民众在阅读过程中的困惑。这也成了近现代新图书馆事业发展史上极具特色的阅读服务之一④。其四,创设儿童图书馆。在萧场儿童流通图书馆,他制订了九条管理规则⑤,还建立了图书流通制度,规定每位"小先生"于放晚学回家时,需自动辅导家乡周围的儿童读书,若"小先生""借书最多,又能尽量教人",将酌情奖励文具和铅笔⑥。

2. 辅助学校教育的新图书馆实践

新式图书馆实践在陶行知办理学校教育的过程中发挥了重要的辅助作用,其以书呆子莫来馆和育才学校图书馆为代表。

陶行知在书呆子莫来馆和育才学校图书馆中贯彻了他的教育理念,使图书馆成为其教育理念的试验场。在陶行知的苦心经营下,两馆藏书丰富,为学生的学习提供了

---

① 华中师范大学教育科学研究所编《陶行知全集(三)》,湖南教育出版社,1985,第731页。
② 华中师范大学教育科学研究所编《陶行知全集(六)》,湖南教育出版社,1985,第21页。
③ 《申报》流通图书馆:《去年借出图书统计》,《新闻报》1935年1月29日。
④ 刘晓霞:《公共文化服务视角下的上海近代图书馆发展研究》,博士学位论文,上海师范大学,2019。
⑤ 华中师范大学教育科学研究所编《陶行知全集(三)》,湖南教育出版社,1985,第731页—732页。
⑥ 华中师范大学教育科学研究所编《陶行知全集(三)》,湖南教育出版社,1985,第729页。

便利条件。晓庄学校建立之初，陶行知便明确提出了要修建图书馆[①]，然而资金匮乏，图书馆未能按计划落成。但他仍制订了三年内与师生共建一所图书馆的计划[②]。之后得到霍守华的捐赠，图书馆才得以建立。晓庄学校建立后，陶行知通过募捐、购买等方式补充学生的精神食粮。在陶行知的努力下，仅改进社便先后向该馆捐赠了不少书籍，书呆子莫来馆也成了当时南京藏书最多、影响最大的乡村图书馆之一。修建育才学校图书馆时，陶行知亲自带领师生用旧的书架、桌凳、藤椅改造了旧的图书馆，在此基础上建立了新的图书馆[③]。建馆后，陶行知不仅亲自向张西曼、洪有丰等人写了数十封书信募捐书籍[④]，还凭借社会声望先后向公私图书馆借到了包括《辞海》《辞源》等在内的数千册图书。到1944年，育才学校图书馆藏书达两万多册。此外，两馆都由学生管理。晓庄学校开设了"院务教学做"的实践课，让学生学会管理书籍。育才学校则直接将"会管图书"作为"二十三常能"之一，要求学生学会图书分类、书籍编号、上架整理等[⑤]。

五、启示

以史为鉴，开创未来。陶行知在图书馆领域所做的开拓性贡献为发展当代图书馆事业提供了重要借鉴与启示。

1. 坚持人民立场，办好人民群众满意的图书馆

人民性是陶行知图书馆实践的鲜明特征。他始终坚持以劳苦大众为中心，强调图书馆应"充分地为劳苦大众服务"，并站在劳苦大众的立场上，切实思考劳苦大众的实际需求，依据他们的需求办理了形式多样、服务于劳苦大众的图书馆，对教育普及、社会改造产生了极有益的影响。有鉴于此，当代图书馆人应学习陶行知，将为人民大众服务作为首要办馆宗旨，办好人民群众满意的图书馆。

一方面，图书馆人必须将为了人民群众作为办馆的价值旨归，牢固树立以人民群众为中心的办馆导向，坚持发展成果由人民群众共享，将人民群众是否满意作为办馆的评判标准，着眼于提高人民群众满意度。另一方面，图书馆必须将依靠人民群众作

---

① 华中师范学院教育科学研究所编《陶行知全集（二）》，湖南教育出版社，1985，第669页。
② 华中师范学院教育科学研究所编《陶行知全集（二）》，湖南教育出版社，1985，第64页。
③ 华中师范大学教育科学研究所编《陶行知全集（三）》，湖南教育出版社，1985，第444页。
④ 华中师范大学教育科学研究所编《陶行知全集（五）》，湖南教育出版社，1985，第549页。
⑤ 周洪宇：《人民之子陶行知》，华中师范大学出版社，2020，第317页。

为办馆的内生动力，坚持人民群众的主体地位，始终依靠人民群众，立足人民群众的实际生活需要，紧紧围绕人民群众，加强与人民群众生活的协同与联动，积极同各社区、企事业单位合作，在不"妨害家庭事务，扰乱生活常态"[①]的前提下办好图书馆，调动广大民众进馆阅读、学习、自我提升的积极性与主动性，满足人民群众日益增长的知识文化需求。

2. 注重民族特色，办好弘扬优秀传统文化的图书馆

"图书馆是国家文化发展水平的重要标志"，是"弘扬优秀传统文化"的重要场所[②]。习近平总书记的这一论述直截了当地指出了图书馆在文化传承方面的突出价值。陶行知在其实践探索的过程中，始终注重在图书馆中保存书籍、传承文化，以争取民族文化独立，与西方列邦争夺文化话语权，对处于危亡之际的国家保持文化独立做出了不可磨灭的贡献。站在新的历史起点，为增强文化软实力，坚定文化自信，当代图书馆更应弘扬优秀传统文化，推动全民阅读，为建设社会主义文化强国再立新功。

第一，图书馆应坚守传承优秀传统文化的阵地，收藏好、管理好卷帙浩繁的文化典藏与古籍，赓续中华民族文化血脉。第二，图书馆应以现代智能技术为基础，紧紧围绕元宇宙及其相关技术的应用，推动传统书籍"创造性发展、创新性转化"，让古籍"活起来""传下去"，通过全智慧图书馆的建设使历史古籍焕发出新的生机与活力。在全社会营造学习优秀传统文化、用好优秀传统文化、弘扬优秀传统文化的良好氛围，增强民族精神力量。第三，图书馆应深入挖掘典籍背后的价值与意蕴，进一步加快古籍资源的转化利用，从中华优秀传统文化中汲取智慧，构建中国特色文化话语体系，讲好中国故事，传播中国声音，解构、消解西方话语霸权[③]。

3. 强调文教结合，办好馆校协同育人的图书馆

图书馆肩负着普及教育、提升人民群众文化素养的使命。当前，为有效提升人民群众文化知识水平，实现"十四五"发展目标和2035远景目标，服务于文化强国与教育强国战略目标，应学习、借鉴陶行知统筹教育事业与图书馆事业，促成二者有机结合，使图书馆事业成为教育事业发展的有力抓手的经验，建成行之有效的公共文化服务体系。

一方面，图书馆应依托其社会教育功能，负起新时代的普及教育使命。"公共图

---

① 华中师范学院教育科学研究所编《陶行知全集（一）》，湖南教育出版社，1984，第424页。
② 《习近平给国家图书馆老专家回信》，http://www.xinhuanet.com/politics/2019—09/09/c_1124978597.htm，访问日期：2019年9月9日。
③ 陈映锜：《牢牢把握讲好中国故事的话语权和主导权》，《当代传播》2022年第1期。

馆是开展社会教育的公共文化设施"①，应牢牢把握为社会教育服务的大方向，在实际工作中始终贯彻落实其社会教育的使命，将推动、引导全民阅读作为根本任务，创新服务方式，依靠内容丰富的文献资源和信息资源打造书香中国，保障公民基本的受教育权益，实施国民素质提升工程，促进国民知识素养和社会文明程度显著提高。另一方面，图书馆还应积极辅助学校教育，依托图书馆中书籍、图像、视频等品类多样的资源提高学生学习效率和阅读兴趣。同时，创设学生实践平台，引导学生"会管图书"，培养学生的生活力和实践力，丰富学生的实用知识与技能，促进学校教育效能提升。

4. 服务乡村建设，办好助力乡村振兴的图书馆

图书馆是推动乡村文化振兴、培育乡村人才的重要媒介。为在乡村振兴大局中体现图书馆的责任与担当，当代图书馆人应借鉴陶行知发展乡村图书馆以建设先进乡村文化、培养乡村人才的经验，办好适应乡村社会、具有乡村特色、推动乡村发展的图书馆。

一方面，图书馆必须将改善贫困、落后的乡村文化，引领社会主义先进文化建设作为重要的办馆目的，在广泛开展群众性文化活动，优化农民的文化生活方式，改良农民精神风貌，治好乡村贫困文化的病，高效解决乡村社会的"文化饥荒"，"彻骨地改造农人、改造社会"②的同时，还应挖掘、阐释传统乡土文化中与社会主义核心价值观建设相适应的部分，构建具有乡村特色的文化体系，使图书馆成为乡村文化振兴的重要力量。另一方面，办好乡村社会教育普及的图书馆。乡村图书馆应锚定乡村社会教育的发展方向，依据乡村社会教育的培养目标办理具有乡村特色的图书馆，有针对性地向民众普及知识，提升乡村人民群众的综合文化素养，开发庞大的乡村人口资源，推动乡村人才振兴，进而推进乡村社会振兴。

---

① 《中华人民共和国公共图书馆法》，http://www.npc.gov.cn/npc/c12435/201811/3885276ceafc4ed788695e8c45c55dcc.shtml，访问日期：2017年11月5日。

② 华中师范学院教育科学研究所编《陶行知全集（二）》湖南教育出版社，1985，第128页。

陶行知对杜威教育理论的继承与超越[①]

在我国近现代教育发展史上，20世纪二三十年代是一个教育家辈出的时代。这一时期，以一批留美生为主体的中国新教育界在掀起轰轰烈烈的现代教育改革运动的同时，以同样饱满的热情和坚毅执着的精神投入到西方教育理论特别是杜威实用主义教育理论的本土化探索与再创造之中，创建了具有鲜明民族特色的现代本土教育理论体系。陶行知、蒋梦麟、郭秉文、张伯苓、陈鹤琴、邰爽秋、庄泽宣、郑晓沧、陈选善、罗廷光等人即是其中的杰出代表。他们都曾求学于世界教育研究的中心——美国哥伦比亚大学师范学院，接受了杜威、孟禄、克伯屈等人的西方现代教育理论的熏陶。归国后他们从国情出发，对教育进行了分门别类的深入研究，为实现教育理论研究的本土化做出了突出贡献。本文以陶行知为例，通过分析他在构建我国现代本土教育理论中的开拓与探索，探寻一代留美归国教育家成长的过程，并为今日教育家的成长提供历史参考。

陶行知1914年赴美留学。翌年秋进入哥伦比亚大学师范学院攻读教育学博士学位，师从杜威、孟禄、克伯屈、斯特雷耶等教育名家，接受了西方现代教育尤其是杜威实用主义教育理论的系统熏陶。

1917年回国后，陶行知受聘于南京高等师范学校，该校并入东南大学后，他又任东南大学教育科主任、教务主任等职。1921年底，陶行知担任中华教育改进社主任干事，成为20世纪20年代我国现代教育改革运动的主要领袖之一。回国之后，陶行知在引入西方教育理论尤其是杜威教育理论以及改革我国传统教育方面做了大量工作，堪称杜威教育理论的忠实信徒。然而，也正是在这一过程中，他逐渐认识到，乃师的

[①] 与陈竞蓉合作，原载于《中国教育学刊》2010年第8期，有删节，原题为《留美归国教育家对中国现代本土教育理论的探索》。

教育理论并不能完全解决我国的教育问题。他后来回忆说:"我从民国六年起便陪着这个思潮到中国来,八年的经验告诉我说'此路不通'。"① 此言实际道出了我国教育界照搬杜威教育理论、脱离我国实际所遇到的问题。主张"教育即生活""学校即社会""做中学",倡导民主和科学的杜威教育理论对于我国而言有其先进性,这毋庸置疑,但毕竟中美两国国情不同。在旧中国经济落后、社会动荡、工农大众及其子女连生存都存在很大困难的条件下,教育所需要的不仅是反对僵化的传统教育,以儿童为中心,发展儿童个性,它更需要面对学校教育极其不普及、广大劳苦民众极其缺乏教育的现实以及如何改变我国教育落后面貌,进而解决人民群众特别是广大农村群众生活的问题,而这显然已经不是杜威教育理论所能解决的了。

20世纪20年代中期以后,随着时代和社会形势的发展,陶行知的教育实践活动也发生了转向,他将目光从繁华的城市投向了广阔而贫瘠的乡村。1927年春,他在南京创办了晓庄试验乡村师范。20世纪30年代后,他又相继创办了山海工学团、育才学校、重庆社会大学等学校。在不断探索我国民族教育新路的实践中,陶行知越来越不能满足乃师的实用主义教育理论,不时提出相应的批评和改造建议,最终将其"翻了半个筋斗",创立了自己的生活教育学说。其中的"生活即教育""社会即学校""教学做合一"成为其三大理论基石。

(一)"生活即教育"

这是生活教育学说的本体论,也是生活教育理论体系的核心。这一思想的提出,显然和杜威的"教育即生活"思想有密切关系,二者都强调教育与生活相联系,反对以死的书本为中心的传统教育。但是,陶行知的"生活即教育"又与杜威的"教育即生活"有着根本区别。杜威关注的主要是正规的学校教育与社会生活及个人(儿童)生活的关系。他认为学校是社会生活的一种形式,教育不是为生活作准备,而是最完全的现实生活。而陶行知认为杜威的"教育即生活"注重教育与生活的联系是正确的,但其本质仍是为未来生活作准备的。在他看来,生活就是教育,生活的内容至广至大,因而教育也是一种广泛的教育。他指出:"生活教育是生活所原有、生活所自营、生活所必需的教育。教育的根本意义是生活之变化。生活无时不变,即生活无时不含有教育的意义。"与"教育即生活"相比,"生活即教育"扩大了生活的场景和教育的视野,强调生活本身的教育意义。

---

① 陶行知:《教学做合一讨论集》,儿童书局,1932,第86页。

（二）"社会即学校"

这是生活教育学说的范围论，亦即"生活即教育"思想在学校与社会关系问题上的具体化。

"学校即社会"是杜威著名的教育思想之一。杜威强调学校教育与社会的联系，主张应使学校生活成为一种经过选择的、净化的、理想的社会生活，使学校成为一个合乎儿童发展的雏形的社会。陶行知则认为，"学校即社会"的主张强调学校与社会的联系完全正确，但仅限于学校仍然有其不足。在他看来，学校里的东西毕竟太少，校外不少有价值的东西学生都无法领教，因而也就无法真正消弭教育与生活、学校与社会相脱节、相隔离的弊病。"社会即学校则不然，他是要把笼中的小鸟放到天空中去，使他能任意翱翔，是要把学校的一切伸张到大自然里去。"[①] 针对20世纪20至30年代广大人民群众十分缺少教育的严峻现实，陶行知主张以人民大众的生活场所为教育的场所，让整个社会都成为人民大众的学校。提倡"社会即学校"，一方面旨在拆除学校与社会之间的高墙，扩大教育的范围、对象和学习的内容，密切学校与社会的联系，使学校真正成为社会生活必不可少的组成部分；另一方面使社会的每个地方、每个生产生活的组织和机构都承担起教育的职能，整个社会成为一所大学校，变原来的小众教育为真正的大众教育。

（三）"教学做合一"

这是生活教育学说的方法论。此命题亦是从杜威的"从做中学""学生中心"等实用主义教育理论中受到启发，但二者又有着本质区别。杜威认为，个体的经验具有统一性和完整性。以其经验论为基础，要求教学方法应建立在对学习者有意义的直接、具体的经验之上，从做中学，从经验中学，以活动性、经验性的主动作业来取代传统书本式教材的统治地位。陶行知则认为，杜威的经验论对反对僵化的传统教育确有其独特价值，不过，范围仍然过窄，且明显缺乏大众意识，与广大民众的切身经验并没有直接关联。从哲学基础上看，陶行知亦逐步摆脱了杜威的经验主义哲学，将其理论建立在唯物主义认识论基础之上。他说："我拿杜威先生的道理体验了十几年，觉得他所叙述的过程好比是一个单极的电路，通不出电流。他没有提及那思想的母亲。这位

---

① 董宝良：《陶行知教育论著选》，人民教育出版社，1991，第294页。

母亲便是行动。"[①]

由此可见，陶行知的生活教育学说源自杜威教育理论。可以说，没有杜威的"教育即生活""学校即社会""从做中学"等思想，就没有生活教育学说。然而，陶行知生活教育学说的形成却使教育的方向发生了根本改变。生活教育学说的创立表明：为适应中国社会需要，教育进步并非唯一的途径。正如费正清所言："陶行知是杜威的学生，但他正视中国的问题，则超越了杜威。"

20世纪初，西方现代教育理论特别是杜威教育理论随着新教育运动和进步主义教育运动在全球范围内的传播而风靡整个世界，并取得了对20世纪20年代我国教育理论建构和教育改革实践支配性的影响。但是，西方教育理论包括杜威教育理论并不能从根本上解决我国教育的诸多实际问题。自20世纪20年代中后期起，以陶行知、陈鹤琴、邰爽秋、庄泽宣为代表的一批留美归国教育家在改革我国教育的实践中逐渐认识到：西方的教育理论植根于西方的教育土壤，借取其一枝一节，即使是精华部分也未必可以搬来即用，况且它们也并非完美无缺，因而不能简单地移植中土。相反，必须立足中国教育情势，从本国教育问题出发，结合本国教育实际，筛选、改造和应用外来的教育理论。他们充分发挥自身主体性，对来自域外的西方教育理论尤其是杜威教育理论进行了大力改造与创新，为实现西方教育理论的本土化作出了可歌可泣的艰难探索，创造了各具特色且影响深远的生活教育、活教育、民生教育等理论，并最终促使我国教育理论成功地走出传统模式。正是在将西方现代教育理论与本国教育实践结合的过程中，一代中国著名教育家走向成熟。他们卓越的精神创造活动，不仅书写了我国教育学理论发展史上璀璨夺目的篇章，也为日后我国教育家的培养和成长昭示了正确方向。

历史的经验昭示我们，我国教育家不仅应主动学习外域一切先进的教育理论，更应始终坚持关注并研究我国教育的实际问题，从本土教育问题出发，将国外先进教育理论与本国国情和实际很好地结合起来。只有这样，我国教育家才能不断走向成熟，也才可能有我国教育理论与实践的健康发展。

[①] 华中师范学院教育科学研究所编《陶行知全集（二）》，湖南教育出版社，1985，第404页。

继承中的超越与超越中的继承

——陶行知与杜威关系略论[①]

陶行知与杜威的关系，尤其是两人教育思想上的联系与区别，向来为国内学界所重视。但言人人殊，颇多歧异。笔者这里提出一种见解，即陶行知与杜威的关系，包括两人教育思想之间的关系，可以用"继承中的超越与超越中的继承"这句话来概括。下面就对这句话作些诠释。不当之处，尚祈高明赐教。

一

先说继承中的超越。

杜威是20世纪上半叶盛行一时的美国实用主义教育流派的主要代表人物，是现代世界教育史上最有影响的教育改革家和教育思想家。他针对当时美国教育的弊端，提倡"教育即生活""学校即社会""从做中学"，主张以儿童为中心、以个人直接经验为中心和以活动为中心，这种实用主义教育主张代表了当时资产阶级教育和教育思想发展史的新潮流，不仅在资本主义世界有着广泛的国际影响，而且对旧中国的教育界也有相当大的影响。

陶行知是杜威的学生，早年受业于杜威，曾经信奉和宣传过杜威的教育主张。1914年，他先在伊利诺伊大学攻读硕士，后转入哥伦比亚大学师范学院攻读博士，接受了杜威的教育理论，成为杜威的得意门生。1917年，他带着杜威的实用主义教育理论回国，希望用它来解决中国传统教育的弊端，实现其"使全国人民都有受教育机会"的宏愿。他在就任南京高等师范学校教员兼教育科主任、代理教务主任期间，发表文章积极提倡实用主义教育思想。1919年，为迎接杜威来华讲学，他发表了《介绍杜威

[①] 原载于《教育研究与实验》1993年第4期。

先生的教育学说》，传播实用主义教育思想。杜威来华讲学期间，他亲自担任翻译，并陪其到外地参观、讲学。"五四"运动以后，在实用主义教育思想指导下，他大力开展教育改革和教育实验，抨击封建传统教育，积极提倡新教育，主张建立以人为中心的、民主的、活的教育。这一时期，陶行知受杜威教育思想的影响甚深，继承颇多。

但是，经过八年的教育实践，现实告诉他：杜威的实用主义教育思想，在中国很难行得通，因为它并不完全符合中国的国情。当时的中国是一个半殖民地半封建社会，民族危机深重，经济相当落后，文化教育很不发达，新式学校数量不多，而且掌握在统治阶级及其知识分子手里，广大劳动人民被排斥在校门之外。杜威的做法即使完全得以实行，也不能真正治愈中国传统教育脱离人民、脱离社会、脱离生活的疾病。于是，他从失败中不断总结经验教训，开始改造杜威的教育理论，将其"教育即生活""学校即社会"的主张"翻了半个筋斗"，改为"生活即教育""社会即学校"，提出了颇具中国特色的生活教育论，并相继创办了晓庄试验乡村师范学校（下文简称晓庄学校）、山海工学团、育才学校和社会大学等教育机构，开展了乡村教育、普及教育、国难教育、战时教育、全面教育和民主教育等运动，使教育成为民族解放、大众解放、人类解放的武器。正是在长期的教育实践中，他逐渐从杜威教育理论的藩篱中走出来，实现了对杜威的超越。

需要指出，陶行知完成对杜威的超越，原因是多方面的，除了教育改革实践促使他思想上的变化，还由于剧烈的现实斗争，促使他在政治思想上也发生了根本的变化。也正是由于这后一个变化，他的整个思想才完成了质的变化。陶行知早年是一个民主主义者。他的爱国心和平民性使他具有救国救民的宏愿。为实现这一崇高的理想，他与同时代的许多爱国志士一样，努力向西方寻求救国救民之道，毅然赴美留学。当他留美学成归来以后，重新回到人民大众中间，推行平民教育。他满心以为只要在劳苦大众中办学，普及教育，提高人民大众的文化水平，就可以改造中国的乡村乃至全社会。后来他才懂得，教育改革不触及政治体制是不可能的。国民党是不允许他传播进步的教育思想，办改造社会的学校的。他创办的晓庄学校后来被查封，他本人也遭到通缉。血的教训，使他懂得了什么是反动什么是革命的道理，促使他在进步道路上迈出了可贵的一步。"九一八"事变发生后，目睹日益深重的民族危机和国民党的妥协退让，他的政治思想进一步向左转。特别是在"一二·九"学生爱国运动被镇压之后，他就完全走上了反蒋抗日的革命道路，成为共产党的亲密战友。政治立场的转变和政治思想的变化，是陶行知超越杜威的重要动因。

还应看到，陶行知哲学观点的发展变化也是促成其教育思想逐渐走出杜威藩篱的一个因素。陶行知的哲学思想经历了一个由唯心主义到唯物主义、再由唯物主义到辩证唯物主义的发展过程。最初,陶行知是相信"知是行之始"的观点的。早在金陵大学求学期间,他就对王阳明的"知行合一"学说产生了浓厚兴趣,笃信"知是行之始,行是知之成",并将自己的原名"文濬"改为"知行"。留学回国以后,他深受英国经验唯物主义、法国唯理论、德国实验主义以及美国实用主义的影响,萌发了唯物主义思想因素。在创办晓庄学校、开展生活教育的实验过程中,通过对《墨辨》中"亲知、闻知、说知"理论的汲取和自身教育实践的体验,他的哲学思想逐渐由"知是行之始"转变到"行是知之始"。20世纪30年代以后,在马克思主义哲学思潮的影响下,加上对本人教育实践的认真总结,他进一步主张"行知行",体现了辩证唯物主义思想。这一点是陶行知超越杜威的又一重要动因。

陶行知对杜威的超越表现在诸多方面。

陶行知与杜威都是从生活与教育的关系上去研究教育现象的,但细加分辨,就会发现两者之间颇有不同。先看两者在教育目的上的差异。杜威的教育目的,就是"要养成配做社会的良好分子的公民"①。这种良好分子型的公民在"政治方面的要求"是"不做欺诈卑劣的手段,还贵能互相监督,相互纠察"。在其他方面的要求是:"第一,乃是要做一个良好的邻居或朋友;第二,不但我受别人的益处,还要别人受我的益处;第三,应该做一个生利的生产的人,不要做分利的人;第四,应该做一个好的消费家;第五,应该做个良好的创造者和贡献者。"从这里我们可以看出,杜威要求其教育对象成为一个美国的干练公民,既有谋生的知识与技术,又有维护其民主主义社会的思想与性格,以尽民主社会中的一员的义务和责任。由此可知,即使教育机会均等,平民子女包括黑人孩子能够得到受教育的机会,但只有极少数可能成为资产阶级的得力帮手,一般只能被培养成资产阶级生产利润的工具,并对自己被奴役、被歧视、被剥削的命运具有容忍性。

与此不同,陶行知的教育目的是"促进自觉性之启发,创造力之培养,教育之普及,及生活之提高"②,其宗旨是通过培养人才来改造社会,提高人民大众的生活水平。从创办晓庄学校起,他在培养什么样的人的问题上就与杜威很不一样,主张培养"在劳力上劳心"的现代人,能够为劳苦大众服务、改造社会的人。"九一八"事变后,国难深重,他又提出了培养保卫国土主权、争取民族解放的战士的要求。在办育才学

---

① 出自杜威五大讲演之第二讲。
② 陶行知:《生活教育运动十三周年纪念告同志》,载《陶行知全集(三)》,湖南教育出版社,1985,第417页。

校时，他进一步提出：要把学生培养成追求真理的小学生、自觉觉人的"小先生"、手脑双挥的小工人、反抗侵略的小战士。抗战胜利以后，他更加明确希望把学生造就成民主革命的战士。从他一生办学的实践来看，不论在晓庄学校和山海工学团还是在育才学校和社会大学，他都坚持其办学宗旨，培养出一大批教育工作者、艺术人才和为革命献身的干部。仅以育才学校为例，当时全校共四百多名学生，为延安和各解放区输送的干部约占全部学生的三分之一。如果说，杜威培养的主要是为资产阶级利益服务的人才，那么，陶行知培养的则是为人民大众服务的人才。

在教育内容上，杜威以生活及在此基础上产生的个体经验为中心，主张将"教育生活化"，以"儿童自己本能的能力"为教育的素材。他所说的生活，并不是整个实在的社会生活，而是片断的、非实在的、个人的日常生活。这种生活又是指儿童个体的思想、冲动、兴趣、习惯等先天的本能的生长、发展的生活，是儿童的游戏、讲故事、观摩、手工活动的生活，是脱离社会的、日常的家庭生活。这种以儿童自我为中心的生活与经验的教育内容的观点，是杜威主观经验论哲学在教育上的表现，也是其改良主义政治思想在教育上的表现。杜威嫌"学校里的教育太枯燥了，必得把社会里的生活搬一些进来，才有意思"。这种教育生活化，实际上是把生活当作装饰品，去点缀教育的内容，而不是以整个社会生活当作教育的中心内容。它"将教育和生活关在学校大门里，如同一个鸟关在笼子里"，只是在学校范围内扩大儿童的生活经验，是拿教育作生活，而不是"拿全部生活去做教育的对象"①，以这种鸟笼式的生活为中心的教育，只能是改良主义的，仍然没有根本改变教育与生活相脱离的状况。

陶行知虽与杜威在反对传统教育以文字、书本为中心这一点上有共同之处，但是，他所提倡的生活教育是以社会生活及在此基础上产生的经验为中心，主张"用生活来教育，以社会生活为教育的素材"，这与杜威的理论大相径庭。他认为，"过什么生活，便是受什么教育"，"要想受什么教育，便须过什么生活"，有什么样的生活就应有什么样的教育，教育的内容应根据生活的需要。从他的教育实践来看，的确是做到了这一点。晓庄学校时期，他规定教育内容为"中小学工作教学做""分任校务教学做""征服自然环境教学做""改造社会环境教学做""学生生活处理"等。山海工学团时期，他明确提出了军事能力、生产能力、科学能力、识字能力、运用民权能力和节制生育能力六大教育内容。育才学校时期，他总结了生活教育的实践经验，进一步提出要把现代文化宝库的"四把钥匙"——语文、数学、外语、科学方法教给学生。学生一方

---

① 陶行知：《生活即教育——再答操震球之问》，载《陶行知全集（二）》，湖南教育出版社，1984，第199页。

面根据各自的特殊才能分成专业组,学习专业知识的特修课;一方面又按文化程度分年级,学习文化知识的必修课。此外,还有生产劳动、军事训练、抗敌艺术演出、社会民主斗争等教育活动。这些教育内容,都是紧密结合改造社会、改造自然的社会活动实际,都是以半殖民地半封建社会中国人民大众的生活需要和政治需要为依据的,使生活与教育真正地联系在一起,克服了传统教育的弊端。

在教育方法上,杜威和陶行知都强调做,一个是"做中学",一个是"教学做合一",但两者却有本质差异。杜威的"做中学",是他的"教育即生活""学校即社会"的教育论在教学中的应用,是杜威整个教育思想体系的一个组成部分;而陶行知的"教学做合一",是受"生活即教育""社会即学校"的教育论所指导的。其次,杜威是经验论者,他所说的做,是指人与自然环境和社会环境所进行的交涉,从中得到的经验兼具主观与客观的性质,如果脱离人们的主观经验,这种经验就不能存在。这种做实际上是生物个体适应环境的活动。而陶行知早年虽然一度相信杜威的这种看法,但后来随着其哲学思想渐渐具有了辩证唯物主义性质,他所说的做,主要是指人类的社会生活实践,包括生产劳动、科学实验、阶级斗争、文化活动等。因此,陶行知的做与杜威的做,文字虽同,含义实异。在教育实践中,他们也不一样:陶行知强调的做,是让学生同工农交朋友,为工农子女办识字班,参加革命运动,演出革命戏剧,办音乐会,宣传抗日救国,而杜威却只让儿童在"雏形社会"的学校里,做些日常生活的事,如在学校工厂中学做木工、金工,在学校农场里练习种地,在学校厨房中学烹饪,或到图书馆、实验室中看他们想看的书、做有趣的实验等。最后,从教学过程来看,两人虽然都强调"以做为中心",但陶行知所说的做,是同教与学紧密结合的,是把理论与实践、教育与生活紧密结合的,是反对传统教育"读死书、死读书、读书死"的,它不同于杜威的"做中学",只强调做,过分以做代学、以做代教,从而在客观上降低了教师在教学过程中的主导作用,忽视了向学生系统地传授文化科学知识。

在组织形式上,陶行知与杜威也有着显著的区别。杜威提出"学校即社会",主张学校社会化,认为如果不把现实的社会生活简化起来,缩小到一种雏形的状态,那么当儿童进入纷繁复杂的现实时,便会陷入迷乱。"他不是被正在进行的那种活动的多样性所淹没,以致失去自己有条不紊的反应能力,便是被各种不同的活动所刺激,以致他的能力过早地被发动,致使他的教育不适当地偏于一面或者陷于解体。"① 因此,他建议把学校办成一个小型的或雏形的社会。社会上的各种机构(如商店、工场、邮局等)都可以在学校里模拟,

---

① 陶行知:《生活教育》,载《陶行知全集(二)》,湖南教育出版社,1984,第633页。

使学生在学校里就能接触到社会生活。陶行知认为杜威的"学校即社会"将社会上的东西搬一些进学校，这就把丰富多彩的社会生活压缩到微小的学校中去，把真的社会变成假的社会，把生动活泼的教育内容变成死气沉沉、干巴巴的教育内容了。因此，他批评杜威的"学校即社会"的教育好像把一只活泼的小鸟从天空中捉来，关进鸟笼里一样，顶多只是"顾念鸟儿寂寞，搬一两丫树枝进笼，以便鸟儿跳得好玩，或者再提几只生物来，给鸟儿做陪伴"，但"鸟笼毕竟还是鸟笼，绝不是鸟的世界"。这种教育，使学校与社会之间隔着一道墙。学校自学校，社会自社会，学校与社会仍然分离。学生被锁在小小的学校里闭门造车，这样培养的人才显然无法适应社会的需要。

为了克服杜威"学校即社会"的不足，真正解决学校与社会的关系问题，陶行知提出了"社会即学校"的主张，在积极呼吁改进学校与社会的联系，以社会生活作为学校和教育的内容的同时，进一步主张以社会作为教育的范围，"整个的社会是生活的场所，亦即教育之场所"[①]，使教学的课堂扩延到社会宇宙和大自然中去，这样，"教育的材料，教育的方法，教育的工具，教育的环境，都可以大大增强，学生、先生也可以更多起来"[②]。在教育实践中，陶行知组织学生以社会为课堂，走出校门，到工厂农村演戏，宣传抗日救国，开展扫盲工作，投身民主教育运动，为进步事业做出了重要贡献。这与杜威"学校即社会"的"鸟笼教育"，把师生锁在学校的小天地里，脱离火热的社会斗争，只做些游戏、作业，恰好形成鲜明的对比。

二

再说超越中的继承。

陶行知是一位卓越的教育家，具有海纳百川、吞吐万家的博大胸襟和恢宏气度。他对中外古今的教育遗产素持批判继承、融会创造的态度。尽管在许多问题的认识上，他与杜威有着明显分歧，在教育实践方面也走了一条与杜威很不相同的路子，但是，他对杜威是十分尊重的，对杜威的高尚人格尤为钦佩，对杜威教育思想中的一些含有某种科学性的因素，也有颇多继承。具体说来，他从杜威那里主要吸取了以下几方面的经验：一是重视发挥教育改造社会的功能；二是反对传统教育只重视以文字、书本为中心，忽略教育与生活、与社会相联系；三是强调做，注重行动，加强知与行的结

[①] 陶行知：《生活教育》，载《陶行知全集（二）》，湖南教育出版社，1984，第633页。
[②] 陶行知：《社会即学校》，载《陶行知全集（二）》，湖南教育出版社，1984，第201页。

合，反对死读书本、手脑两分；四是注重教育实验，以科学方法办教育；五是提倡教育民主化，反对教育工作中的专制独裁做法等。

陶行知能吸取杜威的某些教育观点，绝不是偶然。这首先是由于杜威反对传统教育的不少主张有很多积极的因素，如强调教育应当与社会有广泛的联系，反映社会对教育的要求，要适应儿童身心发展的特点和规律，注重培养学生适应社会的能力，发展学生的个性，要加强知与行的结合，重视科学、重视实验，等等。尽管它们包含在实用主义思想体系之中，但它们还是在某种程度上反映了现代教育的若干客观规律，具有一定的科学性。

其次，杜威的这些教育观点，正是当时中国开展教育改革、反对传统教育所迫切需要的。当时的中国教育界，虽然已经引进了赫尔巴特等西方教育家的思想，翻译了不少外国教科书，建立了近代学校体系，但教育仍然严重地脱离社会生活，脱离人民大众，脱离受教育者的实际情况，读死书、死读书的现象还是非常普遍的。教育中的不民主状况，如行政主管部门和学校当局的专制独裁作法，对学生个性的压制与摧残，依然没有什么大的改变。而杜威的上述教育观点，对于反对传统教育，改革这些弊端，恰好具有强烈的现实意义和积极作用。

最后，这也与陶行知本人正确地对待杜威教育思想有关。陶行知对待杜威教育思想，从来就没有全盘肯定或全盘否定。即使在前期大力引进和传播杜威教育思想时，也不是毫无保留、一股脑儿地拿进来，而是有所选择、有所剔除。有些明显只适合于美国国情而不适合中国国情的东西，如在学校内设类似于商店、邮局的机构等，他就没有怎么提倡。同样，在后来有意识地摆脱杜威教育思想的束缚时，也不是不分青红皂白地将之一概抹杀、彻底抛弃，而是有所保留、有所借鉴。陶行知善于从中国的国情出发，根据本国教育改革和反对传统教育的需要，批判地吸取杜威教育思想中的"合理的内核"。在这一点上，陶行知比当时国内的许多教育家都更为清醒、更为理智。也正因为如此，他能创立既符合现代社会潮流，又适合中国国情，既具有强烈的时代气息，又有鲜明的民族特色的生活教育论，从而成为开创一个时代的伟大教育家。

陶行知对杜威的继承和超越说明：一个教育工作者要想有所作为，必须正确地认识和对待古今中外特别是当代国外教育家的思想和经验，不迷信，不盲从，也不排拒，而是始终按照自己的需要和可能，有所扬弃，有所借取。同样道理，一个国家的教育要想得到健康发展，也必须正确地处理好外国的教育思想和经验与本国教育改革和发展的关系，坚持从本国的具体情况出发，剔除其消极因素，借鉴其合理内核，并力图有所创新和发展。这是一个教育家的成功之道，也是一个国家教育健康发展的必由之路。

心中的世界：陶行知对王阳明、杜威思想的接纳与改造[①]

  陶行知作为近代中国极有建树的教育家、思想家、政治家和文学家，其思想受到古今中外思想家的熏陶。对其生活教育学说的形成起到重要思想助力的，主要有两位思想家，一位是明代的心学大儒王阳明，另一位是美国哥伦比亚大学的教育哲学家杜威。学界对于陶行知思想演变的研究，大多数都从单个学者影响的角度进行探讨，较少从古今中外的角度进行比较研究，从陶行知个体心理角度来观察的文献更少。陶行知在1912年曾说："约有四年了，我的心灵一直是个战场。耶稣基督和撒旦为占有它而战。"[②] 这段话实际既表明他在信仰上的挣扎和思考，同时也反映了他内心世界的建构。本文试从古今中外的立体维度，从陶行知内心世界，寻找其对先贤思想的接纳与改造的历史过程。

一、个体的品质：陶行知对王阳明、杜威思想的时代性接纳

  陶行知是一个内心卓越并有深刻想法的人，关注陶行知的内心世界，可以通过他的文章、别人对他的回忆等方面的材料进行。有趣的是，与陶行知同时代具有一定地域文化、人文背景的人，如胡适，走了一条文化与政治相结合的道路，蒋梦麟、郭秉文走的是教育与政治相结合的道路，陈鹤琴走了一条教育专业化道路。陶行知走的却是一条教育与社会改造相结合的道路。为什么他会做出这样的人生抉择？这就要从他

  [①] 与刘训华合作，原载于《社会科学战线》2018年第4期。
  [②] 陶行知：《金陵大学学生陶文濬的信仰自述（部分）》，载《陶行知全集（十二）》，四川教育出版社，2005，第4页。

的内心世界,他对王阳明、杜威思想的接纳与改造说起。

陶行知出生于19世纪末,在救亡图存的大背景下,寻求国家发展出路的问题摆在了其面前。1903年,浙江、江苏、湖北等地的青年纷纷创办《浙江潮》《江苏》《湖北学生界》等刊物,寻求改变国家命运的道路。与革命救国、实业救国所不同的是陶行知教育救国的方式。这个方式与陶行知对于王阳明、杜威二人的认知有着密切的关系。王阳明、杜威二人有着共同的特点,一是其思想影响波及甚广,二是对所在时代起着重要的启蒙作用。仔细考察会发现,多灾多难的中国,对于心学的理解、对于实用主义以自强的追求,有着独特的时代适应性。

在分析陶行知成长的时代因素中,有三重文化圈说[1]。家乡文化,是根植于传统,受徽学的潜移默化影响;进入金陵大学之后,陶行知逐渐形成了民主共和理念,这在他的毕业论文《共和精义》中有所体现,在该阶段,他研究和信从阳明心学;赴美求学,对陶行知来说接受的不仅是一种教育,更是从政治上展现了民主主义和自由主义的新世界,从教育上展现了教育革新运动的新世界,从哲学上展现了实用主义教育的新世界[2]。

在求学的过程中,陶行知读书的学校位于受阳明心学影响比较大的区域。在民国肇始、传统信仰崩塌、价值观混乱的时代环境,在激进与改良的道路选择上,陶行知趋向于后者。"从戊戌到辛亥,思想政治界的一部分先行者,无论是较为温和还是较为激进者,都极其推崇王学。"[3]

王学被中国人认为是日本明治维新的重要推力,美国学界对之也很有好感。"中国王学甚好,在美国亦有相似之哲学,杜威一派的实验主义,即注重实行之哲学,与王学知行合一之说相同。"[4]陶行知在金陵大学的老师亨克,在1911年主讲并研究王阳明,陶行知在对王阳明思想的接触和认识过程中,与亨克对王学的研究"在时间(1911年)和空间(金陵大学)上是重叠的,陶行知在1916年自述中说亨克是使他信奉基督教的老师之一,相信与他们的共同兴趣——王阳明——不无关系。亨克很可能是从一个基督教的诠释角度,以王学作为向金陵大学学生介绍基督教信仰的媒体"[5]。从这里可以推断出,陶行知对王学的接受,既有传统文化的因素,又有国外汉学研究

---

[1] 杜威:《杜威教育论著选》,赵祥麟、王承绪编译,华东师范大学出版社,1981,第267页。
[2] 章开沅、唐文权:《平凡的神圣——陶行知》,华中师范大学出版社,2013,第76—77页。
[3] 章开沅、唐文权:《平凡的神圣——陶行知》,华中师范大学出版社,2013,第58页。
[4] 王卓然:《中国教育一瞥录》,商务印书馆,1923,第145页。
[5] 何荣汉:《陶行知——一位基督徒教育家的再发现》,安徽教育出版社,2011,第56页。

者由外而内产生的影响。

陶行知个人的自身特质对于接纳与改造王阳明、杜威的作用至关重要。陶行知个性敏锐、思想性强，具有远大的社会理想和扎实的实践动机，这种兼济天下的情怀，是他能够顺利接受王阳明、杜威思想并不断进行自我锻造的最重要主观条件。王阳明思想的核心是心学，相较于程朱理学，其更强调个人奋斗和自我悟道，这契合年轻的陶行知的心理。内心世界的激荡，能够在日常生活中体现，比如陶行知在金陵大学期间，"蒙学友之助及大学当局之信任，余倡办《金陵光》学报中文版并任主笔"①。杜威的实用主义哲学，对于前途迷茫的中国来说具有现实意义。如果王阳明的心学对于陶行知来说是思想成长的指导的话，杜威的实用主义则是陶行知行动的指南。

1914 年 8 月 15 日，陶行知由上海乘船赴美留学，纽约曼哈顿哥伦比亚大学附近的摩天大楼、地铁等现代设施很多，中美之间经济发展的巨大差异，使初到美国的中国留学生不免产生巨大心理落差。杜威的《明日的学校》《民主主义与教育》相继出版之时，正是陶行知进入哥伦比亚大学学习的时期。陶行知在哥伦比亚大学求学过程中得到杜威的有效指点，杜威的一系列著作对陶行知的影响也很大。1919 年杜威来华访问期间，与杜威零距离的接触和陪伴，使得陶行知对于杜威的认识和对王阳明的认识处在两个不同的层次上。

相较于王阳明的格物致知、内心自在一说，陶行知主张一种内在的学习和继承，同时又突出强调行动。陶行知在 1934 年曾说："在二十三年前，我开始研究王学，信仰知行合一的道理，故取名'知行'。七年前，我提出'行是知之始，知是行之成'的理论，正与阳明先生的主张相反。"② 陶行知开始系统研究阳明心学是在其二十岁时，其三十六岁时又提出了与阳明先生相反的观点。不同于对王阳明心学的内在接受，陶行知对杜威学说是一种批判的继承。在保留其合理性价值的同时，陶行知又对其学说体系进行了一番改造。杜威对于美国传统教育的灌输和机械训练的方法不满，积极主张教育变革，主张从实践中学习，提出教育即生活、学校即社会的观念，这与陶行知对中国教育现状和变革的内在驱动力的思考是不谋而合的。在变革所在国教育现状和对其思考这两点上，陶行知和杜威具有高度的一致性。

周洪宇用"继承中的超越与超越中的继承"③ 来形容陶行知基于中国国情对杜威

---

① 陶行知：《我的学历及终身志愿——致 J. E. 罗素》，载《陶行知全集（六）》，四川教育出版社，2005，第 455 页。
② 陶行知：《行知行》，载《陶行知全集（三）》，四川教育出版社，2005，第 487 页。
③ 周洪宇：《继承中的超越与超越中的继承》，《教育研究与实验》1993 年第 4 期。

理论的成功改造,费正清则评价说,"杜威博士最有创造力的学生却是陶行知","陶行知是杜威的学生,但他正视中国的问题,(这一点)则超越了杜威"①。陶行知在二十三岁时直接接触杜威,其后与杜威的直接交往一直持续到其二十六岁,之后则常有书信往来,当然还包括 1919 年到 1921 年杜威的中国之行。杜威于 1919 年 4 月 30 日至 1921 年 7 月 24 日在中国停留两年多,广泛发表演讲,对中国教育产生了重要影响。胡适曾说:"自从中国与西洋文化接触以来,没有一个外国学者在中国思想界的影响有杜威先生这样大。"② 作为杜威在中国最为亲密的学生之一,陶行知先后联络胡适、郭秉文等人,为杜威的中国之行奔走联络,并请胡适与蔡元培、蒋梦麟等人磋商③。

总体而言,陶行知对王阳明、杜威思想的接纳是个系统的过程,糅合了时代特征、个人禀赋、个人阅历等因素。他对王阳明思想的接纳更多来自传统与文化,是一种潜移默化式的吸收过程;对杜威思想的接纳则是建立在对美国社会和教育观察基础上的直接接受,是直接的学习和吸纳,在接纳方式的隐性和显性方面是明显不同的。

二、行动的立场:陶行知对王阳明、杜威实践性思想的顺向批判

行动的禀赋是陶行知对王阳明、杜威思想改造的突出取向,基础则是一种顺向批判。顺向批判是继承基础上的批判性发展,是肯定基础上的部分否定,是思想延续必须经过的阶段。陶行知是一个极有主见与执行力的人,尽管在学说上继承了王阳明、杜威的某些观点,但绝不盲从,他总能根据时代需要而有所改变。陶行知对王阳明学说是潜移默化、润物细无声式的吸纳,对杜威的学说则是整体性的、分阶段的接纳。

王阳明学说体现了中国传统思想的精华,杜威学说则是当时世界的教育潮流。对于王阳明而言,一生的成就离不开超强大的执行力。对于杜威而言,1896 年为了实践自己的理论创办实验学校并任该校校长,更是行动力的具体体现。王阳明和杜威的影响,使得行动作为推动事情发展的首要因素的认识在陶行知的心中扎根。考察陶行知的内心世界,是了解他对王阳明、杜威思想改造动力的重要抓手。陶行知在心中构建了一个宏大的教育世界,这个理想世界包括了各个层面的教育。如对大学选址的思考,

---

① 周洪宇编《陶行知研究在海外》,人民教育出版社,1991,第 397 页。
② 胡适:《杜威先生与中国》,《晨报》1921 年 7 月 11 日。
③ 陶行知:《杜威将来华讲学——致胡适》,载《陶行知全集(八)》,四川教育出版社,2005,第 180 页。

陶行知认为：一要雄壮，二要美丽，三要阔大，四要富于历史，五要便于交通①，这正是其心中愿景与中外传统相结合的结果。

在行动的立场上，陶行知与王阳明、杜威有着惊人的一致性。陶行知信奉王阳明的"知行合一"理论，但后来对王阳明"知是行之始，行是知之成"的观点进行了顺向批判，提出了"行是知之始，知是行之成"的观点②。陶行知的知行理论还受到杜威实用主义哲学的影响，他拓展了王阳明的唯心主义和杜威的实用主义，形成了一种适应时代发展的经验主义。

1916 年，陶行知用英文撰写论文 "*Moral and Religious Instruction in China*"（译为《中国的道德与宗教教育》），在道德和宗教的教育理论中，提出了道德与宗教教育的心理学基础、社会学基础和实用主义基础，将实用主义放在与心理学、社会学并列的角度论述，"和道德与宗教教育的社会学理论紧密联系的，是这个问题的实用主义方面。根据这个观点，在学与做当中知识与行为之间是统一的。知识是概念和行为的指导，因此行为是知识的人格化。这两者是一体的，其中任何一个都不能离开对方而单独获得。因此，所有的科目与教育方法，因其具有累积影响，必须对健康个性的形成做出贡献"③。这种认知参照的正是王阳明哲学和杜威的《民主主义与教育》，从中可以看出陶行知在知行论上受到两位的影响很大。

陶行知思想发展有个比较清晰的脉络，即行动是它总的逻辑起点。"假使阳明更进一步，不责物之无可格，只责格之不得法，竟然以改良方法自任，则近世发明史中，吾国人何至迄今无所贡献？"④通过对王阳明格物致知及其方法论的理解，陶行知更倾向于以改革的方法创新实现路径的行动性思维。

杜威的实用主义是经验主义，不是唯物主义，杜威与马克思唯一的共同点是注重行动。值得注意的是，杜威的实用主义并不是马克思意义上的实践，杜威不讲实践，只讲个人感觉意义上的行动，马克思则既讲个人经验感觉意义上的行动，更讲人类集体生活意义上的实践。马克思注重行动是建立在历史唯物主义的基础上，杜威则是建立在经验主义的基础上，两者有本质的区别。不能因为都重行动而将两者混为一谈，也不能因为都重行动，而将杜威实用主义视为唯物主义。陶行知师承杜威，但却秉持

---

① 陶行知：《杭州大学之天然环境——一封公开信》，载《陶行知全集（八）》，四川教育出版社，2005，第 3—4 页。
② 陶行知：《行是知之始》，载《陶行知全集（二）》，四川教育出版社，2005，第 4 页。
③ 陶行知：《中国的道德与宗教教育》，载《陶行知全集（十二）》，四川教育出版社，2005，第 26 页。
④ 陶行知：《试验主义与新教》，载《陶行知全集（一）》，四川教育出版社，2005，第 7 页。

社会改造论，与杜威的社会改良论有很大区别，这是陶行知超越杜威的地方。

陶行知持一种试验的态度，以杜威的实用主义理念来推动中国死气沉沉的教育局面。"全国学者，苟能尽刷其依赖天工、沿袭旧法、仪型外国、率任己意，偶尔尝试之旧习，一致以试验为主，则施之教育而教育新，施之万事而万事新，未始非新国新民之大计也。"[1] 改造其时中国面貌的办法，就是发展乡村师范学校，尽快培养合适的师资，"中国乡村教育走错了路，现在已经山穷水尽，不得不另找生路。试验就是用科学的方法去走新的生路"[2]。因此，陶行知对乡村教育的生活主义态度是有着行动的急迫性的。

陶行知对王阳明学说使用了扬弃的方法。王阳明在《传习录》中说："所以必说一个行，方才知得真。此是古人不得已补偏救弊的说话。若见得这个意时，即一言而足，今人却就将知行分作两件去做，以为必先知了然后能行。此不是小病痛，其来已非一日矣。某今说个知行合一，正是对病的药。"[3] 可见，王阳明的心学里，本有知行合一的意味。从王阳明的知行观出发，陶行知提出"教学做合一""劳力上劳心""即知即传"等主张，逐步形成自己的话语体系。

陶行知通过创办晓庄试验乡村师范学校（下文简称晓庄学校），实施教育与农业生产劳动相结合、社会生活相结合的新教育，这在以农业立国的当时，具有重要的社会改造意义。陶行知还积极推广平民教育，来实现其教育理想。他提出通过连环教学法，将平民教育推广到家庭里去，利用家里已经识字的人教不识字的人。只要家里有一个人识字，就可以教全家大大小小、男男女女一齐读书明理[4]。这表现了他对于推动平民教育实现自我理想的信念。1936年，他提出了大众教育思想，并寓教育于生活中。"大众教育运动的原则是：每个人，即使只学习过几个月，只要学到一点，就应该把他所学到的教给别人。一种新的心理状态支撑着这种新的大众教育运动。生活的变化就是教育的变化。在普通学校里不需要、有时也不可能进行这种教育而获得成功。因此，我们的教育不限于学校的形式。既然真正的教育源于人们生活间的接触，任何有人居住或聚集的地方实际上就是一种大众学校。于是，我们的学习是在庭院、走廊、街道、商店、庙宇、兵营中举办的。整个社会是我们的学习，全部生活是我们的课程。"[5]

---

① 陶行知：《试验主义与新教》，载《陶行知全集（一）》，四川教育出版社，2005，第7—8页。
② 陶行知：《试验乡村师范学校答客问》，载《陶行知全集（一）》，四川教育出版社，2005，第87页。
③ 王守仁：《传习录上》，载《王阳明全集（上）》，上海古籍出版社，2011，第5页。
④ 陶行知：《能使全家识字的连环教学法——给胡适之夫人的信》，载《陶行知全集（八）》，四川教育出版社，2005，第18—19页。
⑤ 陶行知：《新的大众教育运动》，载《陶行知全集（六）》，四川教育出版社，2005，第265—266页。

陶行知希望通过教育改造实现教育使命。陶行知曾对王琳说："我们现在要打倒的就是这八股教育、干部教育。我们决定再不制造书呆子和官僚绅士们。你愿意舍身从事适合于农村生活的教育，我们是十二分地欢迎，我们可以共同为中国教育寻觅曙光，为中国教育探获生路。"① 由此可以看出陶行知对于教育改革的火热心情。

　　需要指出的是，陶行知是当时走出国门的教育研究者和实践者当中具有"欧美视野、中国立场"的教育家，"欧美视野"易成，坚定而清醒的"中国立场"却颇为难得。中美之间存在巨大的国情差异，美国的城乡结合也完全不同于中国，陶行知在经历了几年的美国学习生活后，深刻地理解了这一方面的差距。美国的教育现状也和中国一样，在不断改革中走向新的发展阶段，因此陶行知在考虑引进杜威思想和学说的同时，对其适切性进行了基于中国立场的改造。与胡适等人的近乎西化的观念不同，在当时西方教育文化的巨大优势面前，陶行知始终将西方的经验植根于中国的土壤里，并通过行动加以推进。陶行知对王阳明、杜威思想的改造，落脚点在行动层面。

三、生活的本源：从心学、实用主义向生活的有效回归

　　知行观不仅是哲学领域也是教育领域的重要话题，牵涉教育的目的、内容、方法及世界观、价值观等问题，对知与行两者的顺序、难易、互生等相互关系的分析，向来是教育家关注的重点领域，"陶行知吐故纳新，继承并发展了王阳明的知行观。无论其名'行知'的由来，还是他的教育思想体系都体现了对王阳明哲学思想的探索和实践"②。

　　对王阳明而言，"知行问题并非一个侧重于知识论的问题，更多涉及的是道德认知和道德行为两者的关系问题。因此，王阳明所谓的'知'并非一般意义上的感性或理性的认知，而是对伦理道德的一种自我意识；他所谓的'行'，也不是一般意义上的实践，而是伦理道德规范的实行，即所谓的'致良知'，即把人心中的私欲排除掉，使纯乎天理的良知自然地发用践行，使之贯穿于事事物物之中"③。陶行知通过生活化的方式，对王阳明学说进行以适应现实需要为基础的顺向批判，抛却单一的道德论和认识

---

① 陶行知：《为中国教育寻觅曙光——致王琳》，载《陶行知全集（八）》，四川教育出版社，2005，第222页。
② 王建平、黄明喜：《吐故纳新：陶行知对王阳明知行观的继承与发展》，《贵阳学院学报（社会科学版）》2017年第4期。
③ 同②。

论因素，从而让这种哲学上的知行观落实在大众层面。

对生活性的追求，是陶行知构建教育理想世界和个人内在世界的归宿。王阳明的心学崇尚人的内在修为，于万事万物之中有着自己的内在定力。杜威的实用主义在厘清"以儿童为中心""学中做""学校即社会"等问题上的推动作用，给了陶行知有力的行动臂膀。对于儿童与教师问题，"杜威虽然没有创立'儿童中心论'，但他强调了'儿童是中心'；陶行知则提出了'先生创造学生，学生创造先生'"①。这是陶行知对杜威思想的再发展。

在陶行知生活学说的形成过程中，王阳明的思想对其起到了向导式的帮助。"知行合一"与"致良知"是阳明心学的核心内容。王阳明在《传习录》中说："必有欲行之心，然后知路。欲行之心即是意，即是行之始矣。路歧之险夷必待身亲履历而后知，岂有不待身亲履历而已先知路歧之险夷者邪？'知汤乃饮''知衣乃服'，以此例之，皆无可疑。若如吾子之喻，是乃所谓不见是物而先有是事者矣。"② 1927 年 6 月 3 日，陶行知在晓庄学校演讲时提出"行是知之始，知是行之成"的论点，这是陶行知思想上的质的飞跃，他在《行是知之始》中认为："才烫了手又冰了脸，那么，冷与热更能知道明白了。尝过甘草接着吃了黄连，那么甜与苦更能知道明白了。碰着石头之后就去拍棉花球，那么，硬与软更能知道明白了。凡此种种，我们都看得清楚'行是知之始，知是行之成'。"③ 王阳明是强调知前行后，陶行知则对此进一步发展，强调行前知后，突出了实践在人认识过程中的重要性。

陶行知将王阳明的心学引导到实践中，他以日常生活为喻，"我们先从小孩子说起，他起初必定是烫了手才知道火是热的，冰了手才知道雪是冷的，吃过糖才知道糖是甜的，碰过石头才知道石头是硬的。太阳地里晒过几回，厨房里烧饭时去过几回，夏天的生活尝过几回，才知道抽象的热。'雪菩萨'做过几次，霜风吹过几次，冰淇淋吃过几杯，才知道抽象的冷。白糖、红糖、芝麻糖、甘蔗、甘草吃过几回，才知道抽象的甜。碰着铁，碰着铜，碰着木头，经过好几回，才知道抽象的硬"④。所以他认为王阳明的"知是行之始，行是知之成"不对，应该是"行是知之始，知是行之成"。强行将王阳明的观点一分为二，这是陶行知对王阳明思想的曲解，同时阳明心学的生活

---

① 单中惠：《传承与创造——陶行知与杜威教育思想比较》，《中国德育》2016 年第 14 期。
② 王守仁：《传习录（中）答顾东桥书》，载《王阳明全集（上）》，上海古籍出版社，2011，第 47 页。
③ 陶行知：《行是知之始》，载《陶行知全集（二）》，四川教育出版社，2005，第 4 页。
④ 同③。

性内涵也影响着陶行知对于生活的意向建构①。

杜威和陶行知的共性特征在于，他们都重视教育与生活的关系，只是在倾向上有所不同，陶行知的"生活即教育"是对杜威"教育即生活"的丰富和发展。杜威用"教育即生活"的观点批驳斯宾塞、赫尔巴特的传统教育暨美国现实教育，陶行知用"生活即教育"对中国教育的传统与现状大加鞭挞，两者有异曲同工之处。

洞悉杜威生活教育的现实基础是对杜威学说继承和发展的前提。1930年陶行知曾说："美国是一个资本主义国家，他们是零零碎碎的实验，有好多教育家想达到的目的不能达到，想实现的不能实现。假使杜威先生是在晓庄，我想他也必主张'生活即教育'的。"② 陶行知很能够理解老师的学说的出发点和所思所虑，这使得他在中国进行教育实验时，更能够强调中国化的因素。

在进行乡村教育改造时，陶行知提出"活的乡村教育，必须有活的乡村教师。活的乡村教师必须有三个条件：第一有农夫的身手；第二有科学的头脑；第三有改造社会的精神"③。这个农夫的身手正是杜威的美国社会所不具备的情况。"生活教育教人发明生活工具，制造生活工具，运用生活工具……教育有无创造力，只需看他能否发明人生新工具或新人生工具。"④ 在其后的实践中，陶行知强调了动手能力及依靠工具工作的重要性。陶行知强调教育来源于生活，生活是教育最重要的基础。在创办第三中心小学时，陶行知曾说："我们从野人生活里感觉到人的身体是不足以应付环境的。我们觉得人类要想征服天然势力，必须发明、制造、运用身体以外的工具。"⑤

对教育与生活的关系，杜威曾言："我认为教育是生活的过程，而不是将来生活的预备。我认为学校必须呈现现在的生活——即对于儿童来说是真实而生气勃勃的生活。像他在家庭里、在邻里间、在运动场上所经历的生活那样。"⑥ 陶行知结合中国国情，对"教育即生活"思想在晓庄学校及上海山海工学团进行了有效实践。陶行知生活教育理论对杜威实用主义教育理论是一种超越与创新。虽然两者在教育基点、教育指导原则、儿童发展观、教育行动研究思想等方面有着一定的理论联系，但在教育本质观、

---

① 本观点受到华南师范大学黄明喜教授的启发，特此鸣谢。
② 陶行知：《生活即教育》，载《陶行知全集（二）》，四川教育出版社，2005，第399页。
③ 陶行知：《中国乡村教育之根本改造——在上海青年会的演讲》，载《陶行知全集（二）》，四川教育出版社，2005，第275—276页。
④ 陶行知：《生活工具主义之教育》，载《陶行知全集（一）》，四川教育出版社，2005，第98页。
⑤ 陶行知：《从野人生活出发》，载《陶行知全集（一）》，四川教育出版社，2005，第95—96页。
⑥ 杜威：《我的教育信条》，载《学校与社会明日之学校》，赵祥麟、任钟印、吴志宏译，人民教育出版社，2005，第6页。

教育领域观、教育方法观等方面存在着实质的区别①。陶行知的生活学说没有脱离杜威的基础，同时又受到王阳明心学思想生活性的启发，只是在表述上，从突出教育转向于倾向生活。因此可以说，陶行知的生活教育学说，是在王阳明、杜威二人思想基础上逐步形成的。

在生活教育理论方面，陶行知与杜威有着不同的哲学根基和社会环境，二者的生活教育理论在教育目的、教育内容、阐释的角度上表现出同中有异，陶行知不是简单地继承和发展杜威的理论，而是结合国情深入实践并不断地修正和超越之，探索出适合国情且具有鲜明时代特征的生活教育理论路径和体系②。

生活不仅是王阳明思想的日常依托，也是杜威实用主义教育思想的重要落脚点。将生活作为推动教育实践的落脚点和归宿，是陶行知始于王阳明而成于杜威的重要价值论断。这也超越了中国传统教育中的政治、文化、经济等因素，而落脚于学生，落实在教育本身。首先，中国立场的教育生活体现于生活化的语言表达，通俗的语言是接地气的中国式语言，如"人生两个宝：双手与大脑。用脑不用手，快要被打倒。用手不用脑，饭也吃不饱。手脑都会用，才算是开天辟地的大好佬"③。其次，立足中国农村，立足中国的前途，从中国国情出发考虑中国问题。陶行知1924年在万国教育会议上说："1919年以前，总体来说，中国教育还处在模仿国外的十字路口。它有时模仿日本制度，有时模仿德国制度，有时模仿美国制度。这种从外国搬来的教育制度，不论它们多么富有效果，如此照搬过来，是不会结出成功的果实的。直到最近，中国的教育界和一般人士逐渐清醒地意识到，只有透彻地研究自己的需要和问题，才能准确地制定出一套真正适合中国国情并为中国服务的教育制度。"④ 再次，强调多样性生活对于教育的重要性。比如强调儿童对于科学生活的重要性，"20世纪的世界，是一个科学的世界。科学的世界里要有一个科学的中国。一个迷信的国家，在科学的世界里是难以存在的。科学的中国要谁去创造呢？要中国的孩子去创造！朋友把自己造成科学的孩子，便是把中国造成科学的中国"⑤。

在对待古今中外的态度上，陶行知观点很鲜明，"反洋化教育的用意并不是反对外

---

① 张俭民：《"实用主义教育"与"生活教育"——陶行知生活教育理论的"源"与"流"》，《当代教育论坛》2007年第1期。
② 邹晓东、吕旭峰：《论陶行知对杜威生活教育思想之超越——道德教育回归生活世界的理性反思》，《大学教育科学》2009年第6期。
③ 陶行知：《中华儿童教育社三周纪念》，载《陶行知全集（七）》，四川教育出版社，2005，插图9。
④ Tao Xingzhi, Education In China1924，载《陶行知全集（六）》，四川教育出版社，2005，第3页。
⑤ 陶行知：《怎样做一个科学的孩子》，载《陶行知全集（五）》，四川教育出版社，2005，第632页。

来知识,反传统教育也不是反对固有的优点"①。实际上他的中国立场取向,是以当时中国的国情需要为基础的,是进行继承和吸收,而不是盲目排斥或全盘吸纳,这也体现了由学术思想回归现实生活的辩证性的一面。

四、奋斗的理想:从社会改良到社会改造的教育本土化

在历史上,王阳明相继创立龙冈书院、稽山书院,主持贵阳书院等,创立王学,门人众多。陶行知创办了晓庄学校、山海工学团和重庆育才学校,形式上有相同之处,但在具体实践环节,王阳明走精英教育道路,开宗立派;陶行知走平民教育道路,普惠民众。王阳明也有教育改造的思想,但是基于方法层面,在社会层面的着力点并不明显。

杜威在教育实践中,只是社会改良者,并不是改造者。陶行知教育实践观主要分为两个阶段。他前期是社会改良者,20世纪30年代后对国民党政权逐步失望,逐步演变为社会改造者。从教育实践的角度来说,陶行知超越了杜威的实践境界。陶行知早期的社会改良思想源于杜威,但中后期的社会改造思想则源于现实。同时,陶行知的老师、哥伦比亚大学师范学院教授罗格的社会改造思想也对他产生了强烈的影响。

陶行知善于通过各种方式来完善自己的理论和实践体系。陶行知的个性比较突出,却能够很好地维持与他的老师们的友谊。克伯屈在日记里称陶行知是"我的老朋友",但是对于蒋梦麟或者其他人则明显没有这样的表示②。陶行知的教育思想里面也含有克伯屈等人思想的影子,陶行知曾说:"杜威先生的教育哲学是世界上公认的,根据这个理论找出具体的方法去实现这个理念,予教育界一个伟大贡献的,就是克伯屈先生发明的设计法。"③

尽管陶行知在美国留学并深受杜威学说影响,但他并不痴迷于欧美教育,而是从内心主张教育的中国化。"中外情形有同者,有不同者。同者借镜,他山之石固可攻玉。不同者而效焉,则适于外者未必适于中。"④ 在注意差异化的同时,他力主回归平

---

① 陶行知:《告生活教育社同志书——为生活教育运动十二周年纪念而作》,载《陶行知全集(四)》,四川教育出版社,2005,第301页。
② 克伯屈、张彩云:《克伯屈日记选译》,载周洪宇、陈竞蓉编《中国最需要何种教育原则——克伯屈在华演讲录》,安徽教育出版社,2013,第151页。
③ 陶行知:《欢迎克伯屈先生》,载周洪宇、陈竞蓉编《中国最需要何种教育原则——克伯屈在华演讲录》,安徽教育出版社,2013,第105页。
④ 陶行知:《试验主义与新教育》,载《陶行知全集(一)》,四川教育出版社,2005,第7页。

民教育路线。"学校生活对于我的修养固有不可磨灭的益处,但是这种外国的贵族风格,却是很大的缺点。经过一番觉悟,我就像黄河决了堤,向那中国的平民的路上奔流回来了。"① 在陶行知的内心世界里,教育中国化的最好体现就是平民教育。"中国四万万人,内中有三万万二千万不识字的。要使这三万万二千万人都识字,就是我们八千万识字的人的责任。把这个问题解决了,其余实业、交通、财政、司法……都容易了。并且这个问题不十分难,若去做,是很容易达到的。"② 通过教育进行社会改造,是陶行知达到理想世界的主要途径。

　　陶行知对杜威既尊敬又推崇。1944 年杜威在给陶行知的信中提到:"我希望将来美国对中国会有更多的帮助,不但是在军事方面,而且是要站在民主社会与民主教育的立场上,给予中国所需要的帮助。"③ 陶行知则表态:我现在正想站在教育的岗位上,推动全民教育,以帮助真正民主的实现。希望您常常指教。④ 但在另一方面,陶行知能够清晰地感受到两国之间在教育领域的巨大差异,"为使中国之教育能实现中国化,不徒为抄袭欧美教育之皮毛,则第一必使教育与实际生活打成一片,尤必使教育与政治不相分离"⑤。尽管与老师的关系很融洽,但他能够清晰地感受到中国与欧美之间存在着的不可逾越的鸿沟,这体现了陶行知清晰的主体意识,不像同时代的他的同学们那样,过多地依赖欧美路径。

　　杜威以经验作为教育哲学基础,认为人与环境"以某种方式起着相互作用的事物,乃是经验"⑥。陶行知则通过行动将人与环境进行直接对接,他在晓庄学校、山海工学团的尝试即属于此。"教育就是经验的改造或改组。这种改造或改组,既能增加经验的意义,又能提高后来经验进程的能力。"⑦ 陶行知重视杜威的教育改造观点,将经验丰富到感性层面,"马路、弄堂、乡村、工厂、店铺、监牢、战场,凡是生活的场所,都是我们教育自己的场所,那么,我们失掉的是鸟笼,而得到的倒是伟大无比的森林了"⑧。杜威认为,儿童天生具有四类兴趣:交谈或交流方面的兴趣、探究或发现的兴

---

　　① 陶行知:《创造一个四通八达的社会——给文渼的信》,载《陶行知全集(八)》,四川教育出版社,2005,第 33 页。
　　② 陶行知:《学生与平民教育》,载《陶行知全集(十一)》,四川教育出版社,2005,第 114 页。
　　③ 陶行知:《论中美两国关系——致美国杜威博士》,载《陶行知全集(十一)》,四川教育出版社,2005,第 680 页。
　　④ 陶行知:《论中美两国关系——致美国杜威博士》,载《陶行知全集(十一)》,四川教育出版社,2005,第 683 页。
　　⑤ 陶行知:《再论中国教育之出路》,载《陶行知全集(十一)》,四川教育出版社,2005,第 423—424 页。
　　⑥ 杜威:《杜威教育论著选》,赵祥麟、王承绪编译,华东师范大学出版社,1981,第 267 页。
　　⑦ 杜威:《杜威教育论著选》,赵祥麟、王承绪编译,华东师范大学出版社,1981,第 159 页。
　　⑧ 陶行知:《生活教育之特质》,载董宝良主编《陶行知教育论著选》,人民教育出版社,2011,第 446 页。

趣、制作或建造的兴趣和艺术表现的兴趣[①]。陶行知研究教育的落脚点是学生在教学方法论上进行大胆变革,"先生的责任在教学,先生教的法子必须根据学的法子,先生须一面教一面学"。

陶行知在扬弃中创新,提出了一系列适合中国国情特点的教育思想与主张,并身体力行,产生了重大的时代价值。阳明心学的"内圣"和杜威学说的"外王",为陶行知成为大教育家提供了必要的思想武器和行动指南。陶行知接受并宣扬王学,是因为他深信阳明学具有利世的功效,但更重要的,"主要还是为了自身道德修持所需"[②]。这与他后来又向基督教靠拢、从佛教取法、向墨子学习一样,是陶行知个人道德修养极高、人格魅力巨大,成为大教育家的重要原因。

陶行知有着坚定的教育信仰和感人至深的人格魅力,他为了教育实践甘于下沉到中国社会的基层,将其所经历的特殊国情与王阳明、杜威思想相融合,不断生发并创造出新的内容。在谈到个人志向时,陶行知曾说:"我要用四通八达的教育,来创造一个四通八达的社会。"[③] 这也是陶行知不断用内在理想来不断加以实践的内容。尽管有时悲壮得像一名烈士,他也在所不惜。1946 年得知李公朴遇害,陶行知在致育才学校全体师生的信中表示:"如果消息确实,我会很快地结束我的生命。深信我的生命的结束,不会是育才和生活教育社之结束……平时要以'仁者不忧,知者不惑,勇者不惧,达者不恋'的精神培养学生和我自己。"[④] 这正是陶行知一生不断追求王阳明、杜威乃至他自己的内在价值的真实写照。1946 年在他人生的壮年时期,陶行知因劳累而逝,然而在教育改革和实践的社会思潮当中,其教育思想作为中国立场教育的宝贵财富,走出了一条有别于心中圣贤和授业恩师的内圣外王的道路。

---

① 杜威:《学校与儿童生活》,载杜威《学校与社会明日之学校》,赵祥麟、任钟印、吴志宏译,人民教育出版社,2005,第 47 页。
② 章开沅、唐文权:《平凡的神圣——陶行知》,华中师范大学出版社,2013,第 58—59 页。
③ 陶行知:《创造一个四通八达的社会——给文渼的信》,载《陶行知全集(八)》,四川教育出版社,2005,第 34 页。
④ 陶行知:《为新中国之新教育继续奋斗》,载《陶行知全集(九)》,四川教育出版社,2005,第 473 页。

怎样造就第一流的教育家

——陶行知的启示[①]

陶行知在《第一流的教育家》一文中说:"我们常见的教育家有三种:一种是政客的教育家,他只会运动、把持、说官话;一种是书生的教育家,他只会读书、教书、做文章;一种是经验的教育家,他只会盲行、盲动,闷起头来,办……办……办。"那么,怎样做一流的教育家呢?

首先是应立志。

要做一流的教育家,首先要立志,立宏伟大志。古人说:有其志必成其事。陶行知之所以能成为中国一流的教育家,首先就在于他少小立志拯救中华,"为中国做出一番大事业来"。陶行知的人生志向并非生而就定,而是因时而生,依势而更。管窥其求学历程,便可从中得到印证。陶行知的人生志向,大体经历了如下四次阶段性的变更:

一是医药救国。与孙中山、鲁迅等名人一样,少年陶行知开始确立的人生志向便是行医,救死扶伤。他十七岁毕业于徽州崇一学堂之后,便赴杭州投考广济医学堂。促使他发愿学医的直接动因是其姐的幼殇以及家乡缺医少药的现状。此时的他将满腔报国之志化作了成为拯救世人肉体苦痛的良医的人生志向。

二是文学救国。陶行知在广济医学堂就读的时间不长,即因受到歧视而愤然退学回乡,在家苦学英语半年后,又于 1909 年考入南京汇文书院就读。此时他的兴趣开始朝文学定向。后进入金陵大学,通过学报《金陵光》将其作品陆续见诸报端,他日益坚定了以文学刷新国民精神风貌的人生志向。

三是政治救国。辛亥革命的爆发催生了陶行知政治救国的梦想。他不仅回乡参加了屯溪阳湖余家庄起义,而且还担任徽州议会秘书达半年之长。其后,政治救国的理想不断坚定。他的毕业论文《共和精义》就蕴涵着"非共和之不足救国"的思想强光。

---

① 原载于《班主任之友》2016 年第 7、8 期。

此时的他把赴美伊利诺伊大学攻读硕士学位,寻求政治救国之道作为自己的人生志向。

四是教育救国。陶行知留学美国后,深感美国社会的繁荣与富强,深受进步教育运动的熏陶和影响,深切认识到教育改造社会的作用及力量,便开始萌发教育救国的思想。他在1915年获得伊利诺伊大学市政学硕士学位之后,毅然选择美国的教育重镇——哥伦比亚大学师范学院作为他获取"更高级学位"(博士)的理想之所。入读该校后,他曾明确地表露了这种教育救国的志向:"我的毕业志愿是通过教育而非武力来创建一个民主国家……我坚信没有真正的公共教育就不可能有真正的共和国。"因此,"我回国后将与其他教育工作者合作,为我国人民建立一套有效的公共教育体制","我要使全中国人都受到教育"。这便奠定了他留美归国时的人生志向。陶行知一旦立下平生志,就"壮志未酬誓不休","为中国教育寻觅曙光,探获生路","不做政客教育家",终生甘为孺子牛。透过陶行知人生志向的四次抉择,我们可以看出陶行知"为中国做出一番大事业来"的人生志向是何等高远,矢志献身教育的意志是何等坚强!这正是陶行知作为"一流的教育家"不同于其他教育家的感人之处,这也正是陶行知作为"人民教育家"的本色所在。

其次是立功。

做"一流的教育家",既要立宏伟之志,又要立显赫之功。古人曰:志不立则无以立功。陶行知之所以能成为中国一流的教育家,就在于他不仅有献身教育之志,而且有投身教育之行。"敢入未开化的边疆""为中国教育探获生路,寻觅曙光""不做书生的教育家"。陶行知一生从事的教育实践主要有四大领域。

一是社会教育。社会教育是陶行知提出的"社会即学校"这一基本原理之具体运用,使受教育的覆盖面迅速扩大。他在社会上创办了昆明学校、笑山平民读书处、儿童科学通讯学校等各种方便人民大众及其子弟的学习场所,运用社会力量,推动教育事业之发展,给旧的学校观和教育观带来了根本性变革,有力配合了中国人民反帝反封建的伟大斗争。

二是师范教育。陶行知认为:"师范教育可以兴邦,也可以促国之亡。"唯其为此,他终生致力于师范教育,并亲自创办和主持了晓庄试验乡村师范学校,堪称中国提倡乡村师范教育的第一人。他在师范教育中坚持理论联系实际,一切从实际出发,运用"教学做合一"的方法,并大力推行艺友制。

三是特殊教育。陶行知认为对于有特殊才能的儿童应该进行特殊教育,为此,他创办了育才学校,专门收容有才能的难童入学。他力倡对特殊才能应注意从小发现,及时培养,在集体生活中和普通教育的基础上实施全面发展的特殊教育。在教育过程中，注意因材施教，采用启发式教学方法，培养学生创造能力和自学能力，充分发展其主观能动性，在学校、家庭和社会的密切配合下，共同推动特殊教育之发展。

四是成人教育。陶行知通过提出"活到老，做到老，学到老"的主张，把成人教育的地位提高到了终身教育的高度，目的在于培养德、智、体、美、劳全面发展的国民和劳动者。他切合成人自身的利益，采用适合成人教育特点的教育方法，充分调动其学习积极性。他主持创办的山海工学团、中华业余补习学校、重庆社会大学等，直接推动了成人教育的发展。

再次是立言。

做"一流的教育家"，仅立显赫之功还不够，还要立传世之言。陶行知会通古今，学贯中西，述而且作。他之所以能成为中国一流的教育家，就在于他"敢探未发明的新理"，为中国教育实践进行理性思考，"不做经验的教育家"。陶行知自幼受中华传统文化的熏陶，儒学造诣颇深；读中学时开始接触西学，后负笈游美，在哥伦比亚大学师从杜威、孟禄、克伯屈等教育大师，接受了西方先进的教育思想。陶行知立足国情，既反对"沿袭陈法"，又反对"仪型他国"，他在批判地继承古今中外各种教育思想和总结自己教育实践经验的基础上，先后提出了六大理论。

一是生活教育。"生活即教育""社会即学校""教学做合一"为其三大基本原理。陶行知在更广阔的层面上构建了新的教育体系，将学校教育的范畴横向延伸，扩展到社会生活的最外延，主张把整个社会作为学校，整个生活作为教育，强调学校教育要与社会生活相联系，反对脱离生活实际，击中了传统教育和洋化教育的要害。

二是民主教育。反对教育脱离大众，仅为少数统治者服务，坚持教育必须属于人民、依靠人民和为了人民的幸福。倡导教育为公、机会均等。提出了实施民主教育的方法、原则以及新型的课程观、师生观、管理观。民主教育作为一种根本的指导思想，贯穿于生活教育理论体系的全部理论之中。

三是全民教育。针对国弱民贫的现实，陶行知提出了扫除文盲、普及教育、治愚与治穷相结合的全民教育理论。其内容涉及平民教育、乡村教育、女子教育、幼儿教育、民族教育、职业教育、师范教育以及高等教育，涵盖了不同层面、不同区域和不同性质的教育。他曾说"要用四通八达的教育来创造一个四通八达的社会"。全民教育正是一种消除不平等的立体途径，民主教育也只有通过全民教育才能最终得以实现。

四是全面教育。关于教育的培养目标，陶行知指出："千教万教教人求真，千学万学学做真人。"即教育要培养的是在德、智、体、美、劳等方面全面发展且具有创造精神的人。要求"心、手、脑"并用，"真、善、美"合一。

五是全程教育（终身教育）。生活教育强调人的全程教育，不断学习，认为教育必须贯穿人生的始终，主张不同阶段的教育应从纵的方面相互连接，构成一个完整系列。陶行知在世界上最早明确提出了终身教育的概念。它的实施，使民主教育从全面普及走向立体普及成为可能，是一种大教育观。

六是创造教育。陶行知早在《第一流的教育家》一文中，就把"敢探未发明的新理，即是创造精神；敢入未开化的边疆，即是开辟精神"作为不同于政客的教育家、书生的教育家和经验的教育家的第一流教育家的特征，提倡做"创造的教育家"。20世纪30年代和40年代又先后发表《创造的教育》《创造的儿童教育》《创造宣言》和《创造年献诗》等，指出教育者"所要创造的是真善美的活人""处处是创造之地，天天是创造之时，人人是创造之人"。他的创造教育思想至今仍值得我们很好地总结、发掘和运用。

最后是立德。

立志是立功的动力，立功是立言的前提，立德是立言的基石。陶行知之所以能成为中国第一流的教育家，原因很多，但最主要的还在于他具有优秀的道德品质和良好的精神风貌，这是他不断进取、开拓创造的内在动力。

一是爱满天下的博大胸襟。陶行知的博爱精神，首先体现在他的爱国精神上，"爱国是每个人的本分"，他认为"凡是脚站中国土地，嘴吃中国五谷，身穿中国衣服的，无论是男女老少，都应当爱中国"。爱国必须爱民，由此他以爱满天下的精神，爱学生、爱平民、爱工人，"爱中华民族中最多数最不幸之农人"，从爱国爱民出发，他爱教育，决心一辈子献身教育，立志要用教育来救国救民，他更爱救国救民于水火的中国共产党，由此他成为一个"无保留地追随党"的党外布尔什维克。

二是乐于奉献的伟大情操。"捧着一颗心来，不带半根草去"是陶行知献身精神的生动体现。他全心全意为人民的教育事业献身，愿为农民"烧心香"，为工农子弟"甘做骆驼"。民族危亡，国难当头，他挺身而出，不顾劳累，奔波海外，宣传抗日，争取国际支援。回国后又不顾危险，抨击国民党政权专制独裁，呼吁和平，为中国的民族命运、民主进步和教育改革付出了毕生精力。

三是炽热真诚的教育激情。徐特立说过："杜威虽是一个伟大的教育家，但不是一个革命家。行知却是一个革命家，同时在教育方面起了伟大的革命作用……"为人民奋斗者，血写人民史诗，为了国家，为了人民，他全心全意跟着党走，奋斗到最后一刻，真正做到了"鞠躬尽瘁，死而后已"！他自觉从"知行"观变为"行知"观，从唯心主义变为唯物主义。他自觉下农村，办乡村师范，实行知识分子与工农相结合；他又自觉办工学团，与工农交朋友，拜工农为师。

四是不屈不挠的刚毅品质。陶行知奉行"失败是成功之母，奋斗是成功之父"的人生准则，他一生奋斗不息，为了事业所表现出来的坚韧苦战的精神，得到了人们的一致公认。他公私分明，不抽烟，不喝酒，处处以身作则，为人师表，为了自己所认定的事业，甘愿脱掉西装革履，下乡办乡村师范，赤脚穿草鞋与师生同吃同住同劳动，做当地农民戏称的"挑粪校长"。为了事业，无论办学，还是出国访问，他总是夜以继日，连续苦战，忍饥挨饿，战斗不息。

五是求真务实的思想作风。"千教万教教人求真，千学万学学做真人"，这是陶行知为人与教人的终极旨趣。行是知之始，知是行之成。在教育上，他通过调查、研究、实验等真功夫来验证教育理论和实践，从而提出符合教育规律的教育理论。

六是开拓求新的创造精神。"敢探未发明的新理""敢入未开化的边疆"，即是陶行知的创造精神。他从中国的国情出发，从实践试验着手，创造了一整套以生活教育理论为核心的教育理论；他开拓性地创办了一批内容与形式全新、多层次、多轨制、多形式的幼儿园、中小学、师范学校、工学团、育才学校、社会大学等；他从办学的指导思想、教育目的、教学内容、教材和教法等方面进行了一系列探索为中国教育创造了一批新的典型；他不仅为中国的教育改革探获了一条新路，而且还为中国的革命事业培养了一大批具有开拓和创造精神的人才。

上述六种精神是一个有机的整体，其中，博爱精神和奉献精神是基石，求真精神是核心，奋斗精神是动力，务实精神是根本，创造精神是灵魂。这六种精神，构筑了陶行知丰富而深邃的精神世界，为他在中国现代文化教育诸多领域进行开拓和创新，提供了巨大的精神动力。一个教育工作者，既要志存高远，又要求真务实；既要总揽全局，又要细处入手；既要德正学高，又要自强弘毅；既要富有创见，又要勤于实践；既要善于借鉴，又要勇于创造；既要立足本土，又要放眼全球。简言之，既立志立德，又立功立言，方才可能成为一流的教育家。这是陶行知教育思想与实践给我们的重要启示，也是每位教育工作者或准教师应该铭记在心的。

不尊重教育规律，越努力越摧残人[①]

记者：今年（指 2017 年）7 月 25 日是人民教育家陶行知先生逝世七十一周年纪念日。为什么七十一年过去了，陶行知其人其学在世界上的影响还在不断提升？他的教育思想对今天的教育改革有何启示？我们就此专访了新近有陶学专著在美国时代出版公司出版的中国教育学会会长、华中师范大学教授、长江教育研究院院长周洪宇。

一、把陶行知推介出去是时代需要

记者：我们关注到，包括您在内的一些湖北学者，持续三十多年研究陶行知，请问这种数十年如一日的研究，出发点是什么？

周洪宇：出发点是向世界推介陶行知其人其学，向世界推介中国的教育思想和教育方案。陶行知是我国伟大的人民教育家，中国现代教育的开拓者。在"三千年未遇之大变局"的时代，先生站在时代的断裂点上，立志以教育"谋国民全体之福利"，他提出的生活教育学说，达到了中国近现代教育理论所能达到的最高点；他的教育实践、教育学说以及其他改革探索共同奠定了中国教育现代化的基础，在世界上也有重要地位。

随着中国经济社会的发展，国际社会越来越关注中国教育思想，以孔孟为核心的古代教育思想，和以陶行知为代表的现代教育思想，往往被并列看待。把陶行知的教育思想总结出来、推介出去，是陶学研究的需要，也是时代的需要。

记者：几天前，美国时代出版公司出版了您的两本陶学著作，在海外引起较大反

[①] 原题为《回眸陶行知培养真善美的人》，《湖北日报》2017 年 7 月 26 日。

响。这种海外出版有什么深意吗？

周洪宇：7月上旬，美国时代出版公司出版的两本书中，《教育改变世界：陶行知（英文版）》是陶先生在美国求学以及学成归国开展教育理论探究和实践的传记，《生活教育——陶行知英文著作精选（英文版）》是陶先生原汁原味的英文著作精编。前者介绍其人，后者推介其说，目的是让世界了解这位伟大的中国教育家，继而了解中国的现代教育，从中获得教益。

习近平总书记强调，不管全球治理体系如何变革，我们都要积极参与，发挥建设性作用。我们既要积极参与经济治理、国际治理，也应积极参与文化教育治理。以陶行知为代表的中国现当代教育家，积累了非常丰富、科学而且成体系的教育思想和学说，应该作为我们为世界教育事业贡献的中国教育方案。目前，国际上有关陶学的外文著作还不多，中国研究者应该做这方面的工作。包括华中师范大学在内的湖北学者在这方面一直走在国内外前列。

二、教师不了解陶行知是一种讽刺

记者：在国内，人们对陶行知的了解也不够？

周洪宇：非常不够。前几天我应邀到北京为几百名暑期进修教师作报告，一开始我就问了三个问题。第一个问题：大家知道陶行知吗？很多人都笑，回答"知道、知道，教育家陶行知，知道的"。第二个问题：能说出陶行知的几句教育名言吗？很多人就凑不足三句话了。再问第三个问题：读过一本以上陶学著作的请举手。结果全场无一人举手。仅仅是这批老师吗？我在很多场合都有此三问，包括湖北一些地方的老师也是如此。这说明当今社会，特别是教育界对陶行知其人其学的宣传、推广、了解是很不够的。

早在20世纪三四十年代，陶行知就名震欧美，毛主席说陶行知是"伟大的人民教育家"，宋庆龄先生称之为"万世师表"，郭沫若把陶行知与孔子并列看待："两千年前孔仲尼，两千年后陶行知"，日本学者斋藤秋男称陶行知是"现代中国教师之父"……几十年过去了，世界上很多学者都在如痴如醉地研究他。他提出的生活教育思想与实践对中国及世界上其他国家，尤其是第三世界国家的教育改革和实践，仍在产生不同程度的影响。

而本国的教师居然对他不甚了解，连他的教育思想、学说都很陌生，这难道不是一种讽刺吗？放着本国之教育思想富矿不去发掘和继承，让别国学者去研究、推广和应用，这不是笑话吗？我们的教师教育在这方面实在是不够。不能一味盯着西方现代教育思想看，而对陶行知教育学说这种从西方而来又本地化，并且经过实践取得了成功的教育思想熟视无睹。

记者：您认为陶行知的教育思想依然不过时？

周洪宇：时代在变化，教育现状也在变化，陶行知当年提出的某些具体做法现在可能不适用了。但他提出的教育思想和基本原理却仍不过时，而且仍然具有很强的前瞻性、引领性。

2014年9月9日，习近平总书记在同北京师范大学师生代表座谈时，特别要求全国广大教师要做有理想信念、有道德情操、有扎实知识、有仁爱之心的好老师。总书记在讲话中直接引用了陶行知的多句名言，而且总书记提出的"四有"教师与陶行知先生的教育理念高度吻合。

比如，他讲到教师要有理想信念，就提到，陶行知先生说，教师是"千教万教，教人求真"，学生是"千学万学，学做真人"，强调师魂；讲到教师要有道德情操，就引用陶行知的名言，教师"要有'捧着一颗心来，不带半根草去'的奉献精神"，注重的是师德；讲到教师要有扎实学识，就提到"陶行知先生说：'出世便是破蒙，进棺材才算毕业'，这就要求老师始终处于学习状态，站在知识发展前沿，刻苦钻研、严谨笃学，不断充实、拓展、提高自己"，强调师能；讲到教师要有仁爱之心，说"爱是教育的灵魂，没有爱就没有教育"，提到这一点，陶行知"爱满天下"的感人情怀以及名言名句，又谁人不知，谁人不晓呢？

习近平总书记对广大教师的要求，是对中国历代教育家思想的总结、继承和发展。而陶行知的教育思想被摆在了特别重要的位置。这是因为尽管时代发生了变化，但陶行知的教育思想依然是指导教育工作者"做个好老师"的基本指导思想，依然具有很强的时代价值。今天，我们的教育工作者不懂陶行知，对教育的本真能理解透彻吗？不继承陶行知提倡的教育精神，能当好老师、教好学生吗？

三、陶行知当年提出的问题有的现在更尖锐了

记者：陶行知当年提的教育问题现在还存在吗？

周洪宇：陶行知所处时代与今天不可同日而语，比如现在国家每年拿出GDP的百分之四作为财政性教育经费投入教育，当年的教育经费短缺等问题到今天已经不存在了。但是陶先生提出的"教死书，死教书，教书死""读死书，死读书，读书死"、束

缚学生的自由等问题依然存在，有的甚至比以前还要尖锐。

记者：陶行知当年是怎样对待这些问题的呢？

周洪宇：在陶行知所处时代，应试教育的问题集中反映在会考制度上。对于此种完全以应试为指挥棒的教与学，陶行知深恶痛绝。

1934年6月1日，他在《生活教育》杂志上发表《杀人的会考和创造的考成》一文指出：自从会考的号令下了之后，中国传统教育界展开了许多幕的滑稽悲剧。学生是学会考，教员是教人会考，学校变成了会考筹备处。会考所要的必须教；会考所不要的，不必教，甚而至于必不教。教育等于读书；读书等于赶考。同年7月，他在《生活教育》上发表《行知行》一文，把自己的名字改为"行知"，主张"行知行"。这是他关于学习过程认识的升华，也是对会考制度见"知"不见"行"的有力回击。

有意思的是，陶行知应邀到南开大学去演讲，适逢河北省会考。他了解到在会考的六十九个学校之中，南开中学男校考列第十八名，女校考列第三十七名。当晚他和南开校长张伯苓一见面，便向他道喜并专门作诗一首："什么学校最出色？当推南开为巨擘。会考几乎不及格，三千里路来贺客。请问贺客贺什么？贺您几乎不及格。倘使会考得第一，贺客就要变吊客。"反对以考试论英雄，反对应试教育，提倡培养"真善美的活人"，认识多么深刻！

陶行知不看重成绩，不看重分数，他真正看重的是南开大学认真的办学态度和学校精神。他认为，正是南开大学在教课之外，相当注意学生整个的生活，不把学生当作书呆子教，成就了南开精神。陶行知给当时应试教育开的药方正是生活教育，强调教学做合一，重视"行"，把实践放在第一位，从实践中学习，再返回实践。

不考课业，那考些什么功课呢？他主张考以下内容：一、农事或土木工操作；二、智慧测验；三、常识测验；四、作国文一篇；五、三分钟演说。陶行知在办教育的时候明确表示，投考的学生必须有农事或土木工经验，方才有考取的把握。这是一项重要的资格，这两个条件完全不具备的人不必来考。凡是小名士、书呆子、文凭迷的都最好不来。这样一来，直接把应试教育下的人挡在了门外，形成了手脑并重的教育导向。

四、不尊重教育规律，越努力越摧残人

记者：现在一到暑期，补习班就铺天盖地，这是否也与陶行知的教育思想相悖？

周洪宇：是的，暑期就是让孩子休息和玩的。把学生当成学习机器，导致学生比

放假前还累，难道正常吗？现在看来，陶行知当年批评的学生变成"拼命赶考的机器"等问题比以往更尖锐了。

他当年解决这些问题的办法，现在看来也有参考价值。陶行知提出"六大解放"，一、解放儿童的头脑，使之能思；二、解放儿童的双手，使之能干；三、解放儿童的眼睛，使之能看；四、解放儿童的嘴，使之能讲；五、解放儿童的空间，使之能接触大自然和社会；六、解放儿童的时间，不逼迫他们赶考，使之能学习自己渴望的东西。拼命赶考，还有多少时间去接受大自然和大社会的宝贵知识呢？为此，陶先生疾呼："创造的儿童教育，首先要为儿童争取时间之解放。"把学习的基本自由还给儿童，解放儿童的时间，对儿童进行创造性教育。现在，我们的家长、老师、社会能不能把暑假的时间还给儿童，让他们在玩中学，在生活中接受教育？

很多人"束缚儿童时间"的理由是"不能输在起跑线上"。实际上，陶行知用尊重学生天性的生活教育理念培养学生，培养出了数名党和国家领导人，一大批政府部长、教育家、科学家、文学家和艺术家。现在的灌输式教育，把家长、孩子、老师搞得都很累，可累而无用。不尊重教育规律，越努力越摧残人。

记者：陶行知提倡建立怎样的教育？

周洪宇：陶行知不仅发出了"停止那毁灭生活力之文字的会考；发动那培养生活力之创造的考试"的疾呼，而且还提出了检验教育成败的基本方法。第一，校内师生及周围人民的身体强健了多少？有何证据？——强调教育要注重体魄的锻炼。第二，校内师生及周围人民对于手脑并用已经达到什么程度？有多少是获得了继续不断的求知欲？有何证据？——注重手脑并用。第三，校内师生及周围人民对于改造物质及社会环境已经达到什么程度？有何证据？——强调一所学校应该是一个文化的高地，对周边形成思想和精神的引领。

可见，陶行知提倡的生活教育，要培养的是"真善美的活人"，而且这种培养是从人的创造力、实践能力去考量和测评的，绝非单一看分数排名高低、看课业成绩好坏。这对今天的教育改革不也有很强的可借鉴性吗？

五、陶行知的思想应该被认真对待

记者：近年来，越来越多的学者研究陶行知，怎么看待这种现象？

周洪宇：历史会给人物以客观的评价。陶行知先生一生致力于"以教育改造中国"。他学贯中西，名震天下，却放着高官厚禄不要，到最艰苦的农村去办教育。在艰苦的条件下，以晓庄试验乡村师范学校、育才学校等为基础，为中国培养了一大批政要、教育家、科学家、文学家和艺术家，为新中国奠定了现代教育的理论和人才基础。他痛斥伪君子，在昆明收到特务装着子弹的信封时慨然表示愿继李公朴、闻一多二公之后，豪气干云，无愧于"万世师表""一代圣人"的评价。

他创立了既具中国特色又带有普适意义的生活教育学说："生活即教育""社会即学校""教学做合一"，并提出了多种教育主张：民主第一、全民教育、全面教育、终身教育、创造教育、乡村教育、师范教育、科学教育。这些教育学说和思想是新中国教育思想的重要来源，也应该作为中国特色社会主义教育理论的重要来源和基本原理来看待、继承和推广。

目前，我们对这位一代圣贤、伟大教育家的研究、宣传、了解还很不够。回眸陶行知，不止于怀念，更要指向现实。今天我们要深入推进教育改革，推进教育现代化，必须找准符合教育规律、契合中国实际的改革发展路径。陶行知先生的思想和实践在世界上独树一帜，应该被认真对待。

我们应该像陶行知那样，以全局视野，系统地推进教育改革，在国内培养有思想、生活力、自动力和创造力的人，在全球确立中国现代教育的地位。让中国教育现代化的探索和实践川流不息，与一流大国、强国的地位相匹配。

像陶行知那样做老师[①]

一、陶行知属于中国，也属于世界

问：您与陶行知有着特殊的情缘，曾编辑出版了《陶行知全集》，去年又出版了《陶行知大传：一位文化巨人的四个世界》。为什么要花如此多的精力专注研究陶行知呢？

周洪宇：1982年，我刚从华中师范大学（时称华中师范学院）历史系毕业，被分配到学校教科所工作。一次偶然的机会，时任湖南教育出版社社长的李冰封无意中发现了华中师范大学刊印的纪念陶行知诞辰九十周年的小册子，故前来商谈编纂《陶行知全集》一事。由于我在教育史教研室工作，又是历史学科班出身，就被委以起草体例、框架等任务。这次机遇为我打开了一扇窗，使我走上了陶行知研究之路。

通过整理、分析研究，我越发觉得，陶行知的教育思想打破了区域性界限而走向世界。尽管海外从事陶行知研究的发展情况很不平衡，但总体趋势是研究队伍越来越壮大，研究重心从研究陶行知本人转向他所生存和发展的文化土壤。陶行知研究正日益受到国际学术界的重视。

今年（指2016年）是陶行知诞辰一百二十五周年，也是陶行知逝世七十周年。10月18日，华中师范大学组织召开了第二届陶行知国际研讨会，就是为了聚集全世界的著名学者共同探讨陶行知教育思想。我们深知，陶行知的事业是人民共同的事业。

[①] 原载于《中国教师报》，2016年10月19日。

二、知行，行知，到行知行

问：陶行知特别重视"行"的作用，您觉得重视"行"对今天的教育有哪些重要的意义？

周洪宇：陶行知主张的"行"是做，是动手，是实践。他的教育思想，经历了从"知行"到"行知"再到"行知行"的过程。

重视"行"是一种重要的学习方式和方法。不管是杜威的从做中学，还是陶行知的教学做合一，都在强调一个事实：与间接经验一样，直接经验是重要的学习方式和方法。在经验、活动中，学生明确活动目的，在活动和作业中能找到意义感。重视"行"，能更好地促进学生学习，使其从"已知世界走向未知世界之旅"。

重视"行"能够启发学生思考。陶行知说"行动是老子，思想是儿子，创造是孙子"。思想不能凭空而来，必须来源于行动。创造是且行且思的过程。诚然，在今天的教育中，学生主动解决具体问题时，不仅动手能力得到培养，而且在行动中存疑，动脑动手、知行合一，有益于创造力的培养。

重视"行"促进人的智力、体力和品德等和谐发展。陶行知指出，智识与品行分不开，思想与行为分不开，课内与课外分不开，做人做事与读书分不开，即教育与训育分不开。这对当前加强学生的知行合一教育依然具有现实意义。

三、学会做一名好教师

问：陶行知一生从事教育事业，宋庆龄曾评价他是"万世师表"。您认为从陶行知那里，我们应该如何学做一名好教师？

周洪宇：我认为，至少有以下几点值得借鉴。

做一名好教师，要有坚定的教育信念和理想。陶行知一生为教育呐喊，如何培养一批好教师积极去改造旧教育，促成民主共和社会，自然成为陶行知教育思想的重要组成部分。陶行知作为一名教育家型教师，对教育抱有坚定的信念和理想。可以说，有理想信念是好教师的人格基石。

做一名好教师，要有明确的职业定位。谈到创办晓庄试验乡村师范学校（下文简称晓庄学校）的目的，陶行知提出要养成有乡村领袖能力的教师，使教师成为学校和乡村的灵魂；教师对待教师职业、教育事业应有职业认同感，为儿童需要之职业；教师应明确自己的专业和特长,在教育方面才能更好地施展才华。这就告诉我们,教师应对自己的职业定位有清晰的认识,不仅做一名专业人员,也要成为研究者、终身学习的践行者。

做一名好教师,要有基本的职业素养。陶行知认为,教师应有康健的体魄,农夫的身手,科学的头脑,艺术的兴趣,最后是改造社会的精神,这些是成就一名好教师的必备条件。

做一名好教师,要有职业伦理和精神。陶行知倡导的"爱满天下""捧着一颗心来,不带半根草去"的精神震荡人心,发人深省。陶行知说,晓庄学校是从爱里产生出来的,没有爱便没有晓庄学校……一个乡村小学里的教师有了这份爱,便是一个晓庄;一百万个乡村小学里的教师有了这份爱,便是一百万个晓庄。爱是教师对学生、对社会责任的升华。今天,仍要高举爱的大旗。

做一名好教师,要有自身的专业成长与发展。陶行知十分重视教师的进修与自我再教育。他说,学生求学固然要学而不厌,就是当了教员,还是要继续学而不厌,教到老,学到老。

做一名好教师,要有正确的学生观。陶行知主张教职员工和学生共甘苦、共生活、共造校风、共守校规,要了解学生、解放学生。陶行知注重以人教人,推崇民主的师生关系。确实,成为一名好教师,和谐融洽的师生关系是重要的因素。

四、乡村教育造就乡村的新生命

问:提起陶行知,他所主张的乡村教育、平民教育都是我们耳熟能详的。您认为他在乡村教育方面探索的经验具有哪些时代意义?

周洪宇:陶行知在乡村教育方面的有益探索,是关于乡村师范教育的思想和实践。晓庄学校可以说是陶行知的教育理想国。陶行知鼓励有才干、对乡村教育有志趣的人到农村去,促成了包括晏阳初、梁漱溟等在内的学者的乡村教育和乡村建设事业。为了使乡村教育适应中国乡村生活的需要,陶行知建议让教育与农业、科学、银行、卫生、交通等"伟大势力"携手,共谋改造之策。他还提出,以乡村学校作为改造乡村生活的中心,以乡村教师作为改造乡村生活的灵魂,以乡村自治作为改造乡村的组织保证,将"政治、经济、教育打成一片",通过这些造就中国乡村的新生命。

问:陶行知的教育理念和实践,对国家和民族产生了深远影响。他还专门提出了国难教育,这对教育有什么影响?

周洪宇：的确，陶行知不仅是一个大教育家，也堪称政治家。陶行知在当时的政治活动，不是追求民主政治，就是追求民族解放。他不是投身民主政治的民主运动，就是投身追求民族解放的民族运动。尤其是在1931年"九一八"事变后，他在反对半殖民地半封建的教育和文化方面，已经起到了倡导和领导民主运动、民族运动的作用。陶行知倡导和领导全国文化教育界救国运动，领导全国民主教育运动，直至1946年7月去世，这是其政治家生涯的完成期。陶行知说过："教育是民族解放、大众解放、人类解放之武器。"他还积极进行文学创作，时刻站在大众的立场，极力弘扬正气；在国难当头，他倡导救国，号召抗日。

五、一生无愧"万世师表"

问：陶行知一生受到许多赞誉，被公认为"伟大的人民教育家，优秀的大众诗人，杰出的民主战士"。您是怎么评价陶行知的？

周洪宇：在近现代中国教育史上，陶行知第一个从战略高度对中国教育作出了全局性思考，开创了从基础教育到师范教育、职业教育、高等教育、终身教育的教育理念及教育实践，并且将城市平民教育与乡村教育衔接起来。他还建立了富有原创性的生活教育学说体系，培养了李鹏、张劲夫、刘季平、董纯才等大批优秀人才，在社会上产生了广泛影响。

陶行知具有爱满天下的博大胸襟，乐于奉献的伟大情操，炽烈真诚的教育激情，不屈不挠的刚毅品质，开拓求新的创造精神。正是这些人格特质，铸就了陶行知丰富而深邃的精神世界，为他在中国现代文化诸多领域的创新提供了巨大的精神动力。

问：您认为陶行知教育思想的主要贡献是什么？

周洪宇：陶行知是中国思想史上有代表性的勇于创新的思想家。他被誉为"新中国思想界的圣人""人民至上主义者"。陶行知从"知行"到"行知"，再到"行知行"的过程，也正是其哲学观的具体体现。他坚信唯物主义的"行是知之始"，最后形成了"行知行"的辩证唯物主义观点。陶行知在中国思想史上最大的贡献，是提出了独具特色的生活教育学说。他强调"生活即教育"，生活教育与生俱来，与生同去。出世便是破蒙，进棺材才算毕业。在生活教育理论中，占首要地位的并非"生活即教育""社会即学校""教学做合一"这三个单独存在的因素，而是这三者之间的关系。我们应将这三者有机联系在一起。

因此，我们只有全面认识陶行知、理解陶行知、研究陶行知，才能更好地从陶行知的思想、人格、事业中汲取营养，建设好今天的教育伟业。

造就千百个"现代陶行知"是教师教育振兴的重要时代使命[①]

国运兴衰,系于教育。教育振兴,教师当先。现代教育是以现代社会信息化和步入知识经济时代为背景,以实现人的全面发展为宗旨的教育。教育发展过程中已出现教育个性化、教育终身化、教育大众化、教育一体化四大趋势。培养适应新时代教育发展要求的优秀教师是教育改革发展的需要,是满足人民群众对优质教育期待的需要,也是解决当前我国教育事业发展不均衡不充分矛盾的紧迫需要。

新时代教育发展需要好教师,那么好教师的标准是什么?在当前的教育发展趋势与背景下,好教师应具备哪些能力与素养?我想这些问题都能在我国近现代著名教育家陶行知身上找到完美解答。毛主席说陶行知是"伟大的人民教育家",宋庆龄先生称之为"万世师表",郭沫若把陶行知与孔子并列看待:"两千年前孔仲尼,两千年后陶行知。"习近平总书记也对陶行知的思想、事业、精神、人格予以充分肯定和高度评价。可以说,陶行知就是好教师的最佳代言人。教师教育要以培养"现代陶行知"式的好教师为目标,造就千百个"现代陶行知",打造一支与教育现代化相适应的高素质专业化创新型教师队伍。

一、陶行知是现代教师的楷模

2014 年 9 月 9 日,习近平总书记在同北京师范大学师生代表座谈时讲到了好教师

[①] 本文系周洪宇 2019 年 9 月 5 日在由民进中央主办、湖南师范大学协办的"中国教师发展论坛"上所作的报告。

的四条标准——"有理想信念、有道德情操、有扎实学识、有仁爱之心",并在讲话中多次引用陶行知的名言,从理想信念、理论学说、道德人格、精神品质、思想作风等方面对陶行知予以充分肯定。师者,人之模范也。陶行知一生致力于平民教育事业,"捧着一颗心来,不带半根草去",不仅是学生的楷模,更是教师的楷模。

好教师要有理想信念,学习陶行知人民本位的政治立场和献身教育、播种未来的使命担当。陶行知一生与劳苦大众休戚与共,与共产党人亲密无间。毛泽东题词称赞他为"伟大的人民教育家"。周恩来说"陶先生是无保留追随党的党外布尔什维克"。陶行知的教育理论完全站在人民的立场,可以说是人民本位的教育,适应人民的要求而又提高人民的要求。这与习近平总书记在党的十九大报告中提出的坚持以人民为中心的发展思想是高度一致的。

好教师要有道德情操,学习陶行知的高尚风范和人格魅力。教育的根本任务是立德树人,对师者从业的首要要求就是"学高为师,身正为范"。陶行知先生最为著名的一句话就是"捧着一颗心来,不带半根草去"。为了中国的教育事业,他是"为了苦孩,甘为骆驼;于人有益,牛马也做"。他为中国教育事业付出了毕生精力,身体力行,时时处处以身作则,提出教师要"千教万教,教人求真",学生则要"千学万学,学做真人"。陶行知这种敬业的崇高境界和无私奉献精神,不仅是对师德的最好诠释,也是他伟大一生最生动的写照。

好教师要有扎实学识,学习研究陶行知教育思想。陶行知从彼时国情出发,倡导了平民教育、乡村教育、普及教育、国难教育、战时教育、民主教育等一系列教育运动,并从实践实验着手,创造了一整套以生活教育学说为核心的教育学说。他在办学的指导思想、教学教材教法等方面进行了一系列探索,为中国教育创造了一批新的办学典型。"出世便是破蒙,进棺材才算毕业。"作为育人之师,要不断学习、终身学习,源源不断地获取、理解、吸收新知识,这样才能适应现代教育的要求,成为优秀的人师、合格的智者。

好教师要有仁爱之心,学习陶行知爱满天下的博大胸襟。"国家是大家的。爱国是每个人的本分。我觉得凡是脚站在中国土地,嘴吃中国五谷,身穿中国衣服的无论是男女老少,都应当爱中国。"这是陶行知对爱国主义最通俗的解释,也是最朴素的感情。他以爱满天下的精神,为苦难的农民"烧心香",大力倡导乡村教育;倡导"科学下嫁",创办各种工学团,开展工农教育;愿做人民的"老妈子",立志要用教育来爱国爱民,救国救民。亲其师才会信其道,爱是教育的灵魂,对教育事业对学生倾注满腔热爱与心血的教师才是新时代所需要的好教师。

二、教师教育要着力培养"现代陶行知"

教师教育要以培养一流教育家为目标。"师者,所以传道授业解惑也。"古人云:"经师易求,人师难得。"一个优秀的老师,应该是经师和人师的统一,既要精于"授业""解惑",更要以"传道"为责任和使命。陶行知说:"在教师的手里操着幼年人的命运,便操着民族和人类的命运。"① 因此,"教育就是社会改造,教师就是社会改造的领导者。"因此,好教师不能仅仅满足于做一名合格的传递知识的教书匠,还要努力成为肩负教育责任、改善教育和改造社会的引领者、创造者和革新者,成为一流的教育家。

教师教育要建立适应新时代要求的课程体系。中国特色社会主义进入新时代,培养时代需要的创新人才,是教师的重要使命与责任。因此,教师教育课程体系应在教学模式、教学方法、教学手段等实践操作课程的基础上,着力培养教师的创新精神和教育智慧,使教师成为引导学生质疑批判、探索创新的引路人。陶行知说:"处处是创造之地,天天是创造之时,人人是创造之人。"② 将创新理念融入教师教育课程体系是适应当前时代发展的客观需要和必然要求。

教师教育要形成"知行合一"的培养体系。"道不可坐论,德不能空谈"③,知行合一、理论联系实际,是好教师成长为一流教育家的必要条件。教师教育要将教育思想和教育实践紧密结合起来,将职前学习和职后培训联系起来,使高校教育与教师任职学校联动起来,建立一支既具有较高理论水平又具有丰富教育实践经验的师资队伍。

三、为"现代陶行知"的涌现创造有利条件

明确教师法律地位内涵,为教师发展成长提供制度化保障。提高教育质量必须依靠教师,必须吸引全社会最优秀的人来当老师。中共中央、国务院《关于全面深化新时代教师队伍建设改革的意见》明确提出了"事权人权财权相统一的教师管理体制普遍建立"的目标,并首次提出"确立公办中小学教师作为国家公职人员特殊的法律地位"的表述。这两项重大突破性改革措施也正是我多年在全国人大上多次呼吁的。我

---

① 方明编《陶行知全集(第二卷)》,四川教育出版社,2005,第436页。
② 1943年10月15日,陶行知在育才学校朝会上宣读《创造宣言》。
③ 语出2014年5月4日习近平总书记在北京大学师生座谈会上的讲话。

认为在此基础上，应积极探索与将教师作为教育类公务员进行管理所匹配的独立教育公务员制度，这在许多教育发达国家已有先例。在目前条件尚不完全具备的条件下，应明确教师特殊法律地位的内涵。一是切实落实教师法规定的教师平均工资收入水平不低于当地公务员平均工资水平。二是参照公务员职级晋升办法完善教师职称晋升制度，打通中小学教师职级待遇晋升通道。三是将教师编制与事业单位编制脱钩单列，保证教师足额配备。以此来明确教师作为国家公职人员的公共属性，强化教师承担的国家使命和公共教育服务的职责。

建立国家教师荣誉制度，大力弘扬尊师重教的社会风尚。教师是人类灵魂的工程师，承担着立德树人的神圣使命。我多年来在全国人大提出建立国家教师荣誉制度，以"陶行知教育奖"来命名国家级教师最高奖。以此引导全社会形成尊师重教的风尚，提高教师的政治地位、社会地位、职业地位，真正让教师成为令人羡慕的职业。

明确教师权责，为教师教书育人提供法制化保障。为学莫过于重师。教师管理学生本身是天经地义的事，是学校和教师应尽的职责、应有的权利。应及时修订《教师法》《教育法》《未成年人保护法》等相关法律，赋予教师教育惩戒权并明确其边界，破除当前教师对于学生不敢管、不愿管的现象，依法治理"校闹"，在全社会重振师道尊严，形成教师治学育人良好法治环境，为教师教学管理解除后顾之忧。

陶行知教育思想在海外及我国港台地区的传播与研究

陶行知是近代以来中华民族向人类贡献的一位具有广泛的世界影响的伟大教育家。他所倡导的生活教育理论和实践对中国以及世界上其他国家（特别是发展中国家）的教育改革与发展，曾经产生过并且还在继续产生程度不同的影响。长期以来，他的生平事迹和思想遗产吸引了不少海外及我国港台地区学者的关注与研究。这里，笔者根据搜集到的有关资料，分日韩、欧美以及港台地区三大部分，概括地介绍一下海外及港台地区学者研究陶行知的历史和现状，旨在帮助人们了解海外及港台地区陶行知研究的有关情况，加强海内外学术界的交流，促进陶行知研究的深入发展，使人们真正认识到陶行知在国际上享有的崇高声誉和占有的重要地位，从而增强民族的自豪感和凝聚力，坚定弘扬民族文化优秀传统、创立具有中国特色的社会主义教育理论体系的信心和决心。

一、陶行知教育思想在日韩的传播

（一）陶行知思想在日本的传播

如同其他中国学研究一样，日本学者在陶行知研究方面，其起步之早、发展之快、研究之深广、成果之丰硕，均居各国学者之首，给人以突出的印象。这固然是由于日本学者在地理、历史、文化等方面享有天然的优势，但更重要的是因为陶行知与日本有着密切的关系。1930年4月，国民党政府以"勾结叛逆、阴谋不轨"等罪名，强行封闭南京晓庄试验乡村师范学校（下文简称晓庄学校），并下令通缉陶行知。是年秋至次年春，陶行知一度避难于日本。此后，他始终和日本教育界直接或间接地保持着联系。他的生活教育理论和实践引起了日本有关人士的极大关注，并对日本的教育产生了有形或无形的影响。综观九十年来日本学者研究陶行知的历史，大体上可以分为第二次世界大战（下文简称二战）结束以前（20世纪30年代初至40年代中叶）、二战结束以后（20世纪40年代中叶至20世纪80年代初）和20世纪80年代至今这样三个阶段。

1. 陶行知思想对20世纪三四十年代的日本的影响

20世纪30年代初至40年代中期（二战结束前）是第一阶段。这一时期，日本资本主义已发展到帝国主义阶段，一小撮军国主义者对内采取高压政策，严厉镇压工农大众的反抗运动，对外发动侵略者战争，把战火烧到周边的亚洲国家，给这些国家的人民带来痛苦和灾难。但是，无论是在国内还是在国外，日本军国主义者的日子都并不好过。在国内，工农阶级日益觉醒，以各种形式（包括教育革新运动）与统治集团进行着激烈的斗争；在国外，侵略者遭到中国等亚洲各国人民的殊死抵抗。教育成为这些国家人民争取民族解放的战斗武器。陶行知及其教育理论和实践就是在这种历史背景下开始被日本有关人士介绍给日本国内教育界和人民大众的。

最早把陶行知的生活教育理论和实践介绍给日本教育界的，是一位曾在东京池袋儿童之村小学执教，名叫牧泽伊平的进步人士。儿童之村小学是以杜威实用主义教育思想为基础，以世界教育革新思潮为背景的日本大正自由主义教育运动的产物，由野口援太郎等人创办于1924年4月。这所学校反对赫尔巴特教育思想的形式主义，重视课程计划、教师的指导以及尊重学生的自主性和能动性，成为当时日本自由主义教育运动的中心。1934年4月10日，几位自称陶行知学生的中国留学生叶维奏等人访问了这所小学。他们向该校的教师户塚廉以及牧泽伊平等人介绍了陶行知领导的"小先生"运动等有关情况，引起了牧泽伊平、户塚廉等人的浓厚兴趣。牧泽伊平等人认为陶行知"小先生"的教育主张和实践与他们正在从事的教育革新运动有某种相似之处，遂在思想上产生了强烈的共鸣。1935年，以户塚廉、牧泽伊平等人为中心，一群人创办了《生活学校》杂志。牧泽伊平于此年1月在《生活学校》杂志创刊号上以"岸本辰三"的笔名撰写了《中华民国的新教育——世界新教育的动向（一）》一文，向日本教育界介绍了陶行知的"小先生"运动。这是日本教育界第一篇评介陶行知教育理论和实践的文章，也是日本教育界传播和研究陶行知教育思想的开始。同年6月，牧泽伊平又在《教育》杂志上发表了《中华民国的"小先生"普及教育运动》一文，署名为"陶行知述，牧泽伊平译"。该文是他把陶行知在新加坡《星洲日报》和厦门《华侨日报》上发表的有关文章在叶维奏、林承志等人的帮助下翻译成日文而成的。此后，他于1939年5月在《青年教师》杂志上发表了他与后来的南京汪伪政权"教育部长"赵正平的侄子赵如珩关于"小先生"运动的谈话纪要。接着，他又在《训导生活》杂志1940年2月号上撰写了《中国的生活教育运动》一文，介绍陶行知的工学团运动。但令人遗憾的是，1945年夏，这位介绍陶行知教育理论和实践的有识之士，还没有来得及亲眼看见新日本的诞生，就因病溘然长逝了。

然而，先驱者的努力并不是徒劳的。牧泽伊平关于陶行知的"小先生"运动的介绍，引起了日本教育界有关人士的高度重视。日本著名教育家留冈清男曾就此发表感想说："我国教育界或者吃腻了德国和美国的教育理论，或者追随着时髦来鲁莽地宣传不知所以然的日本精神。与其如此，倒不如应该用同程度的关心来注视邻邦中国的动向，应该不惜在教育运动方面相互协力。"此后，日本教育界越来越多的人开始了解和学习陶行知的教育理论和实践，作为其教育革新运动的借鉴经验。

与牧泽伊平同期的另一位儿童之村小学教师、《生活学校》杂志的负责人户塚廉也开始向日本人民介绍陶行知的教育理论和实践。他在1935年1月《生活学校》创刊号上牧泽伊平的《中华民国的新教育》一文后附了一篇颇有感触的编后记，指出："世界新教育运动的一项，的确是应该登载介绍世界新教育联盟及其加盟各国的生气勃勃的活动。从正在编辑文稿的岸本先生处，我看到了4月份参观儿童之村的中国新教育运动家们主办的杂志，了解到在某些文明国家，该运动的出发点是观念主义、理想主义和精神主义。与此相比，陶行知的教育运动却是从整个人民生活的需要来出发的。我随即向岸本先生要了那篇稿件。我真希望去看看在中国这个特殊的、被欺虐的国家里，先知先觉者是怎样活动的。"

不仅如此，户塚廉等人还积极开展与陶行知领导的山海工学团以资料交换为主的经验交流。他们把《生活学校》杂志寄给山海工学团，陶行知也把他撰写的寓言童话《乌鸦》和论著《中国教育改造》回赠给他们。儿童之村小学与山海工学团还彼此互通书信。后来，由于日本法西斯的镇压和财政困难，儿童之村小学于1936年7月被迫解散。此后，户塚廉坚持自力发行《生活学校》杂志。但是，在日本军国主义分子全面发动侵华战争之后不久，《生活学校》杂志也于1938年8月被迫停刊了。两国教育革新者之间的友好交流由此而中断。

这一时期，除了牧泽伊平、户塚廉等人的介绍和宣传外，日本新闻界也对陶行知的有关情况作了报道。"九一八"事变，尤其是"七七"事变后，陶行知的政治倾向越来越明显,他坚决反对蒋介石"攘外必先安内"的政策,支持中国共产党建立"抗日民族统一战线"的主张,与沈钧儒、邹韬奋等人共同创建全国各界救国联合会,以教育改造配合政治救亡,成为战时中国政治舞台上一位重要的社会活动家。敏锐的日本新闻界很快便发现了这一点。他们分析了中国当时的各派抗战力量,将陶行知视为抗日人民阵线派的主要领袖之一。

村田孜郎在一篇题为《抗日中国的背景》的文章中,首先介绍了《团结御侮的几个基本条件与最低要求》,指出:"这声明书就是中国抗日人民阵线派的领袖章乃器(原浙江实业银行副经理)、沈钧儒(上海律师公会会长)、陶行知(国难教育社代表)、邹韬奋(《生活日报》社经理)等四个人在民国二十五年七月十五日联名签署的。它给了中国各个方面很大的影响和冲击。它是了解抗日人民阵线派的主张和政策,具有丰富参考价值的文献。"文中还介绍说:"国难教育社——以教育界的泰斗、理论方面的领袖陶行知为代表的组织,其目的在于实施国难教育方案和完成民族解放斗争的任务。目前,在有组织有理论地进行抗日宣传,并发行其机关刊物《国难教育》周刊。"

另一位记者中保与作的文章《抗日人民阵线派的背后》也作了类似的分析和介绍。他在介绍了沈钧儒、章乃器、王造时、史良、宋庆龄等人后,说另外还有很多重要人物,其中"特别引人注目的就是国难教育社的陶行知"。"陶行知是中华教育界的泰斗。他领导的国难教育社是站在'我们除了流血以外没有获得民族自由的方法'这种立场上,'教育大众团结起来,解决困难,并且教知识分子去给广大民众传播关于民族危机的知识',以'争取中华民族的自由平等,保卫中华民国完整的领土和完整的主权为宗旨'的。此外,陶行知一边创办生活教育杂志半月刊,一边创办'儿童工学团',教育卖报儿童。"

由于日本新闻界对于陶行知有关情况的报道,陶行知的名字开始为日本教育界之外更多的民众所知晓。日本新闻界成为当时教育界之外介绍和宣传陶行知教育理论和实践的又一个重要平台。

此外,日本著名教育家国分一太郎、海后宗臣等人在他们的论著《中国的孩子——以其为主体的文化生活基础》《中国旧秩序下的儿童文化性格》和《近代中国教育的特点》中,也对陶行知的教育理论和实践作了不少评介。尤其值得注意的是,日本这时有两部重要的人物辞典均不约而同地在1940年将陶行知作为重要人物列入。一部是创元社的《亚洲人名事典》,另一部是由桥川时雄编纂、日本中华法令编译馆出版的《中国文化界人物总鉴》。这些论著和辞典连同上述文章与报道的出版、发表,使陶行知及其教育理论和实践为当时日本许多人(特别是教师)所共知。

从总体上看，虽然这一时期日本教育界、新闻界乃至出版界对于陶行知及其教育理论和实践作了不少介绍和宣传，但这些文字大多属于一般性的叙述，尚未出现具有理论深度的研究成果，离真正的学术研究相距甚远。从某种意义上说，这一时期是日本陶行知研究的前阶段，或者说准备期。当然，我们也应看到，没有这一时期日本教育界、新闻界乃至出版界许多有识之士的积极介绍和宣传，为后来的研究工作铺平了道路，奠定了坚实的基础，就没有二战后日本陶行知研究的迅速发展。

2. 二战后日本对陶行知研究的重视

20世纪40年代中期（第二次世界大战束后）至20世纪80年代初是第二阶段。战后，日本一度处于美军占领之下，美国出于其长期利益的考虑，宣布实行五大改革：解放妇女、赋予工人团体权、教育自由主义化、废除专制政治和经济民主化。1947年，政府正式公布教育基本法，开始实施教育民主化。但是，什么是教育民主化？为什么要实施教育民主化？如何实施教育民主化？对于这一系列问题，当时日本社会各界的看法是不同的。一方面，各种反动势力正重新抬头，竭力把教育民主化纳入他们的轨道；另一方面，进步力量也试图把包括战后教育民主化在内的各种民主改革作为日本人民的自主改革来进行，以争取二战后日本沿着真正的民主轨道行进。正是在这种背景下，被誉为"中国民主教育之父"的陶行知及其教育理论和实践又再次引起日本教育界有关人士的重视。他们一边继续介绍陶行知的教育理论和实践，一边开始对其作理论研究。

前文述及的户塚廉，战后回到家乡静冈县挂川市。户塚廉对早年儿童之村小学、《生活学校》杂志与山海工学团的交流有很深的印象，所以，他在自己发行的《乡土报》和《父母子女报》上，一直坚持向日本读者介绍和宣传陶行知。

与此同时，陶行知研究也在日本学术界正式开展起来，涌现出一批像斋藤秋男、新岛淳良等颇有影响的研究者。他们大多接受过良好的高等教育，学养丰厚，思想进步，对中国人民素持友好态度，怀抱改造旧教育、重建新日本的理想，又长期在高等院校或研究机构工作，专门研究中国教育问题，故一旦着手做陶行知研究，很快就发表和出版了一批研究成果，引起了国际学术界的关注。其中，研究时间最早、最长，成果最多的，当推斋藤秋男。

斋藤秋男是日本东京专修大学教授，中国研究所前理事长。他早年毕业于东洋大学中国哲学文学科，后专攻教育学，尤以中国教育史研究见长，是日本著名的老一代教育史学家，先后出版过《中国的近代教育》《新中国的教育建设》《中国现代教育史》

《中国教育史》等著作。1945年日本侵华战争结束时,他和另外几个日本军人一起,在湖南省洞庭湖附近农村"就地解散",经过岳阳到汉口,在汉口某书店里偶然看到了中国民主同盟在重庆发行的机关刊物《民主星期刊》,他读到陶行知为实现儿童解放和民主政治而写的富有特色的诗篇和讽刺时政的文章时,便深为陶行知那种斗争精神和相信群众的精神所感动。从那时起,他就开始研究陶行知。多年来,无论中日两国的政治风云如何变幻莫测,无论自己的教学、科研和社会活动多么繁重,他都始终如一、坚持不懈地研究陶行知,表现出顽强的毅力和精神,并取得了丰硕的成果,出版和发表了《新中国教师之父——陶行知》(刀江书院1951年版)、《民族解放的教育》(明治图书出版公司1961年版)、《陶行知评传——政治的抒情诗人》(劲草书房1968年版)、《陶行知生活教育理论的形成》(明治图书出版公司1983年版)等四部专著以及许多专题论文,博得了国际学术界和中日两国人民的好评。下面重点介绍斋藤秋男教授这四部专著的有关情况。

从1946年7月陶行知逝世到1949年为止,中国学界陆续发表了一批有关陶行知的文章,介绍他的生平事迹和教育事业。《人民教育》杂志第4期(1950年8月号)的社论,特别是该社论中引用的中共中央宣传部部长陆定一写的悼词,给当时的斋藤秋男以很大启发。他由此认识到,陶行知生前虽然没有到过解放区,但是他的教育思想曾经给予解放区的教师以很大的影响。而且,在他逝世后,中国教育界的进步人士纷纷表示要继承陶行知的精神。同时,斋藤秋男还考虑到,战后的日本教育界,进步教师正在热切盼望实行一种符合日本民族特点的民主教育,故亟有必要把陶行知推行的民主教育介绍给他们。当时,二战后日本的学校教育浸透着美国教育家杜威的教育理论。可是在中国,陶行知结合中国的实际情况,早已把杜威的教育理论加以改造,使之中国化了。陶行知的这一实践,对日本的教师肯定会有帮助。于是他就搜集有关资料,撰写了题为《新中国教师之父——陶行知》的专著。在这本书里,斋藤秋男把对陶行知的研究与他自己所提出的问题,即他作为一个知识分子和一个教师应有的人生态度是什么,紧密地结合在一起。他后来在谈及这本书时曾说:"第一本书反映并刻画了我跟朋友、长辈们一起亲自经历过的日本'战后'。因此,这本书对笔者来讲是一个纪念,但是作为陶行知研究,它还未超出习作的范围。"他的自谦固然反映出这本书是一部不够成熟的作品,但也表现出他永不满足、继续追求的精神。正是以此为起点,斋藤秋男又编译出版了他的第二本有关陶行知研究的书——《民族解放的教育》。

1957年秋,斋藤秋男获得了随北海道和平委员会访华团来华作短期访问的机会,第一次访问了1949年后的新中国。当时,他在上海得到了《陶行知教育论文选编》

（方与严编）、《陶行知先生纪念集》（陶行知先生纪念委员会编）等资料。随后，他又从戴伯韬、严文井、彭飞、毛礼锐等人那里得到了有关陶行知评价的一些论文和资料。这样，依据这些资料，他翻译了陶行知的三十一篇论文，并附以详细的解说和注释，出版了译著《民族解放的教育》。该书被收入明治图书出版社发行的《世界教育学选集》丛书，主要供专攻教育学的学生阅读。这套丛书共有六十卷，而《民族解放的教育》是唯一一本有关中国教育家的书。

虽然这本《民族解放的教育》只是一部译著，但是斋藤秋男在解说中却明确提出了今后需要深入研究的三个课题。第一，对陶行知从改良主义者转变成革命民主主义者这一发展过程的分析。包括按照蒋管区与解放区之间的合作、抗日民族统一战线的形成、蒋管区与解放区的分裂和对立等各个历史阶段的时间线索，分析陶行知与师生和朋友等的人际关系；第二，阐明陶行知生活教育理论从晓庄学校时代到他晚年的大约二十年时间中的发展和停滞，及其对解放区教育事业的影响；第三，描述陶行知作为大众诗人的一面。这三个课题的提出，反映出斋藤秋男此时对陶行知研究认识的深化，显示出他已力图从整体上去把握和理解陶行知，这就为他下一步的研究确定了主攻方向。事实上，斋藤秋男后来的所有研究大致上就是围绕着这样三个课题而展开的。

基于上述认识，斋藤秋男首先把课题三作为突破口，撰写了研究陶行知的第三部专著，描述陶行知作为大众诗人的一面。斋藤秋男很早就读过《行知诗歌集》（郭沫若编校，1947年版），以后又读了肖三的《中国的大众诗人——陶行知》一文（《人物与纪念》，1951年12月）。肖三称陶行知是"政治的抒情诗人"，斋藤秋男非常欣赏这个提法，曾在《东洋文化》1954年11月号上发表过一篇题为《陶行知——中国的政治抒情诗人》的文章。1966年春到1966年夏，他大体完成了这部书的构思，并反复阅读《行知诗歌集》，写些片断性的札记。1967年夏，他开始集中精力起稿，仿效日本评论家高杉一郎的《盲诗人爱罗先珂》的写法，终于写出这部《陶行知评传——政治的抒情诗人》，并把"政治的抒情诗人"作为该书的副标题。全书共分十章，从与陶行知"邂逅"（实际上他从未见过陶行知，只是在报上认识陶行知）写到陶逝世为止。写作方式上别具一格，每章都引用陶行知的诗篇来阐述主题思想。书中较为详细地叙述了陶行知的生平及其教育实践和学说，介绍了东京池袋的儿童之村小学与陶行知领导的山海工学团之间的友好交流，描写了陶行知与家人的骨肉深情。斋藤秋男认为，陶行知在他的三十年教育实践中，善于从中国的国情出发，遵循"行是知之始，知是行之成"的辩证法则，在批判继承中外优秀教育遗产（特别是杜威教育学说）的基础上，总结和形成了一套具有中国特色、为中国所用的教育思想。这无疑是值得日本教育界借鉴的。尤其是他深入人民大众生活之中，并站在人民大众的立场上，为实现民族的独立、平等和自由，提倡民主教育，以教育改革配合政治斗争，坚决反对帝国主义和封建主义，这值得二战后日本每一个知识分子特别是教育工作者学习。

在完成课题三的研究之后，斋藤秋男便全力以赴地投入了对课题一和课题二的探讨。1979年秋，斋藤秋男应中国社会科学院的邀请，来华三个月，专门考察陶行知教育事业和教育思想，重点是他的教育思想对解放区的影响和他的教育事业同中国共产党的关系问题。在华期间，斋藤秋男到北京、合肥、歙县、南京、上海、重庆等地参观、调查和座谈，并阅读了《乡村教师》《生活教育》等许多珍贵资料，对陶行知有了更具体的了解，丰富了感性认识。在此基础上，斋藤秋男开始撰写其第四部陶研专著。历经三载春秋，终于写成《陶行知生活教育理论的形成》。这部书比较深入系统地论述了陶行知的生平及其教育理论，是集其多年研究成果之大成的力作。

全书共分四章。第一章"陶行知的生涯"，作为全书的背景部分，概述了陶行知的生平事迹，并附带提及了当时中国共产党对国民党反动派的斗争、解放区和蒋管区人民斗争的重要史实和历史人物，以便于读者更加清楚地了解陶行知以及当时的人民解放斗争。第二章"生活教育理论形成的过程"，是全书的重点所在。如前所述，斋藤秋男早在《民族解放的教育》一书中，就把阐明陶行知生活教育理论的形成、发展及其对解放区教育事业的影响，作为今后研究课题之一提了出来。在本章中，斋藤秋男对此课题作了更为深入系统的论述。他阐述了陶行知把王阳明"知是行之始，行是知之成"的唯心论改为"行是知之始，知是行之成"的唯物论的过程，并认为陶行知由原来服膺王阳明的学说而取名"知行"改为"行知"，表明了陶行知思想已产生重大转变。他还论述了陶行知把杜威的"教育即生活""学校即社会"的理论改为"生活即教育""社会即学校"的理论的过程，提出了陶行知回归民族土壤这一颇有理论深度的命题，认为陶虽是杜的学生，但陶对杜的理论不是全盘照搬，而是以回归民族土壤的愿望为媒介来辩证接受杜威的理论的。陶回国后，根据中国的实际情况，把杜威的理论改造成适合于中国的新学说，创立了独具特色的生活教育理论。学生超过了先生。此外，本章还探讨了生活教育理论以及"小先生"运动与解放区教育的关系。第三章"陶行知与日本"，介绍了陶行知20世纪30年代初流亡日本的过程、日本教育界对陶行知的认识和宣传以及围绕陶行知的日中两国民间教育运动的交流情况。第四章是文献部分，介绍了陶行知的十篇教育论文等有关研究资料。

概括起来，斋藤秋男的研究思路是：以陶行知教育理论和实践为研究中心，以三个相互关联的研究课题为主攻方向，以"回归民族土壤"为核心命题，将陶行知视为

"杜威的学生",把他的思想发展作为"跟老师杜威的学说、理论的格斗过程"来把握,认为在陶行知的思想里,对杜威理论的辩证接受不是孤立的,而是以民族土壤这种中国性质的东西为媒介相连起来的。可以看出,斋藤秋男的陶行知研究思路新颖,见解独特,具有比较浓厚的理论色彩,确已形成一个斋藤模式。尤其令人钦佩的是,他并非为研究而研究,而是始终以重建二战后日本新教育为旨归,这就对从大正时代尤其是第二次世界大战以来只停留在要么全面地接受杜威理论要么完全否定它的程度上,并没有在日本的民族土壤上辩证接受杜威理论的日本教育界,提出了尖锐的问题。因此,无论是从理论上看,还是从现实上看,斋藤秋男的陶行知研究都是颇有意义的,代表着这一时期日本陶行知研究的最高水平。

在此期间,除了斋藤秋男,比较著名的陶行知研究者还有新岛淳良、市川博等人。新岛淳良是中国研究所研究员,中国近现代思想史和毛泽东思想研究的专家。曾出版《毛泽东的哲学》《毛泽东的思想》《我的毛泽东研究》和《历史中的毛泽东》等多种论著,在日本学术界乃至国际学术界都享有盛名。有意思的是,这位毛泽东研究专家,也对陶行知颇感兴趣,与斋藤秋男合著《中国现代教育史》(国土社 1962 年版),又为《世界大百科事典》(平凡社 1975 年版)撰写"陶行知"词条,对陶行知及其教育理论与实践评价很高。市川博系横滨国立大学教授,中国现代教育史专家,曾与斋藤秋男合著《中国教育史》(讲谈社 1975 年版)。他在该书"特殊研究一——实用主义教育思想导入期的公民教育观"部分中撰有"中国实用主义者的自我批判"一节,专门探讨了陶行知、胡适和舒新城三人的教育思想和实践,称陶是 20 世纪 20 年代"新教育运动有力的推进者"。上述几位学者,尽管研究重点不同,观点不尽一致,但都推动了日本陶行知研究向纵深拓展。

3. 20 世纪 80 年代至今日本陶行知研究的蓬勃发展

20 世纪 80 年代初至今是第三阶段。这一时期的日本社会与二战后那种满目疮痍、百废待兴的情形相比,显然已发生了天翻地覆的巨变。在这方面,日本教育界仍然面临着不少问题,其中最为突出者有三。一是日本政府围绕《日本国宪法》《教育基本法》,加强右倾化,准备复活军国主义的问题。战前、战中的日本教育界赞扬日本军国主义发动战争。教师们把学生培养成战士,使他们愿意参加这次战争。二战后日本教育界在深刻反思这次战争的基础上,许多教师从亲身经历出发,决心以后绝对不再为侵略战争培养战士。但政府却不愿意教师给学生讲过去的历史事实,教师们在教学实践上受到限制和压力。因此,怎么去阻止军国主义的复活,是目前日本教育界的一个问题。二是日本教育界内正在发生的比较严重的人的异化问题。日本的升学竞争比较大，同时又有学校暴力、家庭内暴力、自杀等情况出现，而且还相当普遍。学生们的心理状态一般来说很不稳定，即使所谓的好学生，也会由于很小的原因突然挑起暴力冲突。面临着这些情况，怎样在理论上提出解决办法，以保证学生的全面发展，成了一个棘手的问题。三是日本青少年的世界观非常狭隘的问题。他们愿意关心自己和周围的利害问题，但对于政治、经济问题，即使是日本国内的，也漠不关心，更不用说世界的问题了。因此，研究日本国民对世界的发展应该有什么贡献，教育应该培养什么样的国民，这也是一个大问题。为了解决这些问题，日本学者期冀从陶行知的教育理论和实践中寻求启示，从而进一步推动了日本学术界陶行知研究的开展，使之进入深化期。在此期间，一批优秀的中青年研究者脱颖而出，崭露头角。牧野笃便是其中的佼佼者之一。

毕业于名古屋大学的牧野笃博士，曾任日本国民教育研究所研究员，现任东京大学教育学院教授。他从20世纪80年代初开始研究陶行知，1985年曾来我国南京大学从事陶行知教育思想研究。像绝大多数新一代学者那样，他具有开阔的学术视野，全新的知识结构，并能娴熟地运用中文交谈和写作。凭借这些有利条件，他试图在前辈学者的基础上有所创新和发展。他是第一个对斋藤模式提出异议的人。在他看来，斋藤秋男分析陶行知教育思想发展过程的理论框架基本上是有效的，因为，陶行知留学美国，师从杜威，深受杜威理论的熏陶，而且自美返国后他的思想发展确实是一个辩证接受杜威理论的过程。但将陶行知视为"杜威的学生"并以此作为陶行知教育思想发展的起点，却是值得推敲的。其实，斋藤秋男所论述的只是杜威理论对于中国教育的有效性，而不是陶行知教育思想的主体性。在斋藤模式里，陶行知接受杜威理论的必然性不是分析的对象，而是研究的前提条件。正因如此，斋藤秋男忽略了贯穿所谓改良主义者和革命民主主义者双方的陶行知的一贯态度和立场。换言之，他忽略了贯穿陶行知辩证接受杜威理论之前与之后的，陶突破杜威理论界限的必然契机。因此，他认为陶行知突破杜威理论尽管是必要的，但不是必然的。这一点正是斋藤模式的不足之处。牧野笃认为，陶行知不是回归到民族土壤里去，民族土壤始终在陶行知内部。陶习得杜威理论，辞退官职，深入人民大众的生活里，辩证接受杜威理论，对于民族解放斗争起了积极的作用，形成了民族解放的教育思想。这一过程不是一次又一次偶然的过程，而是由陶行知跟自己内部的民族土壤结合而成的必然过程。这个必然正是使陶行知与当时其他教育家区别开来，使陶行知成为其自身的根本所在。

由此认识出发，牧野笃先后发表了《陶行知生活教育思想的产生与构成》《试论陶行知生活教育论的基本构造》《关于陶行知工学团运动中共同体的考察》《陶行知生活教育小考》《陶行知平民教育运动的思想结构和行动》《陶行知工学团的集团论》《陶行知乡村师范的集团论》《陶行知教育思想之根基——金陵大学时代对王阳明思想的解释与吸收》《陶行童少年时期的活动与教育》《杜威·陶行知·毛泽东》《陶行知与日本》《关于陶行知在美国留学期间学习与生活的若干考察》《陶行知争论》等论文,从陶行知教育思想主体性的审视角度对陶行知的生平家世、思想演变等问题,作了许多饶有新意的探讨,引起了学术界的广泛注意。牧野笃作为一个有强烈史学主体意识的日本学者,他能站在中国之外从国际视角、以局外身份来审视与思考陶行知思想的生成机理、演变轨迹及其横纵影响,极大地开阔了陶行知研究的理论视野与思维路径。首先,他广泛考察与体验陶行知故乡的风土人情、风俗文化,并深入思考徽商重视文化、热衷教育的历史传统以及中国的传统教育对青少年时期陶行知的成长所产生的基础性影响。通过两年多对安徽、江苏、四川、上海等陶行知活动过的地方的实地考察和对陶行知夫人、儿子、其他亲属、学生的走访,他在此基础上作了深入研究,并认为,陶行知"接受科学的态度,一边以自己成长的土壤为基础,即以现实生活为基础,一边以自己是一个中国人的强烈意识规范着自己的行为方向"。正是这样的生活环境与文化氛围,才导致陶行知产生了"作为一个中国人,要为中国做贡献"的思想。

其次,他以丰厚的学养,从中国的主流文化——儒学以及以其为核心形成的宋明理学对青年陶行知的基础影响以及后来以此为基本土壤接纳西方思想文化的视角,去深刻体认了陶行知富有创造性的"行—知—行"思想的深厚根基。明显地将海外陶行知研究引向了纵深,突破了就事论事、以现象求结论的浅层次研究模式。特别是他对陶行知在金陵大学期间,学习与吸纳王阳明思想和在美国哥伦比亚大学留学期间的生活与学习细节作了细致入微的考察与研究,为深入探究陶行知生活教育思想的生成机理与构建动因提供了真实、具体的依据。

再次,牧野笃还较为系统地研究了陶行知的生活教育思想、平民教育思想和重视人的个性发展的思想。他在深入钻研近代中国的社会环境、陶行知的受教育历程以及世界教育思潮的基础上,探究了这位近代中国伟大教育家的教育思想体系。他认为,生活是连接以救亡为旨归的政治课题和以发展为目的的教育课题的媒介与桥梁,为了更好地实现通过教育课题去"培养能够担负政治课题的主体"的目的,陶行知将生活教育作为其教育思想的核心与关键是必然的。牧野笃本着了解陶行知平民教育思想是"全面把握、了解并评估他的生活教育思想"的钥匙的研究旨趣,去接触和分析陶行知的平民教育思想。通过深入挖掘,牧野笃认为,陶行知平民教育思想的核心内容是

"活的机制""国家的观念"和"到民间去的运动",只有领悟了这些理念,方可"阐明陶行知生活教育思想全体结构"。同时,牧野笃还从"个体与人类"和"民族与爱"相统一的高度去探讨与分析陶行知关于人的个性发展的思想。他认为,陶行知将培养人的个性巧妙地纳入了民族解放乃至人类发展的宏观体系中去思考与体认,实现了一种高层次的教育理论的飞跃。

最后,牧野笃从陶行知创办晓庄学校、山海工学团等教育实践中,提炼出了"集团论"思想。在他看来,陶行知的"集团论"思想体现在各个层次、诸多方面:在教学上,以"教学做合一"为纽带构成师生协作的"集团";在管理中,以"生活教育"为轴心形成了社会与学校融通的"集团";在个人发展方面,以增强能力为旨归将个体置于"自立、自卫"的乡村"集团"中;在实践活动中,建成"工以养生,学以明生,团以保生"的"集团";最终上升到民族前途的高度,以实现人民解放、民族独立为目标,努力建成"以人民为主体的共和国"这个大"集团"。牧野笃创造性地将"集团论"视作陶行知思想与实践的一个闪光点,并作了建构性的理论探讨,为海内外研究陶行知思想提供了新的思路。

此外,牧野笃还对陶行知思想对新中国及日本的影响做了专题研究。以毛泽东论"书呆子"为话题,纵向钩沉,深入探讨了陶行知反对"死读书,读书死,读书死",力戒成为"书架子、纸篓子"的思想直接影响了毛泽东后期的思想;陶行知先讲过的"向老妈子学习"与毛泽东后期提出的"向人民群众学习"具有相同的原理。他还论及陶行知创造性地吸收西方文化,善于将西方思想本土化的做法,对 20 世纪 30 年代一味照搬美国教育模式的日本具有冲击作用,同时也给日本批判地吸收西方文化提供了新的启示。

在这些研究成果的基础之上,牧野笃完成了他的博士论文《中国近代教育思想的展开和特质——陶行知生活教育思想研究》,并于 1993 年由日本图书中心出版社出版。这部研究陶行知教育思想的专著,是牧野笃十多年来致力于陶行知研究,精心构思、潜心研究的结果,是代表 20 世纪 90 年代日本陶行知研究最高水平的一部力作。为了完成这部专著,他倾注了大量的精力,花费了许多的时间,作了充分的语言准备和资料搜集工作。作为研究陶行知的外国学者,首先遇到的最大问题是语言,为了扫除语言方面的障碍,牧野笃在考名古屋大学之前就开始学习汉语,后来又专门来中国南京大学留学。在中国留学的两年当中,一方面他的汉语取得了长足的进步,另一方面他在陶行知曾办学与最早活动的南京读书,更便于他了解和体悟陶行知的教育理论与实践,同时这所学术气氛浓厚的中国名校也培养了他研究中国思想文化的基本素养。再加上他本人对陶行知研究有着浓厚的兴趣和执着的追求，利用在中国留学之机他几乎跑遍了陶行知在中国生前活动过的主要地方，采访了大部分在世的陶行知的亲属、朋友、同学和学生，搜集到了不少鲜为人知的第一手资料，其中有书面资料，也有口头资料。这些均为他完成这部代表性著作奠定了坚实的基础。《中国近代教育思想的展开和特质——陶行知生活教育思想研究》有这样几个特点：第一，他纠正了斋藤秋男对陶行知思想来源的偏颇认识，提出了自己的新见解。斋藤秋男把美国杜威、孟禄的学说对陶行知的影响视为陶行知思想的起点，牧野笃经过深入中国实地考察、了解和分析，认为这样的结论不太全面。实际上陶在其留学美国之前已经比较全面地接受了中国传统文化的熏陶，中国传统文化为陶行知教育思想的形成提供了丰厚的沃土。陶行知教育思想不是单纯地将杜威理论进行移植和接受，也不是后来对"民族土壤的回归"，而是陶行知立足中国固有的土壤，批判地吸收和借鉴美国杜威和孟禄等人的思想并且将其加以改造的成果。可以说陶行知是带着创造性思维去接纳西方文化的。第二，他将生活教育理论与陶行知的自身主体形成历程有机地结合起来，进而建构了一个陶行知研究的新框架。牧野笃认为，虽然陶行知把自己的教育思想称为生活教育，但实际上他极力倡导这一思想和实践，主要是为了解放被西方侵略的东方民族，进而实现全体民众的解放，最后建设一个民主的共和国，这才是陶行知心目中的东方主体形成思想。他的"生活"不过是一个表达主体形成的概念而已。陶行知作为一个被社会历史规定的个体，社会历史条件既规定了他的历史性积极参与方式，又决定了他会主体性地选择自己的存在方式。他自身主体的存在方式以及社会因素的综合作用，决定了生活教育思想与陶行知自身主体形成具有历史必然性。在其构建的陶行知生活教育思想与其自身主体形成相结合的理论体系中，牧野笃将两者均分为三个时期。他将陶行知的生活教育思想的发展历程分为：第一部分，共和国实现的国民论——生活教育思想的根基；第二部分，民族解放的大众论——生活教育思想的形成；第三部分，抗战建国的人才论——生活教育思想的展开。他将陶行知自身主体形成也分为三部分：第一部分包括童幼年时期，金陵大学时期，赴美留学时期，南京高师时期，平民教育时期；第二部分包括创办晓庄学校时期，工学团运动时期，推行"小先生制"时期等；第三部分包括周游各国宣传抗日时期，创办育才学校时期，开办社会大学时期等。这样就将陶行知的思想与实践自然地有机地结合在了一起。第三，资料翔实，主体意识强。由于牧野笃前期做了大量的资料搜集工作，获取了许多有价值的第一手材料，因此他的研究相比其他陶行知的研究体现出的鲜明特征是新资料多。同时，他的研究比日本以往学者的研究成果带有明显的主体性色彩，他比斋藤秋男更重视中国传统价值对陶行知教育思想形成的作用，比斋藤秋男更重视陶行知教育思想的主体性，更重视陶在接受杜威理论之前特别是他青少年时期的生活和教育经历，以及中国传统文化对他的潜在制约和影响。他的研究旨在深入领悟陶行知教育思想的内在本质，打破了以往日本学者将东、西方文化对陶行知教育思想的影响割裂开来的固有思维模式（特别是斋藤模式），解除了东方与西方价值体系的人为壁垒，将东方固有的价值与西方介入的价值理解为互通互融的大文化气氛，从而创造出了一种适用于全人类的新价值体系；而且牧野笃能够在全面分析把握研究资料的基础上，高度概括陶行知思想的形成、内核及影响，将教育史学研究人员的主体意识贯穿其中。总之，牧野笃是20世纪80年代以来，特别是90年代之后日本研究陶行知的中坚和骨干。

在后起之秀崛起于学界之际，老一辈的学者仍在陶行知研究的园地上辛勤耕耘，孜孜以求。斋藤秋男继续发挥着日本陶研界指导者的作用。他虽已是花甲之年，但壮心不已，老当益壮，20世纪80年代以后特别是90年代以来又接连发表了若干有分量的新作，如《陶行知、晏阳初与平民教育运动》《四十年代解放区与生活教育——〈中国革命与生活教育运动〉续》《大众诗人陶行知的生与死——兼对旧著〈陶行知评传〉的补充》和《陶行知与他的三个战友：陈鹤琴、董纯才、张文郁》《迈向陶行整体形象的研究——"人民教育家"和"大众诗人"的共存和内在冲突》等。他倡导陶行知研究工作应当迈向陶行知整体人格形象的研究而塑造他的整体形象，"而要把握好陶行知的整体人格形象，必须透视到陶的人格内部所共存的'教育家'和'诗人'这两种性质的内在冲突和革新，并创造新的人格的过程和机制。"而且，他频频来华参观访问，进行教育交流，1995年和1996年先后应邀参加了在上海和武汉召开的陶行知学术研讨会。他还大力奖掖提携年轻的研究者，甘当他们的铺路石，表现了一位前辈学者的宽广胸襟，赢得了年轻学者的尊敬。此外，另一位老一辈教育史专家、日本国立教育研究所亚洲教育研究室室长阿部洋研究员也很重视陶行知研究。他根据自己的调查结果，于1988年发表了《哥伦比亚大学留学时代的陶行知——资料调查》一文，对陶行知早年留学哥伦比亚大学期间的学习和生活等有关情况做了翔实的考证。其中最有价值的是阿部洋博士1984年在哥伦比亚大学师范学院米尔巴科图书馆特藏室主任门特的帮助下，在米尔巴科图书馆特藏室搜集到的一份十分珍贵的资料，那就是陶行知于1916年2月16日写给当时哥伦比亚大学师范学院院长罗素的一份书信，信中表达了青年陶行知的理想和抱负。文中所披露的有关史料，澄清了陶行知留美学习期间过去一直没有弄清楚的若干史实，具有重要的学术价值。

此外，20世纪90年代以来在日本学术界相当活跃的还有中野光、世良正浩和华人学者张国光、李燕等人，他们在陶行知研究方面也取得了不少成果。中野光是日本著名教育家、中央大学教育学教授，曾任日本教师教育学会会长、日本生活教育联盟副委员长。1996年他应邀来华参加了在华中师范大学召开的陶行知研究国际学术研讨会，提交会议的论文是《日本的生活教育历史及其现状——与陶行知的邂逅以及日本生活教育运动的轨迹》，他较为系统地介绍了日本生活教育运动的发展概况，分别从二战前、战争中与战争后三个时期来介绍日本生活教育运动的曲折发展历程。首先，他介绍了二战前的生活教育运动，以日本成立于1924年、撤销于1936年的池袋儿童之村小学为例，介绍了这所陶行知曾访问过的生活学校的办学风格、教学特色，该校有三个特点：学校教育是以孩子们的生活为基础而展开的；注重孩子们的自治与互助精神；非常重视对自然与社会的学习和艺术方面的教育。而且该校还办有《生活学校》杂志，本着"依赖于生活，运用于生活"的宗旨，开展研究。其次，他介绍了战时日本军国主义残酷迫害从事生活教育的教学与研究人员的具体情况，《生活学校》的编辑乃至读者相继被捕入狱，被判刑者多达一百一十六人，使日本的生活教育转入低潮。最后，他介绍了战后日本《生活学校》复刊，杂志的中心内容是"如何给在荒败的日本社会中生活的孩子们提供品质精良的文化"。20世纪50年代，日本还诞生了一个新的研究团体——日本生活教育联盟。中野光的论述，印证了斋藤秋男的结论："生活教育没有国境。"世良正浩是日本陶行知研究队伍中的一位重要成员。他是明治学院文学部的教授，也是中国现代教育史研究的专家。20世纪80年代，他先后发表了《对晚年陶行知的考察》《在晓庄试验乡村师范学校陶行知生活教育论的形成及其实验的研讨》等文章。20世纪90年代初，他又发表了《关于中国近代平等和自由思想的考察——对陶行知所述"平等和自由"的分析》等文章，对陶行知20世纪30年代有关平等与自由的论述作了细致入微的分析，从中可以看出陶行知政治信仰的微妙变化。

华人学者张国生是20世纪90年代日本涌现出来的研究陶行知的一位新秀，他获有东京都立大学博士学位。他是从比较日本著名教育家柳田国男与陶行知中介入陶行知研究领域的。1996年3月他在东京都立大学人文学部《人文学报（年刊）》第270号上发表了题为《中日两国近代教育思潮的考察——陶行知与柳田国男的比较分析》一文，张国生将同时代的有类似命运的两位中日教育家作了深层次的分析、比较，他认为，二人都积极倡导教育改革并亲自投身教育实践，对近代教育做出了重大贡献，是世界教育史上著名的两位教育家。陶行知以教育为专业，一生扑在教育上，而柳田国男先为农政官，后来把学问与教育结合起来，开始关注教育。第二次世界大战前柳田国男的有关教育的言论对日本教育界产生了较大影响，战后他又投身教育实践；陶行知也是在 20 世纪三四十年代一边从事教育理论研究，一边参加教育实践活动的。两人学说的命运也有相近之处，陶行知的教育思想与实践对中国新民民主主义革命时期的教育发展做出了很大贡献，但在新中国建立后的不久，就遭到了长期的批判，到 20 世纪 80 年代，"伟大人民教育家"的荣誉才得以恢复。柳田国男的教育学说也曾一度被看作无效，但后来受到日本教育界的重视，现在已成为日本教育学者研究的重点对象。张国生认为，对这两位不同国籍的教育家进行比较，是一件很有意义的事情，对考察现实教育也有启迪。他集中从三方面对陶行知和柳田国男作了比较。第一，晓庄学校教育实验与社会科教育实践。陶行知在学习与借鉴美国进步主义教育运动经验的基础上，在中国创办了晓庄学校作为其生活教育的实验基地；柳田国男也是在国外社会科学实验潮流的推动下利用民俗学的研究成果，把教育方针、教育内容、教育方法贯穿在一起，对孩子们进行田间教育（社会生活教育）。第二，近代教育批判与传统教育批判。在日本实施教育近代化、统一建立学校教育的过程中，柳田国男发现这种整齐划一的学校教育抹杀了根植于民间生活、在民间自然形成、对生活有用的民众教育或"前代教育"，他认为近代教育脱离了生活实际，妨碍了孩子们的成长；陶行知更是极力批判中国的八股取士制度和空疏无用的传统教育扼杀了人的个性，主张创立以生活教育理论为指导的教育与生活相结合的大众教育。第三，唤起疑问、发现并解决问题与教学做合一。柳田国男反对死记硬背式的学习方法，倡导"解决问题的学习方法"：唤起疑问、发现问题、解决问题。因为疑问通过一定的综合过程，就会抽象出问题，为了解决问题，就能促使儿童去自己做。陶行知的教育指导方法论是"教学做合一"，"用教育、学习、实践密切联系"的方法，去反对传统的填鸭式教学模式。他们二人的目的均是为了培养学生的自主学习、独立思考、动手操作等能力。张国生的论文朴实无华、客观公平、立论新颖、视野开阔，将陶行知与日本人熟知的柳田国男作比较，有助于日本人接受中国教育家陶行知的教育思想，为陶行知教育思想在日本更广泛的传播奠定了重要基础。华人学者李燕女士现为日本创价大学文学部副教授，她的陶研经历是从 20 世纪 80 年代中期在东京学艺大学教育学研究科读硕士时开始的，成果发表始于 20 世纪 80 年代末 90 年代初。先后发表了《陶行知教育思想中的"生活即教育""社会即学校"》《陶行知"教学做合一"中"做"的概念——晓庄试验乡村师范学校草创时期"做"的实践》《陶行知的"真知识论"——以批判伪知识阶级为中心的实践和理论》《陶行知生活教育的"艺术"——通过歌、童话、剧的代表作来分析》《陶行知生活教育中的"艺术"——陶行知的艺术教育在新教育运动中的位置》等论文。李燕前期重点对陶行知教育思想的三个核心内容进行了研究，后来她将研究的视线转向了陶行知的知识论与艺术论。她认为,陶行知生活教育理论的根本目的就是教人们探求真知识,即掌握能为现实服务、能解决人生困难的有用知识,而不是要学那些与人民大众的生活毫无关系的伪知识,因此,陶行知提出要批判"老八股",反对"洋八股",打倒伪知识。同时,她还认为陶行知主张在知识上人人平等,人人皆有受教育权,尤其是贫苦大众更需要接受教育,只许少数人受教育的文化,是引导人类走向灭亡的文化。所以李燕得出结论,陶行知所倡导的真知识,是引导人类步入兴盛繁荣的知识,是培养真善美和谐统一的新人的文化。李燕还挖掘了陶行知的艺术教育思想,她认为,艺术教育在陶行知生活教育理论与实践中占据重要的地位,而且其艺术教育思想颇有自身的风格与特色。所以,她通过丰富、翔实的材料,认真分析了陶行知如何采用歌曲、童话和戏剧等人们喜闻乐见的形式对儿童和大众进行艺术教育的;同时,还通过与同时期其他教育家、文学家的艺术教育思想作比较,来展示陶行知风格的艺术教育个性。

(三)陶行知思想在韩国的传播

在东亚除了日本,韩国的学者在陶行知研究领域也取得了一定的成绩。抗美援朝战争后,韩国处于美国的军政统治之下,韩国的教育也就相应地置于美国的进步主义教育思潮的影响之中。期间,杜威的教育理论以及在其影响下产生的陶行知的教育思想也就开始被介绍到韩国。当韩国人了解并熟悉了陶行知教育思想之后,便开始有人着手研究他的思想,韩国的陶行知研究悄然兴起。韩国的陶行知研究最早开始于1975年,当时中国尚处于对陶行知教育思想的批判之际,可贵的是韩国学者李炳柱首次在韩国发表了《陶行知博士与中共的教育理念》,这是中韩关系恢复正常之前韩国人研究陶行知的第一篇论文。他客观地论述了陶行知的社会观、教育观、知识观及其与以毛泽东思想为基础的中国教育理念之间的相似之处。

我国改革开放之后,中韩关系逐步好转,特别是20世纪90年代以来,两国步入了全面交流的新阶段。从此,韩国也开始进入了陶行知研究的新时期。这一期间研究成果突出者当数金贵声为最。1992年金贵声在《圆光大教育研究》上发表了《陶行知的儿童教育论》,1994年他又在《韩国教育史学》上发表了《陶行知的劳作教育思想》,《中国近代教育中实用主义的影响:以陶行知为中心》一文也被收到《圆光大论文集》当中。1996年他还翻译了陶行知的《生活即教育》,2000年他在《教育开发》上发表了论文《陶行知:行是知之始,知是行之成》,2001年在《教育哲学》上发表了《陶行知的生活教育论思想的背景》。金贵声先后对陶行知的儿童教育、劳动教育、知行观以及陶行知生活教育思想的来源与时代背景进行了专门研究。其中他对陶行知的儿童教育思想挖掘比较深入，他认为，陶行知是中国现代儿童教育的开拓者之一，他的儿童教育思想在整个生活教育理论体系中占有重要地位，是生活教育思想体系的有机组成部分。

这一时期另一位韩国从事陶行知研究有影响的学者是金玟志。他的陶行知研究是从在庆北大学读研期间开始的，经过几年的潜心研究，1997年他拿出了题为《陶行知的生活教育思想》的学位论文，该文并于翌年在韩国的《中国史研究》上发表。他主要探讨了陶行知生活教育思想的形成、内涵及其影响，为韩国人全面、准确地了解中国的伟大教育家陶行知提供了重要的资料。还有一位研究陶行知的新锐李庚子小姐，她在北京师范大学教育学院攻读博士学位，主要从事中国教育史研究，她曾撰写《陶行知研究在韩国》一文，简要介绍了韩国的陶行知研究概况，并对韩国陶行知研究的现状作了分析，为我们了解韩国的陶研情况提供了宝贵的资料。

总之，目前在日韩的陶研界，无论是老一代的学者，还是年轻学者，大家都齐心协力，相互合作，共同为开拓陶行知研究的新局面、建立民族和民主的新教育而努力。

二、陶行知教育思想在欧美的影响

欧美是海外陶行知研究的又一重要地区。陶行知研究在欧美（尤其是美国）学术界历来颇受学人重视，其中不乏蜚声世界的知名学者，如克伯屈、文幼章、费正清等人。知名学者的积极参与，无疑在客观上为陶行知研究跻身欧美中国学者研究领域创造了有利条件，同时也为其今后的发展展示了良好前景。下面，就让我们追溯一下九十多年来欧美陶行知研究的演进历程。

（一）陶行知思想在美国的传播

早在1929年，即陶行知创办晓庄学校两年后，世界著名教育家、美国哥伦比亚大学师范学院教授克伯屈就对陶行知的教育理论有所评论。因克伯屈是闻名世界的教育家，他的话在国际教育界是很有影响的，所以，从20世纪30年代起，陶行知及其晓庄学校就开始逐渐引起欧美学者的瞩目。

20世纪40年代中叶，一些在华工作或访问的欧美学者，曾对陶行知的人格、思想和事业留下了深刻印象，并评价甚高。比如，英国著名学者、《中国科学技术史》的著者李约瑟的夫人尼达姆在一篇题为《育才学校》的文章中，对陶行知创办的育才学校大为赞赏，认为"这是一所中国式的运用现代的教学方法的实验学校"，并指出："尽管学校生活是非常艰苦的，但教师们和孩子们都是愉快的，并且是充满信心的。教师们尽管工资异常低，但他们感到学校的气氛良好，在教学过程中，他们可以完成一些创造，因为他们能获得充分的自由来自己钻研。"又如，加拿大学者、世界和平理事会副主席文幼章格外推崇陶行知的伟大人格，他说："陶行知博士具有强大的感召力，使得随便哪一个善良的人，都愿意贡献出他的所能为社会作最大的服务，在实际的工作上教育他们，鼓舞他们。他目标纯洁，行动笃实，生活刻苦自励。没有一个人比他更知道中国的真正需要，没有一个人像他那样勇敢果决地为了大众教育、民主的组织和实践奋斗终生。"他称赞陶行知是"一个别有见地的、创造性的教育天才"。再如，美国援华会总干事毕莱士女士在1946年7月陶行知去世后曾撰文说："在美国，大家都知道陶博士是一个伟大的教育家。从太平洋的加利福尼亚州到大西洋之滨的美国人都认为他是中国一个了不起的教师，并且还用他那'即知即传人'的名言象征中国今天最需要的一种教育。"她还富有洞察力地断言："我觉得陶博士不仅仅是属于中国的，而且是属于全世界的。"这表明早在20世纪40年代中叶欧美有识之士已经看出陶行知是一位具有世界影响的大教育家。

这里特别值得一提的是1946年印行的《为了民主中国的教育》，这是早年曾在南京高等师范学校教育系师从过陶行知的赵冕在美国哥伦比亚大学师范学院毕业时撰写的教育学博士学位论文。他在这篇教育学博士学位中比较研究了陶行知、晏阳初、梁漱溟等人的教育思想与实践，用较大篇幅论述了陶行知为了中国教育的民主化、现代化，刻苦求学，远涉重洋，不畏艰辛，甘于清贫，在中国农村开展教育实验，并创造性地提出了"具有中国化、大众化"性质的生活教育理论，称赞陶行知为"中国现代教育做出了很大贡献"。

当然，严格地说，赵冕的教育学博士论文《为了民主中国的教育》还谈不上是一部专门研究陶行知的著作。这一时期美国大部分有关陶行知的评介还不能被视为真正的学术研究，至多只能看成研究的初级阶段。直到20世纪50年代初，欧美学者才真正把陶行知作为一个特定的研究对象来加以考察。

首先开始对陶行知其人其说做系统研究的，是一位美籍华裔学者朱宕潜。据朱自述，陶行知对他的一生影响极大。早在1925年，他还在一所师范学校读书时，就首次聆听了陶行知关于民众教育的演讲。从那时起，他就开始阅读陶行知有关民众教育的论著。在1929年至1930年期间，他作为大学生在南京中央大学教育学院做研究时，常去参观陶行知创办的晓庄学校。这所学校的情形使他明确意识到中国教育应该如何改革。从这时起直到 1946 年，他钻研陶行知的教育理论并且得以与陶本人经常保持着联系。在中日战争期间，他任河南信阳师范学校校长时，曾组织他的同事和学生同军队和民兵一起工作，教民众如何更进步地生活和战斗。他还在战区实施"生产教育计划""师范教育计划"和"乡村教育试验"等特殊计划，而从事这类实践的观念就是源于陶行知的教育哲学。陶行知的教育理论给他的教育实践以巨大的鼓舞和启迪。由于上述原因，朱宕潜在 20 世纪 50 年代初赴美攻读哥伦比亚大学师范学院教育学博士学位时，就选择了以陶行知的教育理论和实践作为其研究对象，并在 1953 年向校方提交了题为《陶行知与中国现代教育》的博士学位论文。

这篇博士论文由导论和八章构成。在导论中，朱宕潜首先对陶行知的历史地位和作用予以充分肯定，指出："陶行知是中国现代教育最有影响的代表者，也是中国历史上最伟大的教育家之一。他批判地分析了中国传统教育。他发起和领导了许多教育改革运动。他的教育理论创立于现实的教育试验基础之上。他根据对中国人生活和社会的直接研究，创立了一种独特的教育模式。虽然他是一位知识分子，但却成为民众的导师和朋友。他对中国教育界和政府教育政策的影响是非常大的。历史将表明他所占有的地位类似于美国的贺拉斯·曼和智利的多明戈·福斯狄罗·萨明托。"接着，他阐明了陶行知教育思想与外来文化思想的关系，指出："美国文化和教育对于陶行知发展他的教育理论甚有启迪。当然，其他国家的影响也不可忽略。但陶行知既不是完全拒绝外国的教育理论，又不是毫无保留地接受过来服务于中国人民，他仅仅是利用这些理论以适合中国社会的需要。"因此，他认为陶的思想财富能为其他国家（特别是第三世界国家）的教育改革与发展提供有益的经验。

基于以上认识，他为自己这篇论文确定了三个任务：第一，阐明什么是陶行知的教育理论和实践；第二，找出其产生原因；第三，评估陶行知其人其说对中国现代教育所产生的影响。围绕这三点，他撰写了八章内容。第一章探讨了陶行知从 1917 年到 1946 年主要的教育实践和理论，介绍其生活和工作；第二章叙述了 1917 年至 1927 年期间，陶行知任南京教育界领袖和在平民教育运动中的表现；第三、四、五章则分别论述了 1927 年至 1930 年期间，陶行知在南京郊外的晓庄提倡和从事的有意义的教育试验；第六、七两章介绍了陶行知 1930 年至 1936 年在上海的教育试验，以及 1938 年至 1946 年在重庆的教育试验；第八章是全书的总结。由于作者本人的特殊经历，这篇博士论文相当准确地阐述了陶行知的教育理论和实践，比较客观地评价了陶行知在中国历史上的地位和作用。尽管由于种种原因，这篇博士论文在某些史实的记述和思想的解说上尚有不周之处，但对当时欧美陶行知研究的开展是起了一定的推动作用的。

就在朱文提交校方的几年后，知名学者、哈佛大学的孔斐力教授也在哈佛大学东亚研究中心1959年出版的《中国论文》第13卷上发表了一篇题为《陶行知，一位教育改革家，1891—1946年》的专题论文，介绍了陶行知其人其说，辨析了陶行知与杜威以及进步主义教育的关系，并提出了晓庄是陶行知事业上的巅峰的论断。该文所提出的若干论点后为不少学者所赞同，并作了进一步发挥。

1966年，朱宕潜将其博士论文以《新兴国家的教育型：陶行知在中国的工作，1917—1946》为题，由台湾台南高昌印刷公司正式出版。在该书的正文前面，有哥伦比亚大学师范学院荣誉教授林顿所作的一篇序言。林顿在序言中称陶行知是"近代中国最伟大的教育改革家之一"，认为在他所置身的那个时代——20世纪上半叶，中国所面临的教育问题与今天其他发展中国家所面临的教育问题在许多方面有相似之处。因此，他的教育理论和实践对于今天这些发展中国家的教育改革和发展来说，富有借鉴意义。

进入20世纪70年代以后，欧美陶行知研究的发展速度明显加快了。突出表现为越往后研究成果发表或出版的间隔时间越短。这从一个侧面反映出陶行知研究在欧美学术界日益受到重视。

1970年，"陶行知"作为一条重要条目被收在国际学术界影响极大的《民国名人传记辞典》第3册中，该书由哥伦比亚大学出版社出版。该辞典主编包华德曾于1947—1950年和1951—1954年间先后在美国设于北京、香港的外事机构中任中文秘书。这部大型传记辞典是1955年由包华德提出建议，福特基金会提供经费，在哥伦比亚大学国际关系学院主持下编写的。它收录了我国辛亥革命以后各领域有名人物的传记五百九十五篇，约一百四十万字。除主编包华德外，参加编辑工作的先后有十五人。不少传记除根据文献资料，还采用了一些当事人或知情人的口述资料。在"陶行知"条目中，撰者称陶行知是"教育理论家、改革家"，认为"他的理论依据杜威和王阳明的思想"。他在金陵大学读书期间接受了王阳明的哲学观点和教育理论，在哥伦比亚大学留学时代又潜心研究了杜威的实用主义。"他从王阳明的学说中认识到真知必然具有实际效果，而知和行则是一致的。从杜威那里他获得了真理进化的学说，以及人类一切形式的活动都是解决问题的工具的观念，他又从杜威那里懂得了民主是伦理价值的初始源泉。"陶行知抱着这些观念，开始了他改造中国教育的伟大实践。上述关于陶行知与杜威理论、与王阳明学说相互关系的分析，以后常被研究者作为权威性观点加以引述。

1974年，蒙特·霍约克学院的基南教授在他那篇著名的论文《中华民国早期的教育改革与政治》(《亚洲研究杂志》第 33 卷,1974 年 2 月)中,对杜威以及美国进步主义教育在中国的命运作了简洁而精彩的论述。他的论文《陶行知与教育改革》比较系统地阐述了陶行知的生活教育思想与非正式教育实验运动,基南认为,在这个过程中,陶行知努力克服中国教育西方化的倾向,坚信通过自己创造出来的教育理念才能真正促进中国教育的进步的观点。他引用了陶行知的原话来阐述这一道理:"我曾下了一个决心,凡是为外国教育制度拉东洋车的文字一概删除不留,所留下的都是我所体验出来的。"陶行知正是本着这样的宗旨,力求走出一条具有本民族和本国特色的教育发展之路。《郭秉文、蒋梦麟、陶行知与新教育改革运动》是基南的又一篇论文,他将中国现代教育改革的亲身实践者陶行知,与几乎同期留美的郭秉文、蒋梦麟作了比较研究。曾分别任北京大学和东南大学校长的蒋梦麟、郭秉文尽管曾活跃于政界,也力图照搬杜威的教育模式,但都相继陷入困境、宣告失败。而陶行知却与他们走了不同的道路,他步入向来不被人重视的中国贫穷落后的农村,"他在乡村建设教育实践中,对杜威的教育原则作了大幅度的修改",为中国这个农业大国的教育发展找到了一条某种程度上具有一定可行性的发展道路。后来基南在这些研究成果的基础上写成一本专著《杜威实验在中国:民国早期的教育改革与政治势力》,由哈佛大学出版社出版,描述了中国新教育改革运动领袖们的主张和活动,揭示了他们在各种政治势力的夹缝中从事文化改革时所必然遭遇的悲剧性结局。

在研究陶行知的欧美学者中,特别值得一提的是在国际学术界享有盛誉的著名历史学家、美国现代中国学奠基者、哈佛大学教授费正清。费正清 20 世纪 30 年代曾在北京学习中国语言、历史和文学,并在清华大学讲授历史课。后自 1936 年至 1977 年在哈佛大学讲授中国历史,培养了大批研究中国问题的美国学者,成为美国现代中国学的鼻祖。他还是 20 世纪 50 年代以来美国政府对华政策的高级顾问。第二次世界大战爆发后,他有时在华盛顿,有时在美国驻华使馆。在华期间,他曾与陶行知多有接触,对陶的人格、思想和事业均极为钦佩。1946 年 7 月陶行知病逝,同年 12 月 9 日,美国教育界在纽约隆重集会追悼陶行知,到会的有美国教育界名流及中国留美人士三百余人,由杜威和冯玉祥担任追悼会名誉主席。费正清曾代表罗格博士讲述陶行知 1914—1915 年在伊利诺伊大学学习时的生活。从某种意义上说,费正清是欧美陶行知研究的先驱者之一。正是受他的影响,一些中国学专家(如前文提及的他的高足孔斐力等)20 世纪 50 年代便开始研究陶行知。至于他自己,对于陶行知也多有论评。比如,在那本被人们誉为经典之作的名著《美国与中国》(哈佛大学出版社 1978 年版)里,他指出:"陶行知博士的经验就是一个例子。陶在伊利诺伊大学就读和随后在哥伦比亚大学得到杜威的教导后,回中国从事乡村教育,并帮助开展'小先生'运动,使学童成为其他文盲的先生。这种识字运动形成连锁反应,特别是在1937—1938年政府迁到武汉时的统一战线时期。这项工作显然有点像政治炸药,国民党下令禁止了。"又如,在1986年出版的新作《伟大的中国革命,1800—1985》中,他对陶行知作了更为精辟的论述:"虽然晏阳初和定县在美国一直很有名,然而,杜威博士的最有创造力的学生却是陶行知。他是一个穷学生出身,在受到王阳明学说启发之后很多年,才于1915—1917年上师范学院(指哥伦比亚大学师范学院——编者注)念书。他于1921年任南京东南大学教育学系主任。翌年继蒋梦麟之后任《新教育》杂志编辑。他在民众教育运动方面非常积极,为工人和贫苦人民办夜校和各种中心。他展开'小先生'运动,让文盲学会后再以他们的新知识教育其他文盲,这样连锁反应下去。对于1927年的反共产主义分子来说,这就好像一个政治炸弹一样。在城市里搞民众教育,被视为叛逆而遭禁,陶行知就到农村进行教育和农村恢复计划。美国的进步教育用的现成的学校制,陶行知发现中国普通群众只能在他们的生活、工作所在地(如农村、车间)受教育;在哪里聚居,就在那里学习。在所有美国训练出来的教育者中间,陶作为一个穷人出身,极不寻常地同情普通人民的需要,而这终于使他比别人更接近共产党。最后他于1946年,在国民党未能下手暗杀他之前,患中风逝世。"毋庸置疑,费正清的上述精辟论述对欧美学者的陶行知研究产生了重要影响。

哈佛大学博士、现芝加哥大学教授的艾恺也是深受费正清学术观点影响的一人。他在曾获美国东方学奖的《最后的儒家——梁漱溟与现代中国的困境》(加利福尼亚大学出版社1979年版)的前言中称:"我在哈佛受导师史华茨和费正清的影响明显地体现在该书的每一页里。"尽管这是一本关于梁漱溟的人物传记,但在全书的十三章中,有三章都提到了陶行知的教育理论和实践,特别是第七章中,专门列有"陶行知和晓庄试验乡村师范学校"一节,论述陶行知及其晓庄学校对于梁漱溟教育思想和实践的影响。值得注意的是,另一位著名的中国近代史专家、加利福尼亚大学教授、曾任美国史学会会长的魏斐德在为该书所写的序言中,也将陶行知的乡建模式与梁漱溟的乡建模式作了比较,指出了两者的差异。显而易见,艾恺和魏斐有关陶行知与梁漱溟关系的分析,拓宽了陶行知的研究范围,提出了陶行知研究的新课题。

(二)陶行知思想在欧洲的传播

20世纪80年代以来,欧美的陶行知研究出现了新的动向,以往美国学者在这一领域一枝独秀的局面开始被打破,越来越多西方国家的学者对陶行知产生了浓厚的兴趣，陶行知研究日趋国际化。

　　早在 20 世纪 50 年代初，就有一位奥地利籍的博士詹生曾作为联合国善后救济总署的工作人员来中国，对中国的育才学校有所了解。1953 年他作为民主德国《新德国》报纸的特派记者再度来华。在对陶行知有了比较多了解之后，他在德国出版了《中国腾空而起》一书，向德国人民介绍了"中国最伟大的教育家陶博士"的业绩，如育才学校和"小先生运动"等，为德国人了解陶行知奠定了良好基础。1975 年刚从西柏林自由大学毕业的内克曼开始了陶行知教育思想的研究，1975—1976 年冬季，他主办了一期以研究陶行知的生平与著作为重点的研讨班，并与参加研讨的四名大学生和另两名同事共同翻译了一本文献《生活即教育——中国改革教育学家陶行知之生平》，在西柏林自由大学校内发行。1978 至 1980 年，他在我国西安外国语学院担任外籍教师。内克曼利用在华之机，搜集了大量关于陶行知的资料，并实地考察了晓庄学校和陶行知纪念馆，采访了陶行知在西安的学生和同事；还利用回国途经日本之际，专门拜访了日本著名的陶研专家斋藤秋男。1981 年在陶行知诞辰九十周年之际，他撰写了一篇《陶行知——被中国重新认识的人民教育家》的纪念文章，分别在自由柏林广播电台播出和在德文版的《新中国》上发表，对帮助德国人民了解陶行知这位近代中国的伟大人民教育家产生了积极作用。1993 年赖希将他和他的博士生丁伟祥翻译与整理的有关陶行知的一些资料编辑出版，即《陶行知——中国二十世纪的改革教育学家》一书，介绍了陶行知教育思想是在批判传统教育的基础上逐步形成的一个新的教育理论体系，并叙述了陶领导下的教育实验运动经过。德国的另一位陶研界学者是黄冬，他曾于 1978—1982 年就读于西安外国语学院德国语系，协助内克曼搜集和整理关于陶行知的资料，从那时他便产生了对陶行知研究的浓厚兴趣。1988 年他到德国马堡大学留学，1993 年获硕士学位，1997 年获联邦德国马堡大学博士学位，他的博士学位论文是《陶行知（1891—1946）与阿道尔夫·莱希维恩（1898—1944）——两个改革教育家之比较》，1999 年由德国汉堡考瓦克博士出版社正式出版。黄冬将 20 世纪的两位世界著名教育家从文化、政治和教育三个方面进行了比较。他认为两人都是中西文化的使者，为世界文化交流与发展做出了杰出的贡献；两人"同作为反对独裁专制、崇尚民主的进步教育家，有着类似的经历、遭遇、政治理想和追求"；两人拥有大致相同的教育理念。他们都主张让广大贫苦大众受到教育的民主教育观，他们都倡导学校应该是学习民主规则的"训练场"、培养生活能力与社会能力的共同体和带动乡村文化生活的"火车头"，莱希维恩创立的"帮手制"与陶行知发明的"小先生制"亦有类似之处，还有莱希维恩所推崇的意图教学法与陶行知的"教学做合一"教学观也有共同之处。黄冬作为中国籍的德国博士，对中德两国文化都比较了解，所以他的论文可以说在德国陶研界是最具权威性的成果之一。

1987年，法国杰出的汉学家、巴黎国立科学研究中心主任研究员巴斯蒂女士在她与加拿大中国教育问题专家海霍博士共同主编的《中国的教育和工业化的世界：文化传递研究》中，收录了《是奴役还是解放？——记1840年以来外国教育实践及制度引入中国的进程》一文，论述了20世纪初随着民族主义的日趋高涨，非宗教大同盟运动和收回教育权运动的相继兴起，中国的教育政策开始放弃"只用一个外国教育模式"的做法，转而采用折中式的借鉴的历史。她们指出"到这时受到批评的就是美国的教育制度了，这与以前的日本制度一样，而批评它的正是那些最了解它、也曾帮助它在中国得到广泛承认的人，陶行知就是一例"，并认为"陶行知、梁漱溟、晏阳初在农村地区的教育活动则是中国教育家在根据教育需要活动时能够独立自主的又一明证"。她们运用文化传播学理论来探讨陶行知以及中国教育与西方教育的关系，无疑有助于包括陶行知研究在内的整个中国近代教育史研究的深入。

加拿大学术界也一直对陶行知研究比较感兴趣，这与陶行知生前多次访问加拿大有关。陶行知曾于1937至1938年先后四次访加，积极宣传抗战，号召全世界爱好和平的人们起来反对日本法西斯，在当地引起强烈反响，也使加拿大人民深深记住了这位热爱和平的中国教育家。在近半个世纪后，加拿大约克大学格兰登学院社会学教授维尔默特追忆了他于1944年在重庆育才学校与陶行知的交往以及所见所闻，并写成了《陶行知是个了不起的人》（上海陶研会编《行知行》，1994年8月25日）一文，文章以平实的语言、真挚的情感再现了他所了解到的陶行知的朴实、谦逊、真诚、热情的性格和"始终如一的为人民服务的精神"，使读者感到真实、亲切，为加拿大人民了解陶行知提供了一份珍贵的资料。他还在其有关社会学的著作中提到了陶行知的教育社会学思想。约克大学历史系教授格瓦茨则在一篇关于中华职业教育社的论文《社会现实与教育改革：中华职业教育社的个案考察，1917—1927》（《现代中国》，1978年第2期）中涉及陶行知的职业教育思想。这种多角度、多层次的考察，意味着欧美的陶行知研究者已较此前眼界更为开阔，研究愈发具体。

20世纪90年代以来，比利时学术界也出现了关注陶行知研究的趋势。代表性人物是波西凯女士，她毕生以陶行知为榜样，力求做陶行知式的教育工作者，她曾先后被中国授予"友谊奖""首届行知奖""优秀教师""外籍专家先进工作者"等荣誉。在其学做陶行知式教育家的实践之余，她也撰写了有关陶行知研究方面的文章。1992年她写的《我为友谊和献身而来》发表于《人民日报》（1992年5月22日海外版第6

版），文中满怀深情地赞扬了陶行知的伟大人格。并且，她以陶行知的"捧着一颗心来，不带半根草去""以社会为学校，奉万物为宗师"等原话为座右铭，决心学习陶行知的人格风范和献身精神，视教育为天职。1994年她又在《金陵陶研》上发表了《陶行知教育思想对我的帮助》一文，她回顾了自己多年的教学生涯，认为在此期间她之所以能"以充沛的精力、昂扬的斗志，并带着新的美好希望"去教学和工作，就是因为陶行知的伟大精神激励着她。她认为，"陶行知先生是我们的先驱，他献身普及教育给我们树立了榜样。"在南京任教期间，她先后三次去晓庄学校旧址参观，平时经常向陶行知的学生张一之请教，并大量阅读了陶行知全集中的文章。她深深地被陶行知的教育思想所打动，"我觉得陶先生很多的观点和自己的想法是相吻合的。"波西凯的这两篇文章严格来讲，还谈不上是陶行知研究的学术成果，但毕竟体现了陶行知及其教育思想对比利时人的影响。

俄罗斯在20世纪90年代也开始了对陶行知的研究，集中体现在曾来南京师范大学做过访问学者的鲍列夫斯卡亚女士的研究成果上。鲍列夫斯卡亚1991年来华访学并参加了在北京召开的中国陶行知诞辰一百周年纪念大会。她提交给大会的论文是《如何评价陶行知对现代教育的贡献》，该文于1992年在《行知研究》第2期上发表。她在深入分析与思考陶行知在现代中国教育史上地位的基础上，对陶行知生活教育理论中的一些主要观点，如"教学做合一""六个自由""在劳心上劳力""创造的教育"等，作了理论上的分析。经过研究，她认为，"陶行知是一个倡导包括德、智、体、美、劳'五育'在内的个性和谐发展的教育理论家和实践家"。文中总结了陶行知生活教育的基本特点是"民主的，科学的，群众性的，创造性的"。还强调，陶行知提出的培养"能够独立思考的人""培养新的自由人"的思想对当今中国乃至世界教育改革仍具有现实指导意义。总之，鲍列夫斯卡亚的观点颇有新意，成为俄罗斯研究陶行知教育思想的开山之作。

在德、法、加等国学者异军突起之际，美国学者丝毫没有放慢他们的研究步伐。获得了哥伦比亚大学、芝加哥大学和斯坦福大学三校哲学博士学位的中国教育思想史专家、香港大学教育学高级讲师的美国学者布朗于1987年在前述的《中国的教育和工业化的世界：文化传递研究》一书中发表了《中国教育中的美国进步主义：陶行知个案》的长篇论文。与巴斯蒂一样，布朗也是运用文化传播学理论来探讨陶行知与西方教育关系的。但两人的着眼点却不同：巴斯蒂主要是宏观透视，布朗则侧重于微观考察。比较起来，布朗的研究更为细致缜密。布朗在剖析了陶行知与杜威以及美国进步主义教育的关系后断定："毫不含糊地把确切存在于他（指陶行知——编者注）思想和行动中的事物归诸进步主义的影响,是很成问题的。从其作品来看,陶显然使用了进步主义的修辞,然而,若就任何具体事物做较仔细的检查,那么他所依仗的实质,至多只是部分的,而且有时整个都可怀疑。许多中国进步主义者都是这种情况,但陶行知尤其如此。他可能接受了进步主义的见解和朝气,在有些事情上接受了杜威所提倡的专门实践。尽管如此,他观念和行为的源泉、延伸和远景,极显然是扎根于陶的个性的。"不管布朗的结论是否符合历史实际,但他注重探讨文化传播过程中传播者、传播物、传播渠道和被传播者诸种因素之间的复杂关系,却为人们提供了一条新思路,反映出欧美陶行知研究的新动向。

20世纪90年代以来,还有两位美籍华人学者在美国陶研界比较活跃,一位是现任美国加州大学洛杉矶分校教育学院博士生导师、加州州立大学北岭分校教育学院教授、中国研究所所长的苏智欣女士。她于1989年撰写了《杜威与陶行知的哲学观及教育观》一文,后来将文章分成两部分,前一部分以《杜威和陶行知:关于他们教育哲学的初步比较》为题,作为提交给1989年在加拿大召开的世界比较教育大会的学术论文;后一部分以《杜威和陶行知:关于他们的教育观》为题,提交给1990年在美国加州举行的比较与国际教育协会年会。苏智欣运用翔实的资料,先介绍了杜威的教育哲学观,接着凭借其深厚的理论学养对陶行知在改造杜威教育哲学思想基础上形成的生活教育理论作了分析,最后又将陶行知与杜威的教育观作了哲学层面上比较。她的结论是:"杜威的思想对于中国的教育产生了巨大的影响,其中也因为陶行知在传播与检验杜威的教育思想中起了如此重要的作用。从大的方面讲,陶行知被誉为中国普及教育的核心人物。他的各种努力在为人民共和国的建立准备更有知识的公民方面做出了贡献。"在她眼中,陶行知在创立其生活教育理论的过程中实现了对杜威教育观在中国的扎根与传播。然而,陶行知并未完全将杜威教育观照搬回中国搞试点,而是创造性地走出了一条适合中国农村的有利于民众解放的教育发展之路,"当杜威正在为政治民主中的个体发展一种生气蓬勃的教育理论的时候,陶行知则富有创见地计划着通过一种根植于生活的教育使他的人民获得解放"。1996年苏智欣又在《哥伦比亚大学师范学院学报》上发表了《"教学做合一":中国师范教育中的杜威实验》,论文从"陶行知与杜威教育思想的异同""教育是社会改革的工具""'学校即社会'和'社会即学校'""'教育即生活'和'生活即教育'""进步教育、儿童中心教育和基于经验的教育""兴起、跌落——陶行知和杜威思想在中国的复兴""杜威思想在晓庄学校的实验""今日的晓庄学校——相同点与差异处"等方面研究了杜威与陶行知的教育思想与实践。在她看来,"陶行知的教育思想主要派生于以杜威思想为前提的学校和社会、教育与生活以及进步教学法。然而，为使这些思想符合中国现实实际，陶行知对其加以改革，以适应中国的挑战和需要。因此，这些思想与美国的不一样。"这是她经过精心研究和深思熟虑后得出的比较客观的结论。另一位是毕业于芝加哥大学历史系的蔡崇平博士，他于1996年参加了在华中师范大学召开的陶行知研究国际学术研讨会，提交会议的论文是《从教育到政治：陶行知与大众思想》。他从中国现代社会的大众思想、知识分子心态谈到了陶行知的知识分子观、生活教育观及其办学实践活动，以宽阔的视野、凝练的语言、哲学的思维和严谨的态度，认真思考与审视了陶行知在现代中国的教育战线与政治领域中所占据的显著地位和所发挥的积极作用。蔡崇平以其清新的文风、丰厚的学养、坚实的功底，受到学界赞誉，被人们视为此后美国陶研界的中坚与骨干。

综上所述，不难发现，欧美学者对陶行知的研究，尽管涉猎的范围很广，但早期主要集中在两个相互联系的问题上，即陶行知与杜威以及进步主义教育的关系，陶行知与王阳明以及中国传统文化的关系，但近期已开始注意将陶行知与本国教育家进行比较研究，这显示出欧美学者的研究重点有所不同。但在研究难度上，两者实在难分轩轾，各有千秋。特别是20世纪90年代以来美国也不乏从新视角去研究陶行知的学术性较强的研究成果。由此，我们可以预料，随着各种主客观条件的改变，欧美陶行知研究的队伍还将继续扩大，成果还将不断增多，陶行知研究将在欧美中国学领域中占有重要的一席之地。

三、陶行知教育思想对港台地区的影响

尽管港台地区都是中国的一部分，尽管两地的学者在研究陶行知的主观条件方面不存在任何阻碍，但无论是就研究队伍，还是就研究成果来说，港台地区的学者均不及日本和欧美学者，这里面的原因颇为复杂，不是三言两语说得清楚的。当然，平心而论，近些年来陶行知研究在港台还是取得了一定成绩的。

(一) 陶行知思想在香港地区的传播

应该指出，陶行知的教育理论和实践很早就为香港的广大教师和民众所熟悉。早在20世纪30年代中叶，陶行知曾于1936年夏天经香港去英国伦敦参加世界和平大会的第一次会议。会议结束后，他受全国各界救国联合会的委托，担任国民外交使节，赴欧美等二十八个国家和地区，宣传中国人民的抗日主张。两年后，因国难严重，他又于1938年8月30日经香港回到内地。在港期间，他积极宣传抗战，推行业余教育

活动，并发表声明：回国后要做三件大事。特别值得一提的是，他在香港创办了中华业余学校，任该校董事长。这是他生活教育理论的一次光辉实践。从此，他的教育思想就在香港广泛传播开来。

陶行知去世之后，香港的若干报刊上曾刊登了他的一些当时留在香港的学生们所写的回忆文章，如方与严的《晓庄学校回忆片录》（《文汇报》1948年9月14日），怀远的《陶行知募捐如打仗》（《大公报》1948年10月4日），白桃（即戴伯韬）的《陶行知的艺术家的生活》（《大公报》1949年3月13日）和《向老妈子学习——回忆陶行知先生》（《大公报》，1949年3月31日），克炎的《回忆育才生活——纪念陶行知校长》（《大公报》1949年7月25日），等等。当然，这些回忆性文字只能算作研究的素材，还不是真正的学术探讨。

1951年，大陆发起对电影《武训传》的批判，涉及曾经称道过武训的陶行知。这种情况也不能不影响到香港的教育界。因此，从20世纪50年代至70年代的整整三十年间，香港的陶行知研究成果甚少。其间，仅有为数不多的论文和著作。龙文书店曾于1966年出版了一本《陶行知·行知文献：手脑并用，生活教育倡导人》，只是一般性的资料介绍。同年，香港罗富国师范学院（为现在香港教育学院前身之一）教师阮雁鸣在香港文教图书社出版了《杜威学说与中国教育》一书，其中有一部分内容谈到了陶行知及其教育思想，比较了陶行知与杜威的社会观和教育观，旨在用陶行知作铺垫来阐明杜威教育思想对中国教育的重要影响。作者的结论是："陶行知几乎全部接受杜威之社会论、知识论和生长论，陶氏的事业，处处依着杜威哲学之基本假设而行。"显而易见，这种观点是很不全面的。

1978年中共中央十一届三中全会以后，陶行知研究也随之恢复。在这一新形势的推动下，香港教育界的有识之士开始着手探讨陶行知的生平事迹和思想遗产。1980年，香港中文大学教师、知名作家卢玮銮女士在《开卷》杂志8月号上发表了《陶行知先生在香港》一文，叙述了1938年9月和1939年1月这两个月期间陶行知在香港的社会活动和教育实践，还介绍了新发现的他在香港所写的六首诗。翌年10月19日，卢玮銮又以"小思"的笔名在《明报》上发表《敲钟者》一文，称赞陶行知是近代中国伟大的"敲钟者"。次日，张增泰在《大公报》上发表《陶行知二三事》，一般性地向香港民众介绍中国现代著名教育家陶行知的一些事例。值得一提的是，香港中文大学教育学院教授的蔡宝琼，在英国牛津大学读博士期间撰写的毕业论文《近代中国教育与政治》中有一章是《陶行知、晏阳初、梁漱溟之比较》，对20世纪二三十年代曾对中国文化、教育产生过重要影响的三位著名学者、教育家作了简要的比较研究。该文认为，晏阳初从对中国的社会病是"愚、穷、弱、私""无知孕育贫穷"的认知出发，倡导乡村建设的重心在文化改革；梁漱溟从社会道德沦陷的角度提出了"儒家理想的文化重建"计划；陶行知作为"坚定的唯物主义者"，认为乡村的主要问题是发展不平衡的结果，主张开展农村教育运动，"以解决人民的实际生活问题为首要任务"。陶行知为中国指明了依靠科技进步改变中国命运的光明大道。从总体上看，当时陶行知研究在香港尚处于研究初期，还需要香港的有识之士真正地将它开展起来。

（二）陶行知思想在台湾地区的传播

与香港学者相比较，台湾学者对陶行知及其教育理论和实践的研究显然要重视得多。需要指出的是，这除了与陶行知生活教育理论和实践自身具有重要的理论价值有关，还多少与蒋介石在退守台湾一隅后出于其多方面需要而提倡"新生活教育"有关。早在1934年，为了配合"剿共"，加强对国民和青年的思想控制，蒋介石曾经提倡过所谓的"新生活运动"，要求国民和青年的生活与行动合乎整洁、简单、朴素等要求，而且能够"明礼义""知廉耻""守纪律""重秩序"，"俾达生产化、军事化、合理化的理想生活境地"。1949年，蒋介石败走台湾，基于其"戡乱建国的环境和需要"，又重弹昔日"新生活运动"旧调，并提出所谓"新生活教育思想"。1951年11月19日，他在"改造教育与变化气质"的演讲中说："我以为今日教育，要使他发生反共救国的效用，无论是学校教育或社会教育，最要紧的是注重生活教育，必须使生活与教育打成一片。"1953年11月14日，他又发表《民生主义育乐两篇补述》一文，对其"新生活教育"予以进一步阐发。为了贯彻蒋介石讲话和文章的精神，台湾"教育部"还于1962年6月16日颁布了第8176号令"生活教育方案"，训令各级各类学校一律照此执行。其实，蒋介石的所谓"新生活教育"不过是把儒家的那套封建伦理道德与西方现代教育的某些因素糅合在一起，旨在以儒家学说来收拾人心，整饬教育，巩固其统治，与陶行知倡导的充满时代气息的、进步的生活教育完全是两码事。不过，如此一来却在客观上为台湾陶行知研究的开展创造了某些条件。这倒是提倡"新生活教育"者所始料未及的。由于这些缘故，一些在高等院校和研究机构工作的专家、教授，以及因种种原因去了台湾的陶行知的旧日门生，也相继开始介绍和研究起陶行知来。

1969年，早年在东南大学研究过教育、后来积极鼓吹"国家主义教育"的陈启天将旧作《最近卅年中国教育史》略作修改后易名为《近代中国教育史》，交付台湾中华书局出版。新版对旧作中论及陶行知"教学做合一"思想部分未作任何改动，照原样付排，竟也无事。这表明只要不涉及政治方面比较敏感的问题，纯学术性的陶行知研究在台湾还是可以展开的。

1977年6月，由在野人士创办的、素有台湾"野史馆"之称的传记文学出版社出版了刘绍唐主编的《民国人物小传》第2册。该册有秦贤次撰写的一篇陶行知传略，介绍简明扼要，评价尚属公道。称陶行知"提出'生活即教育''社会即学校''教学做合一'等口号，为中国教育辟一新蹊径"，又认为陶"创办山海工学团，并发明'小先生制'，在普及教育史上为划时代的创举"。

次年，陶行知的学生程本海在《艺文志》杂志第152期（1978年5月号）上发表了《陶行知先生与我》一文，满怀深情地回忆了他早年在陶行知指导下从事教育活动的往事，表达了对恩师的一片怀念之情。

同年，中国教育史专家、台湾师范大学教授郑世兴在《教育发展与文化建设》（幼狮文化事业出版公司1978年版）一书中，收录论文《我国近代乡村教育与文化建设》，对陶行知生活教育派的主张和实践作了具体评述，指出了他们与梁漱溟乡村建设派和晏阳初平民教育派的不同之处，倒还颇有见地。1981年，郑世兴又在新作《中国现代教育史》（台湾三民书局1981年版）里，对陶行知的生活教育理论与近代乡村教育思潮作了更为系统的论析，不过他为抬高蒋介石的"新生活教育"思想而故意贬低陶行知等人生活教育理论，说什么"一般生活教育所强调的生活，它包含有严肃的和轻松的生活，过去的和现在的生活，落后的和进步的生活，平时的和战时的生活，而'新生活教育'思想所强调的生活，则专指新的、严肃的、现代的、进步的及战时的生活……此实较一般的生活教育思想更进一步，更具卓见"，这就有些不够实事求是了。郑世兴在《我国乡村教育运动及研究》中也提到过对陶行知的看法。还有陈重光所著的《我国乡村建设实验工作之比较》也提到了陶行知的乡村教育实践活动。

1981年，早年毕业于南京高等师范学校、后为国民党政府"考选部"政务次长的周邦道出版了《近代教育先进传略初集》。早在1933年，他就在其主编的《第一次中国教育年鉴》中专辟有"教育先进传略"一章，"冀于以发潜德之幽光，示后人以楷模焉"，颇获士林赞誉。自那以后，他继续搜罗寻访，集得更多资料。到台湾后，经过多年精心编写，撰成二百六十篇人物传略。由于上述特殊经历，书中的陶行知传略写得远较他人翔实可信，评价也颇允当，如他称执掌南京高等师范学校时代的陶行知"资学明敏，踔厉风发，与刘伯明、陈容、柳诒征、郑宗海、廖世承、张谔、秉志、胡先骕、朱进、张准、朱君毅、孟宪承、梅光迪、陆志韦诸教授，同寅协恭，施展恢张；故南雍教育，遂树新帜，蜚声海内焉"。又说："行知依杜威'教育即生活''适应社会环境''学由于行'之教育哲学，而更迈进一步，以'生活即教育''社会即学校'为目标。榜书联曰:'以社会为学校,奉万物作宗师''以教人者教己,在劳力上劳心'。另定'教学做'为校训,'我们的信条'十八则,由董事长蔡元培书写,悬于锡名犁宫之礼堂。筚路蓝缕,以启山林,为中华教育开辟得未曾有之崭新途径。从事新教育者,靡然宗之。"结尾更是不无感慨地写道:"行知蕴新知,善思维,每倡通俗世之主张,而勇于躬行实践,遗大投艰;可谓瑰琦卓荦,人如其名矣!当代乡村师范学校、中心小学、社会教育馆,多率循其生活教育理论,而变化实施;'教学做'一原则,尤不胫而走,已应用于一般教育方法,且及于'教育、考试、任用'合一焉。倘天假之年,处以安定环境,以彼其才,行彼其志,其所建树,讵可量度乎?"不是对陶行知其人其说有深切了解者,是不会作如是说的。

1985年,教育学家吴鼎在《七十年来我国国民教育实验之演变》一文中,对陶行知主持的南京晓庄乡村教育实验作了全面介绍与评论,指出:"当时的晓庄是陶氏实验他的教育理想的场所,他的理想和方法,颇能引起当时社会人士的注意,吸引了各地教育人士前来参观,而许多青年教师,自动地前来晓庄学习的为数甚多。"并认为:"陶氏对于教育上的贡献,是他的'教学做合一'的理论。这个理论,是根据他的'生活即教育''社会即学校'理论而来的。此外,还有晓庄学校先后订立的两种信条,是代表乡村教育的精神,予乡村教师以伟大使命的。"以上所言虽然不够全面,倒也自成一家之言。

同年,著名学者、教育学家吴俊升在他与克劳普顿、吕聪明三人合编的《杜威在华讲演录》中有一篇长文评述杜威在中国的活动及其影响,文中专门谈到了陶行知与杜威的关系,认为"陶行知的理论和实践可以说是把杜威的主张推向了极端。陶行知的贡献在于扩大了杜威的影响。这一点可以比之于克伯屈。从他在南京的最初岁月直到1946年逝世,陶氏把他的一生都献给了中国教育改造事业。他是杜威的中国信徒中第一个发展出自己的教育理论和实践的体系,并且第一个探索着把杜威的影响从城市里的大学扩大到乡村学校的人。"尽管吴文的观点过于绝对化、片面化,但毕竟孕育着某种极有价值的思想因素,值得人们深思。

1987年简淮琴在《历史学报》第5期上发表了《陶行知生活教育的理论与实际》一文,论文长达三万多字,以严谨规范的学术论文形式,比较系统地论述了陶行知生平、生活教育理论的内涵、生活教育实践活动,并对陶行知做出了全面评价。简淮琴对生活教育理论的内涵和特质作了详细的论述,认为"陶行知曾受教于美国实用主义教育家杜威,但是,他不是简单地抄袭杜威的教育思想,而是有分析、有批判地吸收其合理部分,做到洋为中用。并且在他自己的教育实践中,逐步形成自己的教育思想"。文章还从陶行知的原话中提炼出了"生活教育之特质":"生活的、行动的、大众的、前进的、世界的、有历史联系的"等六个方面。简淇琴对陶行知生活教育实践的论述颇有创意,她将陶行知的生活教育实践概括为六大运动:一是乡村教育运动,包括师范教育、国民教育、基本教育、社会教育四个部分;二是普及教育运动,包括"科学下嫁"运动、山海工学团的普及教育运动、"小先生制"的实行;三是国难教育运动;四是战时教育运动;五是全面教育运动,主要是育才学校的教育活动;六是民主教育运动。简淇琴还引用陶行知的观点对生活教育作了准确的定位:"生活教育是穷国家穷社会的穷办法,是经济实用的教育理论。""陶行知的生活教育,对当时的社会来说,不啻为一股清流……陶行知一生努力不懈地致力普及教育事业,追求'民主、科学'的理想,绝对是值得我们加以尊重和珍惜的情操。"

1997年,台湾花莲师范学院初等教育学系讲师周永珍也在《花莲师院学报》第7期上发表了题为《陶行知的教育思想与教育改革运动对当前教育之启示》的文章。文章重点介绍了陶行知生活教育的内涵以及相关的教育主张如普及教育、终身教育、女子教育、民主教育、爱心教育、乡村教育等,还从陶行知的教育理论和实践中总结出一些可资借鉴的办学经验,认为对当时台湾地区的教育改革具有直接指导意义。

值得特别注意的是,20世纪90年代以来曾获台湾师范大学教育学院博士学位、现为台东师范学院初等教育系副教授的曹常仁在台湾陶研界脱颖而出,后来居上。曹常仁是台湾教育界第一位专题研究陶行知教育思想的学者,师从台湾知名教育学家黄光雄。他在台湾师范大学教育学院攻读博士学位期间,根据导师的指点,选定将陶行知研究作为他的博士学位论文选题。经过几年的艰苦笔耕,终于在1998年完成了他的博士论文《陶行知师范教育思想之研究》。他从陶行知师范教育思想的渊源与基础,陶氏师范教育观形成与特性,陶氏师范教育制度,教学做与实践,陶氏师范教育思想之贡献,陶氏师范教育思想之启示等几个方面,深入挖掘了陶行知全集、文集中有关师范教育方面的论述。他在研究中发现,陶行知师范教育思想的渊源有两个方面:一是"接受先秦儒家人文精神,注重人性尊严,与道德修持及求知、学习等观念",二是"受到杜威的知识之继续性、实验性、工具性、活动性及反省思考"等理念的影响。其基础主要有"人性要素、真善美要素、行与知的要素、民主的要素、生活的要素"。陶氏师范教育观的特别关注两点:"一是广义地开展师范教育,不仅以培养教师为限","二是具有人才教育、教师进修与辅导、社会服务、符合国情的生活的特质"。他认为,陶行知师范教育思想的贡献表现在:一是促成1922年乡村师范学校普及与相关法令的出台,二是为中国师范教育树立了楷模,三是成为杜威"反省思考"应用到师范教育之先驱。最后还从借鉴陶行知师范教育思想的精华，促进当今师范教育的发展这个角度谈了一些看法。从曹常仁的论文可以看出，台湾对陶行知的研究正在一步步趋向专题化、深入化。

由此可见，港台的陶行知研究已达到相当水准，且形成了自己的特色和优长。随着香港与内地关系的进一步加强，台湾与大陆关系的逐渐改善，文教界的交往日益增多，港台陶行知的研究的特色和优长必将更加充分地发挥出来。

纵观海外与港台地区的陶行知研究，我们可以发现这样几个特点。第一，海外与港台地区的陶行知研究的发展情况是很不平衡的。有的早已开展，有的刚刚起步，有的尚未着手；即使是在那些已经开展的国家和地区，进展也有快有慢，不尽一致。但总的趋势是研究陶行知的国家和地区越来越多，研究队伍越来越大，研究成果越来越丰硕，这表明陶行知研究正日益受到国际学术界的重视。第二，研究的重心正逐渐移向对象主体，移向主体赖以生存和发展的文化土壤，移向主体深层的文化心理结构，这与近年来国际学术思潮的走向是大体一致的。第三，研究的问题更为具体深入，研究者不再满足于过去那种一般性的介绍，而是试图从理论的高度来加以阐发。第四，研究方法日趋多元化，不仅采用了常见的历史方法和比较方法，还运用了系统方法、结构方法、传播学方法和解释学方法等新方法，力求根据不同的研究需要选择不同的研究方法。所有这些都对国内的陶行知研究富有参考意义和借鉴价值。当然，对于海外和港台地区陶行知研究者的各种学术观点，我们也应善加甄别，不可盲目赞同。

总之，我们有充分的理由相信，随着时间的推移，海外和港台地区的陶行知研究今后还将获得更大的发展和突破。正如毕莱士、斋藤秋男等许多外国友人所说——

"陶行知不仅是属于中国的，还更是属于全世界的！"

第四编
生活教育及其创造性转化和创新性发展研究

我是小先生
教人不害耕
您沒有功夫
來學我教您
在牛背上哼

生活教育的三个一百年[①]

2018年是陶行知倡导生活教育一百周年的纪念之年。在这样一个值得庆祝与纪念的重要时刻，在习近平总书记宣布中国进入新时代，号召全国各族人民共同为实现"两个一百年"奋斗目标而努力拼搏的关键节点，从陶行知生活教育产生之前、产生以来以及未来一个世纪这"三个一百年"的角度与高度，谈谈陶行知生活教育产生之前的一百年甚至更长一个时间段内，人类社会进步与教育发展的总体趋势，分析陶行知生活教育产生的历史必然性和合理性，以及它产生之后所起的历史作用，并展望和预测它未来可能产生的贡献，是一件很有意义的事情。这个命题我于2017年在湖北省陶行知研究会年会上已经提出，之后在南京晓庄学院与在座的多位同志有过交流，但因目前我个人身兼数职、工作异常繁忙的缘故，自己并没有时间认真梳理，今天也只能就目前所想到的几点与大家作交流，请大家批评指正。

首先，这里要给生活教育做个简单的释义。用陶行知的话说，"生活教育是给生活以教育，用生活来教育，为生活的向前向上的需要而教育"。但是各位要了解一点，生活教育这个概念其实有多种理解，也有多个人提出过生活教育。不要以为一讲生活教育就是陶行知的生活教育，或只能是陶先生的生活教育。要知道，在陶行知之前是有多种生活教育的。比如，陶行知就曾经称赞过19世纪瑞士教育家裴斯泰洛奇（1746—1827）的生活教育，也表示过自己的生活教育是从20世纪美国教育家杜威先生（1859—1962）那里学来的，但与杜威的生活教育有明显不同。如果说杜威的生活教育是"假"的生活教育，那么他自己的生活教育就是"真"的生活教育。他还说过他的第一个生活教育的老师是清末民初的张謇先生。所以，说到这里，大家就不会对此有

[①] 本文系周洪宇2018年7月15日在中国陶行知研究会、陶行知教育基金会年会上的报告。

异议了。我这里所说的生活教育是专指陶行知的生活教育，不是指瑞士教育家裴斯泰洛奇的生活教育，也不是指杜威的生活教育，更不是指张謇的生活教育。但是既然讨论到生活教育，涉及这种教育思想的历史背景与思想渊源，我还是不可避免地会谈到裴斯泰洛齐和杜威等人的生活教育思想，这是需要首先说明的一点。

一、历史必然：陶行知生活教育产生之前一百年人类社会进步与教育发展的总体趋势

我们先来看看陶行知生活教育产生之前一百年甚至更长一个时间段内人类社会进步与教育发展的趋势，分析一下陶行知生活教育产生的历史必然性和合理性。

陶行知生活教育产生之前一百年甚至更长一个时间段人类社会进步与教育发展的总体趋势是怎样的呢？

为了把问题说得更简明点，我这里想用三个概念来把握它，即工业化、全球化、现代化。我这里所说的"工业化"，特指"早期工业化"；所说的"全球化"，特指"早期全球化"；所说的"现代化"，特指"早期现代化"。它们都对应着第一次和第二次工业革命时期，与今天对应第三次工业革命时期的"工业化""全球化""现代化"是不同的，要注意把握其本质区别。

先说第一次工业革命。第一次工业革命发生于18世纪60年代的英国，它也是技术发展史上的一次巨大革命，开创了以机器代替手工劳动的时代。第一次工业革命是以蒸汽机成为动力并被广泛使用为标志的。这一次技术革命和与之相关的社会关系的变革，被称为第一次工业革命或者产业革命，意味着人类社会初步进入"早期工业化"时期。

在第一次工业革命之后，人类社会又发生了第二次工业革命。第二次工业革命发生于19世纪中期，欧洲国家和美国、日本的资产阶级革命或改革的完成，促进了资本主义经济的发展。19世纪60年代后期，第二次工业革命开始了。人类进入了"电气时代"。第二次工业革命极大地推动了社会生产力的发展，对人类社会的经济、政治、文化、军事、科技和生产力产生了深远的影响。资本主义生产的社会化大大加强，垄断组织应运而生。第二次工业革命之后，人类社会完全进入了"早期工业化"时期，实现了人类社会的第一次工业化。

18世纪60年代出现的第一次工业革命大大密切了世界各地之间的联系，改变了世界的面貌，确立了资产阶级对世界的统治地位。率先完成了工业革命的英国很快成

为世界霸主，人类社会初步进入"早期全球化"时期。而一百年后的第二次工业革命，进一步使得资本主义各国在经济、文化、政治、军事等各个方面发展不平衡，帝国主义争夺世界市场和世界霸权的斗争更加激烈。这也进一步促进了世界殖民体系的形成，使得资本主义世界体系最终确立，世界逐渐成为一个整体。这两次工业革命使得人类社会完全进入了"早期全球化"时期。这时的"早期全球化"是指以英国为超级霸主来建立世界规则、主导世界秩序的全球化，是人类社会的第一次全球化。

第一次工业革命和第二次工业革命更是一场深刻的社会变革，它使工厂代替了手工工场，机器代替了手工劳动；从社会关系来说，工业革命使依附于落后生产方式的自耕农阶级消失了，工业资产阶级和工业无产阶级形成和壮大起来，出现了新的生产力和生产关系，带来了人类社会的巨大进步，实现了人类社会的第一次现代化，即"早期现代化"。

在教育上，此时的人类社会已经经历了第一次教育革命，正在经历着第二次教育革命，也就是"早期教育现代化"。

教育是人类社会发展的动力和基础。人类社会的每一次跨越式发展都伴随着相应的教育大革命。与原始部落相适应的是落后的、群居式的原始集体教育，与农业文明相适应的是个别化的、个性化的、分散的农耕教育，与工业文明相适应是规模化的、标准化的、集中化的、班级授课式的集体教育。

纵观人类发展史，人类的教育发生根本性变革主要有三次革命。在第一次工业革命和第二次工业革命期间，人类社会出现了第二次教育革命。

从教育的历史看，人类社会的第一次教育革命是从原始的个别教育走向早期的个性化的农耕教育的过程。原始社会是人类社会的最初形式。由于生产力发展水平低下、文化科学知识落后，教育还处在萌芽状态。原始社会的教育既没有专门的教育机构，也没有专门的教师和教材，教育方式主要靠年长一代的言传身教。原始社会的教育活动紧紧围绕着社会生产劳动进行，没有与生产劳动分离，教育内容以传授制造和使用生产工具的技能以及从事渔猎、采集和原始手工业劳动的经验为主。由于教育还没有从生产和生活中分离出来，多数教育活动都是分散地、个别地进行的，人们会随时随地地开展教育活动。当然，那时也没有从事教育的专职人员。

私有财产制形成后，出现了阶级分化，原始社会解体，人类社会进入了奴隶社会。随着生产力的发展，特别是在文字出现后，专门从事教育的学校出现了。学校最早产生于东方的古埃及、古巴比伦、亚述、古印度、希伯来、中国等古代文明之地。学校作为专门的教育机构经产生和发展，逐渐形成了专门的学校教育，也出现了专门从事教育的教师。特别是到了"轴心时代"（春秋战国时期），教育进入了早期个性化时代。在东方，诸如老子、孔子、孟子、荀子等都主张个性化的"因材施教"。在西方，从苏格拉底到柏拉图再到亚里士多德，都是主张早期个性化教育的代表。

因此，人类的第一次教育革命是从原始社会的非正式教育走向奴隶社会出现的有学校、教师的正式教育，是从个别化教育走向早期个性化教育，是从无组织的教育走向有组织的教育，是从低级的教育走向相对高级的教育。其主要特征包括：①在教育目的上，原始社会的教育是简单的劳动经验和劳动技能的个别传授，目的在于培养普通劳动者，让每个人能够从事生产劳动和维持自身生活，提高对自然的认识。而奴隶社会和封建社会的教育主要在于培养统治阶级的人才。②在教育组织上，原始社会的教育没有教育组织，也没有专门从事教育的人员。在奴隶社会和封建社会，则出现了专门从事教育的学校和教师，出现了官学和私塾共存的教育组织形式。③在教育内容上，原始社会的教育由于没有文字，内容主要是简单的生产经验和生产技能，内容没有系统性，主要是一些零散的、碎片式的经验和感受。然而到了奴隶社会和封建社会，由于文字的出现，人们形成了系统的文化知识，因而在教育内容上，除了系统的生产经验和生产技能，还出现了各种政治典籍、文艺作品、宗教文化、礼仪制度等，教育内容呈现出多元化的特点。④在教育方式上，原始社会的教育是简单的口耳相传，即基本上是年长的一代对下一代自发的个别性传授。而到了奴隶社会和封建社会后，由于学校和教师的出现，教育则成了一种重要的社会活动形式。教育成了有目的、有组织、有秩序的专门性活动，教育方式也由原始社会的自发的、偶然的、零散的教育方式，演变为有目的的、集中的、定时的个性化教育。⑤在教学规模上，人类的第一次教育革命的教学组织是小规模的，方式是简单的，内容是较为单薄的，总体上是适应农业社会发展需要的。总之，人类的第一次教育革命，促进了人类社会向农业文明的飞跃性发展，极大地丰富了人类的精神生活，推动了物质文明的进步。但是，由于历史的局限性，第一次教育革命也存在很多缺点和不足。

与第一次工业革命和第二次工业革命相适应，从18世纪60年代开始，人类社会出现了第二次教育革命，即从早期的个性化的农耕教育走向班级授课式的规模化教育，也就是所谓的"早期教育现代化"。

在封建社会后期，由于资本主义生产关系的萌芽，与农业社会的生产关系相适应的、个别化的、分散式的农耕教育逐渐不再适应资本主义生产关系的工业文明。一些资产阶级启蒙思想家和教育家积极倡导新式教育，反对封建的落后教育。特别是随着资本主义生产关系的发展，需要大批有一定知识和技术的产业工人，于是，批量式、标准化、集中化的班级授课制走上了人类的历史舞台，人类的第二次教育革命开始了。

与人类的第一次教育革命相比，第二次教育革命是从早期的个性化教育走向以班级授课制为基础的规模化的教育。其主要特征包括：①在教育目的上，是为了培养适应资本主义社会经济发展的各种人才，特别是工业化的应用型人才。②在教育组织上，从第一次教育革命的早期个性化教育走向了以班级授课为核心的规模化的现代学校教育。③在教育内容上，第二次教育革命带来的重要变化，就是教育内容的变化。除了传统的教育内容，还增加了工业文明需要的各种新技术、新知识、新能源等教育内容，以适应资本主义生产关系的发展，最终形成了系统的多元化的内容体系。④在教育方式上，第二次教育革命带来了集中的、规模化的班级授课制，改变了以前分散的、早期个性化的教育，使人类教育进入了一个新阶段。资本主义生产关系带来了适应工业文明的现代学校制度，课程结构与教学内容得到不断调整，新教学方法不断出现，并确立了以教师为中心的教育模式。例如，以赫尔巴特为代表的传统教育派倡导的教育模式，强调教师的权威性，主张教师决定一切。⑤在教学规模上，以前的教育是小规模的、早期个性化的教育，人数相对来说较少。随着工业化的深入推进，学校规模越来越大，而且学校分类也越来越细化，形成了包含学前教育、小学教育、初中教育、高中教育、大学教育和职业教育，甚至是研究生教育等种类齐全、功能完备的教育体系。适龄儿童基本入学，形成了超大规模的学校教育。概而言之，第二次教育革命本应是第一次教育革命的早期个性化教育的延续和完善，以学校为主、课堂为主、教师为主，为工业社会的发展做出了积极贡献。但是，工业文明的规模化扼杀了早期个性化教育，使其走向了一条以班级授课制为核心的规模化教育之路。

第一次工业革命的整个过程和第二次工业革命早期，以及第二次教育革命早期，中国基本上都错过了，但生于19世纪末期的陶行知赶上了第二次工业革命中期和第二次教育革命中期，因此他的生活教育就面临着如何适应人类社会进步，尤其是中国社会如何追赶世界"早期工业化""早期全球化""早期现代化"，特别是"早期教育现代化"的历史任务，这是历史赋予他们那一代人的历史使命。而陶行知以其过人的才华与卓越的努力，与他那一代的教育家共同很好地回答了历史命题，并给我们留下了丰厚的思想、实践和精神遗产。

二、历史作用：陶行知生活教育的历史作用

我们从陶行知生活教育产生之前一百年人类社会进步与教育发展的总体趋势可以

清楚地看到，陶行知生活教育的产生不是偶然的，而是具有历史必然性和合理性。

陶行知在其1936年的《生活教育之特质》一文中，曾经将他的生活教育与赫尔巴特的传统教育与杜威的生活教育做了明确的比较，指出："就拿教育来说，你立刻可以看出两种不同的教育。一种叫作传统教育，另一种叫作生活教育。又拿生活教育来说吧，你又可以发现两种不同的说法。一种主张教育即生活，另一种主张生活即教育。"他进一步指出："我现在想把生活教育的特质指出来，目的不仅在于要使大家知道生活教育与传统教育之不同，并且要使大家知道怎么把假的生活教育和真的生活教育分别出来。"由此可见，陶行知的生活教育既是针对德国教育家赫尔巴特的传统教育提出来的，也是针对美国教育家、哲学家杜威的所谓现代教育的生活教育提出来的。他的生活教育要解决的问题难度更大、更复杂，这在于他需要解决赫尔巴特与杜威的两种外来的西方教育理论不适应才刚刚从农业社会开始向工业社会转型的中国的国情、世情和教情的问题。

在近代中国社会，复杂的社会主要矛盾表现为帝国主义和中华民族的矛盾、封建主义和人民大众的矛盾。前一对矛盾是各种矛盾中最主要的矛盾。这两对矛盾的运动贯穿于半殖民地半封建社会时期始终，决定着中国社会的发展变化。而这两对矛盾的关系在不同时期呈现不同的状态，有时民族矛盾是主要解决的对象，如历次反侵略战争和义和团运动时期；有时阶级矛盾是主要矛盾，如太平天国农民起义和辛亥革命时期；有时两对矛盾相交织，帝国主义和封建主义勾结在一起，如镇压太平天国农民运动时期。国家富强、人民富裕的前提是民族独立、人民解放。由于腐朽的社会制度严重束缚着生产力的发展，必须争得民族独立和人民解放，才能为实现国家富强和人民富裕创造前提、开辟道路。不经过反帝反封建的斗争，争得民族独立和人民解放，就不可能推翻帝国主义对中国的反动统治，改变它们控制中国经济财政命脉，利用特权向中国大量倾销商品和输出资本，压制中国民族工商业发展的局面；就不可能废除封建地主土地所有制和专制政治制度，解放农村生产力，改善农民的生活，扩大民族工商业的国内市场；就不可能达到民族团结、社会稳定，从而集中力量进行经济、文化、教育等各方面的现代化建设，以实现国家的繁荣富强和人民的富裕幸福。这种特殊的国情、世情和教情，使得陶行知以及他的思想包括生活教育学说，既要追求工业化、全球化、现代化，也要追求独立化、自主化。这种错综交织的国情、世情和教情，这种"双重使命"与"双重任务"，使得历史使命的完成更加艰巨，历史任务更加繁重，这比在西方和平社会里倡导与推动社会进步与教育改革不知道要难多少。

那么，陶行知生活教育提出后这一百年来，其起到了什么作用呢？

首先，我们从陶行知自己的实践、思想和精神来看，毫无疑问，其作用极其伟大而明显。

在实践上，陶行知一生曾发起了七大教育运动。

一是发动平民教育运动。1920年，他在南京高等师范学校组织学生到附近平民社会中推行平民识字活动，这是他在实践上迈向平民教育的第一步。1923年6月，在参观了浙江嘉兴等地的平民教育之后，陶行知开始全力投入平民教育事业，并在平民教育运动中做出了许多创造性贡献：创造推行平民读书处，作为平民教育的教学组织形式；编辑出版《平民千字课》，作为平民教育的课程教材；发明推广"连环教学法"，扩大、充实平民教育师资。

二是推行乡村教育运动。陶行知力倡对乡村教育进行彻底改造，走向一条"生路"，培养农业劳动者的身手、科学的头脑和社会改造的精神。为此，他先后组织了乡村教育同志会、乡村教育研究会、民众教育研究会，创立了《乡教丛讯》《乡村教师》周刊，并创办了晓庄学校。

三是开展普及教育运动。争取在中国实现普及教育是陶行知一生最大的心愿，也是他毕生从事教育实践及其教育思想体系的中心。在开展普及教育运动中，他把重点放在农村，进行全国财力总动员，创造了适合中国国情的普及教育的方式和方法。

四是发起国难教育运动。1931年到1935年，是陶行知推行国难教育运动时期，他以教育为武器展开抗日救亡运动。国难教育的提出，正是他多年来倡导救亡的大众教育的合理发展，旨在推进大众文化，争取中华民族之自由平等，保卫国家领土与主权之完整。

五是投身战时教育运动。随着抗日战争的全面爆发，陶行知把国难教育改为战时教育，把学堂变成战场、把战场变成学堂，创办了《战时教育》旬刊，发展壮大了全国战时教育协会，在香港设立了中华业余补习学校，使战时教育成为随战事进展而进行的特殊生活。

六是从事全面教育运动。陶行知认为，全面教育即全面发展的教育，通过心、脑、手并用，实现智力和体力的全面发展；通过学政治、学经济、学文化相结合，实现教育内容的全面展开；通过把健康、科学、劳动、艺术及民主构成和谐的生活，实现人的全面和谐发展。

七是倡导民主教育运动。倡导民主教育运动，实现教育民主化，是陶行知几十年来立足教育事业孜孜追寻民主政治的必然结果，也是他自身民主资质长期汇集凝淀的客观反映。他认为民主教育之目的就是"教育为公"，进而实现"天下为公"的民主政治。

陶行知的教育实践是全领域的，覆盖了幼儿园、基础教育、师范教育、职业教育、民族教育、女子教育、高等教育、成人教育、终身教育和教育实验等，突出表现在三大领域。一是乡村教育尤其是乡村师范教育。陶行知认为："师范教育可以兴邦，也可以促国之亡。"正因为如此，他终生致力师范教育，并亲自创办和主持了晓庄试验乡村师范学校，堪称中国提倡乡村师范教育第一人。他在师范教育中坚持理论联系实际，一切从实际出发，运用"教学做合一"的方法，并大力推行艺友制。二是特殊人才教育。陶行知认为对于有特殊才能的儿童应该进行特殊人才教育，为此，他创办了育才学校，专门收容有才能的难童入学。他力倡对有特殊才能的儿童应注意从小发现、及时培养，在集体生活中和普通教育的基础上实施全面发展的特殊教育。在教育过程中，注意因材施教，采用启发式教学方法，培养创造能力和自学能力，充分发展其主观能动性，在学校、家庭和社会的密切配合下，共同推动特殊人才教育之发展。三是成人社会教育和终身教育。陶行知通过提出"活到老，做到老，学到老"的主张，把成人教育的地位提高到了终身教育的高度，目的在于培养德、智、体、美等全面发展的国民和劳动者。他切合成人自身的物质利益，采用适合成人教育特点的教育方法，充分调动其学习积极性。他主持创办的山海工学团、中华业余补习学校、重庆社会大学等，直接推动了成人教育的发展。他创办的各类学校，培养了李鹏、张劲夫、刘季平、董纯才、方与严、张宗麟、金海观、王洞若、戴伯韬、孙铭勋、戴自俺、汪达之、程今吾、方明、张健、胡晓风等一大批优秀人才。

从理论上看，陶行知立足国情，既反对"沿袭陈法"，又反对"仪型他国"，他在批判地继承古今中外各种教育思想和总结自己教育实践经验的基础上，提出了独树一帜的生活教育学说。

生活教育学说以生活为逻辑起点，以"生活即教育""社会即学校""教学做合一"为三大基本原理。"生活即教育"的含义，即生活含有教育的意义和作用。教育应以生活为中心，通过生活来进行。生活决定教育，教育改造生活。整个的生活要有整个的教育，而且"到处是生活"，即到处是教育。"社会即学校"的含义，即"社会含有学校的意味"，"到处是生活"，所以到处都是教育。整个社会是生活的场所，亦即"教育之场所"。"学校含有社会的意味"，即学校要"了解社会的需求"，为社会改造和发展服务，"运用社会的力量，使学校进步，动员学校的力量，帮助社会进步"。他主张冲破学校与社会之间的高墙，把学校的一切伸延到大社会乃至大自然中去，促进封闭式的教育逐步向开放式的教育转变，使学校与社会、教育与生活密切结合，培养真正适合社会需要的各种人才，让教育真正成为推动社会进步的力量。这种把教育深深植根于整个人类社会生活的教育观，无疑是对传统的把教育与学校完全等同的小教育观的彻底否定。它是一种与现代社会生活相适应并为之服务的新型的现代大教育观。

"教学做合一"是陶行知生活教育的教学论和教学法。陶行知认为，传统教育方法将教、学、做分作三项不同的事情是不对的，教、学、做不是三件事，而是一件事。他以做为中心，把教与学统一起来，主张"教的方法根据学的方法；学的方法根据做的方法。事怎样做便怎样学，怎样学便怎样教。教与学都以做为中心。在做上教的是先生，在做上学的是学生"。先生拿做来教，乃是真教；学生拿做来学，乃是真学。教与学不能分离开来。他还指出，这种做不同于狭义的做，而是"包含广泛意味的生活实践的意思"，是人类生活中一切有意义的活动。这种做不排斥传统的讲授、谈话、练习、考试等方法，只要求将这些具体方法统一在实践上，要求教与学都要与实践相结合，从实践中去追求真知识。这种做具有行动、思想、新价值的产生三个特征。

除了"生活即教育""社会即学校""教学做合一"这三大教育原理，陶行知在乡村教育、师范教育、幼儿教育、职业教育、全民教育、全面教育、终身教育、民主教育、科学教育、创造教育、民族教育以及"政富教合一"等方面也有许多教育主张，这些教育概念、范畴、原理与主张一道，共同构成陶行知生活教育学说的体系。

陶行知在更广阔的层面上构建新的教育体系，将学校教育的范畴横向延伸，扩展到社会生活的最外延，主张把整个社会作为学校，把整个生活作为教育，强调学校教育要与社会生活相联系，反对脱离生活实际，击中了传统教育和洋化教育的要害。他还对旧教育的性质、目的、内容、方法、组织形式以及时限等进行了全面革新，彻底改造了旧的学校观和教育观，引起了传统教育的根本变革。生活教育学说在其教育理论体系中居于中心地位，是其他理论和主张的基础。在这个体系中，还有许多重要的教育主张，如民主教育主张——反对教育脱离大众，仅为少数统治者服务，坚持教育必须属于人民、依靠人民和为了人民的幸福；倡导教育为公、机会均等。他还提出了实施民主教育的方法、原则以及新型的课程观、师生观、管理观。民主教育作为一种根本的指导思想，贯穿于生活教育理论体系的全部理论之中。又如全民教育主张——针对国弱民贫的现实，陶行知提出了扫除文盲、普及教育、治愚与治穷相结合的全民教育理论。其内容涉及平民教育、乡村教育、女子教育、幼儿教育、民族教育、职业教育、师范教育以及高等教育，涵盖了不同层面、不同区域和不同性质的教育。他曾说"要用四通八达的教育来创造一个四通八达的社会"。全民教育正是一种消除不平等的立体途径，民主教育也只有通过全民教育才能最终得以实现。还有全面教育主张——关于教育的培养目标,陶行知指出,"千教万教教人求真,千学万学学做真人"。即教育要培养的是在德、智、体、美、劳全面发展且具有创造精神的人。要求心、手、脑并用,真、善、美合一。全面教育是针对教育对象个体而言的,属微观层面。另外,还有全程教育(终身教育)主张。生活教育强调人的全程教育,不断学习,认为教育必须贯穿人生的始终,主张不同阶段的教育应从纵的方面相互连接,构成一个完整系列。陶行知在世界上最早明确提出了终身教育的概念。它的实施,使民主教育从全面普及走向立体普及成为可能,是一种大教育观。特别的还有创造教育主张。陶行知早在1919年4月的《第一流的教育家》一文中,就把"敢探未发明的新理,即是创造精神;敢入未开化的边疆,即是开辟精神"作为不同于政客的教育家、书生的教育家和经验的教育家的第一流教育家的特征,提倡做"创造的教育家"。陶知行在20世纪30年代和40年代又先后发表《创造的教育》《创造的儿童教育》《创造宣言》和《创造年献诗》等,指出教育者"所要创造的是真善美的活人","处处是创造之地,天天是创造之时,人人是创造之人"。他的创造教育思想至今仍值得我们很好地总结、发掘和运用。

陶行知生活教育学说具有突出的六个特征。

一是生活性。陶行知曾指出,他的生活教育的第一个特点就是生活的。他认为,传统的学校要收学费,要有闲空功夫才去学,要有名人阔佬介绍才能进去。有钱、有闲、有面子,才有书念,那么无钱、无闲、无面子的人又怎么办呢?听天由命吗?等待黄金时代从天空落下来吗?不!要从生活的斗争里钻出真理来。生活与生活一摩擦便立刻起教育的作用。说得正确些,是受过某种教育的生活与没有受过某种教育的生活,摩擦起来,便迸出生活的火花,即教育的火花;产生生活的变化,即教育的变化。

二是实践性。他说,生活与生活摩擦,便包含了行动的主导地位。如果行动不在生活中取得主导地位,那么,传统教育者就可以拿"读书的生活便是读书的教育"来做掩护他们的盾牌了。行动既是主导的生活,那么,只有"为行动而读书,在行动上读书"才可说得通。"行是知之始","即行即知",书中的知识都是著书人从行动中得来的。人类和个人的知识的母亲都是行动。行动产生理论,发展理论。行动所产生发展的理论,还是为了要指导行动,引着整个活动冲入更高的境界。为了争取生活之满足与存在,这行动必须是有理论、有组织、有计划的战斗的行动。

三是大众性。在大众没有获得解放之前,生活斗争是大众唯一的教育。并且孤立地去干生活教育是不可能的,大众要联合起来才有生活可过,即要联合起来,才有教育可受。从真正的生活教育来看,大众都是先生,大众都是同学,大众都是学生。教学做合一，即知即传是大众的生活法，即是大众的教育法。总之，生活教育是大众的教育，是大众自己办的教育，是大众为生活解放而办的教育。

四是前进性。他指出，有人说，生活既是教育，那么，自古以来便有生活，即有教育，又何必要我们去办教育呢？这句话，分析是对的，判断是错的。我们承认自古以来便有生活，即有教育。但同在一个社会里，有的人过着前进的生活，有的人过着落后的生活。我们要用前进的生活来引导落后的生活，要大家一起来过前进的生活，受前进的教育。前进的意识要通过生活才算是教人真正地向前去。

五是民族性。他指出，中国已经到了生死关头，争取大众解放的生活教育，自有它应负的历史的使命。为着争取大众解放，它必须要争取中华民族的解放；为着要争取中华民族的解放，它必须教育大众联合起来解决国难。因此，推进大众文化以保卫中国领土主权之完整，而争取中华民族之自由平等，成了每一个生活教育者当前所不可推却的天职。

六是开放性。在他看来，课堂里既不许生活进去，又收不下大众，还不许人动一动，只许人向后退而不许人向前进，那么，我们只好承认社会是我们唯一的学校了。马路、弄堂、乡村、工厂、店铺、监牢、战场，凡是生活的场所，都是我们教育自己的场所。为着要过有意义的生活，我们的生活力必然地要冲开校门，冲开村门，冲开城门，冲开国门，冲开无论什么自私自利的人所造的铁门。

陶行知不仅是大教育家、大思想家，还是大文学家。他是著名的大众诗人、散文家和小说家，大众艺术（话剧、音乐、美术）的开拓者，大众语文改革的先锋，现代传媒革新家，现代科学普及人。我们过去往往把陶行知局限在教育领域来理解，这是远远不够的，我在撰写博士论文时定的题目就是《陶行知与现代中国文化》，没有仅仅从教育的角度来理解他，而且把对他的研究扩展到整个文化领域来看他的历史贡献。单从文学角度来讲，他就不仅有小说、诗歌、散文、杂文等重要创作，而且还有重大的语文改革和创新，这些也是他将文学作为改革手段和途径，服务于他的教育改革的重要表现，是他在文化诸多领域里的拓展。

早在 20 世纪三四十年代，陶行知就名震欧美，近一百年过去了，如今世界上很多学者还在如痴如醉地研究他。他提出的生活教育思想与实践对中国及世界上其他国家，尤其是第三世界国家的教育改革和实践，仍在产生不同程度的影响。

从精神上看，陶行知之所以能成为中国第一流的教育家、思想家和文学家，原因固然很多，但最主要的还在于他具有优秀的道德品质和良好的精神风貌，这是他不断进取、开拓创造的内在动力。

陶行知具有极为难得的四大品质。一是诚实。诚实是一种优秀的道德品质，是个人对待学习、生活、工作、他人及自己态度的道德基础。陶行知不仅待人真诚，而且做事笃实，也就是实事求是，言行一致，表里如一。陶行知曾以荷花自喻，"但开君子花，留芳千万年"，为了教育学生诚实无欺、冰心玉质，他将育才学校的水池命名为"周子池"。二是无私。陶行知不仅公德高尚，而且私德廉洁。他信奉孙中山的"大公无私"，不计个人之得失，不营个人之私利。凭他的学历、才气和名望，他完全可以衣食无忧，然而他却放弃五百元大洋一月的优厚待遇。他多次出国募捐，却从不中饱私囊，而是无私地捐献给中国的教育事业。三是自信。自信是相信自己的思想、道德、能力的心理状态，是取得最终成功的有利心理条件。没有自信，就会"怕难、怕苦、怕孤、怕死"，就会"埋没了一生"；有了自信，就会"放大胆量，单身匹马，大刀阔斧，做个边疆教育的先锋"。正是这种强烈的自信，使得陶行知在为中国教育寻觅曙光、探获生路的坎坷曲折的人生之途上，"不怕辛苦，不怕疲倦，不怕障碍，不怕失败，一心要把那教育的奥妙新理，一个个地发现出来"。四是刚毅。刚毅也是一种优秀的道德品质和心理品质，陶行知的刚毅品质主要表现在他的"大丈夫精神"上，"平时要以'仁者不忧，智者不惑，勇者不惧，达者不恋'的精神培养学生和我们自己，有事则以'富贵不能淫，贫贱不能移，威武不能屈，美人不能动'相勉励"。正是这种刚毅使他四拒名利的诱惑，不为权势所左右，"不为五斗米折腰"，"为人民奋斗者，血写人民史诗"。

再从中华人民共和国成立七十多年来陶行知生活教育实施的情况来看，可以毫不夸张地说，陶行知的生活教育极大、极深地影响了当代中国教育的发展。除去20世纪50年代至70年代的特殊时期外，80年代以来，生活教育可以说大放异彩，在当代中国教育改革发展创新过程中发挥了独特而重要的作用。在实践上，20世纪80年代初至90年代，江苏、浙江、广西等地的师范教育实验先后推动了各地乃至全国的师范教育改革；安徽、山西等省的乡村教育实验形成了"黄山农科教统筹"和"前元庄村社合一"经验与模式，得到了李鹏、温家宝等中央领导的充分肯定与高度评价，推动了全国农村教育的改革；上海宝山区、四川成都新都区等地的区域教育整体改革，形成了区域改革新模式，影响了各地的区域教育改革；基于陶行知创业教育和职业教育思想，四川、重庆等省市的创业教育实验，广东等省的职业教育探索，为全国21世纪初至今创业教育和职业教育发展高潮的到来奠定了厚实基础；江苏等地的"新教育"实验，以及湖北等地的"生活·实践"教育、福建的新生活教育等，都直接受到陶行知生活教育学说的影响并形成了自己的特点，影响着其他地区的教育改革发展创新。

在教育理论上，陶行知生活教育学说是当代影响日隆的"新教育""生活·实践"教育等教育理论的重要思想来源，众多的倡导者都明确表示这些理论是对陶行知生活教育学说的继承、丰富和发展。在教育理论上，研究者和实践者不仅"照着讲"，而且也开始"接着讲"，不仅注重继承，而且也开始发展与创新，以告慰陶行知的在天之灵，并适应与满足新时代、新任务的新需要。

陶行知的精神，也对党和国家主要领导人产生了积极影响，最具代表性的体现是2014年9月9日，习近平总书记在同北京师范大学师生代表座谈时，特别要求全国广大教师要做有理想信念、有道德情操、有扎实知识、有仁爱之心的好老师。习近平总书记在讲话中直接引用了陶行知的多句名言，而且总书记提出的"四有"教师与陶行知先生的教育理念高度吻合。

习近平总书记对广大教师的要求，是对中国历代教育家思想的总结、继承和发展，而陶行知的教育思想被摆在了特别重要的位置。这是因为尽管时代发生了变化，但陶行知的教育思想依然是指导教育工作者"做个好老师"应遵循的基本原则，依然具有很强的时代价值。今天，我们的教育工作者不懂陶行知，对教育的本真能理解透彻吗？不继承陶行知提倡的教育精神，能当好老师、教好学生吗？

三、未来展望：陶行知的遗产在未来一百年乃至更长时间内仍将发挥积极作用

陶行知的遗产是一笔极为丰厚的思想遗产、实践遗产和精神遗产，在21世纪20年代至22世纪20年代中国走向信息化、网络化、智能化、全球化、现代化、生态化社会，实现"两个一百年"的奋斗目标和更加宏伟目标的历史进程中，仍将发挥积极作用。信息化、网络化、智能化、全球化、现代化、生态化社会，意味着教育形态、学校功能、教师角色等都将发生巨大改变。

今天的人类社会正在进入第三次教育革命时期。人类教育经历过两次重大的教育革命。如今，第三次教育革命扑面而来。教育不再局限于学校教育，而应拓展为家庭教育、企业教育、社区教育；也不再局限于正规教育，还有非正规教育；有现实的课堂，也有网上课堂、在线学习；有学校学习，但终身学习更加重要。

当前，人类历史又面临着一场前所未有的新机遇与新挑战，在被喻为"人类第二次进化"的信息化引领下，以数字制造技术、互联网技术和再生性能源技术的交互融合为标志的第三次工业革命扑面而来。这次工业革命的实质，就是新能源、新材料、

新技术与互联网的创新、融合与运用，导致社会生产方式、消费方式等方面的革命性变革，人类从而进入生态和谐、绿色低碳、可持续发展的新社会。

时下，互联网改变了人类社会的信息传递方式，使得人们获取知识的渠道变得更加广阔，教育已经突破了空间限制。第三次教育革命是从第三次工业革命开始的，在校学和在家学、教师教和自己学、线下学和网上学的混合，小班化、在家化、个性化、协作化的新学习模式的出现，将对人类第二次教育革命带来的以班级授课制为核心的规模化教育产生革命性影响。第三次教育革命将与以信息技术和互联网为基础的信息社会相适应。

其主要特征包括：①在教育目的上，是为了培养适应第三次工业革命所需要的各种人才，特别是大量基础性的数字化劳动者、创造性的研发者、生物圈的管理者和优秀的服务者。②在教育组织上，将从以班级授课制为核心的规模化的单一学校教育，走向分散化、数字化、网络化、远程化、家庭化、个性化的学校教育、家庭教育与社会教育三者相结合的组织形式。③在教育内容上，教育内容将不再是简单的知识传授，特别是各种新能源、新材料、新技术及各种交互式网络平台上的各种前沿理论以及职业技能将被纳入课程体系，从注重学历培养转向注重学力培养。④在教育方式上，网络教育、游戏化学习、虚拟社区与现实课堂有机结合的新型教育模式将不断涌现，消解了传统教育中时间和空间的概念，实现了超越时空的学习互动。数字化学校、数字化课堂、远程学习、在线教育、游戏文化学习等虚拟化、扁平化的交互式学习平台将成为学习的新途径。⑤在教学规模上，在第二次教育革命带来的大规模教学的基础上，第三次教育革命又将使教学规模适度缩小，走向分散式、翻转式的个性化教育。

总之，第三次教育革命将使教育不仅仅局限于学校教育，而是拓展为家庭教育、企业教育、社区教育；也不再局限于正规教育，还有非正规教育；也不再局限于现实的课堂，还有网上课堂、在线学习；也不再局限于学生时期的学习，更有终身学习，而且终身学习将更加重要。第三次教育革命在注重学科基础知识的培养、专业素质的培养和专业实践能力的培养的同时，还注重创新品质的培养和社会情绪能力的培养，注重亲近自然的培养，唤醒学生的同理心。第三次教育革命将打破人才培养的一元化格局，构建起学校、家庭、企业、社会一体的信息化交互式人才培养体系，推动形成终身学习体系和学习型社会。

未来的教育将进入"教联网时代"，这是一种互联网式的教育。

未来的教育将是人工智能教育，将可能出现虚拟—现实学习系统、个性化学习系统等智能学习系统，通过人工智能与教育的深度融合，实现增能、赋能，进而实现教育智能化。

未来的教育将是智慧教育。未来将出现智慧课堂、智慧教室，将以学习者为中心。

未来的教育将是泛在教育，未来的学校将是泛在式学校，到处都是学校，到处都是课堂，到处都是学习的场所。

未来的教育将是多样化教育，线上教育、选择性学习、自控式学习、个性化学习、私人定制学习等将成为教育的新常态。

但不管教育怎样变、学校怎样变、教学怎样变，教育与生活的关系、学校与社会的关系、教学与实践的关系不会发生本质改变，也就是说，陶行知的生活教育思想仍将继续发挥积极作用。

在任何时候，教育都要注重培养学生的人格、价值观与情感，注重培养学生的核心素养（即必备品格和关键能力），包括生活能力、认知能力、合作能力、创新能力、职业能力等，而在这方面，陶行知生活教育学说所强调的注重培养生活力、自动力和创造力的"三力论"和"常能论"，在原则、结构和内容等方面仍可为构建21世纪核心素养体系提供诸多启示。

生活教育理论是近代中国最有创造力和影响力的教育理论，也是最具中华特色的本土教育理论。作为中华本土教育家，陶行知已成为中国的一张名片走向世界，并继续对"后发国家"的教育改革起着重要的影响与指导作用。2015年，陶行知铜像安放于美国哥伦比亚大学东亚图书馆，成为首个安放在常春藤联盟高校的华人学者铜像。2016年，"哥伦比亚大学中国教育研究中心"正式更名为"哥伦比亚大学陶行知研究中心"，成为常春藤联盟高校中首个以中国人命名的研究中心。

最近，我在主编出版《全球视野下的陶行知研究》和《陶行知研究在海外》的同时，也在美国时代出版公司相继出版了三本陶行知研究的英文著作，向世界进一步展现陶行知的学术成就和人格魅力。随着三本书的出版，海外涌现出越来越多的陶行知研究成果和实验基地，从而推动中西文化交融，进一步引领越来越多的中国教育文化走向世界，彰显中国教育文化的软实力。

我深信，正如马克思所说，理论在一个国家实现的程度总是决定于理论满足这个国家需要的程度。换句话说，理论实现的程度取决于人民群众对理论的需求程度，理论一旦被掌握就会产生巨大的能量。未来的陶行知生活教育理论也是一样，一旦为更多的人所掌握，就一定会发挥不可估量的作用。

生活教育社源头追溯及其历史意蕴[①]

生活教育社是陶行知以晓庄试验乡村师范学校（下文简称晓庄学校）的同志为核心而组织发起，积极研究、宣传生活教育理论和开展生活教育实验的现代教育社团，其宗旨为"探讨最合理最有效之新教育原理与方法，促进自觉性之启发、创造力之培养、教育之普及，及生活之提高"[②]。作为国内颇具代表性的现代教育社团，生活教育社一方面既能紧密团结分散在全国各地的生活教育者，通过领导创建形式多样的组织，循序渐进地推动生活教育理论的日渐成熟；一方面也能猛烈冲击不合时宜的传统教育模式，在适应中国近现代社会政治经济发展需要的基础上，致力探索中国化、现代化的教育新道路。但遗憾的是，曾经为中国教育事业发展贡献智慧和力量的生活教育社后来却因种种原因而渐趋沉寂，淹没在浩如烟海的历史长河中，亟待陶研界乃至中国教育学术界重新加以审视和开展深入研究，尤其是探讨生活教育社的源头问题。

一、关于生活教育社源头问题的探讨

因民国时期政局动荡、战火纷飞等多重因素干扰，生活教育社直至1938年12月15日才在广西桂林正式注册成立，但实际上乡村教育运动兴起之际，便是生活教育社孕育之时。虽说按照常理，社团注册登记之日才是其正式成立之时，但是生活教育社的特殊性已被学者普遍接受，历史上也有有关生活教育社源头问题的相关论述。陶行知的得力助手方与严曾在《生活教育简述》中写道："当时乡村教育运动，由乡村教育先锋团总其成，陶先生任团长，各个团员都以乡村教育运动的急先锋为己任，所以乡

[①] 与曾嘉怡合作，有删节。
[②] 方明主编《陶行知全集（四）》，四川教育出版社，1991，第447页。

村教育运动开展得很快，乡村教育先锋团是尽了先锋的力量和责任的。"[1] 方与严在 1927 年 10 月进入晓庄学校学习，曾在《给青年朋友们的信》中写道："十六年春……战事略定，和已文返苏，过京访姚文采先生接洽到晓庄，重过新生活，另找新出路。到苏小住，于双十节冒雨进京，投到晓庄爱的怀抱里。"[2] 方与严最初来到晓庄时，"陶先生因事前数天赴沪，隔了好几天后才见面……陶先生第一次见面是在吃晚饭时"[3]。由此证明，方与严到晓庄以后才开始参加陶行知领导的乡村教育事业，后来协助陶行知创建乡村教育先锋团，担任该组织机关刊物的总编辑，于是便有了乡村教育先锋团是生活教育社前身的提法。

但是通过系统搜集与整理生活教育社组建过程的相关史料，我们发现在乡村教育先锋团出现之前，陶行知组织发起的乡村教育同志会才是生活教育社的源头。无论是乡村教育先锋团，还是乡村教育同志会，都是中华教育改进社领导乡村教育运动的历史产物，也是陶行知生活教育运动和理论萌生的源头。本文在前人研究的基础上，通过梳理和总结乡村教育同志会和乡村教育先锋团这两个相近组织各自的创办过程、性质与定位、活动与功能，深入研究作为现代教育社团之一的生活教育社的源头及相关问题，同时呈现以陶行知为首的一批具有现代意识的仁人志士致力为中国教育事业寻找一条正确发展道路的艰辛历程。

二、中华教育改进社乡村教育同志会

陶行知于 1914 年远赴美国留学，翌年秋在哥伦比亚大学师范学院攻读博士学位，深受杜威实用主义教育理论的熏陶。1917 年秋回国，陶行知先后担任南京高等师范学院、东南大学教育学专任教员、教务主任兼教育科主任等职务。1922 年 2 月，他担任中华教育改进社主任干事，组织发起成立中华平民教育促进会总会，在全国范围内推行平民教育运动。1923 年 8 月，他毅然放弃在东南大学任教的优渥待遇，将目光从繁华的城市转向贫瘠而又广阔的乡村。在 20 世纪 20 年代乡村教育思潮兴起之际，陶行知携中华教育改进社的赵叔愚、邵德馨等众多志同道合者于 1926 年 12 月在南京正式成立乡村教育同志会，将《乡村教育丛讯》作为促进乡村教育交流、推动乡村教育改造的宣传阵地。

---

[1] 方与严：《方与严教育文集（下册）》，四川教育出版社，1995，第 1258 页。
[2] 方与严：《方与严教育文集（下册）》，四川教育出版社，1995，第 833 页—834 页。
[3] 方与严：《方与严教育文集（下册）》，四川教育出版社，1995，第 835 页。

（一）创办背景及其过程

1. 缘起于 20 世纪 20 年代初期的乡村教育思潮

创办中华教育改进社乡村教育同志会得益于乡村教育思潮的蓬勃兴起，而后者发端于"五四"新文化运动时期兴起的平民教育思潮。当时国内新旧文化冲突激烈，思想革命波澜壮阔，预示着传统文化发生巨大变革的历史时机已经到来[①]。在澄清封建教育糟粕，铲除滋生迷信、盲从的封建教育痼疾的同时，平民教育思潮伴随着西方近现代教育思想和运动迅速涌入中国。引进与提倡国外教育的新思潮也是中国现代教育社团发起和组建的重要原因，思想引领成为中国现代教育向前迈进的原始动力。在多种教育思潮相互激荡、转型的关键时期，中国教育社团一方面努力忠于并传承自己的传统，另一方面又试图通过吸收新思潮激发活力[②]。1921 年 12 月，由新教育共进社、新教育杂志社和实际教育调查社合并改组而成的中华教育改进社作为当时国内规模最大的教育社团，在全国范围内开始积极推行平民教育运动。

1923 年 6 月，陶行知联合朱其慧、晏阳初等人在上海组织中华平民教育促进会筹备会，随后熊秉三夫人推举陶行知与朱经农依据国情以及平民需要编辑《平民千字课》，将其作为推行平民教育的教材。同年 8 月，平民教育促进会总会在北京成立，推举朱其慧为董事长、陶行知为董事部书记、晏阳初为总干事。随后全国多地如南京、北京、武昌、芜湖和无锡、上海等地都在紧锣密鼓地创办平民学校、平民读书处和平民问字处。当全国各地的平民教育运动向纵深发展时，陶行知愈发清醒地意识到，"中国以农立国，十有八九住在乡下。平民教育是到民间去的运动，就是到乡下去的运动"[③]。鉴于平民教育运动没有能取得预期效果，中华教育改进社从 1924 年开始关注乡村教育并成立乡村教育委员会，平民教育促进会总会也逐渐将工作重心从城市转向乡村，平民教育运动的主流地位也逐渐被乡村教育运动取代。

2. 萌芽于 20 世纪 20 年代中期的乡村教育研究会

1924 年，陶行知在深刻反思与晏阳初合作推行的平民教育运动仅仅局限于城市这一问题后，开始将关注重点转向乡村教育与乡村建设。他在 1925 年 8 月的中华教育改进社第四届年会学术会议上发表演讲《中国教育政策之商榷》，特别明确提出"以乡村

[①] 孙培青、杜成宪：《中国教育史》，华东师范大学出版社，2019，第 380 页。
[②] 储朝晖：《中国现代教育社团发展史论》，西南大学出版社，2020，第 273 页。
[③] 方明主编《陶行知全集（一）》，四川教育出版社，1991，第 676 页。

学校为改造乡村生活之中心，乡村教员为改造乡村生活之灵魂。其具体办法，应设试验乡村师范学校以实验之"[1]。1925年12月6日，陶行知参加由北京师范大学教育系组织发起的乡村教育研究会成立大会，提及"先试办小学，再试办乡村师范学校，以改良乡村生活之中心"[2]。这是在史料中发现的有关乡村教育研究会的最早记载，不过此时他们只是在高校内部开展乡村教育研究，力量弱、规模小且受关注程度低。1926年春，中华教育改进社下设乡村教育研究部，聘请东南大学乡村教育教授赵叔愚和金陵大学农业教授兼农场主任邵德馨为研究员，共同调查沪宁路沿线优良乡村学校的状况，筹办试验乡村师范学校，图谋乡村教育之改进[3]。随后，农村教育组预备会、农村生活董事会、乡村教育会议以及燕子矶乡村幼稚园如雨后春笋般涌现。

1926年11月21日，陶行知在明陵小学参加中华教育改进社第一次特约乡校教师研究会，除特约乡校教师到场，教育委员徐作人和赵叔愚、邵德馨、丁超等人也出席了研究会。王伯秋在开会致辞中提到"今天乡村学校开乡村教育研究会的成立大会，在中国教育史上开一新纪元"[4]，明确研究会的宗旨为研究乡村教育改进的方针和步骤，并希望以此为基础，逐渐推广至一省乃至一国。除此之外，赵叔愚提议四所特约乡村学校的教师联合起来成立教师研究会，陶行知提议研究会每月召开一次会议，实行四校轮流负责制，推选书记和主席各一人。会上由赵叔愚拟订研究会简章，最后由陶行知宣读总计十八条的《我们的信条》报告——后来成为教师研究会的誓词。不难发现，由中华教育改进社发起的乡村教育研究会相比由北京师范大学教育系成立的乡村教育研究会，在组织发起者、领导力量、组织架构、人员组成、规章制度等方面更占有优势。

1926年12月25日，第二次特约乡校教师研究会在尧化门小学举办。到会者除燕子矶、尧化门、明陵和笆斗山四校教职员，新增无锡开原一校的潘一尘、陆静山和姚子克，另外有时任江宁县教育局局长的孙阆仙，教育委员徐作人和中华教育改进社陶行知、赵叔愚等出席指导。与会成员首先宣读誓词《我们的信条》，再进入分科研究并逐科报告环节。除经诸会员逐条讨论修改后通过研究会简章和提议由赵叔愚制订读书会教育书目，会议还宣布了两项关键事宜：一是中华教育改进社将出版《乡村教育丛讯》，希望各位会员能积极投稿；二是陶行知报告中华教育改进社拟组织乡村教育同志

---

[1] 方明主编《陶行知全集（二）》，四川教育出版社，1991，第262页—264页。
[2] 周洪宇、刘大伟：《陶行知年谱长编（一）》，人民教育出版社，2021，第497页。
[3] 周洪宇、刘大伟：《陶行知年谱长编（一）》，人民教育出版社，2021，第518页。
[4] 方明主编《陶行知全集（二）》，四川教育出版社，1991，第262页。

会，并宣读草拟的十一条简章。经丁兆麟提议，大会决定在研究会结束后随即召开乡村教育同志会成立大会，讨论征集会员的办法。当时签名加入者包括陶行知、赵叔愚、丁兆麟、孙阆仙、徐作人、乔启明、吴国栋等二十三人。

"乡村教育同志会有会员千人，曾议决乡村教师信条十八条"[①]，乡村教育同志会和乡村教育研究会虽异名但同质。之所以成立中华教育改进社乡村教育同志会，一是基于中国乡村教育发展的现实需要，当时全国各地有关乡村教育的组织陆续成立，为加强组织之间的信息交流和经验分享，节省人力物力财力，亟须另筹办法；一是陶行知注重教育实践活动的组织建设，强调"凡事要有组织，才办得好。所以小事要小组织，大事要大组织"[②]。从平民教育转向乡村教育只是陶行知为中国教育事业寻觅新曙光的第一步，有组织、有计划地研究乡村教育，在此基础上创建带有推动工作性质的乡村教育同志会，才能集中领导分散在各地的乡村教育组织，动员更多的同志加入，进而在全国范围内形成一股声势浩大的乡村教育运动潮流，持续推进乡村改造真正落地实现。

(二) 性质定位及其简章

受新文化运动和"五四"爱国运动激发，1915年是中国现代教育社团走向成熟的时间节点，无论是其数量、分布广泛程度，还是活跃程度都有显著的发展，它们对当时中国教育事业贡献良多。从1917年的中华职业教育社到1921年的中华教育改进社、1923年的中华平民教育促进会总会，以及随后创建的中华儿童教育社、中国教育学会、中国教育学术团体联合会、生活教育社，这些社团组织在中国教育现代化进程中都产生过全面、深远的影响。乡村教育同志会由中华教育改进社发起创建，有公开发表的成文简章、明确的宗旨、详细的入会程序，具体到志愿书、履历表乃至会费缴纳等细则。会员作为组织的主体，权利与职责对等，既有适当的分工，又有核心的领导，并实行委员负责制，明确规定会议召开的时间、次数等。

不难发现，乡村教育同志会具备现代教育社团的基本要素，和作为现代教育社团代表的生活教育社一脉相承，只不过前者重在普及乡村教育，后者重在宣传生活教育，而乡村教育作为生活教育的出发点，对应的两个组织在简章、宗旨及组织结构等方面也是继承与发展的关系。乡村教育研究会和特约乡校教师研究会，虽然成立的时间比

---

① 方明主编《陶行知全集（二）》，四川教育出版社，1991，第370页。
② 方明主编《陶行知全集（一）》，四川教育出版社，1991，第513页。

较早,但无论发起者是北京师范大学教育系还是中华教育改进社,都只能是带有研究性质的教育组织,和真正意义上的现代教育社团仍然存在差距。

《中华教育改进社乡村教育同志会简章》规定:"中华教育改进社乡村教育同志会是依据中华教育改进社乡村教育政策组织而成,以群策群力共谋中国乡村教育之改造为宗旨。"乡村教育同志会实行委员负责制,"设执行委员九人处理一切会务",执行委员经会员通信选举产生,任期三年,每年改选三人,连选得连任。"第一次执行委员任期一年两年三年者各三人,于第一次开会时签订之。选举执行委员时,应推举司选员三人,管理下届选举事宜。被改选之三人,应由司选员加倍提名,交与全体会员选举。但会员欲于提名外另选他人者听。"在举定执行委员的基础上,"互选委员长一人、文牍一人、会计一人、庶务一人、编辑四人,分理会务"[1]。委员会常会原则上每月召开一次,如遇有急需商讨解决的问题,由委员长组织各位委员召开临时会议,同时规定全国支会代表大会每两年召开一次。

乡村教育同志会执行委员有以下十项工作职责:联合全国同志力谋乡村教育之改造;编辑《乡村教育丛讯》,以沟通各地乡村教育同志之声气;调制全会同志一览以资本会存查;征集同志,俾本会分工合作之分子得以继续增加;每月报告中华教育改进社一次,并将该报告送交《新教育评论》披露;答复会员质疑问难;发给入会证;保管入会志愿书;核准分会支会成立;其他重要事项。如果想加入乡村教育同志会,须在拥护本会信条的基础上,且符合以下其中一条资格:实际在乡村学校服务者;学术实力足以研究或提倡乡村教育者;初中以上各级学校末二年学生预备毕业后从事乡村教育者。在具备会员资格的前提下,入会前还需要按照既定格式填写志愿书:"今愿为本会会员并以至诚依据信条为中国乡村教育努力……"并填写一张履历表,用以收集会员的姓名、籍贯等个人基本信息。

乡村教育同志会将会员划分为甲乙丙三种类别,分别对应乡村教育实践者、理论研究者和师范教育生,各自承担不同的任务,"甲种会员应依据信条切实进行本职本校本村之改造;乙种会员应依据信条切实提倡研究乡村教育;丙种会员应依据信条切实作服务乡村之准备"。在此基础上,全体会员需要完成以下两项任务:"各会员应随时向总会报告(工作)进行状况,以便编入《乡村教育丛讯》;各会员应用感化精神进行改造"。除此之外,据简章第十二条规定,乡村教育同志会的会员每年须缴纳会费四角大洋,但也可用邮票代替。

---

[1] 方明主编《陶行知全集(二)》,四川教育出版社,1991,第715页。

如果同地会员人数超过五人，需要组织并成立分会，并将简章、会员名单、职员名单函请总会核准成立，并定名为中华教育改进社某某地方乡村教育同志分会；如果同县分会超过五处，需要组织并成立支会，定名为中华教育改进社某某地方乡村教育同志支会。如认为简章条例有不适之处，需经会员十人以上提议，全国支会代表大会出席会员有三分之二以上通过，以及中华教育改进社董事会同意，才能对其进行修改。

（三）主要活动及其功能

乡村教育同志会是陶行知致力将全国各地关注乡村教育并愿意为乡村教育建设事业出谋划策的有识之士凝聚起来，为中国教育事业探索新出路，推动中国教育走向现代化的历史产物，其主要活动是将欣欣向荣的乡村教育思潮变成一场别开生面的乡村教育运动，并由随后创办的晓庄学校带头实施，同时继续编辑和发行《乡村教育丛讯》。此时的中华教育改进社特约乡校教师研究会依旧定期召开，只是附设于乡村教育同志会之下，从而更加高效地研究和宣传乡村教育。乡村教育同志会仅成立后的短短半年时间，会员就迅速增加到上千人，为此后正式成立颇具影响力的生活教育社奠定了坚实的组织和队伍基础，凝聚了庞大的群众力量。

生活教育社因1934年创刊的《生活教育》半月刊而得名，在1938年才正式注册成立。在乡村教育同志会成立之初，虽然无生活教育社之名，却有生活教育社之实，尤其是与社会各界人士沟通交流和分享经验的《乡村教育丛讯》，重点突出了乡村教育同志会在实际的工作推动进程中既强调乡村教育问题研究和乡村教育实施报告，也注重积累生活教育理论的特点。《乡村教育丛讯》作为一份介绍乡村教育学说、讨论乡村教育问题以及传达乡村教育消息的刊物，最初没有固定栏目，从第三期起开始设有"言论""特载""专件"和"记事"等栏目[①]。陶行知、张宗麟和杨效春等人撰写的"言论"栏目，主要探讨乡村教育和生活教育理论，一方面指明了乡村教育运动的总方向和乡村教育的类属，另一方面呈现了初具雏形的生活教育理论。《乡村教育丛讯》半月刊自1927年1月1日创刊，最初由乡村教育同志会与中华教育改进社合办，由赵叔愚主编；随后改为由晓庄学校和乡村教育同志会合办，由晓庄学校的同学轮流编辑。第一卷共出版十二期，第二卷起由专人负责编辑，按期出版。由于时局变化、战事频发等原因，《乡村教育丛讯》终刊于1929年，共出版三卷六十期，销售量达两千份。

《乡村教育丛讯》既是乡村教育同志会的会刊，也是生活教育运动的第一份刊物，

---

① 徐莹晖：《生活教育社史》，西南大学出版社，2021，第34页。

目的在于改进乡村教育和宣传生活教育。乡村教育同志会以乡村教育的手段实现乡村改造的目的，为生活教育社提供了思想、组织和队伍准备，由此可见，乡村教育同志会是生活教育社的源头之一。

三、中华教育改进社乡村教育先锋团

当陶行知在全国各地持续推进乡村教育时，他更加确信中国教育改造的根本问题在于乡村教育。为解决乡村教育普及过程中面临的师资严重短缺的问题，1927年3月15日，晓庄试验乡村师范学校在南京和平门外的晓庄正式成立，次年更名为南京晓庄学校，由时任中华教育改进社主任干事的陶行知担任校长，作为生活教育理论的实验基地。陶行知旨在通过乡村教育寻找改造中国教育乃至社会的出路，是中国近现代教育史上倡导乡村教育和兴办乡村学校的先行者。1927年6月19日，晓庄学校创建中华教育改进社乡村教育先锋团，既作为学校的组织系统，也是晓庄学校试行自治组织形式，执行事先协商拟订好的自治团规，以纪律制裁的方式约束全校师生的言行举止的机构。《乡村教师》周刊是先锋团的机关刊物。

（一）创办背景及其过程

1. 在陶行知颇具特色的学生自治思想中萌芽

乡村教育先锋团作为晓庄学校试行自治组织形式的机构，正是陶行知研究学生自治问题的显著成果。按照陶行知的说法，学生自治是德育范畴，"是自动主义贯彻德育的结果，是我们数千年来保育主义、干涉主义、严格主义的反映，是现在教育界一个极重要的问题"[①]。学生自治，在自治对象上，强调团体而不是个体；在自治主体上，强调自己管理自己；在自治性质上，侧重练习而不是较真。陶行知描述其为"学生结起团体来，大家学习自己管理自己的手续"。从学校方面看，"为学生预备种种机会，使学生能够大家组织起来，养成他们自己管理自己的能力"便是其职责所在。由此可得知：学生自治不是自由行动，乃是共同治理；不是取消规则，乃是大家立法守法；不是放任自流，不是对学校宣布独立，乃是练习自治的道理[②]。

首先，学生作为将来社会所需的公民，必须要拥有共同自治的能力。其次，来势

[①] 方明主编《陶行知全集（一）》，四川教育出版社，1991，第28页。
[②] 方明主编《陶行知全集（一）》，四川教育出版社，1991，第29页。

汹汹的平民主义潮流具有解除一切人性束缚的危险，需要培养学生自治的能力。最后，给予学生时常练习自治的机会，久而久之，习惯成自然，便能实现学生自治的目标。陶行知将学生自治的好处总结为以下四点：第一，学生自治可成为修身伦理的实验；第二，学生自治能适应学生之需要；第三，学生自治能辅助风纪之进步；第四，学生自治能促进学生经验之发展。相反，如果学生自治办得不妥当，容易产生以下四种弊端：第一，把学生自治当作争权的工具；第二，把学生自治误作治人看待；第三，学生自治与学校互处在对峙地位；第四，闹意气。除此之外，陶行知对学生自治范围的标准、学生自治与学校的关系以及施行学生自治的注意事项也有较为详细的论述。

由此可得知，学生自治是学校里一件重要的事情。正如陶行知所言，"因为自治是一种人生的美术，凡美术都有使人欣赏爱慕的能力；那不能使人欣赏、爱慕的，便不是真美术，也就不是真的学生自治"[①]。按陶行知的说法，只有将学生自治办得使参与和旁观的人都不得不对其欣赏和爱慕，才算是高尚的人生美术，才算是真正的学生自治。这既是陶行知对民主教育生活的追求，也是对学生主体地位的重视和学校主导作用的强调，陶行知将学生自治视为一种教育活动手段之需求，从而为乡村教育先锋团这一独具特色的晓庄学校自治组织实验的萌芽奠定了较为科学的思想理论指导基础。

2. 在晓庄学校的学生自治实践中成形

从 1926 年 7 月开始，陶行知先后在南京、无锡等地参观考察，最后选定了南京和平门外燕子矶附近一个叫晓庄的村子，并决定在劳山脚下的这片空旷的荒地上创办试验乡村师范学校。陶行知事先在全国报纸杂志上刊登了一则独辟蹊径的招生广告——"初中、高中、大学末一年半程度学生；有农事或土木工经验；及在职教师，有相当程度，并愿与农民共甘苦，有志增进农民生产力，发展农民自治力者，皆得投考。倘若有志兴办乡村小学者，为预储师资起见，选择合格学生，保送来校投考，尤为欢迎"[②]，并且在文末特别声明："小名士，书呆子，文凭迷最好不来。" 1927 年 3 月 11 日，十三名考生在燕子矶小学经"农务或土木工操作一日、智慧测验、常识测验、作汉文一篇、三分钟演说"五项考试科目的考查，最后由陶行知公布招生考试的结果，全部被录取成为晓庄学校的第一批学生。

1927 年 3 月 15 日，在南京满城惊恐、战云弥漫的紧张态势下，晓庄学校十三名学生、八名指导员和一名校工在漫山遍野的欢呼声中举行了别开生面的开学仪式。晓

---

① 方明主编《陶行知全集（一）》，四川教育出版社，1991，第 29 页。
② 方明主编《陶行知全集（二）》，四川教育出版社，1991，第 693 页—694 页。

庄学校作为中华教育改进社研究试验乡村教育之中心，具有鲜明的办学特色。教育目标为"培养乡村儿童和人民可敬爱的导师"；教育方法采用独树一帜的生活法取代普通学校的教授法和教学法，实质为"教学做合一"——"怎样生活就怎样教育，事情怎样做就怎样学，事情怎样学就怎样做"。课程划分为四个大纲，每个大纲均包括若干个项目，共有三十多个项目。晓庄学校的组织系统有董事会和乡村教育先锋团，前者由中华教育改进社聘请组织，陶行知担任书记职务，赵叔愚为董事。晓庄学校的事业类型多样化，除小学和幼稚师范院、中心小学和幼稚园，还包括民众学校、中心茶园等附设机构。作为"本校师生与国内留心乡村教育的人士合组"的乡村教育同志会及其刊物也是晓庄学校事业的构成部分。

在学校管理上，与陶行知的学生自治思想相契合，晓庄学校实行师生共同生活的办法，由学校全体成员共同治理学校事务。在晓庄学校成立之日起便创立了共同生活分任委员会，"以发挥互治精神，练习治事能力为宗旨"[1]，全体师生共同分担学校的卫生、生产、伙食和其他日常事务，以培养互助精神和锻炼处事能力。在组织内部设正副主席、书记各一人，根据学校事务类别划分为十三个部，各部设正副部长各一人，由全体会员公选[2]。陶行知认为，师生共同生活、共甘苦，是最好的教育。但委员会在实际操作过程中，因组织太散漫，做事缺乏效率而暴露出诸多问题，经过全体会员协商讨论、仔细斟酌后，议决在此基础上采取军队组织精神，一个更成熟的乡村教育先锋团为适应时势之需求而逐渐成形。

(二) 性质定位及其规定

1927年6月19日，陶行知根据晓庄学校自治的实际需要，决定在共同生活分任委员会的基础上创建乡村教育先锋团，全校师生共同参加，实行集体自治，以培养学生的自治能力。相比于前者，后者在命名方面包括两层意思：一是为表达晓庄学校愿成为中国乡村教育改造的先锋而身先士卒的决心和毅力；二是用以表示乡村教育改革迫在眉睫，需要以军队的纪律及精神最大限度地发挥晓庄学校组织系统的积极作用，以此提高学校的治理效率[3]。

乡村教育先锋团虽有组织架构，但相较于乡村教育同志会，先锋团只是作为晓庄学校内部的组织系统，指导师生的自治实践活动，其运作方式以及具体工作都是围绕

---

[1] 李定开：《为中国教育寻觅曙光（上册）》，四川教育出版社，1989，第19页。
[2] 徐莹晖：《生活教育社史》，西南大学出版社，2021，第37页。
[3] 同[2]。

晓庄学校领导的各项教育事业进行的，其最高权力机关——团务会议，也只是以生活周会的方式倡导全校师生共同自治，团队建设及开展的各项活动仅局限在晓庄学校内部，作为其实施生活教育的一种方式。先锋团依附于晓庄学校，其宗旨、规章制度、组织架构等必然与晓庄学校保持同步，无法像乡村教育同志会那样召集全国同志广泛开展乡村教育实验，无法成为一股全国性核心力量，统筹安排分散在各地的乡村教育运动的具体事宜，还没有完全发展成为现代教育社团。

陶行知作为晓庄学校的校长，为先锋团设计了一套组织管理体系，除本校校长、第一院院长、第二院院长和指导员外，不设其他职员，由乡村教育先锋团组织"本校师生共生活共甘苦，并行共同立法，共同守法，全体同志的日常行动均受先锋团的纪律之制裁"①。乡村教育先锋团以"采取军队组织精神以整肃共同生活之纪律，增进团体行动之效率"为宗旨。团员由全校师生构成，只要年满十六岁，即可成为先锋团的团员；未满十六岁可视为幼年团员，但只有建议权，没有表决权和选举权。

乡村教育先锋团划分为"团"和"队"两层组织架构，前者负责指导，后者负责实施。校长为团长，两院院长为副团长，指导员组成指导部，设有指导部会议，指导各项共同生活。纪律部和总队长都由全体团员公选，前者由师生共同组织，维持纪律并监督各位团员行为②；后者下分八队，每队队员四至八人，由各队队员公选出各队的队长。由全校师生组成团务会议，这是先锋团的最高权力机关，以每周六的生活周会为主要方式，通过"检讨过去一周的生活，计划下一周的生活"，解决晓庄学校内部的各项事务，上自校长，下至工友，都是生活周会的成员，拥有发言权和表决权，都要参加会议③。除此之外，由全校师生共同表决形成团规。晓庄学校允许自由发表意见，个人拥有自由安排工作的权利，但无论是团员还是团长，都要受到团规约束和团务会议的制约，不得妨害集体生活秩序。如果有人违反团规，情节轻微可通过小组生活检讨会自行解决，重大问题则需要放在团务会议上公开评论，从而营造出一种既有自由又有纪律、既民主又集中的集体生活秩序④。

（三）主要活动及其功能

乡村教育先锋团成立后，主要活动是负责指导晓庄学校的自治实践，关于学生自

---

① 方明主编《陶行知全集（二）》，四川教育出版社，1991，第723页。
② 李定开：《为中国教育寻觅曙光（上册）》，四川教育出版社，1989，第16页—19页。
③ 徐莹晖：《生活教育社史》，西南大学出版社，2021，第38页。
④ 童富勇、胡国枢：《陶行知传》，教育科学出版社，1991，第112页。

治问题的论述既是陶行知教育民主思想的体现，也是其生活教育理论的重要组成部分。在乡村教育先锋团指导下，晓庄学校成立了会计、庶务、文牍、图书、考核、支配、出版和编辑八个部门，要求学生按照规章制度开展团体自治工作、锻炼治事能力和培养互治精神[①]。除创建组织外，编辑和发行《乡村教师》周刊，作为乡村教育先锋团的机关刊物，虽较早前出现的乡村教育同志会仍然存在，但《乡村教育丛讯》已停办，因而《乡村教师》周刊成为陶行知构建生活教育理论体系和晓庄学校试行新式教育实验的主要宣传阵地，推动生活教育运动不断向前发展，同样为生活教育社的注册成立奠定了思想、组织和队伍基础。

乡村教育先锋团作为晓庄学校的内部组织系统，要求全校师生在协商制订先锋团团规的基础上共同遵守，以此保障晓庄学校的正常办学和有序运转。受其管辖的《乡村教师》周刊创办于1929年12月17日举行的乡村教育先锋团大会，其编委会成员包括陶行知、操震球、方与严等七人。随后在12月24日的《乡村教师》周刊第一次委员会上被陶行知推选为委员会主席，方与严担任总编辑，程本海担任总经理。虽然《乡村教师》周刊的编委会成员算不上专业的编辑团队，但作为实施乡村教育的骨干力量，在编辑《乡村教育丛讯》时积累了丰富经验。为消灭乡村教师普遍存在的"生长三家村，苦守五家店。知己遍天下，终身不相见"的烦闷，《乡村教师》周刊在1930年2月1日正式出版，由陶行知撰写发刊词，赋予其"小的村庄愿与大的世界沟通"之使命，明确其宗旨为"以最诚挚的态度，最生动的文字，介绍教育上最有价值的材料于全国乡村教师，以谋乡村教育的进展，乡村生活的改造"[②]。《乡村教师》周刊虽然没有固定的栏目，但透过其刊登的文章大致可划分为三类：一是介绍国外乡村教育，尤为重要的是与乡村、生活教育理论及实践相关的文章；二是为广大乡村教师提供丰富多彩的乡村教学资源；三是详细总结晓庄学校自创办以来取得的丰硕成果。

陶行知最初将晓庄学校视为培养乡村教师的核心力量，解决中国乡村教师紧缺的问题，进而更高效地普及乡村教育。随后晓庄学校成为生活教育理论的实验基地，在学生日常事务管理中催生出乡村教育先锋团，且将其作为广泛团结可能团结的力量枢纽，以此扩大生活教育的规模和影响。生活教育社组建过程中所领导的各项教育实践活动既是晓庄精神的延续，也是生活教育理论的发展与完善，推动陶行知的教育事业和生活教育社的教育事业融为一体。乡村教育先锋团及其刊物《乡村教师》周刊，在

---

① 徐莹晖：《生活教育社史》，西南大学出版社，2021，第38页。
② 徐莹晖：《生活教育社史》，西南大学出版社，2021，第39页。

推动生活教育理论走向系统化、科学化和现代化的过程中发挥了重要作用,理应被视为生活教育社的源头之一。

四、生活教育社源头问题的结论及其意义

无论是1926年12月创办的乡村教育同志会,还是1927年6月成立的乡村教育先锋团,都随着1930年4月晓庄学校遭国民党政府查封而终止活动。陶行知也因此受到通缉而被迫逃亡日本,始于晓庄学校的生活教育实验被迫中止,中华教育改进社领导的教育事业也随之全面终结。虽然乡村教育同志会、晓庄学校及其乡村教育先锋团的实体已不复存在,但其精神,尤其是陶行知的生活教育理论及其实践经验却未曾因为莫须有之罪名而退出历史舞台。

陶行知在《晓庄三岁敬告同志书》演讲中提到,"他爱中华民族中最多数而最不幸之农人……他的目光,没有一刻不注意到中华民族和人类的全体"[①]。作为生活教育运动出发点的乡村教育运动虽然被国民党当局残忍中断,未能实现普及乡村教育的终极目标,但是乡村教育同志会和乡村教育先锋团作为陶行知领导乡村教育运动的两股助推力,却成了生活教育社艰难曲折发展历程中不可或缺的重要组织。

从时间脉络看,虽然乡村教育同志会和乡村教育先锋团共同构成了生活教育社的源头,但相较而言,乡村教育同志会是更早的。生活教育社作为现代教育社团的典型代表,其宗旨、章程、社员职权、社费、会议制度、日常工作,是在乡村教育同志会的基础上深化发展的必然结果。乡村教育先锋团虽然有其特点,也有内部的组织架构,但其宗旨和使命、责任的范围却局限在晓庄学校内部,只能作为晓庄学校实施生活教育的一种方式,并不是真正意义上的现代教育社团。由此可证明,乡村教育同志会是随后出现的生活教育社的最早源头,不但时间早,而且要素全。

陶行知从平民教育转向乡村教育,这是当时中国教育发展的正确道路,晓庄学校是这条道路的显著成果,沿着这条道路逐渐创建普及教育助成会、国难教育社、抗战教育研究会等各种组织,推动生活教育运动持续深化,最终迎来生活教育社的公开成立。由陶行知等一代教育界有识之士从1924年开启的中国教育从城市到乡村的转向,从精英教育向大众教育的转型,是数千年中国教育史上划时代的事件,它在历史逻辑、实践逻辑和理论逻辑上,都与毛泽东等中国共产党人创立"农村包围城市,武装夺取

---

① 方明主编《陶行知全集(二)》,四川教育出版社,1991,第556页。

政权"的革命道路高度吻合,可谓殊途同归,这是时代使然、国情使然、历史使然,值得充分肯定。这里附带提一笔,毛泽东的乡村中心革命思想,除了源于他自己早期革命实践的艰辛探索,也很可能受到当年陶行知乡村教育实验的某些启发。为避开针锋相对的政治斗争,毛泽东在1925年回到湖南养病,却没想到农村地区正在轰轰烈烈地进行一场别开生面的农民革命运动,这股持续向好的发展势头重新点燃了毛泽东心中的希望之火。周恩来曾在1944年《关于党的"六大"的研究》和1949年《学习毛泽东》两次报告中讲到,当时毛泽东在城市专心致志开展工人运动,而陶行知提倡乡村运动。恽代英曾写信给毛泽东,建议他"可以学习陶行知到乡村里搞一搞",这是毛泽东将目光从城市转向乡村的重要契机,随后他在开展大量乡村调查研究的基础上撰写了著名的《湖南农民运动考察报告》,提出中国共产党领导农民运动的正确理论和策略。

  探讨生活教育社的源头问题,不仅是对以陶行知为首的众多有识之士寻找中国教育正确道路的历史回顾,也能在一定程度上证明陶行知的乡村教育实践活动很可能为以毛泽东为首的中国共产党人探索中国革命正确道路提供了某些启示。而这也许是当时身在中国革命洪流中的毛泽东对在国民党统治区克服万难、努力推动大众教育改革事业的陶行知始终密切关注,引为同道,并在其逝世后第一时间誉之为"伟大的人民教育家"的原因之一。

论生活教育思潮

生活教育思潮是"五四"运动以后兴起的一种提倡和推行生活教育的教育思潮。它是中国在半殖民地半封建社会的特定历史条件下，受时代生活的推动，社会文化思潮的影响，由一批不满现状、有志改革的教育工作者和政府官员，共同提倡和推行，并且在社会上造成广泛的影响，形成的一种声势甚大的思想潮流。

生活教育思潮的提倡者和推行者是一个相当庞杂的社会群体，包括了众多的教育流派和个人。其中，既有多年在理论上和实践上一贯提倡、推行生活教育的陶行知及其同事、学生们（时人称之为生活教育派），又有在理论上和实践上与他们比较接近的一般民众教育、乡村教育和社会教育者[①]，还有与此两者在理论上有所不同、政治上距离尤远的部分国民党政府官员与御用学者。尽管汇成生活教育思潮的这个社会群体是如此的庞杂，但有一点毋庸置疑，即在生活教育思潮中起主导作用的，是以陶行知为代表的生活教育派。该流派在政治上主张反帝反封建，团结和依靠工农大众，接近、倾向于中国共产党及其主张（其中有些人本身就是中国共产党党员，如刘季平、张劲夫、王洞若等人），希望建立一个民主自由、繁荣富强的新中国。教育上反对封建传统教育和洋化教育，强调教育与社会生活的联系，主张教育必须为人民大众服务，必须根据社会政治、经济发展尤其是抗日救亡的战时需要，改革旧的教育思想、教育体制、教育内容和方法等，走出一条既顺应现代社会潮流又适合中国国情，既符合世界教育发展趋势又具有浓厚的民族特色的教育新路。而以俞庆棠、陈礼江、高阳等人为代表

[①] 教育学家曹孚于20世纪30年代即指出："中国今日所欲普及的应该是一种不吃人的、非书本本位的、非轮回的教育，这种教育就是生活教育。现在一般民众教育者及乡村建设运动者所推行的教育都是生活教育，他们对于教育的主张，其实就是生活教育的主张，但在理论上一贯地提倡生活教育者实为陶行知辈。我们虽不能说陶氏辈的理论就是生活教育理论的全部，但至少可以作一个重要的代表。"参见《中国教育之生命线》，《浙江教育》1937年第2期。

的民众教育、乡村教育和社会教育者，在政治上、教育上与生活教育派比较接近，常常是你呼我应、互为奥援，形成一种无形的、松散的联盟关系，这两派在政治上和教育上都是进步的或比较进步的，构成生活教育思潮中进步的一翼。至于陈果夫、陈立夫之流的国民党政府官员和御用学者，虽然也热衷于推行生活教育，主张以生活教育来补救旧有教育之偏失，但与前两派相比较，不仅动机和目的大相径庭，就是在对于生活教育的理解和实施上也颇有差异。这批人不过是当时的生活教育大合唱中一个不太和谐的变调而已。

一、生活教育思潮的形成与发展

（一）生活教育思潮产生的背景与原因

1840年以后，西方资本主义列强凭借其坚船利炮打开了古老中国的大门。西方资本主义势力逐渐与中国封建势力、官僚资本主义相勾结，共同支配和操纵中国社会各个领域，竭力把中国变为其殖民地。中华民族面临着空前的危机。反帝反封、救亡图存成为时代的中心任务和历史主题。在经济上，由于西方资本主义的刺激，中国的民族资本主义在19世纪六七十年代也逐渐产生了，出现了第一批近代工业。第一次世界大战期间，由于各帝国主义列强忙于狗咬狗的战争，暂时放松了在各地的经济角逐，使中国民族资本主义发展获得了有利的国际环境和国内市场，经济实力得到了明显增长。社会经济的蓬勃发展，对教育提出了新的要求。但旧有的教育却远远不能适应20世纪以来中国社会政治经济形势发展的需要。清末以来，在资产阶级革命派和维新派的推动下，出现了废科举、兴学校的教育改革运动。清政府逐步建立了近代新型教育制度，组织翻译了不少外国的教科书，引进了从赫尔巴特到杜威等人的教育理论和方法。这些做法对中国教育从传统向现代过渡起了某些积极作用。但从教育的总体看，学校教育仍未脱离传统模式，读书做官、书本至上、学校中心等传统思想观念并没有得到根本改变。"老八股"教育和"洋八股"教育合流，教育依然严重脱离社会生活实际，尤其是脱离人民大众的生活实际，无法适应近现代中国社会政治经济的飞跃发展。生活教育思潮就是在这样一种特定社会历史条件下出现的。它以其一系列教育应面向社会、面向生活、面向广大民众的全新主张，适应了时代的需要，给旧教育以猛烈的冲击。

生活教育思潮又是在西方近现代进步教育思想的影响下形成的。近代以来，西方资本主义发展日趋成熟。科学的进步、近代工业生产的突飞猛进，使教育日益落在时代的后面，与生活越来越远。时代要求教育与生活在新的基础上结合。改革传统教育，以适应现代社会政治经济文化的迅速发展，已成为西方许多国家的共同要求。一些先进国家中各种新教育思想如雨后春笋般发展起来。夸美纽斯（1592—1670）、卢梭（1712—1778）、爱尔维修（1715—1771）、裴斯泰洛齐（1746—1827）、赫尔巴特（1776—1841）、福禄培尔（1782—1852）、欧文（1771—1858）等人的教育思想，接踵联袂地影响着世界。19世纪后半叶至20世纪初，一批新教育家又先后涌现，如美国实用主义进步教育运动的代表人物杜威（1859—1952）、欧洲以提倡新教育而闻名的蒙台梭利（1870—1952）、怀特海（1861—1947）、罗素（1872—1970）等，他们都反对传统教育，主张尊重儿童个性，以儿童活动为中心，让儿童在活动中发展个性和能力。杜威更是明确提出"教育即生活"，而不是生活的预备，提倡在实际的生活中、经验中学习。他们的说法虽然不一，基本要求却是共同的，即要使学校教育更加紧密地与社会生活联系起来，以适应资本主义工业社会的新发展，为资产阶级培养接班人。20世纪初，特别是"五四"新文化运动之后，西方近代这些新教育思想相继被引进、介绍到中国，从而为生活教育思潮提供了丰富的思想资源。中国的教育家们通过批判地继承这些西方的教育理论，结合自身在改造中国教育实践中所获得的宝贵经验，推动和促成了生活教育思潮。

此外，生活教育思潮的产生，在很大程度上还得力于一大批有志于革新的教育工作者特别是陶行知及其同事、学生们的积极提倡和推行。这是形成生活教育思潮不可缺少的主观条件。说到底，任何思潮都是由人促成的。离开了人，就不可能有任何思潮的产生和发展。

（二）生活教育思潮的演进过程

生活教育思潮滥觞于20世纪初期，形成于20年代中期至30年代中期，发展于30年代中期至40年代末。从20年代中期起，开始对中国教育界产生影响，至三四十年代，其影响逐渐遍及全国乃至海外某些国家和地区，可谓盛极一时。流被之广，影响之巨，均非当时流行的一般教育思潮所能及。其后，因种种原因，生活教育思潮渐趋沉寂。

1. 滥觞期

20世纪初年，清政府为了维护摇摇欲坠的封建统治，开始重视教育的实用性，发展实业教育，将实业教育列入学制系统之中，并在 1906 年学部正式宣布的第一个教育宗旨中，列上了"尚实"一条。1911 年 10 月，辛亥革命推翻了清朝两百多年的封建统治。1912 年 1 月，孙中山在南京组织临时政府，资产阶级教育家蔡元培担任了首任教育总长。同年 4 月，蔡元培发表了《对于教育方针之意见》，批判了清政府颁布的教育宗旨，提出学校应进行军国民教育、实利主义教育、公民道德教育、美感教育及世界观教育。在 9 月 2 日教育部颁布的新的教育宗旨中，"实利主义教育"被正式列入。上述种种表明，20 世纪初，人们越来越重视教育的实用性，注重加强教育与生活的联系，反对空洞无用的旧教育，改革旧教育、提倡新教育成了一股强大的不可阻挡的时代潮流。

1913 年，黄炎培时任江苏省教育司司长。他在《江苏今后五年间教育计划书》中首次使用了"生活教育"这一名词。《计划书》中指出：

> 生活教育要矣，而其关系尤亲切者，莫如女子教育。以日本之盛唱贤母良妻主义，而西方觇国者犹病其倾向于高等教育，结果将至动摇家庭基础，间接以贻弊害于国家。盖知识日增，欲望日高，而生存之能力不伴以俱进，徒令厌苦其寂寞之家庭，奋欲脱之，而实莫能名一艺以身适于天演界。谈女子教育者，盖不可不审矣。故女子职业教育，吾所绝对主张者也。本省既渐次推广女子师范学校，俾群趋于教育事业。复设女子蚕桑学校，俾一部分趋于蚕桑事业。复筹设女子艺术学校，授烹饪、裁缝、刺绣、绘画等等，俾娴于家事手工，各赡其身家而有余。几皆一主义之所演也。生活教育之宜注重，宁唯女子。①

同年，他在另一篇重要文章《学校教育采用实用主义之商榷》中，再一次使用了"生活教育"一词：

> 去今千八百年前，罗马塞南加氏有言曰，青年之于学校，为生活而学，非为学校而学。近世博爱派之教育学者，如白善独氏、康丕氏、柴之孟氏，亦大鼓吹此实用主义。自裴斯泰洛齐氏出，益主张生活教育，各使学校教育

---

① 黄炎培：《江苏今后五年间教育计划书》，《江苏教育行政月报》1913 年第 1 期。

与实际的生活渐相接近。准此而教育方法一变。①

从这两篇文章来看,黄炎培此时已开始注意到生活教育的问题。尽管他这时所说的生活教育还主要是指职业教育,与20年代中期以后陶行知等人提倡和推行的"生活教育"有明显不同,但他毕竟最早提出并使用生活教育这个概念,为生活教育思潮的形成开启了先河。

由于黄炎培身兼江苏省教育司司长、江苏教育会常任调查干事数职,是执当时各省教育会之牛耳的江苏教育会的头面人物之一,加之后文又刊载于影响很大的《教育杂志》上,因此,黄文一发表,"实用主义""生活教育"等新名词便不胫而走,流行一时。

与此同时,庄俞也撰文宣传黄炎培的观点,提倡要"采用实用主义",改革现行教育体制、内容和方法。并对黄炎培关于实用主义、生活教育的理论渊源作了进一步追溯:

> 黄氏述实用主义,发生于塞南加、白善独、康丕、柴之孟诸氏是也。……裴斯泰洛齐之主张,尤见切实。裴氏尝谓人不自求生活,教育家当与人以最良之方法,使人人能自营生活,则人人斯得为人之价值。是二说者,虽无实用主义之名词,其所主张,确甚合于实用主义。然前乎斯氏裴氏而主张实用主义者,尚有德人蒙塔尼,蒙氏之言曰:"吾等当以养成有常识之人类,为教育目的;若徒暗记希腊拉丁之古典,不如其游戏";一言蔽之,教育儿童,自当养成其有用之智识为主。蒙氏之注意实用教育如是。其后廊美尼司及罗克、路索等附和其说,推荡渐广。②

黄、庄两人对于实用主义、生活教育的提倡,在教育界引起了很大的反响。顾树森在基本赞同黄文观点的同时,也对黄文提出了补充意见。1914年,他在当时另一家主要教育刊物《中华教育界》该年1月号上发表《实用主义生活教育设施法》一篇长文,深入探讨了现行小学教育的弊端及其根源,提出以生活教育作为推行实用主义教育的标准,并较为具体地阐述了以生活教育为标准的实用主义学级编制的设施法。文

---

① 黄炎培:《学校教育采用实用主义之商榷》,《教育杂志》1913年第5期。
② 庄俞:《采用实用主义》,《教育杂志》1913年第7期。

中特别强调指出：

> 盖自有人类而后有教育，有教育而后能生活。试观后稷教民稼穑树艺五谷。五谷熟而民人育，可知教育最先起源实基于人类之生活而起。舍人类无所谓教育，舍生活更无所谓教育。
>
> 况今五洲交通，万国竞争，世界潮流渐趋向于实业一途，以求适于生活。而教育之道，更不可不注意于生活方面，以求实用，故今后之教育可视为生活之教育也，今后之学校可视为生活之学校也，人之教育为生活而教育，人之学习为生活而学习。
>
> 生活之范围有广狭，当随时随地以求实用。此生活教育之所以必要也。①

1917年9月，陶行知留美归国，执教于南京高等师范学校，积极开展教育改革。次年11月，他在黄炎培主持的《教育与职业》上发表了《生利主义之职业教育》一文，提出"生活主义包含万状，凡人生一切所需皆属之。其范围之广，实与教育等"。② 这是陶行知最初对于生活教育的认识。显而易见，这种认识深受当时流行于国内的教育新思潮，特别是上述数人有关主张的影响。

从总体上看，在20世纪初期，人们对于生活教育的探讨还较多地局限于实用主义（即职业教育）的范围，生活教育这时主要还是作为一个名词在使用，没有什么系统的理论内容。个别学者如顾树森等，虽然有将生活教育思想系统化的意图，但缺乏具体的实践，理论探讨也很不全面和深入，加上有关条件还不成熟。因此，这一阶段，只能说是生活教育思潮的滥觞期。

2. 形成期

从20年代中期开始，生活教育逐渐由一个名词发展成一种有理论、有实践的教育主张和教育运动，生活教育思潮进入了它的形成期。在时代生活的推动下和社会文化思潮的影响下，一批对现状不满、有志于改革的教育工作者，针对传统教育和洋化教育的弊病，开始共同提倡和推行生活教育主张，在社会上造成广泛的影响，形成一种声势甚大的思想潮流。

陶行知及其同事、学生们首先举起生活教育的大旗。陶行知自留美回国后，经过

---

① 顾树森：《实用主义生活教育设施法》，《中华教育界》1914年第2期。
② 陶行知：《生利主义之职业教育》，《教育与职业》1918年第3期。

数年的教育革新实践，发现以杜威实用主义教育学说为代表的西方现代教育思想，虽然在反对封建传统教育方面有一定积极作用，但它们毕竟不适合中国的国情，遂决心探索一条中国化、大众化的教育新路。1927年，他与赵叔愚等人在南京晓庄创办晓庄试验乡村师范学校，从事乡村教育运动，努力把乡村教育与乡村生活结合起来，为广大的农民及其子女服务。在总结自己长期的教育实践（特别是晓庄办学）经验和批判地继承中外现代教育思想的精华的基础上，陶行知提出了系统的生活教育理论，并与其同事、学生们一道开展了以普及大众教育为基本内容的生活教育运动，给死气沉沉的旧中国的教育界带来了生机。

与此同时，教育界的一些怀着改造旧教育、建设新教育的宏愿的进步人士在从事民众教育、乡村教育和社会教育的过程中，也逐步认识到旧教育的最大弊端就在于脱离人民大众，脱离社会实际生活，是一种吃人的、以书本为中心的、轮回的教育；并认为生活教育是革除旧教育痼疾的一剂良方。俞庆棠、陈礼江等人相继撰文宣传生活教育主张。

20世纪30年代初，为了配合蒋介石在国民党统治区开展"新生活运动"，陈果夫、陈立夫等国民党政府官员和御用学者也忽然对生活教育产生兴趣，纷纷成立生活教育研究会，写文章，出专辑，鼓吹生活教育。一时间，生活教育的口号声甚嚣尘上，煞为热闹。

就这样，尽管各自的动机和目的不尽一致，甚至大相径庭，但上述等人都不约而同地提倡和推行生活教育，在20年代中期以后逐渐在全国形成一个影响广泛的生活教育思潮。

3. 发展期

20世纪30年代中期以后，随着社会政治、经济形势的不断变化，尤其是抗日战争的全面爆发，民族救亡运动的方兴未艾，生活教育思潮有了新的发展。在理论上，它表现为生活教育的主张者特别是陶行知及其同事、学生们对于生活教育理论的研究和阐述更全面、更深入。这一阶段，陶行知陆续发表了《生活教育之特质》（1936年）、《告生活教育社同志书》（1939年）、《创造的儿童教育》（1944年）、《实施民主教育的提纲》（1945年）、《全民教育》（1945年）等重要文章，把他的生活教育理论发展到了一个新阶段。同时，他的同事、学生们也先后发表了不少探讨和宣传生活教育的文章，如刘季平的系列论文《文化与教育一般之特质》《教与学》《凝膨教学法》《科学化的生活教育》（1935—1936年），王洞若的《生活教育的涵义》（1939年）、《生活教育运动与生活教育社》(1939年)，戴伯韬的《生活教育发展史纲》(1940年)、《生活教育》(1940年)，张健的《生活教育是什么》(1942年)，程今吾的《教育的本质》(1944年)，陆静山的《陶行知的教育方法——教学做合一》(1946年)等，进一步完善和丰富了陶行知的生活教育理论。此外，教育界的许多知名人士（包括解放区共产党的老教育家徐特立等人）也对陶行知的生活教育理论作了不少中肯的评价，扩大了生活教育的影响。在实践上，它表现为生活教育的重要主张尤其是陶行知的"生活即教育""社会即学校""教学做合一""即知即传""小先生制"等在全国不少地方（包括中国共产党治理下的解放区）广为流传与得到运用，甚至连海外的某些国家和地区（如印度、印度尼西亚、缅甸等）也对陶行知的生活教育理论产生了浓厚兴趣，有的还开展了不少具体的实验工作，并取得一定的成绩。这些都表明20世纪30年代中期以后生活教育思潮进入了它的兴盛期，发展到了一个新阶段。

二、生活教育派的基本主张

生活教育派是"五四"运动以后中国最具影响力的进步教育流派之一。该流派以陶行知为主要代表、以生活教育为基本理论、以生活教育社为核心组织，以《生活教育》杂志为基本阵地，形成于20世纪20年代中期，活跃于三四十年代。该流派除了代表人物有中国近现代著名教育家、社会活动家和诗人陶行知，核心成员还有张宗麟、刘季平、董纯才、张劲夫、方与严、王洞若、戴伯韬、程今吾、操震球、汪达之、马侣贤、帅昌书、孙铭勋、戴自俺、张健等人，大都是陶行知的学生兼战友，而且多为中国共产党党员（其中有些人还是国民党统治区左翼文教界的负责人，如张劲夫、张宗麟、帅昌书、王洞若、戴伯韬等)，不少人在中华人民共和国成立之后还担任了文教方面的重要领导，为新中国文教事业的建设与发展做出了重要贡献。

作为近现代中国一个重要的进步教育流派，以陶行知为代表的生活教育派对中国教育的诸多方面都作过相当深入的探索，并形成了一套比较完整的观点和看法。其中，最能反映和体现该派基本思想的主要是以下主张。

(一)"教育是民族解放、大众解放、人类解放之武器"

教育是什么？这是每个教育工作者都无法回避的一个问题，人们对这个基本问题的认识和回答将直接影响到他们对其他教育具体问题的认识和回答。在这个问题上，不同的阶级、阶层和流派的认识和回答都是不一样的。有的人认为教育是超阶级、超政治的事业，主张教育要独立于阶级和政治之外，以中和的态度，不偏私，不极端；有的人认为教育是为美好的生活作准备；还有的人认为教育不是生活的准备，它本身就是生活，是生活的过程①。众说纷纭，莫衷一是。

生活教育派不赞同上述见解。他们认为，教育从来不是超阶级超政治的事业。在阶级社会里，它从来没有也不可能独立于阶级和政治之外。几千年来，反动统治阶级的极少数人垄断了受教育权，只有反动统治阶级的子女才能进入学校学习，而广大劳动人民的子女则被排斥在学校大门之外，与学校教育无缘。陶行知一针见血地指出："教育是成了少爷、小姐、政客、书呆子的专有品……是少爷的手杖，小姐的钻戒，政客升官的梯子，书呆子的轮回麻醉的乌烟"②，传统教育是"拿穷人的血汗钱培养富人的少爷小姐"，只有那些"有钱、有闲、有面子"的人的子女才有书念，"中国的教育雨不落在劳苦人的田园里。中国的教育雨专落在大都会的游泳池里给少爷小姐游水玩"③。戴伯韬也批评说："传统教育是吃人的教育，它所造就出来的士人阶级是消耗的，不劳而获的社会蠹虫。"④

生活教育派对杜威实用主义教育的"教育即生活"说进行了深刻的思考和修正。陶行知曾郑重声明，他的生活教育是真的，杜威的生活教育是假的。"又拿生活教育来说吧，您又可以发现两种不同的说法：一种主张'教育即生活'；另一种是主张'生活即教育'。我现在想把生活教育的特质指出来，目的不但要使大家知道生活教育与传统教育之不同，并且要使大家知道把假的生活教育和真的生活教育分别出来。"⑤他批评杜威嫌"学校里的教育太枯燥了，必得把社会里的生活搬一些进来，才有意思"。这种教育生活化，实际上是把生活当作装饰品，去点缀教育的内容，而不是把整个社会生活当作教育的中心内容。它"将教育和生活关在学校大门里，如同一只鸟关在笼子里"，只是在学校范围内扩大儿童的生活经验，是拿教育作生活，而不是"拿全部生活去做教育的对象"⑥。以这种鸟笼式的生活为中心的教育，只能是改良主义的，仍然没有根本改变教育与生活相脱离的状况。

在批判上述见解的基础上，生活教育派明确指出，"教育不是玩具，不是装饰品，

---

① 赵祥麟、王承绪：《杜威教育论著选》，华东师范大学出版社，1981，第4页。
② 陶行知：《普及什么教育》，《陶行知全集（二）》，四川教育出版社，1991，第636页。
③ 陶行知：《攻破昔及教育之难关》，载《陶行知全集（二）》，四川教育出版社，1991，第799页。
④ 白桃（戴伯韬）：《生活教育》，《中华教育界》1928年第9期。
⑤ 陶行知：《生活教育之特质》，载《陶行知全集（三）》，四川教育出版社，1991，第25页。
⑥ 陶行知：《生活即教育——再答操震球之问》，载《陶行知全集（二）》，四川教育出版社，1991，第199页。

不是升官发财的媒介"①,"教育是民族解放、大众解放、人类解放之武器"②。生活教育派正确地认识并阐明了教育的性质、作用与服务对象,使教育与生活真正地结合起来,为广大的人民群众尤其是工人和农民及其子女服务,这种教育观不仅具有鲜明的阶级倾向,而且充满时代的气息,是对传统教育观的一次革命性改造。正如陶行知本人所说:"这种教育观,是把教育从游戏场、陈列室解放出来,输送到战场上去。"③针对半殖民地半封建社会的中国现实,生活教育派号召人们运用教育的手段来配合完成民族解放的大业。陶行知指出,"现在是教育与国难赛跑。我们必须叫教育追上国难,把它解决掉"④,并认为"教育没有独立的生命,它是以民族的生命为生命。唯有以民族的生命为生命的教育,才算是我们的教育……国难教育的任务,在唤醒大众组织起来救国"⑤。程今吾也指出,"我们是被压迫的民族,我们正要运用教育这一手段,为了达到民族独立自由,而传递创造与全民族利益相一致的文化,使全民族掌握种种精神武器,和帝国主义抗争"⑥。

生活教育派还把教育视为大众解放和人类解放的有力武器,积极倡导人民大众的生活教育。在他们看来,生活教育是大众教育、民主教育,"是大众自己的教育,是大众自己办的教育,是为大众谋福利除痛苦的教育"⑦,"它与装饰品之传统教育根本不同。它不是摩登女郎之金刚石戒指,而是冰天雪地下的穷人的窝窝头和破棉袄"⑧。他们主张教育为公,机会均等,"无论什么阶级,都要有受教育的机会。受教育的机会被剥夺最多的是农工及子弟。农工阶级忙碌一天,还陷入吃不饱饿不死的状态,当然再谈不到受教育。民主教育是要力求农工劳苦阶级有机会受教育"⑨。

他们进一步指出,生活教育是"人中人"教育,是"主人"的教育。它不是养成人上人的贵胄教育,也不是养成人下人的奴婢教育,它有别于传统教育"一边教极少数人做贵族、做官吏、做人上人、做统治他人的士大夫;另一边则教大众做奴婢、做顺民、做人下人、做被人统治的劳苦群众"⑩。陶行知说得很清楚:"他不教人升官发

---

① 陶行知:《告生活教育社同志书》,载《陶行知全集(三)》,四川教育出版社,1991,第338页。
② 陶行知:《谈生活教育——致一位朋友》,载《陶行知全集(五)》,四川教育出版社,1991,第477页。
③ 同②。
④ 陶行知:《国难教育方案之特质》,载《陶行知全集(三)》,四川教育出版社,1991,第19页。
⑤ 同④。
⑥ 《新教育体系·程今吾教育文集》,北京师范大学出版社,1982,第7页。
⑦ 陶行知:《大众教育与民族解放运动》,载《陶行知全集(三)》,四川教育出版社,1991,第61页。
⑧ 陶行知:《生活教育》,载《陶行知全集(二)》,四川教育出版社,1991,第635页。
⑨ 陶行知:《实施民主教育的提纲》,载《陶行知全集(三)》,四川教育出版社,1991,第541—542页。
⑩ 杨效春:《我们的教育》,《中华教育界》1920年第7期。

财,他只教中国的民众起来做主人,做自己的主人,做政府的主人,做机器的主人。他教人要在劳力上劳心,即使有人出来做官,他是要来服侍农人和工人,看看有吃农人或工人的人,他要帮助农人、工人把他干掉……他更要教人做到'工以养生,学以明生,团以保生'。说得更清楚些就是:教大众以大众的工作养活大众的生命;以大众的科学明了大众的生命;以大众的团体的力量保护大众的生命。"①

由此可见,生活教育派实际上是主张以教育的手段来培养人们做自己和国家的主人,培养德、智、体、美、劳诸方面和谐发展、具有自觉性和创造力的"真善美的活人",培养为民族、为大众、为人类求解放和谋幸福的新人。

(二)"生活即教育"

"生活即教育"是陶行知生活教育理论的核心思想,也是生活教育派的重要主张。什么是"生活即教育"?陶行知指出,生活教育是生活所原有,生活所自营,生活所必需的教育。教育的根本意义是生活之变化。生活无时不变即生活无时不含有教育的意义。因此,我们可以说:"生活即教育。"②

他还说,生活教育是以生活为中心之教育……过什么生活便是受什么教育:过康健的生活便是受康健的教育,过科学的生活便是受科学的教育,过劳动的生活便是受劳动的教育,过艺术的生活便是受艺术的教育,过社会革命的生活便是受社会革命的教育。以此类推,我们可以说:好生活是好教育,坏生活是坏教育,高尚的生活是高尚的教育,下流的生活是下流的教育,合理的生活是合理的教育,不合理的生活是不合理的教育,有目的的生活是有目的的教育,无目的的生活是无目的的教育。③

由上可知,生活教育派的"生活即教育"主张包含了这样几层意思:一是生活含有教育的意义,具有教育的作用,生活本身就是一种特殊的教育;二是生活教育是人类社会原来就有的,自有人类生活产生便有生活教育,生活教育随着人类生活的变化而变化;三是生活是教育的中心,与教育是同一过程的,教育必须与生活相联系、相一致,通过生活来进行,以满足生活向前、向上的需要;四是生活是多种多样的,有好生活,也有坏生活,有前进的生活,也有落后的生活,只有过好生活、前进的生活,才能受好教育、前进的教育。

---

① 陶行知:《传统教育与生活教育有什么区别》,载《陶行知全集(二)》,四川教育出版社,1991,第633页。
② 陶行知:《生活教育》,载《陶行知全集(二)》,四川教育出版社,1991,第633页。
③ 陶行知:《教学做合一下之教科书》,载《陶行知全集(二)》,四川教育出版社,1991,第288—289页。

应该看到，生活教育派的这一主张是针对中国教育严重脱离人民大众、脱离社会生活的实际提出来的。长期以来，学校教育被反动统治阶级所垄断，只有统治阶级的子弟才能进学校学习，学校以培养统治阶级的接班人为宗旨。而劳动人民的子女则不可能接受正规的学校教育，基本上是通过父传子、师带徒的形式，在生产劳动和社会实践中接受教育。学校传授的是统治阶级的意识形态、行为规范、伦理道德、射御戎战等，几乎与社会生活实际没有什么直接联系。进入近代社会之后，中国的文化教育虽然在西方文化教育的猛烈冲击下开始发生某些变化，但由于中国处仍在半殖民地半封建社会的历史条件下，学校教育的性质和面貌没有也不可能有真正的改变。在当时的新式学堂里，声光化电代替了子曰诗云，但读书做官、死读书等传统教育思想仍然支配着学校。"老八股"教育与"洋八股"教育合流，教育仍然严重脱离人民大众的社会生活实际。生活教育派正是在这种历史条件下提出其"生活即教育"的主张的。

同时，生活教育派的这一主张又是直接针对杜威的"教育即生活"说提出的。杜威认为，"教育是生活的过程，而不是将来生活的预备"[①]。他主张把社会上的生活引入学校，使学生通过这种生活而获得经验和能力，以适应社会生活的需要。杜威的"教育即生活"对于改革美国的传统学校教育以适应当时处于急剧变化中的美国社会的发展，曾起到一定的积极作用，对于反对中国传统教育中的形式主义，也具有某种进步意义。但在生活教育派看来，"教育即生活"只是把社会上的生活引入学校，但这还不是真正的社会生活。他们主张打破这种鸟笼式的生活教育，拿进步的生活去改造落后的生活，拿整个的生活去解放偏狭的生活，以人民大众改造社会、征服自然的全部社会实践去做教育的内容。生活教育派批判地继承了杜威"教育即生活"中的合理因素，并对之加以根本改造和发展，使"生活即教育"具有了崭新的思想内容和性质。

生活教育派的"生活即教育"主张，并没有简单地把生活与教育画等号，抹杀教育的特殊性，把教育原始化、低级化。他们只是强调生活与教育之间具有某种深刻的、内在的一致性和相关性。我们不能脱离生活教育派提出和实施这一主张的历史条件、时代特点和他们的一贯论述，仅仅根据字面上的意思就断言这一主张把生活与教育完全等同起来。事实上，就连陶行知本人也是明确反对以生活等同教育，取消教育的。1936年，他在谈到某些人对"生活即教育"的误解时说：有人说，生活既教育，那么，便有生活即有教育，又何必要我们去办教育呢？他这句话，分析是对的，断语是错的。我们承认自古以来便有生活即有教育。但同在一社会，有的人是过着前进的生

---

① 赵祥麟：《杜威教育论著选》，王承绪编译，华东师范大学出版社，1981，第4页。

活,有的人是过着落后的生活。我们要用前进的生活来引导落后的生活,要大家一起来过前进的生活,受前进的教育。①

这段话清楚地说明,陶行知所反对或要取消的,是落后的、反动的教育,而不是教育本身。

生活教育派的"生活即教育"主张,强调教育要与社会生活相联系,教育要与生产劳动相结合,教育要为人民大众服务,这就击中了传统教育和洋化教育的要害,改变了以往人们对教育、生活及其相互关系的陈旧认识,给"五四"运动以后的中国教育界带来了一场思想观念上的伟大革命,并且为中国新教育的发展指明了正确的方向。

(三)"社会即学校"

"社会即学校"是生活教育派的又一重要主张。它是紧随着"生活即教育"的主张而来的,是"生活即教育"主张的自然延伸,指示着"生活即教育"的范围和场所。何谓"社会即学校"?陶行知指出:"到处是生活,即到处是教育,整个的社会是生活的场所,亦即教育之场所。因此,我们又可以说:'社会即学校'。"②

生活教育派认为,旧式学校是封闭式的学校。这种学校"门前挂着闲人莫入的虎头牌以自绝于社会",关起门来办教育,"学校自学校,社会自社会"。不仅把教育的范围局限在传统学校的鸟笼内,成了为少数人所有的小众教育,而且造成学校教育与社会实际严重脱节的现象,使学校教育无法适应急剧变化着的社会政治、经济和文化的需要。

针对这种弊端,生活教育派大力提倡"社会即学校",主张以人民大众的生活场所为教育的场所,让整个社会都成为人民大众的学校。他们主张以宇宙为教室,奉万物为宗师,"马路、弄堂、乡村、工厂、店铺、监牢、战场,凡是生活的场所,都是我们教育自己的场所"③。生活便是教育,也便是课程,教育以人民大众的各种生活实践为中心来开展活动。

在具体的组织形式上,陶行知独创了工学团这一集生产、教育、自卫三种职能兼而有之的新型团体。"工学团是一个小工场,一个小学校,一个小社会。在这里面是包含着生产的意义,长进的意义,平等互助、自卫人的意义。它将工场、学校、社会打成一片,产生一个富有生活力的新细胞……工学团可大可小,从几个人的家庭、店铺,

---

① 陶行知:《生活教育之特质》,载《陶行知全集(三)》,四川教育出版社,1991,第27页。
② 陶行知:《生活教育》,载《陶行知全集(二)》,四川教育出版社,1991,第633—634页。
③ 陶行知:《生活教育之特质》,载《陶行知全集(三)》,四川教育出版社,1991,第27页。

几十个人的学校、庙宇，几百个人的村庄、监狱，几千人的工厂，几万人几十万人的军队、建设工程队（例如筑路的大队民夫），都可造成一个富有意义的工学团。"① 工学团把学校、工场（农村）、社会打成一片，是陶行知理想中的社会基层单位。按照陶行知的设想，每一个基层组织都可办成这样的工学团，也可叫自学团、共学团、普及教育团、生活教育团或工学队。每一个这样的工学团都是一个文化细胞，把每个文化细胞联合起来就组成文化网，构成一个大社会、大学校。②

刘季平在陶行知工学团、文化细胞和文化网构思的基础上，进一步提出了建立文化军与教学营的建议。他认为，对于具有如此之新内容的教育，以现有的学校制为主要形式的教育文化组织已显然不适用了，必须建立公共的文化工人的文化军，到社会上去，到生活中去，发动和组织教学活动。不过，供给社会大众的教学活动而用的公共建筑物以及许多必需的设备，仍是必要的。这种建筑物与设备的中心，可称为"教学营"。教学营是社会大众的各种教学活动的中心，也是文化军活动的大本营。他指出，文化军的主要任务有三个：①它是一切婴幼儿、儿童少年、农民、商人、工人以及一切人等的教学活动的辅导者；②它是人类的全文化生活的组织者，要经常地为发动、组织、指导并统制各种人的各种样式的文化生活而斗争；③它要尽一切可能深入各种社会集团，动员和集中各种专门人才和一切可能的人员，使他们在其指导、组织下，利用空闲参加各种文化活动。这种教学营以每个乡村、街道为单位，是文化军活动的最下层的基础的细胞形态。在这上面，每县建立一个文化军县总部，文化军县总部是文化军活动的基本的指导单位。③

生活教育派提倡"社会即学校"，旨在扩大教育的范围、对象和学习的内容，强调既要对现有的学校进行彻底改造，使之与社会实际相联系，了解、满足社会的需求，以社会的中心问题作为学校的中心问题，又要把整个社会作为一所大学校。让人民大众都有受教育的机会。他们所反对的，是脱离社会生活、脱离人民大众的"死学校"，而不是主张取消学校教育。陶行知曾郑重声明："有人说我们是在企图取消学校教育（这是带着一种挑拨性的话），而这绝非我们的本意。"④ 纵观生活教育派的所有社会实践，他们（特别是其代表人物陶行知）一直都在坚持办学校，而且所办学校数量之多，

---

① 陶行知：《攻破普及教育之难关》，载《陶行知全集（二）》，四川教育出版社，1991，第792—793页。
② 陶行知：《文化细胞》，载《陶行知全集（二）》，四川教育出版社，1991，第829—831页。
③ 满力涛（刘季平）：《文化军与教学营》，《生活教育》1936年第21期。
④ 陶行知：《我们不是企图取消学校教育——致潘畏三》，载《陶行知全集（五）》，四川教育出版社，1991，第619页。

质量之好，是古今中外所罕见的。

（四）"教学做合一"

生活教育派认为，传统教育注重机械灌输，呆读死记，重教轻学，脱离实践，重知轻行，手脑两分，层层考试，束缚学生。教学中采取填鸭式教学法（又叫注入式教学法），不顾学生实际情况，一味死灌。教师讲，学生听；教师写，学生抄；教师问，学生答。教师主宰整个教学过程，学生毫无任何主动性和积极性。而且，"先生教而不做，学生学而不做"[1]，教师为教而教，学生为学而学，教与学都与做脱离，轻视行动，手脑分家，"教用脑的人不用手，不教用手的人用脑"，"读书的人除劳心以外，不去劳力；除读书以外，不去做工，以致不能生产"，而"做工的人除劳力以外，不去劳心，除做工以外，不去读书，以致不能自保其利益，而受他人的横搜直刮"[2]。针对这一问题，生活教育派在倡导"生活即教育""社会即学校"的同时，又提出了"教学做合一"的主张。

什么是"教学做合一"？陶行知指出："教学做合一"是生活现象之说明，即教育现象之说明。在生活里，对事说是做，对己之长进说是学，对人之影响说是教。教学做只是一种生活之三方面，而不是三个各不相关的过程。同时，教学做合一是生活法，也就是教育法。它的含义是：教的方法根据学的方法；学的方法根据做的方法。事怎样做便怎样学，怎样学便怎样教。教与学都以做为中心。在做上教的是先生，在做上学的是学生。在这个定义下，先生与学生失去了通常的严格的区别，在做上相教相学倒成了人生普遍的现象。[3]

既然教与学都以做为中心，那么，什么是做？陶行知说："做"字在晓庄有个特别定义。这定义便是：在劳力上劳心。单纯的劳力，只是蛮干，不能算做；单纯的劳心，只是空想，也不能算做，真正的做只是在劳力上劳心。我们做一件事便要想如何可以把这件事做好，如何运用书本，如何运用别人的经验，如何改造用得着的一切工具，使这件事做到最好。我们还要想到这事和别事的关系，想到这事和别事的相互影响。我们要从具体想到原理，从我相想到共相，从片断想到系统。[4]

---

[1] 陶行知：《乡村工学团试验初步计划说明书》，载《陶行知全集（二）》，四川教育出版社，1991，第594页。

[2] 《目前中国教育的两条路线——教劳心者劳力，教劳力者劳心》，载《陶行知全集（二）》，四川教育出版社，1991，第598页。

[3] 陶行知：《教学做合一下之教科书》，载《陶行知全集（二）》，四川教育出版社，1991，第289页。

[4] 陶行知：《谈教学做合——致朱端琰》，载《陶行知全集（五）》，四川教育出版社，1991，第204页。

由此可见,"教学做合一"并非只重视实践的技能而忽视理论知识,只强调个人的狭隘经验而轻视间接的经验和系统的知识。它强调的是教育要以社会生活实际的做为中心,把行动(劳力)和思想(劳心)结合才能取得真知。这种主张有助于加强理论与实际的联系,加强教育与生产劳动、社会生活的联系,培养学生手脑并用,消除劳心与劳力的对立,促进人的智力、体力和谐发展。

值得注意的是,生活教育派的"教学做合一"主张,不仅仅是指一种教育方法的原理和原则,也指根据此原理和原则派生出来的一系列具体教育方法,如"小先生制"、集体主义之自我教育法等。所谓"小先生制",即以小孩子做教师。利用识字的小孩教不识字的小孩或成人,以解决普及教育运动中师资奇缺的矛盾,这种方法不是"把一个班小学生交给一个小先生去领导",不是用小孩去代替传统班级的教师,也不是关在学校内由"大同学教小同学","它的职务是教人去教人"。一个小先生教会两个人识字,这两个人又去教其他不识字的人。这样,像滚雪球一样,不断地"教人去教人"①,普及教育的力量就越来越多,越来越大,所谓"集体主义之自我教育法",是指建筑在集体生活基础上的一种自我教育方法。这种方法"打破了教育与传统学校之必然联结",凡是"集体生活所在的地方,就是教育所在的地方……凡是集体的组织都可以成为学校"②。义勇军救护队、救亡剧团、壮丁训练处、伤兵医院、难民收容所等都是学校。在这些学校中,通过集体生活,实行"自觉觉人",在一切为了争取抗战胜利的总目标下,厉行批评与自我批评,开展集体主义和民主精神的训练,以充分培养和增强抗战建国的力量,"小先生制"、集体主义之自我教育法等具体方法丰富和充实了"教学做合一"的原理和原则,使之在"五四"运动以后中国教育的改革与发展中产生了积极影响。

还应该看到,生活教育派的"教学做合一"与杜威的"做中学"是有本质不同的。生活教育派的"教学做合一"是以"行是知之始,知是行之成"这种具有唯物主义因素的认识论为依据的,而杜威的"做中学"则是以主观唯心主义的经验论为基础的,在教学的理论和实践上,前者所说的做,是同教与学紧密结合,三位一体的;后者的做,却同教与学无内在的联系。至于在教育目的方面,两者更是大相径庭。杜威的"做中学"无非是要培养能够适应资本主义社会发展需要的人才,而生活教育派的"教学做合一",则旨在反对"死的书本"的伪知识,求得实际生活的真知,反对"老八

---

① 陶行知:《怎样指导小先生》,载《陶行知全集(二)》,四川教育出版社,1991,第656—657页。
② 王洞若:《集体主义的自我教育》,载《陶行知研究》,湖南教育出版社,1987,第264页。

股""洋八股"教育把学生培养成"只会读书不会做事"的"书呆子""字纸篓",而要培养"在劳力上劳心",能运用活的知识,有行动力、生活力、创造力的新人。

如本节开头所述,以陶行知为代表的生活教育派对中国教育的诸多方面都做过相当深入的探索,并形成了一套比较完整的观点和看法。他们在民主教育、科学教育、创造教育、乡村教育、民族教育、女子教育、幼儿教育、职业教育、师范教育、高等教育、全面教育、终身教育等方面的理论与实践,不仅对"五四"运动以后中国教育的发展产生了重要影响,而且,许多观点和看法在今天仍有其一定的理论价值,值得人们认真地研究与借鉴。限于篇幅,这里只是着重对生活教育派的几个基本主张作了一些介绍和分析,其他的具体教育观点和看法就不一一展开论述了。

三、政府派的生活教育主张

所谓"政府派的生活教育主张",是指当时国民党政府的某些头面人物在生活教育问题上所发表的见解。尽管他们的有关见解在理论上没有什么重大建树,在实践上收效甚微,在动机与目的上与生活教育派等教育界的进步人士截然不同,但由于他们当时掌握着国家政权,他们的思想和言论往往直接影响着国家教育政策的制订与实施。因而,他们的生活教育主张也是值得人们特别注意的。

1934年2月19日蒋介石在南昌作《新生活运动之要义》的演讲,在整个国民党统治区发动了一场"新生活运动",要求人们的全部生活,都应合乎礼义廉耻。如何合乎礼义廉耻?蒋介石说:"就是使全国国民的生活能够彻底军事化。"同年5月,蒋介石对礼义廉耻又提出了"恭敬""守法""戒慎""薄己""不争""忘私"等一系列更加具体的要求。"新生活运动"是在日本帝国主义吞并我国东北以后又向华北步步进逼,亦即蒋介石接连向苏区发动进攻,妄图彻底消灭中国共产党领导的人民革命力量的时候提出的,是其"先安内,后攘外"反动政策的一个重要组成部分。为了从教育上配合这个运动,在蒋介石讲话后一个月,3月19日,"教育部"部长朱家骅在国民党中央党部作题为《新生活运动与教育》的报告,倡言"新生活运动"应从教育做起,于是在各级学校大力推行,向学生灌输"四维八德"的封建道德准则,以加强对学生的思想控制。国民党高层干部陈果夫、陈立夫等人以及一批御用学者也纷纷撰文,鼓吹生活教育。陈果夫属下的江苏省教育厅还组织生活教育研究委员会,设立初、高级生活教育学校,组织实施生活教育,一时间,生活教育成为人们关注的一个热点。

在倡言生活教育的政府派人士中,陈果夫,陈立夫两人的见解最为系统,也最具代表性。陈果夫,名祖焘,浙江吴兴人。因其叔父陈其美为同盟会时期蒋介石的至交,故与其弟陈立夫素为蒋介石所器重,视为心腹。1926年后,历任国民党代"组织部"部长、国民政府"监察院"副院长,江苏省政府主席、中央政治学校代理教育长、国民党中央执行委员、常务委员兼财务委员会主任委员等职。陈果夫出于巩固国民党政权统治的目的,一贯重视教育的改革与发展。曾在国民党第四届中央执行委员会第三次全会上提出改革教育方案,主张对现有的教育系统进行全盘改革,一时影响甚大。他著有《中国教育改革之途径》一书,以传统伦理哲学为基础,以建立三民主义教育为目的,对教育制度与实施方法,提出比较系统的意见,又发表《生活教育之意义》等文章,对生活教育的目的、任务和实施多有阐述。陈立夫早年留学美国,入匹兹堡大学学习,获采矿学硕士学位。1925年回国,历任国民党中央"党部"秘书长、"组织部"部长、"中央政治学校"代教育长,国民政府"教育部"部长、"立法院"副院长、"行政院"政务委员会委员等职。1949年去台湾。他曾发表《生活教育的使命》等文章,与其兄陈果夫的教育主张遥相呼应。概括起来,他们的生活教育主张约有如下数端:

(一)"生活教育是叫人们光大生命的意义与价值的教育"

何谓生活教育?陈立夫认为生活教育是生活所原有,生活所自营,生活所必需的教育,英文即"Life education means an education of life, by life, and for life"。很明显,这是借用了陶行知对生活教育下的定义。① 但陈立夫对这个定义的理解和阐释却与陶行知颇有出入。陈立夫把生活教育仅仅看成教人们如何去"做人"。他说:"教的唯一目的,就是光大生命的工作,换言之,是教人们如何去做人。"也就是说"生活教育是教人们光大生命的意义与价值的教育"。这显然与蒋介石关于新生活运动的思想是一脉相承的,是在为蒋介石的新生活运动寻找理论上的根据。

陈立夫还认为:"要使人生有意义与价值,必须把生命的工作发扬光大。在我们每个人的人生过程中应当有两种工作:一种就是终身的工作(lifework),另一种是被指定的工作(assigned work)。我们要以终身的工作,实现创造的社会观,以被指定的工作,实现服务的人生观。"② 他攻击达尔文主张的物竞天择和马克思主张的阶级斗争都离不了人与人争的错误,所以社会只是野蛮的窃取,他借用孙中山在《民权主义》中

---

① 陶行知:《生活教育》,《生活教育》1934年第1期。
② 陈立夫:《生活教育的使命》,《江苏教育》1934年第3期。

的一段话"人人应该以服务为目的,不当以夺取为目的",要人们树立"服务的人生观",实质上是要人们死心塌地、任劳任怨地为国民党政权效劳。

(二)"生活教育之目的,在养成国民独立生活技能,并加以严格之精神训练"

蒋介石倡导"新生活运动",要求人们的生活"能达到生产化、军事化、合理化的境地……在社会能够明礼义,知廉耻,守纪律,重秩序。就业的时候,能够勤劳奋发,发挥生产力量"。陈果夫秉承了蒋介石的意图,提出"生活教育之目的,在养成国民独立生活之技能,而使其各有美满快乐之生活,并加以严格之精神训练,使其深知做人之道理,能发挥敬业乐群合作互助之精神,以跻民族生活于共同进步之境,而增强全民族之力量"①。由此可知,陈果夫的所谓的生活教育,实质上是要培养适应统治阶级需要的、既有一定生活技能又能俯首听命的地道顺民。这与生活教育派和教育界进步人士的生活教育完全是南辕北辙。

(三)生活教育的任务是救弱、救穷和救国民道德堕落

陈果夫认为,当时中国的国情特点有弱、穷、国民道德堕落三点。因此,他在"改革教育方案"中明确指出,教育的三大目标为救弱、救穷和救国民道德堕落。救弱的办法是:小学教育以民族主义为基本,而由各中级学校完成之,以培养民族自信心,养成民族意识,发扬民族精神。救穷的办法是:注重民生建设以树立经济的基础,提倡应用科学与生产教育,以中级学校广其用,而以大学集其成。救国民道德堕落的办法是:注重成年女子的补习教育,从家庭教育培养儿童品性;在小学及生活学校施行严格的管理,各级学校衣食住行设施应简单实用,以养成学生俭朴品性。对于造成学潮的校长教职员一律撤职不用;学生如不守纪律则罪其先生和家长等等。显而易见,这些都是配合其生活教育的总目的的。

(四)在现有的国民教育与大学教育之间特设一生活教育阶段

为了实现生活教育的目的与任务,陈果夫主张在国民教育(即小学教育)与大学教育之间特设一个生活教育阶段,并在这个阶段里开设初级生活学校和高级生活学校。前者旨在养成学生自谋生活的能力,以使其生活适应环境,美满而有意义;后者旨在培养熟练技巧与有组织能力之人才。为什么要设这个生活教育阶段?在他看来,国民

---

① 陈果夫:《生活教育意义》,《江苏教育》1934年第3期。

教育是基础教育，国民教育完成后儿童已深知做人与做国民的道理了。儿童可走的路有两条：一为准备生活技能，以谋独立之生活；一为高深学问之研究，俾将来服务于人群社会。显然，前者为多数人应走之路，为求此多数人有正轨之路线可循，所以要设生活教育这一阶段。① 陈果夫的如意算盘是，如果大多数青年学生都"有正轨之路线可循"，那么，他们就不会铤而走险、投身革命从而危害现政权了。

总而言之，陈果夫、陈立夫之流的国民党政府官员和御用学者，虽然也十分热心提倡、推行生活教育，但与陶行知代表的生活教育派和俞庆棠等教育界其他主张生活教育的进步人士相比较，不仅政治动机和目的大相径庭，就是在对于生活教育的理解和实施上也颇有差异。尽管他们关于生活教育的某些具体观点不乏可取之处，但总体而言，他们的生活教育主张是没有什么值得肯定的。

四、教育界其他人士的生活教育主张

在陶行知及其生活教育派大力提倡、推行生活教育的同时，教育界的一些满怀改造旧教育、建设新教育的宏愿的进步人士在从事教育改革具体实践的过程中，也逐步认识到旧教育的根本问题在于它脱离人民大众，脱离社会生活，是一种吃人的、以书本为中心的、轮回的教育，而生活教育不失为治疗旧教育弊病的一服良药。他们一方面继续自己原有的教改实验（如民众教育、社会教育等），另一方面又对陶行知及其生活教育派的主张表示赞同，并就生活教育发表自己的见解，成为生活教育派和政府人士之外的又一股宣传和推行生活教育的重要力量。

（一）"生活是教育"

陈礼江指出，根据"教育即生活"的理论，我们可以更进一步说"生活即教育"。人自呱呱坠地，时时刻刻，都在受教育。活到老，学到老，有生活就有教育。所以教育的内容，应该包括人生活动的全部。同时这种生活教育的进行，应该就在生活的当中去发展；倘若脱离生活而谈生活教育，则必无效果之可言。总之，生活教育是为生活而施行的教育，应该积极的培养并增加人类的生活能力。②

俞庆棠也认为，教育与生活合一的理论，单靠学校教育是不能实现的。因为个人

---

① 陈果夫：《生活教育意义》，《江苏教育》1934 年第 3 期。
② 陈礼江：《民众教育的哲学基础》，《山东民众教育月刊》1934 年第 1 期。

在校就学的时间,无论如何延长,总有限制。加上因文化愈发达,愈需分业专攻,学校组织又绝对不能打破,"所以只有将整个生活予以意识的指导使发生教育的功能"。并指出,"教育的最大功能,在于将整个生活继续地予以指导"①。

俞庆棠是陶行知志同道合的挚友,俩人早年都留学于美国哥伦比亚大学师范学院,均怀有改造中国教育的宏大志向,政治上共同追求进步,教育上一道服务于人民大众。她非常欣赏陶行知的教育理想和实干精神,曾说除非"知识分子下了决心,有五万人坚决地下乡,跟着陶行知先生,刻苦地办起工学团来",否则中国的义务教育问题无从谈起。她积极支持陶行知的教育事业,资助他办晓庄试验乡村师范学校,还担任了生活教育社的理事。她对陶行知的主张十分重视,曾指出:"陶行知先生说,他从前办平民教育的时候,觉得文字异常重要。最近又感觉老百姓如得不到文字做工具,是永远受欺侮的。这话很有意义。"并认为陶行知倡导的"小先生制"是普及教育的好方法。②

(二)"做学教合一"

生活教育派提出"教学做合一"的主张之后,在教育界引起了人们的广泛关注。有的持完全赞同的态度,认为该主张在教育实际中具有普适性,建议将之从学校教育推广、运用到民众教育中去。陈礼江断言:"只有民众教育才算是以'宇宙为教室,万物为导师,生活为课程'。只有民众教育才能运用'教学做合一'的方法,建造大众的新生命。"③

但是也有些教育工作者对"教学做合一"的主张在文字表述上持保留意见。有的干脆就将之改为"做学教合一"。宝山县立师范学校(下文简称宝山师范)教师孙伯才在1928年春考察了陶行知实验其生活教育思想的基地南京晓庄试验乡村师范学校之后,认为"教学做合一"的提法不如"做学教合一"更为明确和醒目。他说:这"做学教合一"与"教学做合一",在原则上本是同出一辙的。不过那"教学做合一"很会引起人的误解,以为是由教而学,由学而做,是一种演绎的说法;"做学教合一"比较醒目一些,因为做是生活的手段,由做上学,由做上教,不致误会到做是教学后之一种附属物。一般的人们对于做学教合一的认识,往往要弄到做与教学分家,假使做与

---

① 俞庆棠:《理论与意见:民众教育理论的探讨》,《教育与民众》1935年第9期。
② 同②。
③ 陈礼江:《民众教育的哲学基础》,《山东民众教育月刊》1934年第1期。

教学分了家,那便是把生活与教育分了家,这是"做学教合一"原则的罪人。①

他还认为:我们既与以自然的社会的生活环境做教育的中心题材,我们便在这自然的社会的生活环境中活动。这活动就是做。我们从做上学,我们从做上教。怎样做,我们就怎样学;怎样学,我们就怎样教;做什么,我们就学什么;学什么,我们就教什么。换言之,做是学习之动机,也是教的出发点。这样,"做学教合一"才是切合实际生活的教育。②

正因如此,宝山师范以"做学教合一"来标示自己的教学理念,与陶行知的"教学做合一"原则上一致而提法上有别,显得格外引人注目。

对于宝山师范的这种创新之举,生活教育派不但毫不介意,相反倒是以赞赏的口吻予以某种肯定。陶行知在一次关于"教学做合一"的演讲中,曾专门提及此事,谓"'做'既占如此重要的位置,宝山县立师范学校竟把'教学做合一'改为'做学教合一',这是格外有意思的"③。他还在一次晓庄试验乡村师范学校为宝山师范学生参观团举行的欢送会暨同乐会上诚恳地表示:"我很希望我们两校像兄弟一般,携着手共同为中国乡村教育立一基础起来。"④

(三)"身心并用手脑合一"

长期以来,许多学者把知行二者截然两分,给教育带来很大、很坏的影响,造成只知用脑用心、不问身体的动作和手足的使用的不良倾向。陈礼江认为这种偏向亟须纠正,"我们唯有在行动上,才能获得知识;亦唯有能行得通的知识,才有价值。因此我们应该明白知和行本是一件事的两方面,人类求得知识的时候,心与身是联合在一起的,手和脑在学习上有同样的功用"。在他看来,民众教育"是本着'生活即教育'的主张,运用'教学做合一'的方法,使民众'身心并用、手脑合一',以适应生活,改造生活的生活教育"⑤。

樊兆庚还为这种"身心并用、手脑合一"的主张找到了生理学上的理论依据。他指出:伴着生理学的发展,研究者发现身体活动(即筋肉活动)和脑的发达,二者之间有密切的关系,且证明了身体活动对于心的发展有很大的影响。因此,教育上手工

---

① 孙伯才:《"做学教合一"之理论与实际》,《教育杂志》1928 年第 11 期。
② 同①。
③ 陶行知:《教学做合一》,载《陶行知全集(二)》,四川教育出版社,1991,第 43 页。
④ 陶行知:《共同为中国乡村教育立一基础起来》,载《陶行知全集(二)》,四川教育出版社,1991,第 69 页。
⑤ 陈礼江:《民众教育的哲学基础》,《山东民众教育月刊》1934 年第 1 期。

的劳动作业，遂被认为大有价值了。依据这种心理学的说法，脑的表皮的三分之一至二分之一具有运动机能，而且脑的运动机能领域之一定部分和筋肉的一定的运动有直接关系，这筋肉的练习为脑的这一部分发展的要件，而且各种筋肉有与其相应的脑中枢存在。筋肉活动愈是多方面，而愈充分的脑全体的发展也愈是显著。所以由劳动作业和游戏而做各种富于变化的筋肉活动，则脑自必与此相应而日趋于发达，生活教育把劳心劳力合而为一，其理论就基于此。①

（四）生活教育应"分家庭、学校、社会三方面实施"

传统教育专重形式，以致弊病百出，今后的教育必须适应现实生活与社会环境的需要，这已成为"五四"运动以后中国教育界有识之士的共识。但教育如何才能与生活打成一片，才能适应社会环境的需要？相菊潭明确提出应"分家庭、学校、社会三方面实施"生活教育。具体有以下几个方面：

在家庭方面，应设置家庭教育指导员，随时至各家庭指导教育儿童的方法；应特别注意指导儿童的语言训练、行动训练、卫生训练、礼貌训练、劳动训练、爱群爱物训练等；各级学校应切实联络学生家庭，注意家庭生活与学校生活之沟通，使儿童不论在家庭还是在学校都能一样用自己的聪明能力解决生活上的一切问题等。

在学校方面，学校的课程、科目及学习程度等均应视各地生活及社会环境而定；所选教材以能在实际生活方面应用者为主，音乐、美术等应先采用乡土教材；教学与训练务求合一，以过生活为日常工作的中心，在过生活的历程当中，获得有用的知识、技能、习惯等，而道德行为的养成，亦寓于日常生活之中；注意因生活的需要随时调整教育实施的地点和时间，不失去参与社会事业的机会；养成学生刻苦耐劳的习惯，注意其生产技能的培养，自卫团结能力的训练；成绩的考查以实地生活的本能有无进步为根据，不采用只有形式的考试，更不只考查知识的死记硬背；等等。

在社会方面，应以指导民众生活为社会教育的主要任务；识字教育的实施，应教民众日常生活应用的文字，如书信、契据、账目等；生计教育的实施，应多解决民众生活方面之实际问题，如小额贷款、农业仓库、指导副业等；公民教育的实施，须能适合民众生活的实际需要，如组建保卫组织，组织民众团体，兴办地方公益等；健康教育的实施，须能适合民众的经济能力，如提倡武术，提倡踢毽子，举行卫生常识讲演等；家事教育的实施，须注意家庭教育的指导，如家事比赛，家庭清洁指导，育儿

---

① 樊兆庚：《生活教育之趋势和实施》，《江苏教育》1934年第3期。

指导等；休闲教育的实施，须注意民众休闲娱乐之指导，如劝诫不良嗜好，提倡正当娱乐，组织同乐会等；一切社会教育的实施，须深入民间，与民众实际生活发生联系，务使社会教育与民众生活打成一片；等等。①

他还表示，以上所述，仅为个人生活教育之理想，为叙述便利起见，仍将家庭教育、学校教育、社会教育分别列举，其实真正的生活教育，应该将学校教育和社会教育打成一片，学校既是社会，社会就是学校，这样儿童长成成人，其所受教育，才有一贯精神呢！②

于此可见，教育界其他有识之士的生活教育主张，虽然与生活教育派不尽一致，但实际上彼此是互为补充、互相影响的，形成了一种无形的同盟。他们对于20世纪20年代中期以后生活教育思潮的兴起与生活教育运动的发展，是起了积极的推动作用的。

五、生活教育思潮的影响与评价

作为近现代中国的一种重要教育思潮，生活教育思潮起了什么样的历史作用，在哪些方面产生了影响，后人应该如何认识与评价它？这些显然是研究生活教育思潮时必须加以认真探讨与回答的问题。

（一）生活教育思潮的影响

客观而论，生活教育思潮在20世纪20年代以后的中国社会变迁与教育发展中起了显著的作用，在许多方面都产生了广泛而深刻的影响。从影响的广度看，不仅在国内有影响，而且在国外也有影响；不仅在国民党统治区有影响，而且在共产党控制区也有影响；不仅影响到教育界，而且影响到思想文化界。从影响的深度看，不仅影响到了教育内容、教育方法和教育组织形式，而且也影响到教育体制甚至教育观念；不仅在当时有影响，而且对今天仍有影响。可以说，除了马克思主义教育思潮、三民主义教育思潮、实用主义教育思潮之外，还很少有哪个教育思潮像它这样对20世纪20年代以后的中国社会和教育产生如此广泛而深刻的影响。

1. 生活教育思潮在国内的影响

生活教育思潮在国内的影响主要体现在教育界。先来看一看它对国民党统治区教

---

① 相菊潭：《生活教育发凡》，《江苏教育》1934年第3期。
② 同①。

育界的影响。具体说来，这种影响表现在以下几个方面：

第一，生活教育思潮促进了乡村教育、普及教育、民众教育、社会教育、幼稚教育、女子教育、师范教育、职业教育等多种教育事业的发展。20世纪20年代以后，在生活教育思潮的大力推动下，上述教育事业都有了程度不同的发展。

第二，生活教育思潮带来了教育观念、教育思想的更新。教育、学校、课程等概念得到了重新解释，"学而优则仕""劳心者治人，劳力者治于人"等陈腐观念遭到彻底批判，"在劳力上劳心""以教人者教己""即知即传人""手脑并用"等教育信条逐渐为人们所接受，教育为公、全民教育、全面教育、终身教育等现代教育观念日渐流行，既有的各种本土的或外来的教育理论的权威性开始从根本上发生了动摇。

第三，生活教育思潮推动了教育体制的改造。在众多有识之士的共同努力下，从20年代起，生活教育作为"学制标准"被列入了1922年的《学校系统改革案》（简称新学制）中。各类生活学校、乡村师范学校等先后成为学制系统大家族的新成员，师生共同生活、共同管理成为20世纪20年代以后的一种新的办学模式。

第四，生活教育思潮加速了教育内容的嬗变。清末以来，由于时代生活的推动，学校的教育内容开始发生变化，但变化仍很有限，脱离社会生活实际的各种观念性的东西仍是基本的教育内容。生活教育思潮的勃兴，使人们进一步认识到教育内容应该实用化、生活化，于是生活的一切方面都成了教育的内容。各种生活课程逐渐为学校所重视、所采用。

第五，生活教育思潮推动了教育方法的变革。以讲授法、读书法为支柱的注入式的主观教育法和以观察法、问题法、讨论法、设计法为支柱的自由主义的客观教育法受到猛烈冲击。陶行知提出的"教学做合一"引人注目地登上了历史舞台，在理论与实践统一的基础上把教育效能提高到了更高阶段，创造性地为实践的教育方法开辟了一条新路。

第六，生活教育思潮还促成了教育组织形式的重建。20世纪20年代以后，学校不再被视为唯一的教育组织机构，课堂教学、班级授课制等也不再被视为最有效的教学组织形式。"社会即学校""宇宙为教室"的新观念广泛流行，马路、弄堂、乡村、工厂、店铺、监牢、战场等，都被生活教育派作为人民大众教育自己的场所。陶行知独创的将学校、工场（乡村）、社会打成一片的新型的教育组织形式——工学团，在国内部分地区尤其是上海一带开花结果，培养出一代新人。

现在再把历史的镜头换个角度，看看生活教育思潮对共产党控制区教育的影响。20世纪20年代中期以后，中国共产党在闽、浙、湘、赣建立了红色政权，30年代中期以后又在陕甘宁、晋察冀、晋冀鲁豫、苏皖等地区建立了抗日民主革命根据地，40年代中期以后上述地区又成为解放区。从30年代末起，由于毛泽东、周恩来、李维汉、陆定一、林伯渠、徐特立、吴玉章等许多共产党领袖和负责文教的高级干部对陶行知及其教育思想的肯定、赞扬和宣传，也由于陶行知的生活教育主张与共产党在新民主主义时期的教育理论有相通之处，特别适合于革命根据地和解放区教育改革与发展的需要，加上当时共产党各大报刊对陶行知及其教育思想与实践的广泛介绍、报道，以及先后来到革命根据地的柳湜、张宗麟、刘季平、董纯才、程今吾、戴伯韬、丁华、方与严、张劲夫、林迪生等陶行知的同事、学生对生活教育主张的宣传和推行，生活教育思潮对边区、解放区的教育产生了相当深刻的影响。陶行知的生活教育、普及教育思想得到广泛地传播和运用，"教学做合一""小先生制"被写进边区、解放区的有关教育文件，成为教育工作的指导思想之一，并在各革命根据地的小学教育、中等教育、干部教育和社会教育中得到普遍地运用，风靡一时。以苏皖为例，苏皖是生活教育运动的发祥地。抗战之前，陶行知的生活教育主张就已在那里生根开花。苏皖革命根据地建立后，当地干部从革命斗争的实际出发，借鉴陶行知的生活教育主张及其实践经验，丰富了新民主主义教育的内容和方式方法，特别是在反"清乡"、反"扫荡"，实行分散游击教学的斗争实践中，运用陶行知的教育理论和经验，很有成效。如盐阜行政区要求冬季教学内容应与冬季其他工作一致，真正做到"教学做合一"；也曾提出与应用"教学做合一"的原则与具体方法，解决学校教育中学与用脱节的问题。在其他革命根据地，陶行知生活教育主张的影响之大也是少见的。[①] 1946年7月25日陶行知在沪病逝。8月12日，陕甘宁政府主席林伯渠在延安各界代表追悼陶行知的大会上讲话，对陶行知的革命精神和教育思想给予高度评价，称"陶先生是在我们这个多灾多难的国家近三十年来所产生出来的一个天才——人民教育家，这是中华民族的光荣……边区人民将永久纪念着陶行知先生，虽然他没有来过这里，但他的事业在这里得到了实践，且曾为广大群众增加了福利"[②]。生活教育思潮之所以能在国内产生如此广泛而深刻的影响，固然得力于一大批有志于革新的教育工作者特别是陶行知的生活教育派的大力提倡和推行，得力于社会各个方面对生活教育主张的重视、肯定和宣传，但最主要的还是在于它本身具有适合时代要求的合理性和进步性，在很大程度上符合并满足了20世纪20年代以后中国社会政治经济和文化教育发展的迫切需要。

---

① 王琳：《陶行知教育思想与解放区教育》，载中国陶行知研究会编《陶行知教育思想研究文集》，人民教育出版社，1986，第12页；郑涵慧：《陶行知教育思想在陕甘宁边区》，《陕西教育学院学报》1987年第1期。
② 林伯渠：《悼念陶行知先生》，《解放日报》1946年8月12日。

2. 生活教育思潮在海外的影响

生活教育思潮不仅在国内产生了广泛而深刻的影响，而且随着它本身的发展、成熟，以及各种媒介作用的发挥，从 20 世纪 30 年代起，它的影响逐渐扩大到日本、美国、印度、印度尼西亚、缅甸、菲律宾等国家和地区。

日本是生活教育思潮最早波及的一个国家。这固然是由于日本为中国的近邻，在信息交流方面享有天然优势，但更重要的是因为陶行知与日本有着密切的关系。1930年 4 月，国民党政府强行封闭晓庄学校，并下令通缉陶行知。是年秋至次年春，陶行知一度避难于日本。此后，他始终和日本教育界直接或间接地保持着联系。他的生活教育理论和实践也引起了日本有关人士的极大关注，并对日本的教育产生了一定的影响。1935 年，教育改革家户塚廉、牧泽伊平等人创办了《生活学校》杂志。牧泽伊平还于此年 1 月在《生活学校》创刊号上以"岸本辰三"的笔名撰写了《中华民国的新教育——世界新教育的动向（一）》一文，向日本教育界介绍了陶行知的"小先生"运动。同年 6 月，他又在《教育》杂志上发表译文《中华民国的"小先生"普及教育运动》。数年后，他又在《训导生活》杂志上发表《中国的生活教育运动》一文，介绍陶行知的工学团运动。与此同时，著名教育家海后宗臣、国分一太郎、户塚廉、留冈清男等人也对陶行知的生活教育理论及其实践作了不少评论介绍。此外，日本的新闻界也对陶行知作了不少报道。第二次世界大战结束后，日本教育界进步人士出于重建日本新教育的需要，更加重视陶行知的教育思想和实践。斋藤秋男、新岛淳良、市川博、阿部洋等一批学养丰厚、思想进步的教育学者开始着手进行陶行知研究，先后出版了《新中国教师之父——陶行知》《民族解放的教育》《陶行知评传政治的抒情诗人》《陶行知生活教育理论的形成》等论著，对二战后日本的教育改革产生了积极作用。1948年，日本还成立了日本生活教育联盟，发行会刊《生活教育》，成为现当代日本教育界谋求教育革新的一支重要力量。

由于陶行知抗战期间曾遍游欧美亚非二十八个国家和地区，宣传中国人民的抗日主张，介绍其生活教育理论和实践，于是在 20 世纪 30 年代中期以后，陶行知及其生活教育就为许多国家的人民尤其是教育界人士所知晓。在美国，知名学者杜威、孟禄、克伯屈、费正清、朱宕潜、孔斐力等人都对陶行知的教育思想和实践给予了充分肯定。英国知名学者李约瑟、加拿大知名学者文幼章等人还高度赞扬了陶行知的伟大人格和思想作风。在印度，陶行知应"圣雄"甘地之约，将他在华从事的工作写成题为《中国的大众教育》的一篇长文，发表在印度的《民族旗帜》杂志上。甘地特地在文章前面加按语说:"陶行知博士不久前来访问我时,我邀请他撰文介绍正在中国开展的引人注目的大众教育运动。现在,他寄来下面这篇有指导意义的文章。这篇文章对我们印度一定是很有用的。"[①] 在印度尼西亚,晓庄毕业生徐松石是苏门答腊棉花埠的华侨学校——苏东中学的首任校长。他在学校里完全按照陶行知的生活教育思想办学,学校办得生气勃勃,在当地颇有名气。在缅甸,20世纪20年代初陶行知倡导的平民教育运动的热潮迅速波及缅甸华侨社会,各种平民学校应运而生。陶行知的教育思想开始为华侨界所了解。第二次世界大战结束后,缅甸华侨教师联合会通过举办教师假期学习会,号召全体缅甸华侨教师发扬陶行知"捧着一颗心来,不带半根草去"的奉献精神,扎扎实实地工作。在方法上,要求各校贯彻"即知即传"的"小先生制"精神,组织、引导学生把他们所学到的科学文化知识、新闻时事等,及时地传给他们各自的家庭、亲戚朋友和周围的人们,同时教育学生"手脑并用",树立为人民服务的劳动观点。在卑谬埠的中兴学校、兴实搭埠的铭新学校、土瓦埠的中山学校和丹老埠的华侨公学等校,不少教师都把陶行知的"捧着一颗心来,不带半根草去"这一名言悬挂在自己的办公室里,作为座右铭。在菲律宾,宿务省爱国华侨、洪光学校校长杨静桐,热心推行生活教育,发展"育才之友",并给陶行知的育才学校以经济资助。在中国香港,1938年秋,陶行知从国外回到香港,为动员青年抗日救国,解决失学问题,陶行知与吴涵真、方与严等人创办了中华业余学校,并亲任该校董事长。学校开设政治经济学、文学、新闻、戏剧、民运、教育、美术、音乐等科目,讲课的有金仲华、刘思慕、茅盾、楼适夷、萨空了、欧阳予倩、胡愈之、乔冠华、夏衍等进步人士和知名学者。学校按照生活教育的指导思想,实践"教学做合一",各科学生分别建立各种学习活动组织,如文学研究会、中华业余剧团、中华业余合唱团等,经常进行演出,在当时的香港颇有影响。由于种种原因,中华业余学校办了两期即告结束。陶行知去世后,为实践陶行知的生活教育理论,方与严、麦坚弥等人又创办了中业学院(后改名为中业专科学校),对职员、店员等进行业务专科教育,社会反响很好,并一直坚持到20世纪80年代末。

(二)对生活教育思潮的评价

评价生活教育思潮,不能脱离生活教育思潮产生的社会历史背景与条件,不能脱离生活教育倡导者与推行者特别是以陶行知为代表的生活教育派的教育思想和实践,不能脱离

---

① 方明编《陶行知全集(三)》,四川教育出版社,1991,第224—225页。

生活教育思潮在中国社会变迁与教育发展中所起的历史作用。这是正确认识和评价生活教育思潮的三个基本原则，也是人们客观考量生活教育思潮的三个主要向度。

生活教育思潮产生于20世纪20年代以后的中国，是近代以来中国社会政治经济和文化教育发展的历史产物。它首先是也主要是针对近代以来，特别是"五四"新文化运动以后中国教育依然严重脱离社会生活，脱离人民大众，无法适应当时中国社会政治经济发展的需要这一现实而提出来的。它以其一系列"教育应面向社会、面向生活、面向广大民众"的全新主张，适应了时代和社会的需要，给当时的"老八股"教育、"洋八股"教育以巨大的冲击，在当时的中国社会尤其是教育界产生了广泛而深刻的影响。

生活教育思潮的形成与发展也离不开西方近现代进步教育思想在华的传播与影响。"五四"运动前后，西方的诸多教育思想与流派相继被引进和介绍到中国来，为不同的教育群体所接受和实验。生活教育思潮就是中国的教育家们在借鉴与改造西方近现代进步教育思想特别是以杜威、克伯屈等人为代表的美国实用主义教育学说的基础上，结合自身在改造中国教育的过程中所取得的宝贵经验所产生和发展起来的。从某种意义上说，生活教育思潮是"五四"新文化运动以后多种中西文化教育思想融合的结晶。

生活教育思潮的兴起与繁盛，还得力于20世纪20年代以后众多教育工作者乃至政府官员的大力倡导与推行。尽管这些倡导者与推行者旨趣不一，但其主要成员是当时教育界的一批不满现状、有志革新的进步人士。以陶行知为代表的生活教育派更是这一教育思潮的主要促成者。他们所反对的是陈腐的传统教育和外来的洋化教育，所主张的是面向社会、面向生活、面向人民大众的新教育。因此，生活教育思潮的主流是进步的、革命的，具有新民主主义教育的性质。

生活教育思潮对20世纪20年代以后的中国社会和教育所产生的作用是广泛而深刻的。它促进了乡村教育、普及教育、民众教育、社会教育、幼儿教育、女子教育、师范教育、职业教育等多种教育事业的发展，带来了教育观念、教育思想的更新，加速了教育内容与教学方法的变革，推动了教育组织和教育体制的改造与重建。不仅如此，它的影响还越出国界，辐射到了国外（特别是日本和东南亚一带的国家和地区），具有了一定的国际性。应该肯定，生活教育思潮所产生的历史作用与影响，主要是积极的、健康的。

毫无疑问，像近代中国众多教育思潮一样，生活教育思潮的影响也有其消极的一面，这集中表现为实施生活教育主张的学校或其他机构，大都过分强调生活本身的教育作用，而对学科课程的系统教学有所忽略，注重受教育者的自我管理与学习主动性的发挥，而相对放松了教育者的管理与引导。有的虽名为"教学做合一"，却多做少教少学甚至只做不教不学，实际与理论没有很好地结合起来。出现这些问题，原因是多方面的。

从理论上说，这与生活教育理论的特点及其来源有关。生活教育理论与"老八股"教育、"洋八股"教育均有明显的不同，它强调生活与教育之间的一致性和相关性，强调教学不能脱离做，强调受教育者在社会生活实际中学习知识，追求真理，这都有其现实的针对性与理论的合理性。应该说，这些也正是生活教育理论区别于当时其他多种教育理论的地方，是它的特点也是优点和长处。但是，从另一个角度来看，优长又往往是其缺憾。强调一方面的同时必然会或常常会忽略另一方面。进而言之，这与生活教育理论主要源于对美国实用主义教育思想的继承与改造有关。中国教育家们从美国实用主义教育思想中吸取了许多精华，但没有也不可能彻底剔除其糟粕。美国实用主义教育思想中的某些消极因素与积极因素一道融入了生活教育理论中，给它带来了成功的盛誉，也对它造成了负面的影响。从实践上说，部分生活教育者在实施生活教育主张时，由于理论素养不足，加上缺乏经验，往往出现一些偏差。这在生活教育实施的早期表现得特别明显。

从根本上说，造成上述问题的原因，在于生活教育者所生活和工作的时代和社会没有给他们提供安定的环境与起码的条件，使他们可以不受干扰、专心致志地从事生活教育理论的研究与试验，自觉地防止和避免这些问题的发生，将理论本身的不足所带来的偏差减少到最低限度。相反，倒是日益严重的民族危机和压倒一切的救亡图存的呼声，迫使着肩负救亡与启蒙双重使命的生活教育者，不得不匆匆忙忙地披挂上阵，在理论准备不足、实践经验缺乏的情势下，进行着反对"老八股"教育与"洋八股"教育的斗争，开展生活教育的试验，以配合如火如荼的民族民主革命的发展。

因此，对于生活教育思潮所造成的这些消极影响，对于当年生活教育者的种种偏差与失误，后人不应该给予苛责。今天人们所应做的是从中吸取宝贵的经验教训，以作为今后有中国特色的社会主义教育理论体系的构建与教育事业的发展之借鉴。

生活教育运动的历史及对当代教育的影响[①]

生活教育运动是"五四"运动以后兴起的一种提倡和推行生活教育的运动。这场运动酝酿于20世纪初期，兴起于20年代中后期，发展于三四十年代，其后，因种种原因而渐趋沉寂。但随着社会生活的急剧变化和教育事业的蓬勃发展，生活教育运动中表现出的生活教育思想和生活教育理论又呈现再兴之势。正确把握这一运动的来龙去脉，总结其经验教训，对深化当代中国教育体制改革，促进教育事业繁荣，推动社会变革与进步均不无裨益。

一、生活教育运动的历史回顾

任何一种教育运动的兴起，都有其时代和思想的背景作为诱因，而且其酝酿与发展，又随时代和思想背景等各种因素的改变而推移。根据中国社会政治形势的变化、文化教育发展的需求以及教育运动演进的内在逻辑，本文拟将生活教育运动的演进过程大致分为酝酿（1913—1926）、兴起（1927—1930）、发展（1931—1950）、低落（1951—1977）和复兴（1978—现在）五个阶段。

对于生活教育运动的酝酿（1913—1926）至发展（1931—1950）期间的历史回顾，由于前篇《论生活教育思潮》中已有详细论述，此处仅保留标题，内容则不再展开。（编者注）

（一）生活教育运动的发展阶段（1931—1950）

进入20世纪30年代，随着社会政治、经济形势的不断变化，尤其是抗日战争的

[①] 与操太圣合作，原载于《教育研究》1997年第10期，有删节。

全面爆发,民族救亡运动的方兴未艾,使陶行知的爱国热情更加高涨,他几乎是全身心地投入生活教育理论的实践、创造、革新和探索中,百折不挠,艰苦奋斗,推动着生活教育运动不断地向前发展。

1930年4月,晓庄试验乡村师范学校(下文简称晓庄学校)被国民党政府封闭,陶行知本人遭通缉被迫流亡日本。生活教育运动似乎处于静止状态,但它在教育界的影响已不可小觑。1931年陶行知回到上海,创办自然学园,设立儿童科学通讯学校,编辑《儿童科学丛书》,从事"科学下嫁"运动,这虽在形式上有别于前期的乡村教育运动,但仍和"改造国民,创造新中国"的思想一脉相承。在此背景下,1932年10月山海工学团在上海成立,它将学校工场(农村)和社会打成一片,使生活教育与工农业生产和社会政治斗争紧密结合,特别是提出团结救国的主张,宣扬教育必须配合政治要求,这是生活教育理论的新创造、新发展。以此为起点,普及教育运动开始大规模地发动起来,渐有普及教育助成会的组织出现,又产生"即知即传"的"小先生制"。1934年《生活教育》半月刊出版,普及教育运动有计划地进行着系统宣传。

生活教育在普及教育运动阶段已逐渐加强与半殖民地半封建的中国社会结构的政治需求相配合,这完全是与其"生活即教育""社会即学校"的观点相一致的。因此当日寇侵我国土、害我人民,北平学生率先反抗,爆发了"一二·九运动"之后,生活教育者便首先起来响应,于1936年发起成立了国难教育社,拟定了国难教育方案,自觉地将教育工作与抗日救亡斗争结合起来,在全国广泛地推行国难教育运动。至此,他们已经明确地意识到社会是一个统一体,其中各部门应相互依存,在认识上获得了很大的提高。其后,陶行知远赴海外,广泛宣传他的生活教育理论,争取国际友人的援助。

"七七"事变后,全面抗战开始,生活教育者又主张改革学制,调整课程,革新教育方法,加强政治教育和抗战需要的知能教育,并出版《战时教育》旬刊,同时在上海、武汉等地大规模地创办抗战知识训练班,并联合各地教育界人士组成抗战教育研究会、全国战时教育协会等团体,积极开展战时教育运动。在这一时期,生活教育愈发壮大,为中国教育增添了新的活力。[①] 1938年12月15日,生活教育社在桂林正式成立,陶行知被选为理事长。该社的成立是生活教育运动发展史上的一件大事,在其社章中开宗明义地提出了建社宗旨,明确了社务,健全了组织,规划了职权,使其成

---

① 戴伯韬:《生活教育发展史纲》,载《生活教育文选》,四川教育出版社,1988,第203—204页。

为领导全国生活教育运动的核心、推行生活教育运动的先锋部队。① 自此，生活教育运动走上了有领导、有组织、有计划的发展道路。

1939年，陶行知敏锐地感到有必要促进战时教育向深广发展，遂切时地提出，教育要随着战争的展开而开展，要推行全面教育。在此期间，他为实现"办难童学校，收容教养在战争中流离失所的苦难儿童"之愿望，于该年7月在四川合川（今属重庆）创办了育才学校，做培养人才幼苗的分组实习实验，其生活教育内容在这个时期最重要的变化就是体现了德、智、体、美、劳的和谐发展，既设有普通课，又设有分专业的提高课，还实行创造教育训练，发展高年级学生研究能力，从而进一步丰富、完善了生活教育理论。

抗日战争胜利后，争取和平民主、人民要求解放的斗争形成波澜壮阔的洪流。陶行知又把工作重点放在民主教育运动方面，1945年10月，《战时教育》杂志改名为《民主教育》。次年1月，社会大学在重庆创立，它主要让学生学习民主革命理论和参加反对国民党反动派卖国投降、专制独裁的革命活动，使生活教育为革命斗争服务，成为半封建半殖民地社会的革命教育。该校很快成为革命的熔炉、人才的摇篮。

陶行知的教育实践，始终围绕着把生活教育理论变为生活教育现实这一中心。乡村教育运动、普及教育运动、国难教育运动、战时教育运动、全面教育运动和民主教育运动，都是生活教育的现实。陶行知正是通过开展生活教育运动，为贫弱的中国在教育方面找到了一条光明的道路。1946年7月25日，这位"伟大的人民教育家"终因积劳成疾，患脑溢血逝世。

陶行知虽然去世了，但生活教育运动并未停息，他创立的生活教育学说在此之后继续得到发展，萌芽学校的诞生便是很好的例证。1947年5月4日，高衡创办了德都萌芽乡村师范学校。该校根据我国新民主主义革命时期的民族的、科学的、大众的文化教育方针和当时农村建设需要，运用陶行知的生活教育原理与方法，培养建设农村的人才。为了传播陶行知思想，办学者印发了两千册《行知教育论文选》，把"教学做"改为"做学教"，表示以实践教育为中心。经过三年努力，学生发展到三百六十六名，更重要的是这些学生都已接受了相当程度的教育和训练，特别是他们实际生产知识技能扎实，是文化劳动的双面手，其中就包括了新中国第一代女拖拉机手梁军。②

陶行知等人在注重教育实践的同时，也认真总结了生活教育经验，表现为对于生

---

① 王洞若：《生活教育运动与生活教育社》，载《生活教育文选》，四川教育出版社，1988，第193页。
② 刘维汉：《生活教育简论》，哈尔滨工业大学出版社，1996，第204—205页。

活教育理论的研究和阐述更全面、更深入。这一阶段，陶行知陆续发表了《生活教育之特质》《告生活教育社同志书》《创造的儿童教育》《实施民主教育的提纲》《全民教育》等重要文章，把他的生活教育理论发展到一个新阶段。同时，他的同事、学生们也先后发表了不少探讨和宣传生活教育的文章，如刘季平的系列论文《文化与教育一般之特质》《科学化的生活教育》、王洞若的《生活教育的涵义》《生活教育运动与生活教育社》、戴伯韬的《生活教育发展史纲》、张健的《生活教育是什么》、程今吾的《教育的本质》等，进一步完善和丰富了陶行知的生活教育理论。这些都表明20世纪30年代以后生活教育运动进入了它的兴盛期，发展到一个新阶段。

生活教育运动由萌芽而兴起，终至大发展，在社会上产生了广泛而深刻的影响。但在进入20世纪50年代以后，生活教育学说却经历了一次大波折，直到70年代末，才又重新焕发出青春的活力。

（二）生活教育学说的低落阶段（1951—1977）

1951年，电影《武训传》遭到批判，陶行知受到牵连，被扣上了"改良主义""实用主义"等帽子。这使陶行知的声望受到近三十年的歪曲贬低，其教育思想也成了众矢之的和研究的禁区，生活教育学说在此遭受重大挫折。1957年邓初民、陈友松等人提出重新评价陶行知，但不久反右运动的开展，使此良好愿望落空。

（三）生活教育学说的复兴阶段（1978—现在）

1978年党的十一届三中全会胜利召开，提出了"解放思想，实事求是"的正确主张，拨乱反正工作在各个领域（包括教育领域）广泛而深入地展开，陶行知的名誉终于得以恢复，各种陶研机构相继成立，陶研学术会议次第召开，人们在理论上、实践中重新恢复了对生活教育学说的研究和探讨，生活教育学说走上了复兴之途。

陶行知的平反，为生活教育学说争取了政治保证。1981年10月18日，中国人民政治协商会议在北京隆重集会纪念陶行知诞辰九十周年，邓颖超、胡愈之等中央领导人分别在会上讲话，对陶行知给予了高度评价，指出他是"人民教育家、爱国民主人士""进步的思想家"，为其正名平反。1985年9月5日，中共中央政治局委员胡乔木代表党中央在中国陶行知研究会、中国陶行知基金会成立大会上又作了一次具有历史意义的重要讲话，认为应该从全体和各方面对陶行知进行评价，进一步澄清和消除了在错误路线影响下对陶行知评价所产生的不公正态度和错误认识，重申陶行知是一位当之无愧的"伟大的、进步的教育家、教育思想家，伟大的民主主义战士，伟大的共产主义战士，伟大的爱国者"，彻底地为其平反，从而在政治上为生活教育学说向更深更广层面发展提供了重要保证，奠定了必要基础。

陶研机构的涌现，为生活教育学说的发展提供了组织保证。党的十一届三中全会以后，率先恢复生活教育研究工作的是陶行知当年的学生和朋友们。1979 年，操震球、杨寿南、李勋南等人一起在安徽组织了陶行知研究小组，次年成立了陶行知研究会，出版了第一期《行知研究》。此举获得当时安徽省委书记张劲夫的大力支持。与此同时，江苏、四川、上海三省（市）也设立了陶行知研究会，并举行学术年会，出版研究成果，积极推动陶行知教育思想研究的深入。其后又相继设立陶行知研究会或陶行知研究组织的省市有广东、福建、北京、浙江、陕西、湖北、江西、湖南、山东、内蒙古、辽宁、吉林、黑龙江、云南等，一时间，陶研之花开遍了中华大地。

1984 年 10 月，北京、上海、江苏、安徽、四川、广东六省市联名倡议成立中国陶行知研究会，不久于屯溪召开了有十七个省市参加的座谈会，商讨成立全国陶研组织事宜，并向中共中央宣传部递交了申请报告。12 月申请获准。次年的 9 月 5 日，中国陶行知研究会和中国陶行知基金会在北京正式成立，确定了两个组织工作的宗旨，产生了领导机构。它标志着陶行知教育思想的研究突破了从前那种区域性的、分散的、各自为政的局面，走上了有组织、有规划的道路，从组织上保证了全国的生活教育研究工作得以如火如荼地开展。到 1994 年底，全国成立有陶行知研究会的省（市、自治区）有二十一个之多。另外，各地由省市所属的地区、县以及院校，甚至包括工厂、企业等基层单位成立陶研组织的也近千个，全国的陶研人员则逾六万之众。

政府的倡导，为生活教育学说的发展带来了巨大的推动力。1990 年 9 月，安徽省教委、省教育工会、省教育学会和省陶行知研究会联合发出通知，号召学习伟大的人民教育家陶行知。此举在全国产生了巨大反响。其后，相继又有上海、江苏、四川、广西、广东、山西、江西、青海、河南、云南、辽宁、黑龙江、河北、浙江等省（市）的教委、教育工会、教育学会、陶研会等单位发出了学习陶行知活动的通知。由于生活教育理论是在反对旧教育的基础上逐步发展起来的，是科学的、进步的，符合中国国情的，对它的研究和实验，将有助于我国教育的改革和发展，因而也获得了国家领导人的赞成和支持。1991 年 10 月，为纪念陶行知一百周年诞辰，江泽民总书记写下了"学习陶行知教育思想，促进教育改革"的题词，李鹏总理的题词为"学习、研究、运用、发扬陶行知的教育思想，为发展社会主义教育事业服务"，从而使生活教育开始由一种纯民间的、群众性的教育活动发展到由教育行政部门出面领导，以及和教育工会、教育学会等有关部门密切配合、共同推动的新的阶段。

学术研究的盛行，为生活教育提供了理论指导。随着对陶行知政治上的评价得以拨乱反正，学术界也恢复了对生活教育理论的研究，取得了显著的成绩。首先，在有关各方的高度重视和共同努力下，生活教育资料的搜集和出版工作取得了很大成绩。集中表现在陶行知的各种文集、选集乃至全集纷纷出版，华中师范大学教育科学研究所经过三年多的艰苦努力（1982—1985），编辑出版了三百六十余万字的《陶行知全集》，在生活教育研究史上做出了成绩。数年后，中国陶行知研究会又在其基础上组编了新版《陶行知全集》，其内容更为丰富，注释更加准确，进一步促使生活教育研究走向深入。其次，生活教育的研究领域不断扩大，研究内容不断深化。多年来，全国各地纷纷举行学术研讨会，从研讨生活教育理论产生的历史背景、社会基础、结构体系开始，探讨了其中的乡村教育思想、普及教育思想、幼儿教育思想、师范教育思想、职业教育思想、高等教育思想、成人教育思想、终身教育思想、科学教育思想、创造教育思想等；进而研讨生活教育理论与古今中外教育思想的相互影响，阐释了陶行知与杜威、武训、王阳明、蔡元培、黄炎培、张謇等人的关系；再进而研讨生活教育理论与当前我国建设有中国特色社会主义教育体系的关系，出版了《为中国教育改革探路》《改革师范教育的新路》《农村教育的出路》等专著。这些研究、讨论，进一步论证了陶行知创立的生活教育学说是符合马克思主义教育原理的，是符合我们党的教育方针的，因而对我国现阶段的教育改革和发展具有重大的借鉴价值。

国际学术交流的加强，为生活教育运动的国际化创造了条件。由于陶行知不仅是近代以来中国的大教育家，也是具有国际影响的教育改革家，其生活教育理论与实践构成了20世纪以来世界范围内勃然而兴的教育革新思潮和运动的重要组成部分，对世界上许多国家（尤其是第三世界国家）教育改革和发展，曾经产生并且还在继续产生着程度不同的影响，因此，生活教育也成为世界许多国家和地区的教育家、历史学家关注的研究领域。国内陶研界非常重视国际学术交流，注意翻译介绍国外学者优秀的有参考价值的研究成果，如翻译日本学者斋藤秋男的《陶行知评传——政治抒情诗人的一生》，出版《陶行知研究在海外》等；重视加强与外国的有关组织进行学术往来，如与日本生活教育联盟建立友好的合作关系等。尤其是1996年10月，在武汉的华中师范大学首次成功地举行了陶行知研究国际学术研讨会，更促使生活教育向国际化的发展方向上迈进了一步。

教育实验的开展，为生活教育积累了丰富的经验。生活教育的研究者们自觉地将研讨与实验紧密联系起来，他们结合本地实际，确定研究专题，把生活教育理论贯彻、落实到具体的教育实践中去，既促进了当前的教育改革，又发展了生活教育理论。

1987年，安徽省休宁县溪口区开始实行"农科教多位一体"改革实验，在全国产生了很大的影响。该实验以发展农村经济为中心，以科技为动力，以农村职业学校等为载体，通过统筹协调，使三部门的人力、物力、财力得到综合利用，合理配置，发挥各自优势，相辅相成，取得人才培养、科技发展和经济振兴的最佳效益，加速了社会主义新农村的建设。[①]

与此相类似的实验还有1986年开始的安徽省黄山市的"农科教统筹"实验，1987年开始的山西省柳林县前元庄的"村社合一"实验，四川省合川县（今重庆市合川区）的"整体改革"实验，1991年开始的山西省屯留县东古村行知学校的"整体教育"实验、江苏省沛县欢口小学的"村校一体奔小康"实验，1993年开始的江苏省江浦县（已撤销，今属南京浦口区）五里行知小学的"村级大教育"实验，等等。这些教育整体改革实验的出现，表明了生活教育在社会主义时期获得了很大发展。

除农村教育改革，生活教育的实验领域还包括师范教育、职业教育、工矿企业教育、高等教育、特区教育等。这就在华夏大地上重振起生活教育之雄风，产生了如南京的晓庄师范学校、山西的太谷师范学校、安徽的徽州师范学校、黑龙江的克山师范专科学校、湖北的孝感师范专科学校等众多决心走"行知路"，并在教改实验中获得累累硕果的样板师范学校；出现了如江苏省江阴市这样的注重素质教育，加快经济与教育结合的"全国经济百强县（市）""全国文明城市""全国卫生城市"；诞生了如北京的香厂路小学、苏州市大儒中心小学、上海市的和田路小学等借鉴陶行知生活教育思想取得突出成绩的好典型；涌现了如北京的行知职业培训学校、南京的中华育才学校、安徽的黄山医科大学等以生活教育理论为指导思想的民办学校；创办了如广东白云职业技术学校、浙江金华行知职业高中、山西阳泉交通职业学校、安徽金寨县江店高级职业中学等弘扬陶行知职业教育思想的职业学校，如此等等，不一而足。

短短的几十年里，生活教育学说无论其发展速度、规模，还是产生的影响都已达到空前的程度。数量可观的教育实验既是陶行知教育思想直接指导下的产物，又反过来发展、丰富了他的生活教育理论。尤其是倡导"科教兴村"，较之陶行知的"教育与农业携手"观点显然已有长足的进步，为"科教兴国"开辟了一条崭新的途径。

---

① 《生活教育理论在黄山的实践》，《中国陶行知研究基金会会讯》第65期。

二、生活教育学说的未来展望

生活教育学说是 20 世纪中国社会转型与教育改革的产物,也是 20 世纪世界教育革新运动的重要组成部分。它不仅适应了 20 世纪中国社会转型与教育改革的需要,也符合当代世界教育潮流的发展趋势。因此,生活教育学说具有旺盛的生命力,必将在未来的岁月中得到进一步的发展,发挥更大的作用。

第一,生活教育将更加有领导、有组织、有计划地推展。

中国陶行知研究会(下文简称中陶会)、基金会及地方(主要是各省市)陶行知研究会作为推动生活教育学说发展的核心机构,将一如既往地领导陶研活动多角度、多层面地发展。其自身也将随着生活教育的深入和持续拓展而不断调整、完善。

在中陶会及各省市陶研会的组织领导下,陶研机构必将成立更多,并出现由省级向地市县、学校、企业、社区拓展的良好态势。

生活教育的推展还是有计划、有步骤、有重点的。1996 年中陶会制订了"九五"规划,确定了此后五年内陶研活动的主要内容,成为推动生活教育在"九五"期间继续发展壮大的指导性文件,从而保障陶研工作按步骤有计划地开展。

第二,生活教育的试验实验与学术研究将向纵深发展。

实践陶行知教育思想的实验工作一直得到教育界尤其是陶研界的高度重视,在农村教育、师范教育、基础教育、职业教育、企业教育以及社区文化教育等各个领域广泛展开,既促进了当前的教育改革,又发展了生活教育理论。随着科学技术的日益现代化,大批先进的仪器、设备、科学思维方法、实验手段的大力推广和应用,生活教育的试验实验还将呈现科学化的趋势。

与此同时,对生活教育的学术研究也将进一步加强。主要表现为:①更广泛地挖掘搜集和翻译出版国内外有关资料和研究著作。陶研界将会突破现有的把生活教育研究资料理解为就是陶本人著述的狭隘的思想观念,形成一种生活教育研究的大资料观,把一切与陶行知及其生活教育有关的资料,无论中外,进行广泛而深入地挖掘搜集、出版。②研究领域将不断拓宽,研究内容将逐步深化。21 世纪生活教育的研究领域,除了对陶行知本人生活教育思想的研究进一步深入以外,将从一个更为广阔的历史时空里,把生活教育作为一种教育思潮和流派来研究,甚至开拓生活教育研究之研究的新领域,这将使研究工作上升到一个更高的层次,具有新的理论视野和历史高度。鉴于这种宏观研究的特点,未来的生活教育研究将特别注重运用比较方法,开展各种大跨度的比较研究，如对陶行知与国内外著名人物进行比较研究，对生活教育思潮和流派与近现代中国教育思潮和流派进行比较研究，对生活教育思潮和流派与近现代西方教育思潮和流派进行比较研究，等等。另外，由于对生活教育的研究是以促进建立具有中国特色的社会主义教育体系为宗旨的，因此，生活教育理论研究还将与我国教育改革紧密结合，以研究促进改革，以改革推动研究。①

第三，生活教育理论将得到新的丰富和发展。

生活教育理论之所以产生如此深远、广泛的影响，不仅仅在于其理论本身的进步和合理，也由于当代人尤其是陶研界对此理论精髓的继承和发扬，促其不断丰富和发展，使之符合当前我国教育发展的需要。如创业教育的提出与推行完全是生活教育理论在当代的发展。1987年四川省教委批准合川县（今重庆市合川区）实施生活教育的整体实验，其先主要开展学陶活动，使全社会逐步明确生活教育的目的和意义。次年，胡晓风正式提出开展创业教育，为生活教育理论充实了在新的历史时期的内容，得到四川省有关领导的高度重视，并在试验过程中"队伍日渐扩大，经验日渐积累，理论日渐丰富，成果日渐显著"②。与此类似，安徽黄山的"农科教统筹"，山西前元庄的"村社合一"，上海和田路小学的"创造教育"等，无不是陶行知生活教育理论在我国当前社会环境中的极大丰富和长足发展的表现，它们与陶行知的生活教育理论存在着明显的血缘关系，但又绝非生搬硬套，而是在继承生活教育理论实质的基础上，根据当前我国社会经济的需求以及现实生活的需要有所创新，是陶行知生活教育理论在新时期的发扬光大。

第四，中国的生活教育学说与国外的生活教育学说将更加紧密地联系起来，相互借鉴，相互推动，使生活教育对当代的教育改革产生更大的影响。

近几年来，随着中外文化交流的日益开展，在中外学者的共同努力下，国内外的生活教育增加了沟通的渠道和机会。但不容否认，由于长期隔绝和封闭，这种联系还有待进一步调整、加强。随着生活教育在世界范围内广泛而深入地开展，以及人们认识的普遍提高，中国的生活教育必将走出国门，与国外的特别是日本的生活教育携手并进，在相互借鉴中求取发展，从而为推动世界各国的教育改革做出不可估量的贡献。

第五，生活教育学说将对未来中国教育改革乃至社会发展产生更大的作用。

生活教育理论不同于一般的理论之处，在于它在本质上是一种实践（行动）的教

---

① 周洪宇：《生活教育研究如何深入》，《华中师范大学学报》1991年第6期。
② 姚文忠、金成林：《创业教育的理论和实践》，《中国陶行知研究基金会会讯》第61期。

育学说，具有很强的操作性，能为我国的教育改革与发展提供有益的理论借鉴，其教育立国思想有助于我们牢固树立"百年大计、教育为本""社会主义建设必须依靠教育"的观念，从而采取切实措施，保障教育在社会主义现代化建设中的战略地位；其"生活即教育"的主张启示我们教育必须与社会生活紧密结合，为社会主义物质文明和精神文明服务，为人民大众生活水平的不断提高服务；其"社会即学校"的主张要求我们根据社会发展的需要，采取各种教育形式，开展大规模的教育活动，构建多层次、多形式、开放的大教育体系；其倡导的全面教育的论断提醒我们要把德育放在首位，强调教育与生产劳动相结合，培养德、智、体、美、劳全面发展的社会主义现代化事业的建设者和接班人；其"教学做合一"的观点号召我们加强理论联系实际，培养学生解决实际问题的能力；其提倡的"小先生制"，对我国加快扫盲速度，提高中华民族的基本素质有很大的借鉴价值。陶行知的为"国家托命"之所在的师范教育思想和他"捧着一颗心来，不带半根草去"的无私奉献的崇高师德，将激励更多人投身于光荣而伟大的教育事业，他的重视农村教育的观点，正确对待中外古今教育经验的态度，都将是未来中国开展教育改革时应该继承学习的内容。

同时，生活教育还是教育与社会整体改革合一的学说，陶行知主张"政富教合一"，这对于使教育在社会整体改革中与政治经济协调并进，相互推促，颇有启示作用。[①]

生活教育学说及其生活教育运动经过一个多世纪的发展壮大，已在社会上产生了广泛而深刻的影响。随着人们认识的进一步深入，实践活动的进一步开展，生活教育理论必将不断发展，趋于完善，在中国乃至世界教育改革和社会改革的实践中发挥越来越大的作用。

---

① 董宝良：《陶行知教育学说》，湖北教育出版社，1993，第511—512页。

生活教育与中国特色的社会主义教育体系[①]

陶行知在20世纪创立的生活教育学说,不仅对我国新民主主义的革命教育发挥过积极的历史作用,而且对于今天我们建立具有中国特色的社会主义教育体系仍有重要的现实意义。我们应该珍惜这份宝贵的教育遗产,充分发掘和借鉴其合理因素,为建立具有中国特色的社会主义教育体系服务。

一、生活教育是我国社会主义教育理论体系的重要营养来源

建立具有中国特色的社会主义教育理论体系,是目前我国教育事业改革与发展的迫切需要。要建立这样一个教育理论体系,除了要总结新中国成立以来发展教育事业的新鲜经验,还必须从中外古今教育家的思想中去吸取营养,而陶行知的生活教育学说,无疑应成为重要的营养来源。

作为一种与现代社会生活相适应的教育理论,生活教育在许多方面都反映了教育发展的客观规律,蕴含着不少合理因素。它的广义教育观、培养目标观、生活课程论、实践教学法和终身教育论等,为我国社会主义教育理论体系提供了丰富的思想养分。

1. "生活即教育""社会即学校"——广义教育观

生活教育的基本主张是"生活即教育""社会即学校",认为生活含有教育的意义和作用,教育应以生活为中心,通过生活来进行,生活决定教育,教育改造生活。主张冲破学校与社会之间的高墙,把学校的一切伸延到大社会乃至大自然中去,使学校与社会、教育与生活密切结合,培养真正适合社会需要的各种人才。这种把教育深深

[①] 原载于《教育理论与实践》1992年第6期。

植根于整个人类社会生活的教育观，无疑是对传统的把教育与学校完全等同的小教育观的彻底否定。这种教育观，从横向看，打通了学校教育与家庭教育、社会教育，使社会成为一所新型的大学校；从纵向看，将个体受教育的时限从短暂的学校教育阶段延展到个体的终身，主张个体的生活教育就是个体的终身教育，其核心是社会化的教育和终身化的教育，而这两点正是现代大教育观的基本特征。

2. 培养"真善美的活人"——培养目标观

针对传统教育的弊端，陶行知从反帝反封建、争取民族解放、国家富强的总任务出发，把社会发展的客观需要与受教育者的特点结合起来，把社会发展与人的发展统一起来，提出了培养"真善美的活人"这一主张。培养"真善美的活人"，指受教育者在德、智、体、美、劳几方面的和谐发展，用陶行知的话说，要做一个"真善美的活人"必须具有"健康的体魄、农夫的身手、科学的头脑、艺术的兴趣和改造社会的精神"。为了培养这种"真善美的活人"，他非常重视受教育者在教育中的主体地位和作用，重视学生的个性全面发展、潜能的充分发挥和主体性的提高。培养"真善美的活人"，既是陶行知生活教育学说的教育目的论，又是一种具有现代理论特质的主体教育论。它符合弘扬人的主体性、提高人的素质的现代教育的发展趋势。

3. "教育以生活为中心"——生活课程论

传统教育完全以文字和书本为中心内容，严重脱离人民大众的生活实际。陶行知基于此，针锋相对地提出了"教育以生活为中心"的主张，认为人民大众社会生活的一切方面都应成为教育的内容。"过什么生活，便是受什么教育""要想受什么教育，便须过什么生活"。他把社会生活划分为康健的、劳动的、科学的、艺术的和改造社会的五方面，并相应提出康健的、劳动的、科学的、艺术的和改造社会的五种教育内容。他并不一概否定文字和书本的作用，但他认为文字和书本只是人们社会生活实践的工具。工具是给人用的，文字和书本也是给人用的。所以，他主张"用书"而不主张"读书"，反对"读死书、死读书、读书死"。陶行知的这种独特的生活课程论，固然容易忽视知识的逻辑顺序，但它对于纠正传统教育只重文字和书本，不重社会生活实际的严重弊病，加强教育与生活的联系，有着积极的作用。它的合理因素，有必要被吸取到我们现有的课程论中来。

4. "教学做合一"——实践教学法

陶行知认为，教学做不是三件事，而是一件事。他以做为中心，把教与学统一起来，主张"教的方法根据学的方法，学的方法根据做的方法。事怎样做便怎样学，怎样学便怎样教。教与学都以做为中心。在做上教的是先生，在做上学的是学生"。教与学不能分离开来。他还指出，这种做不同于狭义的做，而是"包含广泛意味的生活实践的意思"，是人类生活中一切有意义的活动。"做是发明，是创造，是实验，是建设，是生产，是破坏，是奋斗，是探寻出路"，还包括文艺等精神活动。在他看来，这种做不排斥传统的讲授、谈话、练习、考试等方法，它只要求将这些具体方法统一在实践上，要求教与学都要与实践相结合，从实践中去追求真知识。

"教学做合一"的目的在于培养"在劳力上劳心""手脑双挥"的人，它克服了传统教育重教而不重学、重知而不重行、重教师主导作用而忽视学生主体作用的不足，有助于加强教与学的结合，学与用的结合，教育与生产劳动的结合，理论与实际的结合，促进人的智力、体力和谐发展。可以断言，这种实践教学法将会极大地丰富我们现有的教学论思想，将教学论发展到一个崭新阶段。

5. "教育与人生为始终"——终身教育论

陶行知提倡"生活即教育"，认为生活与教育是同一过程，人生有多久，教育也应有多久，它"差不多从出世到老，与人生为始终"。他说："生活教育与生俱来，与生同去。出世便是破蒙，进棺材才算毕业。"又说："教育最重要的成就在使众人养成一种继续不断的共同求进的决心。我们要对众人养成的态度是：活到老，做到老，学到老。"又说："与时代俱进，才能做一个长久的现代人。"

陶行知"教育与人生为始终"的思想，早在20世纪20年代前后就提出来了，这比现在人们公认的世界上最早一位提出终身教育思想的人——法国教育理论家郎格朗要早四十多年。我们完全可以说，陶行知是现代终身教育理论的先驱。他的终身教育思想，不仅在中国教育思想史上，而且在世界教育思想史上，都是有突出的地位，值得我们很好地继承和发展。

当然，以上所述只是陶行知教育学说的一部分精华，还不能完全反映其全貌。要建立具有中国特色的社会主义教育理论体系，尚需对陶行知教育学说进行更为深入地发掘与探讨。

二、生活教育能为当前教育改革提供有益的理论借鉴

生活教育的现实意义除了体现在它是我国社会主义教育理论体系的重要营养来源，还体现在它能为当前教育改革提供有益的理论借鉴。具体来说，这种借鉴主要有以下

几方面。

(1) 借鉴陶行知的教育立国思想，充分认识到教育在社会主义现代化建设中的地位和作用。早在金陵大学求学时期，陶行知就在其大学毕业论文《共和精义》中深刻阐述了教育与建设共和国家的关系："人民贫，非教育莫与富之；人民愚，非教育莫与智之……教育是建设共和最要之手续，舍教育则共和之险不可避，共和之国不可建，即建亦必终归于劣败。"留美回国不久，1918 年 10 月，他在南京高等师范学校教育研究会上指出："夫国之盛衰，视乎教育。"1921 年 10 月，他明确指出了"教育是立国的根本"这一观点，把教育的地位和作用提高到一个空前的高度来认识。特别值得注意的是，他在 1926 年 11 月演讲"我们的信条"时，公开宣布"我们深信教育是国家万年根本大计"。这些都充分反映出他对教育在国家发展中的地位和作用极为注重。我们要学习和借鉴陶行知的教育立国思想，牢牢树立"社会主义建设必须依靠教育"的观念，采取切实措施（如增加教育经费、提高教育的社会地位和经济地位等），保障教育在社会主义现代化建设中的战略地位。

(2) 借鉴陶行知"生活即教育"思想，使教育与社会生活更加紧密地结合起来。"生活即教育"思想启示我们：教育必须与社会生活相联系，为社会主义建设服务，为人民大众生活的不断提高服务。因此，任何脱离社会主义建设、脱离人民大众生计需要的教育，都应在改革之列。

一方面，教育应与社会主义经济建设（物质文明建设）的需要相适应。目前，教育工作中存在的突出问题是：高等教育缺乏严密的计划，学校专业设置不尽合理，培养出来的人才存在某些学与用不能一致；中等教育结构近年虽有较大调整，但中等技术教育和职业教育发展还不够快，普通中学的学生学与用脱节；初等教育尚未完全普及。凡此种种，都是教育与生活严重脱节的表现。当然，产生这些问题的原因是多方面的，但其中很重要的一点，就是我们过去对教育与生活的关系认识不足。因此，解决这些问题首先是要重新认识教育与生活的关系，牢牢树立"教育必须为社会主义经济建设服务"的观念。

另一方面，教育还必须为社会主义精神文明建设服务。我国虽然已经建立起社会主义制度，但从国际国内环境来看，资本主义的生活方式乃至封建的迷信的落后的生活方式，还有可能影响着人们尤其是青年一代。教育工作者应该坚决贯彻落实党的基本路线、方针和政策，采取多种方式，有针对性地开展工作，努力把学校办成社会主义精神文明建设的基地。

(3) 借鉴陶行知"社会即学校"思想，构建一个多层次、多形式、开放的大教育体系。从"社会即学校"的观点出发，我们应根据社会发展的需要，开展大规模的教育活动，不仅要使现有各级各类学校与社会息息相通，而且要促进社会成员接受教育。从工人、农民、解放军到机关人员、待业青年等都要接受教育，还要大办学前教育、成人教育、继续教育（回归教育），使广大社会成员都成为有理想、有道德、有文化、守纪律的劳动者，更好地搞好本职工作。应根据各自的具体情况，采取多种教育形式。各行各业不仅可以办从幼儿园到大学的全日制学校，也可以办各种各样的半日制学校，可以办脱产学习的正规学校，也可以办不脱产的业余学校，还可以办各类短训班，以及广播电视大学、函授大学、夜大学、刊授大学、自修大学等。通过这些教育活动和办学形式，形成一个既包括家庭教育、学前教育，又包括初、中、高等的普通学校教育和职业技术教育，还包括电大、函大、夜大、刊大、自修大学等多种形式的职后成人教育和老年教育的现代大教育体系。

（4）借鉴陶行知全面教育思想，培养德、智、体、美、劳全面发展的人才。在过去一段时期内，由于种种原因，我们的教育工作存在着重智轻德、体、美、劳的现象，培养出来的一些人，不能适应社会主义现代化建设的需要。近年来这种状况有了很大改变，但还不能说问题已经全部解决，这就需要我们进一步贯彻落实全面发展的教育方针，像陶行知那样，注重人的全面发展，强调"知识与品行分不开，思想与行为分不开，课内与课外分不开，做人做事与读书分不开，即教育与训育分不开"。通过这种整体教育与全面要求，培养全面发展的具有独立个性的社会主义现代化事业的建设者。

（5）借鉴陶行知"教学做合一"思想，加强理论联系实际。"教学做合一"的基本精神是强调教与学、学与用、知与行的结合，这与我们党提倡的理论联系实际的原则可以说就是一回事。尽管陶行知"教学做合一"的某些具体做法今天已经不尽适用，但其原则精神仍可借鉴。各级各类学校都可以根据自己的情况去贯彻"教学做合一"原则。在职业学校和中等专业学校，"教学做合一"的方法有比较广泛的应用价值，对于掌握熟练的技术有特别明显的作用。在初等教育、普通中学乃至高等院校，在系统地学习各种科学文化知识时，也要注意实行理论结合实际的"教学做合一"，以培养学生解决实际问题的能力，提高教育质量。

（6）借鉴陶行知的"小先生制"，加快扫盲速度，提高中华民族的基本素质。"小先生制"是陶行知独创的一种普通教育的方式。它是由小孩作教师，"负着普及教育之使命"。一个小先生教会两个人识字，这两个人又去教其他不识字的人。这样，像滚雪球一样，不断地"教人去教人"，普及教育的力量就越来越大。我们认为，这种"小先生制"特别适宜于目前我国的扫盲工作。由于我国人口太多，底子太薄，虽然大力发展基础教育，但直到现在，文盲、半文盲仍有两亿多人。（指 1992 年时——编者注）而且新的文盲、半文盲还在继续产生（特别是农村妇女）。这种情况，对民族生存竞争构成严重威胁，拖了社会主义现代化建设的后腿。在扫盲工作中，如果仍走传统路线，靠少数人去进行，那是决难奏效的。只有从中国的国情和国力出发，运用"小先生制"，才有可能尽快地完成扫盲任务。

（7）借鉴陶行知乡村教育思想，深化农村教育。陶行知非常重视农村教育问题。他认为中国是著名的农业国，农民占全国人口总数的百分之八十五（指 1992 年时——编者注）。所以，"中国的乡村教育关系全世界五分之一的人民。"但是，中国过去的乡村教育是走错了路，"他教人离开乡下向城里跑""他教农夫子弟变成书呆子"。为"使乡村教育适应中国乡村生活的需要"，他倡议教育与农业、科学、卫生、银行、交通等"伟大势力"携手并进，他还主张"把政治、经济、教育打成一片"，以乡村学校作为改造乡村生活的中心，以造就中国乡村"新生命，进而造成中华民国的伟大的新生命"。陶行知的乡村教育思想对于我们目前深化农村教育改革颇有启示作用。许多地方借鉴陶行知教育思想，加强农科教结合取得了明显的成效，如安徽的"农科教统筹实验"，山东平度县（现为平度市）的"三教统筹"，四川省合川县（今重庆市合川区）的"整体改革"实验，山西柳林县前元庄的"村社合一"等。

（8）借鉴陶行知师范教育思想，大力发展师范教育。陶行知第一个把师范教育与民族的前途和国家的命运紧密联系起来，称"教育是立国的根本"，而师范教育乃"国家托命"之所在，"师范教育可以兴邦，也可以促国之亡"。他比较全面地论述了师范教育的任务和作用，并且从师范教育自身的特点出发，对培养什么样的人和怎样培养都提出了新见解。他还主张以乡村师范作为改造乡村生活的中心，以乡村教师作为改造乡村生活的灵魂，以乡村自治作为改造乡村的组织保证，等等。

借鉴陶行知的师范教育思想，我们要大力发展各级各类师范教育，根据社会主义现代化建设的需要，调整师范学校的教学内容和教学方法，更好地体现出师范学校的特点和优点，把中等师范教育的重点转向基层，面向广大农村，以培养更多适应农村教育需要的教师。

（9）借鉴陶行知"政富教合一"思想，把教育与政治、经济打成一片，进行社会整体改造。陶行知的生活教育学说，既是一种现代教育理论，又是一种社会整体改造理论。1930年，他明确指出："我们既承认'社会即学校'，那么，社会的中心问题便成了学校的中心问题，这中心问题就是政治经济问题……晓庄所办之自卫团、妇女工学处，现在向省政府建议设置之实验乡以及十九年度计划中之生产事业，都是想把政治、经济、教育打成一片,做个'政富教合一'的小实验。"他还明确指出:"'政富教合一'的根本观念是要将政、富、教三件事合而为一。"

从"政富教合一"的观点出发,我们必须改变过去教育自教育、政治经济自政治经济的局面,把教育、政治、经济三方面的问题作为一个整体来统筹考虑,全盘规划,统一协调,以教育发展促进社会政治经济的进步,改善人民生活,提高人民的觉悟,使教育更好地为社会主义现代化建设服务。

(10) 借鉴陶行知坚持从国情和国力出发,正确对待中外古今教育经验的基本改革原则,建立具有中国特色的社会主义教育体系。我们开展教育改革的基本出发点和终极目标,是为了建立具有中国特色的社会主义教育体系。在这方面,陶行知以其亲身实践,给我们作出光辉榜样,值得我们很好地学习和效法。

陶行知在其长期的教育实践中,始终坚持从中国的国情和国力出发,正确对待中外古今教育经验。他批判地继承了中外古今许多有益的教育经验,既反对"沿袭陈法"的不适应时代的封建传统教育,但又不是虚无主义地反对其固有优点;既反对"仪型他国"的不切合国情的洋化教育,但又不是笼统排斥外来有用的东西。他主张对于"外国的经验,如有适用的,采取他;如有不适用的,就回避他。本国以前的经验,如有适用的,就保存他;如有不适用的,就除掉他。去与取,只问适不适,不问新和旧"。一切以是否切合中国的具体实际为旨归。

最后,需要说明一点,由于各种历史条件的制约,陶行知的教育思想和实践不得不受到一定的局限。因此,我们对待陶行知的教育学说,要从实际出发,创造性地加以运用,而不能停留在简单模仿陶行知的想法和做法的水准上。我们应根据今天的新情况来加以取舍,并力求有所创发。只有这样,才符合陶行知生活教育学说本身的精神,使生活教育适应时代,推动时代,更好地为建立具有中国特色的社会主义教育体系服务。

生活教育研究如何深入[1]

陶行知创立的生活教育学说是近代中国最重要的教育学说之一。这颗包孕着无限生命力的理论种子自从在中国社会土壤里萌蘖生长，就一直为世人所关注与研究。近一个世纪以来，尤其是20世纪八九十年代，生活教育研究获得了长足的发展，取得了相当丰硕的成果，并对当代中国教育产生了明显的推动作用。在充满挑战与生机的新时代，如何将生活教育研究引向深入，以便更好地为建立具有中国特色的社会主义教育体系服务，是一个具有全局意义的重大课题。

一、努力提高研究者的理论文化素养

生活教育研究是一项学术性很强的理论研究。它要求研究者具备一定的理论文化素养。因此，要想在生活教育研究上取得新的突破和进展，首先必须努力提高研究者本身的理论文化素养。从某种意义上来说，这个问题解决得如何直接关系到生活教育研究工作的成败优劣。从目前的状况来看，这方面的情况似乎远未尽如人意。某些研究者的马克思主义理论修养不够，思想深层仍残留有主观主义和教条主义的痕迹，看问题容易流于片面化和绝对化，常常走极端，缺乏实事求是的科学态度和科学精神。而且，学术视野狭窄，知识结构陈旧，研究方法单一，严重地影响着生活教育研究向纵深拓展。产生上述现象的原因是多方面的，除了客观上受到社会上不良风气的侵蚀，恐怕还与主观上的两个因素有密切关联。其一，生活教育研究队伍来源庞杂，层次不一。这固然有其利于扩大声势、推广实验的一面，但也毋庸讳言，它多少会给生活教

---

[1] 原载于《华中师范大学学报（哲学社会科学版）》1991年第6期，有删节。

育研究带来一些消极影响。① 需要说明,笔者此处无意为他们评骘高低。事实上,每一个层次的研究者都有进一步提高自己理论文化素养的必要。即使是专业的理论工作者,在这方面也没有什么特殊的豁免权,相反还应要求更高。其二,从学术发展的角度来看,生活教育的科学研究尚处于起步阶段。生活教育研究虽然迄今已有多年的历史,但作为一项科学的研究工作,严格地说,时间仍比较短暂。它在总体上仍具有幼年期的特征。期望过高毕竟是不切实际的。那么,如何提高研究者的理论文化素养呢?我想,可以从以下几个主要方面入手。首先,加强马克思主义基本理论(特别是辩证唯物论和历史唯物论)的学习,全面掌握马克思主义的立场、观点和方法,注意运用历史的、全面的和发展的观点来探讨生活教育学说,始终把它放在一定的社会历史条件下来加以考察,忠实于陶行知生活教育的原文和原意,根据陶行知的一贯论述,理解和掌握其精神实质。努力清除主观主义和教条主义的残余,摒弃形而上学的思维方式,坚持实事求是的科学态度和科学精神。其次,开阔学术视野,了解学术前沿,将自己的研究工作置于世界和本国学术发展的宏大背景下,既对国外生活教育研究的演进轨迹和发展趋向了如指掌,又对国内生活教育研究的历史与现状全局在握。知中晓外,开阔视野,努力提高自己的学术品位,追求一种高远的学术境界。再次,完善知识结构。生活教育研究常常要涉及哲学、逻辑学、文化学和历史学等多种学科,这就要求研究者除了掌握坚实的主体学科(教育学)知识之外,还应兼有多方面的学科知识。要善于从上述相关学科中摄取丰富的知识养分,形成一个具有主体学科知识、相关学科知识、理论和方法论知识和信息知识的网状知识结构。② 最后,改进研究方法,丰富研究手段。生活教育是近现代中国一个比较成熟且富有典型意义的教育学说。它产生于一定的社会土壤中,有其庞杂的理论来源和独特的思想基础,不仅蕴涵着丰富多样的理论意义和社会历史内容,而且具有较为完整的逻辑构架。它由若干范畴、命题和具体主张所组成,有一套具有多种功能的特殊的理论系统。研究这样一个内涵丰富、结构分明的庞大的理论系统,仅仅凭借传统的研究方法是不行的。研究者必须根据客观需要,大胆地借鉴其他人文、社会科学方法,如比较方法、系统方法、结构方法、文化学方法、发生学方法和解释学方法等,以弥补原有方法之不足,丰富其研究方法和手段。

---

① 周洪宇:《陶行知研究的方法论问题》,《华中师范大学学报(哲社会科学版)》1989 年第 2 期。
② 周洪宇:《教育史研究改革管抒》,《教育评论(福建)》1991 年第 2 期。

二、进一步挖掘搜集和翻译出版国内外有关资料和研究著作

资料是研究的基础。离开了原始资料，再高明的学者也只能束手无策。可以这样说，资料的搜集和出版，是生活教育研究得以顺利开展的重要前提条件。

应该看到，在有关各方面的高度重视和共同努力下，生活教育资料的搜集和出版工作取得了很大成绩。这集中地表现为陶行知的各种文集、选集乃至全集纷纷出版，如江苏省陶行知教育思想研究会、南京晓庄师范陶行知研究室编辑的《陶行知文集》（江苏人民出版社1981年版）；中央教育科学研究所教育史研究室编辑的《陶行知教育文选》（教育科学出版社1981年版）；华中师范大学教育科学研究所编的《陶行知全集》（湖南教育出版社1984年—1985年版，下文简称老版《全集》）；方明主编的《陶行知全集》（四川教育出版社1991年版，下文简称新版《全集》）；等等。其中，特别值得一提的是老版《全集》，以及在此基础之上组编的新版《全集》。老版《全集》共三百六十余万字，它的出版"是我国近年出版界中的一件大事"（张劲夫语），在生活教育研究史上，树立了一座巨大的里程碑。它的问世，极大地推动了国内外生活教育研究的开展，在社会上产生了良好的反响。后来，鉴于客观形势的发展和社会的需要，中国陶行知研究会又组织部分专家、学者，在老版《全集》的基础上重新编了新版《全集》。新版《全集》约五百万字，内容更为丰富，注释更加准确，凝聚着几代陶行知研究者（特别是直接参加这项编辑和出版工作的同志）的共同心血。它的出版，进一步促使生活教育研究走向深入。

但是，必须指出，仅仅依靠这些陶行知本人的著述，要想全面深入研究陶行知及其生活教育还是远远不够的。我们应该突破现有的把生活教育研究资料理解成就是陶行知本人著述的狭隘的思想观念，形成一种生活教育研究的大资料观。要把一切与陶行知及其生活教育有关的资料，如陶行知的战友、学生甚至论敌关于生活教育的评述；与陶行知关系密切的同时代的教育家的文集、回忆录；陶行知主编的各种刊物和丛书，如《金陵光》《新教育》《新教育评论》《乡村教育丛讯》《乡村教师》《生活教育》《大众教育》《民主教育》《儿童科学丛书》《晓庄丛书》《山海工学团丛书》《小先生丛书》；陶行知主持或参加的各种教育社团，如中华职业教育社、新教育共进社、中华教育改进社、中国普及教育助成会、生活教育社；陶行知主持或受他的影响的各种教育机构，如安徽公学、南京晓庄试验乡村师范学校、山海工学团、新安旅行团、育才学校、香港中华业余学校、重庆社会大学；生活教育在不同时期的具体实践，如平民教育、乡

村教育、普及教育、国难教育、战时教育、全面教育、民主教育；以及生活教育在老解放区的传播和推广情况都作为生活教育研究资料来加以搜集和出版。这方面的工作，过去虽然做过一些，如四川教育出版社出版的数种《生活教育研究资料丛书》，但还很不够，还不能完全满足社会和学术发展的需要，尚需进一步加强这方面的工作。

此外，国外学者研究陶行知及其生活教育的许多作品，也不乏优秀的和有参考价值的精心之作。随着中外文化交流的日益开展。在中外学者的共同努力下，我们对国外的研究情况开始有所了解，也作了一些初步的介绍，如1987年四川教育出版社出版了日本陶研专家斋藤秋男著、杨畅翻译的《陶行知评传——政治抒情诗人的一生》，1991年人民教育出版社也出版了由笔者编的《陶行知研究在海外》。但是不容否认，由于长期隔绝和封闭，迄今为止，我们对国外研究陶行知及其生活教育的状况，可以说还是知之不多和知之不深。因此，我们今后应该有计划、有选择地翻译出版一批国外学者研究陶行知及其生活教育的优秀著作，以资借鉴。

总之，只有更为深入、更为广泛地挖掘搜集和翻译出版国内外有关资料和研究著作，为生活教育研究提供充实的资料，生活教育研究才有可能在现有的基础上来一个质的飞跃。

三、拓宽研究领域，深化研究内容

近年来，生活教育的研究领域有所扩大，研究内容也有所深化。与过去仅仅把研究范围局限在生活教育的基本原理以内不同，研究者已把研究目光投射到陶行知教育学说的各个方面，探讨了他的乡村教育思想、普及教育思想、师范教育思想、女子教育思想、幼儿教育思想、高等教育思想、终身教育思想、科学教育思想、创造教育思想。有的学者还对陶行知的教育经济学思想、教育社会学思想、教育文艺学思想、教育管理学思想，以及他的文化观、伦理观、知识观、人才观、师德观作了初步考察。还有一些学者对过去研究得比较多的如陶行知教育思想与杜威教育思想的关系、陶行知与武训的关系作了新的阐释，并进而论析了陶行知与王阳明、蔡元培、黄炎培、张謇、徐特立、方与严等人的关系。关于生活教育理论体系的研究，目前也有若干学者正在着手进行。这些探讨对于深化生活教育研究都是很有意义的，值得给予充分肯定。

然而，严格地说来，所有这些研究仍然属于一种范围有限的生活教育研究，即对生活教育学说的研究，还没有突破现有思想研究的一般框架，从一个更为广阔的历史时空里，把生活教育作为一种教育思潮和流派来研究。诚然，由过去的对生活教育原理的研究，发展到现在对生活教育学说的研究，这是一个不小的进步，但绝不能就此止步，还应该将对生活教育学说的研究扩大到对生活教育思潮和流派的研究，进一步拓宽生活教育的研究领域。

把生活教育作为一种教育思潮和流派来研究，将使我们的研究工作上升到一个更高的层次，具有新的理论视野和历史高度。生活教育不只是那么几条基本原理，也不仅仅是一种学说，它更是一种教育思潮和流派。从这个角度来看，可以认为，在半殖民地半封建社会的特定社会历史条件下，由于时代生活的推动，社会文化思潮的影响，陶行知和一批志同道合者从救国救民、为中国教育探寻生路的目的出发，在20世纪20年代中期提出了一种融教育改革和社会改革于一体的生活教育理论主张，并为之共同从事了一场规模空前的教育运动，从而造成了广泛的社会影响。作为在一定社会历史条件下产生的特定群体意识，生活教育思潮从一个侧面体现了近代中国"救亡图存，走向现代化"的历史主题，表现了鲜明的时代精神，蕴涵着丰富的社会历史信息。把生活教育作为一种教育思潮和流派来研究，有助于我们从一个更为广阔的历史时空里来认识和评价陶行知的生活教育学说及其在中国和世界教育史上的作用与地位。它拓宽了生活教育的研究领域，深化了生活教育的研究内容。同时也为我国教育科学特别是教育史学的发展开辟了一条新途径。

从教育思潮和流派的角度来研究生活教育，必须运用辩证唯物主义和历史唯物主义的观点，把生活教育置于中与西、古与今的双重时空坐标轴上，探讨生活教育思潮和流派的理论来源与思想基础，形成与发展过程，性质与特征，代表人物及其主要思想，以及生活教育思潮和流派对当时乃至今日中国教育的影响。

鉴于这种宏观研究的特点，我们在研究过程中，应特别注意运用比较方法，开展各种大跨度的比较研究，以考镜源流，辨析异同，弄清关系，加深认识。具体言之，一是对陶行知与国内外著名人物进行比较研究。就中国而言，除了现有的若干人物比较，还应对陶行知与孔子、墨子、颜元、孙中山、梁启超、胡适、蒋梦麟、朱经农、陈鹤琴、梁漱溟、晏阳初、雷沛鸿、毛泽东、鲁迅、邹韬奋、杨贤江、恽代英、李公朴、刘季平、戴伯韬、王洞若、程今吾等人进行比较；就外国而言，除了比较陶行知与杜威的异同，也不妨比较陶行知与裴斯泰洛齐、赫尔巴特、孟禄、克伯屈、帕克赫斯特、斯特雷耶、沙茨基、马卡连柯等人的异同。二是对生活教育思潮和流派与近代中国教育思潮和流派进行比较研究，如生活教育与实利主义教育、职业教育、生产教育、工读教育、平民教育、乡村教育、自由主义教育、三民主义教育、新民主主义教育、生活教育与马克思主义教育等等。三是对生活教育思潮和流派与近现代西方教育思潮和流派进行比较研究,如生活教育与实验主义教育、欧洲新教育、美国实用主义教育、永恒主义教育、要素主义教育、新行为主义教育、结构主义教育、终身教育等等。上述各种比较研究,都有助于我们从生活教育与各种教育思潮和流派的整体联系和发展过程中,去认识和把握生活教育的演变轨迹和个性特质,进而捕捉教育理论产生和发展的一般规律和特殊规律。

需要说明,研究生活教育的思潮和流派与研究生活教育的学说并不是矛盾的,而是互为补充、相辅相成的。在研究生活教育思潮和流派的同时,我们还应深入探讨生活教育的学说,特别是它的理论体系。有关生活教育学说理论体系的科学探讨,目前才刚刚开始起步。常见的作法是沿袭旧说,把生活教育理论体系分为本体论("生活即教育")、领域论("社会即学校")、方法论("教学做合一")等几大块。从陶行知的原文和原意来看,这样划分也没有什么特别的不妥。问题在于这种认识仍然比较笼统和陈旧,并没有给今天的研究者思考和解决这个问题提供什么新的信息。近年来,我在多种场合一再提倡要立足时代的高度,借鉴现代理论思维的成果,寻找生活教育学说理论体系的逻辑起点,探讨其基本要素,分析其构成形式,使生活教育学说进一步条理化、系统化和体系化。并明确建议以生活为逻辑起点,以生活与教育的关系为中心线索,以生活教育的概念范畴、命题原理和具体主张为主要内容,以终生教育为逻辑终点,构筑一个内容丰富、体系严密的生活教育学说理论体系。①

还应指出,加强对生活教育学说理论体系的探讨,并不排斥对陶行知教育思想的其他方面进行专题研究。整体研究与专题研究具有相互依存与相互促进的关系。整体研究应该也只能以专题研究为基础。因此,我们在着手宏观考察的同时,还需加强微观透视。坦率地说,现有的专题研究尚存在着浅尝辄止、述而不作、陈陈相因、人云亦云等不足。如近年来,人们写了不少论述陶行知终身教育思想的文章,对其历史意义和理论价值作了全面阐发,但却鲜见有谁去仔细考察其理论来源,似乎陶行知是无所依傍地独自提出这一创见的,这就未免不够客观。依我浅见,陶行知这一思想最重要也是最直接的理论来源,是杜威"连续性"的教育观念。杜威将教育界定为"教育是经验的继续不断的改组或改造……这种改造或改组,既能增加经验的意义,又能提高后来经验进程的能力"。他还补充说:"经验的意义的增长,是和我们对于所从事的种种活动相互关系和连续性的认识的提高相应的。"② 既然教育是一个连续性的过程,

---

① 参见笔者 1989 年冬在成都全国生活教育理论研讨会上的发言稿《生活教育理论研究的新思考》、1990 年 9 月《中国陶行知研究基金会会讯》第 39 期上的《生活教育理论体系研究的若干意见》等文章。
② 华中师范学院教育科学研究所编《陶行知全集(一)》,湖南教育出版社,1984,第 126 页。

那它当然不会在学校教育之前或此后便自行中断,必然贯穿于人的整个一生之中。基于杜威的这一观点,陶行知才创造性地提出了其终身教育理论。关于这一点,陶行知本人有一段话说得再清楚不过:"既然晓得教育是继续经验的改造,那么对于天然界和群界,自然受他的影响,天天变动,就是天天受教育,差不多从出世到老,与人生为始终的样子。"① 可见,我们应该用历史的、全面的和发展的观点看问题,尊重历史事实,把结论建立在对大量历史资料进行研究的基础上。我们每个研究者都需要经常想起恩格斯语重心长的一段话:"即使只是在一个单独的历史实例上发展唯物主义的观点,也是一项要求多年冷静钻研的科学工作,因为很明显,在这里只说空话是无济于事的,只有靠大量的、批判地审查过的、充分掌握了的历史资料,才能解决这样的任务。"

拓宽生活教育的研究领域,除了开辟生活教育思潮和流派研究的新领域以外,还可以考虑从事生活教育研究的研究。粗略算来,生活教育研究迄今已经历了近百年的坎坷历程。在这并不短暂的岁月里,不同时期的研究者对生活教育作了不同的探讨,取得了不同的学术成就。在他们的研究成果上,留下了时代和社会的印记,凝聚着研究者的无数心血。反思前人走过的历程,探讨他们的成功与失误,总结历史的经验与教训,这对于我们今天更好地开展生活教育研究不是很有意义吗?

当然,拓宽生活教育的研究领域,还有许多别的途径,绝非笔者以上所说数点。但以上几点,也足以说明只要我们解放思想,开动脑筋,群策群力,集思广益,就一定可以大大拓宽现有的研究领域,深化生活教育的研究内容。

四、把生活教育的理论研究与当前的教育改革紧密结合起来

我们研究生活教育,不是为了单纯满足个人的学术兴趣,为研究而研究,而是为了更好地为建立具有中国特色的社会主义教育体系服务,特别是为当前的教育改革服务。因此,我们应该把生活教育的理论研究与当前的教育改革紧密结合起来,以研究促进改革,以改革推动研究。

要使生活教育研究很好地服务于当前的教育改革,首先必须在思想上明确陶行知的生活教育学说在哪些方面可以为当前的教育改革提供有益的理论借鉴。关于这个问题,过去人们曾提出过不少有价值的看法。但从总体上看,探讨得还不全面,有些重

---

① 杜威:《民主主义与教育》,王承绪译,人民教育出版社,1990,第 81—82 页。

要方面似乎尚未涉及。在我看来，生活教育学说至少可在以下十个方面为当前教育改革提供有益的理论借鉴。

（1）重视教育立国思想。早在20世纪20年代，就明确提出了"教育是立国的根本"这一卓见。他的教育立国思想有助于我们牢牢树立"百年大计，教育为本""社会主义建设必须依靠教育"的观念，采取切实措施，如增加教育投资、提高教师的社会地位和经济地位等，保障教育在社会主义现代化建设中的战略地位。

（2）生活教育主张"生活即教育"，认为生活本身含有教育的作用，教育应以生活为中心，通过生活来进行，生活决定教育，教育改造生活。这一主张启示我们：教育必须与社会生活相联系，为社会主义物质文明和精神文明建设服务，为人民大众生活水平的不断提高服务。因此，凡是违背这一宗旨的，均在改革之列。

（3）生活教育主张"社会即学校"，一方面要求把社会办成一个全国人民的大学校，另一方面要求学校与社会相沟通，与社会打成一片。从这一观点出发，我们应根据社会发展的需要，采取多种教育形式，开展大规模的教育活动，不仅要使现有各级各类学校与社会息息相通，而且要促进社会成员受教育，形成一个多层次、多形式、开放的大教育体系。

（4）生活教育主张"全面教育"，提倡培养德才兼备、"手脑双挥""真善美的活人"。据此，我们应把德育放在首位，加强学生的思想政治教育，强调教育与生产劳动相结合，组织学生参加各种社会实践，培养全面发展的社会主义现代化事业的建设者与接班人。

（5）生活教育主张"教学做合一"，把教学做视为一件事，要求以做为中心，将教与学统一起来，强调教与学、学与用、知与行的结合。它与我党一贯提倡的理论联系实际的原则有相通之处。这种教学思想对于我们克服目前学校教育工作中理论脱离实际的倾向，培养学生解决实际问题的能力，具有重要参考价值。

（6）陶行知提倡"小先生制"，以小孩作教师，负起教育普及的使命。这种"小先生制"符合我国国情和国力，特别适宜于我国的扫盲工作，应该加以运用。

（7）陶行知极为重视农村教育问题，主张乡村教育应适应乡村生活的需要，呼吁教育与农业、科学、卫生、银行、交通等"伟大势力"携手，这为我们深化农村教育改革指明了方向。我们应该努力解决农村教育与农村经济发展需要相脱节的问题，大力发展农村职业技术教育，把教育与农业、科学、卫生等方面密切结合起来，以彻底改变农村贫穷落后的面貌。

（8）陶行知把师范教育视为"国家托命"之所在，全面论述了师范教育的任务和作用，并从师范教育的特点出发，对培养什么样的人和怎样培养都提出了明确要求，号召人民教师"捧着一颗心来，不带半根草去"。他的师范教育思想和他无私奉献的崇高师德，特别要广泛地宣传和学习。

（9）陶行知主张"政富教合一"，把教育与政治、经济打成一片，这对于我们改变目前教育自教育、政治经济自政治经济的局面，把教育、政治、经济三方面的问题作为一个整体来统一考虑，全盘规划，使教育在社会整体改革中与政治、经济协调并进，相互推促，颇有启示作用。

（10）陶行知在其长期的教育实践中，坚持从国情出发，批判地继承了中外古今许多优秀教育遗产，既反对"沿袭陈法"的传统教育，又不一概反对其固有优点；既反对"仪型他国"的洋化教育，又不笼统地排斥外来有用的东西，主张对于中外古今教育经验"去与取，只问适不适，不问新和旧"[①]。我们今天从事教育改革，需要很好地学习和发扬这种古为今用、洋为中用的科学精神，借鉴陶行知从中国实际出发，正确对待中外古今教育经验的基本改革原则，处理好传统教育与现代教育、中国教育与外国教育的关系，建立具有中国特色的社会主义教育体系。

思想上明确以后，还必须把陶行知的这些宝贵思想积极付诸实践，开展生活教育改革的实验，并及时总结实验的经验，加以大力推广。目前各地生活教育改革的实验点，经过数年来广大教育实际工作者和理论工作者的共同努力，已经涌现出不少富有"陶味"和地方特色的新鲜经验。今后还必须结合各地实际，灵活地运用生活教育思想，创造并总结出更多更好的新鲜经验，使陶行知的生活教育学说在当代中国教育改革的伟大实践中重新焕发出青春的活力。

最后，附带说一下，由于各种历史条件的制约，陶行知的教育思想和实践不能不受到一定的局限，因此，我们对待陶行知的生活教育学说，应从实际出发，创造性地加以运用，而不能停留在简单模仿陶行知的想法和做法的水准上。生活教育学说在许多方面都反映了教育发展的客观规律，并且与马克思主义教育思想基本上是一致的。所以，它的许多原理和方法，具有普通借鉴的意义。但由于所处的时代和环境不同，其若干具体做法业已过时。我们应根据今天的新情况来加以取舍，并力求有所创造，更好地为建立具有中国特色的社会主义教育体系服务。

---

① 华中师范学院教育科学研究所编《陶行知全集（一）》，湖南教育出版社，1984，第191页。

继承与发展：从生活教育到"生活·实践"教育[①]

一、陶行知教育思想的时代遗产

陶行知留给20世纪的时代遗产主要体现在事业、思想、人格和精神四方面。其中，在思想上，陶行知提出了生活教育的三大原理，即"生活即教育""社会即学校""教学做合一"以及相关教育主张。

"生活即教育"有四层含义：生活含有教育的意义、教育以生活为中心、生活决定教育、教育改造生活。整个的生活要有整个的教育，而且"到处是生活，即到处是教育；整个的社会是生活的场所，亦即教育之场所"[②]。生活和教育不是等同的，陶行知用"即"是为了强调后者特殊的、重要的地位和作用，并不是把两者等同起来。20世纪80年代改革开放初期，曾有知名教育学家批评陶行知把生活和教育等同起来，这种观点是从形式上看问题，并没有从实质上看问题。陶行知从来不是把生活和教育等同起来，而是强调生活和教育的一致性、相通性以及生活在教育中的重要地位。相反，教育也可以改造生活，这就是教育的特殊性。

"社会即学校"有四层含义。社会含有学校的意味，并非一个独立存在的场所。学校也含有社会的意味，学校要吸纳社会的东西，这是杜威的观点，不过陶行知把杜威的观点放在后面。学校与社会有着密切的关系，"学校生活是人的社会生活的一个特殊组成部分，学校教育也是生活教育的一个特殊组成部分"[③]。同样，学习工作的开展在依靠社会的同时也要注意通过社会途径进行，不仅在校园里学习，还要在社会这个大

[①] 本文系国家社会科学基金教育学重大课题"建设教育强国的国际经验与中国路径研究"（VGA180002）成果，有删节。
[②] 华中师范学院教育科学研究所编《陶行知全集（二）》，湖南教育出版社，1985，第634页。
[③] 项贤明：《论生活教育与学校教育的逻辑关系》，《教育研究》2013年第8期。

场所里开展教育,学校也有推动、服务、促进社会发展的作用。

"教学做合一",陶行知认为不能把"教学做合一"简单地理解为方法论,它主要是方法论,但又不限于方法论。它有三层含义:做是教学的中心,在做中学,在劳力上劳心。其中,"在劳力上劳心"就是把自己在做劳力过程中积攒的经验理论化,即从事一番脑力劳动。由此,陶行知特别强调要亲自去做。他还指出,这种做不同于狭义的做,而是"包涵广泛意味的生活实践的意思",是人类生活中一切有意义的活动①。这一观点由于受杜威经验论的影响也存在不足之处。我们不是以杜威的经验论,而是以马克思的实践论作为生活实践教育的基础,因为马克思的实践论比杜威的经验论更为科学坚实可靠。

陶行知的生活教育学说是以生活作为逻辑起点,以生活、教育、社会、学校、教学作为主要范畴,以"生活即教育""社会即学校""教学做合一"为主要命题的三大原理,同时又以民主教育、科学教育、乡村教育、师范教育、民族教育、创造教育、终身教育为生活教育学说的主张。逻辑起点、若干范畴和若干重要主张构成了陶行知的学说。

教育学界普遍认为中国近现代教育家中思想最全面、最丰富、最深刻、最有战略眼光的是陶行知。陶行知从战略高度出发思考中国教育的重大问题、根本问题,提出了诸多方面的主张。他的实践涉及家庭教育、学前教育、义务教育、职业教育、高等教育、师范教育、乡村教育、成人教育乃至终身教育等,其终身教育思想从20世纪20年代开始探索,最后在《全民教育》一文中有比较成熟的体现。该文中对终身教育的理解比国际上公认的法国人朗格朗提出的观点早二三十年。陶行知生活教育的宗旨是培养真、善、美的活人,培养学生的生活力。他最初提出的生活力有三千种,基本无所不包,后来发现生活力的概念过于宽泛,因此又在此基础上把生活力压缩提炼成七十种。上述提法再被压缩成了初级常能和高级常能,这一概念引申到素养当中,基本素养就是初级常能,核心素养就是高级常能。笔者在《核心素养的中国表述:陶行知的"三力论"和"常能论"》一文中,将其概括为"常能论"。

二、陶行知生活教育学说的当代演进

陶行知生活教育学说是富有前瞻性的,继承与发展生活教育是历史赋予21世纪中

---

① 华中师范学院教育科学研究所编《陶行知全集(二)》,湖南教育出版社,1985,第623页。

国教育工作者的神圣使命，我们的当代探索要以近代以来中国伟大教育家们探索的方向为主，如果不在他们已经开辟的方向上去前进，我们的教育改革就会走弯路，就会迷失方向。陶行知的方向就是今天我们中国教育改革的方向，如果不把握住这一起点，今天的教育改革都会徒劳无益，甚至带来很大的副作用。

但是，现在的中国陶行知生活与奋斗过的中国有许多不同。

第一，时代不同。陶行知当年的时代是农业社会向工业社会转型时期，当时的总人口中，农民占百分之八十五以上。我们今天已经是工业社会，而且是工业社会的晚期，是从工业社会向信息社会甚至向智能社会转型之际。当年陶行知生活的时代，面对的任务和我们现在有很大的不同。这是我们要继承和发展陶行知思想的重要原因。第二，社会不同。正如毛泽东同志在《中国革命与中国共产党》《新民主主义论》中所讲的，陶行知当年是生活在半殖民地半封建社会；而今，我们正处于建设社会主义现代化强国之时。第三，教育不同。当年的教育是落伍的教育，陶行知时代的民众百分之九十五以上是文盲，到陶行知生活的晚期还有百分之九十左右的文盲。中华人民共和国成立早期仍存在百分之九十的人没有接受教育，而今我国义务教育的普及率是百分之百。当年全国的高等教育毛入学率仅为百分之二，据教育部最新统计，2020年已达到百分之五十四点四，跨入普及化阶段。

学习和继承陶行知最好的办法就是发展，而不是简单地把陶行知的思想、论断拿来做实验以验证其正确性。真正的继承不是表面的、形式的继承，而是全面的、再生的、创新性的阐述。如果仅仅只是从表面上、浅层次地去接受，那是对陶行知精神的背叛或误解。所以我们今天要像我们前人所做的那样，既要继承又要发展。

不过，现在的中国与陶行知时代的中国也有许多相同点。陶行知当年面临着教育与生活的脱节、学校与社会的脱节、教育与实践的脱节，这一情况到今天还存在。往前追溯，我们可以发现从整个人类的教育发展史来看，第一次教育革命是我们人类教育史上的巨大的进步，但是导致了"三个脱节"问题，进步的同时就是以牺牲来做代价的。第二次教育革命时期出现了班级授课制，对学生的培养是批量化、规模化的。进入信息和人工智能阶段，准备进行第三次教育革命。在第三次教育革命期间，所有的思想家、教育家都面临着教育的"三个脱节"问题，需要从"三个结合"的角度来入手解决。从裴斯泰洛齐到斯宾塞到杜威再到陶行知，这些伟大的教育家、思想家都抓住"三个结合"这条线索来提出理论、开展实践。他们没有偏离方向，他们的道路非常正确。因此当下的教育改革就是要解决"三个脱节"问题，"生活·实践"教育正是解决这一问题的重要手段。

三、"生活·实践"教育的基本内涵

"生活·实践"教育究竟从陶行知生活教育里面继承和发展了什么？"生活·实践"教育在写法上运用了一个间隔号。"生活教育"强调的是生活，"实践教育"是以马克思的实践观为理论基础的新时代的实践教育。我们在陶行知的生活教育和今天的新时代的实践教育中间用一个间隔号，来说明它的含义、来源、意义都来自两个方面。

"生活·实践"教育继承了陶行知生活教育学说的三大原理，并且发展为六大原理：生活即学习、生命即成长、生存即共进、世界即课堂、实践即教学、创造即未来。"生活即教育""社会即学校""教学做合一"是陶行知的独创思想，但今天我们要根据这个时代、社会的需要，在它的基础上继续往前走，要深化，要发展。

第一，生活即学习。教育是一种有计划、有组织培养人的实践活动，生活即学习指个体通过学习由不会到会、由不懂到懂，掌握知识技能、发展情感和价值观的学习过程。当今我们由教育时代走向学习时代，更加强调主体的作用。教育和学习都很重要，教育依然存在，我们不否定教育，而是更加注重学习的过程。生活即学习有三层含义。首先，生活具有学习的意义，生活本身就是一种学习，人们在学习中生活，也在生活中学习。其次，学习以生活为中心、为途径、为目的，通过生活来进行，为当下和未来的美好生活做准备。最后，生活决定学习的目的、内容、方法、组织形式、管理方式等。生活决定学习，生活是我们学习的出发点和归属。生活与学习相互促进、相互影响。在生活中提升学习质量，在学习中提升生活品质。

第二，生命即成长。生命即成长也有三层含义。首先，生命的成长是人的自然生命的成长。其次，生命的成长还是人的社会生命的成长。最后，生命的成长还是人的精神生命的成长。我们过去只是注意到人的自然生命，没有注意到人的社会生命，更加忽略了人的精神生命。在"生活·实践"教育理念中，必须高度关注人的生命的三个成长，强调生命即成长，就是要去关爱学生、理解学生、尊重学生、保护学生，让学校和社会为学生生命的成长提供良好的环境，推动学生三重生命的健康成长。

第三，生存即共进。生存不是一个博弈游戏，不是你死我活、非此即彼的关系，而是提倡共赢。生存即共进也有三层含义。首先，生存是一种个体自身和谐共进的生存。其次，生存是一种社会群体和谐共进的生存，其最高追求是人类命运和谐共进的生存，也就是习近平总书记讲的要建构一种"人类命运共同体"。最后，生存还是一种人与自然和谐共进的生存。生存即共进，落实到教育上，就是注重学生个体的自身和谐发展，关注学生、教师与社会群体的和谐发展，关注学生、教师与自然界的和谐发展。

第四，世界即课堂。世界即课堂也有三层含义。首先，世界本身是一个大课堂、大的学习场所。我们的学习的场所和环境不只有正规、正式的学校，还有非正规、非正式的人类社会和自然界，处处是课堂。我们要善于在人类社会和自然界的空间里学习和提高自己。其次，课堂含有世界的意味，在课堂里要把人类社会和自然界的事物移进来，让学生们了解和掌握。最后，世界与课堂是相互关联、相互影响的，彼此不能分离。

第五，实践即教学。实践即教学也有三层含义。首先，除认知性的学校教学以外，还有社会性的实践教学，实践也是教学的途径和方式。在"生活·实践"教育中，实践教学的地位不可忽视。其次，教学要注重以实践为形式、手段和途径。最后，要辩证看待实践性教学和认知性教学之间的关系，两者不是对立的，而是互补的。

第六，创新即未来。创新在陶行知的生活教育里面占有非常重要的地位，为此他还专门写了《创造宣言》。创新即未来也包含着三层含义。首先，创新是教育的未来。未来的教育离不开创新。没有创新，教育将停滞不前。其次，创新是国家和民族的未来，离开创新，国家和民族将失去活力，陷于僵化。最后，创新是人类的未来。人类只有不断创新，才能不断进步，走向新世界。

四、"生活·实践"教育的核心要义

生活力、自动力、创造力的培养是陶行知生活教育理论和创造教育理论的重点。或者说，生活教育和创造教育的根本目的就是生活力、自动力、创造力的培养。陶行知提倡三力，即生活力、自动力、创造力。其中，生活力为基础，自动力为引导，创造力为关键。在新时代我们把"三力论"发展为"六力论"。1997年经济合作与发展组织在全球倡导核心素养，如今联合国教科文组织倡导全球胜任力。随着社会的进步，涌现出了许多新的理念和思想，这些成果都可以也完全应该融入"三力"中并将其发展为"六力"。

第一，生活力是"生活·实践"教育的第一要义，是基础和前提。生活力指适应、改造现代社会生活该有的能力。伴随着社会发展需要的变化，生活力所涵盖的能力亦呈多样化发展趋势。具体而言，生活力至少包括生存力、生计力、学习力、演说力、交往力等。

第二，学习力，即经济合作与发展组织所倡导核心素养里的认知能力，包括好奇心、想象力等。新时代，学校教育要落实以学会学习为导向的学习力培养。一要根据培养目标建构多元整合的课程体系。二要引导学生进行自我选择、自我发展，强化学生的主体性，积极推进多种教学模式。三要注重教师对学科教学能力的培养，强化教师的主导性。

第三，实践力，就是实践能力。习近平总书记特别强调实践育人，注重社会实践，注重在社会实践中培养锻炼人的各种能力，所以要把实践力单独提出来。

第四，自主力。自主力由陶行知提倡的自动力发展而来，包括自理力、自治力、自制力、自动力等。联合国教科文组织等各种国际组织都特别注重培养学生的自我管理能力。谢维和教授在《中国教育报》上专门就学生的自主力培养发表过一篇文章，他认为所有教育和学习的关键都在于培养学生的自主力。

第五，合作力。合作力是核心素养的重要内容，也回应了陶行知提出的注重集体生活、共同生活的观点。合作不仅提高了学生的主动性和自我控制能力，也促进了学生之间的人际关系。在教学中，不仅要给学生提供更多的合作学习的机会，更应该积极促进学生合作意识和合作技能的训练，使他们更多地体验互相帮助、共享成果的快乐。让学生在充满合作机会的人际交往中学会沟通，学会互助，学会分享。

第六，创造力，这是陶行知十分看重的。改革和创造，是陶行知培养"真人"的出发点和着力点[①]。他曾提出："解放出来的力量要好好地用，用在创造上，创造新自己，创造新中国，创造新世界。"[②] 而今时代不断发展，在当前强调实践创新的时代背景下，教育者更要把握生活教育的时代特征，鼓励师生在日常的、生活的教育行为中培养创造力。教育者必须明白脱离生活之根的知识教育有着很大的问题，"这种教育往往只能提供死的知识，而创新在很大程度上需要的是活的知识"[③]。用陶行知的原话来说，就是"学校有死的有活的，那以学生全人、全校、全天的生活为中心的，才算是活学校。死学校只专在书本上做功夫。介于二者之间的，可算是不死不活的学校"[④]。因此，我们不仅要注重培养学生在科学研究层面的创造力，还要关注学生在艺术创造、思维创新等方面的创造力。

---

① 陈晴、董宝良：《陶行知"真人"教育的基本内涵及其育人价值》，《教学与管理》2015年第9期。
② 中国陶行知研究基金会：《为中国教育改革探路》，江苏教育出版社，1988。
③ 孟建伟：《教育与生活——关于"教育回归生活"的哲学思考》，《教育研究》2012年第3期。
④ 陶行知：《我之学校观》，《教育观察（中下旬刊）》2013年第2期。

五、"生活·实践"教育的时代意义

"生活·实践"的视野不同于"历史·经验"的解释范式,而更为强调在教育与生活、教育与实践的关系框架中理解教育的起源与根本价值。生活与实践本是一体两面,教育的生活逻辑与实践逻辑也并非相互排斥的,而是相互包含的。因此,从生活与实践的视角出发,去解构和重构教育的本质与目的,去形塑对教育理解的全新认识,去思考现实中人的价值和意义回归,便是"生活·实践"教育的内涵所在,即教育源于生活与实践,教育通过生活与实践,教育为了生活与实践。

(一) 教育源于生活与实践

一方面,生活是人生存发展的核心场域。民众对美好生活的向往与追求是生存的基本诉求,对优质教育的向往与追求既是美好生活的部分内容也是获得美好生活的主要途径。回归生活世界是现代哲学的重要导向。"当哲学开始把目光专注于人在其中现实地生存与交往、现实地创造价值和意义的生活世界时,哲学便不再以外在的超越性的理性实体的化身自居,而是向人的生存的本质性文化精神回归。"[①] 哲学从根本上是对生活中的人的生存意义的澄清。从这个意义上讲,个体的生活世界是哲学研究的本质性基础。而在人的生活世界中,总结人类的各种历史活动的教育意义,推动人自发地改进其生存方式,便是教育的任务。"教育要引导学生求真、寻善、向美,以促进生命不断成长、不断超越现实和生成新的自我。教育既源于生活又高于生活,并在过程中引导学生抛弃当下的现实利益去感悟人生的意义所在和追求生命价值的提升。"[②] 可以说,没有生活,就没有教育,就没有一切。因此,回归生活,既是现代哲学的本质指向,也是教育本身的意义指向。教育来源于生活。

另一方面,实践是人全面发展的根本方式。个体通过实践认识世界,认识来源于实践。随着实践哲学的复兴,实践逐渐在教育领域焕发强大生命力。因为教育是一种指向人、以促进人的全面发展为根本目的的实践活动,因此就必须从实践中去看教育。教育的根本目的是培养人,而人是实践的人,实践是人的根本生存方式。此外,教育的生机在于其不断地在实践中进行自我革新。教育的发展离不开对实践的解构和重构,

---

① 衣俊卿:《关于现代化的文化哲学》,《北京大学学报(哲学社会科学版)》2001年第4期。
② 张传燧、赵荷花:《教育到底应如何面对生活》,《教育研究》2007年第8期。

离不开对实践细节的把握,也离不开对实践中的人的全面认识。教育来源于实践。

(二)教育通过生活与实践

一方面,生活具有教育意味。教育的根在生活中,生活蕴藏着最初始的教育。生活中的教育具有自然性、直观性和基础性的特点。自然性是指生活中的教育是自然而然的、顺理成章的。我们一出生,周围的环境、人、物便影响着我们。直观性是指生活中的我们是具体的、感性的、现实的,受到的教育影响也是"当下"的。基础性是指生活世界的教育是科学世界的教育的前提和基础。个体只要在生活中生存,就必然要接受生活中的教育。没有生活中的教育奠基,个体的经验、情感、个性和能力便无法发展,也就无法接受高级的科学知识。"生活着的人是实践中的人。与自然的生存不同,生活是以人自己所选定的目的与价值为指向的活动,在生活实践中,人创造世界、改变世界,而人自身的生成与完善则是人在生活中所指向的终极目的。"[①] 所有人都在生活之中,且生活具有重要的教育意义,其所展现的育人价值对于个体的生存与发展至关重要。因此,教育必须通过生活,在生活中进行,这是所有人发展为"人"的现实沃土和教育根基。

另一方面,实践具有教育意味。习近平总书记指出:"所有知识要转化为能力,都必须躬身实践。要坚持知行合一,注重在实践中学真知、悟真谛,加强磨炼,增长本事。"[②] 教育必须通过实践,在实践中进行。但不同于生活,实践还具有发展、创造与提升的意味。实践的育人属性表现为,它不再是单纯地以书本知识为教育内容,而是密切联系学生的现实活动、生活经验、自然环境,注重引导学生进行实践参与与体验而获得完整充分的认识与理解,引导学生发现实践问题和解决实践问题,引导学生在真实的活动探究中得到发展、创造与提升。

(三)教育为了生活与实践

一方面,培养个体追求美好生活的能力。2012年11月,习近平总书记在十八届中央政治局常委同中外记者见面时的讲话中提出:"人民对美好生活的向往,就是我们的奋斗目标。"我国社会主要矛盾已经转变为人民日益增长的美好生活需要与不平衡不充分的发展之间的矛盾,预示着教育的发展应指向人们的美好生活,帮助人们创造美

[①] 鲁洁:《道德教育的根本作为:引导生活的建构》,《教育研究》2010年第6期。
[②] 习近平:《在知识分子、劳动模范、青年代表座谈会上的讲话》,《人民日报》2016年4月30日。

好人生。这也是"生活·实践"教育的核心理念,即通过生活教育培养个体追求美好生活的能力,帮助人们创造美好生活、实现美好人生。正如费尔巴哈所说:"追求幸福的欲望是人生来就有的,因而应当是一切道德的基础。"人们对美好生活的需要,既是时代的呼唤,也是现实的要求。"生活·实践"教育以培养个体追求美好生活的能力为目标,体现了其充分的现实观照和人文关怀。

另一方面,教育能培养个体实现实践自觉的能力。实践性是人的本质特征,意味着教育是指向实践的一种活动。从根本上来说,实践是人类改变自身、改造世界、实现全面发展的根本方式。因此,教育不能仅仅停留在人发展的形而上层面,更要推动实践反作用于人的发展,从而实现人的全面发展。实践的发展与变革靠什么?其根本在于人的发展,在于个体能清晰地认识实践、积极地参与实践、主动地变革实践,即主体实践自觉的实现。只有在个体与自身世界、外部世界之间建构起有机联系,即个体内生与外发的基础之上,个体才能实现实践自觉。

"生活·实践"教育主张从生活与实践的角度去看教育,从生活与实践的角度去看人,其主要意义体现在主体意义性的突出、主体自觉性的提高和主体完整性的彰显。"生活·实践"教育还提出与六力培养相关的"意商"与"合育"两个重要理念。人的认知包含知、情、意,此处的"知"指的是人的智力指标,"情"指的是人的情感指标,"意"则指的是人的意志指标,又简称"意商",它涉及人的意志力、抗挫力的培养。合育,指的是人的"合群、合作、共享"能力的培养。意商的培养与合育的施行,也是今天亟待倡导和开展的。

陶行知的遗产是20世纪中国一笔极为丰厚的思想、实践和精神遗产,在当今中国实现"两个一百年"奋斗目标的历史进程中,仍将发挥积极作用。当代教育工作者,要向陶行知那一代老教育人学习,借鉴其思想、学说、人格与精神,努力培养更多真善美的时代新人,让教育通过生活与实践创造美好人生,使教育成为国家现代化的有力助推器。

"生活·实践"教育的时代意义[①]

生活教育是陶行知在 20 世纪贡献的一份宝贵的教育学说，曾在我国新民主主义革命教育中发挥过积极作用。基于新的时代、社会、教育需要，"生活·实践"教育立足国情，继承并发展陶行知的生活教育学说，为教育改革与发展提供理论借鉴。"生活·实践"教育是适应现代社会育人方式转变、符合当前国情和实际的一种教育。

从理论的演进过程不难看出，"生活·实践"教育是在新时代的背景下，适应现代社会育人方式的转变，与未来智能化教育相适应的，更适合当前国情和实际的教育。习近平总书记指出："所有知识要转化为能力，都必须躬身实践。要坚持知行合一，注重在实践中学真知、悟真谛、加强磨炼、增长本事。""生活·实践"教育正是以马克思主义实践哲学和人的自由全面发展教育理论为理论基础，以陶行知生活教育学说为理论渊源，践行习近平总书记实践育人指示精神的育人方式。

一、时代赋能，召唤"生活·实践"教育

研究教育要关注时代，关注时代的问题以及教育所面临的挑战和机遇，这是研究教育的逻辑起点。英国作家狄更斯的《双城记》里提到："这是一个最好的时代，也是一个最坏的时代。"虽然狄更斯这段话是专对 19 世纪的英国资本主义社会而言的，当代中国更与当时的英国在社会性质、社会制度和发展水平上有千差万别，不能混为一谈，不过，从某个角度看，这段话体现的辩证法思想值得我们重视。

我们正面临一个"最坏的时代"。人类自从进入阶级社会出现第一次教育革命和近

---

① 原题为《陶行知教育思想的历史遗产与当代转化创新》，有删节。

代工业社会出现第二次教育革命之后,人类教育就产生了教育与生活、学校与社会、教学与实践的严重脱节问题,尽管经过卢梭、裴斯泰洛齐、斯宾塞、杜威、陶行知等一批伟大的教育家、思想家的批判与重建,大力呼吁和推动教育与生活、学校与社会、教学与实践有机结合,但至今仍没有得到很好的解决。在当代中国,"三个脱节"问题从某种程度上看似乎越来越严重。陶行知一百年前所抨击的读死书、死读书、读书死,"儿童的头脑、眼睛、双手、双脚、时间、空间"被学校学科课程与作业负担严重束缚,只重应试能力不重生活能力、自主能力、创造能力的现象,并没有出现根本改变,甚至在某些方面愈演愈烈。应该确保的基本的体育、美育、劳动教育都一概让位于复习考试,中小学生为了完成作业普遍都要做作业到晚上十一二点钟,加之泛滥的教育市场化、产业化和商业化倾向,各类为考试而产生的校外培训又推波助澜,教育的"三个脱节"问题变得更加错综复杂。

但是同时,我们也面临一个"最好的时代"。党的十八大以来,习近平总书记高度重视教育改革,强调立德树人,德、智、体、美、劳全面发展,有针对性地提出"实践育人""劳动育人",尤其是2021年7月,中共中央办公厅、国务院办公厅印发《关于进一步减轻义务教育阶段学生作业负担和校外培训负担的意见》(即"双减"政策)为愈演愈烈的"三个脱节"问题按下暂停键,诸多针对问题推出的政策文件相继实施,为解决"三个脱节"问题以及其他相关具体问题创造了有利条件和良好环境。"双减"政策的实施为人的全面发展,为着重学生生活力、学习力、自主力、合作力、创造力、实践力培养的"生活·实践"教育提供了最佳契机。"生活·实践"教育是适应现代社会育人方式转变、符合当前国情和实际的一种教育。"双减"背景下,正应该发挥"生活·实践"教育的优势,为我国基础教育改革创机赋能。

二、因地制宜,六个关键助推"双减"

"生活·实践"教育的实施途径是学校教育、家庭教育、社会教育三大途径。"生活·实践"教育的实施方式是融合式,即通过学科课程与生活课程,学校与社会、家庭和大自然,教师与学生,身与心,知与行,本土与域外等,进行多种方式的融合,完成对人的价值塑造、能力培养、知识传授。这种融合式途径与方式也受到中国古代哲学"天人合一""知行合一"以及陶行知"教学做合一""知情意合一""智仁勇合一""政富教合一"论的影响。同时"生活·实践"教育的实施途径和方式也是开放式、发展式的。

推进"生活·实践"教育应以"双减"政策为背景，破解"三个脱节"难题，全面减轻学生过重作业负担与校外培训负担，进一步推进教育高质量发展，落实《关于进一步减轻义务教育阶段学生作业负担和校外培训负担的意见》精神，不同区域应结合具体情况开展，力求做到因地制宜、一区一策、一校一策。

运用"生活·实践"教育助推"双减"，要努力做到以下六个关键。

第一，以"六力"培养为目标，重点培养学生生活力、学习力、自主力、合作力和创造力、实践力。1997 年经济合作与发展组织在全球倡导发展学生核心素养，以应对 21 世纪特别是知识经济的挑战。如今，联合国教科文组织发布并倡导"教育可以视为一种社会契约——一种社会成员间为了共享的利益而合作达成的默示协议"。随着社会的进步，涌现出许多新的理念和思想，这些都应该也完全可以融入"六力"培养中。

第二，以师资培训为工作抓手，重视师资培训，着力打造一批践行"生活·实践"教育理念的教师团队。教师是"生活·实践"教育理念的践行者，校本课程的开发者，学习资源的整合者，学生学习的陪伴者，成长动力的激发者，情感心理的呵护者，实践活动的组织者、引导者和支持者。因此，应高度重视师资培训，把建设一支高质量的"生活·实践"教育教师队伍作为工作的重中之重。

第三，以"生活·实践"教育馆建设为另一重要抓手，扩展"生活·实践"教育实施空间。"生活·实践"教育馆是"生活·实践"教育的标配和特色，是"生活·实践"教育实验学校的基本特征，可以是有形场馆，也可以是无形场馆；可以在校内，也可以在校外；可以是大的场，也可以是小的馆；既可以是融合"生活·实践"教育理念的物理空间，也可以是融合"生活·实践"教育理念的文化空间。

有形的"生活·实践"教育馆包括以下三种形态：一是校内建设的实体场馆，如整理室、家政室、烹饪室、烘焙室、缝纫室、卫生室、急救室、木工室、金工室、插花室、茶艺室、琴艺室、棋艺室、书法室、绘画室、园艺室、理财室、编程室以及生活体验馆、科学探索馆、演艺馆、游泳馆、球类馆等各种实践场馆（室）；二是在校园内开辟的一个全新的"生活·实践"教育活动空间，可以没有实体建筑；三是和社会资源对接，充分利用社区资源和校外的"生活·实践"教育资源，如生态农场、社区学习中心、研学基地、旅游景点、艺术中心、运动场、博物馆、图书馆、科技馆、文化馆、美术馆、名人馆、纪念馆、剧院、电影院等。

无形的"生活·实践"教育场馆，可以充分利用物联网、云计算、大数据等信息技术，打开虚拟网络空间这个庞大的"生活·实践"教育馆，借助互联网、虚拟现实 VR 等技术，充分利用各种网络资源，打通线上线下，沟通现在未来，突破疫情束缚，畅联世界，让学生通过沉浸式体验、边看边学、边学边做、多元对话等方式，拓展格局视野，获得多元生活实践体验，成为具有全球观、中国心和现代化气息的时代新人，创造美好人生。

第四，以课程改革为重点，将课程作为实施"生活·实践"教育的重要载体。每所"生活·实践"教育实验学校都要依据本校自身特点，遵照"生活·实践"教育主旨、理念，编制或改编具有校本特色的"生活·实践"教育课程。"生活·实践"教育课程是融合式的课程，通过学科课程与生活课程，学校与社会、家庭、大自然等进行多种方式的融合，完成对人的价值塑造、能力培养、知识传授。

第五，以教学改革为助力，教学改革配合课程改革。班级授课制是人类第二次教育革命的产物，适应了近代科技革命与产业变革的需要，极大地促进了教育普及，在人类教育史上占有重要地位，值得充分肯定。但是，在当今人类社会进入新一轮科技革命与产业变革时期，班级授课制只顾及学科世界而脱离生活世界、只注重集体教学而忽略个性教学的两大内在局限性已暴露得越来越明显，时代、社会和教育都需要对之进行改良甚至超越。

对班级授课制进行改良的两种形式，即小班化教学、走班式教学，以及超越的两种形式，即网络教学、项目式教学，都应该也必须在"生活·实践"教育实验学校里加以实施。各实验学校主持者以及"生活·实践"教育团队指导者，在研制和实施本校以"生活世界"内容为特色的校本课程时，一定要在探索实施小班化教学、走班制教学、网络教学的同时，更加积极地探索项目制教学，使课程改革与教学改革相匹配，单项改革与整体改革统筹进行。

第六，以"五育"并举为方式，智商、情商、意商并重，注重"知行合一""知情意合一""智仁勇合一"。教育实施者需要注意各育之间的内在联系，或以某"一育"为切入点，通过在"一育"中发现"五育"、渗透"五育"；或以某一活动作为引领载体来融合"各育"，在学生日常学习、生活、实践中贯彻落实"生活·实践"教育。由此，推动教育内容的全面展开，实现学生生理和心理的和谐发展，达成培养、德、智、体、美、劳全面发展的社会主义建设者和接班人的教育目的。

"生活·实践"教育是在新时代中国社会发展与教育改革背景之下，对陶行知生活教育学说创造性转化、创新性发展的结果。"生活·实践"教育主张每个人拥有巨大潜力，都有无限发展可能，这是"生活·实践"教育的基本立场和教育原点。在"双减"政策不断推进背景下，明确"生活·实践"教育的内涵与思想精髓，探索其实施路径，对深化当代中国教育体制改革，促进教育事业繁荣，推动社会变革与进步均不无裨益。

"生活·实践"教育的目标与实践路径[①]

　　从20世纪80年代开始，中国教育学人在中国特色教育理论构建与实践探索的过程中，形成了一批具有广泛影响的本土教育理论果实，肇始于2003年的"生活·实践"教育便是其中之一。生活与实践本是一体两面，教育的生活逻辑与实践逻辑也并非相互排斥，而是相互包含的。只有从实践的角度去理解生活，才能把握生活的本真。在此意义上，生活与实践实现了以人为连接点的内在交融。结合马克思实践哲学思想和习近平总书记实践育人的重要论述精神，对陶行知生活教育理论进行创造性转化与创新性发展，朝向生活与实践的教育变革在当代呼之欲出，它是一百年来中国翻译介绍与移植西方教育后本土教育崛起的应然结果。"生活·实践"教育将生活与实践纳入教育场域，塑造出一个全新的学习空间，致力让教育通过生活与实践为学生创造美好人生，将更加有力地推动"双减"政策在学校教育、家庭教育和社会教育的落地，帮助教育回到其本真的形态。

一、培养时代新人："生活·实践"教育的目标

（一）"六力"作为关键能力的提出原因

1. "六力"是针对学生当前异化的生活而提出的

　　学生当前异化的生活表现在学生现实生活与教育教学的脱离，也表现在其精神生活的异化，如自我认知意识薄弱、独立思考能力匮乏、生命健康意识淡薄、缺乏对生

[①] 与刘来兵合作，原载于《华中师范大学学报（人文社会科学版）》2022年第4期，有删节。

活的热爱和自我未来的建构等。奥伊肯曾说:"所有事物都一再指向同一件事,那就是我们缺乏精神独立性,缺乏对历史和环境的内在超越,缺乏整个富有特色的生活。这样,同我们体验到的不可估量的印象接触,就必然是外在接触;当我们全部的知识财富在不断增长的同时,我们却面临精神上变得更加贫乏的危险。"① 对于这种异化状态,只有从学生的现实生活出发,通过教育去引导其精神生活,使之保持向上和健康,才能完成对学生当前异化的生活的纠正。因此,"生活·实践"教育强调把教育寓于生活与实践之中,从学生的现实生活、实践活动出发,创新中小学学校教育培养模式,搭建全新的促进学生全面发展的课程体系,培养学生的生活力、学习力、自主力、合作力、创造力、实践力,既实现了教育教学与学生现实生活的紧密联系,也塑造了学生健康、积极、向上的精神世界。

2. "六力"是面向学生未来全新的生活而提出的

未来社会至少有两种问题:一是发展迅速的大数据、人工智能等信息技术带来的网络生活与现实生活相割裂、部分职业消失等问题;二是"世界越来越严重的种族、文化和宗教不宽容……推行排他主义的世界观"② 的问题。这两种问题根本上都是人的生存与发展问题。一方面,"生活·实践"教育强调教育源于生活、通过生活、为了生活,培养学生的生活力、学习力、自主力、合作力、创造力、实践力,正是让学生为未来全新的生活作准备,让学生拥有充分面对和克服未来可能发生的危机的能力。另一方面,"生活·实践"教育从人的基本生活、实践场域出发进行教育,充分关怀人的尊严、能力和福祉,是解决好人生存与发展问题的一剂良药。2015 年,联合国教科文组织提出"维护和增强个人在其他人和自然面前的尊严、能力与福祉,应是 21 世纪教育的根本宗旨"③。当前的教育一定要关切未来,培养学生的生活力、学习力、自主力、实践力、合作力、创造力,让学生能为未来全新的生活做好充分准备,保障其生存与发展。

3. "六力"是推动学生德、智、体、美、劳全面发展的良药

人的全面发展包括了"人的完整发展、和谐发展、多方面发展和自由发展"④,其

---

① 奥伊肯:《新人生哲学要义》,张源、贾安伦译,中国城市出版社,2002,第 369 页。
② 联合国教科文组织国际 21 世纪教育委员会编《教育——财富蕴藏其中》,联合国教科文组织总部中文科译,教育科学出版社,1996,第 85 页。
③ 联合国教科文组织:《反思教育:向"全球共同利益"的理念转变?》,联合国教科文组织总部中文科译,教育科学出版社,2017,第 36 页。
④ 扈中平:《"人的全面发展"内涵新析》,《教育研究》2005 年第 5 期。

实质是追求人自身的完善。一般而言，人的全面发展需要内外两方面的条件，内是指个体的遗传素质、需要、动机、情感、能力、主观能动性、行为等，外是指个体所受到的外部影响，如教育、环境等。两者缺一不可，都发挥着重要作用。"六力"是指学生的能力体系，不只包括了能力，也内含了学生的需要、动机、情感、主观能动性、行为等因子，是影响人全面发展的内部条件；而为培养学生的"六力"所采取的教育措施和施加的环境影响则是促进人全面发展的外部条件。"生活·实践"教育强调教育与生活、实践的相融相生，引导学生"六力"的发展，使学生保卫自己的尊严、实现自我的价值、感受当下的幸福、实现自身的完善。因此，归根到底，"六力"是学生德、智、体、美、劳全面发展的基石，培养"六力"的过程便是促进学生全面发展的过程。

(二)"六力"作为关键能力的体系构建

"生活·实践"教育以培养时代新人为培养目标，力图构建一个以自主力为基础，以生活力、学习力、合作力、实践力为核心，以创造力为最高目标的目的论体系。

第一，自主力是"六力"的基础，没有自主力就没有其他发展。自主力代表着学生的个人意愿和动机，是学生一切行为表现的基础。倘若学生没有想要努力学习的想法和意愿，任教师怎样教导和影响都无法提高学生的学习力；倘若学生没有独立生活、过好生活、改造生活的动机，其生活力也无法得到提高。对于实践力、合作力和创造力的培养和提高皆是如此。所以说，"生活·实践"教育培养学生的"六力"的首要任务就是激发和培养自主力，要唤醒学生对生活、学习、实践的热爱，陶冶学生对生活、学习、实践的情感，激发学生追求美好生活、美好人生的动机。

第二，生活力、学习力、合作力、实践力是"六力"的核心，是实现人全面发展的必备能力。从学生生活力、学习力、合作力、实践力出发，针对学生的全面发展，可以进行如下阐述：一是学生要接受教育便不能没有学习力；二是学生要积极内化自己所接受的教育便不能没有生活力和实践力（因为如果学生所接受的外部教育不能和学生现实的、生动的、鲜活的生活经验、实践经验相联系，学生就无法将外部教育真正融入自己的知识结构和技能体系）；三是教育过程本身是一个多方联系、互相影响的过程，如师生间、生生间、亲子间。倘若缺乏合作力，无法与教师、同学、亲人进行有效的交流和互动，学生的素养就难以取得实质性的发展。所以说，学生的全面发展离不开生活力、学习力、合作力、实践力。

第三，创造力是"六力"的最高层次，需要其他"五力"作为基础，并且不是所有人都能拥有的。创造力的培养不能脱离生活之源和实践之根，只有把学生浸润在鲜活的生活与实践中，才有可能培养出学生的创造力。

三、重构教育生态："生活·实践"教育的实践路径

结合当前"双减"政策下的学校教育变革的新局，"生活·实践"教育在学校教育落地需要回答好三个问题，即"生活·实践"教育如何嵌入课堂教学？如何融入课后服务？如何进入课余生活？基础教育生态系统是影响学生个体发展的核心场域[1]。课堂教学、课后服务和课余生活这三大育人场域基本贯穿了学生的全部生活，三者都是落实"生活·实践"教育的基本场域。

（一）突破僵化的课堂空间，为学生创造开放的学习空间

"生活·实践"教育认为学生学习的空间不仅仅局限于僵化的现实课堂，还包括大自然、社会、互联网等场域。充分利用多样化的学习空间，发挥其育人功能，是实现"生活·实践"教育的基本要求。

1. 建设智能空间，打造一个高个性化、深体验和多协作的课堂

未来的"生活·实践"教育课堂应是一个智能空间，"它是嵌入了计算、信息设备和多模态的传感装置的工作或生活空间，具有自然便捷的交互接口，以支持人们方便地获得计算机系统的服务"[2]。这种智能空间的建设以"人工智能技术、上下文感知计算技术、和谐交互技术、计算机视觉识别技术和无缝数据管理等技术"[3]为基础，为教师和学生提供各种智能化服务，如学生学习特征与偏好的识别、智能化的教学场景、课堂的实时监测和记录、师生和生生之间的体验及互动、学习成果的智能评估等。如果说，现在的教室是侧重于知识传递的教育场所，那么，拥有智能空间的"生活·实践"教育课堂则是一个可以充分凸显学生个性、注重学生身心体验、引导学生互动协作的鲜活课堂，它能有效发挥课堂教学的育人功能，培养学生的自主力、学习力和合作力。

---

[1] 孙杰远、于玲：《"双减"背景下基础教育生态系统的演化逻辑与发展向度》，《现代教育管理》2022年第6期。
[2] 周艳、赵海、汪世娟等：《智能空间定位模型研究》，《计算机工程》2009年第7期。
[3] 陈卫东、叶新东、徐亚锋：《未来课堂：智慧学习环境》，《远程教育杂志》2012年第5期。

2. 变革课堂模式，推动课堂与生活、自然的高度融合

在狭隘知识论的教育观影响下，当前教育表现出"倾向于过早、过多和过度地将学生引入课堂、引入书本和引入名目繁多的考试；与此同时，也倾向于过早、过多和过度地使人脱离自然、脱离社会和脱离活生生的生活"① 等问题。同样的，学生的身体也被束缚在课堂之中，其身体功能局限于听讲和写作业，身体的本有功能无法充分发挥，无法有效培养学生的"六力"。对此，教师应树立科学的知识观和教学观，打破"知识仅来源于教材""教室是唯一的授课场所"等观念藩篱，在课程内容、授课方式上实现突破。一方面，教师可把生活中、自然中的内容、案例引进课堂之中，把听讲课堂变为生活课堂或自然课堂，既可增加课堂趣味，也可引导学生多动脑、多发言、多动手。另一方面，教师可跳出教室这一固化的学习空间，把课堂拓展到大自然、社会生活中去。操场、体育馆、农场、公园、果园、科技馆、海洋馆、生态馆等场地中都有与自然相融合的教育元素，可以充分利用。同时，学校可自主建设"生活·实践"教育场馆，馆内可设置多类型的教室，如人文审美馆、生活体验馆、手工劳动馆、科学探究馆等。

3. 构建文化空间，推动学生内化文化和实现文化自觉

哲学人类学家兰德曼说："没有文化，人什么都不是。"② 校园文化作为一种隐性的学习资源，其育人功能具有无形性、渗透性、影响深远性的特点，"生活·实践"教育也无法脱离校园文化单独进行。但有的学校校园文化建设一直处于弱化状态，甚至出现"有文化无育人"的异化状态。归咎来看，既是因为校园文化建设内容的缺位，更是因为文化本身不能育人。文化发挥育人作用的关键在于人的内化，没有人的内化，文化无法影响和塑造人。因此，如何实现人对文化的内化，臻至文化自觉的境地，是"生活·实践"教育需要回答的重点问题。但人们普遍认为文化是一种不需要刻意而为的育人方式，故较少在实践层面去开展文化育人活动。其实，如同知识的育人机制一样，文化育人的关键也在于"文化知识被人自主地转化为自身内在的人文精神，进而表现出一种在思想、情感和行为上的自觉"③。故在实践层面，可把"六力"转化为文化因子纳入育人体系中，拟订一套完整的、全面的文化知识和学科知识融合的育人方案，构建校园文化空间，推动学科知识与文化知识的融合式内化。

---

① 孟建伟：《教育与生活——关于"教育回归生活"的哲学思考》，《教育研究》2012 年第 3 期。
② 兰德曼：《哲学人类学》，阎嘉译，贵州人民出版社，1988，第 247 页。
③ 章兢、何祖健：《从"知识育人"到"文化育人"——整体论视野中的大学素质教育》，《高等教育研究》2008 年第 11 期。

(二) 满足学生多样化需求，为学生提供高质量的课后服务

课后服务是当前中小学学校教育的薄弱环节，表现出"实践中做法不一，质量参差不齐，缺乏统一的标准体系"[①] 等问题。把"生活·实践"教育融入课后服务，打造高质量的课后服务，可从课后服务的内容、形式和师资三个方面寻求可行路径。

1. 对标"六力"发展目标，细分课后服务的内容

《关于进一步减轻义务教育阶段学生作业负担和校外培训负担的意见》明确指出："要充分用好课后服务时间，指导学生认真完成作业，对学习有困难的学生进行补习辅导与答疑，为学有余力的学生拓展学习空间，开展丰富多彩的科普、文体、艺术、劳动、阅读、兴趣小组及社团活动。"这为我们选择课后服务内容提供了基本指引。但在学校层面，具体应该如何选择课后服务的内容，实现"生活·实践"教育与课后服务的融合，从而打造一个适应性强、质量高的课后服务呢？首先，应对标"六力"划定课后服务内容。其次，应根据学生的兴趣和需求，在教师的指导下由学生自主选择课后服务的内容。最后，课后服务的内容应尊重学生的发展特点，根据不同学龄段的学生设置不同的难易度和复杂度。

2. 灵活组织课后服务的内容，丰富课后服务的形式

针对中小学生发展的不成熟性、差异性等特点，课后服务组织上应充分调动政府、学校和社会各方资源，灵活地组织课后服务的内容，丰富课后服务的形式，满足不同学生的发展需求。其一，课后服务生活化。面对自控力、自主力还较差的小学低年级学生，把课后服务内容与他们的生活紧密联系，联结学生的经验，增加生活趣味，可调动学生积极性，让学生在体验生活中得到发展。其二，课后服务游戏化。游戏是大部分学生都极为感兴趣的活动，课后服务游戏化会大幅提升其对学生的吸引力，这是课后服务取得高质量成效的前提。各式各样的游戏既能促进学生身心愉悦、健康成长，也能带动学生的发展。其三，课后服务课程化。基于最近发展区原则，将存在一定难度、较为复杂的课后服务内容，如计算机编程、科技创新、科学探究等，参照课程设计进行课程化实施，这样能有效激发学生的求知欲和探索精神，培养学生的能力。对于学校而言，在课后服务生活化、游戏化和课程化的过程中会面临各项资源的利用和开发问题，因此学校应根据实际情况，有选择地、有针对性地开发有特色的课后

---

① 李醒东、赵伟春、陈蕊蕊：《对义务教育阶段学生课后服务的再思考》，《中国教育学刊》2020 年第 11 期。

服务。

3. 多样化地招募师资，提高课后服务的教师质量

师资是有效开展课后服务的重要保障，也是影响课后服务质量的关键因素。但当前学校教育却面临课后服务教师分配难的问题：一方面，课后服务增加了教师的上班时间，减少了其休息时间，进一步增加了教师的劳动强度；另一方面，课后服务的部分内容需要专业知识背景的教师，学校缺乏这一类型的教师。因此，多样化地招募课后服务师资，成为解决课后服务师资问题的重要手段。第一，学校在学期之初统一协调教师课后服务的任务，并增加承担课后服务教师的经济和福利待遇。在开学之前，学校确定课后服务的内容和实施方案，由教师自主报名，学校统一分配课后服务的任务。第二，邀请有专门领域知识和技能的家长提供多样化的课后服务帮助。精通某一领域专业知识和技能的学生家长的参与能有效缓解学校课后服务师资不足的问题，学校应充分利用好家长资源。同时，这也是家校协同育人的重要方式。第三，聘请具有资质的专业性机构或个人提供课后服务。由政府提供具有资质的机构或个人名单，学校根据自身需要进行选择。第四，邀请大学生志愿者提供课后服务。建立大学生志愿提供课后服务的常态化机制，并制订志愿者提供课后服务的监督和评估机制，保障志愿服务的规范性和质量。

（三）实现家社校一体联动，为学生构建科学健康的课余生活

"生活·实践"教育的内涵揭示了学生课余生活是开展"生活·实践"教育的重要场域，为学生构建健康的课余生活是实现"生活·实践"教育目标的重要手段。当前中小学生课余生活常常面临"学业负担过重、活动场所缺乏、成人不良干涉"的问题。[①]

1. 办好"生活·实践"教育家长学校，让"生活·实践"教育扎根家庭

家庭教育直接关系到学校教育的成功与否，更关系到学生个体的健康成长。当前部分家庭教育中存在一些问题，如家长过度焦虑、教育方法不当、不良干涉等，办好"生活·实践"教育家长学校便成为推动"生活·实践"教育走入家庭的重要途径。有研究指出，"许多中小学（幼儿园）办的家长学校有名无实，上级无要求，教学无教师，活动无经费，办学无标准，随意性很强"，因此有必要对家长学校在管理、师资、

---

① 黄利、熊少严：《中小学生课余生活研究的回顾与综述》，《江西教育科研》2007年第10期。

教学三个层面的制度和规章进行改进。第一，建立由政府（教育局）间接领导、教育专家直接领导的管理体制。由政府出面解决场地、设施、资金、师资、教学标准等问题，教育专家负责家长学校的各项组织事宜。第二，建立家长学校的师资来源多元化机制。师资以学校内有丰富经验的教师为主，适量邀请高校学者讲授家庭教育理论和"生活·实践"教育理论，并鼓励优秀家长分享经验。第三，教学上应通俗易懂，以案例教学为主，注重理论与实践相结合。鼓励家长利用放学时间和假期在家庭开展"生活·实践"教育，让子女从过重的学业负担和在线任务中解放出来，促进子女的健康成长和全面发展。

2. 建立"生活·实践"教育社区中心，让"生活·实践"教育融入社区

社区教育作为社会教育的一种形式，它相对于少年宫、青少年活动中心、博物馆、科技馆、生态馆有其独特的优势。它可以实现看管和教育的双重功能，对构建学生健康的课余生活具有重要价值。因此，可建立"生活·实践"教育社区中心，集中开展学生闲暇时期的"生活·实践"教育，实现"生活·实践"教育在学校、家庭、社区的整体影响。首先，明确"生活·实践"教育社区中心的组织机构为街道或社区委员会。街道或社区委员会负责联系各部门单位进行"生活·实践"教育社区中心的选址、建造、设备购买、师资招聘、学生组织、活动开展等工作。其次，"生活·实践"教育社区中心的教育内容和实践活动应与学校教育、家庭教育互补，作为对这两者的补充。如社区阅读室、手工室、游戏室等可以充分吸收学校"生活·实践"教育馆的建设经验，并在内容上稍作改变，避免重复。同时，"生活·实践"教育社区中心是开展安全教育、卫生教育、健康教育、生态教育的重要阵地，应积极邀请相关的专业人员开办知识讲座。最后，鼓励获得资质的非学科类培训机构入驻"生活·实践"教育社区中心提供相应服务。

3. 充分利用现有社会教育资源，让"生活·实践"教育走向社会

尽管学界对社会教育的提法日趋衰落，而对社区教育的呼吁与日俱增，但不可否认的是，社区教育之外的大众媒体教育、少年宫、青少年活动中心、纪念馆、博物馆、科技馆、图书馆、非学科类培训机构等社会教育形式有其独特的功能和价值。充分利用现有的各种社会教育资源，是把"生活·实践"教育推向社会以获取更大认可的必要手段，也是基于现实条件办好"生活·实践"教育，为学生构建健康课余生活的必经之路。政府相关部门应大力支持学校与各类社会教育场所或机构的合作。一方面，学校以班级为单位利用假期组织各班学生前往纪念馆、博物馆、科技馆等场所参观学

习,并在条件允许的情况下开展相应的素质拓展活动,如主题探讨、征文比赛、科技创新比赛等。另一方面,在"生活·实践"教育专家的指导下,在政府相关部门的许可下,对各项社会教育场所进行适当改造,使其在不丢失原有功能的基础上兼具开展"生活·实践"教育的能力。

总之,"生活·实践"教育是以马克思实践哲学和习近平总书记实践育人思想为指导,在长期系统研究和学习继承陶行知生活教育学说的基础上,结合当代中国教育实际而进行的教育改革探索。其理论原点是解决教育与生活、学校与社会、教学与实践脱节的经典命题,探索符合中国国情,既有中国特色又有中国气派和世界眼光的教育理论,培养具有生活力、学习力、自主力、合作力、创造力、实践力的时代新人。

论"新时代小先生行动"[①]

2021年5月30日,习近平总书记在给江苏省淮安市新安小学少先队员的回信中提到,"在党的关怀和领导下,'新安旅行团'不怕艰苦,足迹遍及大半个中国,以文艺为武器,唤起民众抗日救亡,宣传党的主张,展现了爱国奋进的精神面貌"[②]。"新安旅行团"当时推行的"小先生制",就是人民教育家陶行知在20世纪二三十年代为普及大众教育而首创的一种教育理念、方式、制度。时至今日,"小先生制"作为中华优秀传统文化遗产,非但没有被湮没在历史洪流中,反而以"新时代小先生行动"的崭新面貌出现在公众眼前,在中共中央办公厅、国务院印发的《关于进一步减轻义务教育阶段学生作业负担和校外培训负担的意义》(下文简称"双减")实施一周年之际,继续为我国基础教育高质量发展创机赋能。本文旨在厘清"新时代小先生行动"的变迁历程及其宗旨任务,强调现阶段开展的重要性、必要性、紧迫性和可行性,积极探索与"新时代小先生行动"相契合的实践路径。

一、何谓"新时代小先生行动"

自从中国特色社会主义进入新时代,我国的教育改革也在适应社会政治经济发展趋势和人民群众的多样化需求,加快构建高质量基础教育体系。为论述何谓"新时代

[①] 此文系国家社会科学基金"十三五"规划2018年度教育学重大课题"建设教育强国的国际经验与中国路径研究"(VGA180002)的阶段性成果,与曾嘉怡合作完成。曾嘉怡,华中师范大学教育学院硕士研究生,华中师范大学国家教育治理研究院助理研究员。

[②] 习近平:《回信勉励江苏省淮安市新安小学的少先队员 结合自身成长实际学好党史 从小坚定听党话跟党走的决心 祝全国小朋友们"六一"国际儿童节快乐》,http://www.gov.cn/xinwen/2021-05/31/content_5614333.htm,访问日期:2021年5月31日。

小先生行动",在梳理"新时代小先生行动"的来龙去脉之余,需要把握"新时代小先生行动"对"小先生制"思想的创造性转化和创新性发展,以便清晰界定"新时代小先生行动"的宗旨任务。

(一)溯源与演变:"新时代小先生行动"的变迁历程

20世纪30年代,正是举国上下饱受外敌欺凌,奋起反击以图生存之时。陶行知因受到国民党当局通缉而被迫流亡日本,虽然举步维艰,但他对教育事业的追求却没有因此而放弃。当时中国因战乱不止而民生凋敝、满目疮痍,呈现一片破败景象。为攻破基础教育经费紧缺、师资力量薄弱、文盲数量众多等种种难关,陶行知致力于组织普及教育运动,思考"如何使没有机会受教育的人可以得到他们所需要的教育"[1]。随后为推动普及教育事业在全国各地取得显著成效,为更好地进行乡村工学团实验,陶行知在1934年1月28日"一·二八"淞沪抗战两周年纪念大会上,创造性地提出在上海、宝山两地交界处的孟家木桥儿童工学团(随后更名为山海工学团)中推行以"即知即传"为根本原则的"小先生制"。

山海工学团是陶行知当年在艰难处境下践行生活教育理论的教育组织形式,致力于通过改变学校教育的内容和形式,采取"小先生制"这种新思路、原则和方法,实现中华民族的教育普及重任。陶行知在实地践行"小先生制"的过程中,总结归纳出五条在普及教育中颇有实用意义的原则和方法:"即知即传"、非班级常规、开门教人、与生活连在一起教、要有指导和考核[2]。在陶行知的积极倡导下,"小先生制"攻破传统教育的重重难关,正式问世仅仅十一个月,就覆盖了十九个省和四个特别市,在宜兴西桥、晓庄佘儿岗、淮安之新安等地方都有"小先生"活跃的身影。除此之外,"小先生制"也引起牧泽伊平、户塚廉等日本教育工作者的浓厚兴趣,在印度和新加坡等国也受到当地人的关注和重视。

但实际上,"小先生之怀胎是在十一年前"[3],始于1923年轰轰烈烈的平民教育运动。陶行知受到长子陶宏教次子陶晓光读《平民千字课》的启发,将其称作"连环教学法":由家中识字者教不识字者;我教你,你教他,他又教他。随后陶行知将陶晓光教陶母读《平民千字课》的情景拍成照片发表出来,用以宣传、促进平民教育运动。在此基础上,陶行知结合南京晓庄佘儿岗儿童自动学校、宜兴西桥工学团、新安旅行

---

[1] 陶行知:《普及教育运动小史》,载《陶行知全集(二)》,湖南教育出版社,1984,第718页。
[2] 周洪宇:《开拓与创建:陶行知与中国现代文化》,华中师范大学出版社,2020,第207—208页。
[3] 陶行知:《攻破普及教育之难关》,载《陶行知全集(二)》,湖南教育出版社,1984,第801页。

团等典型实践案例，认为"小孩既能教小孩，也能教大人"，逐渐意识到"小先生"的重要性，提出"小先生"肩负着普及教育的新使命。这些证据表明"小先生制"并非源于近代英国传教士贝尔和公益会教师兰卡斯特所开创的"导生制"。恰恰相反，正如陶行知所言，"大同学教小同学，英国人老早就干过了，与我们这次所发起的运动是毫不相干的"[①]。

由此可见，陶行知的"小先生制"起源于自身的长期实践探索，是近现代中国本土化原创性的教育理念、教学方法、教学组织形式和教育普及运动，其内涵、形式、价值和影响等远非当年实施范围和产生影响都极为有限的英国"导生制"所可比拟。而"新时代小先生行动"则是新阶段、新格局、新理念下，我国教育工作者对教育历史遗产的创造性转化和创新性发展。在新时代背景下，中国基础教育迎来巨大变革，"双减"政策持续推动基础教育走高质量发展之路。在缓解学生繁重的课业压力之余，需要贯彻落实家校社政的协同育人机制，增强现代社会生活与教育之间的结合，彰显实践活动在提高学生核心素养中的独特优势。"新时代小先生行动"已经在我国基础教育阶段试点先行，作为一种实践新模式，正在试图为全球基础教育治理提供更好的中国方案。

（二）传承与创新："新时代小先生行动"的宗旨任务

虽然"新时代小先生行动"和陶行知在近一个世纪以前提出的"小先生制"一脉相承，但是习近平总书记在党的二十大报告中明确提出，全党全国各族人民已经迈上全面建设社会主义现代化国家新征程，继续向第二个百年奋斗目标进军，逐步从工业社会向信息社会乃至智能社会转型。这与生活在半殖民地半封建社会的陶行知所面对的教育形势迥然不同，当时中国还在艰难地从农业社会奋力走向工业社会。在具体内涵上，"新时代小先生行动"思想借鉴和吸取陶行知生活教育学说三大基本原理之精华，继续争取实现"小先生"这一种新型文化细胞在习近平新时代中国特色社会主义教育网络中的功效最大化。现阶段的"新时代小先生行动"，以"新时代"为宏观背景，以"即知即传"为根本原则，以"教人去教人"为实施方法。"小先生"们犹如一根根流动的电线，取代将知识占为私有、当作传家宝或者进行商品售卖的"守知奴"，适应基础教育变革趋势，通过多姿多彩的实践活动，四通八达地延伸至现代社会的各

---

① 陶行知：《怎样指导小先生》，载《陶行知全集（二）》，湖南教育出版社，1984，第656页。

个角落，进而"真实地通出教育的电流，碰出教育的火花，发出教育的力量"[1]。

在目标定位上，习近平总书记在党的二十大报告中进一步强调，"加快构建高质量教育体系，发展素质教育，促进教育公平"[2]。截至目前，我国义务教育普及程度已经达到世界高收入国家平均水平，高等教育毛入学率达到百分之五十七点八[3]，进入普及化阶段，文盲率从新中国成立初期的百分之八十下降至百分之二点六七[4]。但陶行知生活的年代，中国教育事业很落后，"住在乡间的人民约占百分之八十五，估计有三万万四千万之谱"[5]，文盲率高达百分之九十五，即便到陶行知生涯晚期也仍占百分之九十。显而易见，陶行知首创"小先生制"旨在攻破当时中国面临的普及教育难关，以贫苦大众为教育对象，心系民众教育，以实现自己教育为公、文化为公的鸿鹄之志。而"新时代小先生行动"孕育于中国教育发展新格局之中，面向基础教育阶段学生，聚焦教育质量，和当前在全国范围内初见成效的"双减"政策携手并进，共同为建设高质量基础教育体系添砖加瓦。"新时代小先生"在自身素养与能力上有两点具体要求：一是主动培养生活力、学习力、自主力、合作力、创造力、实践力[6]，将"六力"融入实践活动中；二是积极发扬"即知即传"精神，坚持"教人去教人"理念，将所学知识和能力通过语言和实践教给他人，而且鼓励其他学生也成为"小先生"，共同促进知识的推广和普及。

在活动形式上，目前"新时代小先生行动"形成的活动标识包括"六个一"：一个会标、一套制服、一套小牌子、一面旗帜、一份荣誉证书、一条横幅和一条绶带。会标是"新时代小先生行动"的标志，借助"两圈一核"、中英文并用设计的方式来体现"即知即传""'六力'兼有"的活动理念，同时与"生活·实践"教育的标识设计进行相互呼应。制服用于在生活、实践与教育三者相结合的理念下组织的"新时代小先生行动"，不过会根据行动类型进行个性化定制，为参与活动的基础教育阶段学校和社会文化教育机构提供多种选择。与此同时，在行动实施的过程中，为学生提供带有"小

---

[1] 陶行知：《小先生与民众教育》，载《陶行知全集（二）》，湖南教育出版社，1984，第746页。
[2] 习近平：《中国共产党第二十次全国代表大会开幕 代表第十九届中央委员会向党的二十大作报告》，http://www.news.cn/politics/cpc20/zb/xhwkmh1016/wzsl.htm，访问日期：2022年10月16日。
[3] 中华人民共和国教育部：《介绍党的十八大以来教育改革发展成效有关情况》，http://www.scio.gov.cn/xwfbh/xwbfbh/wqfbh/47673/49089/index.htm，访问日期：2022年9月9日。
[4] 中华人民共和国教育部：《介绍党的十八大以来语言文字事业改革发展成就》，http://www.moe.gov.cn/fbh/live/2022/54618/twwd/202206/t20220628_641395.html，2022年6月28日。
[5] 中国第二历史档案馆：《中华教育改进社主任干事陶行知报告晓庄乡师教育概况》，载《中华民国史档案资料汇编（第5辑·第1编·教育）》，凤凰出版社，2010，第478页。
[6] 周洪宇：《"生活·实践"教育的要义、意蕴与实施》，《宁波大学学报（教育科学版）》2022年第3期。

先生"等一系列关键词的小牌子,以及带有"新时代小先生志愿服务队"标识的旗帜。除此之外,荣誉证书、横幅和绶带的内容与样式会根据"新时代小先生行动"在实地践行中的任务类型和活动主题加以调整。

现阶段开展的"新时代小先生行动"体现出一是生活性和实践性,将生活与实践相结合,试图解决长期存在的教育与生活、理论与实践相脱离的问题[①];二是公益性和教育性,鼓励"新时代小先生"在实践中学习知识与能力,在服务中奉献爱心与传递正能量;三是自主性和创造性,将"新时代小先生"视为独立的个体,凸显他们在教育场域中的主体地位,通过解放学生的头脑、双手、眼睛、嘴巴、空间、时间,使其在主动学习和自觉行动中促进自身全面发展,创造性地实现知行合一;四是民族性和世界性,既要扎根中国大地,继承与发扬中华优秀传统文化,并采取"教人去教人"的实施方法彰显"小先生"立志远大、追求真理、爱国奋进、不怕艰苦等精神特质,同时也要走向世界舞台,以更加包容的心态促进不同文明之间的交流互鉴,努力成为具有全球观、中国心、现代性的时代新人。

二、为何开展"新时代小先生行动"

在以习近平同志为核心的党中央领导下,我国的基础教育正在以前所未有的坚定步伐,向高质量发展稳步前进。当前虽取得了显著的阶段性成果,但仍面临着诸多挑战和棘手问题,在基础教育领域依旧存在教育与生活、学校与社会、教学与实践这三大方面的脱节。在此背景下开展"新时代小先生行动",既有重要性、必要性,又有紧迫性和可行性。

(一)落实立德树人根本任务的重要举措

党的十八大以来,习近平总书记一直心系教育改革,在党的二十大报告中又进一步强调要落实立德树人的根本任务。立德树人是发展中国特色社会主义教育事业的核心所在,是培养德、智、体、美、劳全面发展的社会主义建设者和接班人的本质要求[②]。鉴于基础教育在国民教育体系中占有基础性、先导性地位,在全国各地试点推广"新时代小先生行动",有利于让学生走出传统的课堂、感受新时代的美好生活,走

---

① 刘来兵、周洪宇:《"生活·实践"教育:内涵、目标与实践路径》,《华中师范大学学报(人文社会科学版)》2022年第4期。

② 林崇德:《构建中国化的学生发展核心素养》,《北京师范大学学报(社会科学版)》2017年第1期。

出封闭的学校、参加各种实践探究活动，促进知情意行和谐发展，彰显学生主体的完整性。

"既把学习搞得好好的，又把身体搞得棒棒的"，这是习近平总书记对我国青少年儿童的殷切希望，也是落实"双减"政策的工作目标[①]。对"小先生"来说，好好学习固然重要，但绝非学习就能成才。要让"小先生"在学习之余发现生活的美好，引导他们在参观博物馆等社会组织机构中增强民族自豪感、树立文化自信心；在生态文明教育实践基地学习中理解与践行"人与自然和谐共生"等理念；在普法教育宣传活动中形成法治观念、增强社会责任感……在潜移默化中塑造正确的世界观、人生观和价值观。"新时代小先生行动"在"双减"政策持续深化推进的背景下，继续坚守立德树人初心，让"小先生"在学习之余有更多时间进行体育锻炼、参加社会实践、培养兴趣爱好，从而实现树德增智、强体育美。

(二) 实现培养美好时代新人的根本目标

党的十八大以来，我国教育进入新发展阶段，"培养什么样的人"作为教育的首要问题，呈现出不同于以往的新表述。习近平总书记在党的十九大报告和二十大报告中均反复强调，我国需要"着力培养担当民族复兴大任的时代新人"[②]。新时代作为我国发展新的历史方位，时代新人是中国特色社会主义事业的新主体、新力量[③]。在坚持社会主义办学方向的前提下，"新时代小先生行动"恰恰是落实"双减"政策的有力措施，注重培养"小先生"的生活力、学习力、自主力、合作力、创造力、实践力，将"即知即传"作为学生运用"教人去教人"实施方法的根本原则，继续解决基础教育阶段存在的"三个脱节"问题。

2012年11月15日，习近平总书记在十八届中央政治局常委同中外记者见面会上提出，"人民对美好生活的向往，就是我们的奋斗目标"[④]。于"小先生"而言，就是帮助他们从繁重的作业和课外培训中解放出来，然后奔赴美好生活、创造美好人生。如今，"双减"政策推动基础教育生态重构，为随后开展"新时代小先生行动"提供新契机。"新时代小先生行动"通过组织内容以及形式丰富的实践活动，让"小先生"以

[①] 周洪宇，齐彦磊：《"双减"政策落地：焦点、难点与建议》，《新疆师范大学学报（哲学社会科学版）》2022年第1期。

[②] 习近平：《决胜全面建成小康社会 夺取新时代中国特色社会主义伟大胜利》，https://news.12371.cn/2018/10/31/ARTI1540950310102294.shtml，访问日期：2017年10月18日。

[③] 刘建军：《论"时代新人"的科学内涵》，《思想理论教育》2019年第2期。

[④] 中共中央文献研究室：《十八大以来重要文献选编（上）》，中央文献出版社，2014，第70页。

主人翁的姿态参与其中,在自信自强、守正创新、踔厉奋发、勇毅前行中实现"知行合一""知情意合一""智仁勇合一"①,为全面推进中华民族伟大复兴而团结奋斗。

(三)适应时代以及社会发展的客观需要

习近平总书记在党的二十大报告中明确提出,"我国社会主要矛盾是人民日益增长的美好生活需要和不平衡不充分的发展之间的矛盾,紧紧围绕这个社会主要矛盾推进各项工作,不断丰富和发展人类文明新形态"②。这就要求教育必须与时俱进,既要契合我国社会政治经济发展的实际状况,又要顺应当今时代和世界发展趋势,坚持民族性和时代性、国情和世情的统一。在"双减"政策落地生根、遍地开花之际,"新时代小先生行动"正好适应我国基础教育格局整体性变革的时代需求,可以为"小先生"提供公平而有质量的教育。在实践调研中提升学校教育质量,在资源共享中搭建家校社政的协同育人模式,拆除学校与社会之间筑起的高墙,把人民群众的生活场所都当作实施教育的场所,在新一轮科技革命和产业变革中突破教与学的时空界限,继续为我国基础教育转型升级保驾护航。

2018年9月10日,习近平总书记在全国教育大会上提出,"我国是中国共产党领导的社会主义国家,这就决定了我们的教育必须把培养社会主义建设者和接班人作为根本任务,培养一代又一代拥护中国共产党领导和我国社会主义制度、立志为中国特色社会主义奋斗终身的有用人才"③。在党的二十大报告中,习近平总书记进一步强调,"要坚持为党育人、为国育才,全面提高人才自主培养质量,着力造就拔尖创新人才,聚天下英才而用之"④。为培养满足社会各领域需求的栋梁之才,"新时代小先生行动"遵循党和国家的育人要求,成为衔接学校教育、家庭教育和社会教育的有效载体,鼓励"小先生"在校内外实践活动中发挥自身的主观能动性,培养自身的必备品格和关键能力。

(四)符合教育事业自身发展的内在规律

建立中国特色社会主义教育理论体系,是新时代我国教育事业改革与发展的迫切

---

① 周洪宇:《"生活·实践"教育的要义、意蕴与实施》,《宁波大学学报(教育科学版)》2022年第3期。
② 习近平:《中国共产党第二十次全国代表大会开幕 代表第十九届中央委员会向党的二十大作报告》,http://www.news.cn/politics/cpc20/zb/xhwkmh1016/wzsl.htm,访问日期:2022年10月16日。
③ 周洪宇、程光旭、宋乃庆、王晓杰、孙绵涛、康翠萍、陈鹏、龙宝新、祁占勇:《学习贯彻全国教育大会精神 加快推进教育现代化》,《陕西师范大学学报(哲学社会科学版)》2018年第6期。
④ 习近平:《中国共产党第二十次全国代表大会开幕 代表第十九届中央委员会向党的二十大作报告》,http://www.news.cn/politics/cpc20/zb/xhwkmh1016/wzsl.htm,访问日期:2022年10月16日。

需要。随着中国经济快速发展、国际地位日益提高,"新时代小先生行动"需要传承中华优秀传统文化的深厚积淀。正如习近平总书记所言,"优秀传统文化是一个国家、一个民族传承和发展的根本,如果丢掉了,就割断了精神命脉"[①]。与此同时,也需要构建中国特色社会主义教育学术话语体系。在西方学术文化仍占有强势地位之际,亟须改变中国教育长期以来的被动状态,丰富中国特色社会主义话语体系,提升中国教育的国际影响力。正所谓"落其实者思其树,饮其流者怀其源"[②],"新时代小先生行动"以"新时代小先生"为核心主体,汲取陶行知"小先生制"思想之精华,将继续为我国基础教育的发展注入新鲜血液。

学习和继承陶行知最好的办法是发展,发展是对陶行知"小先生制"最好的继承,真正的继承不是表面的、形式的继承,而是全面、再生、创新性的阐述[③]。"新时代小先生行动"既是对陶行知生活教育学说的传承与创新,也是当今乃至未来构建具有中国特色、中国风格、中国气派的教育理论体系中不可或缺的部分。"新时代小先生行动"是基础教育实践新模式,既有利于推动当前我国基础教育理论体系朝向纵深发展,也能在实践推广中强化理论指导,促进理论和实践的融通,彰显陶行知"小先生制"在新时代的蓬勃生机与旺盛活力。

三、如何开展"新时代小先生行动"

只有赓续中国教育传统、扎根中国本土的教育实践才能有效解决中国当前的教育问题。"双减"政策撬动基础教育领域大变革,"新时代小先生行动"恰恰在此新机遇中孕育而生,成为中华民族教育传统的创新成果。为更好地培养符合党和国家事业发展要求的"小先生",在阐释为何开展"新时代小先生行动"之余,需要探索与之相契合的实践路径。

(一)完善顶层设计,建立协调机制

以习近平同志为核心的党中央在党的二十大报告中表明将始终坚持教育优先发展

---

① 习近平:《在纪念孔子诞辰 2565 周年国际学术研讨会暨国际儒学联合会第五届会员大会开幕会上的讲话》,《人民日报》2014 年 9 月 25 日。
② 习近平:《在中国文联十大、中国作协九大开幕式上的讲话》,《人民日报》2016 年 12 月 1 日。
③ 周洪宇:《继承与发展:从生活教育到"生活·实践"教育》,《宁波大学学报(教育科学版)》2021 年第 3 期。

的战略地位。因为基础教育是国民教育体系的奠基性工程，自全国教育大会召开以来，国家先后颁布一系列政策文件，把高质量发展作为基础教育核心任务和战略选择，对基础教育作出全面系统部署。"新时代小先生行动"是当前我国基础教育阶段试行的一种实践新模式，为实现青少年儿童"五育"融合带来全新助力。对"新时代小先生行动"进行宏观规划，审时度势、高瞻远瞩，可以为其在全国各地顺利实施提供根本遵循、指明前进方向、凝聚群众力量。

为推动"新时代小先生行动"取得显著成效，一方面要从完善顶层设计入手，发挥政府在基础教育治理体系中的作用，彰显"以规划、引导、监督为内容的'服务型政府'"[1]的责任担当。推进教育治理体系和治理能力现代化，构建和完善契合"新时代小先生行动"的政策体系、标准体系、指标体系，为培养高质量的"新时代小先生"提供必要的制度保障。另一方面要建立协调机制，既包括政府行政部门之间的协调联动，也包括家校社的融合推进。构建以学校为主体，教育部门为主导，行业部门、学术组织和社会机构共同参与的质量保障制度体系[2]。既要高度重视，又要加强研究，调动相关主体的积极性，加强统筹协调，凝聚多方力量，广泛动员基础教育阶段的"新时代小先生"自觉参加实践活动。

在理论基础上，"新时代小先生行动"必须高举中国特色社会主义伟大旗帜，全面贯彻新时代中国特色社会主义思想，践行马克思主义实践哲学和人的自由全面发展观，积极响应习近平总书记就推动中华优秀传统文化的创造性转化和创新性发展的相关论述，传承与创新陶行知生活教育理论精髓。要特别指出的是，习近平总书记在新时代背景下围绕实践育人而提出的一系列新思想新观点新论断，不仅是构建德、智、体、美、劳全面培养的教育体系的重要组成部分，也是现阶段在全国各地试点先行"新时代小先生行动"的科学指南。不难发现，无论是"新时代小先生行动"宗旨任务中的具体内涵、目标定位、活动形式，还是路径探索，都贯穿着习近平总书记反复强调的实践育人指示精神这条主线。

习近平总书记多次在不同场合强调实践的重要性，向新时代中国青少年提出殷切期望，叮嘱他们无论学习还是工作，都要面向实际，深入实践，实践出真知。正如习近平总书记在党的二十大报告中提出的"实践没有止境，理论创新也没有止境"[3]，在

---

[1] 程天君，陈南：《中国教育现代化的百年书写》，《教育研究》2020年第1期。
[2] 柳海民，邹红军：《高质量：中国基础教育发展路向的时代转换》，《教育研究》2021年第4期。
[3] 习近平：《中国共产党第二十次全国代表大会开幕 代表第十九届中央委员会向党的二十大作报告》，http://www.news.cn/politics/cpc20/zb/xhwkmh1016/wzsl.htm，访问日期：2022年10月16日。

强调实践性之余，也要在丰富而鲜活的实践活动中提炼出契合"新时代小先生行动"的原创性教育理论体系。在规章制度上，完善制定"小先生"报名选拔标准和考核评价制度，报名选拔坚持班级内部民主讨论和轮换制原则，考核评价采用过程性评价与结果性评价相结合的方式，运用自评和同伴互评的方法，对"新时代小先生行动"的实施过程及其成效进行考核评定。

(二) 全面规划设计，突出实践育人

习近平总书记曾指出，"要坚持知行合一，注重在实践中学真知、悟真谛，加强磨炼、增长本事"[①]。习近平总书记实践育人的指示精神，既承接陶行知的教育思想，也为"新时代小先生行动"的宗旨任务提供了思想启迪。基础教育是带有公共属性的专业活动，需要借助政府、学校、家庭和社会等多元力量参与[②]，特别是政府行政部门、共青团、妇联等的指导和支持。在全面规划设计"新时代小先生行动"的过程中，需要发挥多元复合的协同治理模式的显著作用，突出实践育人的特色。

首先，强化学校教育的主阵地作用。"双减"政策落地，不是弱化学校和教师的主导作用，而是凸显其在基础教育的核心地位。"新时代小先生行动"需要在政府行政部门构建的教育体系、制订的教育标准等宏观调控下，细化、优化和创新各项具体举措，协助基础教育阶段学校制订一套行之有效的行动方案，采取团队形式，培养"新时代小先生"的团结协作精神。在自觉接受政府外部监管的前提下，"新时代小先生行动"也要协助学校提升内部自治能力，以培养高质量的"新时代小先生"为核心增添本校办学特色。在学科课程建设、教学方式、教育理念、师资力量、环境氛围、校训班规、硬件设施等方面，既要符合新时代基础教育改革的要求，也要结合学校教育传统和当前发展的实际情况、"新时代小先生行动"的任务类型进行适时调整，在"新时代小先生"培育过程中既凸显统一性又强调多样性。

其次，发挥家庭教育的独特优势。正所谓"千头万绪的事，说到底是千家万户的事"[③]，习近平总书记这句朴素而又真诚的话语，道出家庭是国家发展、民族进步、社会和谐的基石，蕴藏着丰富的教育资源。古代有孔融让梨、王泰推枣，近代有陶晓光

---

① 习近平：《在知识分子、劳动模范、青年代表座谈会上的讲话》，《人民日报》2016年4月30日。

② 申国昌，贺鹏丽：《教育治理体系下落实"双减"政策：价值内涵、行动逻辑与运作机制》，《现代教育管理》2022年第8期。

③ 习近平：《国家主席习近平发表二〇二二年新年贺词》，https://www.ccps.gov.cn/xtt/202112/t20211231_152488.shtml，访问日期：2021年12月31日。

教陶母，如今"新时代小先生行动"可以为青少年儿童提供家风家训馆、亲子阅读体验基地、孝道主题公园等多种多样的实践机会，让学生在耳濡目染中受到熏陶，然后在"即知即传"中弘扬中华传统美德、加强家庭家教家风建设。2022年1月1日起开始实施的《中华人民共和国家庭教育促进法》是我国第一部关于家庭教育的法律，将"家事"上升到"国事"，规定父母或者其他监护人要依法履行家庭教育职责。当然，政府行政部门和妇联等群团组织也要采取有针对性的措施，通过家庭教育帮扶和指导讲座、家长学校网络课程等多种渠道组织开展家庭教育实践活动，提供家庭教育指导服务，"新时代小先生行动"也要借此机会走进千家万户。

最后，整合社会教育的优质资源。陶行知指出，"不运用社会的力量，便是无能的教育"[①]。在"双减"政策落实落细的背景下，"新时代小先生行动"可以通过和政府行政部门、共青团和各类公益基金会、社会福利组织搭建活动平台，鼓励"新时代小先生"走进社工站、街道或居委会、救助站、福利院等社区服务站点，主动参加新时代文明实践志愿服务活动。"新时代小先生行动"需要调动社会各方面的积极性，在释放社会活力之余，也为自身提供必要的服务和条件保障。历史遗址、革命传统文化、军事国防等爱国主义教育基地，博物馆、文化馆等科普教育基地，山林、草场、湿地等生态教育基地……都是开展"新时代小先生"实践活动的公共文化服务场所。在当前倡导建立学习型社会的呼声中，"新时代小先生行动"需要将社会蕴藏的优质教育资源进行整合运用，作为学校教育和家庭教育的重要补充，从而打通我国长期存在的学校、家庭和社会之间的壁垒，发挥不同场域的教育能量。

（三）细化任务分类，对应实施行动

为使"新时代小先生行动"更加具体、更有操作性和可行性，在实际开展过程中需要细化任务分类，始终以培养"小先生"的核心素养为导向，有目的、有计划地组织学生参加日常生活性行动、学科教学性行动、公益服务性行动。从人的全面发展的角度看，"新时代小先生行动"对"小先生"自身素养与能力的培养更强调"五育"融合的重要性，在实施行动中将其相应地划分为三种类型，试图破解各育分离的顽瘴痼疾。

首先是立足家庭教育的"家庭小先生"，主要学习并开展日常生活性行动。让学生在处理个人日常生活事务中养成从小爱劳动的习惯，树立自理、自立、自强的意识和

---

① 陶行知：《教育的新生》，载《陶行知全集（二）》，湖南教育出版社，1984，第712页。

观念。引导学生自觉参与、自己动手，主动承担力所能及的家务活动，能够随时随地从衣食住行等日常生活中捕捉各种实践锻炼机会，不断提高自身的实践技能。"家庭小先生"具体可分为"收纳（整理）小先生""清洁小先生""卫生小先生""劳动小先生"等。

其次是注重学校教育的"生活小先生"和"教学小先生"。"生活小先生"，需要通过学习基本生活知识技能，形成必要的劳动观念、劳动精神和感恩心、责任心等正确价值观，具体可分为"烹饪小先生""烘焙小先生""缝纫小先生""卫生小先生""应急小先生""安全小先生""低碳小先生""园艺小先生""茶艺小先生""木工小先生""金工小先生""理财小先生"等。"教学小先生"，需要学习并开展学科教学性行动。鼓励学生将已经习得的知识、能力和价值观念传授给他人，在"即知即传"的过程中培养学生的必备品格和关键能力。"教学小先生"可以细分为"语文小先生""思想品德小先生""历史小先生""地理小先生""外语小先生""数学小先生""物理小先生""化学小先生""生物小先生""科技小先生""演讲小先生""琴艺小先生""棋艺小先生""书画小先生""体育小先生""情绪管理小先生""心理辅导小先生""创造（创客）小先生"等。

最后是涵盖社会教育的"社区小先生"，主要学习并开展公益服务性行动。让学生在兼顾公益性和教育性的社会实践活动中自觉践行社会主义核心价值观，发扬"奉献、友爱、互助、进步"的志愿者服务精神，进一步提升服务意识、培养社会责任担当。"社区小先生"可分为"文化馆小先生""图书馆小先生""博物馆小先生""艺术馆（美术馆）小先生""名人馆小先生""科技馆小先生""科普小先生""环保小先生""湿地保护小先生""托管服务小先生""研学基地小先生""开心农场小先生"等。

将上述三种类型的"新时代小先生"作为核心主体，在全国各地广泛开展与之相契合的"新时代小先生行动"。在细化行动任务分类的前提下，既可以彰显出"新时代小先生"的独特魅力，也能增强"新时代小先生行动"在试点先行中的执行效果。在日趋成熟的行动中，鼓励儿童青少年做热爱祖国、追求真理的"小先生"，做自觉觉人、自利利他的"小先生"，做手脑双挥、知行合一的"小先生"，做身心健康、阳光开朗的"小先生"。

（四）先试点后推广，广泛开展活动

为确保"新时代小先生行动"继续朝着正确方向前进，需要遵循先试点后推广的原则。在实际操作中采取"示范引路、试点先行、总结推广"的方式，在一些敢于作为、勇于探索的地区先行开展试点工作。调动社会各界人士的积极性、整合运用优质教育资源，率先组建一批"新时代小先生"试点示范区、实验校、园区、基地。通过业务培训、专人负责、标准化支持等相关流程，以专业群团组织为主体，充分发挥知名教育专家以及学者、基础教育阶段学校一线教师及其管理人员、家长委员会代表、社会公共教育场馆负责人等人力资源优势，采取各地联动的形式，构建契合"新时代小先生行动"推广实践的体系。在各地试点先行中，持续推动"新时代小先生行动"走向更加科学、更加美好、更加兴旺的新境界。

除此之外，"新时代小先生行动"还可以在上述已经步上发展正轨的实验学校或者从事基础教育改革研究工作的高校里面，创建一批能够彰显本校特色的"新时代小先生实践队"。依托学校的优质资源，凸显学生的主体性，利用周边或者社区资源进行实地调研，广泛开展不同类型的"新时代小先生"实践活动。"新时代小先生实践队"作为主要践行者，可利用寒暑假或者周末，以团队合作方式在校内外开展种类丰富、内容深刻的调研、志愿服务活动。让"小先生"在"破除先生教死书、学生读死书的沉闷空气"[①]中越学越有趣、越学越有劲，在"即知即传"中实现理论与实践的衔接、促进教育与生活的结合。"新时代小先生实践队"作为一种试点先行的研究团队，可以为开展"新时代小先生行动"提供有益参考。希望未来"新时代小先生行动"的实践模式可以被社会广泛接受，因时制宜、因地制宜、因事制宜、因校制宜、因效制宜、因人制宜地在全国范围内科学化、规范化、标准化开展。

（五）积极搭建平台，不断改进完善

在全国各地试点推广"新时代小先生行动"的基础上，需要有意识地为青少年儿童搭建实践教育成果交流平台。一方面可以在讨论中实现相关研究成果的资源共享，共同发现问题和解决问题，为行动的持续深化提供良好范例；另一方面可以在分享中推进相关研究成果的创造性转化和创新性发展，进一步将其拔高到理论层面，继续推进实践基础上的理论创新。为生动形象地呈现"新时代小先生行动"的进展成效和标志性成果，需要全方位全过程记录"新时代小先生"实践活动的过程与细节。落实活动成果的可视可传播化，通过活动照片、讲解视频、主题手抄报、折叠书和宣传册等手段，突出强调行动特点、重点、亮点，为社会大众理解、学习、效仿提供数据支撑与实践依据，积极发挥行动的示范引领作用。

---

① 周洪宇：《人民之子陶行知》，华中师范大学出版社，2020，第131页。

为进一步提高"新时代小先生行动"在全国各地的普及程度和知名度，在为儿童青少年搭建交流平台之余，也要根据各地特色和资源优势，定期组织讲座、研讨会、培训班等形式多样的理论学习活动，拓展专职教育人员的知识广度及其深度，提升专职人员的业务水平。"新时代小先生行动"遵循教育者先受教育的原则，学习贯彻落实习近平总书记对教师群体提出的更高要求。在"新时代小先生行动"实践活动中，引导教师树立终身学习理念，不断提高业务能力和教育教学质量，努力成为塑造学生品格、品行、品位的"大先生"[①]。与此同时，"新时代小先生行动"也要重视和强化第二课堂建设，在大手牵小手过程中增进"大先生"和"小先生"的联结耦合，鼓励"小先生"在第二课堂进行实践与传授活动，督促"大先生"把关第一课堂的课标方向和课程内容，努力实现新旧两种教学模式之间的融通。

（六）注重国际交流，加强传播引领

"新时代小先生行动"可以广泛运用互联网、大数据分析、人工智能等现代技术手段，在导向正确、科学专业、覆盖全面的研究成果传播机制中进一步扩大宣传效应。各行动主体单位既可以搭建自媒体平台宣传"新时代小先生行动"取得的显著成绩，也可以向《中国教育报》等有影响力的媒体期刊积极投稿，介绍与"新时代小先生行动"有关的教育理论和实践成果。除此之外，在试点推广"新时代小先生行动"中还可以和基础教育阶段学校、社区公共文化服务部门、家长委员会等建立紧密合作关系。利用"新时代小先生家校社共建群""新时代小先生校长群""新时代小先生联盟社群"等一系列传播渠道，系统有效地按照规划执行，使其转变成助推"新时代小先生行动"顺利实施的重要驱动和有力支撑。

在加快推进"新时代小先生行动"在我国铺开落地之余，也要努力开辟国际交流合作的新局面。在以习近平同志为核心的党中央领导下，在习近平新时代中国特色社会主义思想的科学指引下，新时代以来我国的国际传播能力建设取得显著成效。"新时代小先生行动"要积极弘扬伟大建党精神，深化爱国主义、集体主义、社会主义教育，可以采取挖掘红色资源、传承红色基因的方式，积极回应习近平总书记就推动中华优秀传统文化的创造性转化和创新性发展提出的相关要求。在战火纷飞中诞生的以抗日救亡为己任的"新安旅行团""孩子剧团"都是我国历史上具有代表性的"小先生"实

---

① 习近平：《把思想政治工作贯穿教育教学全过程 开创我国高等教育事业发展新局面》，《人民日报》2016年12月9日。

践活动案例。通过讲好红色故事、讲好中国青少年故事、讲好中国教育故事，传播中国声音，影响有影响力的群体，推进文化强国、教育强国的建设。与此同时，"新时代小先生行动"也要强化国际思维，进一步通过举办海外展览，学习世界各国的基础教育改革经验，继承与弘扬中华优秀传统文化，广泛践行社会主义核心价值观，不断提升和扩大我国的国际影响力，为构建人类命运共同体做出应有的贡献。

第五编 附录

生活・實踐教育

周洪宇学术年谱[①]

1958 年，一岁。

1 月 16 日，周洪宇出生于湖北省武汉市，原籍湖南省衡阳市，自小成长在一个知识分子家庭中，父亲周华狄是一位从事工程技术工作的工程师。从小父亲就教导周洪宇，任何时候都一定要有不停奋斗的精神。儿时的他受到了良好的家庭教育。

1976 年，十八岁。

9 月，当时正值"文化大革命"的末期，十八岁的周洪宇从武汉市被下放到了湖北荆门市（当时为县）姚河公社新华大队任知识青年队副队长。知青生活对周洪宇来说是一段不平凡的经历，所有的生活都是之前不曾体验过的，在此过程中他锻炼了身心，磨炼了意志，也学会了与不同的人打交道。这段经历给他留下了异常深刻的乡土记忆，更使他萌发了站在农民立场为农民说话的意识。

1977 年，十九岁。

10 月 21 日，这天对周洪宇而言终生难忘，他从大队的广播里听到了国家决定恢复高考的消息。欣喜若狂的他投入到短暂的复习当中，于 12 月 6 日参加了县里的高考，不久被华中师范学院（下简称华中师院，今华中师范大学）录取。

1978 年，二十岁。

3 月 15 日，他来到了华中师院京山分院报到，正式成为华中师院历史系的一名新

[①] 本年谱系黄亚栋、王亭力、李秀杰等整理。

生,他怀着一腔热血开始了大学生涯。秋,由京山分院回到桂子山本部学习,师从张舜徽、章开沅等著名学者,开始了他史学方面的学术生涯。在这里,他还幸运地受教于涂厚善、吴量恺、王瑞明、熊铁基、李国祥、戴续恭等知名教授,并与后来成为史学界中坚力量的马敏、朱英、王玉德等一道成为同学。

1979年,二十一岁。

12月18日,在《华中师院》发表自己的第一篇文史随笔《略谈我国历代刑法的演变》,娴熟运用丰富的历史文献,概述了我国历代刑法制度产生、发展和兴衰的过程。

1980年,二十二岁。

1月15日,在《华中师院》发表游记《历史系七七级参观辛亥革命遗迹》,记述了历史系师生参观武汉鄂军都督府、拜将台、首义门和三烈士亭等的过程。读《湖北日报》刊载的"华师学生二食堂办得让大家满意"的消息,发表读后感《学生二食堂登报表扬,学院其他食堂怎么办》。

5月10日,在《华中师院》发表校园新闻通讯《黄司长来到我们当中》,其中"黄司长"指时任教育部一司司长黄天祥。

9月10日,在《华中师院》发表文史随笔《从朱元璋的一道诏令谈起》,诏令是指"郡县官年五十以上者,虽练达政事,而精力既衰,宜令有司选民间俊秀二十五以上、资性明敏,有学识才干辟赴中书,与年老者参用之"。

10月10日,在《华中师院》发表文史随笔《辛亥革命三烈士》,讲述辛亥革命先驱之彭楚藩、刘复基、杨宏盛慷慨就义的壮举。

10月20日,在《华中师院》发表校园新闻通讯《北京师院齐世荣教授来院讲学》,概述了齐世荣教授主要讲的《谈谈学习世界现代史的意义和方法》《列宁无产阶级专政的实质》《慕尼黑阴谋》三个专题。

11月29日,在《华中师院》发表杂谈《爱情片名定要冠上一个"爱"字吗?——兼谈美学观问题》。

1981年,二十三岁。

1月12日,在《华中师院》发表笔谈《小议买书与借书》。

5月11日,在《华中师院》发表文史随笔《武汉名胜红楼》,其中"红楼"是指武昌起义军政府旧址。

9月18日，在《华中师院》发表文史随笔《从鲁迅的嗜好看他对生活与工作的态度》。

10月9日，在《华中师院》发表文史随笔《首功赫赫千古长存——辛亥革命中的文学社和共进社》。

1982年，二十四岁。

夏，大学毕业，发表了第一篇学术论文《朱元璋教子》（《教育研究与实验》1982年第1期），《四川师范学院学报（社会科学版）》1982年第1期全文转载该文。

秋，被分配至华中师院新成立的教育科学研究所工作，他是这样回忆自己当时的处境的："这对于我来说是一个完全陌生的学术领域，这就意味着多年的历史学积淀可能会没有用武之地了，这对我是一次沉痛的打击，也就意味着我今后要重新选择研究方向，这种选择是痛苦的，但你又不得不选择。"而就在他陷入转换专业的一片迷茫之时，湖南教育出版社来华中师院商谈编撰出版《陶行知全集》一事，这让周洪宇找到了架起历史学与教育学之间的桥梁的一个新的研究思路——以陶行知研究为切入点研究中国教育史。这也使他与陶行知研究结下了不解之缘，走上了陶行知研究之路，并成了国内专门研究陶行知的第一人。① 后此丛书获首届"国家图书奖"。

1983年，二十五岁。

2月，发表《陶行知生年新证和兄妹问题略考》（《文教资料简报》1983年第4期）。

4月2日，发表《陶行知家世考略》（作为执笔人同董宝良等人合作，发表于《教育研究与实验》1983年第1期），对陶行知的祖籍、家世等若干基本问题进行了重新考证。

7月20日，发表《陶行知与马克思主义》（《历史知识》1983年第5期，被《人大复印教育学资料》1983年第10期转载）。

9月22日，在《华中师院校报》发表通讯《省教育学会召开大会传达全国教育科学规划会议精神》。

10月，发表《加强教育科学研究开创教育工作新局面》（《湖北教育》1983年第10期）。

---

① 刘大伟：《论周洪宇之陶行知研究的学术方法及贡献》，《江汉学术》2014年第4期。

当时学术界对陶行知的生年问题众说纷纭、莫衷一是，为此接连发表《陶行知生年考》(《历史研究》1983 年第 2 期)和《关于人民教育家陶行知的生年问题》[《华中师范学院学报（哲学社会科学版）》1983 年第 5 期]两篇文章来探讨此事。

1984 年，二十六岁。

2 月 15 日，发表《陶行知的教育诗》(《教育研究与实验》1984 年第 1 期)，从思想性和艺术性的角度剖析了伟大教育家陶行知的诗歌。

3 月 31 日，发表《陶行知论解放儿童创造力》(《课程·教材·教法》1984 年第 3 期)，叙述了陶行知关于解放儿童创造力的教育思想。发表《中印友谊一代风范——陶行知与甘地、泰戈尔》(《外国史知识》1984 年第 8 期)。

1985 年，二十七岁。

9 月，在华中师范大学教育科学研究所董宝良教授的指导下，开始攻读教育学硕士学位，硕士论文是《先驱者的艰难跋涉——陶行知与近代中国教育现代化》。

1986 年，二十八岁。

发表《略谈中国教育史的教学改革与古为今用》(与伍文、熊贤军合作，《湖北社联通讯》1986 年第 5 期)。

1987 年，二十九岁。

1987 年，周洪宇对当时的国内学术界普遍认为杜威是一个"反动的资产阶级的御用学者"的观点进行了批判并发表评论文章《杜威政治态度新析》(《教育研究与实验》1987 年第 3 期)。

历经"文化大革命"后，中国陷入了一片信仰的缺失与迷茫之中，这一时期中国的知识分子积极探索借鉴西方的思想文化，在中国的学术思想界掀起了一股文化热潮。像当时许多渴望真知的年轻人一样，周洪宇也不可避免地被这股来势汹涌的文化热潮所席卷。他读书与研究的热情极高，每日沉浸在阅读各种关于思想和文化的书籍和文章中，奔赴武汉各大高校旁听关于文化问题的讲座，参与各种文化问题讨论会，思考中国传统文化与现代文化的关系，十分关注文化学。是年，他和俞怀宁等人开始了文化学的系列研究，并执笔合作发表《关于文化学研究的几个问题》[《华中师范大学学报（哲学社会科学版）》1987 年第 6 期]。

1月，在《史学集刊》上发表评论文章《一部颇具特色的开拓之作——〈中国现代资产阶级民主运动史〉读后感》。

5月19日，湖北省陶行知研究会正式成立，由著名历史学家、华中师范大学校长章开沅担任会长，周洪宇担任秘书长。

5月30日、31日，湖北省陶行知研究会成立大会暨学术讨论会召开，周洪宇总结本次学术研讨会，发表《湖北省陶行知研究会成立大会暨学术讨论会综述》[《华中师范大学学报（哲学社会科学版）》1987年第4期]。

10月2日，发表《柳亚子佚诗十一首》（《文教资料》1987年第5期）。

1988**年，三十岁。**

6月，顺利通过研究生答辩，获得教育学（教育史）硕士学位。他的硕士论文《先驱者的艰难跋涉——陶行知与近代中国教育现代化》是国内第一篇以陶行知研究为主题的教育史硕士学位论文。

9月，考取华中师范大学历史研究所历史学博士，师从著名历史学家、国务院学位委员会历史学学科组召集人、华中师范大学校长章开沅。

12月26日，同俞怀宁合作发表《文化系统论纲——文化学系列研究之二》[《华中师范大学学报（哲学社会科学版）》1988年第6期]，从文化学研究采用的方法、文化系统的要素、文化系统的结构与功能和文化系统的发展等方面深入地探讨了文化学。

1989**年，三十一岁。**

5月1日，发表《陶行知研究的方法论问题》[《华中师范大学学报（哲学社会科学版）》1989年第2期]，批判了当时学界对陶行知研究存在的庸俗社会学方法论现象，进而提出了关于建立陶行知研究方法论体系的初步设想。

11月28日，周洪宇同董宝良出席了中国陶行知研究会和四川省陶行知研究会联合举办的生活教育理论研讨会并作了重要发言。

1990**年，三十二岁。**

9月22日，发表《谁在近代中国最早使用"职业教育"一词》（《教育与职业》1990年第9期），指出陆费逵并不是近代中国最早使用"职业教育"一词的人，至少山西农林学堂总办姚文栋已于此前七年使用了这一名词。至于姚文栋能否视为近代中国使用"职业教育"一词的第一人，还需进一步发掘有关史料，不宜作最后的结论。

他还指出撰此短文的意图并不仅仅在于澄清一段被人们忽略了的史实，更希望借此引起人们对当时注重发展职业教育那股社会思潮的重视。

12月20日，出席中国陶行知研究会举办的首届"陶行知教育理论研究与实验成果奖"颁奖大会。

1991年，三十三岁。

1991年，发表陶行知研究系列成果：

8月29日，发表《陶行知与基督教》(《安徽史学》1991年第4期)；

8月29日，发表《试论陶行知的终身教育思想》(《中国教育学刊》1991年第5期)；

10月28日，发表《欧美陶行知研究概况》(《国外社会科学》1991年第10期)；

12月27日，发表《生活教育研究如何深入》[《华中师范大学学报（哲学社会科学版）》1991年第6期]。

完成了国内第一篇以陶行知研究为主题的博士学位论文——《陶行知与中国现代文化》，改变以往单从教育学角度研究陶行知的格局，将陶行知定位为"20世纪综合性的文化文人"。

4月，与博士生同学马小泉、王杰、虞和平合作出版《强权与民声——民初十年社会透视》(河南大学出版社1991年版)。

5月1日，发表《教育史研究改革管抒》(《教育评论》1991年第2期)，文章提出："教育史研究的深入发展需要从更新思想观念、开阔学术视野、完善知识结构、拓宽研究领域、深化研究内容、改进研究方法六个方面进行"，并提出建立教育史研究方法论体系的初步设想。

6月，发表《日本学者陶行知研究概述》(《教育史研究》1991年第2期)，该文于2009年被《纪念〈教育史研究〉创刊二十周年论文集（二）——中国教育思想史与人物研究》收录。

8月，出版《陶行知研究在海外》(人民教育出版社1991年版)。

10月，出席了中国陶行知研究会和中国陶行知基金会联合举办的"纪念陶行知一百周年诞辰大会"。

11月，发表《陶行知研究在国外》(《教育研究》1991年第11期)。与董宝良、喻本伐合作出版《陶行知教育论著选》(人民教育出版社1991年版)。

1992 年，三十四岁。

1 月，导师章开沅因被聘为美国耶鲁大学客座教授一时无法回国，遂委托著名历史学家、湖南师范大学校长林增平主持该届博士论文答辩，周洪宇顺利通过博士论文答辩，获华中师范大学历史研究所历史学博士学位。其博士学位论文《陶行知与中国现代文化》成为国内第一篇以陶行知研究为主题的博士学位论文。

10 月，作为湖北省陶行知研究会秘书长同中国陶行知研究会常务理事、华中师范大学副校长邓宗琦一起出席中国陶行知研究会和中国陶行知基金会联合举办的"纪念山海工学团成立六十周年大会"，并参加了两会常务理事会。

12 月 26 日，发表《生活教育与中国特色的社会主义教育体系》（《教育理论与实践》1992 年第 6 期），将陶行知的生活教育与建立具有中国特色的社会主义教育体系相联系，并指出生活教育对建立中国特色的社会主义教育体系具有很强的现实意义和借鉴价值。

1993 年，三十五岁。

1993 年，作为副主编出版《陶行知教育学说》（董宝良主编，湖北教育出版社 1993 年版）。该书于 1995 年获得国家教委（原教育部）首届高校人文社会科学研究优秀成果一等奖。

4 月，发表《试析生活教育与传统教育的关系》（《行知研究》1993 年第 2 期）。

4 月 20 日，发表《〈陶行知传〉的特色之所在》（《教育评论》1993 年第 2 期）。《陶行知传》是童富勇、胡国枢合作撰写的国内第一部陶行知的大型传记，文章中评论这部传记有下述几点特色：知人论世，通盘考察；主线突出，内容丰富；观点新颖，多有创见；史料翔实，剪裁得当；文字流畅，可读性强。

5 月 1 日，发表评论文章《〈陶行知传〉的特色之所在》（《教育评论》1993 年第 2 期）。

6 月 30 日，发表《陶行知——人民教育的伟大先驱》（与邓宗琦合作，《高等师范教育研究》1993 年第 3 期），梳理陶行知一生的教育实践探索。

12 月 31 日，发表《继承中的超越与超越中的继承——陶行知与杜威关系略论》（《教育研究与实验》1993 年第 4 期），文中指出："陶行知继承了杜威的民主主义的思想，又结合了中国的国情进行了超越。需辩证看待师徒二人的思想继承与发展的关系。"发表《中国现代生产教育思潮述评》（《教育与经济》1993 年第 4 期），文章梳理了中国 19 世纪 20 年代中期以来的生产教育思想。

1994 年，三十六岁。

5 月 15 日，发表《市场经济体制下中国教育的发展趋势》(《中国农业银行武汉管理干部学院学报》1994 年第 3 期)，在文中说："在市场经济体制下，未来中国教育将出现重大转变。"

11 月 30 日，发表《卓越的基督徒教育家——韦卓民教育思想初探》[《华中师范大学学报（哲学社会科学版)》1994 年第 6 期]，文章再现了华中师范大学校长韦卓民在长期的教育实践中形成的一套成熟的教育思想和丰富的学校管理经验。

1995 年，三十七岁。

5 月 30 日，发表《中国现代生产教育诸主张之比较与评价》[《华中师范大学学报（哲学社会科学版)》1995 年第 3 期]，在文中说："本文拟对中国现代生产教育诸主张作一初步的比较和评价，以作为当今发展生产教育之借鉴。"

11 月 20 日，在《光明日报》发表《教育咨询：使教育决策民主化、科学化》(《光明日报》1995 年 11 月 20 日)，此文分别被《人大复印教育学资料》1995 年第 12 期、《教育导刊》1996 第 5 期转载。

1996 年，三十八岁。

1996 年，参与编辑《杨贤江全集》，在搜集资料和整理编辑的过程中偶然发现杨贤江生前使用过一些尚未被人们所知晓的笔名，对此进行了考证并发表《杨贤江笔名考》(《文教资料》1996 年第 2 期)。

3 月，发表《〈中国近现代教育思潮与流派〉绪论》(与董宝良合作，《教育史研究》1996 年第 1 期)。

5 月，加入中国民主促进会。

8 月 15 日，发表《教育咨询与教育决策》(《孝感师专学报》1996 年第 3 期)，辩证分析了教育咨询与教育决策之间的关系。

10 月，任主编出版《中国教育的传统与变革丛书》(湖北教育出版社 1996 年版)。

10 月 18 日至 22 日，发起举办华中师范大学首届陶行知研究国际学术研讨会，出席大会作报告，会后发表《重在学习研究　贵在实践发展——陶行知研究国际学术研讨会综述》(与熊贤君、余子侠合作，于 1997 年 1 月被收录在《教育研究》第 1 期)。

1997 年，三十九岁。

1997 年，与董宝良共同任主编出版《中国近现代教育思潮与流派》（人民教育出版社 1997 年版），获普通高等学校第二届人文社会科学研究成果二等奖。发表《香港爱国学校掠影》（《班主任之友》1997 年第 1—2 期）。

4 月 20 日，发表《香港 1997 与海峡两岸关系》［与但昭彬合作，《湖北民族学院学报（社会科学版）》1997 年第 2 期］。

6 月至 11 月，赴香港中文大学教育学院做访问学者，结识朱永新。

7 月 1 日，香港回归，有幸见证香港回归并记录这段特殊的经历，于 2002 年发表《见证香港回归的日子》（《武汉文史资料》2002 年第 9 期）。

10 月 17 日，发表《生活教育运动的历史及对当代教育的影响》（与操太圣合作，《教育研究》1997 年第 10 期），文章从历史角度回顾了陶行知的生活教育的运动以及陶行知生活教育思想对当代教育的影响。该文获湖北省社会科学优秀成果二等奖。

1998 年，四十岁。

1998 年，任主编出版《迈向 21 世纪的中国教育科学》（华中师范大学出版社 1998 年版）。《中国近现代教育思潮与流派》获教育部第二届人文社会科学研究优秀成果二等奖。

10 月，受台湾比较教育学会邀请，赴台进行学术交流。和同行大陆学者对开幕式上悬挂国民党党旗和所谓的"中华民国国徽"，搞"两个中国"的行为不满，表示如果这样布置会场，便不再参加会议。同时，在"台湾第一街"上的所见所闻使他深深感受到了台湾与大陆同宗同族、同种同源的文化特性。这两件事情促使周洪宇开始酝酿推动《国家统一法》的制订，以法律的形式推动国家统一，遏制"台独"势力。

1999 年，四十一岁。

1999 年，被评为湖北省高等学校跨世纪学科带头人。发表《论大学教育的协调发展》，论述了大学教育的发展和大学教育内部各子系统与整个社会系统的发展关系，该文被《青岛化工学院学报（社会科学版）》1999 年第 1 期和《孝感师专学报》1999 年第 1 期转载。

3 月，发表《内地与香港师范教育的比较研究》［与但昭彬合作，《华中师范大学学报（人文社会科学版）》1999 年第 2 期］，文章就香港和内地的师范教育的发展过程、管理体制、培养模式、课程设置和经费配置等方面作初步比较，以期为今后两地师范教育的改革与发展提供有益的借鉴与参考。

7月15日，发表《教育改革应广纳良策》(《民主》1999年第7期)，指出教育改革、教育决策要建立起一套民主、科学的机制。

9月，与熊贤君、余子侠合编出版《陶行知与中外文化教育》(人民教育出版社1999年版)，与董宝良、熊贤君、余子侠合作的《从湖北看中国教育近代化》获全国第二届教育科学优秀成果二等奖。

2000年，四十二岁。

1月28日，发表《在两个C之间徘徊与抉择的张凌高》(与刘飒合作，《社会科学研究》2000年第1期)，用个案研究的方法刻画了旧中国教会学校华西协合大学的校长张凌高作为一个基督徒知识分子的痛苦选择、坎坷的心路历程与人生际遇。任主编出版的《迈向21世纪的中国教育科学》获湖北省教育科学优秀成果一等奖。

连续发表多篇文章，探讨师范教育问题：

2月5日，发表《从世界师范教育的发展历程与趋势看未来中国师范教育的发展走向》(《集美大学教育学报》2000年第1期)；

2月27日，发表《世纪之交高等师范院校面临的挑战与抉择》[《华中师范大学学报(人文社会科学版)》2000年第1期]；

5月，发表《关于小学教师培养问题的若干思考与建议》(《孝感学院学报》2000年第2期)，指出目前我国中等师范教育改革与发展中亟待进一步明确和解决的一个问题是小学教师培养问题；

5月15日，发表《香港教师教育的发展与启示》(与但昭彬合作，《高等师范教育研究》2000年第3期)，文章分析了香港教师教育状况；

8月3日，在《中国教育报》发表《世界师范教育的发展历程及规律》；

8月29日，在《人民政协报》发表《世界师范教育的发展历程》，针对教育界喊出中等师范学校的调整、压缩的口号，在《人民政协报》发表《中师调整切忌一窝蜂》，文章指出"中等师范院校的调整切忌盲从、头脑发热、盲目攀比、搞一窝蜂"；

10月26日，在《中国教育报》发表《未来我国师范教育的发展走向》；

10月31日，在《人民政协报》发表《如何规划二十一世纪师范教育》。

为了进一步加强湖北省武汉市的开放，7月10日，发表《21世纪中国发展战略格局中的汉港教育关系》(《青年学者论坛》2000年第7期)，文章指出"加强湖北武汉与港澳台地区的联系，不仅要发展相互之间的经贸关系，而且要发展相互之间的文教关系"。

11月8日,发表《武汉抗战教育研究会述略》(《武汉文史资料》2000年第11期),简述武汉抗战教育研究会的发展历程。

12月至次年6月,应邀赴美国哥伦比亚大学教育学院作为期半年的高级访问学者,归国前作《纽约诸友咏》,此文于2003年发表在《武汉文史资料》第7期。

2001年,四十三岁。

2001年,被聘为华中师范大学教育史专业方向博士生导师,并任导师组组长。

1月2日,发表《杜威教育思想在中国的传播及其影响》〔与向宗平合作,《河北师范大学学报(教育科学版)》2001年第2期〕。

1月17日,发表《关于进一步推进师范院校改革与发展的调查研究》(《教育研究》2001年第1期),文章提出了五个问题:师范院校是怎样看待独立设置的师范院校体制的?它们对自己目前所面临的形势有何认识?对师范院校改革与发展中的重大问题有何看法?对开放师范教育一事持何态度?对政府在师范院校改革与发展中的作用又有何想法?就这些问题向国内部分师范院校和省级师范教育管理部门负责人进行了问卷调查,并在调查研究的基础上作了分析。

2月1日,发表《21世纪中国教育科学展望》(与李文鹏合作,《教学与管理》2001年第2期),指出:"21世纪中国的教育改革与发展也将迈出更大的步伐,形成以终身教育为主要形式的社会化、开放式的教育体系。伴随着社会的发展和教育的改革,中国教育科学将出现三大发展趋势——本土化、世界化、现代化。"

2月13日,在《人民政协报》发表《关注教育公平:今年热门话题?》(与雷江华合作),文章探讨了中国的教育公平问题。发表《中小学教师队伍素质的现状与对策》(《民主》2001年第2期),文章分析了中小学教师队伍素质现状,提出提高教师素质的五项对策。

4月19日,在《团结报》发表《中师调整切忌一窝蜂》,呼吁中等师范院校的调整、压缩应该从实际出发,不搞一刀切,让它有一个过渡阶段。发表《新安旅行团在武汉》(《武汉文史资料》2001年第5期),梳理新安旅行团在武汉的十七年光辉灿烂的战斗历史。

8月,发表《教育不公平:表现、原因及对策》(与雷江华合作,《教育参考》2001年第4期)。

9月,与熊明安共同任主编出版《中国近现代教育实验史》(山东教育出版社2001

年版)。发表《中国教育科学为何落后》(与李文鹏合作,《教育参考》2001年第11期),后被《今日教育》2002年第3期转载。

11月,经中共华中师范大学党委研究,被推荐给中共武汉市委组织部,担任武汉市江岸区人民政府副区长。

11月10日,发表《美国哥伦比亚大学师范学院与现代中国教育》(《教育评论》2001年第5期)。

2002年,四十四岁。

继2000年和2001年,再发表《中师调整应该稳妥进行》(《民主》2002年第4期),探讨中等师范院校调整问题。

4月,发表《陶行知与美国侨界》(《武汉文史资料》2002年第4期),该文被《爱满天下》2002年第1期转载。

2001年3月,赴美国出差,在纽约世贸中心留影;9月11日世贸中心被恐怖主义分子袭击,2002年9月11日为纪念该事件,发表《我在纽约世贸中心拍摄的几张照片——"9·11"事件周年祭》(《武汉文史资料》2002年第11期)。

10月,调任武汉市教育局副局长。

2003年,四十五岁。

2003年,首次当选全国人大代表。他这样评价自己的这一年:"2003年是我工作最忙、学术成果最丰硕的一年,比专职教师还多。"

1月,发表《发达国家的社区建设及其启示》[《华中师范大学学报(人文社会科学版)》2003年第1期]、《湖北武汉的区域创新能力及其进一步发展》(《孝感学院学报》2003年第1期)、《试论全面建设小康社会与我国高等教育发展》[与胡志坚合作,《青岛科技大学学报(社会科学版)》2003年第1期]。

2月初,随湖北省全国人大代表团去孝感市考察农村义务教育情况,深为学校条件的简陋破旧感到意外与震惊,萌发在十届全国人大一次会议上提出农村义务教育全免费建议的念头。

2月15日,发表《全面建设小康社会与教育新使命》(《中国政协》2003年第2期)。

2月19日,在《人民政协报》发表《政治开明有助于学术的繁荣》,辩证分析政治与学术的关系。

3月，发表《市场经济条件下政府的角色与职能》(《武汉市经济管理干部学院学报》2003年第1期)。

3月1日，作为全国人大代表参加十届全国人大一次会议。

3月2日，应邀做客新浪网嘉宾聊天室，与广大网友畅谈教育问题，当晚，给《中国教育报》撰写《实行义务教育完全免费制应自农村始》一文。

3月4日，上文在《中国教育报》以《完全免费制应自农村始》为题发表，引起诸多两会代表、委员的关注。

3月6日，时任中共中央政治局常委温家宝总理来到湖北讨论《政府工作报告》，在讨论中没有获得发言机会的周洪宇萌发了直接向温总理建言的想法，给到湖北省全国人大代表团听取代表意见的温家宝总理送上"完全免费制应自农村始"的建议，主张"义务教育应免费，免费应自农村始"。讨论一结束，代表们纷纷涌出大厅等候合影，周洪宇趁机"挤"到总理面前，递上一摞材料说："我与一批人大代表参加了湖北孝感地区农村义务教育问题的调查研究，调查的情况与您说的一致，现在农村义务教育确实处在一个非常关键的时期。"（出自余玮《人大代表周洪宇的"鼓"与"呼"》，《传承》，2009年3月10日）。

3月7日，在湖北省全国人大代表团会议上再次就义务教育完全免费制问题作系统发言，阐述义务教育为什么应该免费、如果免费可能需要多少经费、义务教育免费的经费如何筹措、义务教育免费应怎样实施等问题，明确提出"分类承担，分步实施"八字原则。当日，驻湖北省全国人大代表团的全国人大常委会办公厅张宏处长专门将发言整理报送政治局领导阅示，教育部基础教育司、财务司两位负责人也专门致电表示感谢。

3月9日，作为教育界的全国"两会"代表、委员，应《教育研究》杂志社邀请到中央教育科学研究所座谈教育热点问题，会后发言稿《应实行农村九年义务教育完全免费制》在《教育研究》2003年第4期发表。

3月28日，在《人民日报》发表《农村义务教育应免费》，此文5月1日被《农村工作通讯》2003年第5期转载。发表《终身教育是全面建设小康社会的必然要求》(《教育研究》2003年第3期)，此文被《新华文摘》2003年第7期转载。发表《我给家宝同志送建议》(《楚天主人》2003年第5期)和《我给温家宝总理送建议》(《武汉文史资料》2003年第5期)，回忆自己向温总理送议案的始末。

4月，出版专著《千年梦想圆于建国百年——小康社会与教育新使命》(湖北教育出版社2003年版)，获得2003年度武汉市人民政府科技进步（软科学）二等奖、湖北省第五届社会科学优秀成果一等奖。

5月16日，在《人民日报》发表《农村教育：最大的扶贫工程》，此文被《基础教育（重庆）》2004年第11期转载。

7月11日，在《人民日报》发表《危机之后的健康教育思考》，在SARS危机之后呼唤健康教育。

9月，正式创办了个人网站——洪宇在线，有人称之为"中国第一个全国人大代表的议政性网站"。网站的宗旨是："倾听民声、反映民情、传达民意。"将网站定位为一个让更多的人民群众"知政、议政、参政、督政"的平台。发表《孟禄在华活动年表（1913年5月—1937年6月）》［与陈竞蓉合作，《华东师范大学学报（教育科学版）》2003年第3期］。

9月19日，在《人民日报》上发表《农村教育：最大的扶贫工程》一文，再次呼吁关注农村教育问题。

10月，出版专著《架个天梯给孩子弗里曼巨额奖获得者——艾天》（与王开敏合作，湖北教育出版社2003年版）。

11月，率湖北民进教调研组到湖北十堰地区调研考察了多所农村学校，并在《人民日报》《中国教育报》等发文呼吁农村九年义务教育免费，争取得到社会各界的认同和支持。

12月，发表《孟禄在华活动年表（续）(1913年5月—1937年6月）》［与陈竞蓉合作，《华东师范大学学报（教育科学版）》2003年第4期］。发表《全面建设小康社会与职业教育新使命》（与王建梁等人合作，《职教论坛》2003年第3期）、《全面建设小康社会与教育改革》（与孟繁华等人合作，《教育研究》2003年第3期）、《一个人大代表对农村教育工作的十点建议》（《中国教师》2003年第6期）、《钱基博的使命感和责任心》（《武汉文史资料》2003年第8期）、《武汉市教育国际合作与交流的现状及对策》（与魏礼飞合作，《湖北教育》2003年第22期）。

12月18日，在《光明日报》上发表《政府、学校、社会和个人该做什么》，从20世纪上半叶中国高等教育的发展史的角度分析在高等教育发展过程中，政府、学校、社会和个人各自该做什么，承担什么样的职责，扮演什么样的角色。

2004年，四十六岁。

2004年，被选为"人民网强国论坛最受欢迎的十位嘉宾"。

1月初，与广少奎合作发表《"阳光教育"论》（《中国教育学刊》2004年第1期）

和《"阳光教育"理念》(《山西教育》2004年第8期),提出"阳光教育"理念,并阐释了"阳光教育"的内涵。

2月初,咨询法律专家,完成《关于尽快制定〈国家统一法〉,遏制"台独"势力分裂中国企图的建议》,而这源于1998年的台湾行带给他的触动。

3月,发表《武汉市建设学习型城市刍议》(《武汉市经济管理干部学院学报》2004年第1期)。

3月6日,十届全国人民代表大会第二次会议召开,3月14日,《反分裂国家法》在十届全国人大会议上通过。提出"关于农村九年义务教育免费制的再建议"和"关于治理教育乱收费的建议"等关乎教育的建议。他说:"我不过就是时代浪潮中的一滴水,顺势而行,恰好在社会走到这个阶段时,提出了建议,推了一把。"作为"呼吁农村义务教育免费的第一人",他这样评价自己在其中的作用:"作为人大代表,不能简单地做呼吁的工作,呼吁是必要的,但更重要的是有一个建设性的方案。"当年,西部农村正式实施"两免一补"政策,他进一步提出要将该政策尽快推广到整个农村地区的议案。

5月7日,在《中国教育报》发表《高教改革:还有多大空间》,同年10月份文章被《湖北招生考试报》摘转。

5月15日,发表《改革高校收费、贷款还贷制度》(《民主》2004年第5期)。

6月,发表《小康社会发展阶段论》(与但昭彬合作,《湖北函授大学学报》2004年第2期),"试图从发展学的视角,依据三代领导集体的百年建国方略,结合美国经济学家钱纳里的经济发展阶段划分理论,将小康社会的发展进程划分为总体小康、全面小康和发达小康三大发展阶段,并对每一阶段的基本特点进行初步论析"。

7月20日,发表《中、西文化模式孕育下的教育思想之比较》(与但昭彬合作,《教育研究与实验》2004年第3期),文章试图运用比较的方法对中、西文化模式孕育出来的教育思想进行比较论析,以期探讨中、西文化教育交流与融合的发展趋势。发表《中国高等教育体制改革若干问题的宏观思考》(与胡志坚合作,《复旦教育论坛》2004年第4期)。

9月,任主编出版《学位与研究生教育史》(高等教育出版社2004年版),获第四届中国高校人文社会科学研究优秀成果奖二等奖。

9月20日,发表《学习型城市:构建终身教育体系的突破口》(与但昭彬合作,《学习与实践》2004年第9期,后被《贵阳市委党校学报》2004年第9期转载),提出21世纪是一个面临巨大变化而又充满严峻挑战的世纪,为了应对21世纪的挑战,全面建设小康社会，我国必须加速建设学习型社会。

10月，发表《我的"阳光教育"论》(《湖北教育》2004年第5期)，进一步分析"阳光教育"的含义及特征、"阳光教育"的实施策略与法则，后被《人大复印教育学资料》2004年第5期转载、被《21世纪教育》2004年第2期转载。

10月10日，发表《一流教育家的四个标准》(《师道》2004年第10期)，他说："第一要立志，第二要立功，第三要立言，第四要立德。具备这四者才有可能成为一流的教育家。"

10月28日，在《光明日报》发表《合育：一个全新的视角》，诠释了何谓"合育"，《山西教育（教学版）》2004年第24期转载。

10月30日，发表《论"合育"》(与广少奎合作，《中国教育学刊》2004年第10期)，他说："这是基于当前世界教育发展大势和我国教育现状而提出的一种新理念。""合育"是指以和合、合作、交往等思想为指导对年轻一代实施的一种教育。

11月14日，在北京出席了中国陶行知研究会、中国陶行知基金会联合举办的全国表彰大会，《陶行知教育学说》和《陶行知研究在海外》均获优秀论著奖。

在十届全国人大二次会议上，提出了关于尽快制定《反歧视法》的建议，呼吁有关部门尽快将制定《反歧视法》提上议事日程，努力消除当今社会上普遍存在的歧视现象。12月13日，在《检察日报》上发表《制定〈反歧视法〉宜快不宜迟》，再次呼吁应尽快制定一部专门的《反歧视法》或《反入学、就业歧视法》。

2005年，四十七岁。

2005年，入选凤凰卫视"十大风范大国民"名单。由于其"教育上的杰出贡献"，被美国联邦政府教育部授予荣誉证书。

1月13日，发表《农村、农民与农村教育》(《当代教育论坛》2005年第1期)，他说："农村教育关系到全面建设小康社会，国家应把农村教育提到统筹城乡发展、区域发展的高度来认识，强化政府行为，加大教育投入，完善法律保障机制，实行农村义务教育免费制。"

1月30日，发表《我当代表这一年》，回顾了自己当选武汉市政协委员的八年和当选全国人大代表一年的所作所为。

2月20日，发表《论学习化社会及其建设策略》(《教育科学研究》2005年第2期)，阐释了学习化社会的概念和内涵，并对我国建设学习化社会提出四点策略。

3月，发表《孟禄与壬戌学制》[与陈竞蓉合作，《河北师范大学学报（教育科学版)》2005年第2期],文章论述了孟禄到中国讲学、调查对壬戌学制的制订产生的深刻影响。与邹伦海等合作出版《教育大变革全体·全面·全程的阳光教育》(山东教育出版社2005年版)。在十届全国人大三次会议上进一步提出了关于尽快制定《反就业歧视法》的建议。

4月3日,发表《教育公平:和谐社会的重要内容、基础和实现途径》(《人民教育》2005年第7期),文章指出:"教育公平是指每个社会成员在享受公共教育资源时受到公正和平等的对待。教育公平包括教育机会公平、教育过程公平和教育质量公平,只有做到了上述公平,才能有教育结果的公平。"

4月10日,发表《实现教育公平促进和谐社会建设》(《民主》2005年第4期),他说:"教育公平属于社会公平范畴,是建设和谐社会的重要途径,教育公平属于社会公平范畴,而社会公平历来是人们追求的理想。实现教育公平,直接关系到社会公平的实现,关系到社会主义和谐社会的建设。"

4月15日,发表《基于组织学习视角的基业常青战略研究——创意阶层的崛起》(《经济师》2005年第4期),文章从企业生命周期现象入手,分析企业生命周期现象存在的主要原因,研究组织学习问题,发现构建组织学习能力的关键是创意阶层的构建。

5月30日,在《检察日报》发表《从深圳地域歧视事件再谈反歧视立法》。

6月,发表《实施中部"大三角"战略,促进中部大崛起》(《武汉市经济管理干部学院学报》2005年第2期)。

6月25日,发表《民办高校怎么走得更稳更好》(《教育发展研究》2005年第12期),文章中提到:"依我浅见,建设世界一流大学大抵少不了下述要素,而这些要素又正是我国民办高校亟待进一步明确和努力的。包括清晰的发展战略,充足的办学资金,良善的制度,一流的人才,卓越的研究,很高的社会声誉。"

7月27日,在《光明日报》发表《怎样实现教育公平》。

7月30日,发表《关于制定〈特殊教育法〉的倡议》(与邓猛合作,《中国特殊教育》2005年第7期),回顾特殊教育发展的历史、西方主要国家与特殊教育相关立法的基本情况以及我国特殊教育发展与立法的过程,对我国制定专门的《特殊教育法》的缘由、制定原则以及内容进行了初步讨论,并呼吁尽快制定该法。

8月13日,发表《陕西民办高校发展的经验和启示》(《当代教育论坛》2005年第8期),专程前往西安对陕西省民办教育进行考察,总结陕西民办高校的办学经验,探讨民办高等教育发展的一般规律。

9月15日，在《长江日报》发表《教育公平是实现和谐社会的重要途径》，他说："实现教育公平的根本路径如下：第一，政府应树立'第一责任人'的意识；第二，政府应加大教育投入；第三，政府要建立和完善国家对弱势群体特别是城乡贫困家庭子女、残疾儿童等就学的资助体系；第四，政府应合理分配有限的教育资源，提高资源的利用率；第五，要加快制度创新的步伐；第六，要进一步加强和完善教育立法。"

11月30日，发表《大学生个体悟性现状分析及培养》（与陈晴合作，《学校党建与思想教育》2005年第11期）。

12月，发表《"两会"最强音——追求教育公平》（《教育参考》2005年第6期）。发表《关于中部崛起的若干思考和建议》（与袁云光合作，《武汉市经济管理干部学院学报》2005年第4期）。

2006年，四十八岁。

3月30日，发表《"十一五"期间全国应实行义务教育全免费》（《武汉市教育科学研究院学报》2006年第3期），分析了提前实行义务教育全免费的必要性和紧迫性、可行性，提出了分步推进、分类实施的实施步骤。

发表系列文章专题探讨"中国的高考向何处去"：

4月15日，同蔡定剑和关信平合作发表《就业歧视排斥了谁》（《人民论坛》2006年第4期），探讨了就业歧视广泛存在的现象、就业歧视存在的深刻原因、就业歧视妨碍和谐社会发展的问题；

4月30日，发表《我国考选历史的回顾与反思——兼谈我国重点高校录取名额投放问题》（与申国昌合作，《教育研究》2006年第4期），文章结合我国两千多年的考选历史，指出重点高校录取名额合理投放可参考四项指标：该省（区、市）的总人口数，该省（区、市）的总考生数，该省拥有的985工程高校数，上一年在该省（区、市）投放或实际录取数；

5月30日，发表《陶行知教育思想与学校和家庭教育的重构》（《生活教育》2006年第5期），总结陶行知的"六大解放"思想，给今天的中小学教育和家庭教育以深刻的启迪；

6月8日，在《人民日报》发表《高考改革是个系统工程》，指出"高考改革要往前推进，我认为应该坚持'三个有助于'的原则，即有助于高校选拔人才，有助于中学实施素质教育，有助于进一步扩大高校办学自主权"；

8月5日，发表《加强宏观调控实现考选公平——高考录取名额投放方法需要改

革》(《今日中国论坛》2006年第8期);

8月9日,在《光明日报》发表《高考公平:从招生指标投放开始》,提出高考公平的基本原则是高招指标投放改革重在平等、公正,基本思路是高校自主招生与综合指标体系的结合,在实施方法和步骤上,应循序渐进,稳步推进,分步实施,逐步到位;

8月20日,发表《高校招生指标改革的原则、思路、方法与步骤》(《湖北招生考试》2006年第16期)。

5月,经中共湖北省委组织部研究,调任湖北省教育厅副厅长。发表《2005年农村教育:免费义务教育的推进与义务教育法的修改》(与申国昌合作,《教育发展研究》2006年第5期)。

6月,发表《教育史学的学术功能与社会功能》(与肖会平合作,《教育学报》2006年第3期),指出"教育史学有记载、寻真、传承历史文化和发展教育科学四个学术功能;借鉴、育人、指导、优化教育科研能力四个社会功能",并分析了教育史学的学术功能与社会功能的辩证统一关系。发表《〈反就业与职业歧视法〉立法构想及建议稿》(《武汉商业服务学院学报》2006年第2期),文章说:"随着我国社会转型加剧,社会歧视现象普遍而严重,尤其集中反映到就业与职业方面,有鉴于此,本文就制定《反就业与职业歧视法》提出了基本构想及其法案建议稿。"

7月,发表《陶行知求真务实的治学理念探析》[与申国昌合作,《华中师范大学学报(人文社会科学版)》2006年第4期],总结陶行知追求真理、学为真人的治学旨归;科学、创造、实践、协作的治学精神;行以求知知更行、遍览已知求未知的治学路径;调动内在动因,利用外部条件的治学条件;不分男女老幼大小贵贱的治学主体。

9月,被中央统战部、八个民主党派中央与全国工商联评为各民主党派工商联无党派人士为全面建设小康社会做贡献先进个人。

10月,在北京参加教育部部长袁贵仁同志主持的"教育公平与教育体制改革"重大课题调研座谈会。

10月10日,发表《民主党派领导干部应具备精神感召能力》(《民主》2006年第10期),指出民主党派领导干部应具备精神感召能力,加强道德人格的精神修养。

10月29日,在上海师范大学出席了以"陶行知教育思想与当代社会变革"为主题的"纪念陶行知诞辰一百一十五周年暨逝世六十周年学术研讨会"。

10月30日,在上海市宝山区行知中学出席了由中国陶行知研究会和宝山区人民政府联合举办的"纪念伟大的人民教育家陶行知先生诞辰一百一十五周年暨逝世六十周年大会"。

11月,被聘为第五届全国高等学校设置评议委员会专家。

11月30日,发表《武汉市科教优势与人才优势转化为发展优势的研究》(与叶平等人合作,《武汉市教育科学研究院学报》2006年第11期)。《学位与研究生教育史》获教育部第四届人文社会科学研究优秀成果二等奖;《千年梦想圆于建国百年——小康社会与教育新使命》获湖北省人民政府第五届社会科学优秀成果一等奖;《教育大变革——全体、全面、全程的阳光教育》获武汉市人民政府第十次社会科学优秀成果一等奖。

12月,领衔建立国内最早的教育智库之一——长江教育研究院,致力于教育智库、教育治理、教育决策的研究,提出"全球视野、中国立场、专业能力、实践导向"的主张,在全国智库界产生了重要影响。同月,指导广少奎完成的博士学位论文《南京国民政府教育部及其行政制度研究》被评为湖北省优秀博士学位论文。发表《牧口常三郎创价教育思想的三大基石》(与蔡幸福合作,《教育科学》2006年第6期),就牧口常三郎的创价教育思想的三大基石进行初步的探讨。发表《武汉市经济、科技、教育与人才现状分析》(与叶平等人合作,《武汉商业服务学院学报》2006年第4期)。

2007年,四十九岁。

1月,发表《现代终身教育思想的先驱——陶行知》[《高等函授学报(哲学社会科学版)》2007年第1期],分析陶行知终身教育思想产生的背景与思想渊源、形成和发展的过程、基本内容、历史作用与现实启示。同年,该文以《陶行知:现代终身教育思想的先驱》为题发表在《生活教育》2007年第3期。发表《论教育史研究中历史与逻辑的统一》[与申国昌合作,《湖北大学学报(哲学社会科学版)》2007年第1期],文章说:"坚持历史与逻辑的统一原则是教育史研究方法新的突破点,也是未来教育史研究的基本走向和必由之路。"

3月28日,在《人民政协报》发表《有效防范"事与愿违",建议成立教育政策咨询委员会》,他说:"为何我们的教育政策屡屡事与愿违?从中折射出政策决策过程中一些值得关注的问题,为了有效防范公共教育政策的'事与愿违',有必要成立教育政策咨询委员会。"

4月2日,在《检察日报》发表《〈就业促进法(草案)〉应加大反就业歧视力度》,并表示:"作为在十届全国人大二次、三次、四次、五次会议上连续多次提交'国家应尽快制定《反就业歧视法》'议案的人大代表,我对《就业促进法(草案)》关注就业歧视问题感到欣慰和振奋。"

4月15日,发表《教育改革的重点是什么?》(《网络科技时代》2007年第11期),文章说:"教育改革的经验告诉我们,教育体制改革是最重要的教育改革,教育体制改革是教育改革的重点。"该文于次年被《课程教材教学研究》摘选。

5月1日,发表《职业继续教育体系:给职教注入"后发力"》(《教育与职业》2007年第13期),倡导应加强职前教育与职后教育的衔接,在职业教育的基础之上构建一个职业继续教育体系,并认为这应是新世纪职业教育促进全面小康社会发展的关键。发表《进一步推进义务教育全免费》(《信息技术教育》2007年第5期)。

5月9日,在《人民政协报》发表《中部教育如何崛起》,就如何推动中部教育的崛起给出了自己的意见和建议。

5月20日,在《湖北日报》发表《切实加强自身建设全面履行参政党职能》,他认为(民进)领导班子需加强思想、组织、机关建设,履行参政党职能。

6月,发表《创新工作思路全面履行参政党职能》(《世纪行》2007年第6期)。

6月1日,发表《浅谈未来我国师范教育的发展方向》(《教育与职业》2007年第16期),指出未来师范教育应朝着优化基础课程,深化专业课程,强化教育课程,使师范教育的课程朝着综合化的方向发展。

6月7日,在《人民代表报》发表《群众的智慧让我的建议熠熠生辉》。他在文章中表示:"近年来,我之所以能提出质量较高的议案建议,与人民群众不断提供的智力支持密不可分,他们是促使我认真履职的不竭的动力。"

6月15日,发表《牧口常三郎的创价教育思想研究》(与蔡幸福合作,《比较教育研究》2007年第6期),梳理牧口常三郎创价教育思想的主要内容、特质、作用和影响。

6月22日,被聘任为武汉大学兼职教授。

7月,当选中国民主促进会湖北省委员会主任委员。与邹伦海共同任主编出版《阳光教育对话录》(华中科技大学出版社2007年版)。发表《民办教育应充分发挥公共教育职能》(《教育与职业》2007年第19期),指出民办教育的重要性、存在的问题并给予发展建议。同年,发表《努力规范民办高校招生管理》(《中国高等教育》2007年第9期),指出:"民办高校应依法依规、诚信、阳光招生。"

7月15日、8月15日,分别发表《陶行知生活教育学说的当代价值(上)》《陶行知生活教育学说的当代价值(下)》(《生活教育》2007年第2期、第3期),纪念生活教育学说诞辰八十周年。

7月17日，撰写的《关于建立大学生医疗保障制度的建议》获湖北省第一届决策咨询奖二等奖。

7月21日，被聘为湖北省人民政府第四届咨询委员会特邀专家。

8月1日，发表《应尽快设立教育公平委员会》（《教育与职业》2007年第22期），呼吁为推进教育公平，迫切需要成立统一的监管机构——教育公平委员会。

9月，被聘任为国家教育督导团专家组成员。出版专著《中部教育论》（湖北人民出版社2007年版），获得第五届高等学校科学研究优秀成果三等奖。发表《从船工之子到教育大师——牧口常三郎的人生历程》[与蔡幸福合作，《河北师范大学学报（教育科学版）》2007年第5期]，叙述了日本近现代著名教育家牧口常三郎从船工之子走向教育大师的人生历程。

9月1日，在《团结报》发表《民主党派领导干部应具备精神感召能力》。

9月20日，发表《新世纪中国教育史学的发展趋势》[与申国昌合作，《华东师范大学学报（教育科学版）》2007年第3期]，他在文章中说："中国的教育史学走过了曲折反复的百年历程，未来将走向何方？其发展趋势如何？我们认为，新世纪中国教育史学发展将呈现三大发展趋势，即转向加强自身学科理论建设，转向研究教育历史的日常问题，转向发掘本土的学术传统，也可称之为中国教育史学的三大转向。"

11月，出版专著《教育公平是和谐社会的基石》（安徽教育出版社2007年版）。出版专著《乐为教育鼓与呼——周洪宇教授访谈录》（中国人民大学出版社2007年版）。发表《当前教育热点问题：症结与对策》[《湖北大学学报（哲学社会科学版）》2007年第6期]，文章重点讨论教育乱收费问题、教育投入问题、教育公平问题和义务教育免费问题。

11月22日，发表《当前教育热点问题：症结与对策》[《湖北大学学报（哲学社会科学版）》2007年第6期]，指出教育热点问题产生的原因是多方面的，既有体制性因素、政府性因素，也有教育内部管理的因素。只有通过政府加大教育投入、建立和完善各级资助体系、合理分配教育资源等措施，才能使这些问题尽快解决。

自参加十届全国人大一次会议以来，多次提出议案和建议，受到党和国家领导人的高度重视，得到社会各界广泛好评。《民主》特邀其以亲身体会撰写了《人大代表怎样提议案和建议》（《民主》2007年第5期）一文，讲述自己的心得。

12月6日，当选为民进第十二届中央委员会常务委员。

12月22日，在《中国教育报》发表《区域教育协调是教育事业发展的重要选择》。

12月26日,在《人民日报》发表《合肥经济技术开发区:三万农民的"城市道路"》。

12月30日,在《中国人大》发表《怎样做高水平代表》。

2008年,五十岁。

2008年起,兼任湖北省人大常委会副主任和中国陶行知研究会副会长。

1月,当选为湖北省第十一届人大常委会副主任,分管省人大教育科学文化卫生委员会。

1月10日,发表《立德树人是教育的根本宗旨》(《生活教育》2008年第1期),文章中提出时代和社会需要我们的教育立德树人,需要培养和造就一批德才兼备的优秀人才。

3月,出版专著《怎样做人大代表》(中国人民大学出版社2008年版)和《怎样写人大议案》(湖北人民出版社2008年版),两本书被列为全国人大代表培训中心的基本参考读物,受到人大代表好评。

3月1日,向全国人大提交了一份"关于设立北京奥运志愿者纪念碑,在全社会提倡和发扬志愿者精神"的建议。

3月2日,教育前辈方明去世,在《民主》发表《"赤子"方明》缅怀故人。

3月18日,在《大众科技报》发表《两会专题:奥运会应留下什么遗产》,在文章中说:"奥运会应给我们留下什么遗产?在我看来,更重要的是一笔丰厚的精神文化遗产。"

3月20日,发表《法国教育史学发展历程的回顾与梳理》(与申国昌合作,《教育研究与实验》2008年第2期),梳理了法国教育史学的初创期、发展期、成熟期、繁荣期的情况。

4月3日,出席了中国陶行知研究会在北京召开的第四届第三次常务理事会议,被选为中国陶行知研究会副会长。

4月5日,发表《播撒阳光播撒爱》(《师道》2008年第4期),从五个方面解释如何实施"阳光教育"。

4月12日,在《团结报》发表《参在点子上议在关键处谈如何提高人大代表履职水平》。

4月30日,发表《发扬传统 面向未来》(《湖北省社会主义学院学报》2008年第2期),他说:"坚持中国共产党的领导,是民进和其他民主党派自觉的郑重选择。中国的政党制度，是中国社会历史发展的必然选择。"发表《继承民进光荣传统加强参政议政能力建设》(《民主》2008年第7期)。

5月，发表《陶行知和牧口常三郎教育思想之比较》(与蔡幸福合作，《华中师范大学研究生学报》2008年第1期)，文章主要就他们对教育目的、教育功能、教育内容、教育方法和教育组织形式（学校）等方面的见解进行比较。

5月5日，发表《将财政性教育经费投入纳入地方政府考核指标》(《今日中国论坛》2008年第5期)，文章指出了将财政性教育经费投入纳入地方政府考核指标重要性和必要性。同时期，还发表同类文章《财政性教育投入应纳入地方政府考核》(《教育与职业》2008年第28期)。

5月15日，发表《加强教师队伍建设的制度保障》(《教育研究》2008年第5期)，提出"建立国家教育公务员制度"的建议。

6月，发表《方向 方位 方略——学习中共十七大报告精神的体会》(《湖北省社会主义学院学报》2008年第3期)，他说："十七大报告的内容和精华，我感到可用六个字来概括，这就是方向、方位、方略。"

7月，发表《论高等教育全球化的指标体系》(与黄焕山合作，《高等教育研究》2008年第7期)，从高等教育市场全球化指标、留学生市场全球化指标、高等教育质量全球化指标三个方面考察高等教育由国际化演变为全球化这一现象。出版专著《教育的信念与追求》(武汉出版社2008年版)。与邹伦海共同任主编出版《教育大创新阳光教育实践行》(山东教育出版社2008年版)。

9月，任主编出版《教育史学研究新视野丛书》(山东教育出版社2008年至2010年版)，包括郭娅著《反思与探索——教育史学元研究》、周洪宇著《开拓与创建：陶行知与中国现代文化》、蔡幸福著《融通与创新陶行知与牧口常三郎教育思想比较研究》、但昭彬著《话语与权力中国近现代教育宗旨的话语分析》、广少奎著《重振与衰变南京国民政府教育部研究》、申国昌著《守本与开新阎锡山与山西教育》、汪楚雄著《启新与拓域——中国新教育运动研究（1912—1930）》、耿红卫著《革故与鼎新科学主义视野下的中国近现代语文教育改革研究》、赵厚勰著《雅礼与中国雅礼会在华教育事业研究（1906—1951）》、肖会平著《合作与共进基督教高等教育合作组织对华活动研究1922—1951》等。2012年，该丛书获第四届中华优秀出版物奖图书奖。其中，《开拓与创建：陶行知与中国现代文化》入选第三届"三个一百"原创图书出版工程。

10月10日，被聘任为北京大学博士研究生韩高军的论文兼职指导教师。

11月14日，在《湖北日报》发表《加强和改进人大预算监督的若干建议》，建议从六个方面入手将人大监督权真正落到实处。

12月，指导申国昌完成的博士学位论文《守土经营与模范治理的双重变奏——阎锡山与山西教育》被评为湖北省优秀博士学位论文。发表《将师范生免费制度推广到所有师范院校》（《教育与职业》2008年第25期）。

2009年，五十一岁。

1月，被教育部《基础教育参考》和中国教育宣传网等评为"纪念改革开放三十年基础教育影响力人物三十人"。发表《对教育史学若干基本问题的看法》[《河北师范大学学报（教育科学版）》2009年第1期]，在文章中就教育史学的基本问题提出了自己的一些看法，明确主张学科性质史学论、研究对象三分论、研究重心下移论、理论方法现代论、学术传统继承论、学者素养要素论、未来发展多元论。

1月26日，于武汉南湖为《新时期民主党派参政能力建设探究》作序，题为《以科学发展观为指导加强民主党派参政能力建设——〈新时期民主党派参政能力建设〉序》，并于6月先后发表于《湖北省社会主义学院学报》2009年第3期和《民主》第7期。

2月，发表《中职应免费"上山下乡"》（《西北职教》2009年第2期）。

2月1日，发表《走向新时代的中国教育——兼谈中国陶行知研究会的新作为》（《生活教育》2009年第2期），他说，"中国教育正站在新的历史起点上，面临新的机遇、挑战、任务。"

3月，发表《试论教育史学的学科体系》[与郭娅合作，《湖北大学学报（哲学社会科学版）》2009年第2期]，文章说："根据目前教育史学的研究对象、学科性质和学科发展水平，当代教育史学的学科体系可以概括为以教育活动史、教育思想史和教育制度史为主要内容的具体教育史学研究体系；以教育史学史、教育史学理论与方法、教育历史哲学为主要内容的抽象教育史学的研究体系。"

3月12日，在《江苏科技报》发表《应逐步允许流动人口子女参加中高考》，针对流动人口子女的求学障碍提出自己的看法，4月，该文发表在《生活教育》第4期。

3月15日，发表《全球化视野下的教育史学新走向》（与申国昌合作，《教育研究》2009年第3期），鉴于当代世界史学发展趋势和教育史学的自身特点，认为未来世界教育史学将主要朝着多元化、整体化、群体化和民间化的方向发展。

3月16日，在《中国社会报》发表《流动人口子女的中高考权利如何保障》，建议允许符合一定条件的流动人口子女在城市参加中考。

4月，被聘任为教育部第二届教师教育专家委员会委员。发表《以政治交接学习教育活动推进湖北民进自身建设》（《湖北省社会主义学院学报》2009年第2期），文章指出民进湖北省委会把政治交接学习教育活动作为工作的重点，全面推进湖北民进自身建设。

4月1日，发表《需尽快修改〈职业教育法〉》（《教育与职业》2009年第10期），在新形势下为更好地适应经济社会发展，提出应尽快对《职业教育法》进行修订，使其条款更明确、更具实际指导意义。发表《加强中西部国家综合档案馆建设刻不容缓》（《兰台世界》2009年第7期），在文中积极呼吁加强中西部地区各级国家综合档案馆建设。

4月14日，在《中国教育报》发表《教育改革应确立正确的价值取向》，文章中说，当前我国教育改革应当确立如下价值取向：以人为本、统筹兼顾、灵活多样、民主科学、循序渐进。发表《慎重对待高中文理分科 不宜一刀切》（《中国农村教育》2009年第3期），他说："教育改革要理性和客观，头脑不能发热。"认为只要合理调整课程结构，优化教学制度，改革高考考试评价制度，实行文理分科一样也可以收到好的效果。

6月，发表《陶行知教育思想基石之一的哲学思想研究》（与蔡幸福合作，《成才》2009年第11期）。发表《在新教育的甘霖下成长》（《素质教育大参考》2009年第12期）。

6月5日，发表《教育强国：建设一流师资队伍》（《今日中国论坛》2009年第Z2期），他说："建设人力资源强国，教育是基础，加强教师队伍建设特别是农村教师队伍建设是提高教育质量的关键所在；建立国家教育公务员制度，优化队伍整合资源，意义重大。"发表《教师应成为国家教育公务员》（《教育与职业》2009年第34期），他说："将取得教师资格证书并获得教师职位的公办普通教师的身份确认为国家教育公务员，是解决教师队伍建设中一些棘手问题的根本途径。"

7月，发表《中等职业教育免费：必要且可行》（《教育与职业》2009年第19期），认为目前对农村中等职业教育免费不仅是重要的、必要的、紧迫的，也是国家财力有能力承担的，是可行的。发表《以"教育特区"促教育改革》（《教育情报参考》2009年第7期）。

8月1日，发表《中职教育免费：分类承担，分步实施》（《教育与职业》2009年第22期），文章表示实施中等职业教育免费可以考虑采取与之前实施义务教育免费相同的思路，即"分类承担，分步实施"。

为呼吁建立教育决策咨询机制，实现教育决策民主化、科学化，8月4日，在《中国社会科学报》发表《建立教育政策咨询委员会刻不容缓》。之后，又在《教育研究》第11期上发表《建立更加完善的教育决策咨询机制》。

8月10日，在《中国教育报》发表《实行教师流动制度促进教育均衡发展》，他说："实行教师定期轮换流动制，对促进我国区域内校际师资和教育的均衡发展，不仅具有现实意义和可行性，也具有较强的可操作性。"

8月20日，在《职业技术教育》发表《〈中华人民共和国职业教育法〉的修改要加快》，建议全国人大常委会尽快将《职业教育法》的修改纳入工作日程。

9月1日，参加由中国地方教育史志研究会主办的《教育史研究》创刊二十周年暨中国教育史研究六十年学术研讨会，他的《日本学者陶行知研究概述》和《中国近现代教育思潮与流派》被收录进"纪念《教育研究》创刊二十周年论文集"。

10月，在湖北省各界人士庆祝新中国成立六十周年和人民政协成立六十周年座谈会上作了题为《继承传统明确职责坚定不移走中国特色社会主义道路》（《世纪行》2009年第10期、《湖北省社会主义学院学报》2009年第6期）的报告。

10月1日，接受《光明日报》罗旭的采访，10月1日罗旭于《光明日报》庆祝中华人民共和国成立六十周年特刊上发表文章《周洪宇：始终与人民同呼吸共命运》，回忆了周洪宇第一次出席全国两会的情形。

10月21日，出席《中国教育活动通史》编撰启动会。

11月，发表《华美协进社社务活动之探究》[与李高峰合作，《河北师范大学学报（教育科学版）》2009年第11期]。

11月19日，出席《中国教育活动通史》"视野下移的中国教育活动通史研究"主题研讨会。

12月15日，在《团结报》发表《树立"新全人"教育理念》，文章的核心观点是："新全人"教育更注重人的生命成长、人格成长和灵魂成长，除了培养学生的智商，更注重培养他们的情商和意商。在《团结报》发表《教育均衡措施还需细化》，他提出："义务教育要实现均衡化，就要在师资均衡化、基本设施标准化、课程设置和考核评估一体化、财政投入保障化等方面下功夫。"

2010年，五十二岁。

出版专著《教师教育论》（北京师范大学出版社2010年版）、《教育公平论》（人民教育出版社2010年版）。

1月，被聘任为北京师范大学教育学部教育家书院学术委员会委员。发表《实践品性视域下的中国教育史研究》[与刘来兵合作，《河北师范大学学报（教育科学版）》2010年第1期]，文章说："实践品性视域下的中国教育史研究，强调教育史研究在对当代教育生活的关注中理解教育变革的历程，重新确立了人及其活动在教育历史中的主体地位。"

1月11日，与瞿玉荣等人合作在《检察日报》发表《入学就业乙肝五项检查应否取消》，文章说，乙肝检测与否，应该因行业而异，不能搞一刀切。

2月，任主编出版《中国教育黄皮书（2010）》（湖北教育出版社2010年版）。

2月2日，在《团结报》发表《教师流动步伐迈大些》。他说："现阶段，实施教师定期轮换流动制最大的障碍是不同学校之间教师收入的巨大差距。构建教师流动制度，我们还有很多工作要做。"

2月10日，发表《20世纪50～80年代贵州的少数民族教育》[与李浩泉合作，《贵州师范大学学报（社会科学版）》2010年第1期]，他说："希望通过本研究能引起教育史学界对边远地区教育发展历史，尤其是边远地区少数民族教育发展历史研究的重视，从而使教育史学研究突破研究重心的高位化，真正实现教育史学研究重心的下移，实现教育史学研究对象的多元化。"

3月，出版专著《教育公平论》（人民教育出版社2010年版），该书获第六届高等学校科学研究优秀成果奖（人文社会科学）二等奖。

3月2日，在《团结报》发表《要让高考加分阳光》，文章说："为了维护高考加分公正性和严肃性，有必要对其项目进行一番清理，只有公开、透明，高考加分政策才能更加阳光。"

3月20日，发表《关于〈教育杂志〉创办动机的几个问题——兼与王有亮先生商榷》（与喻永庆合作，《现代大学教育》2010年第2期），文章从教育改革与发展的需要、编辑和发行教科书、编译所知识分子群体作为坚强的后盾以及《教育世界》停刊的契机等方面对《教育杂志》创刊的动机作了探讨。

为呼吁尽快建立教师公务员制，先后于3月10日在《人民政协报》，4月在《生活教育》2010年第5期发表《建立教育公务员制度吸引优秀人才当教师》的专题文章。

4月1日，在《人民代表报》发表《关于高考制度改革的建议》。发表《〈职业教育法〉修订重颁刻不容缓》（《教育与职业》2010年第10期）对《职业教育法》修订进行建议，认为既要从宏观上把握职业教育的方向，又要从微观上修改具体内容，使法律条款更明确、更具实际指导意义。

4月10日，发表《"把促进公平作为国家基本教育政策"是正确之举》（《生活教育》2010年第4期），文章说："国家将把促进公平作为国家基本教育政策，这是十分正确的，也是非常必要的。我们中国陶研会的广大会员也应继续为教育公平鼓与呼，为教育改革鼓与呼！"

4月12日，在《中国新闻出版报》发表《教育公平是和谐社会的基石》，介绍自己出版《教育公平论》的渊源。

为探索高考制度改革，5月28日，在《人民日报》发表《探索适合学生的考试》，后在《新湘评论》2010年第13期发表同名文章。

6月10日，发表《建立政府购买公共教育服务岗位制度　鼓励师范毕业生去中西部农村地区任教》（《生活教育》2010年第6期），为解决农村教师奇缺问题积极探索新的教师教育改革措施。

7月，发表《从美、日入学推荐制看北大"中学校长实名推荐制"》（与黄宝权合作，《高教发展与评估》2010年第4期）。

7月10日，发表《尽快制定并实施教师教育专业标准》（《生活教育》2010年第6期），他在文章中说："我国作为世界教育大国，理应像其他国家一样尽快制订并实施建立教师教育专业标准。"

7月22日，发表《教育活动史研究述论》［与李浩泉合作，《湖北大学学报第（哲学社会科学版）》2010年第4期］，认为："教育活动史作为一个崭新研究领域，应当建立全新的研究范式，即追求全景式总体史的研究宗旨；以民众的教育生活为研究重点；以问题研究为导向的研究取向以及树立地上与地下、史学与文学、书面与口述三结合的大史料观。"

8月5日，发表《留美归国教育家对中国现代本土教育理论的探索》（与陈竞蓉合作，《中国教育学刊》2010年第8期），介绍陶行知、陈鹤琴、邰爽秋、庄泽宣四位留美归国教育家对西方教育理论本土化的探索与创造实践。

8月10日，发表《实行国家统一考试建立健全教师准入制度》（《生活教育》2010年第8期），他说："推行国家统一的教师资格考试，适当提高教师职业的入职门槛，建立健全教师准入制度。"

9月6日，在《中国教育报》发表《从教师节送不送礼看教师专业伦理建设》，文章说，随着教师专业化发展，经验型教师向专业型教师的转变，由"教师职业道德"向"教师专业伦理"的转向已成为一种必然趋势。

9月10日，发表《教育活动史研究"四要"》（与李浩泉合作，《教育科学研究》2010年第9期），文章说："要多微观研究，少宏观研究；要多事实研究，少理论研究；要多日常叙事研究，少宏大叙事研究；要多深度描述研究，少浅度描述研究。"

9月13日，在《中国教育报》发表《王炳照新时期中国教育史学的领军人》，高度赞扬王炳照是"以教育（学术）为志业"而非仅仅为职业的真正教育家和学者。

9月18日，出席《中国教育活动通史》第七卷编写进展汇报会议。

9月30日，国庆六十周年前夕，撰写《往事如昨》（《湖北文史》2010年第1期）回忆自己七年的人大代表历程。

10月，出版专著《船工之子与教育大师——牧口常三郎的教育活动》（与蔡幸福合著，山东教育出版社2010年版）。发表《论民主党派参政议政及民主监督作用的发挥》（《湖北省社会主义学院学报》2010年第5期），他说，民主党派要发挥好"明确职责，认清使命""加强学习，提高素质""围绕中心，建言献策""完善机制，发挥优势""以点带面，推广典型"的作用。

10月13日，出席《中国教育活动通史》编撰进展情况及问题研讨会。

10月15日，发表《教育活动史：视野下移的学术实践》（与申国昌合作，《教育研究》2010年第10期），他指出研究教育活动史，既有利于完善教育史学研究体系，又有利于从实践角度体现学术视野下移趋势。

11月5日，参加由北京论坛主办的"文明的和谐与共同繁荣——为了我们共同的家园：责任与行动"活动。作品《中国教育百年改革的经验教训》被收录进"变革时代的教育改革与教育研究：责任与未来"教育分论坛论文或摘要集中。

11月10日，发表《哥伦比亚大学师范学院与现代中国教育》（与陈竞蓉合作，《比较教育研究》2010年第11期），细说哥伦比亚大学师范学院与中国教育交流的历史过程以及对中国现代教育的历史贡献。

12月，发表《实施"国民收入均等递增计划"实现藏富于民、民富国强》（《武汉商业服务学院学报》2010年第6期）。他说："这个计划是民生工程与经济增长工程的有机结合，是贯彻科学发展观、实现和谐社会的必然之举。"

12月15日，发表《加强公民教育政策与法律的研究》（《中国德育》2010年第12期），他在文章中说："呼吁尽快将公民教育政策与法律的研究提上议事日程。"

12月18日，发表《未来十年的教师质量决定着中国教育的成败》（《人民教育》2010年第24期），文章就如何提高教师队伍的质量提出建议对策。

12月28日，发表《微观史学与中国教育活动史研究》（与李永合作，《大学教育科学》2010 年第 10 期），他认为："中国教育活动史的研究可借鉴微观史学中微观化的研究取向、以问题为研究本位、总体史的研究宗旨、多元结合的大史料观。"

2011 年，五十三岁。

2 月，出版专著《教育活动史研究与教育史学科建设》（山东教育出版社 2011 年版）。任主编出版《中国教育黄皮书（2011）》（湖北教育出版社 2011 年版）。

2 月 15 日，发表《视域融合与历史构境：实践活动取向的教育史研究》（与刘来兵合作，《教育研究》2011 年第 2 期），指出教育史学须相应地完成从认识论到实践活动取向的转换，确立以人的活动为中心的学术研究路向，在对实践活动与实际生活的把握中实现视域融合与历史构境。

2 月 16 日，在《人民政协报》发表《深度开放推进教育国际化》，文章指出当前我国教育界的一个重要任务就是实施"深度开放"，在范围、内容、层次等方面进一步推进教育国际化。

2 月 20 日，发表《教育史学科建设的历史自觉意识》（《教育研究与实验》2011 年第 1 期）。发表《教育史学科建设的历史自觉意识》（《教育研究与实验》2011 年第 1 期），他说："教育活动史研究应该也有可能成为今后一个时期教育史学科建设的重要方向和重点领域。"

2 月 25 日，发表《农民工子女回原籍读高中有碍教育公平》（《农村工作通讯》2011 年第 4 期）。

3 月 1 日，在《团结报》发表《上学难不能一概而论》，他说："现阶段应将上学难，与上某种学段的学校难、部分群体上学难和上部分学校难区别看待，不能一概而论，否则会产生误导。"

连续发表多篇文章，提出仿照"经济特区"，建立"教育特区"：

3 月 4 日，在《人民日报》发表《设立"教育特区"实现区域突破》；

3 月 23 日，在《人民政协报》发表《建议深化试点建立"教育特区"》；

3 月 30 日，在《人民政协报》发表《特区之特》；

5 月 7 日，在《中国经济导报》发表《以"教育特区"推进教育改革的区域突破》。

3 月 10 日，在《人民日报》发表《人大代表的"十字经"》，他说："我体会最深的是，当一个尽职的人大代表，必须做到'十个字'，即热情、勇气、执着、理性、智慧……许多议案、建议，提一次不行，要年年提，重在执着。"

4月,被聘任为国家出版基金评审专家。

4月5日,发表《实施"全国校车安全工程"的建议》(《中小学管理》2011年第4期)。

5月,发表《20世纪中国教育改革的回顾与反思》[与申国昌合作,《华中师范大学学报(人文社会科学版)》2011年第3期],文章梳理了20世纪中国教育改革的历程、内容及特征、基本经验、教训与启示。出版专著《陶行知生活教育学说》(湖北教育出版社2011年版),该书获第七届高等学校科学研究优秀成果奖(人文社会科学)三等奖。

7月10日,发表《陶行知一位富有本土特色和世界影响的大教育家——〈陶行知生活教育学说〉前言》(《生活教育》2011年第13期)。

8月,为庆祝中国共产党成立九十周年,发表《风雨同舟迈向明天》(《湖北省社会主义学院学报》2011年第4期),《同舟共济走向未来——纪念中国共产党成立九十周年》(《民主》2011年第8期)。

9月3日,发表《健全教育咨询制度推进决策科学化民主化》(《中国高等教育》2011年第17期),分析了中国教育决策咨询制度的现状,呼吁建立教育决策咨询制度。

10月,出版专著《学术新域与范式转换——教育活动史研究引论》(华中科技大学出版社2011年版),获第五届全国教育科学研究优秀成果一等奖、第三届中国大学出版社图书奖优秀学术著作奖一等奖、中南地区大学出版社2011—2012年度优秀学术著作一等奖,并入选国家新闻出版署"三个一百"原创出版工程奖。

为纪念辛亥革命一百周年,发表《弘扬武昌首义精神推动湖北跨越发展》,该文于10月10日刊载于《湖北日报》。

10月11日,出席广东省陶行知研究会举办的"纪念陶行知诞辰一百二十周年大会",并作题为《陶行知生活教育学说与当代中国教育现代化》的学术报告。

10月13日,在《团结报》发表《武昌首义精神的内涵》,文章说武昌首义精神富有人民性、时代性、进步性和创新性,对今天进行深化改革、加快科学发展步伐仍然具有很强的指导意义。

10月17日,出席由中国民主同盟江苏省委员会、江苏省陶行知研究会、南京市教育局、南京晓庄学院联合主办的"江苏省暨南京市纪念陶行知先生诞辰一百二十周年大会"。

10月20日至22日,出席《中国教育活动通史》初稿统稿研讨会。

11月，出版专著《陶行知画传》（山东教育出版社2011年版）。

11月4日，在《黔西南日报》发表《册亨多措并举推进劳动者就业创业》，文章指出册亨县采取强有力措施，全力推进劳动者就业创业。

从在"两会"上提交《关于实施全国校车安全工程的议案》以来，一直关注校车问题，分别于11月18日和12月12日在《东方早报》连发《吸取惨痛教训，在全国实施校车安全工程》和《"校车工程"需要过渡期两篇文章》，呼吁校车治理。

11月27日至29日，赴杭州出席由中国陶行知研究会主办、杭州师范大学继续教育学院承办的"纪念陶行知先生诞辰一百二十周年国际学术研讨会"，并在会上作了题为《陶行知研究现状与未来》的学术报告。

11月30日，考察上海宝山区陶行知教育思想实验区，并为宝山区教育系统作了题为《陶行知研究的现状与前景》的学术报告。

12月，出版专著《人民之子：陶行知》（湖北人民出版社2011年版）。发表《陶行知：一位富有本土特色和世界影响的大教育家——〈陶行知生活教育学说〉前言》（《生活教育》2011年第13期）。主持的项目"'阳光教育'理论与实践研究"获湖北省科技进步奖三等奖。

12月1日，发表《就读地高考开放恰逢其时》（《教育与职业》2011年第34期）。

12月14日在《中国教师报》发表《制定教师专业标准加快教师队伍建设步伐》，16日在《中国教育报》发表《制定教师专业标准加快教师队伍建设》，文章说："制定教师专业标准，是教师专业化的迫切呼唤。"该文于次年被《华人时刊·校长版》转载。

12月30日，指导张明武完成的博士学位论文《经济独立与生活变迁——民国时期武汉教师薪俸及生活状况研究》被评为湖北省优秀博士学位论文。

2012年，五十四岁。

1月，被《检查日报》评为"全国有影响力的十位人大代表"，名列第一位。出版专著《文化与教育的双重历史变奏——周洪宇文化教育史论》（华中科技大学出版社2012年版）。

2月，任主编出版《中国教育黄皮书（2012）》（湖北教育出版社2012年版）。

2月24日，在《中国教育报》发表《校车安全条例：我们共同的期待》，就进一步修改完善《校车安全条例》提出建议。

3月2日，在《中国教育报》发表《学者的使命》，他在文章中提出："民众的立场，建设的态度，专业的视野应是每个学者，尤其是教育研究者所秉持的基本准则。"

3月9日，在《中国社会科学报》发表《哲学社会科学发展的必由之路》，他说："哲学社会科学的发展与创新，在我个人看来主要有三大努力方向：追踪前沿、关注现实、注重原创。"发表《形成教育改革的合力》（《中国农村教育》2012年第3期），文章强调："我们今天一定要形成改革的良好氛围，形成改革的合力。"

3月13日，向全国人大会议提交主题为"建立国家教师荣誉制度，设立国家级教师最高奖"的建议。

4月11日，在《湖北日报》发表评论文章《补长中国教育的短板——评〈探寻农村教育发展之路〉》。

4月15日，发表《关于制定旅游法的议案》和《关于加快构建长江中游城市集群的建议》（《楚天主人》2012年第4期）。

5月，发表《加强教育活动史研究　构筑教育史学新框架》[《湖北大学学报（哲学社会科学版）》2012年第3期]，叙述为何研究教育活动史，教育活动史研究内容以及怎样研究教育活动史。

6月5日，发表《史料的钩沉、考证与抉择——〈陶行知年谱长编〉编撰手记》（与刘大伟合作，《江汉论坛》2012年第6期）。

8月，由董宝良教授任主编，喻本伐和周洪宇任副主编的《陶行知教育名篇选》由人民教育出版社出版。

8月10日，发表《民主党派工作应"务实化"》（《民主》2012年第8期），探讨了民主党派该如何开展工作的问题。此文于8月21日在《团结报》发表。

8月26日，在《中国教育报》发表《尽快立法解决制约发展的根本问题》。他说："要加快学前教育立法进程，抓紧研究制定《学前教育法》，这是解决我国当前学前教育事业发展诸多突出问题，促进学前教育事业健康可持续发展的迫切需要和根本保障。"

8月30日，发表《"虚实结合"抓落实　全面落实践"同心"》（《湖北省社会主义学院学报》2012年第4期）。

9月7日，在《中国教育报》发表《国家教师荣誉制度亟待完善》，他建议建立国家教师荣誉制度，设立国家级教师最高奖。该文于次年以《教育事业发展需要设立国家级教师最高奖》为题被摘录在《基础教育论坛》2013年第2期中。

9月中旬，连续发表《尽快制定〈教育投入法〉》和《关于制定〈教育投入法〉的思考》，呼唤制订《教育投入法》。

9月30日,在《中国教育报》发表《紧紧抓住学前教育立法的良好契机》,该文于同时期被《幼儿教育》2012年第34期转载。

10月16日、17日,参加由中国教育教育学会教育史分会主办,湖南师范大学承办的中国教育学会教育史分会第十三届学术年会,并在此次会议分享了自己的《教育史学科体系建设的新思考》学术新成果。该文于次年一月被《中国教师》摘录发表。出席《中国教育活动通史》第一次编撰统稿会。

10月17日,当选为中国教育学会教育史分会第八届副理事长。

11月5日,发表《论我国教育信息化深度推进的问题与对策》(与汪丞合作,《现代教育技术》2012年第11期),文章指出了目前我国教育信息化中存在一些较为突出的问题,建议从宣传教育、师资培训、顶层设计等方面推进信息技术与教育的深度融合。

12月10日,发表《深刻领会科学发展观的精神实质》(《民主》2012年第12期)。

2013年,五十五岁。

1月10日,被中国陶行知研究会聘为中国陶行知研究院院长。

1月15日,发表《教育史学科体系建设的新思考》(《中国教师》2013年第2期)。

1月25日,在《中国教育报》发表《全面推进各级各类教育协调发展》(《中国教育报》2013年1月25日)。

1月30日,在《湖北日报》发表《教育是为了实现更好的生活》,文章表示:教育的使命,即通过一定的方式培养具有真善美的气质和能力的现代公民,让教育者和受教育者都过上一种美好的生活。作为实施素质教育的一种途径,"阳光教育"的意义和价值即在于此。

2月,发表《同心同行汇聚力量服务湖北经济社会跨越式发展》(湖北省社会主义学院学报,2013年第1期)。

2月6日,在《光明日报》发表《让教育充满阳光》,再次阐释"阳光教育"理念。

2月25日,发表《关于学前教育立法的思考》(与汪丞合作,《教育探索》2013年第2期)。

2月28日,发表《教育事业发展需要设立国家级教师最高奖》(《基础教育论坛》2013年第5期)。

3月,任主编出版《中国教育黄皮书(2013)》(湖北教育出版社2013年版)。

3月15日，带着十三份议案参加全国"两会"，并说："今年'两会'，我带来了教育应对第三次工业革命的十点建议，以期引起全社会对这个问题的重视。"

4月15日，发表《以过节的形式弘扬尊老敬老风尚》（《民主》2013年第4期），他提出"将重阳节纳入我国法定假日"。发表《百年教育改革的启示》（《教育研究》2013年第4期）。发表《百年教育改革的启示》（《教育研究》2013年第4期），文章回顾与总结百年中国教育改革，为未来中国教育改革与发展留下诸多经验教训与历史启示。

4月25日，赴安徽省黄山市歙县出席了2012年全国陶研工作会议暨中陶会五届三次常务理事会议。

4月20日，发表《第三次工业革命给人类社会带来什么》（《教育研究与实验》2013年第2期），阐释了第三次工业革命将给教育带来前所未有的变革，为教育创新带来了全新机遇。

5月，发表《陶行知研究的现状与前景》（《生活教育》2013年第5期）。

5月1日，发表《教育如何应对第三次工业革命》（《教育与职业》2013年第13期），文章指出，我们的教育必须加大三大方面的变革：变革教育组织形式，变革教育方法与手段，变革教育评价体系。该文于同年被《交通职业教育》2013年第4期转载。

6月1日，在《人民法院报》发表《关于制定〈学前教育法〉的建议》。

6月15日，发表《明确立法重点加快学前教育立法进程》[与汪丞合作，《教育导刊（下半月）》2013年第6期]。

6月30日，发表《弘扬传统同心同行》（《湖北省社会主义学院学报》2013年第3期），文章以学习贯彻党的十八大精神、纪念"五一口号"发布六十五周年为契机，回顾历史，弘扬传统，对湖北民进进一步坚持多党合作制度，坚定不移地走中国特色社会主义政治发展道路的不懈努力作了阐述。发表《重论教育史学的学科体系》（《中国教育科学》2013年第2期）。

7月5日，发表《弘扬湖北精神推动跨越发展》（《政策》2013年第7期）。

7月15日，发表《论教育活动史研究的多维视野》（与李艳莉合作，《江汉论坛》2013年第7期），文章认为："教育活动史研究应坚持跨学科研究，以日常史学、身体史学、形象史学等，推动教育活动史研究最终形成朝向人民本位、深入深刻、直观生动、历史声音、实证支撑的多维视野。"

7月25日，在《中国人大》发表《代表尽职没有"捷径"》，他说，当一名尽职的人大代表，要做好三方面：尽好"责任心"，练好"基本功"，写好"建议案"，唯一的方法就是"学习学习再学习，实践实践再实践"。呼吁尽快制定《学前教育法》，先后发表《关于学前教育立法的思考》（与汪丞合作，《教育探索》2013年第2期）、《明确立法重点加快学前教育立法进程》（与汪丞合作，《教育导刊》2013年第6期）。在《教师教育论坛》的第1期和第2期分别发表《教师教育制度顶层设计的若干思考与建议》的上篇与下篇，在文中，他从十个方面对教师教育的制度进行了顶层设计。发表《情牵桂子山》（《武汉文史资料》2013年第8期），回忆自己大学时代的求学经历以及知遇名师的幸运。

8月10日，《建立陶行知学》同时发表在《中国农村教育》2013年第9期和《生活教育》2013年第8期，他在文章中说："我倡议建立陶行知学，使之系统化、科学化，这是新世纪陶行知研究的重要使命。"

8月15日，发表《树立"大宣传"形成新理念》（《民主》2013年第8期），文章指出，只有具备谋划全局的大局观和创新意识的新理念，才能推动思想宣传工作更上新台阶。

8月23日至24日，出席《中国教育活动通史》第二次编撰统稿会。

9月，出版专著《不朽的文华——从文华公书林到文华图书馆学专科学校》（华中师范大学出版社2013年版）。出版《陶行知教育名篇精选（教师读本）》（福建教育出版社2013年版）、《陶行知生活教育导读（教师读本）》（福建教育出版社2013年版）。

10月，出版专著《第三次工业革命与当代中国》（与徐莉合作，湖北教育出版社2013年版）。专著《教育公平论》被评为第六届教育部人文社会科学优秀成果奖二等奖。

10月15日，发表《第三次工业革命与人才培养模式变革》（与鲍成中合作，《教育研究》2013年第10期），文章说："第三次工业革命扑面而来，第三次工业革命所需求的高素质劳动者和创新型人才给全球的人才培养模式带来了严峻挑战。面对挑战，我国教育改革应该积极应对，顺势而为，构建中国人才培养新模式。"

11月11日，应邀给江苏省无锡市教育局所办"行知式优秀青年教师培训班"学员作题为《以陶行知为例，如何作第一流的教育家》的学术报告。

11月28日，被聘任为国家教育行政学院第五届兼职教授。

12月15日，出席《中国教育活动通史》第三次编撰统稿会。

2014 年，五十六岁。

2014 年，兼任中国陶行知研究会常务副会长。与其指导的学生申国昌、刘训华、张建东、李艳莉、刘京京等人，共同研究、筹划教育生活史系列专著。

1 月，出版专著《大时代：震撼世界的第三次工业革命》（与鲍成中合作，人民出版社 2014 年版）。

1 月 31 日，发表《章开沅先生的教育思想与教育学术贡献》（与刘大伟合作，《中国教育科学》2014 年第 1 期），文章梳理了章开沅的教育人生、教育思想、学术贡献。

2 月，出版专著《教育公平：维系社会公平正义的基石》（中国人民大学出版社 2014 年版），出版专著《周洪宇论第三次工业革命》（湖北教育出版社 2014 年版）、《第三次工业革命与中国教育变革》（湖北教育出版社 2014 年版）、《第三次工业革命与中国经济转型》（湖北教育出版社 2014 年版）。任主编出版《中国教育黄皮书（2014）》（湖北教育出版社 2014 年版）。

3 月，发表《论教育活动史多维视野的实现途径》［与李艳莉合作，《湖北大学学报（哲学社会科学版）》2014 第 2 期］，此文结合母体学科史学诸多史学分支的理论和方法，以"实现途径"为关键词论述教育活动史多维视野如何落实。

3 月 10 日，发表《捧着一颗心来不带半根草去》（《生活教育》2014 年第 5 期）。

4 月，发表《民主党派领导班子成员应做学习实践活动的表率》，该文先后刊登于《湖北省社会主义学院学报》2014 年第 2 期和《民主》2014 年第 5 期。

4 月 1 日，发表《让教育与信息技术深度融合》（《教育与职业》2014 年第 10 期）。

4 月 3 日，发表《信息技术与教育深度融合的政策建议》（《人民教育》2014 年第 7 期）。

4 月 4 日，在《中国教育报》发表《后 4％时代政府何为》，文章说："中国教育投入进入后 4％时代，政府应做更多努力。"《山西教育》2014 年第 7 期转载该文。

4 月 25 日，发表《第三次工业革命：人类摆脱危机的"唯一出路"》［《云南教育（视界综合版）》2014 年第 4 期］。

4 月 26 日，在《中国教育报》发表《在当代生活里重新拥抱陶行知》，指出陶行知教育理论为当代中国教育理论的构建提供了丰富营养。

5 月，被聘任为第二届教育部基础教育课程教材专家咨询委员会委员。

5 月 2 日，发表《扑面而来的第三次教育革命》（与鲍成中合作，《中国教育报》2014 年 4 月），该文后被转载于《辽宁教育》2014 年第 8 期。

5 月 13 日，出席在成都新津召开的中国陶行知年会和会长会议，并应邀给中国陶行知研究会与会人员作了题为《陶行知研究的历史与未来》的学术报告。

5月15日，发表《第三次工业革命与当代中国》（与徐莉合作，《当代电力文化》2014年第5期。）

6月7日，出席由湖北省陶行知研究会主办的"陶行知教育思想及其当代价值学术研讨会"。

6月19日，应邀给温州市教育局课程改革培训班师生作题为《生活教育与课程改革》的学术报告。

发表陶行知研究系列文章：

7月10日、8月10日，分别发表《陶行知的科学教育实践（上）》《陶行知的科学教育实践（下）》（《生活教育》2014年第13期、第15期）；

9月10日、10月10日，分别发表《陶行知以新闻出版事业为重点的创造活动（上）》《陶行知以新闻出版事业为重点的创造活动（下）》（《生活教育》2014年第17期、第19期）。

7月15日，发表《站在人类历史拐点处探求教育变革之路》（与徐莉合作，《国家教育行政学院学报》2014年第7期），文章说中国走到历史发展的拐点处，需要站在历史拐点处探求教育的未来走向。

8月，出版专著《杨东莼大传》（华中师范大学出版社2014年版）。

8月15日，发表《政党协商与推进国家治理体系和治理能力现代化》（《中央社会主义学院学报》2014年第4期），文章对政党协商在协商民主制度建设、推进国家治理体系和治理能力现代化中的地位以及我国政党协商的现状与问题进行了详细论述，并就未来如何加强政党协商、推进国家治理体系和治理能力现代化提出了对策与建议。

8月30日，应邀给汉口学院师生作题为《陶行知及其教育学说的当代价值》的学术报告。

9月1日，发表《后4％时代在考验着什么》（《教育与职业》2014年第25期）。他说："我国作为后发型发展中大国，在改善教育投入的历程中需同时面对充足、效率与公平的三重考验。"

9月2日，在《团结报》发表《农村校车安全：要筑牢双重"防护墙"》一文，指出加强农村校车监管，需筑牢管理与技术的双重防护墙。

9月11日，在《团结报》发表《行师者理想之道当教育改革"五者"》。他说："作为人民教师，我们要担负起教育改革的坚守者、承担者、促进者、探索者和反思者的责任，这是无法推卸的光荣使命和历史职责。"

适逢我国人民代表大会成立六十周年之际，结合自己十年人大代表经历就代表如何履职，9月15日发表《热情勇气执着理性智慧——当一名尽职人大代表的感悟》（《楚天主人》2014年第9期），与各界同仁共勉。

10月，出版专著《多样的世界：教育生活史研究引论》（与刘训华合著，福建教育出版社2014年版）。

10月9日，在"杨东莼诞辰一百一十五周年纪念暨《杨东莼文集》《杨东莼大传》出版座谈会"上发表"应注重杨东莼及其与陶行知关系的研究"的讲话。

10月15日，发表《近代中国图书馆学知识生产集团的图景——"以文华共同体"为基点的历史考察》（《国家图书馆学刊》2014年第5期、《新华文摘》2015年第4期转载），文章以"文华共同体"为基点，从图书馆学知识生产集团形成和发展角度，历史考察了中国知识分子为近代中国图书馆学知识生产做出的突出贡献。

10月23日，应邀给江苏省陶行知研究会作"百年陶行知研究的回顾与展望"的学术报告。

10月25日，发表《郭秉文与现代中国实用主义教育学术范式的建立——基于〈中国教育制度沿革史〉及相关论著的研究》（与李艳莉合作，《教育学报》2014年第5期，《人大复印教育学资料》2015年第2期转载）。文章说："郭秉文的《中国教育制度沿革史》是现代中国第一本教育制度通史，也是现代中国第一本全面体现实用主义教育学术范式的教育学著作。"在纽约应邀给哥伦比亚大学《问道》杂志社和华美协进社讲述陶行知与哥伦比亚大学杜威、孟禄和克伯屈等人的关系。

10月31日，发表《艰难的改革家：中国现代教育改革先驱郭秉文》（与陈竞蓉合作，《高等教育研究》2014年第10期）。

11月，出版专著《国家自主创新示范区建设政策与立法研究》（人民出版社2014年版）。

11月10日，发表《应注重杨东莼及其与陶行知关系的研究》（《生活教育》2014年第21期）。

11月11日，应邀给南京晓庄学院师生作题为《陶行知的当代价值》的学术报告。

11月15日，发表《民进前贤永铭心》（《民主》2014年第11期）和《追忆胡铭心先生》（《武汉文史资料》2014年第10期），悼念原民进湖北省委会顾问胡铭心先生。

12月2日，在《团结报》发表《民主党派提高协商能力需在"五真"上下功夫》，他在文章中说："我认为，民主党派要坚持在'五真'上下功夫、打好参政议政硬功底，以应对进一步提高民主党派的协商能力新要求，"他将"五真"概括为立真旨、求真知、抱真心、建真言、出真招。

2015 年，五十七岁。

1 月，出版译著《牧口常三郎教育论著选》（与蔡幸福合作编选，人民教育出版社 2015 年版）。出版专著《牧口常三郎画传》（与蔡幸福合著，山东教育出版社 2015 年版）。任主编出版《教育改革进行时》（与朱永新、汤敏等人合编，山西教育出版社 2015 年版）。

1 月 10 日，发表《陶行知的当代价值》（《生活教育》2015 年第 1 期）。

1 月 25 日，发表《对话：如何推进教育公平》[《云南教育（视界综合版）》2015 年第 1 期]。

1 月 31 日，发表《牧口常三郎创价教育思想之研究》（与蔡幸福合作，《中国教育科学》2015 年第 1 期）。

2 月，任主编出版《中国教育黄皮书（2015）》（湖北教育出版社 2015 年版）。任主编出版《长江教育论丛（2015 年度春季卷）》（湖北教育出版社 2015 年版）。

2 月 1 日，发表《"工士"学位为高职教育"定位"——对我国高等职业教育（专科）学位制度的思考》（与李梦卿合作，《中国教育报》2015 年 2 月 22 日，《中华职业教育》2015 年第 2、3 期转载）。发表《笃力坚持不改初心》（《中国人大》2015 年第 3 期）。

2 月 15 日，发表《民主党派提高协商能力先在"五真"上下功夫》（《民主》2015 年第 2 期）。

3 月，在《中国教育报》发表《形象表达中国教育发展轨迹》。发表访谈录《融入这个教育的时代》（《上海教育》2015 年 3 月 B 刊）。

4 月，任主编出版《中国好教师》丛书（共三册，包括《习近平总书记"四有"好老师讲话解读》《做党和人民满意的好老师》《怎样做一个幸福的好老师》，湖北科学技术出版社 2015 年版）。

4 月 1 日，发表《张之洞在鄂近代化事业的一张亮丽名片——论张之洞与武汉近代文教中心地位的形成及其影响》（与李艳莉合作，《湖北社会科学》2015 年第 3 期）。

4 月 15 日，发表《创新体制机制，建设一流中国特色新型教育智库》（《教育研究》2015 年第 4 期）。

4 月 17 日，发表《怎样实现教育公平》（《教育》2015 年第 15 期）。

4 月 20 日，发表《武昌贡院街》（《武汉文史资料》2015 年第 4 期）。

4月23日，在《中国教育报》发表《带着幸福感做教师》，《幼儿教育》2015年第16期转载。

5月，入选为国务院学位委员会第七届教育学学科评议组成员。

5月1日，发表《论教育生活史的学术传承》［与刘训华合作，《河南大学学报（社会科学版）》2015年第3期］。

5月8日，应邀给中山大学师生作题为《从陶行知看当代教育人的历史使命》的报告。

5月15日，发表《依法治校的路径选择》［《湖北教育（综合资讯）》2015年第5期］。

5月18日，发表《全面推进教育信息化关键在顶层设计》（《人民教育》2015年第10期）。

5月20日，发表《交融与再生：全球视野下的陶行知研究》（《南京晓庄学院学报》2015年第3期）。

6月6日，发表《法治是促进教育公平的最根本保障》（《基础教育》2015年第3期）。

6月15日，发表《教育生活史：教育史研究的新视域》（《教育研究》2015年第5期）。

6月25日，发表《以新人文精神引领教育未来》（《新教师》2015年第6期）。

6月30日，发表《论中国现代性大学的起源》（与刘训华合作，《高等教育研究》2015年第6期）。

7月15日，发表《中国教育史学科研究取向的三次转换》［与李忠合作，《陕西师范大学学报（哲学社会科学版）》2015年第4期］，文章指出中国教育史学科研究取向的三次转换是"借鉴与融合中的多元取向（20世纪上半叶），一元单线的'革命史'取向（1950—1978），唯物史观主导下的一元三线取向（1978年以后）"。

8月15日，发表《新论断新高度新动力——学习习近平在中央统战工作会议上的重要讲话精神》（《民主》2015年第8期）。

10月，任主编出版《全球视野下的陶行知研究》丛书（北京师范大学出版社2015年版）。第一卷主编刘来兵（中国卷），第二、三卷主编鲍成中（中国卷），第四、五卷主编刘大伟（中国香港地区、中国台湾地区卷），第六卷主编宋俊骥（日韩及东南亚卷），第七卷主编于洋（美加卷），第八卷主编于洋、王莹（欧洲卷）。

10月10日至11日，出席由河南大学教育科学学院承办的"中国教育学会教育史分会第十六届学术年会",年会主题是"教师与学生史"。

10月13日,出席由汉口学院承办的湖北省陶行知研究会暨教育史学会学术研讨会并作题为《陶行知历史定位的新认识》的报告。

10月20日,发表《未知生,焉知死——孔子生命教育活动轨迹追寻》(与赵国权合作,《教育研究与实验》2015年第5期)。

10月27日,在《团结报》发表《"十三五"时期教育立法应"竞速提质"》。

11月25日,发表《国家自主创新示范区创新能力比较研究——以北京中关村、武汉东湖、上海张江为例》(《科技进步与对策》2015年第22期)。

12月,任主编出版《长江教育论丛（2015年度秋季卷）》(湖北教育出版社2015年版)。

12月15日,发表《让诗词曲赋之舟重展雄姿——〈赵朴初格律诗词曲选注〉序》(《民主》2015年第12期)。

12月22日,在《人民政协报》发表《实现教育现代化要以法治为根本保障》。

2016年,五十八岁。

1月15日,在《光明日报》发表《教育立法仍有三关要"闯"》。出版专著《陶行知大传——一位文化巨人的四个世界》(人民教育出版社2016年版)。任主编出版《中国教育黄皮书（2016）》(湖北教育出版社2016年版)。任主编出版《长江教育论丛（2016年度春季卷）》(湖北教育出版社2016年版)。发表《国际教育史研究取向与趋势及其启示》[与周娜合作,《河北师范大学学报（教育科学版）》2016年第1期]。

2月,发表《第三次工业革命的新能源革命》(《决策与信息》2016年3期)。

2月29日,在《湖北日报》发表《以"五大发展理念"为统领做好人大教科文卫工作》。

3月,与黄立明合作发表《2016中国教育改革发展热点前瞻》。文章归纳出2016年十大教育关键词为:"教育发展新常态、教育供给侧改革、创新教育、协调教育、绿色教育、开放教育、共享教育、教育质量、互联网＋教育、教育法治。"(原载于《中国教育报》2016年3月10日,《吉林教育》2016年第20期转载)。

3月3日,在北京参加长江教育研究院举办的"北京·长江教育论坛"。

3月11日,在《中国教育报》发表《2016年度中国教育改革发展热点前瞻》(与黄立明合作)。

3月15日,发表《祠学璧合:两宋书院祠祀活动及其价值期许》(与赵国权合作,

《北方论丛》2016年第2期）。

3月16日，在《人民政协报》发表《以五大发展理念推进教育现代化》。

3月20日，发表《陶行知历史定位的再认识》（《南京晓庄学院学报》2016年第2期）。

4月6日，在《人民政协报》发表《呼吁制定〈学校法〉，赋予学校办学自主权》。

4月16日，发表《如何用好地方立法权》（《中国人大》2016年第8期），此文于同年7月被《法治与社会》2016年第7期转载。

5月，任主编出版《创新时代教育怎么办》与《跨界看教育》（与朱永新、汤敏、袁振国、谢维和联合编辑，山西教育出版社2016年版）。

5月1日，发表《论教育史学中国学术话语体系的构建》[《河南大学学报（社会科学版）》2016年第3期]。

5月15日，发表《文庙学：一门值得深入探究的新兴"学问"》（《江汉论坛》2016年第5期），首次在学术界提出"文庙学"的概念，创立"文庙学"。

5月17日，在《团结报》发表《我提教育"新三免"的底气》。

6月，出版专著《平凡的伟大——教育家陶行知、杨东莼、牧口常三郎的生活史》（福建教育出版社2016年版）。

7月，任主编出版《陶行知教育名论精要（教师读本）》（福建教育出版社2016年版）。

7月15日，发表访谈《从"旧三免"到"新三免"——周洪宇教授访谈录》[《河北师范大学学报（教育科学版）》2016年第4期]。文章指出"新三免"第一是实施"0～6岁启明星免费阅读行动"，第二是实行义务教育学生"免费午餐计划"，第三是逐步实行高中阶段教育免费。

7月23日，发表《追慕教育家陶行知》（《中国德育》2016年第14期）。

8月1日，发表《怎样造就第一流的教育家——陶行知的启示》[《班主任之友（中学版）》2016年第Z2期]。发表《论教育家的"群生现象"及启示》（与鲍成中合作，《中国教育学刊》2016年第8期）。

8月10日，发表《炎黄国祭论》（与王文虎合作，《湖北社会科学》2016年第8期）。

8月15日，发表《跟着共产党在正道上行》（《民主》2016年第8期）。

9月，出版专著《创新与建设——教育史学科的重建》（华中科技大学出版社2016年版），在山西太原举行新书首发式暨座谈会。发表《对晚清女子学堂中女子身体生成的考察（1898—1912）》［与周娜合作，《河南大学学报（社会科学版）》2016 年第 5 期］。

9 月 20 日，发表《以区域和国际合作提升中国教育发展水平》（《世界教育信息》2016 年第 18 期）。

9 月 24 日至 25 日，出席山西大学教育科学学院承办的"中国教育学会教育史分会第十七届学术年会"，年会主题是"教育政策与管理史"。

10 月，编译出版《生活教育：陶行知英文著作精选（英汉双语版）》（与杜小双合作，湖北教育出版社 2016 年版）。

10 月 10 日，发表《新加坡教育治理体系探析》（与刘训华合作，《比较教育研究》2016 年第 10 期）。

10 月 13 日，在《中国教育报》发表《我们为何频频回眸陶行知》。

10 月 18 日至 19 日，组织与出席由华中师范大学、中国陶行知研究会、人民教育出版社主办，华中师范大学教育学院、湖北省陶行知研究会承办的纪念陶行知诞辰一百二十五周年暨"陶行知与中外文化教育"国际学术研讨会，并作题为《陶行知历史地位新论》的学术报告。与此同时，成立陶行知国际研究中心，并担任中心主任，申国昌担任中心副主任。

11 月，发表访谈《偏离了主体与主流的中国教育史学》［《华东师范大学学报（教育科学版）》2016 年第 4 期］。

11 月 15 日，受邀到湖北省图书馆长江报告厅《长江讲坛》栏目，为武汉市民开展《世界教育大师陶行知》的专题讲座，盛况空前、反响热烈。

11 月 20 日，发表《论教育身体史的学理支撑》［与李艳莉合作，《华东师范大学学报（教育科学版）》2016 年第 4 期］。发表《隐喻的身体：民国时期学校中的女子"剪发问题"》［与周娜合作，《华东师范大学学报（教育科学版）》2016 年第 4 期］。

11 月 25 日，发表《陶行知的当代价值》［《云南教育（视界时政版）》2016 年第 11 期］。

12 月，任主编出版《长江教育论丛（2016 年度秋季卷）》（湖北教育出版社 2016 版）。

12 月 8 日，出席首都师范大学与北京教育学会联合举办的主题为"聚焦中小学办学体制改革，推进现代学校建设"的首都教育论坛。

12 月 10 日，发表《国家"十三五"教育规划解析》（《山东高等教育》2016 年第 12 期）。发表《今日我们为什么需要建立"陶行知学"?》（《教育科学研究》2016 年第

12 期)。发表《生活力、自动力、创造力：陶行知的学生核心能力论》(与龚苗合作，《教育科学研究》2016 年第 12 期)。

12 月 15 日，发表《国际教育智库与全球教育价值取向的演变——以联合国教科文组织下设教育机构为例》(与付睿合作，《国家教育行政学院学报》2016 年第 12 期)。发表《我国教师教育制度顶层设计之思考》(《湖州师范学院学报》2016 年第 12 期)。

12 月 16 日，组织与出席由长江教育研究院在北京主办的"教育智库与教育治理高峰论坛"，并发布主编的《教育智库与教育治理研究丛书》(湖北教育出版社 2016 年版)，丛书共十四册。撰写出版《智库与治理——周洪宇国是建言》上下卷，《智库的成长——长江教育研究院的探索之路》(与申国昌、陈冬新合作)，《国际思想库——国外智库研究》(与邓凌雁合作)，《智库的作用——以美国卡内基教学促进会为例》(与付睿、邓凌雁合作)。

12 月 17 日，受邀参加由南京大学、光明日报社主办的 2016 中国智库治理论坛。围绕"创新体制机制，打造高端教育智库"这一主题发表演讲。

12 月 23 日，发表《互联网教育推动我国文化传播的思考及建议》(与易凌云合作，《学习月刊》2016 第 24 期)。

2017 年，五十九岁。

2017 年，当选中国教育学会副会长，当选教育智库与教育治理研究评价中心主任，当选中国教育发展战略学会副会长。入选中国教育学会、中国高等教育学会、中国职业教育学会、中国教育电视台、中国教育报社集团、人民教育出版社等推选出的"当代教育名家"名单。在美国时代出版公司出版专著《教育改变世界：陶行知(英文版)》和主编的《生活教育——陶行知英文著作精选(英文版)》两本书。其中，《生活教育——陶行知英文著作精选(英文版)》是世界上第一部陶行知英文作品的精选集。任总主编出版《中国教育活动通史》，丛书获第八届高等学校科学研究优秀成果奖(人文社会科学)一等奖。

1 月 1 日，出版专著《文化与教育的双重历史变奏：周洪宇文化教育史论集》(华中科技大学出版社 2017 年版)。

1 月 7 日，出席长江教育研究院 2016 年年会，会上还举行了"长江学前教育发展研究院"揭牌仪式。

1 月 10 日，发表《美国大学教育智库共同体的特点及启示——以美国教育政策研究联盟（CPRE）为例》（与付睿合作，《全球教育展望》2017年第1期）。

1月13日，发表《推动我国互联网教育立法的思考与建议》（与易凌云、王明雯、万力勇合作，《现代远程教育研究》2017年第1期）。

1月15日，发表《教育身体史：教育史学新生长点》（与李艳莉合作，《教育研究》2017年第1期），文章指出教育身体史是教育史学的一个新的研究领域。

1月17日，发表《炎黄精神历史流变"四期说"》（与王文虎合作，《湖北社会科学》2017年第1期），文章指出："炎黄精神的发展可以划分为前轴心时期、轴心时期、轴心后时期、新轴心时期"四期。

1月20日，发表《核心素养的中国表述：陶行知的"三力论"和"常能论"》[《华东师范大学学报（教育科学版）》2017年第1期，《教育文化论坛》2017年第1期转摘]，文章指出：三力是指生活力、自动力和创造力。

2月，任主编出版《中国教育黄皮书（2017年度）》（湖北教育出版社2017年版）。任主编出版《长江教育论丛（2017年度春季卷）》（湖北教育出版社2017年版）。出版炎黄新认识丛书《炎黄国祭论》（与王文虎合作，福建教育出版社2017年版）。该书试图将事实研究与价值判断、理论构建与实践对策有机地结合起来，在方法论上坚持多维视野，将史料与考古、神话传说与民俗材料以及现实的经验观察统统纳入研究范畴，在深度和广度上都较同类研究有新的拓展。

2月15日，发表《"开车玩手机"应加大处罚力度》（《民主》2017年第2期）。

2月20日，发表《大数据时代教师教育的变革》（与易凌云合作，《教育研究与实验》2017年第1期）。

2月24日，做客人民网，以"教育智库与教育治理"为题进行交流。

3月1日，发表《聚焦中小学办学体制改革推进现代学校建设》[《北京教育（普教版）》2017年第3期]，此文由其在2016年12月8日"聚焦中小学办学体制改革，推进现代学校建设"首都教育论坛上的发言整理而成。

3月3日，在北京参加由长江教育研究院、华中师范大学主办，人民教育出版社承办的第十届"北京·长江教育论坛"。

3月8日，在《中国青年报》发表《教育智库应把握好自己的定位与追求》。

3月10日，发表《论第三次教育革命的基本特征及其影响》（与鲍成中合作，《中国教育学刊》2017年第3期）。发表《怎样看待国家"十三五"教育规划？（上）》（《世界教育信息》2017年第5期）。发表《陶行知历史定位新论》[《华中师范大学学报（人文社会科学版）》2017年第2期]。文章指出："他的历史定位应是教育家、思想家、政治家、文学家，或者说陶行知是中国近现代历史上集教育、思想、政治和文学四大家于一身的综合型文化巨人，是享誉全球的世界级教育大师。"

3月20日，发表《怎样看待国家"十三五"教育规划？（中）》（《世界教育信息》2017年第6期）。

3月26日，出席由华中师范大学召开的湖北省陶行知研究会第五次会员代表大会。

3月30日，在《中国教育报》发表《2017年度中国教育的热点透视》（与黄立明合作）。文章归纳出2017年十大教育关键词为："教育'十三五'规划、教育治理现代化、教育'放、管、服'改革、民办教育分类管理、城乡义务教育一体化、校园安全、核心素养、研学旅行、推进'双一流'建设、产教融合。"

4月，被光明日报社聘任为光明智库学术委员会副主任委员。

4月10日，发表《怎样看待国家"十三五"教育规划？（下）》（《世界教育信息》2017年第7期）。在《中国教育报》发表《炎黄祭祀与社会主义理想观构建》。

4月22日，在华中师范大学主持召开"教育智库与教育治理研究评价中心成立大会"，担任该中心主任。

5月3日，发表《国际经济组织的全球教育事务参与——以经济合作与发展组织（OECD）为例》（与付睿合作，《中国高等教育》2017年第9期）。

5月5日，发表《"两会"议案：加强互联网教育立法》（《中国教育网络》2017年第5期）。

5月10日，发表《校园中的"文化"与"身体"：民国时期大学的"拖尸"研究》（与魏珂合作，《湖南师范大学教育科学学报》2017年第3期）。

5月15日，发表《论制定实施国家教育事业发展"十三五"规划的四个要点》[《河北师范大学学报（教育科学版）》2017年第3期]。

5月16日，在《中国文物报》发表《千年文脉一线牵》。

6月，任主编出版《陶行知研究在海外（新编本）》（人民教育出版社2017年版）。任主编出版《湖北民进会史》（湖北人民出版社2017年版）。

6月1日，在《团结报》发表《历史是一种前行的力量》（《湖北政协》2017年第6期转载，《民主》2017年第7期转载）。发表《学庙：地域文化交互中的特殊媒介——以桂越两地文庙为例》（与蓝日楷合作，《教育科学》2017年第3期）。

6月28日，在《人民政协报》发表《实施儒家文化遗产保护利用工程推动优秀传统文化传承发展》。

7月4日，受聘为中国教育智库联盟顾问委员会副主任。

7月16日，出席在北京召开的中国教育学会第八次会员代表大会，当选中国教育学会副会长。同日，长江教育研究院与江苏大学签署合作协议，成立长江教育研究华东教育智库。

8月1日，发表《制定〈长江保护法〉亟待提上议事日程》（《决策与信息》2017年第8期）。发表《核心素养的表达与实践》［《班主任之友（小学版）》2017年第Z2期、《班主任之友（中学版）》2017年第Z2期转载］。

9月，主持"文庙文化传承功能"专题研究。

9月1日，发表《游走于传统与现代之间：对文庙再定位的几点思考》［与赵国权合作，《河南大学学报（社会科学版）》2017年第5期］。

9月6日，出席在华中师范大学举行的"庆祝第三十三个教师节暨2017·中国教师发展论坛"，论坛主题为"教师队伍建设与中国教育现代化2030"。作主题演讲"联合国教科文组织教育2030框架对中国教育现代化2030的启示"。

9月15日，发表《联合国教科文组织教育2030框架对中国教育现代化2030的启示》［与徐莉合作，《河北师范大学学报（教育科学版）》2017年第5期］。

10月10日，发表《建构中国特色现代大学治理体系需重视学生参与问题——评〈成长：学生参与大学治理的权力研究〉》（《山东高等教育》2017年第5期）。

10月12日，在《中国教育报》发表《努力让人民享有更好更公平的教育》。

10月28日，在北京出席中国教育发展战略学会第三次全国会员代表大会，当选副会长。

11月2日，出席在华中师范大学举行的"教育大数据建设及应用研讨会"，与会为教育大数据国家工程实验室发展献策并作发言。

11月3日，出席在华中师范大学举行的"长江教育研究院和广州大学教育学院签署战略联盟协议"会议，双方本着"优势互补、互惠互利、长期合作"的原则，共建长江教育研究院南方教育智库。

11月19日，出席由宁波大学人文社科处与教师教育学院教育学原理与教育史研究所共同主办的名家讲坛（第一百六十六讲）暨甬江沙龙（第三十三期）——"老师的老师"系列学术报告会，作了题为《联合国教科文组织2030框架对中国教育现代化的启示》的报告。

11月24日至25日，出席由北京师范大学教育学部主办、北京大学教育学部教育历史与文化研究院承办的"2017年全国教育史学科发展研讨会"，研讨会主题是"教育史：学科建设与人才培养"。

11月25日，在北京出席并主持《中国教育活动通史》首发式暨座谈会，该书在编撰中，力争做到"通""特""活"。所谓"通"是指纵通、横通、理通。所谓"特"就是特点、特色。所谓"活"，就是力争将主体的活动写活、将教育者与受教育者的实践活动、心理活动及互动活动表述得活灵活现，将其日常生活细节尽可能地描述出来，进而使人的活动得以全方位展现。

11月26日至27日，出席由北京师范大学教育学部主办、北京大学教育学部教育历史与文化研究院承办的"第十一届海峡两岸及港澳地区教育史研究论坛"，研讨会主题是"教育史学科发展回顾与反思"。

11月28日，发表《我国各省高等院校创新效率的测度》（与于洋、程时雄合作，《统计与决策》2017年第22期）。

11月29日，《中国教育报》推出九十位当代教育名家名单，周洪宇名列其中。华中师范大学荣誉资深教授章开沅与校友敢峰、吴式颖等华师人入选该名单。

11月30日，发表《关于教育史学研究和学科建设的思考》（《教育史研究》2017年第1期）和《陶行知的"三力论""常能说"与21世纪核心素养观》（与龚苗合作，《教育史研究》2017年第2期）。

12月16日，在北京出席并主持由长江教育研究院、中国教育智库网、中国教育智库联盟共同主办的教育智库与教育治理首届五十人圆桌论坛。参会人员包括教育部副部长杜占元等专家学者两百余人。大会以"新时代新任务新作为：教育智库与中国教育现代化"为主题，为加快中国教育现代化步伐、建设教育强国建言献策。在会上作题为《智库建设助力中国教育现代化》的大会报告。

12月20日，在南京出席由光明日报社和南京大学在北京共同主办的"2017中国智库治理暨思想理论传播高峰论坛"。

12月23日，在北京出席中国教育三十人论坛第四届年会暨教育创造美好生活高峰论坛，作为论坛成员，在论坛中作题为《学习陶行知办学经验，充分发挥教育家办学主体作用》的演讲。

2018年，六十岁。

2018年，当选为第十三届全国人民代表大会常务委员会委员，被教育部聘任为教育部普通高等学校师范类专业认证专家委员会委员，被聘为高科全球教育发展研究院名誉主任委员。出版英文专著《陶行知生活教育理论》（美国时代出版公司2018年版)。

1月3日，发表《身体、隐喻与教育：教育史研究中的具身视角》[与周娜合作，《苏州大学学报（教育科学版）》2017年第4期]。

1月13日，主持新时代教育研究前沿学术研讨会，参会人员主要是周洪宇自2001年以来招收的博士生和硕士生，部分毕业的博士生业已成为学科带头人或教授博导。与历届博士生和硕士生欢聚一堂，师生品茗论道、共叙学业情谊。会议论文集《新理念、新领域与新范式——周洪宇与教育文化研究》由申国昌任主编，分七编，收录包括研究综论，陶行知研究，教育史学研究，文化、文明史研究，教育政策研究，师门杂忆，著述读后感等文章七十余篇。

1月14日，主持长江教育研究院2017年年度总结会议，并部署长江教育研究院2018年的工作。

1月15日，发表《以新姿态迎接新时代》(《民主》2018年第1期)。

1月16日，在华中师范大学教育学院第一次主持国家社科基金（教育学）"建设教育强国的国际经验与中国路径研究"重大招标项目申报论证会。

1月20日，发表《教育记忆史：教育史研究的新领域》（与刘大伟合作，《现代大学教育》2018年第1期）。

1月23日，在《团结报》发表《以新姿态迎接新时代以新作为做出新贡献》。

1月31日，在北京出席由全国人大常委会委员长张德江主持的全国人大代表座谈会，并在座谈会上就中共中央、国务院《关于全面深化新时代教师队伍建设改革的意见》作了发言。中共中央、国务院《关于全面深化新时代教师队伍建设改革的意见》是新中国成立以来党中央出台的第一个专门面向教师队伍建设的里程碑式的政策文件，该文件采纳吸收了周洪宇关于确立公立中小学教师为国家公职人员法律地位的建议。

2月3日，出席并主持在江苏第二师范学院举行的首届"南京·长江教育论坛"，来自全国各地的著名专家、学者共同商讨"深化教育体制机制改革，加快教育现代化"的新理念、新路径。在第二阶段中作题为《加大制度创新力度，为教育现代化提供坚固保障》的主题演讲。

2月5日，在华中师范大学教育学院第二次主持国家社科基金（教育学）"建设教育强国的国际经验与中国路径研究"重大招标项目申报论证会。

2月10日，发表《参与全球教育治理：从教育大国走向教育强国的必由之路》（与付睿合作，《世界教育信息》2018年第3期）。

2月28日，在《中国教师报》发表《学习陶行知，追求教育家办学》。在《江苏教育报》发表《着力制度创新，为教育现代化提供坚固保障》。

3月，出版专著《教联网时代：一场即将来临的教育变革》（与易凌云合作，科学出版社2018年版）。本书首次提出"教联网"和"教联网时代"的概念。对教联网时代背景下的教育新动向、教学和学习的新变革进行探索和研究，旨在与时俱进、未雨绸缪，应对未来的挑战，使教育在重构未来的社会形态中发挥更重要的功能和作用。

3月3日，在北京出席并主持由长江教育研究院和人民教育出版社联合主办的第十一届"北京·长江教育论坛"。来自全国各地高校、科研机构以及教育管理部门的领导和专家学者及媒体代表齐聚一堂，围绕"推动教育高质量发展，建设教育强国"主题，共议教育热点问题，共商教育改革发展大计。发布《年度政策建议书》《中国教育黄皮书（2018年）》《长江教育论丛》《中国教育指数（2018年）》《2018年度十大教育关键词》，媒体宣传报道十余篇，在业内引起极大反响。《教育史学通论》座谈会在京召开。

3月4日，在《中国教育报》发表《我眼中的二〇一八年十大教育关键词》，文章归纳出十个概念，包括："优先发展教育事业、深化教育体制机制改革、中国教育现代化2035、建设教育强国、发展素质教育、推动城乡教育一体化发展、学前教育普惠健康发展、规范校外教育培训机构、探索建设标杆大学、新时代教师队伍建设。"

3月5日，《光明日报》两会特刊刊发《四十位代表委员热议改革开放四十年·教育篇》，发表周洪宇访谈记录《好时代更高质量，更加公平，更有特色》。

3月10日，在《中国教育报》发表《2018年度教育热点前瞻》（与黄立明合作）。

3月11日，在《中国教育报》发表《学前教育纳入义务教育还不具备条件》。

3月24日，在《光明日报》发表《应该建一座世界文明博物馆》。

3月29日，受邀在中南财经政法大学作题为《学习2018年全国"两会"精神》的报告，报告会在学校文泉楼报告厅举行。他从两会概况、《宪法修正案》的主要精神、《监察法》的主要精神、政府工作报告、国务院机构改革、大会选举、代表委员建议与两会焦点、会议热点等几个方面进行了全方位、多层面的细致解读。

4月1日，发表《心中的世界：陶行知对王阳明、杜威思想的接纳与改造》（与刘训华合作，《社会科学战线》2018年第4期）。

4月2日下午，受邀到武汉工商学院为师生们作报告，透视近期教育热点。他告诉师生们，这个时代是承前启后、继往开来、在新的历史条件下推动教育高质量发展、全面建设教育强国的时代。

4月12日，与付卫东、付义朝、曾新联名撰写提交《〈乡村教师支持计划〉实施过程中的"盲点"及应对策略》，专送教育部部长陈宝生，陈宝生作了批示。

4月15日，发表《踔厉奋发谱写新时代多党合作事业新篇章》（《湖北政协》2018年第4期）。同日，发表《以习近平智库论述为指导 加强教育智库建设》（与付睿合作，《国家教育行政学院学报》2018年第4期）。

5月10日，在《光明日报》发表《让乡村教师"下得去留得住教得好"》。

5月19日至20日，在江苏徐州参加"留学生与中国的现代化——纪念邓小平扩大派遣留学生讲话发表四十周年"国际学术研讨会，并在大会作学术报告。会议由江苏师范大学主办，珠海中国留学博物馆、西安思源学院及珠海市大成中天文化发展有限公司协办。

6月2日，在南京参加长江教育研究院与南京晓庄学院合作共建的"华东教育智库·南京晓庄学院"签约仪式。与南京晓庄学院副书记华春代表双方签订了教育智库建设战略联盟协议。

6月8日，与付卫东联名撰写提交《推动教育高质量发展、建设教育强国的建议》，专送全国人大常委会副委员长、民进中央主席蔡达峰，蔡达峰作了批示。

6月11日，受邀到海南师范大学作"当前中国教育形式与热点"的学术报告。

6月20日，全国教育科学"十三五"规划2018年度课题评审结果出炉，周洪宇团队申报的国家重大招标项目"建设教育强国的国际经验与中国路径研究"获得审批立项。

6月30日，发表《拥抱新时代开启新征程展现新作为——纪念中共中央发布"五一口号"七十周年》（《湖北省社会主义学院学报》2018年第3期）。

7月2日，在《农民日报》发表《两点发力推进城乡义务教育一体化》。

7月4日，发表《习近平留学与人才思想探究》（《神州学人》2018年第7期）。

7月7日，出席由武汉大学教育科学研究院举办的"生活·实践"教育学研究中心成立仪式，它标志着实施了十六年的"阳光教育"进入了新征程，"阳光教育"这种比喻的感性提法今后将逐步被"生活·实践"教育这种更加理性的提法所替代，进而形成具有世界眼光、中国气派的教育理论，为未来教育改革发展创新做出自己的贡献。

7月8日，发表《新时代教育智库迎来新机遇》（《教育家》2018年第7期）。

7月12日，参加在广州华南师范大学举办的"新时代·新师范·新机制——华南师范大学教师教育学部、粤港澳大湾区教师教育学院揭牌仪式暨教师教育高峰研讨会。"在"领航之音"阶段中作题为"新时代教师教育的历史责任与担当"的大会报告。

7月14日至17日,在广州出席中国陶行知研究会、陶行知教育基金会年会,大会主题是"生活教育一百周年(1918—2018)",并在大会作"生活教育的三个一百年"的学术报告。

7月15日,发表《踔厉奋发,谱写新时代多党合作事业新篇章》(《民主》2018年第7期)。

7月20日,发表《学习陶行知办学经验,充分发挥教育家办学主体作用》(《南京晓庄学院学报》2018年第4期)。

7月29日上午,出席湖北省第十八届青少年爱国主义读书教育活动,并为"放眼看世界——我与'一带一路'"主题夏令营活动授旗。

8月,发表《知识视域下的实践育人及其意义向度》(与胡佳新合作,《教育研究》2018年第8期)。

8月15日,发表《教育记忆史:研究教育史的新视角》(与陈诗合作,《教育学术月刊》2018年第8期)。

8月19日至24日,参加在江苏南京举办的"两岸学者共话·教育学"论坛,会议由中国民主促进会中央委员会、南京师范大学、叶圣陶研究会主办,南京师范大学教育科学学院承办,中国民主促进会江苏省委员会协办。在南京师范大学作"陶行知的教育遗产及其启示"的学术报告,后考察南京师范大学附属实验学校和附属小学,考察大众书店和中国科举博物馆(江南贡院)。

8月25日,发表《学前教育的两难选择与政策建议》(与周娜合作,《教育发展研究》2018年第Z2期)。

9月4日,发表《留学群英对中国教育的开创性贡献》(《神州学人》2018年第9期)。

9月13日,出席"学习贯彻全国教育大会精神,加快推进教育现代化,建设教育强国"高端研讨会,并于11月15日发表成果《学习贯彻全国教育大会精神 加快推进教育现代化》[《陕西师范大学学报(哲学社会科学版)》2018年第6期]。

9月14日,出席第六届亚太数字期刊大会暨2018中国期刊媒体国际创新发展论坛。

9月15日,发表《加强基层组织"五力"建设 提升思想政治工作水平》(《民主》2018年第9期)。

9月21日,与许路阳联名提交《关于"补短板,破难题,加快推进教育现代化"的政策建议》,与付卫东、曾新、付义朝联名提交《县域义务教育教师工资待遇不平衡不充分的问题及对策——中西部六省十六县（区）一百六十余所中小学的调研报告》，专送全国人大常委会副委员长、民进中央主席蔡达峰，蔡达峰作了批示。

9月22日，发表《让师范生公费制更具生命力》（《教育家》2018年第35期）。

9月25日，在北京主持国家社会科学基金"十三五"规划2018年度教育学重大招标课题"建设教育强国的国际经验与中国路径研究"开题报告会。是日，出席北京外国语大学"学习贯彻全国教育大会精神，加快建设教育强国新征程"座谈会。

9月28日，发表《近年有关"一带一路"主题的高等教育研究回顾与展望》（与胡佳新合作，《大学教育科学》2018年第5期）。

10月，任主编出版《教育史学通论》（人民教育出版社2018年版）。《教育史学通论》是国内首部以通论形式完整论述教育史学研究体系的鸿篇巨制，该书分上下两卷，共计七十余万字，由周洪宇主编，申国昌、郭娅副主编，由人民教育出版社出版发行。

10月8日，发表《新时代如何建设高质量的教师队伍》（《教育家》2018年第37期）。

10月15日，与宋宇联名提交《当前中小学生课业负担过重的现状调研及解决对策》，专送全国人大常委会副委员长、民进中央主席蔡达峰，蔡达峰作了批示。

10月16日，出席由华中师范大学主办的教育信息化引领教育现代化高峰论坛。

10月19日，出席由中国社会科学院、中国社会科学评价研究院主办、经济日报社中国经济趋势研究院协办的"第一届中国智库建设与评价高峰论坛"，并荣获2018年中国智库咨政建言"国策奖"。

2018年是陶行知提出生活教育理论一百周年，10月20日，出席南京"生活教育百年"学术论坛。两百余位专家学者与会，共同探讨百年来生活教育理论的演进历史、发展现状和未来前景。

11月8日，发表《建立教育公务员制度 完善教师队伍保障机制》（《教育家》2018年第41期）。

11月10日，在北京主持2018教育智库与教育治理五十人圆桌论坛。

11月15日，发表《论炎黄学的学术定位、研究对象与构建原则》（《江汉论坛》2018年第11期）。是日，发表《教育口述史研究：内涵、形态与价值》（与刘来兵合作，《现代教育管理》2018年第11期）。

11月24日，在北京出席由中国教育科学研究院主办的第二届"一带一路"教育对话。

11月25日，出席"陶行知与新时代教育"学术研讨暨纪念陶行知指导创办浙江省湘湖师范学校九十周年大会,在开幕式上,被聘为杭州科技职业技术学院校园文化总顾问、校高等职业教育(陶行知教育思想)研究中心学术委员会主任。

12月,出版专著《图说教育生活史》(与刘训华合作,福建教育出版社2018年版)。

12月1日,在武汉出席由中国版权协会主办的2018年中国版权年会。是日,出席湖北省陶研会暨教育史学会学术研讨会。

12月2日,在北京出席中国教育三十人论坛第五次年会暨重构教育评价体系高峰论坛。

12月8日至9日,在深圳出席2018年大城市教科院联盟年会暨第五十七期深圳教育论坛。

12月19日,出席纪念陶行知提出生活教育理论一百周年学术活动暨四川省陶行知研究会2018年学术年会,进行了题为《生活教育的三个一百年》的讲座,提出纪念历史的最好方法就是创造历史的观点。

12月26日,出席教育现代化与教育强市建设高峰论坛暨天津市社会科学界第十四届学术年会天津科技大学分会。

2019年,六十一岁。

1月10日,发表《学习贯彻习近平总书记重要讲话精神,深入推进生活教育研究与实验——2018年10月20日在南京"生活教育百年"学术论坛上的讲话》(《生活教育》2019年第1期)。

1月15日,发表《把握好"三个度"推动民主党派工作新发展》(《民主》2019年第1期)。是日,于《湖北教育(政务宣传)》2019年第1期发表"开栏语"。

1月24日,发表《教育口述史:功能、信度与伦理》[与刘来兵合作,《南京师大学报(社会科学版)》2019年第1期]。

1月27日,在镇江主持由长江教育研究院和江苏大学、江苏教育现代化研究院共同举办的2019"镇江·长江教育论坛",论坛主题为"聚焦中国教育现代化(2035)共话高水平大学建设",在会上作"改革开放四十年:教育法治建设回顾与前瞻"的报告。

2月,任主编出版《中国教育黄皮书(2019年度)》(湖北教育出版社2019年版)。

2月5日,发表《万物互联时代的教育新视域》(与易凌云合作,《今日教育》2019年第2期)。

2月15日，发表《中国教育智库评价指标体系构建——一项基于德尔菲法与层次分析法的研究》（与刘大伟合作，《教育学术月刊》2019年第2期）。

2月25日，与刘训华联名提交《建设海洋强国，做好青少年海洋教育顶层设计刻不容缓》《深化教育领域"放管服"改革，取消申报项目和成果奖限额制的建议》，专送全国人大常委会副委员长、民进中央主席蔡达峰，蔡达峰作了批示。与付卫东联名提交《深化教育领域"放管服"改革、推进教育治理现代化的建议》，教育部政策法规司司长邓传淮作了批示。

2月28日在《中国教育报》发表《2019年度教育热点前瞻》（与付睿、胡佳新合作），《云南教育（视界综合版）》2019年第3期等转载。

3月，在全国"两会"期间，提交了八份关于教育立法的议案，包括加快制订《家庭教育法》《学前教育法》，修改《职业教育法》等，涉及教育领域的多个重要方面。并做客人民网强国论坛，以"解读2019年《政府工作报告》教育热点问题"为主题与网友在线交流。

3月3日，在北京主持由长江教育研究院和人民教育出版社共同举办的2019"北京·长江教育论坛"，论坛的主题为"深化教育领域'放管服'改革，推进教育治理现代化"。

3月5日，与宋宇联名提交《怎样让教师成为令人羡慕的职业？——基于教师获得感、认同感、幸福感调研的建议》，与付卫东、曾新、付义朝联名提交《义务教育教师绩效工资改革的成效、问题及展望》，教育部政策法规司副司长杨志刚作了批示。与付卫东、曾新、王继新、左明章联名提交《我国教育扶贫面临的八大突出问题及应对策略》，教育部政策法规司副司长杨志刚作了批示。

3月7日，在北京出席由长江教育研究院、中关村互联网教育创新中心、科学出版社共同举办的《中国教育国际竞争力指数》（2019年版）首发式暨《教联网时代：一场即将来临的教育变革》新书发布会，主题为"万物互联时代的教育新理念、新模式、新生态"。

3月15日，发表《深化教育领域"放管服"改革，加快推进教育治理现代化》（《教育研究》2019年第3期）。发表《家庭教育是人生奠基性教育》［与范青青合作，《河北师范大学学报（教育科学版）》2019年第2期］。

3月20日，发表《教育情感史：一个久被忽视、亟待探寻的隐秘世界》［与王配合作，《安徽师范大学学报（人文社会科学版）》2019年第2期］。

3月25日，发表《2019年度教育热点前瞻》［与付睿、胡佳新合作，《云南教育

（视界综合版）》2019 年第 3 期]。

3 月 29 日，发表《创造时代的创新人才培养》（《教育家》2019 年第 12 期）。

4 月 13 日，在武汉出席北大荆楚讲坛启动仪式。

4 月 27 日，在北京出席由长江教育研究院、南京晓庄学院、教育智库与教育治理研究评价中心、中关村互联网教育创新中心共同举办的《中国教育智库评价 SFAI 研究报告（2019 年版）》新书发布会暨中国教育智库建设论坛。

4 月 30 日，发表《规约与自主：民国时期大学导师制的历史考察（1938—1946年）》（与喻永庆合作，《高等教育研究》2019 年第 4 期）。与付卫东、王继新、刘来兵联名提交《国外中小学教师养老金制度改革及对我国的启示》《农村教师招募与保留政策的国际比较及对我国的启示》《义务教育教师工资福利及补助支出配置差异及政策建议》，教育部教师工作司司长任友群作了批示。与刘训华联名提交《关于建立"长三角教育创新带"，推动区域一体化向纵深发展的政策建议》，专送全国人大常委会副委员长、民进中央主席蔡达峰，蔡达峰作了批示。

5 月，出版《中国教育智库评价 SFAI 研究报告（2019 版）》（与刘大伟合著，中国社会科学出版社 2019 年版）。

5 月 10 日，发表《五四运动以来中国基础教育的变迁规律与基本特点》（与刘佳合作，《中国教育学刊》2019 年第 5 期）。发表《中国教育指数（2019 年版）》[与张炜合作，《宁波大学学报（教育科学版）》2019 年第 3 期]。

5 月 20 日，发表《五四运动以来中国基础教育现代化的三次重大转向》（与刘佳合作，《基础教育论坛》2019 年第 15 期）。

5 月 21 日，发表《五四时期杜威访华与南京高师的关系考察》[与李永合作，《南京师大学报（社会科学版）》2019 年第 3 期]。

6 月 1 日，在宁波出席并主持由长江教育研究院、宁波大学共同举办的 2019 "宁波·长江教育论坛"，论坛主题为"长江三角洲区域一体化发展战略：教育的机遇与应对"。在会上作"智库为政府科学决策服务，推动长三角教育更高质量一体化发展"的报告。

6 月 4 日，出版《郭秉文画传》（与李永合作，山东教育出版社 2019 年版）。

6 月 15 日，发表《最后一面——忆姜乐仁先生》（《民主》2019 年第 6 期），悼念华中师范大学姜乐仁教授。

6 月 25 日，发表《劳动教育应成为家校教育的有机联接》（与范青青合作，《教育探索》2019 年第 3 期）。与付卫东联名提交《当前贫困地区学生面临的六大贫困藩篱及应对策略》《关于贫困地区贫困生的家庭背景、教育期望、教育需求情况的调查与建议》，专送全国人大常委会副委员长、民进中央主席蔡达峰，蔡达峰作了批示。

8月8日，发表《直面社会关切，义务教育改革正当时》(《教育家》2019年第29期)。

8月9日，发表《美国中小学教师惩戒权的界定与启示》[与方晶合作，《新疆师范大学学报（哲学社会科学版）》2019年第6期]。

8月15日，发表《以"五抓五强"推进基层组织建设》(《民主》2019年第8期)。

8月17日，在徐州出席由江苏师范大学教育科学学院和江苏留学生与中国现代化研究基地共同举办的第二届"留学生与中国的现代化"国际学术研讨会，研讨会主题为"留学生与中国传统教育的转型和现代教育的发展"。在会上作"留学史是新时代新一轮对外开放的重要资源"的报告。

8月20日，发表《G20与全球非正式教育治理》(与付睿合作，《清华大学教育研究》2019年第4期)。

8月21日，与刘涟清、石磊、方晶联名提交《新型职业教育体系建设与经济高质量发展的政策建议》，专送全国人大常委会副委员长、民进中央主席蔡达峰，蔡达峰作了批示。与刘涟清、石磊、方晶联名提交《新型职业教育体系建设与经济高质量发展的政策建议》，全国人大教育科学文化卫生委员会副主任杜玉波，杜玉波作了批示。与付卫东联名提交《关于新时期我国教育扶贫目标定位和路径选择的建议》，专送全国人大常委会副委员长、民进中央主席蔡达峰，蔡达峰作了批示。

8月25日，在天津出席并主持由长江教育研究院、天津大学、天津师范大学共同举办的2019"天津·长江教育论坛"，论坛主题为"雄安新区发展战略：加快建设雄安新区教育改革开放示范区"。在会上作"智库建设是我国党和政府科学民主依法决策的重要支撑，教育智库是中国特色新型智库建设的重要内容"的报告。发表《学习贯彻习近平有关陶行知重要论述 继承弘扬陶行知思想和精神》(《教育文化论坛》2019年第4期)。

9月，任主编出版《教育奠基未来——新中国教育七十年丛书（三册）》(湖北教育出版社2019年版)，该丛书共三册，分别从新中国教育七十年七十位教育人物、七十篇教育文章和七十部教育著作等三个方面，对新中国教育产生过重要影响的人物、文章和著作进行梳理。

9月10日，发表《与时代同行 寻教育真知 建强国之基——〈教育奠基未来——新中国教育七十年七十位教育人物〉编选说明》[与刘来兵合作，《宁波大学学报（教育科学版)》2019 年第 5 期]。发表《回望历史 致敬先贤 启迪后学——〈教育奠基未来——新中国教育七十年七十部教育著作〉编选说明》[与李木洲合作,《宁波大学学报(教育科学版)》2019 年第 5 期]。

9 月 20 日,在北京出席由联合国教科文组织、北京国际和平文化基金会共同举办的 2019 第六届和苑和平节,被授予"和平大使"勋章。与刘大伟联名提交《以教育形塑香港青少年历史记忆已刻不容缓》,专送全国人大常委会副委员长、民进中央主席蔡达峰,蔡达峰作了批示,全国政协常务委员兼副秘书长、民进中央副主席朱永新也作了批示。

9 月 28 日,在西安出席并主持由长江教育研究院、陕西师范大学共同举办的"西安·长江教育论坛"("一带一路"沿线教育智库对话会),在会上作"智能时代对教育治理带来的机遇和挑战"的报告。会议决定成立"一带一路"教育智库联盟,发表《"一带一路"教育智库联盟合作宣言》。

10 月 1 日,出版专著《被遮蔽的世界:教育身体史研究引论》(与李艳莉合作,山西教育出版社 2019 年版)。出版专著《炎黄精神论》(与王文虎合作,人民出版社 2019 年版)。

10 月 2 日,在《中国教师报》发表《七十年教师教育发展历程与历史性成就》(与王会波合作)。

10 月 3 日,发表《加强对习近平总书记关于教育的重要论述的研究阐释》(《中国高等教育》2019 年第 19 期)。

10 月 11 日至 13 日,在海口出席由长江教育研究院、海南师范大学教育学院和海南教育改革与发展研究院共同举办的"海南自贸试验区发展战略:大力建设海南国际教育创新岛"高端学术论坛。

10 月 14 日,在《检察日报》发表《加大宣传力度 弘扬杰出人物的伟大精神》。

10 月 15 日,发表《一位近代乡村塾师教育情感的三重境界——〈刘绍宽日记〉阅读研究》(与王配合作,《教育学术月刊》2019 年第 10 期)。

10 月 26 日,在天津出席并主持"天津·长江教育论坛"暨天津师范大学 2019 年基础教育论坛,论坛主题为"雄安新区发展战略和基础教育高质量发展"。在会上作"五四运动以来中国基础教育的变迁规律与基本特点"的报告。

11 月,任主编出版《中国教育史学七十年(1949—2019)》(华中师范大学出版社 2019 年版)。

11 月 5 日,发表《为教师减负要从根上做起》(《今日教育》2019 年第 11 期),

《小学教学（数学版）》2020年第3期转载。

11月9日，在北京出席并主持由长江教育学院、北京外国语大学国际教育学院共同举办的2019教育智库与教育治理五十人圆桌论坛，论坛主题为"深化教育改革、加快推进教育治理体系和教育治理能力现代化"。

11月11日，在《检察日报》发表《构建社会支持网络系统 共同推进家庭教育》。

11月15日，发表《加强教育科学研究 助力教育治理体系现代化》（《教育研究》2019年第11期）。

11月16日，在武汉出席第十三届海峡两岸暨港澳地区教育史论坛，论坛主题为"当代教育史学前沿研究"。出席《教育史学前沿研究》首发式暨座谈会。

11月22日，在北京出席第六届全国人文社会科学评价高峰论坛，在会上作"坚决克服'唯论文、唯帽子、唯职称、唯学历、唯奖项评价标准"报告。

11月27日，发表《七十年教育史学科体系、研究范式与发展反思》[与刘来兵合作，《华中师范大学学报（人文社会科学版）》2019年第6期]。

12月1日，广州在出席2019"广州·长江教育论坛"，论坛主题为"粤港澳大湾区发展战略：建设粤港澳大湾区教育合作示范区"。在会上作主题为"打造粤港澳大湾区一流教育和人才高地"的报告。

12月8日，北京在出席中国教育三十人论坛第六届年会，年会主题为"科技发展与教育变革"。在会上作主题为"智能时代对教育治理带来的机遇与挑战"的报告。

12月11日，在杭州出席由浙江大学举办的中国教育学会教育史分会第二十届年会，年会主题为"教育史学科的回顾与展望"。

12月13日，与刘晖、李家新联名提交《粤港澳大湾区建设背景下建立价值教育新体系与提高青少年国家认同的政策建议》，专送全国人大常委会副委员长、民进中央主席蔡达峰，蔡达峰作了批示。与宋宇联名提交《为教师减负，为教育者释放更多教书育人的空间》，专送全国人大常委会副委员长、民进中央主席蔡达峰，蔡达峰作了批示。

12月24日，在北京出席《教育研究》杂志创刊四十周年纪念暨新时代教育理论科学体系研讨会并作发言。

12月26日，与周采共同主编出版《教育史学前沿研究》（山东教育出版社2019年版）。

2020 年，六十二岁。

1 月 15 日，发表《"五个坚持"书写新时代履职新答卷》（《民主》2020 年第 1 期）。

2 月 1 日，发表《教育惩戒：为了学生更好地成长》[《河南教育（基教版）》2020 年第 2 期]。

2 月 8 日，在《检察日报》发表《强化野生动物交易等环节管控》。

2 月 15 日，发表《给教育情感世界打开一扇窗——以近代乡村塾师刘绍宽为例》（与王配合作，《教育研究》2020 年第 2 期）。

2 月 24 日，与王继新、付卫东联名提交《新冠肺炎疫情给我国在线教育带来的八大挑战及应对策略》，专送全国人大常委会副委员长、民进中央主席蔡达峰，蔡达峰作了批示，同时，教育部基础教育司司长吕玉刚也作了批示。与倪娟联名提交《新高考方案"弃化学"风险及其防范化解》，专送全国人大常委会副委员长、民进中央主席蔡达峰，蔡达峰作了批示。与申国昌、刘来兵、付睿联名提交《全球疫情背景下西方发达国家留学政策突变及应对策略》，全国人大常委会副委员长、民进中央主席蔡达峰作了批示。与李斐、杜耘联名提交《关于在武汉建立国家生物安全大科学研究中心的建议》，中共湖北省委书记应勇作了批示。撰写提交《关于抓紧收集涉疫实物资料筹建中国抗疫博物馆的建议》，全国人大常委会副委员长、民进中央主席蔡达峰作了批示。

2 月 26 日，发表《新中国七十年教育学回顾与展望》（与李忠合作，《中国社会科学报》2020 年第 3 期）。

3 月，发表《新冠肺炎疫情给我国在线教育带来的挑战及应对策略》[与付卫东合作，《河北师范大学学报（教育科学版）》2020 年第 2 期]。

3 月 15 日，与付卫东、王继新、左明章联名提交《疫情期间我国中小学在线教学基本情况调查与分析——基于全国七千一百一十一位中小学教师在线问卷调查的数据》《疫情期间我国"停课不停学"基本情况调查与分析——基于全国三千一百一十个教育行政机构在线问卷调查的数据》《疫情期间我国中小学生在线学习基本情况调查与分析——基于全国六万二千四百四十六位中小学生家长在线问卷调查的数据》，专送教育部科学技术司司长雷朝滋，雷朝滋作了批示。

3 月 19 日，在《中国教育报》发表《2020 年度十大教育热点前瞻》[与邢欢合作，《云南教育（视界综合版）》2019 年第 4 期转载]。

3 月 20 日，发表《长江经济带高等教育竞争力测度及空间布局研究》（与黄艳合作，《中国高教研究》2020 年第 3 期）。

4月15日，发表《我们没有缺席这场世纪战疫》（《民主》2020年第4期）。

5月，作为四届全国人大代表出席中华人民共和国全国人民代表大会会议。任主编出版《中国教育黄皮书（2020年度）》（湖北教育出版社2020年版）、《长江教育论丛（2020年度春季卷）》（湖北教育出版社2020年版）。出版专著《教育口述史研究引论》（与刘来兵合作，华中科技大学出版社2020年版）。

5月12日，与付卫东、陈中文、王继新联名提交《疫情下我国教育治理体系和治理能力现代化的五大短板及应对策略》《新冠肺炎疫情给我国教育扶贫带来的五大挑战及应对策略》，专送全国人大常委会副委员长、民进中央主席蔡达峰，蔡达峰作了批示。

5月15日，与卓泽林联名提交《关于增强港澳青少年国家意识和爱国精神的对策建议》，全国人大常委会副委员长、民进中央主席蔡达峰作了批示。

5月18日，与王继新、付卫东、左明章联名提交《疫后我国中小学生在线教育发展的五大建议》，专送全国政协副主席、民进中央常务副主席刘新成，刘新成作了批示。与李清刚联名提交《关于增强香港特区政府教育服务能力的建议》，全国人大常委会副委员长、民进中央主席蔡达峰作了批示。

5月19日，与付卫东联名提交《关于科学编制国家教育事业发展"十四五"规划的建议》，专送全国人大常委会副委员长、民进中央主席蔡达峰，蔡达峰作了批示，教育部副部长孙尧也作了批示。与刘欣、王郢联名提交《关于加大中西部集中连片特困地区教育精准扶贫力度的建议》，专送全国人大常委会副委员长、民进中央主席蔡达峰，蔡达峰作了批示。与卢瑞联名提交《关于疫情后统筹推进教育信息化工作落实落细的建议》，专送全国人大常委会副委员长、民进中央主席蔡达峰，蔡达峰作了批示。

6月3日，出席推进长江流域十年禁渔司法行动暨世界环境日专题视察活动。

6月4日，发表《做好自己的事》（《神州学人》2020年第6期）。

6月15日，发表《巩固主题教育成果 不断加强履职能力建设》（《民主》2020年第6期）。

6月19日，发表《教育惩戒的实践困惑与理论研究》[与方晨合作，《新疆师范大学学报（哲学社会科学版）》2020年第1期]。

6月24日，发表《改革求发展 创新赢未来——疫情下如何编制好国家教育事业"十四五"规划》[《宁波大学学报（教育科学版）》2020年第4期]。

7月10日，发表《"十四五"规划与中国教育的改革开放创新》[与刘训华合作，《宁波大学学报（教育科学版）》2019年第4期]。

7月15日，在《人民政协报》发表《破除"五唯"需要积极健康的教育生态》。

7月16日，发表《"智者"教育之旅的"迷雾"："五四"时期杜威访华若干问题之厘清》［与李永合作，《海南师范大学学报（社会科学版）》2020年第4期］。

8月3日，在《检察日报》发表《修改突发事件应对法 明确责任完善应对体系》（与单鸽合作）。

8月5日，在《人民政协报》发表《着眼长远 及时提供制度供给》。

8月6日，出席杨东莼诞辰一百二十周年纪念活动。

8月15日，发表《教联网时代的生命教育：智能与生命的双和谐》（与齐彦磊合作，《现代教育管理》2020年第8期）。

8月23日，出席第二届"中国西部教育发展论坛"，并围绕"新冠肺炎疫情给在线教育带来的挑战及应对"进行发言。

9月2日，在《人民政协报》发表《希望家庭教育法草案能够尽快审议通过》。

9月5日，发表《当代优秀教育史学家的成长轨迹及启示——以田正平、霍益萍教授为例》（与范青青、戚同欣合作，《教育史研究》2019年第3期）。

9月7日，赴科技部出席人大代表、政协委员座谈会。

9月10日，发表《儒家对黄帝礼制文化的继承与创新》［与王文虎合作，《信阳师范学院学报（哲学社会科学版）》2020年第5期］。

9月12日，在苏州出席中国陶行知研究会六届六次理事会，会议决定设立中国陶行知研究会"生活·实践"教育专业委员会，周洪宇担任理事长。

9月20日，在南京出席由南京晓庄学院、长江教育研究院和华中师范大学国家教育治理研究院联合主办的"第二届中国教育智库建设论坛"。

9月21日，在北京出席《全球教育治理研究丛书》出版座谈会。

9月23日，在《中国教师报》发表《如何建设高质量教师队伍》。

10月，任主编出版《全球教育治理研究丛书》，包括周洪宇、付睿著《全球教育治理研究导论》，周洪宇、李中伟、陈新忠著《中国教育治理研究》，戴伟芬、李娜等著《美国教育治理研究》，阚阅著《英国教育治理研究》，岳伟著《德国教育治理研究》，赵霞著《日本教育治理研究》，乔桂娟著《俄罗斯教育治理研究》，汪丞、路春雷、荣文婷著《加拿大教育治理研究》，王建梁著《印度教育治理研究》，李先军著《南非教育治理研究》等十卷，代表了教育治理研究领域的最新进展。该丛书是国家社科基金"十三五"规划教育学重大课题阶段性研究成果，12月入选第六届"鄂教版十佳图书"（2020），并于次年1月入选《中国教育报》"2020年教师最喜爱的一百本书"

名单。2021年6月，《中国教育治理研究（英文版）》入围"经典中国国际出版工程"。

10月1日，发表《如何让信息化为西部教育添翼增彩》（《中国民族教育》2020年第10期）。

10月10日，发表《迈向新时代教育信息化发展新阶段》（《中国教育学刊》2020年第10期）。

10月16日，被评为中国人文社会科学期刊评价专家委员会"优秀学科主任委员"。

10月19日，在武汉出席华中科技大学教育科学研究院四十周年庆典暨教育学科交叉创新发展论坛。

10月23日，发表《全球疫情背景下西方发达国家留学政策的突变及应对》[《河北师范大学学报（教育科学版）》2020年第6期]。

10月24日，在厦门出席第三届中国人文社会科学评价日暨期刊评价主任委员年会。

10月25日，在北京出席并主持第五届教育智库与教育治理五十人圆桌论坛。

11月7日，发表《深化教育评价改革　加快推进教育现代化——〈深化新时代教育评价改革总体方案〉解读》（《中国考试》2020年第11期）。

11月9日，发表《主持人寄语》[《河北师范大学学报（教育科学版）》2020年第6期]。

11月10日，发表《〈中国教育指数（2020年版）〉解读》[与张炜合作，《宁波大学学报（教育科学版）》2020年第6期]。

11月14日，在宜昌出席2020年全国"生活·实践"教育年会。

11月15日，发表《书写新时代履职尽责新篇章》（《民主》2020年第11期）。发表《中国教育现代化2035与高素质专业化创新型教师队伍建设》（《中国教师》2020年第11期）。

11月25日，发表《指导深化新时代教育评价改革的纲领性文件——〈深化新时代教育评价改革总体方案〉解读》（《红旗文稿》2020年第22期）。

12月，任总主编组织出版《陶行知学文库》丛书第一辑（共十册，华中师范大学出版社2020年版），包括章开沅、唐文权著《平凡的神圣陶行知》，周洪宇著《陶行知生活教育学说》，周洪宇著《陶行知与中国现代文化》，周洪宇著《人民之子陶行知》，胡志坚著《蔡元培黄炎培陶行知的比较研究》，蔡幸福著《陶行知与牧口常三郎教育思想比较研究》，董宝良主编、周洪宇副主编《陶行知教育学说》，刘来兵著《教育家的身影：生活史视角下的陶行知研究》，周洪宇、余子侠、熊贤君主编《陶行知与中外文化教育》，周洪宇、申国昌、余子侠主编《陶行知与中外文化教育再探》等，集中展示了华中师范大学陶行知研究团队近四十年陶行知研究的部分研究成果。

12月10日，发表《以科学的教育评价推动新时代教育学发展》（《中国教育学刊》2020年第12期）。

12月13日，在襄阳出席由湖北文理学院举办的2020年湖北省陶研会暨教育史学会学术研讨会。

12月15日，发表《建设高质量教育体系 迈向教育发展新征程》（《民主》2020年第12期）。

12月26日，在《中国教师报》发表《如何建设高质量教师队伍》。

2021年，六十三岁。

1月，发表《习近平推进创新重要论述与新时代教育智库转型发展》（与付睿合作，《世界教育信息》2021年第1期）。

1月7日，发表《庙学及庙学学、庙学史的学科归属与建构》［与赵国权合作，《宁波大学学报（教育科学版）》2021年第1期］。

1月9日，在武汉出席由长江教育研究院召开的2020年度工作总结暨2021年度工作部署会。

1月10日，发表《孟禄文化交流视域下的国际理解观点述析》（与陈光春合作，《比较教育研究》2021年第1期）。

1月15日，发表《从政治影响到人性反思——教科书里南京大屠杀的记忆之场》（与刘大伟合作，《教育学术月刊》2021年第1期）。

1月23日，在《光明日报》发表《对"养而不教、教而不当"的积极法治干预》。

2月，任主编出版《中国教育黄皮书（2021年度）》（湖北教育出版社2021年版）。

2月8日，发表《加快建设高质量教育体系》（《教育家》2021年第6期）。

2月28日，发表《教育器物史：一种"可视化"的教育史》（与齐彦磊合作，《教育研究》2021年第2期）。

3月，出席中华人民共和国全国人民代表大会会议。发表《中国教育史学专业化百年历程省思——基于首届全国教育史年会教授群体的历史考察》［与刘训华合作，《陕西师范大学学报（哲学社会科学版）》2021年第2期］。

3月1日，在《中国教育报》发表《2021年度十大教育热点前瞻》（与邢欢合作）。

3月5日，发表《教育环境史：环境史视域下的教育史研究初探》（与刘佳合作，《教育史研究》2021年第1期）。

3月12日，在北京出席"让在线教育'慢'下来"——《作业帮新匠师》新书发布暨行业发展研讨会。

3月15日，发表《学习习近平法治思想加快编纂教育法典》（与方晶合作，《国家教育行政学院学报》2021年第3期）。

3月20日，发表《回归大学主体，回归教育本性——章开沅高等教育改革思想管窥》（与郑媛合作，《现代大学教育》2021年第2期）。

4月1日，发表《解读〈深化新时代教育评价改革总体方案〉》［《湖南教育（A版）》2021年第4期］。

4月4日，发表《"十四五"期间如何做好教育对外开放工作》（《神州学人》2021年第4期）。

4月13日，发表《教育强国视角下智慧校园建设评价指标体系研究》（与黄艳、郝晓雯、刘军合作，《现代教育管理》2021年第4期）。

4月20日，与付卫东等人联名提交《我国中小学校外培训治理面临的四大问题及应对策略——基于东中部六省一百三十余所中小学的调查》，专送全国人大常委会副委员长、民进中央主席蔡达峰，蔡达峰批转全国人大常委会教科文卫委员会主任李学勇，李学勇批转全国人大常委会教科文卫委员会副主任杜玉波，杜玉波批转教育部基础教育司吕玉刚司长参阅。

4月25日，在北京出席《陶行知学文库》丛书首发式暨出版座谈会。

5月1日，发表《20世纪10年代哥伦比亚大学教师学院中国学生的日常生活及其影响》（与李永合作，《高等教育研究》2021年第5期）。

5月8日至9日，在郑州出席首届中原基础教育改革发展论坛，并作了主题为《建设高质量教育体系，迈向教育发展新征程》的学术报告。

5月10日，发表《周洪宇理事长寄语》［《宁波大学学报（教育科学版）》2021年第3期］。发表《继承与发展：从生活教育到"生活·实践"教育》［《宁波大学学报（教育科学版）》2021年第3期］。

5月13日，应邀到武汉市教育科学研究院讲学。

5月15日，在北京出席中国教育发展战略学会建党百周年理论研讨会，会议主题为"中国共产党与中国教育发展战略"。

5月16日，在武汉出席武汉工商学院生态环境产业学院揭牌仪式。

5月29日至30日，在武汉出席中国·光谷教师教育高峰论坛，作了题为《建设高质量教育体系：概念、背景、路径》的报告。

6月，出版专著《千年梦想圆于建党百年——全面建成小康社会与迈上教育新征程》（与邢欢合作，湖北教育出版社2021年版）。

6月2日，为缅怀恩师，带领十九名博士生、硕士生研学，从章开沅武汉学术人生的原点再出发，重走"章开沅道路"，沿着章开沅的足迹，深情讲述章开沅的事迹和精神。

6月3日，发表《依法及时将党的教育主张转化为国家意志——〈中华人民共和国教育法〉第三次修改解读》（《人民教育》2021年第11期）。

6月6日，出席辛丑年世界华人炎帝故里寻根节炎帝神农文化高端论坛暨炎帝文创精品发布会。

6月8日，在《中国科学报》发表《章开沅：要留风骨在人间》。

6月15日，发表《承流宣化：中原儒学的"活化石"郑州文庙》（与赵国权合作，《江汉考古》2021年第3期）。

6月20日，发表《学校记忆的意涵、价值及其建构》（与刘大伟合作，《教育研究与实验》2021年第3期）。

6月21日，在《光明日报》发表《杨东莼：从新青年到燃灯者》。

6月25日，出席习近平总书记教育重要论述研究座谈会暨《习近平总书记教育重要论述研究丛书》编写研讨会，与湖北省内外专家学者共同探讨如何深入推进习近平总书记教育重要论述的学习研究与贯彻落实。

7月6日，在《人民日报》发表《加快完善职业教育体系》。

7月10日，发表《中国共产党教育领导方式的历史演进及其启示》（《中国教育学刊》2021年第7期）。

7月12日，在《光明日报》发表《章开沅先生的最后岁月》。

7月15日，发表《孟禄在世界比较教育学史上的作用与地位论析》（与陈光春合作，《教育学术月刊》2021年第7期）。

7月20日，发表《在民族生死存亡关头筑起"新之长城"——陶行知硕士论文〈中国之租借地〉导读》（与张汉敏合作，《南京晓庄学院学报》2021年第4期）。

8月1日，出席湖北省第二十一届青少年爱国主义读书教育活动颁奖仪式，并为红色教育研学活动授旗。

8月16日，与付卫东等人联名提交《中小学课后服务对教育公平的影响及应对策略——基于东中西部六省一百三十余所中小学的调查》，专送全国人大教育科学文化卫生委员会副主任杜玉波，杜玉波批转给教育部校外培训管理司俞伟跃司长参阅。

9月5日，发表《全国教育史研究会首届年会讲师群体与当代教育史学共同体的形成》（与齐彦磊合作，《教育史研究》2021年第3期）。

9月7日，发表《建设高质量的教育体系，迈向教育发展新征程》（《中国国情国力》2021年第9期）。

9月10日，出席华中师范大学2021年教师节庆祝暨表彰大会，并发表题为"唯有多情是春草，年年新绿满芳洲"的讲话。

9月11日，在武汉出席"学习贯彻习近平总书记教师节讲话精神，以陶为师，做'四有'好老师"研讨会。

9月25日，发表《忠实记录历史原貌再现教育大师风采——〈陶行知年谱长编〉编撰前言》[《湖北教育（政务宣传）》2021年第9期]。

10月，任总主编出版《中国文庙研究丛书》（山东教育出版社2021年版），丛书包括《建水文庙研究》《太原文庙研究》《江阴文庙研究》《上海文庙研究》《苏州文庙研究》《南宁文庙研究》《郑州文庙研究》《西安文庙研究》《宁远文庙研究》《济南府学文庙研究》《曲阜孔庙研究》《定州文庙研究》，共十二册。发表《〈中国之租借地〉中译文序》和陶行知硕士毕业论文《中国之租借地》翻译稿（均与张汉敏合作，《南京晓庄学院学报》2021年增刊，纪念陶行知先生诞辰一百三十年周年专刊）。

10月1日，出版专著《陶行知年谱长编》（与刘大伟合作，人民教育出版社2022年版）。

10月6日，发表《以陶行知为师》（《未来教育家》2021年第10期）。

10月17日，应黄山市委市政府之邀出席陶行知故乡陶先生诞辰一百三十周年纪念会。

10月20日，在《人民政协》发表《家庭教育立法：我的见证和思考》。

10月24日，出席并主持第二届"天津·长江教育论坛"暨天津师范大学2021年基础教育论坛。

10月25日，发表《"双减"政策落地：焦点、难点与建议》[与齐彦磊合作，《新疆师范大学学报（哲学社会科学版）》2022年第1期]。

10月28日，在《光明日报》发表《一位文化巨人的四个世界——我与陶行知研究的缘分》。

10月30日，出席并主持2021"开封·长江教育论坛"。

11月，出版专著《中国教育国际竞争力研究》（与黄艳合作，湖北教育出版社2021年版）。作为总主编出版《新时代教育治理与教育智库研究丛书》（湖北教育出版社2021年版）。丛书包括周洪宇著《教育治理论》，周洪宇著《教育智库论》，周洪宇著《教育法治论》，周洪宇著《教育改革论》，周洪宇、龚欣著《建设高质量教育体系：背景、理论、路径》，周洪宇编《智库的力量》，周洪宇编《智者的呼吁》，周洪宇、申国昌著《智库的成长》，申国昌、刘来兵编《智者的思想》，张炜、周洪宇著《中国教育指数（2021年版）》。

11月1日，出版专著《新工业革命与第三次教育革命》（与徐莉合作，华中科技大学出版社2021年版）。在《中国教育财政政策咨询报告补充版》发表《从教育立法入手，促进教育创新》。

11月6日，出席中国陶行知研究会"生活·实践"教育专业委员会2021年学术年会暨武汉市生活实践教育中心成立大会。

11月7日，发表《重访陶行知故乡》（《新民周刊》2021年第4期）。

11月10日，发表《从中国教育指数看中国教育"十三五"发展趋向——基于2021年版与2017年版IEC的比较》[与张炜合作，《宁波大学学报（教育科学版）》2021年第6期]。

11月13日，出席并主持2021教育智库与教育治理五十人圆桌论坛暨长江教育研究院创建十五周年仪式，参与长江教育研究院推出的《新时代教育治理与教育智库研究》丛书首发式。

12月，出版专著《炎黄学导论》（与王文虎合作，中华书局2021年版）。

12月1日，发表《陶行知职业教育思想的历史地位与当代价值》（《职业技术教育》2021年第34期）。发表《论陶行知对职业教育的先驱性探索》（与赵婧合作，《职业技术教育》2021年第34期）。同日，在《中国教师报》发表《"生活·实践"教育：创新性发展"生活教育学"》。出版《回归大学之道——章开沅口述史》（与党波涛合作，章开沅口述，华中科技大学出版社2021年版）。

12月8日，发表《"双减"政策落地应回归立德树人初心》（《中国教育学刊》2021年第12期），12月25日被《湖北教育（政务宣传）》2021年第9期转载。

12月15日，在《人民日报》发表《在学生中弘扬劳动精神》。

2022年，六十四岁。

1月1日，被再次聘任为中国人文社会科学期刊评价专家委员会教育学学科主任委员。

1月10日，发表《论曹植的炎黄观与魏晋南北朝时期的中华民族共同体意识》[与赵婧合作，《信阳师范学院学报（哲学社会科学版）》2022年第1期]。

1月15日，发表《中国共产党领导教育的百年历程与历史经验》（《国家教育行政学院学报》2022年第1期）。发表《〈中华人民共和国家庭教育促进法〉的政策议程分析——基于多源流模型的视角》（与刘大伟合作，《教育学术月刊》2022年第1期）。发表《同心同行 共创未来》（《民主》2022年第1期）。

1月18日，发表《推动高等教育内涵式发展 推进教育强国建设》（《中国高等教育》2022年第2期）。发表《论建设高质量教育体系》（与李宇阳合作，《现代教育管理》2022年第1期）。

1月28日，发表《教育强国建设：指数与指向》（与张炜合作，《教育研究》2022年第1期）。

2月，出版专著《教育改革的中国方案 聚焦发展核心素养的素质教育探索》（与龚苗合作，江西教育出版社2022年版）。任主编出版《中国教育黄皮书（2022年度）》（湖北教育出版社2022年版）。

2月19日，召开《习近平总书记教育重要论述研究丛书》第二次编撰推进会。

2月26日，发表《中国教育竞争力：评价指标体系构建与国际比较》（与黄艳、黄晶合作，《统计与决策》2022年第4期）。发表《关于大力推进职业教育产教融合的建议》（《中国科技产业》2022年第3期）。是日，在武汉出席并主持2022"武汉·长江教育论坛"。

3月，出席中华人民共和国全国人民代表大会和中国人民政治协商会议。英文论文《中国内地关于约翰·杜威访华（1919—1921）的最新研究》（与李永合作）收入张华军、加里森合编的《杜威与中国教育：百年沉思》，在美国Brill出版社出版。

3月1日，在《中国教育报》发表《2022年度十大教育热点前瞻》（与邢欢合作）。

3月25日，发表《进一步推进"双减"政策落地 构建良好教育新生态》[与付卫东合作，《湖北教育（政务宣传）》2022年第3期]。

4月，被聘任为南京晓庄师范学院发展咨询委员会名誉主任。

4月10日，发表《改革开放与中国参与全球教育治理》（与付睿合作，《世界教育信息》2022年第4期）。

4月20日，发表《从"双减"到"双增"：焦点、难点与建议》[与齐彦磊合作，《天津师范大学学报（社会科学版）》2022年第3期]。

4月21日，发表《教育智库应有新作为》（与付睿合作，《中国社会科学报》2022年第2期）。同日，召开《习近平总书记教育重要论述研究丛书》第三次编撰推进会。

4月30日，在中国民主促进会湖北省委员会第八次代表大会上，卸下连续担任三届之久的主任委员一职。

5月10日，发表《"生活·实践"教育的要义、意蕴与实施》[《宁波大学学报（教育科学版）》2022年第3期]。发表《论陶行知的劳动观及其当代启示》[与韩旭帆合作，《信阳师范学院学报（哲学社会科学版）》2022年第3期]。

5月14日，参加"桂子道场"（第一期），论坛主题为"学科体系建设"。"桂子道场"是其与弟子定期组织进行交流研讨的学术论坛，始于2022年。

5月15日，发表《年度十大教育热点前瞻》（与邢欢合作，《民主》2022年第5期）。

5月18日，在国家文物局和湖北省人民政府联合主办的"博物馆的力量——潜力与能力"主题论坛上发表演讲。

5月20日，在武汉出席"新时代普法小先生"启动仪式。

5月28日，出席华中师范大学举办的章开沅先生学术与思想研讨会，提出"在20世纪80年代这批大学校长中，章先生可谓特立独行、卓有成就、引领风潮者之一"。

5月30日，出席由团省委、省林业局、省民进和华中师范大学等单位联合主办，武汉市"生活·实践"教育中心、华中师范大学附属华侨城小学承办的"新时代环保小先生"主题活动，为"新时代环保小先生"授旗。

6月3日，在武汉出席中国陶行知研究会"生活·实践"教育专委会秘书长扩大会议。

6月10日，参加"桂子道场"（第二期），论坛主题为"学科体系建设"。

6月17日，发表《从中国教育指数看中国教育发展"十四五"开局——基于IEC 2022年版与"十三五"时期均值的比较》[与张炜合作，《宁波大学学报（教育科学版）》2022年第5期]。

6月20日，发表《壬戌学制颁行的内在逻辑及其启示》（与曾嘉怡合作，《教育研究与实验》2022年第3期）。

6月24日，在《中国教育报》上发表《义务教育十年取得五大新突破》。

6月28日，在武汉出席"源于生活·扎根实践"汉阳区中小学实践教育推进会。是日，发表《"生活·实践"教育的微观公平意蕴——兼评〈均衡·优质·活力：基于差异的学校教育微观公平理论与实践〉》（《教育评论》2022年第6期）。

6月30日，发表《新文科建设的宗旨、任务及前景》（与陈诗合作，《高等教育评论》2022年第1期）。

7月15日，发表《试上超然台上看 半壕春水一城花》（《民主》2022年第7期）。

7月20日，发表《"生活·实践"教育：内涵、目标与实践路径》[与刘来兵合作，《华中师范大学学报（人文社会科学版）》2022年第4期]。

7月28日，参加"桂子道场"（第三期），论坛主题为"身体·教育·历史"。在"双减"政策实施已满一周年之际，接受《21世纪经济报道》专访，介绍了从"双减"到"双增"的焦点、难点与建议，指出其难点在于教育公益属性能否真正坚守，艺体教培机构能否有效监管，课余学习时间能否充分利用，教育评价体系能否及时完善。

7月30日，出席第二届全国红色爱国主义教育高峰论坛。

8月3日至7日，出席"2022年全国'生活·实践'教育实验校校（园）长高级研修班"活动，与来自全国各地的两百多位中小学校长、教育专家以"提升治校现代化能力，助推办学高质量发展"为主题，围绕"生活·实践"教育的具体实施、新课标改革动向等内容进行了深入研讨，并作了题为《"生活·实践"教育的要义、意蕴与实施》的报告。

8月10日，发表《加强未来社会与教育变革研究是教育界的紧迫任务——〈未来社会发展与学校教育变革问题研究丛书〉序》[《河南教育（教师教育）》2022年第8期]。

8月14日，参加"桂子道场"（第四期），论坛主题为"国家社科基金项目申报经验分享"。

8月15日，发表《中小学课后服务功能如何优化——基于系统论视角》（与王会波合作，《现代教育管理》2022年第8期）。发表《生活教育社的源头追溯及其历史意蕴》（与曾嘉怡合作，《教育学术月刊》2022年第8期）。

8月20日，应邀在河南洛阳作了题为《"生活·实践"教育：何谓、为何、如何》的学术报告。

8月22日，出席中国陶行知研究会"生活·实践"教育专业委员会河北中心揭牌暨石家庄市、长安区实验区授牌仪式。

8月23日，在南京出席第八届"宁台行知教育论坛"暨第十届南京行知·中小学校长论坛，并作了题为《创新即未来——从陶行知的创造力思想谈到当代创造力培养的重要与紧迫》的学术报告。

8月26日，出席中国陶行知研究会"生活·实践"教育专委会实验学校授牌暨"新时代炎黄小先生"启动仪式，并在仪式中发表讲话。指出做好"生活·实践"教育实验必须凝聚五方力量：上级部门重视支持，教育科研专业指引，校长教师躬身笃行，社会资源充分调动，家庭社会协同并进。

9月，出版专著《建设教育强国》（与李宇阳合作，中国青年出版社2022年版）。

9月10日，发表《发掘红色资源 借鉴"两团"经验 实施"新时代小先生行动"》（《世界教育信息》2022年第9期）。发表《地方高校一流学科团队建设的现实困境与突破路径——基于组织行为学视角》（与王会波合作，《湖北社会科学》2022年第9期）。发表《中国教育改革的逻辑向度及其内在关系》[与胡佳新合作，《中国教育科学（中英文）》2022年第5期]。是日，参加"桂子道场"（第五期），第三次教育革命与21世纪六项关键能力培养暨《新工业革命与第三次教育革命》《教育改革的中国方案——聚焦发展核心素养的素质教育探索》座谈会。

9月18日，出席学习陶行知思想、做新时代"大先生"——暨学习贯彻习近平总书记对北师大"优师计划"师范生回信精神座谈会，并作了题为《学习陶行知，做"四有"好教师，当新时代"大先生"》的报告。

10月4日，参加国家"十四五"出版规划项目《中国家庭教育通史》线上编写工作推进会，阐释编写总体思想并对下一步工作作了安排。

10月22日，参加"桂子道场"（第六期），论坛主题为"新时代陶行知研究如何再上新台阶"，在论坛上提出要建立一门陶行知学，努力使陶行知研究在学术上专业化、理论上系统化、实践上应用化、内容上本土化、影响上国际化。

10月23日，召开《习近平总书记教育重要论述研究丛书》第四次编撰推进会。

10月25日，发表《中国区域高校创新驱动力对经济高质量发展的影响》（与黄艳、岳一铭合作，《科技进步与对策》2022年第22期）。

10月28日，发表《长江经济带城市高等教育竞争力水平测度与空间分布研究》（与黄艳、王懿、郝晓雯合作，《现代教育管理》2022年第10期）。

11月，发表《新时代新征程实施科教兴国战略：新内涵、重大意义与推进路径》（与李宇阳合作，《人民教育》2022年第21期）。出版专著《如何当好人大代表丛书》（湖北人民出版社2022年版），包括《如何做好人大代表》《如何提好代表建议》《如何写好代表议案》三册。

11月4日，在华中师范大学国家教育治理研究院出席《建设教育强国的国际经验与中国路径研究丛书》编写启动会。

11月9日，发表《"双减"背景下家校社协同育人遭遇的困境及其应对》（与齐彦磊合作，《中国电化教育》2022年第11期）。

11月10日，在《中国教育报》发表《实施科技兴国战略，强化现代化人才支撑》。

11月16日，参加国家"十四五"出版规划项目《中国家庭教育通史》第二次编写推进会。《中国教师报》发表《为新时代教育、科技、人才工作指明了前进方向》（与李宇阳合作）。著作《陶行知大传：一位文化巨人的四个世界》入选"2022年度国家社科基金中华学术外译项目推荐书目"。

11月20日，参加"桂子道场"（第七期），论坛主题为"新时代如何继承与发展陶行知教育思想——来自南京'生活·实践'教育实验学校的经验与启示"。

12月，发表《何谓、为何、如何：新时代小先生行动的三个基本问题》（与曾嘉怡合作，《教育评论》2022年第11期）。任总主编出版十四卷新编本《陶行知全集》（华中师范大学出版社2022年版）。任主编出版《教育治理研究》2022年第1辑（湖北教育出版社2022年版）。

参考文献

(一) 史料类

[1] 北京市教育科学研究所．陈鹤琴全集．南京：江苏教育出版社，1992.

[2] 陈学恂，田正平．中国近代教育史资料汇 留学教育．上海：上海教育出版社，2007.

[3] 陈鹤琴．我的半生．北京：三联书店，2014.

[4] 单中惠，王凤玉．杜威在华教育讲演．北京：教育科学出版社，2007.

[5] 杜威．民主主义与教育．王承绪，译．北京：人民教育出版社，1990.

[6] 董宝良，喻本伐，周洪宇．陶行知教育论著选．北京：人民教育出版社，2001.

[7] 董宝良．陶行知教育论著选．北京：人民教育出版社，1991.

[8] 冯友兰自述．郑州：河南人民出版社，2005.

[9] 高平叔．蔡元培教育论集．长沙：湖南教育出版社，1987.

[10] 高平叔．蔡元培教育论著选．北京：人民教育出版社，1991.

[11] 高平叔，王世儒．蔡元培书信集（上），杭州：浙江教育出版社，2000.

[12] 高平叔．蔡元培年谱长编（中），北京：人民教育出版社，1996.

[13] 胡适．胡适文集．北京：北京燕山出版社，1995.

[14] 胡适．胡适口述自传．唐德刚，译．北京：华文出版社，1992.

[15] 胡适，曹伯言．胡适日记全编（一），合肥：安徽教育出版社，2001.

[16] 胡适，曹伯言．胡适日记全编（三），合肥：安徽教育出版社，2001.

[17] 胡适．胡适留学日记（下）．合肥：安徽教育出版社，1999.

[18] 胡适．胡适日记全集 第三册（1919—1922）．合肥：安徽教育出版社，2001.

[19] 黄炎培．黄炎培日记（一）．1911—1918．北京：华文出版社，2008.

[20] 蒋廷黻. 蒋廷黻回忆录. 长沙：岳麓书社出版社，2003.

[21] 李溪桥. 李蒸纪念文集. 北京：中国社会科学出版社，1996.

[22] 梁吉生. 张伯苓年谱长编. 北京：人民教育出版社，2009.

[23] 缪云台. 缪云台回忆录. 北京：中国文史出版社，1991.

[24] 宋广波. 丁文江年谱. 哈尔滨：黑龙江教育出版社，2009.

[25] 沈卫威. 胡适日记. 太原：山西教育出版社，1997.

[26] 陶行知先生纪念委员会. 陶行知先生纪念集．〔出版地不详〕：〔出版者不详〕，1947.

[27] 陶行知. 教学做合一讨论集．〔出版地不详〕：儿童书局，1932.

[28] 新教育体系. 程今吾教育文集. 北京：北京师范大学出版社，1982.

[29] 张其昀先生文集（文教类四）．〔出版地不详〕：中国文化大学出版社，1989.

[30] 中国社会科学院近代史研究所中华民国史组. 胡适来往书信选（上册）. 北京：中华书局，1979.

[31] 中央教育科学研究所. 中国现代教育大事记. 北京：教育科学出版社，1988.

[32] 郭秉文. 中国教育制度沿革史. 北京：商务印书馆，1916.

[33] 华中师范学院教育科学研究所. 陶行知全集. 长沙：湖南教育出版社，1984—1992.

[34] 蒋梦麟. 西潮与新潮：蒋梦麟回忆录. 北京：东方出版社，2006.

[35] 李桂林，戚名琇，钱曼倩. 中国近代教育史资料汇编. 上海：上海教育出版社，1995.

[36] 吕静，周谷平. 陈鹤琴教育论著选. 北京：人民教育出版社，1994.

[37] 中共中央马克思恩格斯列宁斯大林著作编译局. 马克思恩格斯选集. 北京：人民出版社，2013.

[38] 璩鑫圭，唐良炎. 中国近代史资料汇 学制演变. 上海：上海教育出版社，1991.

[39] 上海江苏省立第二师范学校新学社编辑部. 杜威在华演讲集. 香港：国光书局，1919.

[40] 方明. 陶行知全集. 成都：四川教育出版社，2005.

[41] 唐孝纯. 人民教育家俞庆棠. 南京：江苏省政协文史资料编辑部，1998.

[42] 王卓然. 中国教育一瞥录. 北京：商务印书馆，1923.

[43] 俞子夷. 一个小学十年努力记. 北京：中华书局，1928.

[44] 杜威. 民主与教育. 纽约：麦克米伦公司，1926.

[45] 杜威. 人的问题. 纽约：哲学图书公司，1946.

[46] 杜威. 人物与事件（二）. 纽约：亨利霍尔特出版公司，1929.

[47] 杨亮功. 早期三十年的教学生活 五四. 合肥：黄山书社，2008.

[48] 周洪宇，陈竞蓉. 中国最需要何种教育原则——克伯屈在华演讲录. 合肥：安徽教育出版社，2013.

[49] 中国人民政治协商会议江苏省委员会文史资料研究委员会. 江苏文史资料选辑（第十一辑）. 南京：江苏人民出版社，1983.

[50] 中国农学会. 邹秉文纪念集. 北京：农业出版社，1993.

[51] 庄泽宣. 如何使新教育中国化. 上海：民智书局，1929.

[52] 庄泽宣，陈学恂. 民族性与教育. 北京：商务印书馆，1939.

[53] 杜威，爱丽丝·杜威. 杜威家书 1919 年所见中国与日本. 刘幸，译. 北京：北京师范大学出版社，2016.

[54] 杜威，杜威全集 1921—1922 年间的期刊论文及杂记. 赵协真，译. 莫伟民，校. 上海：华东师范大学出版社，2012.

[55] 白桃（戴伯韬）. 生活教育. 中华教育界，1928（9）.

[56] 毕莱士. 纪念陶行知博士//陶行知先生纪念委员会. 陶行知先生纪念集.［出版地点不详］：［出版者不详］，1946.

[57] 蔡元培，黄炎培，郭秉文，汪懋祖. 第一次年会日刊发刊词. 新教育，1922（3）.

[58] 陈科美. 介绍克伯屈教授. 新教育评论，1926（22）.

[59] 陈立夫. 生活教育的使命. 江苏教育，1934（3）.

[60] 陈果夫. 生活教育意义. 江苏教育，1934（3）.

[61] 陈礼江. 民众教育的哲学基础. 山东民众教育月刊，1934（1）.

[62] 常导之. 杜威教授论留学问题. 教育杂志，1925（7）.

[63] 常道直. 旅美参观学校纪略. 教育杂志，1925（10）.

[64] 第七届全国教育会联合会年会纪略. 教育杂志，1922（1）.

[65] 顾树森. 实用主义生活教育设施法. 中华教育界，1914（2）.

[66] 郭秉文. 记欧美教育家谈话（二）. 美国两博士之言. 新教育，1919（2）.

[67] 黄炎培. 江苏今后五年间教育计划书. 江苏教育行政月报，1913（1）.

[68] 黄炎培. 学校教育采用实用主义之商榷. 教育杂志，1913（5）.

[69] 蒋梦麟. 美国纽约小学预备职业教育. 教育研究，1915（25）.

[70] 孟禄与中国教育界同人在中央公园饯别会之言论. 新教育，1922（4）.

[71] 满力涛（刘季平）. 文化军与教学营. 生活教育，1936（21）.

[72] 潘兆庚. 生活教育之趋势和实施. 江苏教育，1934（3）.

[73] 沈百英. 参观南高附小杜威院维城院记略. 教育杂志，1923（11）.

[74] 孙伯才. "做学教合一"之理论与实际. 教育杂志，1928（11）.

[75] 陶行知. 生活教育. 生活教育，1934（1）.

[76] 陶行知. 生利主义之职业教育. 教育与职业，1918（3）.

[77] 汪懋祖. 现时我国教育上之弊病与其救治之方略. 学衡，1923（22）.

[78] 吴定良. 本社社员与杜威博士的谈话. 少年社会，1920（6）.

[79] 相菊潭. 生活教育发凡. 江苏教育，1934（3）.

[80] 杨效春. 我们的教育. 中华教育界，1920（7）.

[81] 杨骏如. 中国的实验小学. 教育杂志，1936（4）.

[82] 俞庆棠. 理论与意见. 民众教育理论的探讨. 教育与民众，1935（9）.

[83] 庄俞. 采用实用主义. 教育杂志，1913（7）.

[84] 张健. 略谈陶行知先生的生平和事业. 东北教育，1949（4）.

[85] 朱庭祺. 美国留学界. 留美学生年报，1911（1）.

[86] 庄泽宣. 哥伦比亚大学师范院及中国教育研究会. 留美学生季报，1920（4）.

[87] 庄泽宣. 介绍孟禄博士. 新教育，1921（1）.

[88] 庄俞. 采用实用主义. 教育杂志，1913（5）.

[89] 胡适. 杜威先生与中国. 晨报，1921-07-11（2）.

[90] 蒋梦麟. 杜威先生将讲学北京大学. 时报，1919-04-14（16）.

[91] 蒋梦麟. 欢迎杜威先生. 时报，1919-05-05（15）.

[92] 郑晓沧. 我所认识的孟禄博士. 国立浙江大学日刊，1937-05-10（728）.

（二）著作类

[1] 陈竞蓉. 教育交流与社会变迁. 哥伦比亚大学与现代中国教育. 武汉：华中科技大学出版社，2011.

[2] 董宝良，周洪宇. 陶行知教育学说. 武汉：湖北教育出版社，1993.

[3] 董宝良，周洪宇. 中国近现代教育思潮与流派. 北京：人民教育出版社，1997.

[4] 东南大学高等教育研究所. 郭秉文与东南大学. 南京：东南大学出版社，2011.

[5] 杜成宪，崔运武，王伦信. 中国教育史学九十年. 上海：华东师范大学出版

社，1998.

[6] 杜威. 学校与社会：明日之学校. 北京：人民教育出版社，2005.

[7] 杜威. 杜威教育论著选. 赵祥麟，王承绪，编译. 上海：华东师范大学出版社，1981.

[8] 郭小平. 杜威. 北京：中华书局，1994.

[9] 陈鹤琴. 写给青年. 合肥：安徽教育出版社，2011.

[10] 何荣汉. 陶行知：一位基督徒教育家的再发现. 合肥：安徽教育出版社，2011.

[11] 梁启超. 中国近三百年学术史. 长沙：岳麓书社，2010.

[12] 梁吉生. 张伯苓教育思想研究. 沈阳：辽宁教育出版社，1994.

[13] 季羡林. 留德十年. 北京：东方出版社，1995.

[14] 简·杜威. 杜威传（修订版）. 单中惠，编译. 合肥：安徽教育出版社，2009.

[14] 江苏陶行知研究会. 纪念陶行知. 长沙：湖南教育出版社，1984.

[15] 江勇振. 舍我其谁：胡适（第2部·日正当中，1917—1927）. 杭州：浙江北京：人民出版社，2013.

[17] 卡尔金斯. 美国社会史话. 北京：人民出版社，1984.

[18] 李泽厚. 孔子再评价：中国古代思想史论. 北京：人民出版社，1985.

[19] 李刚. 历史与范型：陶行知研究的知识社会学考察. 长春：东北师范大学出版社，2006.

[20] 李又宁. 华族留美史一百五十年的学习与成就. [出版地不详]：天外出版社，1999.

[21] 李泽厚. 中国现代思想史论. 北京：东方出版社，1987.

[22] 刘维汉. 生活教育简论. 哈尔滨：哈尔滨工业大学出版社，1996.

[23] 欧阳哲生. 欧阳哲生讲胡适. 北京：北京大学出版社，2008.

[24] 滕大春. 美国教育史（第二版）. 北京：人民教育出版社，2001.

[25] 涂诗万. 杜威教育思想的形成. 杭州：浙江教育出版社，2014.

[26] 吴俊升. 文教论评存稿. 台北：中正书局，1982.

[27] 徐国琦. 中国人和美国人. 钟沛君，译. 台北：猫头鹰出版社，2018.

[28] 余涛. 萧湖之畔的丰碑. 南京：河海大学出版社，2003.

[29] 姚新吾. 陶行知一生. 长沙：湖南教育出版社，1984.

[30] 衣俊卿. 现代化与日常生活批判 人自身现代化的文化透视. 北京：人民出版社，2005.

［31］张卓民，康荣平. 系统方法. 沈阳：辽宁人民出版社，1987.

［32］张建伟，邓琮琮. 中国院士. 杭州：浙江文艺出版社，1997.

［33］章学诚. 文史通义. 李春伶，校点. 沈阳：辽宁教育出版社，1998.

［34］章开沅，唐文权. 平凡的神圣 陶行知. 武汉：华中师范大学出版社，2013.

［35］朱斐. 东南大学史 1902—1949（一）（第二版）. 南京：东南大学出版社，2012.

［36］周洪宇. 陶行知研究在海外. 北京：人民教育出版社，1991.

［37］周洪宇. 全球视野下的陶行知研究. 北京：北京师范大学出版社，2015.

［38］周洪宇. 陶行知画传. 济南：山东教育出版社，2011.

［39］周洪宇. 创新与建设 教育史学科的重建. 武汉：华中科技大学出版社，2016.

［40］周川，黄旭. 百年之功：中国近代大学校长的教育家精神. 福州：福建教育出版社，1994.

［41］周邦道. 近代教育先进传略（初集）. ［出版地不详］：中国文化大学出版社，1981.

［42］庄泽宣. 教育概论. 福州：福建教育出版社，2006.

［43］费正清. 伟大的中国革命 1800—1985. 刘尊棋，译. 北京：国际文化出版公司，1989.

［44］马歇尔，罗斯曼. 设计质性研究：有效研究计划的全程指导. 何江穗，译. 重庆：重庆大学出版社，2015.

［45］康德. 康德的批判哲学. 唐译，编译. 长春：吉林出版集团有限责任公司，2013.

［46］泰戈尔. 泰戈尔眼中的中国. 徐志摩，等译. 南京：译林出版社，2015.

［47］赫勒. 日常生活. 衣俊卿，译. 重庆：重庆出版社，1990.

［48］MARTIN J. The education of John Dewey：a biography. Columbia University Press，2002.

［49］FU GUOPENG. Dewey's trip to China：a rejuvenation of his democratic spirit. Transnational curriculum inquiry，2015（2）.

［50］PENG SHANSHAN. A journey to mars：John Dewey's lectures and inquiry in China. Journal of modern Chinese history，2018.

［51］CHING JESSICA，WANG SZE. John Dewey in China：to teach and to learn. State university of New York press，2007.

［52］KEENAN B. The Dewey experiment in China：educational reform and political power in the early republic. Harvard university press，1977.

（三）期刊论文类（含报纸文章）

[1] 崔允漷. 追问"核心素养". 全球教育展望，2016（5）.

[2] 褚宏启. 核心素养的概念与本质. 华东师范大学学报（教育科学版），2016（1）.

[3] 单中惠. 传承与创造——陶行知与杜威教育思想比较. 中国德育，2016（14）.

[4] 但昭彬，周洪宇. 小康社会发展阶段论. 湖北函授大学学报，2004（2）.

[5] 刘大伟. 论周洪宇之陶行知研究的学术方法及贡献. 江汉学术，2014（33）.

[6] 李忠，周洪宇. 中国教育史学科研究取向的三次转换. 陕西师范大学学报（哲学社会版），2015（44）.

[7] 茅盾. 我所见的陶行知先生. 重庆陶研文史，2016（1）.

[8] 黎洁华. 杜威在华活动年表. 华东师范大学学报（教育科学版），1985（1）.

[9] 钱颖一. 培养创造力须先创新教育模式. 商周刊，2016（8）.

[10] 陶行知的兄妹及生年问题新证. 文教资料简报，1983（136）.

[11] 陶行知：一位富有本土特色和世界影响的大教育家. 生活教育，2011（13）.

[12] 陶行知研究的方法论问题. 华中师范大学学报（哲学社会版），1991（2）.

[13] 王剑. 杜威中国之行若干史实考释. 教育史研究，2002（3）.

[14] 吴爽. 未来基础教育的顶层理念是强化学生的核心素养——访北京师范大学资深教授林崇德. 教育家，2015（9）.

[15] 王建平，黄明喜. 吐故纳新：陶行知对王阳明知行观的继承与发展. 贵阳学院学报（社会科学版），2017（4）.

[16] 熊春文. 过渡时代的思想与教育：蒋梦麟早期教育思想的社会学解读. 北京大学教育评论，2007（2）.

[17] 姚文忠，金成林. 创业教育的理论和实践·中国陶行知研究基金会会讯，1991（61）

[18] 叶椿遐，汪麦浪，殷松年，徐耀斌. 陶行知参加辛亥革命地方起义初证. 徽州实验区，1988（1）.

[19] 余文森. 从三维目标走向核心素养. 华东师范大学学报（教育科学版），2016（1）.

[20] 袁振国. 什么知识最有价值?. 上海教育，2016（1）.

[21] 邹晓东，吕旭峰. 论陶行知对杜威生活教育思想之超越——道德教育回归生活世界的理性反思. 大学教育科学，2009（6）.

[22] 庄泽，李效泌. 告赴美学教育者. 新教育，1923（1）.

[23] 张俭民."实用主义教育"与"生活教育"———陶行知生活教育理论的"源"与"流". 当代教育论坛，2007（1）.

[24] 周洪宇. 陶行知研究的方法论问题. 华中师范大学学报（哲学社会版），1989（2）.

[25] 周洪宇. 核心素养的中国表述——陶行知的"三力论"和"常能论". 华东师范大学学报（教育科学版），2017（1）.

[26] 周洪宇. 陶行知生年考. 历史研究，1983（2）.

[27] 周洪宇. 陶行知与基督教. 安徽史学，1991（4）.

[28] 周洪宇. 美国哥伦比亚大学师范学院与现代中国教育. 教育评论，2001（5）.

[29] 周洪宇，李艳莉. 郭秉文与现代中国实用主义教育学术范式的建立——基于《中国教育制度沿革史》及相关论著的研究. 教育学报，2014（5）.

[30] 周洪宇，向宗平. 杜威教育思想在中国的传播及其影响. 河北师范大学学报（教育科学版），2001（2）.

[31] 周洪宇，操太圣. 生活教育运动的历史及对当代教育的影响. 教育研究，1997（10）.

[32] 周洪宇. 继承中的超越与超越中的继承. 教育研究与实验，1993（4）.

[33] 周洪宇. 生活教育研究如何深入. 华中师范大学学报，1991（6）.

[34] 周洪宇. 人大代表怎样提议案和建议. 民主，2007（5）.

[35] 周洪宇. 从"旧三免"到"新三免"——周洪宇教授访谈录. 河北师范大学学报（教育科学版），2016（18）.

[36] 周洪宇，王文虎. 炎黄精神历史流变"四期说". 湖北社会科学，2017（1）.

[37] 周洪宇. 陶行知历史定位新论. 华中师范大学学报（人文社科版），2017（56）.

[38] 周洪宇. 我当代表这一年. 武汉文史资料，2005（1）.

[39] 子钵. 陶知行主义是中国教育的出路吗？——陶知行主义人口统制论的教育之批判. 民教半月刊，1935（12）.

[40] 张耀翔. 儿时生活于我择业的影响. 东方杂志，1935（1）.

[41] 邹振环. 刘伯明及其译记的《杜威三大演讲》. 民国春秋，1994（2）.

[42] 张华. 核心素养与我国基础教育课程改革"再出发". 华东师范大学学报（教育科学版），2016（34）.

[43] 康伟. 周洪宇为何别称"周免费"和"周大炮". 中华儿女，2008-05-03.

［44］李斌. 教育大计，教师为本——温家宝邀请中小学教师做客中南海. 中国教育报，2008-09-10.

［45］南关前. 人大代表周洪宇. 提议案不是喊口号. 人物，2012-04-08.

［46］夏德清. 陶行知生年质疑，长江日报，1982-03-12.

［47］夏德清. 陶行知生于1892年的一佐证. 长江日报，1982-03-18.

［48］谢小庆，刘慧. 审辩式思维究竟是什么. 中国教师报，2016-03-16（4）.

［49］杨九诠. 三对关系中把握核心素养. 中国教育报，2016-07-13（9）.

［50］余玮. 人大代表周洪宇的"鼓"与"呼". 传承，2009-03-10.

［51］袁振国. 核心素养如何转化为学生素质. 光明日报，2015-12-08（15）.

［52］张维玮. 周洪宇：在教言教. 中国人大，2013-03-10.

［53］拥抱第三次工业革命，关键在教育变革. 21世纪经济报道，2013-03-15（2）.

［54］周洪宇，黄立明. 2016中国教育改革发展热点前瞻. 中国教育报，2016-03-10（7）.

［55］周洪宇. 我眼中的二〇一八年十大教育关键词. 中国教育报，2018-03-04（2）.